Hz. Muhammed'in Hayatı

MARTIN LINGS

(Ebû Bekir Sirâceddîn)

insan yayınları: 11
siyer dizisi: 1

iki yüz dördüncü baskı, 2015

yayıncı sertifika no: 12381
isbn 978-975-574-220-5

hz. muhammed'in hayatı
martin lings

çeviren
nazife şişman

içdüzen
insan

kapak düzeni
harun tan

baskı-cilt
aktif matbaa ve reklam hiz. san. tic. ltd. şti.
söğütlüçeşme mah. halkalı caddesi
no: 245/1-A küçükçekmece/istanbul
tel: 212 - 698 93 54 - 55
matbaa sertifika no: 13978

insan yayınları
istiklal caddesi no: 96 beyoğlu/istanbul
tel: 0212-249 55 55 faks: 0212-249 55 56
www.insanyayinlari.com.tr
insan@insanyayinlari.com.tr

Hz. Muhammed'in Hayatı

MARTIN LINGS

(Ebû Bekir Sirâceddîn)

Çeviren
NAZİFE ŞİŞMAN

insan yayınları

MARTIN LINGS (Ebû Bekir Sirâceddîn)

"Tradisyonalist" ya da "Perennialist" akımın öncü temsilcilerinden birisi olan Martin Lings (1909-2005), ünlü bir yazar, editör, mütercim ve araştırmacı kişiliğinin yanı sıra dinî öğreti, kutsal metin, sembolizm, edebiyat ve sanat aracılığıyla ağırlıklı olarak Tanrı-insan ilişkisini terennüm eden bir şair olarak bilinmektedir.

Lings, 1909'da İngiltere'nin Lancashire şehrinde doğdu ve Oxford Üniversitesi'nden İngiliz Edebiyatı üzerine lisans (1932) ve yüksek lisans (1937) derecelerini aldı. Bir süre Polonya'da İngilizce öğretmenliği yaptıktan sonra 1939'a kadar kaldığı Litvanya'daki Kaunas Üniversitesi'nde İngilizce okutmanı görevini üstlendi. 1940-1951 yılları arasında Kahire Üniversitesi'nde İngilizce ve İngiliz Edebiyatı okuttu. 1955'te British Library'de Arapça Kitaplığı ve ardından, 1973'te emekli olana kadar da British Library ve British Museum'da Doğu Yazmaları sorumlusu oldu. 1959'da Londra Üniversitesi'nden doktora derecesini aldı.

Lings 1935'te, "Tradisyonalist" düşünce okulunun kurucusu Fransız filozof René Guénon'un (1886-1951) eserleriyle tanıştı. 1937'de, editörlüğünü Guénon'un yaptığı *Études Traditionnelles* adlı bir Fransız dergisinde Frithjof Schuon'un (1907-1998) yayınladığı ilk makaleleriyle karşılaştı. Schuon'un İsviçre'de yaşadığını öğrenen Lings, Ocak 1938'te kendisini ziyaret etmek için yola çıktı. Bu ilk görüşmeden hayatının sonuna kadar Schuon'un sadık şakirdi oldu. Bu olaydan kısa bir süre sonra Guénon'la görüşmek için Kahire'ye yolculuk yaptı ve müteakip on bir yıl boyunca orada kalıp bir taraftan geçimini sağlamak için Kahire Üniversitesi'nde İngilizce okutmanlığı yaptı, diğer taraftan da hem Guénon'un şahsî kâtipliğini yürüttü.

1944'te Leslie Smalley ile evlendi. Guénon'un vefatı (1951) ve Mısır milliyetçiliğinin patlak vermesi üzerine Lings eşiyle birlikte Londra'ya döndü ve British Museum'da çalışmaya başlayarak aynı yılda doktorasını tamamladı. Doktora tezi, daha sonra gözden geçirilerek *A Moslem Saint of the Twentieth Century: Shaikh Ahmad al-'Alawi* [Yirminci Yüzyılda Bir Velî: Şeyh Ahmed el-Alevî] adıyla yayınlandı.

Lings'in diğer önemli eserleri ise şunlardır: The *Book of Certainty: The Sufi Doctrine of Faith, Wisdom and Gnosis*; *The Qur'anic Art of Calligraphy and Illumination*; *Book of Certainty; What is Sufism?* [Tasavvuf Nedir?]; *Muhammad: His Life Based Upon the Earliest Sources* [Hz. Muhammed'in Hayatı, elinizdeki çeviri]; *Ancient Beliefs and Modern Superstitions* [Antik İnançlar ve Modern Hurafeler, yayınevimiz tarafından neşredilecek]; *The Eleventh Hour: The Spiritual Crisis of the Modern World in the Light of Tradition and Prophecy* [On Birinci Saat: Gelenek ve Nübüvvet Işığında Modern Dünyanın Manevî Bunalımı, yayınevimiz tarafından neşredildi.]; *Symbol and Archetype: A Study of the Meaning of Existence*; *A Return to the Spirit: Questions and Answers* [Öze Dönüş: Sorular ve Cevaplar, yayınevimiz tarafından neşredildi.]; *The Underlying Religion*; *The Holy Qur'an: Translations of Selected Verses* ve *Collected Poems: Revised and Augmented.*

Martin Lings, 12 Mayıs 2005'te, doksan altı yaşında iken İngiltere'nin güneyinde bulunan Kent'teki evinde vefat etmiştir.

İçindekiler

ALLAH'IN EVİ

[1]

Yaratılış kitabı (Tekvîn) bize İbrahim'in çocuğu olmadığını, çocuk sahibi olmaktan ümit kestiğini ve Allah'ın çadırındaki İbrahim'e şöyle seslendiğini söyler: "Şimdi göklere bak ve sayabilirsen gökteki yıldızları say." İbrahim gözlerini yıldızlara çevirdi ve şöyle bir ses duydu: "Senin soyun da aynı şekilde çoğalacak" (Tekvîn: 15:5)

Karısı Sâre yetmişaltı, İbrahim ise seksenbeş yaşında idi; karısı İbrahim'e Hacer adında Mısır'lı bir cariyeyi ikinci karısı olması için verdi. Fakat hanımla cariye arasında geçimsizlik ortaya çıktı. Hacer, Sâre'nin kızgınlığından kaçtı ve üzüntü içinde Allah'a yalvardı. Allah ona melek'le bir vahiy gönderdi: "Senin soyunu o kadar çoğaltacağım ki onu saymak mümkün olmayacak." Melek ona şunları söyledi: "İşte, bir çocuğun olacak, bir erkek çocuğu dünyaya getireceksin ve adını İsmail koyacaksın; çünkü Allah senin kederini işitti." (Tekvîn: 16: 10-11). Sonra Hacer, İbrahim ve Sâre'nin yanına döndü ve onlara meleğin söylediklerini haber verdi; çocuk doğduğunda, İbrahim ona "Tanrı işitir" anlamına gelen İsmail adını koydu.

Çocuk on üç yaşına geldiğinde, İbrahim 100, Sâre ise 90 yaşındaydı; Allah tekrar İbrahim'e seslendi ve Sâre'nin bir erkek çocuğu dünyaya getireceğini, adını İshak koymasını söyledi. Büyük oğlunun Allah katında gözden düşeceğinden korkan İbrahim Allah'a yalvardı: "İsmail senin katında yaşamaya devam etsin." Allah ona şöyle cevap verdi: "İsmail'le ilgili söylediklerini duydum. Üzülme, selâmım onun üzerine olsun... Ben onu büyük bir millet yapacağım. Fakat benim ahdim (sözüm), Sâre'nin gelecek yıl bu vakitte dünyaya getireceği İshak ile yerine gelecek." (Tekvîn: 17:20-1).

Sâre, İshak'ı dünyaya getirdi ve onu kendisi emzirdi. İshak sütten kesildiğinde, İbrahim'e artık Hacer ve İsmail'in kendi evlerinde kalmasına gerek kalmadığını söyledi. İbrahim, İsmail'i çok sevdiği için buna üzüldü. Fakat Allah tekrar İbrahim'e seslendi ve Sâre'nin teklifine uymasını ve üzülmemesini söyledi; ve İsmail'in korunanlardan olacağını tekrarladı.

İbrahim bir değil, iki büyük milletin atası olacaktı –iki büyük millet, yani hidayete erdirilmiş iki güç, yeryüzünde Allah'ın emirlerini yerine getirecek olan iki araç– çünkü Allah din-dışı (profan) olan bir şeyi rahmet olarak vadetmez ve Allah katında ruh yüceliğinden başka büyüklük yoktur. İbrahim, beraberce akmaması bilâkis herbirinin kendi yolunda gitmesi gereken iki manevî ırmağın kaynağı olacaktı; ve her şeyin daha güzel olacağı inancıyla İsmail ve Hacer'i Allah'ın rahmetine ve meleklerinin gözetimine emanet etti.

İki manevî ırmak, iki din, Allah için iki dünya, iki daire, binaenaleyh iki merkez nokta. Bir yer, asla orasını insanlar seçtiği için değil fakat Göklerde seçildiği için mukaddes olur. İbrahim'in sahası dahilinde iki mukaddes merkez vardı; bunlardan biri yanında, öteki belki de daha henüz bilmediği bir yerdi. İşte bu ötekisiydi Hacer ve İsmail'in götürüldüğü; bir kıraç Arabistan vadisinde, Kenan ilinin kırk günlük deve yolu kadar güneyinde. Vadinin adı Bekke idi, vadinin darlığı yüzünden bu adı vermişlerdi ona; sadece üç geçit hariç her tarafı tepelerle çevriliydi. Üç geçidin biri kuzeye, biri güneye, diğeri ise batıda Kızıl Deniz'e açılır ve kıyıya elli mil uzaklıktadır. Kitaplar, Hacer ve İsmail'in Bekke'ye nasıl ulaştığı hakkında bilgi vermiyor; kervan yolcularının yardımıyla ulaşmış olmalılar, çünkü vadi büyük kervan yollarından birinin üzerindedir. Bu yol, Güney Arabistan'dan Akdeniz'e götürülen güzel kokular ve misklerin taşındığı yol olduğu için bazen "misk yolu" diye de adlandırılır. Hacer'le İsmail vadiye vardıklarında, herhalde kervandan ayrılmış olmalılar. Ana-oğul susuzluktan kavrulmaya başladıklarında, Hacer oğlunun ölmesinden korktu. Atalarının geleneklerine göre, İsmail yattığı yerden Allah'a yalvardı ve annesi biraz ötedeki taşın üstüne çıkıp, yardım gelip gelmediğini araştırdı. Kimseyi göremeyince karşıdaki yüksek tepeye kadar koştu, fakat yine kimseyi göremedi. Yarı çılgın bir halde iki nokta arasından yedi kez geçti, yedincisinde dinlenmek için kayanın üstüne oturduğu sırada melek geldi. Tekvîn'e göre Melek şöyle dedi:

"Tanrı çocuğun sesini duydu; ve Tanrı'nın meleği gökten Hacer'e seslendi ve şöyle dedi: 'Hacer, seni üzen ne?' 'Korkma, çünkü Tanrı, yatan çocuğun sesini duydu. Kalk ve çocuğu kaldır, kucağına al. Çünkü onu büyük bir millet yapacağım.' Tanrı onun gözlerini açtı ve o kaynayan bir su gördü." (Tekvîn, 21: 17-20)

Allah, İsmail'in topuğunun olduğu yerden bir su kaynağı fışkırttı. Bundan sonra vadi, suyunun bolluğu ve güzelliği nedeniyle kervanların konak yeri oldu ve kaynak *Zemzem* adını aldı.

Tekvîn, İbrahim'in diğer kolunun kitabı değil, İshak ve soyundan gelenlerin kitabıdır. İsmail'le ilgili şunları yazar: "Ve Tanrı çocukla beraberdi, çocuk vahşi doğanın içinde büyüdü, yaşadı ve bir okçu oldu." (Tekvîn, 21: 17-20). Bundan sonra İsmail'den çok az bahseder, sadece İsmail ve İshak'ın babalarını Hebron (el-Halil, -y.n.)'da beraber gömdüklerini ve birkaç yıl sonra Esav'ın, kuzeniyle, yani İsmail'in kızıyla evlendiğini yazarken İsmail'in adı geçer. Fakat Mezmur'da, "Ey Mihmandarların Rabbi, senin barınakların (tapınakların) ne güzeldir" adlı bölümü açarken İsmail ve annesinden ve Zemzem'in onların vadiden geçmesi nedeniyle çıktığından bahsedilir: "Mübarek olanlar, gücünü senden alan, Bekke vadisinden geçip, orayı bir su kaynağı yapanların yolunda olan ve onları kalbinde taşıyanlardır." (Mezmur; 84: 5-6).

İsmail ve Hacer gittikleri yere ulaştıklarında, İbrahim'in daha yetmişbeş yıllık ömrü vardı ve oğlunu o kutsal yerde ziyaret etme fırsatı buldu. Kur'ân bize, Allah'ın İbrahim'e İsmail'le birlikte Zemzem kuyusunun yakınına inşa edecekleri mabedin yerini gösterdiğini söyler *(Hacc: 26)*; nasıl yapacakları da onlara bildirilmişti. Bu mabede, şekil olarak "küp"e benzediği için Kâ'be adı verilir; dört köşesi, pusulanın dört yönüne göredir. Fakat bu kutsal yerdeki en kutsal nesne, yeryüzüne indiğinden beri Ebû Kubeys Tepesi'nde bulunduğu ve oradan bir melek tarafından İbrahim'e getirildiği söylenen semavi bir taştır. " O, Cennet'ten yeryüzüne sütten beyaz bir halde indi, fakat Ademoğlu'nun günahları onu kararttı." (Hadis: Tir. V11, 49.). Bu karataşı, Kâ'be'nin doğu köşesine yerleştirdiler; mabedin yapımı bittiğinde Allah tekrar İbrahim'e seslendi ve ona Bekke'ye, veya daha sonra adlandırıldığı gibi Mekke'ye Hac geleneğini kurmasını emretti:

"Bana hiçbir şeyi ortak koşma, tavaf edenler, kıyam edenler, rükua ve sücuda varanlar için Evimi tertemiz tut. İnsanlar içinde Hacc'ı duyur; gerek yaya, gerekse uzak yollardan (derin vadilerden) gelen yorgun düşmüş develer üstünde sana gelsinler." (Hacc, 26, 27)

Hacer, İbrahim'e Bekke'ye ilk geldiği günkü yardım arama çabalarından bahsetti. O da Hacer'in geçtiği iki nokta olan Safa ve Merve tepeleri arasından hacıların yedi defa geçmelerini haccın gereklerinden birisi kıldı.

Daha sonra İbrahim- büyük bir olasılıkla Kenan'da- etrafındaki geniş otlaklara, buğday ve arpa tarlalarına bakarak şöyle dua etti:

*"Rabbimiz, gerçekten ben, çocuklarımdan bir kısmını Beyt-i Haram (Kutlu ve Korunmuş Ev'in) yanında ekini olmayan bir vadiye yerleştirdim; Rabbimiz, dosdoğru namazı kılsınlar diye (öyle yaptım), böylelikle Sen, insanların bir kısmının kalblerini onlara ilgi duyar kıl ve onları birtakım ürünlerden rızıklandır. Umulur ki şükrederler." (İbrahim, 37)**

---

* Kitapta kullanılan âyet meallerinde Ali Bulaç, *Kur'ân-ı Kerîm'in Türkçe Anlamı* (Meal ve Sözlük), Pınar Yayınları, İst. 1983 meali esas alınmıştır. (çev.)

BİR BÜYÜK KAYIP

[2]

İbrahim'in duası kabul oldu. Arabistan'dan ve daha uzaklardan gelen hacılar tarafından getirilen zenginlikler Mekke'yi doldurdu. Büyük hac yılda bir kez yapılıyordu; fakat Kâ'be, Umre yapılarak yılın istenilen zamanında ziyaret edilebilirdi; bu ibadetler, İbrahim ve İsmail'in koyduğu kurallara göre şevk ve bağlılık içinde yapılmaya devam ediyordu. İshak'ın soyundan gelenler de, Kâ'be'yi İbrahim tarafından yapılan kutsal bir tapınak olarak ziyaret ediyorlardı. Bu onlar için Tanrı'nın var olan mabedlerinden sadece biri idi. Fakat yüzyıllar geçtikçe tek tanrıya olan ibadetin saflığı bozulmaya ve kirlenmeye başladı. İsmail'in soyundan gelenler, Mekke vadisine sığmayacak kadar çoğaldılar; uzaklara göç edenler bu kutsal tapınaktan taşlar alıp, Kâ'be adına onlara saygı gösterdiler. Daha sonraları, komşu putperest toplulukların etkisiyle bu taşlara putlar da eklendi; ve sonunda hacılar bu putları Mekke'ye taşımaya başladılar. Bu putlar Kâ'be'nin çevresine yerleştirildi, işte o zaman yahudiler İbrahim'in tapınağını ziyaret etmemeye başladılar.[1]

Putperestler, putlarının Tanrı ile insan arasında aracılık yaptığını savunuyorlardı. Bu nedenle, Tanrı ile olan ilişkileri günden güne azaldı ve Tanrı onların hayatından uzaklaştıkça, âhirete olan inançları zayıfladı, sonunda çoğu ölümden sonraki yaşama inanmamaya başladı. Fakat gerçeği görebilenler için, onların Hak yoldan saptığını gösterir birçok delil vardı: artık Zemzem kuyusuna önem vermiyorlardı, nerede olduğunu bile unutmuşlardı. Bunun asıl sorumlusu Yemen'den gelen Cürhümîler'di. Onlar Mekke'nin yöneticiliği görevini üstlenmiş, İbrahim'in soyundan gelenler de bunu kabullenmişlerdi, çünkü İsmail'in ikinci karısı bir Cürhümî idi. Fakat Cürhümîler her türlü adaletsizliği uygulamaya başladığında diğer kabileler onları Mekke'den kovdular. Cürhümîler ayrılmadan önce Zemzem kuyusunu doldurdular ve üstünü örttüler. Şüphesiz bunu intikam almak için kinlerinden yaptılar; fakat yıllardan beri hacıların Kâ'be'ye getirdiği mücevherleri geri dönüp zengin olmak için kuyuya gömdükleri; ve üstünü kumla kapladıkları da olasıdır.

Onların görevini, yani Mekke'nin yöneticiliğini Huzaa kabilesi üstlendi. Bu kabile İsmail'in soyundan gelen, Yemen'e göç eden, daha sonra tek-

---

1. I.I., 15.

rar kuzeye dönen bir Arap kabilesidir. Fakat Huzaa da, atalarına verilen bu harika suyun kaynağını araştırmadı. Çünkü o günlerde, Mekke'de başka kuyular kazılmış ve Tanrı'nın bu hediyesi bir ihtiyaç olmaktan çıkmış, *Kutsal Kuyu* yarı unutulmuş bir hatıra olarak kalmıştı.

O halde Cürhümîlerin suçuna Huzaa'lılar da ortak olmuşlardır. Huzaa'lıların tek suçu bu değildir. Onların bir şefi, Suriye'den dönerken Mo-abi'lerden, putlarından birini vermelerini istedi. Ona Hubel'i verdiler. Beraberinde Mekke'ye getirdiği Hubel, Kâ'be'ye kondu ve Mekke'nin baş putu oldu.

VADİDEKİ KUREYŞ

[3]

İbrahim'in soyundan gelen en güçlü Arap kavimlerinden biri de Kureyş idi; ve İsâ'dan yaklaşık dört yüz yıl sonra, Kureyş'ten Kusayy, Huzaa'nın lideri Huleyl'in kızı ile evlendi. Huleyl, damadını kendi oğullarına tercih etti; çünkü Kusayy zamanının Arapları arasında sivrilmiş bir şahsiyetti. Huleyl'in ölümünden sonra, şiddetli bir çarpışma oldu ve sonunda Mekke'nin yöneticiliği ve Kâ'be'nin koruyuculuğu Kusayy'a verildi.

Bunun üzerine Kusayy yakın akrabaları olan Kureyşlileri -kardeşi Zühre, amcası Teym, diğer bir amcasının oğlu olan Mahzum ve daha uzak olan birkaç kuzenini- vadiye getirdi ve Mabed'in yakınına yerleştirdi. Bunlar ve yakınları 'Vadi Kureyş'leri', Kusayy'ın daha uzak akrabaları olan ve çevredeki tepelerde yerleşmiş olanlar ise 'Civar Kureyş'leri' olarak tanınır. Kusayy bu iki kabileyi de kral gibi yönetir ve vergi alır, bu parayla da kendilerini besleyemeyecek kadar fakir olan hacıları doyururdu. Bu zamana kadar Mabed'in koruyucuları onun çevresinde çadırlarda kalıyorlardı. Fakat Kusayy onlara, kendilerine evler yapmalarını söyledi, kendisi de Dâru'n-Nedve adıyla tanınan geniş bir ev yaptı.

Her şey ahenkliydi, fakat karışıklıklar çıkmak üzere idi. Kusayy soyunun belirgin özelliklerinden biri de her nesilde bir tek seçkin kişinin tüm kavme hükmetmesi idi. Kusayy'ın dört oğlundan en şerefli ve tanınmış olanı Abdu Menâf'tı. Fakat Kusayy, en büyük oğlu Abdu'd-Dâr'ı içlerinde en az yetenekli olmasına rağmen diğerlerine tercih etti ve ölümünden kısa bir süre önce ona şunları söyledi: "Oğlum, insanlar, onları senden daha şerefli kabul etseler de, seni onların seviyesine çıkaracağım. Sen açmadıkça Kâ'be'ye kimse giremeyecek. Kureyş'in savaş sancağı senin ellerinde olacak, sen izin vermedikçe hiçbir hacı Mekke'de içecek su bulamayacak, sen vermedikçe hiçbir yiyecek bulamayacak, Kureyş senin evinden başka yerde bir meselede anlaşamayacak." Kendi hak ve güçlerinin tümüyle birlikte Dâru'n-Nedve'nin sahipliğini de ona verdi.

Evlâda yakışır bir şekilde Abdu Menâf, babasının dileklerini tartışmasız kabul etti; fakat bir sonraki nesilde Kureyş'in yarısı, gününün en ileri gelen adamı olan Abdu Menâf'ın oğlu Hâşim'in etrafında toplandılar ve hakların Abdu'd-Dâr sülâlesinden Hâşim'in kendi sülalesine aktarılmasını istediler. Hâşim ve kardeşlerini destekleyenler Zühre ve Teym'in torunları ve en büyük oğulun soyundan olanlar hariç tüm Kusayy soyundan gelenlerdi. Mahzûm'un soyundan gelenler ve diğer uzak kuzenler hakların Abdu'd-Dâr'da kalması gerektiğini savundular. İşler o kadar alevlendi ki Abdu

Menâf soyundan bir grup kadın bir kâse güzel koku getirip, Kâ'be'nin yanına koydular; Hâşim, kardeşleri ve diğer taraftarları ellerini bu kâseye daldırıp, birbirlerini bırakmayacaklarına dair and içtiler ve bu anlaşmayı teyid etmek için kokulu ellerini Kâ'be'nin taşlarına sürttüler. İşte bu grup 'Güzel Kokanlar' diye anıldı. Abdu'd-Dâr'ın taraftarları da birleşme andı içtiler ve onlara da 'Müttefikler' adı verildi. Şiddet ve savaş sadece Mabed'in içinde değil Mekke'yi çevreleyen büyük bir daire içinde de yasaktı. İki grup, bir anlaşmazlık çıktığında, savaşmak için bu kutsal yerden millerce uzağa gitmek zorundaydı. Sonunda Abdu Menâf oğulları'nın vergi toplama ve hacılara yiyecek ve su sağlama haklarını almasına, Abdu'd-Dâr Oğulları'nın ise Kâ'be'nin anahtarlarına ve diğer haklara sahip olmasına ve onların evinin yine toplanma yeri (Dâru'n-Nedve) olarak devam etmesine karar verildi.

Hâşim'in kardeşleri, hacılara hizmet görevini Hâşim'e verdiler. Hac zamanı yaklaştığında Hâşim mecliste kalkar ve şöyle derdi: "Ey Kureyşliler, siz Allah'ın komşularısınız, O'nun evinin yakınlarısınız, işte bu bayramda Allah'ın ziyaretçileri, hacılar O'nun evine geliyor. Onlar Allah'ın misafirleridir ve hiçbir misafir O'nun misafirleri kadar cömertlik beklemez. Eğer benim kendi zenginliğim yetse idi, bu yükü size yüklemezdim."

Hâşim hem Arabistan içinde, hem de dışında şeref kazandı. Mekke'den kalkan iki büyük kervanı, Yemen'e giden kış kervanını ve kuzey-batı Arabistan'a oradan Roma İmparatorluğu'nun bir bölümü olarak Bizans yönetiminde olan Suriye ve Filistin'e giden yaz kervanını o düzenlemiştir. İki kervan da eski "misk yolu" üzerinden geçerdi ve yaz kervanının en önemli duraklarından biri ve ilk durağı, kuzeyde Mekke'den onbir günlük deve yolu uzaklıktaki Yesrib vahası idi. Bu vahada bir zamanlar sadece yahudiler hüküm sürüyordu, fakat daha sonra Güney Arabistan'dan bir Arap kavmi bölgeyi kontrolü altına aldı. Yahudiler, toplumun genel yaşamında rol almaya ve kendi dinlerini koruyarak zenginlik içinde yaşamaya devam ettiler. Yesrib'deki Araplara gelince, onlar ana-erkil gelenekleri devam ettiriyorlardı. Atalarından bir kadının ölümünden sonra Kayle'nin çocukları adını aldılar, fakat Kayle'den sonra kabile, oğulları Evs ve Hazrec arasında ikiye ayrıldı.

Hazrec'in en etkin ve tanınmış kadınlarından biri, Neccâr sülâlesinden Amr'ın kızı Selmâ idi. Hâşim onunla evlenmek istedi. Selmâ kendisiyle ilgili işlerin kontrolünün kendisinde olmasını şart koşarak teklifi kabul etti ve ayrıca bir erkek çocuk dünyaya getirdiğinde en azından dört yaşına dek Yesrib'de büyütmeyi şart koştu. Hâşim bu şartları kabul etti. Çünkü yeni gelenler için daha tehlikeli olan vaha humması sayılmazsa, Yesrib'in iklimi Mekke'den daha sağlıklıydı. Bundan başka Hâşim sık sık Suriye'ye gidiyordu. Gerek oraya giderken, gerekse dönüşte Selmâ ve oğlunun yanında kalabilirdi. Fakat Hâşim'in yaşamı uzun sürmedi, seferlerinden birinde Filistin'de, Gazze'de hastalandı ve öldü.

Hâşim'in Abdu Şems ve Muttalib[1] adında iki öz kardeşi ve Nevfel adında bir üvey kardeşi vardı. Abdu Şems Yemen'de ve Suriye'de ticaretle meşguldü, Nevfel ise Irak'ta ticaret yapıyordu. Bu nedenle ikisi de çoğu zaman Mekke'den uzakta bulunuyorlardı. Bu ve daha başka sebepler yüzünden, hacılara su verme ve onları beslemek için vergi toplama haklarını Hâşim'in küçük kardeşi Muttalib aldı ve kendisinden sonra bu görevleri yüklenebilecek bir kişi düşünmeye başladı. Hâşim'in Selmâ dışındaki diger eşlerinden üç oğlu vardı. Fakat söylenenlerin tümü doğru ise, bunların hiçbiri -ve Muttalib'in kendi oğullarından hiçbiri- Selmâ'nın oğluyla karşılaştırılamazdı. Çok genç olmasına rağmen Şeybe -annesinin verdiği isim- liderlik için özgün vasıflar göstermeye başlamıştı. Vaha'dan geçen yolcular onunla ilgili çok mükemmel haberler getiriyorlardı. Sonunda Muttalib onu görmeye gitti, gördükleri onu. Selmâ'dan yeğenini kendisine emanet etmesini istemeye yöneltti. Selmâ oğlunu bırakmak istemiyordu. Şeybe de annesinin rızası olmadan onu bırakmayacağını söyledi. Fakat Muttalib'in ümidi kırılmamıştı. Mekke'nin anne ve oğula Yesrib'in sağlayamayacağı olanaklar sağlayacağını vurguladı. Kutsal Ev'in bekçileri ve tüm Arabistan'daki haccın merkezi olan Kureyşliler şerefçe diğer Arap kabilelerinden üstündüler; büyük bir ihtimalle Şeybe, bir gün babasının görevini üstlenecek ve Kureyş'in liderlerinden biri olacaktı. Fakat bunun için önce kendi halkıyla bütünleşmeliydi. Dışardan gelen bir göçmen böyle bir şerefe tabiî ki hak kazanamazdı. Selmâ onun öne sürdüğü düşüncelerden çok etkilendi. Eğer oğlu Mekke'ye giderse onu Mekke'de ziyaret etmesi veya oğlunun onu ziyaret etmesi zor olmayacaktı. Bu nedenle onun gitmesine izin verdi. Muttalib yeğenini devesinin arkasına aldı ve yola koyuldu. Mekke'ye giderken yolda onlara rastlayanların, bu yabancı genci gördüklerinde "Abdu'l-Muttalib" yani "Muttalib'in kölesi" dediklerini duydu. O da "bu benim kardeşim Hâşim'in oğludur" diye cevap verdi. Sözlerine karşılık olarak verilen selâmla birlikteki gülümseme, şehirde ağızdan ağıza dolaşacak olan genç adamla ilgili haberlerin başlangıcıydı; o günden sonra genç, Abdu'l-Muttalib olarak anıldı.

Mekke'ye vardıktan kısa bir süre sonra, babasının hakları üzerinde Abdu'l-Muttalib ile amcası Nevfel arasında anlaşmazlık çıktı: fakat koruyucu amcasının ve Yesrib'den gelen desteğin yardımıyla Abdu'l-Muttalib, haklarını kazanabildi. Muttalib'in Yesrib'de verdiği sözlerden de ümit kesmedi. Yıllar sonra Muttalib öldüğünde hiç kimse yeğeninin hacılara yiyecek ve su sağlama haklarını almasına karşı çıkmadı. Onun bu işi becermekte amcasını ve babasını bile geçtiği söylenirdi.

1. "el" takısının kaldırıldığı hitaplar dışında isim el-Muttalib'dir. Fakat bu belirlilik takısı transkripsiyonda zorluk yarattığı için, bu ve bunun gibi "el" takısı taşıyan isimlerde hitap halini kullanmayı tercih ettik.

BİR KAYBIN TEKRAR BULUNUŞU

[4]

Kâ'be'nin kuzey-batı yönüne bitişik, alçak, yarı dairesel bir duvarla çevrilmiş bir bölüm vardır. Duvarın iki ucu Kâ'be'nin kuzey ve batı köşelerine birleşemeyecek kadar kısadır ve bu da hacılara geçiş sağlar. Fakat hacıların çoğu tavaflarını bu noktada geniş alırlar ve duvarın dışında tavaf ederler. Bu duvarın bulunduğu yer Hicr-i İsmail adını alır, çünkü İsmail ve Hacer'in mezarları onu kaplayan kayaların altındadır.

Abdu'l-Muttalib, Kâ'be'ye yakın olmayı o denli seviyordu ki bazen Hicr'e bir şilte serilmesini emrediyordu. Bir gece orada uyurken bir gölge geldi, ona: "Tatlı berraklığı kazıp çıkar" dedi. "Tatlı berraklık nedir?" diye sordu, fakat o sırada gölge kayboldu. Buna rağmen uyandığında ruhunda bir hafiflik ve mutluluk duydu, bu nedenle ertesi geceyi de orada geçirmeye karar verdi. Ziyaretçi tekrar geldi ve: "Haydi kaz" dedi. Fakat Abdu'l-Muttalib yine sorusuna cevap alamadı. Üçüncü gece ona şöyle söylendi: "Saklanmış hazineleri kaz." Abdu'l-Muttalib'in onların ne olduğunu sorması üzerine yine konuşan yok oldu. Fakat dördüncü gece emir: "Zemzemi kaz" idi; ve bu kez "Zemzem nedir?" sorusuna konuşan şu cevabı verdi:

"Onu kaz, pişman olmayacaksın,
Çünkü o mirastır
Senin büyük atalarından
O hiçbir zaman kurumaz,
Ve tüm hacıları sulamana yeter."

Daha sonra konuşan ona kan, gübre, karınca yuvası ve gagalı kuzguni kuşların bulunduğu bir yer aramasını söyledi. Ona "Allah'ın hacılarını tüm hac boyunca sulayacak temiz akan su için" dua etmesi söylendi.[1]

Güneş doğarken, Abdu'l-Muttalib kalktı ve Irakî Köşe adı verilen Kâ'be'nin kuzey köşesinde Hicr'i terk etti. Kuzey-batı duvarı boyunca diğer köşedeki Kâ'be'nin kapısına doğru yürüdü; birkaç adım gittikten sonra durdu, doğu köşesindeki Haceru'l-Esved'i (Kara Taş) öptü. Oradan tavafa başladı, tekrar Irakî Köşe'den Hicr'e, oradan batı köşesine -Suriye Köşesi- oradan da güneydeki Yemen Köşesi'ne gitti. İbrahim'in soyundan gelenler, İshakoğulları olsun, İsmailoğulları olsun mabedi güneşin tersi yönünde tavaf eder-

1. I.I, 93

ler. Yemen Köşesi'nden Haceru'l-Esved'e doğru yürüdüğünde, Ebû Kubeys Tepesi'ni ve sarı ışıkta kesin çizgileriyle belli olan diğer tepeleri görebiliyordu. Mabed'in etrafında yedi kez döndü. Her dönüşünde ışık daha parlaklaşıyordu, çünkü Arabistan'da alacakaranlık ile şafağın arası çok kısadır. Tavafı tamamladıktan sonra Haceru'l-Esved'den Kâ'be'nin kapısına gitti; kilide asılı olan metal halkayı tutarak kendisine öğretilen duayı okudu.

Yakınında, kumun üstünde kanat ve kuş sesleri duydu. Bir başka kuş daha göründü. Abdu'l-Muttalib ibadetini bitirip, kuşların kapının karşısında yaklaşık yüzyıldan beri duran kayalara doğru ilerleyişlerini seyretti. Bu kayalar put olarak kabul edilmişti ve Kureyşliler kurbanlarını bu iki kaya arasında kesiyorlardı. Kuşlar gibi Abdu'l-Muttalib de kayaların arasında kan olduğunu biliyordu. Gübre de vardı. Oraya yaklaştığında bir karınca yuvasının da varolduğunu gördü.

Eve gitti ve biri oğlu Haris, biri de kendisi için iki kazma aldı. Kazma sesleri ve garib görüntü -çünkü burası her taraftan rahatlıkla görülebilirdi-kalabalığı onların yanına çekti. Abdu'l-Muttalib'e duyulan büyük saygıya rağmen, kurbanların kesildiği bu putların dibini kazmanın hürmetsizlik olduğunu ve Abdu'l-Muttalib'in kazmayı bırakmasını söyleyenler çıktı. O durmayacağını, Hâris'e arkasında bekleyip kimsenin müdahale etmesine izin vermemesini söyledi.

Bu heyecanlı ve sihirli bir andı. Sonuç güzel çıkmayabilirdi. Fakat iki Hâşimî kararlı ve birlik içindeydiler, seyredenler ise şaşkınlık içindeydi. Isaf ve Nâile adındaki bu iki put, Mekke putları arasında yüksek bir yere sahip değildi; hatta onların Kâ'be'nin kudsiyetine tecâvüz ettikleri için taşa çevrilmiş Cürhümî bir kadınla bir erkek olduğu bile söyleniyordu. Bu nedenle Abdu'l-Muttalib'i durdurmak için hiçbir aktif hareket meydana gelmedi. O, kuyuyu kaplayan kayayla karşılaşıp, Allah'a şükrettiği sırada, kalabalığın bir kısmı oradan ayrılmak üzereydi. Kalabalık tekrar toplandı ve çoğaldı. Abdülmuttalib, Cürhümîlerin gömdüğü hazineleri çıkarırken herkes bunlar üzerinde kendine bir pay çıkarmaya çalışıyordu. Fakat o, bu hazinelerin kendisine mi, topluluğa mı, yoksa Kâ'be'ye mi kalacağı konusunda kur'a çekilmesine karar verdi. Şüpheli bir şeye karar vermekte kullanılan bu usûl, kabul edilmiş bir gelenekti. Bu gelenek Kâ'be'de Moabi putu Hubel önünde ok çekerek uygulanıyordu. Bu çekilişte hazinenin bir kısmı Kâ'be'ye, bir kısmı da Abdu'l-Muttalib'e çıktı ve Kureyş'e hiçbir şey çıkmadı. Aynı zamanda Zemzem üzerindeki kontrolün Hâşimîlerde olmasına karar verildi; çünkü hacılara su sağlamak onların göreviydi.

BİR OĞUL KURBAN ETMEYE İÇİLEN AND

[5]

Abdu'l-Muttalib, cömertliği ve akıllılığı ile Kureyş'ten saygı görüyordu. O çok yakışıklı bir adamdı, etkili bir görünüşü vardı. Zengin oluşu da kendini şanslı saymasının nedenlerinden biriydi; bütün bunların üstüne Zemzem'in tekrar inşa edilmesine vesile olan seçilmiş kişi olması da ekleniyordu. Bu lütufları için Allah'a çok minettardı. Fakat, Zemzem kuyusunu kazmayı durdurması söylendiğinde, gönlü birtakım düşüncelerle sıkılmıştı. Her şey iyi gitmişti, Allah'a şükür! Fakat daha önce bir oğul sahibi olmanın eksikliğini hiç bu kadar hissetmemişti. Örneğin, Abdu Şems kabilesinin başı, kuzeni Umeyye'ye birçok erkek evlat lutfedilmişti ve eğer kuyuyu kazan Mahzûm'un reisi Muğîre olsaydı, oğulları onun etrafında büyük ve güçlü daire oluşturabilirdi. Oysa kendisi, birden fazla karısı olmasına rağmen onu destekleyecek bir tek erkek çocuğa sahipti. Buna alışmıştı; fakat kendisine Zemzem'i veren Allah onu başka yönlerde de yüceltebilirdi. Bu yeni lütfun verdiği şevkle Tanrı'ya daha fazla erkek çocuk vermesi için dua etti. Duasına, eğer Allah, on evlat verirse ve hepsi de büyüyüp, bülüğ çağına gelirse, onlardan birini Kâ'be'de kurban edeceğini de ekledi.

Duası kabul olmuştu; yıllar geçmiş ve dokuz oğlu daha olmuştu. O andı içtiğinde, bu, ona çok uzak bir olasılık gibi görünmüştü. Fakat, Abdullah dışındaki tüm oğulları büyüdüğünde, içtiği ant düşüncelerinde yer etmeye başladı. Bütün oğullarıyla iftihar ediyordu; fakat içlerinde en çok Abdullah'ı sevdiği açıktı. Belki Tanrı da bu çocuğu seçmiş ve ona bu belirgin güzellik ve iyilikleri vermişti. Belki de onun kurban edilmesini istiyordu. Ne olursa olsun, Abdu'l-Muttalib sözünün eri bir insandı, sözünden dönmeyi hiçbir zaman düşünmemişti. O aynı zamanda çok adaletli bir insandı ve sorumluluklarının farkındaydı. Hangi oğlunu kurban edeceğini seçme yükünü kendi üstüne alamazdı. Bu nedenle Abdullah büyüdüğünde, on oğlunu da çevresine topladı ve onlara Tanrı'ya verdiği sözden bahsetti; sözünü yerine getirebilmesi için onlardan yardım istedi. Ona boyun eğmekten başka seçenekleri yoktu. Babalarının sözü kendi sözleriydi; ve ona ne yapmaları gerektiğini sordular. Babaları onlara her birinin bir ok üzerine kendi işaretini koymasını istedi. O sırada Kureyş'in oklara bakan falcısına Kâ'be'de bulunması için haber gönderdi. Oğullarını Kutsal Ev'e soktu ve falcıya verdiği sözden bahsetti. Her oğul kendi okunu hazırladı ve Abdu'l-Muttalib, Hubel'in yanında yerini aldı. Yanında getirdiği büyük bıçağı çıkardı ve Allah'a dua etmeye başladı. Oklar çekildi, çıkan Abdullah'ın okuydu. Babası bir eliyle onu, diğer eliyle de bıçağı tutarak onu kapıya doğru sürükledi, kendisine düşünme payı bırakmak istemezcesine kurban edeceği uygun bir yer arıyordu.

Fakat o evindeki kadınları, özellikle de Abdullah'ın annesi Fâtıma'yı hesaba katmamıştı. Diğer karıları Mekke dışındaki kabilelerdendi, bu nedenle Mekke üzerinde etkileri çok azdı. Fakat Fâtıma, en güçlü kabilelerden biri olan Mahzûm kabilesindendi, yani bir Kureyş'liydi. Bunun yanı sıra anne tarafından soyu Kusayy'ın oğullarından Abd'a dek uzanıyordu. Fâtıma'nın tüm ailesi bir yardım gerektiğinde müdahale edebilecek kadar yakındaydılar. Abdülmuttalib'in on oğlundan üçü Fâtıma'dandı: Zübeyr, Ebû Tâlib ve Abdullah. Fâtıma aynı zamanda, kardeşlerine çok bağlı olan Abdu'l-Muttalib'in beş kızının da annesi idi. Bu kadınlar boş durmuyordu ve şüphesiz kendi oğullarının başına da gelebilecek olan bu tehlike nedeniyle diğer karıları da Fâtıma'nın yanında yer alıyorlardı.

Oklara bakıldıktan sonra büyük bir topluluk fal oklarının bulunduğu yeri doldurdu. Abdülmuttalib ve Abdullah, Kâ'be'nin kapısında ölü gibi renksiz bir halde belirince Mahzûmîler arasından bir mırıltı yükseldi, çünkü kendi kardeşlerinin oğullarından birinin kurban edileceğini anladılar. "O bıçakla nereye?" diye bir ses yükseldi, halbuki hepsi bu sorunun cevabını biliyordu. Abdu'l-Muttalib ettiği yeminden bahsetmeye başladı, fakat Mahzûm'un şefi Muğîre onun sözünü kesti: "Onu kurban etmeyeceksin, onun yerine başka bir şey feda et; onun bedeli ne kadar çok olursa olsun, tüm Mahzûmoğulları kendi mallarını feda etmeye hazırdırlar." Bu zamana kadar Abdullah'ın diğer kardeşleri de Kâ'be'nin dışına çıkmışlardı. Hiçbiri konuşmamıştı, fakat şimdi babalarına dönüp kardeşlerini kefaret karşılığında kurtarması için yalvarıyorlardı. Herkes aynı şeyi söylüyor ve Abdu'l-Muttalib de ikna olmak istiyordu; fakat aklı şüphelerle doluydu. Sonunda, bu durumda kefaretin mümkün olup olmadığını sormaya ve mümkünse nasıl olacağını öğrenmek için Yesrib'de yaşayan akıllı bir kadına gitmeye karar verdi.

Abdullah'ı ve bir veya iki oğulunu daha yanına alarak Abdu'l-Muttalib, doğduğu şehre gitti. Orada kadının Yesrib'in yüz mil güneyinde, Yahudilerin yerleştiği Hayber'e gittiğini öğrendi. Bu nedenle yollarına devam ettiler ve kadını buldular. Kadına olayları anlattıklarında, kadın onlara ruhla konuşması gerektiğini ve ertesi gün gelmelerini söyledi. Abdu'l-Muttalib Allah'a dua etti. Ertesi gün kadın şunları söyledi: "Bana ilham geldi. Sizde kan bedeli nedir?" Ona on deve olduğunu söylediler. "Memleketinize dönün ve kurban edeceğiniz adamı bir tarafa, on deveyi bir tarafa koyun ve aralarında kura çekin. Ok adamın aleyhine çıkarsa, on deve daha ekleyin ve tekrar kura çekin. Fal develere çıkıncaya kadar develeri arttırın. Develeri kurban edip adamı salıverin" dedi.

Mekke'ye döndüler, Abdullah'ı ve on deveyi Kâ'be'nin avlusuna koydular. Abdu'l-Muttalib, Kâ'benin içine girdi ve Hubel'in yanında durarak, yaptıklarını kabul etmesi için Allah'a yalvardı. Okları çektiler ve ok Abdullah'ın aleyhine çıktı. On deve daha eklediler, fakat oklar yine develerin yaşaması, Abdullah'ın kurban edilmesi gerektiğini söylüyordu. Her seferinde on deve ekleyerek develerin sayısını artırmaya devam ettiler. Develerin sayısı yüzü buluncaya dek falın sonucu aynı çıktı. Sonunda fal, develerin aleyhine döndü. Fakat Abdu'l-Muttalib çok titiz bir insandı: bu kadar büyük karara varmak için bir okun sonucunu yeterli görmedi. Üç kez fal oku çekilmesi üzerinde durdu ve iki kez daha ok çektiler. Her seferinde fal develerin aleyhine çıktı. Sonunda Abdu'l-Muttalib Tanrı'nın kefareti kabul ettiğinden emin oldu ve develer kurban edildi.

[6]

Abdu'l-Muttalib hiçbir zaman Hubel'e ibadet etmedi: o hep Tanrı'ya-Al-lah'a- ibadet ederdi. Fakat Moabi putu, nesillerden beri Kâ'be'nin içindeydi ve tüm mabedlerin en büyüğü olan bu mabedi kaplayan lütuf ve manevî etkinin yani bereket'in cisimleşmiş şeklini temsil ediyordu. Arabistan'da başka küçük mabedler de vardı. Bunların en önemlileri Hicaz bölgesindeki "Allah'ın kızları" olarak kabul edilen Lât, Uzza ve Menât idi. Diğer Yesrib Arapları gibi, Abdu'l-Muttalib de küçüklüğünden beri, vahanın kuzeyinde, Kızıl Deniz'deki Kudayd'da bulunan Menât'ın tapınağına götürülmüştü. Kureyş için bunların en önemlisi, Mekke'nin bir günlük deve yolu güneyinde, Nahle ovasındaki Uzza putu idi. Bir günlük yol daha gidilirse, Hevâzin kabilesinden Sakif tarafından yönetilen ve Yeşil Cennet denilen Taif'e varılır. Lât "Taif'li bir kadın"dı ve onun putu gösterişli bir tapınağa konmuştu. Bu putun koruyucuları oldukları için Sakifliler kendilerini Kureyş'le bir tutarlardı: Kureyşliler de Mekke ve Taif'i kasdettiklerinde, "iki şehir" diyecek kadar Taif'i yüceltmişti. "Hicaz'ın Bostanı" denilen Taif'in verimliliği ve ikliminin güzelliğine rağmen halkı yine de kuzeydeki boş vadiyi kıskanıyordu. Çünkü kendi mabetlerinin, ne kadar yükseltseler de, Allah'ın Evi ile boy ölçüşemeyeceğini biliyorlardı. Tamamen tersi olmasını, yani kendi tapınaklarının tercih edilmesini de istemiyorlardı, çünkü onlar da İsmail'in soyundandılar ve Mekke'yle birçok bağları vardı. Bu konudaki duyguları çoğunlukla karmaşık ve birbirine karşıt oluyordu. Diğer tarafta Kureyş kabilesi hiç kimseyi kıskanmıyordu. Dünyanın merkezinde yaşadıklarından haberdardılar ve pusulanın her yönünden hacı çekebilecek derecede büyük bir mabedin sahibi olduklarını biliyorlardı. Onların yapması gereken tek şey kendileriyle diğer kabileler arasında kurulan iyi ilişkiyi bozmamaya çalışmaktı.

Abdu'l-Muttalib'in hacıları Mekke'de ağırlamayla ilgili görevleri, onun tüm bunlardan haberdar olmasını sağladı. Onun işlevi kabilelerarası bir işlevdi ve bir noktaya kadar tüm Kureyş tarafından paylaşılıyordu. Hacılara Mekke'nin bir ev olduğu hissettirilmeliydi. Onları hoş karşılamak, onların ibadet ettikleri şeyleri hoş karşılamak ve beraberlerinde getirdikleri putlara saygıda kusur etmemek anlamına geliyordu. Putları kabul etmenin ve onların etkili olduğuna inanmanın tek delili ve meşruiyeti gelenekti: babaları, babalarının babaları ve daha büyük ataları hep öyle yapmıştı. Bununla birlikte, Allah, Abdu'l-Muttalib için büyük bir hakikat ifade ediyordu. Şüphesiz o, İbrahim'in dinine Kureyş, Huzaa, Hevâzin ve diğer Arap kabilelerindeki çağdaşlarından daha yakın durumdaydı.

Fakat İbrahim'in dinini tam anlamıyla sürdüren bir kaç kişi vardı ve daima da olmuştu. Onlar putlara ibadetin geleneksel olmaktan çok, sonradan ortaya çıkmış bir tehlike (bid'at) olduğu kanaatindeydiler. Hubel'in İsrailoğulları'nın altın buzağısından pek farklı olmadığını görebilmek için tarihe bir göz atmak yeterliydi. Kendilerine Hanifler[1] adını veren bu şahısların putlarla hiç ilgisi yoktu ve putları Mekke'yi pisleten ve alçaltan varlıklar olarak görüyorlardı. Taviz vermekten uzak oluşları ve çoğu şeye karşı çıkışları onları Mekke toplumunun dışında kalmaya zorluyordu. Onlara karşı takınılan tavır, bir bakıma da kendilerini korumaya hazır olan kabileler tarafından belirleniyordu.

Abdu'l-Muttalib dört tane Hanif tanıyordu ve onların en saygını olan Varaka, Esed kabilesinden ikinci kuzeni Nevfel'in[2] oğlu idi. Varaka Hıristiyan olmuştu. O bölgedeki Hıristiyanlar arasında bir peygamberin gelişinin yakın olduğu fikri yaygındı. Bu inancın bu kadar yayılmasının sebebi ise Doğu'daki kiliselerden bazılarının bu inancı desteklemesi ve astrologlarla, kâhinlerin de bu inancı paylaşmasıydı. Yahudilere gelince, onlar da son gelen peygamberin İsâ olduğunu bildikleri için yeni bir peygamberin geleceği konusunda hemfikirdiler. Yahudi âlimleri onlara peygamberin çok yakında geleceğini, onun geleceğine delâlet eden birçok işaretin görüldüğünü ve muhakkak onun seçilmiş kavim olan yahudilerden çıkacağını söylüyorlardı. Varaka'nın da içlerinde olduğu bir grup Hıristiyan ise bu konuda şüphedeydiler. Onlara göre peygamberin Arap olmaması için hiçbir sebep yoktu. Arapların; Yahudilerden daha çok peygambere ihiyaçları vardı, çünkü en azından Yahudiler tek Tanrı'ya tapma bakımından İbrahim'in dinini takip ediyor ve putlara tapmıyorlardı. Arapların bu yalancı tanrılara tapmalarını ise sadece bir peygamber önleyebilirdi. Kâ'be'nin içinde ve çevresinde toplam 360 put vardı. Bunun yanı sıra Mekke'de her evde, evin merkezini oluşturan bir put bulunurdu. Yolculuğa çıkarken ve dönüşte yapılan ilk iş, putu okşamak ve ondan yardım dilemek olurdu. Bu uygulamalar sadece Mekke'ye özgü değildi, tüm Arabistan'a yayılmıştı. Bazı yerleşik Hıristiyan Arap topluluklarının varolduğu da bir gerçekti: Bunlar güneyde, Necran ve Yemen'de, kuzey'de ise Suriye kıyılarında bulunuyorlardı. Fakat, tüm Ak-

---

1. Hanif kelimesi (çoğulu hunefâ) "ortodoks" anlamını taşır. Bak. K. VI. 161. Yazar M. Lings, Hanif terimini her ne kadar ortodoksluk olarak tarif ediyorsa da, gerçekte asıl anlamı 'Hak dine eğilim', 'tevhîd dini', 'muvahhid olmak' veya 'Allah'ı birleyen, bir tanıyan' demektir. (İnsan Yay.)

2. Hâşim'in kardeşi Nevfel'le karıştırılmaktadır.

deniz'i ve Avrupa'yı değiştiren Allah'ın son vahyi (İsâ), altı yüzyıldan beri Mekke vadisindeki putperest topluluk üzerinde hiçbir önemli etkiye sahip olamamıştı. Hicaz Arapları ve doğusundaki geniş Necd ovasındaki Araplar kutsal kitapların mesajına kapalı gibi görünüyordu.

Kureyş ve diğer putperest kabileler Hıristiyanlara düşman değildiler. Hıristiyanlar bazen İbrahim'in Mabed'ini ziyarete gelirler ve Araplar tarafından diğer hacılar gibi ağırlanırlardı. Hatta bir hıristiyanın Kâ'be'nin içinde Meryem ve İsâ portresi boyamasına izin verilmiş, teşvik bile edilmişti. Fakat bu resim ve diğerleri bir tenakuz teşkil ediyordu, Kureyşliler ise bu çelişkiye aldırmaz görünüyorlardı. Onlar için bu, sadece putlarına iki yeni putun eklenmesinden ibaretti.

Kabilesindeki çoğu kişinin aksine Varaka eski kutsal kaynakları okuyabiliyordu. Onlar üzerinde bir araştırma bile yapmıştı. Bu nedenle O, hristiyanların çoğunlukla Hamsin yortusunda kutladıkları mucizeye (Pentecost) delalet ettiğini söyledikleri İsâ'nın sözlerinden bir kısmının bu anlamı aştığını ve henüz ortaya çıkmamış bir şeyi kasdettiğini farkedebiliyordu. Fakat bu cümlelerin anlamı gizli idi, neye delalet ettiği anlaşılmıyordu: "O hiçbir zaman kendiliğinden konuşmaz, onun söyledikleri duyduklarından ibarettir."[3]

Varaka'nın kendine çok yakın olan Kuteyle adında bir kızkardeşi vardı. Çoğunlukla bütün bunları ona anlatırdı. Onun söyledikleri Kuteyle üzerinde o denli etkili olmuştu ki beklenen peygamber sürekli düşüncelerinde yer ediyordu. O gerçekten aralarında olabilir miydi?

Develer kurban edilir edilmez, Abdu'l-Muttalib kurtulan oğlunu evlendirmeye karar verdi. Biraz araştırdıktan sonra, Kusayy'ın kardeşi Zühre'nin torunu olan Vehb'in kızı Âmine'yi uygun bir eş olarak seçtiler.

Vehb, Zühre kabilesinin şefiydi, fakat birkaç yıl önce ölmüştü. Âmine, babasından sonra kabilenin şefi olan erkek kardeşi Vuheyb'in velâyeti altındaydı. Vuheyb'in de evlenecek yaşta Hâle adında bir kızı vardı. Abdu'l-Muttalib evlilik kararını onaylatırken Âmine'yi oğluna, Hâle'yi de kendine istedi. Vuheyb de bu anlaşmayı kabul etti ve aynı zamanda yapılacak olan bu çifte düğün için tüm hazırlıklar yapıldı. Karar verilen gün Abdu'l-Muttalib oğlunun elinden tutup Beni Zühre'nin[4] yerleştiği evlere doğru yürümeye başladı. Beni Esed'ın evleri de yol üzerindeydi. O sırada Varaka'nın kardeşi Kuteyle de, bu meşhur düğünü görebilmek için evinin kapısı önünde oturuyordu. Abdu'l-Muttalib o sıra yetmiş yaşlarındaydı, fakat yaşına göre her bakımdan hâlâ genç görünüyordu. İki damadın yavaş yavaş

3. St. John, 16-13

4. Zühreoğulları ve onun soyundan gelenler. Benî, İbn'in çoğuludur.

yaklaşması, kutlanan tören nedeniyle daha da ziyadeleşen heybetli ve zarif görünümleri gerçekten etkileyici bir manzara arzediyordu. Daha da yaklaştıklarında Kuteyle gözlerini genç adama dikti. Abdullah güzellikte zamanının Yûsuf'u gibiydi. Hatta Kureyş'in en yaşlı erkek ve kadınları o zamana dek böyle güzel kimse görmediklerini söylüyorlardı. O şimdi gençliğinin baharında, yirmi beş yaşında idi. Fakat Kuteyle bu kez onun yüzünde başka bir şeylerin varolduğunu ve alnında dünyanın ötelerinden gelen bir nur (ışık) parladığını fark ederek şaşırdı. Beklenen peygamber Abdullah olabilir miydi? Yoksa o beklenen peygamberin babası mı olacaktı?

Baba-oğul tam onun yanından geçmişlerdi ki "Ey Abdullah!" diye bir ses duydular. Babası, sanki onun gidip kuzeniyle konuşmasını istermiş gibi elini bıraktı. Abdullah, yüzünü Kuteyle'ye çevirdi, kadın ona nereye gittiğini sordu. Abdullah bir şeyler sakladığı için değil, fakat onun düğüne gittiğini bilmesi gerektiğini düşünerek sadece "Babamla gidiyorum" diye cevap verdi. Kuteyle: "Beni şimdi ve burada al ve benimle evlen, sana yerine kurban edilen develer kadar deve vereceğim" dedi. Abdullah ise "Babamla beraberim, onun isteklerinin dışına çıkamam ve onu bırakamam" diye cevap verdi.[5]

Evlilikler planlandığı gibi yapıldı ve iki çift birkaç gün Vuheyb'in evinde kaldılar. Bu sırada Abdullah, kendi evinden bir şeyler almak üzere yola çıkmıştı, yine Varaka'nın kardeşi Kuteyle'ye rastladı. Kadının gözleri yüzünü öyle araştırır bakışlarla tarıyordu ki, konuşmasını bekler bir şekilde yanında durdu. Kadın bir şey söylemeyince, bir gün önce söylediklerini neden tekrarlamadığını sordu. Kuteyle şu cevabı verdi: "Dün yüzünde varolan ışık bugün yok. Bugün benim senden istediklerimi bana veremezsin."[6]

Evlenmelerin meydana geldiği yıl M.S. 569 idi. Bunu takip eden yıl Fîl yılı olarak bilinir ve birden fazla sebep nedeniyle önem taşır.

---

5. I.I., 100.
6. I.I. 101.

FİL YILI

[7]

O yıllarda Yemen, Habeşistan'ın yönetimindeydi ve Ebrehe adında bir Habeş'li tarafından yönetiliyordu. Ebrehe, San'a'da bütün Arabistan'ın hac yeri olarak Mekke'den daha ileri olmasını istediği büyük bir katedral yaptırdı. Bu katedral için Saba Melikesi'nin terk edilmiş saraylarından mermerler getirtti, altından haçlar, fildişi ve abanozdan minberler yaptırttı ve Necâşi'ye şunları yazdı: "Kralım, sizden önce hiçbir krala nasip olmayan bir kilise yaptırdım. Sizi ve tüm Arapları bu kiliseye haccetmeye razı edene kadar uğraşacağım." Bu dileğini gizli de tutmuyordu. Bu nedenle Hicaz ve Necd Arapları arasında büyük bir gerginlik ortaya çıkmıştı. Sonunda Kureyş'e yakın kabilelerden biri olan Kinane'li bir adam San'a'ya kiliseyi pisletmek için gitti. Bir gece gizlice gidip, sağ salim geri döndü.

Ebrehe bunu duyunca, Kâ'be'yi yerle bir etmeye and içti. Hazırlıklarını tamamlayıp büyük bir ordu ile Mekke'ye doğru yola çıktı. Ordunun önünde ise bir fil gidiyordu. San'a'nın kuzeyindeki birtakım Arap kabileleri onu durdurmaya çalıştılar, fakat Habeşistanlılar onları yendi ve Kes'am kabilesinin lideri Nufeyl'i esir aldılar. Nufeyl hayatının bağışlanmasına karşılık onlara rehberlik etmeyi kabul etti.

Ordu Taif'e vardığında Sakîf kabilesi, Ebrehe'nin Kâ'be yerine kendi tapınakları Lât'ı yıkmasından korkarak onu karşılamaya çıktılar. Varmak istediği yere henüz ulaşmadığını söyleyip, geri kalan yolda onlara rehberlik etmesi için beraberine bir adam verdiler. Ebrehe yanında Nufeyl olmasına rağmen teklifi kabul etti. Fakat yanına verdikleri adam Mekke'ye iki mil kala, Muğammis'te öldü, onu oraya gömdüler. Araplar bu mezarı bugüne dek hep taşlayagelmişlerdir.

Ebrehe Muğammis'te mola verdi ve Mekke tepelerine atlı bir grup gönderdi: Bu öncü grup yolda ne bulurlarsa aldılar ve Ebrehe'ye Abdu'l-Muttalib'in iki yüz devesini de içeren bir sürü gönderdiler. Kureyş ve komşu kabileler savaş konseyi topladı ve düşmana karşı koymanın bir anlamı olmadığına karar verdiler. O sırada Ebrehe, Mekke'ye beraberinde oranın şefini getirmesi için bir elçi gönderdi. Elçi onlara savaş etmek istemediklerini, sadece Kâ'be'yi yıkacaklarını ve kan dökülmesini istemiyorlarsa şefin kendisiyle birlikte Habeşlilerin karargâhına gelmesi gerektiğini söyledi.

Haklar ve görevler Abdu'd-Dâr ve Abdu Menâf sülâleleri arasında bölüştürüldüğünden beri Kureyş'in resmî bir başkanı yoktu. Fakat herkesin fikrinde kabilelerden birinin başkanı, Mekke'nin şefi olarak yer etmişti. Bu kez elçi Abdu'l-Muttalib'in evine yöneldi ve Abdu'l-Muttalib, oğullarından biriyle beraber elçinin arkasından gitti. Ebrehe onu gördüğünde görünüşünden o denli etkilendi ki selamlamak için ayağa kalktı ve halının üstüne, onun yanına oturdu. Ebrehe tercümana Abdu'l-Muttalib'den bir şey sorup sormak istemediğini öğrenmesini söyledi. Abdu'l-Muttalib, askerlerin ikiyüz devesini aldığını ve onların geri verilmesi gerektiğini söyledi. Ebrehe biraz şaşırdı ve hayal kırıklığına uğradığını belirtti. Develerinden çok yıkılmak istenen dinini düşünüyor olmalıydı. Abdu'l-Muttalib şu cevabı verdi: "Ben develerin sahibiyim, Kâ'be'nin de onu koruyan bir sahibi vardır". Ebrehe: "Bana karşı koruyamaz" dedi. Abdu'l-Muttalib: "Bunu göreceğiz, sen bana develerimi geri ver" dedi. Ebrehe de develerin geri verilmesi için emir verdi.

Abdu'l-Muttalib, Mekke'ye döndü ve Kureyşlilere şehrin üzerindeki tepelere çekilmelerini tavsiye etti. Daha sonra ailesinden bir grupla Kâ'be'ye gitti. Kâ'be'nin yanında durarak, Allah'a, Ebrehe ve askerlerine karşı kendilerine güç vermesi için yalvardılar. Abdu'l-Muttalib de Kâ'be'nin kapısındaki metal halkaya yapışarak "Allah'ım, kulun kendi evini korudu, Sen de kendi Ev'ini koru" diye yalvardı. Duayı bitirdikten sonra diğer Kureyşliler'le birlikte Mekke'nin dışındaki tepelere çıktılar, oradan aşağıda ne olup bittiğini görebiliyorlardı.

Ertesi sabah Ebrehe şehrin üzerine yürümek için hazırlandı. Kâ'be'yi yıkıp tekrar aynı yoldan San'a'ya dönmeyi düşünüyordu. Süslenen fil, zaten hazır olan ordunun en önüne geçirildi. Güçlü hayvan, konumunu aldıktan sonra, bakıcısı Üneys tarafından ordunun gittiği yöne, yani Mekke'ye doğru çevrildi. İsteksiz olmasına rağmen rehber yapılan Nufeyl, ordunun en önünde Üneys'le birlikte gitmek zorundaydı. Bu sırada Üneys'ten hayvana nasıl kumanda ettiğini de öğrenmişti. Ve Üneys ilerleme emrini anlayabilmek için başını çevirdiği bir anda Nufeyl filin kulağına yavaşça çökmesini fısıldadı. Bunun üzerine fil Ebrehe ve askerlerini şaşırtacak bir şekilde kendini yere bıraktı. Üneys ona kalkmasını emretti, fakat fil Nufeyl'in emrinden çıkmadı. Onu ayağa kaldırmak için ellerinden geleni yaptılar; hatta başına demir çubuklarla vurdular, karnını sivri çubuklarla dürtüklediler, fakat fil taş gibi yerinde sabit duruyordu. Daha sonra tüm orduyu Yemen tarafına yürütüp kendilerini takip etmesi için kaldırmayı denediler. Fil kalktı ve peşlerinden gitti. Orduyu tekrar Mekke yönüne çevirdiler, fil de o tarafa döndü, fakat bir adım bile atmadan oraya çöktü.

Bu, bir adım bile ileri gitmemeleri gerektiğine açık bir uyarı idi. Fakat Ebrehe yaptırdığı mabedi kabul ettirmeye ve onun rakibini yok etmeye o kadar kararlı idi ki, bu uyarıyı göremez hale gelmişti. Eğer geri dönmüş olsalardı, belki büyük felâketten kurtulabilirdi. Ama geç kalmışlardı: birden batı tarafındaki gökyüzü karardı ve acayip bir ses duyuldu. Denizden gelen bu karanlık manzara genişledi ve yukarı baktıklarında gökyüzünün kuşlarla dolu olduğunu gördüler. Kurtulanlar, kuşların uçuşunun kırlangıca benzediğini ve her kuşun, biri ağzında ikisi ayaklarında olmak üzere, kuru fasülye büyüklüğünde üç çakıl taşı taşıdığını söylediler. Askerlerin üzerine çullandılar ve taşlamaya başladılar; taşlar o denli sert ve hızlı idi ki, zırhları bile delip geçiyordu. Her taş hedefini buluyor ve öldürüyordu; çünkü taş bedene değer değmez beden yavaş yavaş veya aniden çürümeye başlıyordu. Taşlar herkese isabet etmemişti, Üneys ve fil de bunlar arasındaydı. Kurtulanlardan bir kısmı Hicaz'da kaldı ve çobanlık ederek veya başka işler yaparak geçimlerini sağladılar. Fakat ordunun büyük bir çoğunluğu tekrar San'a'ya döndü. Çoğu yolda öldü, Ebrehe'nin de içinde bulunduğu diğer grup ise San'a'ya vardıktan sonra öldüler. Nufeyl ise ordunun dikkatinin file çevrildiği bir sırada oradan ayrılmış ve Mekke'nin üstündeki tepelere kaçmıştı.

O günden sonra Araplar Kureyşlilere "Tanrı'nın halkı" adını verdiler ve daha çok saygı göstermeye başladılar. Çünkü Allah, onların dualarını kabul etmiş ve Kâ'be'yi yıkılmaktan korumuştu. Kureyşliler birincisiyle pek ilgisiz olmayan ve aynı yılda, Fîl yılında meydana gelen başka bir olayla da şeref ve saygınlık kazanacaklardı.

Abdu'l-Muttalib'in oğlu Abdullah kuşların mucize gösterdiği sırada Mekke'de değildi. Kervanlardan biriyle Filistin ve Suriye'ye ticaret için gitmişti; dönüşte Yesrib'te babaannesinin akrabalarına uğradı ve orada hastalandı. Kervan Mekke'ye onsuz döndü. Oğlunun hastalık haberini duyunca Abdu'l-Muttalib, iyileştiğinde kardeşini geri getirmesi için oğlu Hâris'i gönderdi. Fakat Hâris, Yesrib'li kuzenlerinin evine vardığında teselli dolu selamlamalar aldı ve kardeşinin öldüğünü anladı.

Hâris döndüğünde Mekke üzüntüye boğuldu. Âmine'nin tek tesellisi doğacak olan bebeğiydi ve doğum yaklaştıkça kederi daha da azaldı. İçinde bir nur taşıdığının farkındaydı. Birgün kendisinden öyle bir ışık parladı ki Suriye'deki Basra kalelerini bile görebildi. Kendisine bir sesin şöyle dediğini duydu: "Sen karnında halkının önderi olacak bir şahsı taşıyorsun; doğduğunda şöyle de: "Onu her türlü kötülükten, Allah'ın koruması altına emanet ediyorum" ve adını Muhammed koy."[1]

Birkaç hafta sonra çocuk dünyaya geldi. Âmine amcasının evindeydi. Abdu'l-Muttalib'e gelip torununu görmesi için haber gönderdi. Abdu'l-Muttalib çocuğu kucağına aldı ve Kâ'be'ye götürdü. Orada verdiği hediye için Allah'a şükretti. Daha sonra çocuğu tekrar annesine getirdi. Fakat dönüşte önce kendi evine uğradı ve çocuğu evdekilere gösterdi. Kendisi de Âmine'nin yeğeni Hâle'den kısa bir süre sonra çocuk sahibi olacaktı. O sırada en küçük oğlu, üç yaşındaki Abbâs'tı. Kapının önünde durmuş babasına bakıyordu. Abdu'l-Muttalib yeni doğmuş bebeği ona doğru uzatarak: "Bu senin kardeşin, kardeşini öp" dedi. Abbâs da onu öptü.

1. I.I., 102.

ÇÖL

[8]

Erkek çocukların, doğduktan sonra çöle emzirilmek ve belli bir yaşa kadar büyütülmek üzere gönderilmesi Arabistan'da yaygın bir gelenekti. Çocuk ölüm oranının yüksek ve salgın hastalıkların yaygın oluşu nedeniyle Mekke'de de bu gelenek sürdürülüyordu. Fakat bundan amaç sadece çocuğun çölün temiz havasını teneffüs etmesi değildi. Bu sadece bedenle ilgili bir sebepti. Çölün insan ruhu üzerinde de birtakım etkileri vardı. Kureyş yerleşik hayata yeni geçmişti. Kusayy, onlara Mabed'in etrafına evler yapmalarını söyleyene dek yarı göçebe bir hayat yaşıyorlardı. Yerleşik hayat tabiî ki kaçınılmazdı, fakat bu türlü yerleşme sakıncalıydı. Soyluluk ve özgürlük birbirinden ayrılmaz iki kavramdı ve göçebe özgürdü. Çölde bir insan, mekâna hükmettiğinin bilincindeydi; bu hükmetme sayesinde de bir bakıma zamanın baskısından kurtuluyordu denebilir. Çöl insanı, çadır bozarak geçmiş zamanı silebiliyordu; zamanı ve yeri henüz belirmediği için yarın bir hüsran olarak görünmüyordu. Fakat şehirli insan bir mahpustu. Onun bir yerde sürekli kalmak zorunda oluşu herşeyi çürütüyor ve -dün, bugün, yarını- zamanın gayesi haline getiriyordu. Şehirler bozulma yerleriydi. Şapşallık ve tembellik onların duvarları arasına gizlenmiş ve insanın uyanık ve tetikte oluşunu köreltmek için hazır bekliyorlardı. Orada her şey, hatta insanın sahip olduğu en önemli özellik olan dil bile bozuluyordu. Arapların çok azı okuyabilirdi; fakat güzel konuşma tüm Araplar'ın çocuklarında görmek istediği üstün bir meziyetti. İnsanın değeri güzel konuşması ve belâgatı ile ölçülürdü ve belâgatın başı da şiirdi. Ailede bir şâirin bulunması övünülecek bir olaydı. En iyi şâirler hemen hemen tamamen çöldeki birkaç kabileden çıkıyordu. Çünkü çölde konuşulan dil şiire çok benziyordu.

Bu nedenle çölle bağlantı her nesilde yenilenmeliydi; ciğerler için temiz hava, dil için saf Arapça, ruh için özgürlük. Kureyş'in erkek çocukları, çölden bu faziletleri kapabilmeleri için, daha kısa süre de yeterli olmasına rağmen, sekiz yaşlarına kadar çölde kalırlardı.

Bazı kabileler çocuklara bakma ve büyütmede iyi şöhret kazanmıştı. Bunlardan biri de Mekke'nin güneydoğusunda yerleşen, Hevâzinlilerin en önemli kollarından biri olan Beni Sa'd İbn Bekr kabilesi idi. Âmine oğlunu bu kabileden bir kadına vermek istiyordu. Onlar Mekke'ye belirli zamanlarda süt çocuğu almak için gelirlerdi ve yakında bir grubun gelmesi bekleniyordu. Mekke'ye bu kez yaptıkları yolculuğu, onlardan biri, kocası Hâris'le birlikte gelen ve yeni doğum yapmış olan Ebû Zu'ayb'ın kızı Halîme şöyle anlatıyor: "O yıl bir kıtlık yılıydı ve hiçbir şeyimiz kalmamıştı. Dişi eşeğimin üzerine bindim. Yanımıza bir damla bile süt vermeyen yaşlı dişi devemizi de aldık. Açlıktan ağlayan küçük oğlumuz yüzünden bütün gece uyuyamadık. Çünkü göğsümde onu besleyecek kadar süt yoktu. Eşeğim o kadar zayıf ve güçsüz idi ki çoğunlukla diğerlerini bekletiyordum."

Develerin ve eşeğin beslenip güçlenebilmesi için nasıl bir damla yağmur yağmasını beklediklerini anlattı. Fakat Mekke'ye varana dek hiç yağmur yağmadı. Beni Sa'dlılar süt çocuğu almak için etrafa bakınmaya başladıklarında, Âmine orada bulunanlara sırayla oğlunu almaları için teklifte bulundu, fakat hepsi reddettiler. Halîme: "Bunun sebebi çocuğun babasından biraz destek beklememizdi. O bir yetim, annesi ve dedesi bize ne sağlayabilir? diyerek onu almadık" dedi. Çocuk emzirmek için doğrudan bir ücret istemiyorlardı, çünkü çocuğa verilen süt karşılığında para almak şerefsizlik sayılıyordu. Aldıkları karşılık daha dolaylı ve uzun süreye bağlıydı. Şehirlilerle göçebeler arasındaki bu değiş-tokuş doğal bir şeydi, çünkü birinin zengin olduğu konuda diğeri fakirdi. Göçebenin teklif ettiği şey Tanrı vergisi geleneksel yaşam şekliydi. Hâbil'in yaşam şekli. Kâbil'in oğulları ise -ilk şehirleri kuran Kâbil'di- zenginliğe ve güce sahiptiler. Bedevînin avantajı, büyük ailelerden biriyle sürekli bir bağ kurmaktı. Sütanne, kendisine ikinci bir anne gibi bağlanacak ve yaşamı boyunca minnettar kalacak bir oğul sahibi oluyordu. O aynı zamanda kendi çocuklarına da kardeş gibi davranacaktı. Bu ilişki sadece sözde bir ilişki değildi. Araplara göre süt de verâset kanallarından biriydi ve emzirenin nitelikleri hemen bebeğe de geçerdi. Fakat süt çocuktan büyüyene dek hiçbir şey beklenemezdi, o büyüyene dek çocuğun görevlerini babası yüklenirdi. Bir büyükbaba (dede) görevler için uzak sayılabilirdi. Bu durumda ise Abdu'l-Muttalib'in yaşlılığı nedeniyle uzun süre yaşayamayacağı belliydi. Öldüğünde torunu değil oğulları miras alacaklardı. Âmine ise fakirdi; çocuğa gelince, babası ona zengin bir miras bırakacak kadar yaşamamıştı. Oğluna beş tane deve, küçük bir koyun ve keçi sürüsü ve bir cariyeden başka miras bırakmamıştı. Abdullah'ın oğlu aslında saygın bir aileye mensuptu; fakat bu yıl teklif edilen en fakir çocuktu.

Diğer taraftan sütanne ve ailesinin zengin olmaları beklenmese de çok fakir olmamaları istenirdi. Halîme ve kocası arkadaşları arasında en fakir olanlarıydı. Halîme ve diğeri arasında bir tercih ihtimali olduğunda, diğeri tercih ediliyordu. Sonunda Halîme dışında tüm Beni Sa'd kadınları birer çocuk sahibi olmuşlardı. Sadece en fakir sütanne çocuksuz, en fakir çocuk da sütannesiz kalmıştı.

"Mekke'den ayrılmaya karar verdiğimizde" dedi Halîme, "kocama dedim ki: tüm arkadaşlarımın arasında emzirecek bir çocuk bulamadan dönmekten hoşlanmıyorum. Gidip o yetimi alacağım." "Nasıl istersen" dedi. "Onun sayesinde Tanrı bize belki lutfeder." Ondan başka bir bebek bulamadığım için döndüm ve onu aldım. Onu alıp konakladığımız yere döndüm, onu kucağıma alıp göğsüme yaklaştırdığımda göğsüm onun için sütle doldu. O kendi memesini emdi, diğerinden de süt kardeşi doydu. Sonra ikisi de uyudular. Kocam yaşlı devemizin yanına gitti, bir de ne görsün! Memeleri süt doluydu. Onu sağdı ve doyuncaya dek ikimiz de sütten içtik. En güzel gecemizi geçirdik ve sabahleyin kocam bana şöyle dedi: "Halîme, senin aldığın bu çocuk korunmuş bir varlık." "Benim dileğim de bu" dedim. Daha sonra yola koyulduk, ben eşeğe bindim, arkama da çocuğu bindirdim: Eşeğim herkesinkini geçti ve hiçbiri ona yetişemedi. Bana: "Hey, bizi bekle! Geldiğin eşek bu mu?" diye sordular. "Tabiî bu" dedim. "Ona bir mucize isabet etmiş" dediler.

"Beni Sa'd yöresindeki çadırlarımıza ulaştık. Allah'ın yarattığı yeryüzünde burası kadar kısır ve verimsiz bir toprak daha olduğunu sanmıyorum. Fakat biz çocuğu beraberimizde getirdikten sonra sürümüz her seferinden karnı tok ve sütle dolu olarak eve dönüyordu. Diğerlerinin bir damla bile sütü yokken biz onları sağıp içiyorduk. Komşularımız ise kendi çobanlarına "Gidin ve onların çobanının otlattığı yerlerde sürüleri otlatın" diyorlardı. Yine onların sürüleri aç ve sütsüz dönerken, bizimkiler tok ve sütle dolu dönüyorlardı. Çocuk iki yaşına gelip ben onu sütten kesinceye dek Allah'ın bu lütfu devam etti.[1]

"Çocuk iyi büyüyordu" diye devam etti. "Ve diğer çocukların hiçbiri büyümede ona yetişemiyordu. İki yaşına geldiğinde iyi gelişmiş bir çocuktu, bize getirdiği bereket nedeniyle bizde daha çok kalmasını istememize rağmen onu annesine geri götürdük. Ona şöyle dedim: "Küçük oğlumu daha çok güçlenene dek benim yanımda bırak, çünkü Mekke'de onun salgın hastalıklara yakalanmasından korkuyorum". Onu bize tekrar verene dek annesine ısrar ettik.

"Dönüşümüzden aylar sonra bir gün, o ve kardeşi çadırın arka tarafında kuzularla beraberlerdi. Kardeşi koşarak geldi ve: "Kureyşli kardeşim, beyazlar giymiş iki kişi onu aldılar, yere yatırdılar ve göğsünü açtılar, elleriyle göğsünü karıştırıyorlar" dedi. Bunun üzerine ben ve babası onların yanına gittik, onu oturur bulduk, fakat yüzü solgun görünüyordu. Onu yanımıza çektik ve "Sana ne oldu oğlum?" diye sorduk. Şöyle cevap verdi:

1. I.I., 105.

"Beyazlar giymiş iki adam yanıma geldi, beni yatırdılar ve göğsümü açtılar, içinde bilmediğim bir şeyi araştırdılar"[2].

Halîme ve kocası Hâris etrafa bakındılar, fakat insana benzer bir şey göremediler. İki çocuğun söylediğini doğrulayacak bir damla kan veya yara bile yoktu. Sorulan sorular çocukları söyledikleri şeyden vazgeçiremedi. Çocuğun küçücük göğsünde bir çizik bile yoktu. Normal olmayan tek şey çocuğun sırtında, iki kürek kemiğinin ortasındaydı: küçük, fakat belirgin yuvarlak bir işaret. Sanki bir bardak kapanmış gibi oranın etleri derinin üstünde bir yükseklik meydana getiriyordu. Fakat bu işaret doğuştandı.

Daha sonraki yıllarda çocuk bu olayı daha ayrıntılı bir şekilde anlatabiliyordu: "Beyazlar giymiş iki adam yanıma geldi, ellerinde karla dolu altın bir leğen vardı. Sonra beni yatırdılar ve göğsümü açtılar, kalbimi dışarı çıkardılar. Aynı şekilde onu da ikiye ayırdılar, içinden siyah bir pıhtıyı alıp attılar. Daha sonra kalbimi ve göğsümü karla yıkadılar."[3] Şunları da ekledi: "Meryem ve İsâ dışında, doğduğu andan itibaren tüm Âdemoğullarına Şeytan dokunmuştur."[4]

---

2. A.g.e.

3. I.S.I/1, 96.

4. B. Lx,54.

İKİ KAYIP

[9]

Halîme ve Hâris sonunda çocukların doğru söylediğine inandılar ve bu olay onları çok etkiledi. Hâris, süt çocuklarının kötü bir ruha sahip olmasından veya büyüye uğramasından korktu ve karısına bu kötülükler meydana çıkmadan çocuğu annesine teslim etmeleri gerektiğini söyledi. Halîme onu bir kez daha Mekke'ye götürdü, geri götürmelerinin asıl nedenini gizlemek niyetindeydi. Fakat Âmine, daha önceki fikirlerini neden değiştirdiklerini öğrenmek için çok ısrar etti, sonunda tüm hikâyeyi öğrendi. Her şeyi öğrendikten sonra Halîme'yi teskin ederek: "Benim küçük oğlumda büyük harikalar gizli" dedi. Sonra hamileyken başından geçenleri, kendi içinde bir nur taşıdığının nasıl farkına vardığını anlattı. Halîme çocuğu yanında tutmaya razı olmuştu, fakat bu kez Âmine çocuğuna kendi bakmaya karar verdi: "Onu benimle bırak ve selametle evine dön" dedi.

Çocuk, annesiyle Mekke'de yaklaşık üç yıl kadar mutlu yaşadı ve dedesinin, amcalarının, halalarının ve kuzenlerinin beğenisini kazandı. Özellikle ona en yakın olanlar, Muhammed'in anne-babasıyla aynı günde evlenen Abdu'l-Muttalib'in son evliliğinden olma çocukları Hamza ve Safiye idi. Hamza, Muhammed'le (s.a.v.) aynı yaştaydı, Safiye ise biraz daha küçüktü. Babası tarafından amca ve halası, anne tarafından ise kuzenleri olan bu ikiliyle ömür boyu sürecek olan güçlü bir bağ kurdu.

Altı yaşına geldiğinde, annesi onu Yesrib'deki akrabalarına ziyarete götürmeye karar verdi. Kuzeye giden bir kervana katıldılar, yanlarında iki deve vardı, birinde Âmine, diğerinde cariye ile Muhammed (s.a.v.) gidiyordu. Daha sonraları, çocuk beraber kaldıkları Hazrecli akrabalarının yanında nasıl uçurtma uçurmayı ve havuzda yüzmeyi öğrendiğini hatırlayıp anlatırdı. Fakat Yesrib'den ayrılmalarından kısa bir süre sonra Âmine hastalandı ve kervandan ayrılıp orada istirahat etmek zorunda kaldılar. Birkaç gün sonra Âmine vefat etti - Yesrib'den çok uzak olmayan bir yerde, Ebva'da- ve oraya gömüldü. Şimdi iki taraftan da yetim olan çocuğu Bereke elinden geldiğince teselli etmeye çalıştı. Bazı yolcuların yardımıyla onu Mekke'ye getirmeyi başardı.

Şimdi artık ondan tamamen dedesi sorumluydu. Günler geçtikçe Abdu'l-Muttalib'in Abdullah'a duyduğu özel sevginin onun oğluna aktarıldığı gözleniyordu. Abdu'l-Muttalib her zaman Kâ'be'ye yakın olmayı seviyordu. Zemzem'i kazması emredildiğinde de Hicr'de uyuyordu. Bu nedenle ailesi onun için Kutsal Ev'in gölgesine hergün bir şilte sererdi. Babalarına duydukları saygı nedeniyle oraya, oğullarından hiçbiri, hatta Hamza bile onun yanında oturmaya giremezdi; fakat küçük torununun bu tür sorunları yoktu. Amcaları ona başka yerde oturmasını söylediklerinde Abdu'l-Muttalib şöyle derdi: "Oğlumu olduğu gibi bırakın, onun geleceği çok büyük." Muhammed, onun yanında oturur ve sırtına binerdi. Dedesi de onun yaptıklarını memnuniyetle seyrederdi. Hemen hemen her gün Kâ'be'de ve Mekke'nin diğer yerlerinde elele görülebilirlerdi. Hatta Abdu'l-Muttalib, Meclis'e giderken de onu beraberinde götürürdü. Hepsi kırk civarında tüm şeflerin toplandığı bu mecliste çok önemli meseleler konuşuluyordu ve seksen yaşındaki yaşlı şef, yedi yaşındaki bu çocuğa olaylar konusundaki fikrini soruyordu. Dedesi her seferinde "Oğlumu büyük bir gelecek bekliyor" derdi.

Annesinin ölümünden iki yıl sonra yetim, dedesini de kaybetti. Abdu'l-Muttalib ölürken torununu, babasının öz kardeşi olan, amcası Ebû Tâlib'e emanet etti. Ebû Tâlib de yeğenine dedesinden gördüğü sevgi ve şefkatin aynısını gösterdi. Bundan sonra artık O, Ebû Tâlib'in oğullarından biriydi. Karısı Fâtıma[1] da çocuğun annesinin yerini tutmak için elinden geleni yapıyordu. Daha sonraki yıllarda Muhammed (s.a.v.), onun kendi çocukları aç dururken kendisini doyurduğundan bahsederdi.

---

1. Ebû Tâlib gibi o da Hâşim'in torunuydu. Abdu'l-Muttalib'in üvey kardeşi Esed'in (Hâşim'in oğlu) kızı idi.

RAHİP BAHİRA

[10]

Abdu'l-Muttalib'in malları hayatının son döneminde oldukça azalmıştı, ölümünden sonra oğullarına sadece çok küçük bir miras bırakmıştı. Oğullarından bazıları, özellikle Ebû Leheb olarak tanınan Abdu'l-Uzzâ kendiliklerinden zengin olmuşlardı. Fakat Ebû Tâlib fakirdi. Bu nedenle yeğeni kendisini, yaşamını kazanmak için elinden geleni yapmaya zorunlu hissediyordu. Hayatını keçi ve koyunlara çobanlık ederek kazanıyordu ve gün geçtikçe Mekke'nin üstündeki tepelerde veya ötesindeki ovalarda yalnız geçirdiği günler artıyordu. Buna rağmen amcası onu bazen beraberinde yolculuğa götürüyordu. Bu yolculuklardan birinde, Muhammed (s.a.v.) dokuz, bir görüşe göre de oniki yaşındayken bir ticaret kervanıyla Suriye'ye kadar gitti. Basra'da, Mekke kervanının her zamanki konak yerlerinden birinde, içinde nesilden nesile bir hıristiyan rahibin yaşadığı bir hücre vardı. Biri öldüğünde, diğeri onun yerini alıyor ve eski el yazmalarını da içeren manastırdaki bütün eşyaya varis oluyordu. Bu el yazmalarından birinde Araplar'a bir peygamber geleceği kayıtlıydı. Manastırda yaşayan Rahip Bahira bu kitapların hepsinden haberdardı. Bu konuyla ilgilenmesinin asıl sebebi ise Varaka gibi onun da peygamberin kendisi hayatta iken geleceğine inanmasıydı.

Bahira Mekke kervanının manastırdan pek uzak olmayan bir yerde konakladığını birçok defa görmüştü. Fakat bu sefer daha önce hiç görmediği bir şeyle karşılaştı ve dona kaldı: Alçak ve küçük bir bulut onların üstünde yavaş yavaş ilerliyor ve sürekli yolculardan bir veya ikisi ile güneşin arasında yer alıyordu. Büyük bir ilgiyle onların yaklaşmasını izledi. Fakat birden ilgisi şaşkınlığa dönüştü. Çünkü konakladıkları anda bulut hareket etmeyi durdurdu ve altında gölgelendikleri ağacın üstünde sabit olarak kaldı. Ağaç ise dallarını aşağı indirerek onların iki kat gölgede olmalarını sağlıyordu. Bahira böyle bir mucizenin önemli olduğunu biliyordu. Sadece yüce bir şahsiyetin varlığı bu olayı açıklayabilirdi ve aniden beklenen peygamber aklına geldi. Sonunda gelmiş miydi, bu yolcuların arasında olabilir miydi?

Manastıra kısa bir süre önce çok miktarda yiyecek gelmişti, elindekilerin hepsini birleştirerek kervana şöyle bir haber gönderdi: "Ey Kureyşliler! Sizin için yiyecekler hazırladım ve buraya gelmenizi istiyorum. Yaşlı-genç, köle-hür hepinizi davet ediyorum."

Bunun üzerine hepsi manastıra geldiler, fakat Bahira'nın tembihlerine rağmen Muhammed (s.a.v.)'i develerin ve yüklerin yanında gözcü olarak bıraktılar. Oraya vardıklarında Bahira onların yüzlerine teker teker baktı. Fakat kitaplarda tarif edilen yüze benzer bir yüz göremedi. Onların arasında bu iki mucizeye mazhar olabilecek özellikte kimse yoktu. Belki de hepsi gelmemişti. "Ey Kureyşliler!" dedi, "geride kimse kalmadığından emin misiniz?" "Başka kimse kalmadı" dediler, "sadece en küçüğümüz olan bir erkek çocuk kaldı". Bahira "Ona öyle davranmayın, onu da çağırın bizimle beraber yemekte bulunsun" dedi. Ebû Tâlib ve diğerleri bu düşüncesizlikleri için özür dilediler. İçlerinden biri şöyle dedi: "Biz, gerçekten suçluyuz, Abdullah'ın oğlunu geride bırakıp, bu ziyafetten mahrum etmemeliyiz." Daha sonra Muhammed'in (s.a.v.) yanına gitti ve onu da beraber yemek yemeğe davet etti.

Çocuğun yüzüne bir kez bakmak Bahira için bu mucizeleri açıklamağa yetti. Yemek boyunca onu dikkatle incelediğinde yüz ve vücut özelliklerinin kendi kitabında anlatılanlara ne denli yakın olduğunu gözledi. Yemekten sonra rahip bu genç misafirinin yanına gitti ve ona yaşam şekli, uykuları ve genel konulardaki tavırlarıyla ilgili bazı şeyler sordu. Muhammed ona bu konularda ayrıntılı cevaplar verdi; çünkü adam saygıdeğerdi, sorular ise saygılı ve hürmetkârca soruluyordu. Hatta rahip sırtına bakmak istediğinde gömleğini sıyırmakta tereddüt etmedi. Bahira zaten kesinlikle onun peygamber olduğu kanaatindeydi. Bir de sırtında, iki kürek kemiği arasında, kitabında anlatılan yerde peygamberlik mührünü görünce tüm şüpheleri silindi. Bahira Ebû Tâlib'e döndü ve: "Bu çocukla akrabalık dereceniz nedir?" diye sordu. Ebû Tâlib "Oğlumdur" dedi. Rahip,"Oğlunuz değil, bu çocuğun babası sağ olamaz" dedi. Ebû Tâlib "Kardeşimin oğludur" dedi. "Peki babasına ne oldu?" dedi rahip. Öteki "Daha annesi ona hamileyken öldü" dedi. "İşte bu doğru" dedi Bahira. "Kardeşinin oğlunu ülkene geri götür ve onu Yahudilerden koru. Çünkü benim bildiğimi onlar da bilirler ve görürlerse ona kötülük yaparlar. Kardeşinin oğlunun geleceğinde büyük sırlar gizli."

HILFÜ'L FÜDÛL

[11]

Suriye'deki ticaretini bitirdikten sonra Ebû Tâlib, daha önceki yalnız yaşamına devam eden yeğeniyle birlikte Mekke'ye döndü. Fakat amcaları, Abbâs ve Hamza gibi onun da savaş araçlarını kullanmak için eğitimden geçmesi gerektiği kanısına vardılar. Hamza fiziksel açıdan güçlü bir yapıya sahipti, güçlü bir adam olacağı önceden belliydi . İyi bir güreşçiydi ve iyi kılıç kullanırdı. Muhammed ise ortalama uzunluk ve güçte bir gençti. Okçuluğa özel bir yeteneği vardı ve büyük ataları İsmail ve İbrahim gibi iyi okçu olma yolundaydı. Bu başarıdaki en büyük rol ise gözlerinin keskin oluşundaydı: onun Süreyya burcunun on iki yıldızını sayabildigi söylenirdi.

O yıllarda, uzun fakat aralıklarda süren ve haram aylardan birinde başladığı için Ficar Savaşı denilen şavaştan başka önemli bir çatışma olmadı. Kinane kabilesinden bir adam, Necd'deki Hevâzin kabilelerinden Amir'in bir adamını öldürmüş ve Hayber kalesine sığınmıştı. Olaylar dizisi her zamanki çöl kurallarına uygun olarak meydana geldi: şeref intikam gerektirirdi. Öldürülen adamın kabilesi, Kinane'ye yani öldüren adamın kabilesine saldırdı. Kureyş o sıralarda Kinane ile müttefik durumdaydı. Savaş üç dört yıl sürdü. Fakat gerçekte beş günden fazla çatışma meydana gelmedi. O sıralarda Hâşimîlerin başında, Ebû Tâlib gibi Muhammed'in babasının öz kardeşi olan Abdu'l-Muttalib'in oğlu Zübeyr vardı. Zübeyr ve Ebû Tâlib yeğenleri Muhammed'i ilk çatışmalardan birine götürdüler. Fakat onun savaşmak için çok genç olduğu kanaatine vardılar. Bu nedenle onun sadece hedefine ulaşmayan düşman oklarını toplayıp, amcalarına iletmesine izin verdiler.[1] Fakat bunu takip eden çatışmalarda, Kureyş ve taraftarlarının kötü bir durumda olduğu sırada, onun da bir okçu olarak marifetini göstermesine izin verildi ve başarısı kutlandı.[2]

Bu savaş, yerleşik topluluklarla çöl kanunu arasında her zaman varolan hoşnutsuzlukların artmasına yol açtı. Kureyş'in ileri gelenlerinin çoğu Suriye'ye gitmiş ve orada Roma İmparotorluğu'nun uyguladığı adaleti görmüşlerdi. Habeşistan'da da savaş etmeden adaleti sağlamak mümkündü. Fakat Arabistan'da suç kurbanı kişinin veya ailesinin hakkını alabileceği, bunlarla karşılaştırabilecek bir kanun sistemi yoktu; ve Ficar Savaşı'nın da, kendinden önceki diğer karışıklıklar gibi, birçok zihni, bu tür olayları önleme yolları ve araçla-

1. I. H. 119.
2. I.S.I/1, 81.

rıyla ilgili düşünceye sevk etmiş olması doğaldı. Fakat bu kez sonuç sadece düşüncelerden ve kelimelerden ibaret kalmamıştı. Kureyş bu tür olayları önlemek için hemen harekete geçmeğe hazırdı. Onların bu adalet anlayışları, savaşın bitiminden birkaç hafta sonra Mekke'de meydana gelen bir olayla sınandı.

Zebîd kabilesinin Yemen'deki bölgesinden bir tüccar, Sehm kabilesinin ileri gelenlerinden birine değerli mallar satmıştı. Sehmli adam malları teslim almıştı, fakat kararlaştırılan fiyatı ödememekte ısrar ediyordu. Dolandırılan tüccar, onu dolandıranın da bildiği gibi Mekkeli değildi ve tüm şehirde ona yardım edebilecek bir velisi veya müttefiki yoktu. Fakat karşısındakinin küstahça kendisine güvenişinden de ürkmüyordu. Bu nedenle Ebû Kubeys Tepesi'ne çıkıp, yüksek sesle ve beliğ bir şekilde tüm Kureyş'i adaleti yerine getirmeye davet etti. İlk tepki Sehm kabilesiyle geleneksel bağları olmayan kabilelerden geldi. Kureyş ise her şeyin ötesinde kabile ayrımı gözetmeden birleşme taraftarıydı. Fakat yine de kendi birlikleri içindeki kesin ayrımın, Kusayy'ın mirası nedeniyle meydana gelen Müttefikler ve Güzel Kokanlar ayrımının farkındaydılar ve Sehm de Müttefikler'dendi. Diğer grubun liderlerinden biri, Mekke'nin en zenginlerinden biri olan Teym kabilesinin şefi Abdullah İbn Cud'an idi; ve şimdi büyük evini, tüm adaleti sevenlerin toplanma yeri olarak açıyordu. Güzel Kokanlar grubundan sadece Abdu Şems ve Nevfel kabileleri orada değildi. Hâşim, Muttalib, Zühre, Esed ve Teym kabileleri toplulukta temsil ediliyordu. Bunlara bir de Müttefikler'den Adiy katılmıştı. Birlikte yaptıkları tartışmalar sonucu zayıfları kollamak ve adaleti korumak için bir örgüt kurmaya karar verdiler. Hep birlikte Kâ'be'ye gidip Haceru'l-Esved'in üzerine su döküp, bu suyu bir kaba akıttılar. Bu şekilde kutsanmış olan sudan teker teker içtiler ve sağ ellerini yukarı kaldırarak Mekke'de ne zaman bir zulüm meydana gelirse, zulmedilen Mekkeli olsun, yabancı olsun onun hakkını alıp, adaleti korumak için tek bir vücut gibi birleşeceklerine and içtiler. Bundan sonra Sehm'li adama borcunu ödettiler; bu anlaşmaya katılmayan kabilelerin de hiç birinden karşı çıkıp Sehm'liyi koruyan olmadı.

Teym'in şefi ile birlikte bu düzeni kuranlardan biri de Hâşimîlerden Zübeyr idi: Beraberinde aynı andı içen yeğenini de bu toplantıya getirmişti. Muhammed (s.a.v.) daha sonraki yıllarda şöyle diyecektir: "Abdullah İbn Cud'an'ın evinde ben de vardım; orada bulunuşumu ve o anlaşmaya katılışımı bir sürü kızıl deveye değişmem ve şimdi, İslâm'da, o örgüte çağrılsam memnuniyetle katılırım"[3]. Orada bulunanlardan biri de, oğlu Ebû Bekir ile birlikte gelen ev sahibinin kuzeni Teymli Ebû Kuhâfe idi. Ebû Bekir, Muhammed'den bir veya iki yaş küçüktü ve ileride onun en samimi arkadaşı olacaktı.

---

3. I.I. 86.

EVLİLİK TEKLİFLERİ

[12]

Muhammed (s.a.v.) yirmi yaşını geçmişti ve zaman geçtikçe, daha sık akrabalarından biri veya diğeri ile birlikte sefere çıkmaya davet ediliyordu. Bir gün, hastalandığı için sefere çıkamayan bir tüccarın mallarını teslim aldı ve yalnız başına gitti. Bu başarısı bundan sonra da aynı tür teklifler almasını sağladı. Artık yaşamını daha rahat kazanabiliyordu ve evlilik imkanı artıyordu.

Amcası ve koruyucusu Ebû Tâlib'in o zaman üç oğlu vardı: en büyükleri Tâlib, Muhammed'le aynı yaştaydı; Akîl on üç veya on dört: Ca'fer ise dört yaşındaydı. Muhammed çocukları çok severdi ve onlarla oynamaktan hoşlanırdı. İlgisi ve sevgisi daha sonra kendisine bağlılıkla karşılık verecek olan Ca'fer'de yoğunlaşmıştı. Ca'fer akıllı ve güzel bir çocuktu. Ebû Tâlib'in kız çocukları da vardı, bunlardan biri henüz evlenme çağına yeni girmişti. Adı Fâhite idi, fakat daha sonra Ümmü Hâni adını almış ve bu adla tanınmıştır. Onunla Muhammed (s.a.v.) arasında büyük bir sevgi vardı ve Muhammd (s.a.v.) onu babasından evlenmek üzere istedi. Fakat Ebû Tâlib'in, kızı için başka planları vardı: Mahzûm kabilesinden dayısının oğlu Hubeyre de Ümmü Hâni'yi istemişti. Hubeyre sadece önemli bir kimse değil, aynı zamanda Ebû Tâlib gibi iyi bir şâirdi de. Bunun yanı sıra Mekke'de Mahzûm kabilesinin gücü artıyor; Hâşimîlerin gücü ise azalıyordu. Bu nedenlerle Ebû Tâlib Ümmü Hâni'yi Hubeyre ile evlendirdi. Yeğeni ona sitem ettiğinde ise ona şu cevabı verdi: "Onlar bize kızlarını verdiler." - burada şüphesiz kendi annesini kastediyordu- "cömert bir adama cömertlik yapılmalı"[1] Bu cevap inandırıcı olmaktan uzaktı; çünkü Abdu'l-Muttalib, Atîke ve Berre adlarındaki iki kızını Mahzûmîlere vererek borcunu ödemişti. Muhammed (s.a.v.) amcasının kibarca onun evlenecek konuma gelmediğini söylemek istediğini anladı. Kendisi de bu kanıya vardı; fakat beklenmedik durumlar onun fikrini değiştirecekti.

Mekke'deki zengin tüccarlardan birisi bir kadındı -Esed kabilesinden Huveylid'in kızı Hatîce. Aynı zamanda Hıristiyan olan Varaka'nın ve kardeşi Kuteyle'nin kuzeni idi.- Onlar gibi Hatîce de Hâşimoğullarının uzaktan yeğenleri oluyordu. O zamana dek iki kez evlenmişti ve ikinci kocasının ölümünden beri kendi adına ticaret yapacak bir adam görevlendirmeyi

1. I.S. VIII, 108.

adet edinmişti. Muhammed (s.a.v.) artık Mekke'de el-Emîn (güvenilir), şerefli olarak tanınıyordu. Bu şöhreti ise kendisine emanet edilen ticaret kervanlarının sahiplerinden yayılıyordu. Hatîce de onun hakkında ailesinden çok şeyler duymuştu; birgün Suriye'ye gidecek ticaret kervanını yönetmesi için ona haber gönderdi. Ücreti onun şimdiye kadar bir Kureyşliye ödediği en yüksek fiyatın iki katı kadardı; yanına yolculukta eşlik etmesi için Meysere adında bir de genç köle verdi.

Muhammed (s.a.v.), Nestor denilen bir rahibin manastırına yakın bir yerde bir ağacın gölgesi altına oturdu. Yolcuların konaklama yerleri hep aynı olduğu için, belki de bu on beş yıl kadar önce amcasıyla Basra'ya giderken altında oturduğu ağacın aynısı idi. Belki Bahira ölmüş, onun yerini Nestor almıştı. Bu ihtimaller bir yana, Meysere'nin şöyle bir haber verdiğini biliyoruz: Rahip manastırdan çıktı ve ona: "Ağacın altında oturan adam kim?" diye sordu. O da "Bir Kureyşli" dedi ve açıklamak için şunları ekledi: "Allah'ın Evi'ni koruyanlardan". Nestor: "O ağacın altında bir peygamberden başkası oturmuyor" dedi.[2]

Suriye'ye doğru ilerlerken Nestor'un sözleri Meysere'nin daha çok içine işledi, fakat bunlar onu çok şaşırtmadı; çünkü yolculuk boyunca şimdiye kadar beraber olduğu kimselere hiç benzemeyen bir adamla yolculuk ettiğinin farkına vardı. Bu düşüncesi eve dönüşte gördüğü bir şeyle daha da kesinleşti: çoğu zaman sıcağın garip denebilecek şekilde az olduğunu fark etmişti ve bir gün öğleye doğru Muhammed'i (s.a.v.) sıcaktan koruyan iki meleği açıkça gördü.

Mekke'ye vardıklarında, Suriye'den sattıkları malın karşılığı olarak aldıkları mallarla birlikte Hatîce'nin evine gittiler. Hatîce, Muhammed (s.a.v.)'in yolculuğu ve yaptığı alışverişleri anlatışını dinledi. Çok kâr etmiş görünüyordu; çünkü şimdi elindeki malları maliyetinin iki katına satabilme olanağı vardı. Fakat bu tür düşünceler onun zihninden uzaklardaydı; çünkü Hatîce'nin dikkati anlatılanlardan çok anlatan kişide yoğunlaşmıştı. O, orta boylu, ince, geniş omuzluydu, başı büyük ve vücudunun diğer organları da orantılı bir şekildeydi. Saçı ve sakalı sık ve siyahtı, dümdüz değil, hafiften dalgalıydı. Saçları omuzları ile kulak memesi arasına kadar uzuyor, sakalı ise hemen hemen saçlarının uzunluğuna iniyordu. Geniş bir alnı vardı; göz yuvarlakları geniş, kirpikleri uzun, kaşları ise geniş ve hafif

---

2. I. S. I/1, 83. İslâm inancına göre Muhammed, o gelene dek İsâ, Yahuda soyundan gelen son peygamber olduğu için, Yahudilerde kalan manevî otoritenin "âhir zamanda" kendisine aktarıldığı Şilo'dur. Bunun ölümünden kısa bir süre önce Ya'kûb şöyle bildirmiştir: "Ve Ya'kûb oğullarını çağırdı ve onlara ahir zamanda size neler olacağını anlatacağım toplanın dedi. Şilo gelinceye dek hakimiyet Yahuda'da kalacak; o geldiğinde tüm insanlar onun etrafında birleşecekler." (Tekvîn, 49: 1, 10).

çatıktı. Eski kaynakların çoğunda gözlerinin siyah olduğu söylenir, fakat bazı kaynaklara göre gözleri kahverengi, hatta açık kahverengidir. Burnu kemerli, ağzı geniş ve güzel şekilliydi. Sakallarını uzatmasına rağmen bıyıklarını hiçbir zaman üst dudağına dek uzatmadığı için dudaklarının güzelliği görülebilirdi. Cildi beyazdı, fakat güneşten bronzlaşmıştı. Bu doğal güzelliklerin yanı sıra, yüzünde -babasında da var olan, fakat oğlunda daha güçlü bir şekil alan- bir nur vardı. Bu ışık daha çok alnında ve parlak gözlerinde ışıldardı. Hatîce, kendisinin de hâlâ güzel olduğunun farkındaydı, fakat ondan on beş yaş büyüktü. Buna rağmen onunla evlenmeyi kabul eder miydi acaba?

Muhammed (s.a.v.) gider gitmez, Hatîce, Nufeyse adındaki bir arkadaşına danıştı, o da aralarını yapmaya söz verdi. Meysere sahibine gelip, yolda gördüklerini, iki meleği ve rahibin söylediklerini anlattı. Hatîce de gidip bunları kuzeni Varaka'ya anlattı. Varaka "Eğer bu doğruysa, Hatîce" dedi, "Muhammed (s.a.v.) kavmimize gönderilen peygamberdir. Uzun süreden beri bir peygamberin geleceğini biliyordum ve işte geldi."[3]

Bu sırada Nufeyse, Muhammed (s.a.v.)'e gitti ve niçin evlenmediğini sordu. "Maddî imkânlarım yetersiz" diye cevap verdi. "Fakat eğer sana imkân verilirse; güzellik, zenginlik, soyluluğun varolduğu bir anlaşmaya çağrılırsan ne dersin?" "O kim?" diye sordu. "Hatîce" dedi Nufeyse. "Ben böyle bir evliliği nasıl yapabilirim?" dedi. "Orasını bana bırak!" dedi. Muhammed: "O halde benden tarafı tamam." dedi.[4] Nufeyse konuştuklarını Hatîce'ye iletti, o da Muhammed'e (s.a.v.) gelmesi için haber gönderdi. Geldiğinde ona şunları söyledi: "Ey amcamoğlu! Seni akrabam olduğun için ve o veya bu gruba bağlanmadan orta yolda yer aldığın için seviyorum; seni güvenilirliğin, doğru sözlü ve güzel huylu olduğun için seviyorum"[5] Daha sonra ona evlenme teklif etti. Birlikte Muhammed'in (s.a.v.) amcalarıyla Hatîce'nin de babası öldüğü için Esedoğulları'ndan amcası Amr ile konuşması gerektiğine karar verdiler. Hâşimîler bu törende kendilerini temsil etmesi için genç olmasına rağmen Hamza'yı seçtiler. Bunun nedeni aralarında Esed kabilesine en yakın olanın Hamza oluşuydu. Çünkü Hamza'nın öz kardeşi Safiye, kısa bir süre önce Hatîce'nin kardeşi Avvam ile evlenmişti. Hamza yeğeni ile birlikte Amr'a gitti ve Hatîce'yi istedi, aralarında Muhammed'in mehir olarak Hatîce'ye yirmi dişi deve vermesi kararına vardılar.

---

3. I.I. 121.
4. I. S. I/1, 84.
5. I.I. 120.

[13]

Damat, amcasının evinden ayrıldı ve gelinle birlikte yaşamak üzere onun evine yerleşti. Hatîce kocasına bir eş olduğu kadar, onun en yakın arkadaşı ve ideallerini ve isteklerini paylaşan bir dostu idi. Acılar ve kayıplar olsa da evlilikleri çok mutlu geçiyordu. Hatîce, Muhammed'e (s.a.v.) altı çocuk doğurdu, iki erkek ve dört kız. En büyük çocukları Kasım adında bir oğlan çocuğuydu. Bundan sonra Muhammed'e Ebû'l-Kasım (Kasım'ın babası) denmeye başlandı. Fakat çocuk iki yaşını doldurmadan öldü. İkinci çocukları Zeyneb adında bir kızdı. Onu üç kız çocuğu daha takip etti: Rukiyye, Ümmü Gülsüm ve Fâtıma. Son çocukları ise yine çok az bir süre yaşayan bir erkek çocuğuydu.

Evlendiği gün Muhammed (s.a.v.), babasından miras kalan sadık cariyeyi, Bereke'yi, azâd etti; aynı gün Hatîce ona kendi kölelerinden birini, on beş yaşındaki Zeyd'i hediye etti. Bereke'ye gelince, onu Yesribli biriyle evlendirdiler. O adamdan bir oğlu oldu ve bundan sonra Ümmü Eymen (Eymen'in annesi) olarak anıldı. Zeyd ise kendisi gibi gençlerle birlikte, Hatîce'nin yeğeni, yani kardeşi Hişâm'ın oğlu Hakim tarafından Ukaz panayırından satın alınmıştı. Halası onu ziyarete geldiğinde, Hakim ona yeni aldığı kölelerden birini seçmesini teklif etti. O da Zeyd'i seçti.

Zeyd, atalarıyla övünürdü: babası Hârise, Suriye ile Irak arasında yerleşik olan Kelb kabilesindendi; annesi ise yine meşhur olan komşu Tayy kabilesindendi. Tüm Arabistan'da cömertliği ve belagatı ile şöhret salan şair-savaşçı Hatim de annesiyle aynı kabiledendi. Yıllar önce bir gün annesi Zeyd'i ailesini ziyaret etmek için kendi kabilesine götürüyordu; kaldıkları köye Benî Kayn kabilesinden bir grup adam saldırdı, çocuğu kaçırıp köle diye sattılar. Babası Hârise onu ümitsizlik içinde arıyordu; Zeyd de Kelb kabilesinden babasına haber gönderebileceği kimseye rastlayamamıştı. Fakat Kâ'be'ye Arabistan'ın her yerinden hacılar geliyordu. Muhammed'in (s.a.v.) kölesi olduktan aylar sonra bir gün, Mekke sokaklarında kendi kabilesinden adamlara rastladı. Eğer onları bir önceki yıl görmüş olsaydı, duyguları çok farklı olurdu. Böyle bir karşılaşmayı uzun süredir arzuluyordu, fakat şimdi şaşkınlığa düşmüştü. Şimdi artık hiçbir şey düşünmeden burayı terkedip ailesine gidemezdi. Fakat onlara nasıl bir haber gönderebilirdi? Meselenin esası ne olursa olsun, bir çöl çocuğu olarak bu durumlarda hiçbir şeyin şiirden daha anlamlı olamayacağını biliyordu. Kafasındakileri anlatabilmek için birkaç mısra yazdı, fakat bu mısralar ifade ettikleri anlamlardan daha fazlasını ima ediyorlardı. Daha sonra Kelb'li hacıların yanına gitti, kendisini tanıttı: "Aileme şu mısraları okuyun, çünkü uzun süredir benim için üzüldüklerini biliyorum:

Kendim uzakta olsam da, sözlerimi alın
Ve halkıma götürün: Ben şimdi Kutsal Ev'de
Tanrı'nın kutsadığı yerde yaşıyorum.
Artık şimdiye dek çektiğiniz üzüntüleri bir kenara bırakın.
Beni aratmak için develeri yormayın.
Çünkü ben, Allah'a şükür, bütün silsilesi soylu olan
Büyük ve iyi bir ailenin yanındayım."

Hacılar bu haberle yurtlarına döndüklerinde, Hârise hemen kardeşi Ka'b ile birlikte Mekke'ye doğru yola çıktı. Muhammed (s.a.v.)'e gidip, ondan oğlu Zeyd'i istediği fiyata kendisine satmasını istedi. Muhammed şu cevabı verdi: "Bırakın kendisi seçsin, eğer sizi seçerse hiçbir ücret istemeden onu size veririm; eğer beni seçerse, ben, beni seçen birinin üstünde karar verici değilim." Daha sonra Zeyd'i yanlarına çağırdı ve bu iki adamı tanıyıp tanımadığını sordu. Zeyd: "Bu amcam, bu da babamdır" dedi. "Beni tanıyorsun" dedi Muhammed (s.a.v.): "Ve benim sana gösterdiğim dostluğu da biliyorsun. O halde benimle onlar arasında bir seçim yap." Zeyd zaten seçimini yapmıştı, hemen şöyle dedi: "Senin üstüne başka adam seçecek değilim. Sen bana annem ve babam gibisin." "Ey Zeyd, köleliği özgürlüğe, babana, amcana ve ailene tercih mi ediyorsun?" diye hayretle sordular. Zeyd: "Evet öyle, çünkü ben bu adamda öyle şeyler gördüm ki kimseyi ona tercih edemem" dedi.

Muhammed (s.a.v.) daha sonraki konuşmaları kısa keserek onları Kâ'be'ye davet etti. Hicr'de ayakta durarak yüksek sesle şunları söyledi: "Ey burada bulunanlar, şahit olun ki Zeyd benim oğlumdur, ben onun, o da benim vârisimdir."[1]

Amca ve baba isteklerini yerine getiremeden ülkelerine dönmek zorunda kaldılar. Fakat kabilelerine anlatmaları gereken hikâye, bu evlât edinmeye sebep olan karşılıklı sevgi, utanç verici bir şey değildi. Zeyd'in özgürlüğe kavuştuğunu ve daha sonraki yıllarda kardeşleri ve akrabalarına

---

1. I.S.III/1, 28.

da faydalı olabilecek yüksek bir şerefe ulaştığını gördükten sonra müteselli oldular ve yollarına üzüntüsüz devam ettiler. O günden sonra bu yeni Hâşimî, Mekke'de Zeyd İbn Muhammed diye anılmaya başladı.

Muhammed'le (s.a.v.) Hatîce'nin evlerine en sık gelen ziyaretçilerden biri de Muhammed'in (s.a.v.) kendinden bile küçük olan en küçük halası, aynı zamanda Hatîce'nin yengesi Safiye idi. Beraberinde, ağabeyinin ölümünden sonra Zübeyr adını verdiği oğlunu da getirirdi. Bu nedenle Zübeyr, Muhammed'in kızlarıyla, yani kuzenleriyle küçük yaşlardan beri arkadaşlık ederdi. Safiye ile birlikte, Hatîce'nin tüm çocuklarının ebesi olan ve kendisini ev halkından sayan sadık hizmetlisi Selmâ da gelirdi.

Yıllar geçtikçe, Muhammed'in (s.a.v.) sütannesi Halîme de ara sıra onları ziyarete gelmeye başladı. Hatîce ona her zaman gereken saygıyı gösterirdi. Bu ziyaretlerden biri, Halîme'nin sürülerinin uzun süren çok sert bir kuraklık nedeniyle helâk olduğu bir zamana rastladı. Hatîce ona kırk koyun ve üstünde tahtı ile birlikte bir deve hediye etti.[2] Hicaz'da bir veba gibi yayılan bu kuraklık aileye yeni bir ferdin katılmasına da neden oldu.

Ebû Tâlib bakabileceğinden fazla çocuğa sahipti ve kuraklık onun belini kırmıştı. Muhammed (s.a.v.) bunu fark etti ve bir şeyler yapması gerektiği kanaatine vardı. Amcaları arasında en zengin olanı Ebû Leheb'di, fakat o aileden uzak dururdu. Belki bunun nedeni kendisinin, annesinin tek çocuğu oluşu ve başka öz kardeşe sahip olmayışıydı. Muhammed (s.a.v.) başarılı bir tüccar olan ve beraber büyüdükleri için kendisine çok yakın olan amcası Abbâs'tan yardım istemeyi tercih etti. Muhammed (s.a.v.)'e en yakın olanlardan biri de, onu her zaman evinde hoş karşılayan ve çok seven Abbâs'ın karısı Ümmü'l-Fadl idi. Onlara gitti ve iki ailenin Ebû Tâlib'in durumu düzelene dek onun oğullarından ikisinin bakımını üstlenmesini teklif etti. Hemen karar verdiler ve birlikte Ebû Tâlib'e gittiler. Onların tekliflerine karşı Ebû Tâlib: "İstediğinizi yapın, fakat Akîl ile Tâlib'i bana bırakın" dedi. Ca'fer artık onbeş yaşındaydı ve ailenin en küçüğü de değildi. Annesi Fâtıma, ondan on yaş küçük bir erkek çocuğu daha dünyaya getirmişti; adını Ali koymuşlardı. Abbâs, Ca'fer'in bakımını üstlenebileceğini söyledi, bunun üzerine Muhammed (s.a.v.) de Ali'yi aldı. Bu sıralarda Hatîce, Abdullah adında bir erkek çocuğu daha dünyaya getirmişti; fakat Abdullah, Kasım'dan daha az bir zaman yaşadı. Bir anlamda Ali onun yerini almıştı. Rukiye ve Ümmü Gülsüm'le hemen hemen aynı yaşta, Zeyneb'den küçük ve Fâtıma'dan biraz büyük olan Ali, bu dört ku-

---

2. I.S.I/1, 71.

zeniyle kardeş gibi büyüdü. Bu beş kişi ve Zeyd, Muhammed ve Hatîce ailesinin özünü oluşturuyordu. Fakat bunlardan başka onlara çok bağlı olan ve burada kronolojik olarak ele alınan tarihte küçük veya büyük roller oynayan birçok akrabalar da vardı.

O sırada hayatta olmayan en büyük amcası Hâris geride birçok erkek çocuk bırakmıştı. Bunlardan biri, Ebû Süfyân*, Muhammed (s.a.v.)'in süt kardeşi idi. Çünkü ondan birkaç yıl sonra o da Beni Sa'd'da Halîme tarafından emzirilmişti. Çoğu kişi Ebû Süfyân'ın aile benzerliği bakımından Muhammed (s.a.v)'e çok yakın olduğunu söylerdi. İkisinin ortak özelliklerinden biri de güzel konuşma sanatı idi. Fakat Ebû Süfyân yetenekli bir şairdi -belki de amcaları Zübeyr ve Ebû Tâlib'den daha yetenekliydi.- Oysa Muhammed (s.a.v.), Arapça grameri ve güzel konuşmada rakipsiz olmasına rağmen, bir tek şiir bile yazmamıştı.

Hemen hemen kendi yaşında olan Ebû Süfyân onun için hem arkadaş hem de bir dosttu. Kanla bağlı akrabalarından nisbeten daha yakın olanlar, babasının öz kardeşleri, yani Abdu'l-Muttalib'in beş kızının çocukları idi. Bu kuzenlerinin en büyükleri kuzeydeki Esed kabilesinden Cahş adında bir adamla evlenen halası Umeyme'nin çocuklarıydı.[3] Cahş'ın Mekke'de bir evi vardı. Kendi kabilesinden başka bir kabile ile beraber yaşayan birinin, o kabilenin bir üyesi ile karşılıklı anlaşma yapması sonuncunda, o kişiyi haklarını ve görevlerini yerine getirecek bir temsilci olarak tayin etmesi de mümkündü. Abdu Şems soyunun Ümeyye[4] kolundan gelen kabilenin başkanı olan Harb, Cahş'ın müttefiki olmuştu. Bu nedenle Umeyme'nin Cahş ile evlenmesi aynen onun bir Şems'li ile evlenmesi gibiydi. Umeyme'nin ağabeyinden sonra Abdullah adını verdiği en büyük oğlu, Muhammed'den (s.a.v.) hemen hemen oniki yaş küçüktü ve bu iki kuzen birbirlerini çok severdi. Umeyme'nin ağabeyinden epey küçük olan ve güzelliğiyle dikkatleri çeken kızı Zeyneb de bu sevgi bağının içindeydi. Muhammed (s.a.v.) ikisini de çocukluklarından beri çok severdi; halası Berre'nin oğlu Ebû Seleme'ye de özel bir sevgi beslerdi.

El-Emîn'i çevreleyen bu sevgi ve cazibe sadece ailesi ile sınırlı değildi; Hatîce ile birlikte bu sevgi çemberinin merkezinde bütün akrabalarını içeren bir daire içindeki tüm insanlara sevgi besliyorlardı. Hatîce'nin akrabaları da bu çemberin içindeydi. Ona en yakın olanlardan biri, oğlu Ebû'l-As ile onları sık sık ziyaret eden kardeşi Hâle idi. Hatîce yeğenini, sanki kendi

---

* Daha sonra Mekke'nin reisi olan Ebû Süfyân bin Harb ile karıştırılmamalıdır. (çev. notu).

3. Esed İbn Huzeyme. Necd ovasının en kuzeyinde yerleşmiş olan Mekke'nin kuzeydoğusundaki bir kabile. Kureyşli Esed kabilesi ile karıştırılmamalıdır.

4. Abdu Şems'in oğlu ve Harb'in babası Umeyye'nin ölümünden sonra böyle anılmıştır.

oğluymuş gibi seviyordu; bu nedenle Hâle kardeşinden oğlu için bir eş bulmasını istedi. -Hatîce sık sık onların her durumda yardım istemelerini tembih ederdi.- Hatîce kocasına bu konuyu açtığında o, kızları Zeyneb'in evlenecek yaşa geldiğinde Ebû'l-As'a uygun bir eş olabileceği önerisini getirdi. Zamanı geldiğinde Zeyneb'i kuzeni ile evlendirdiler.

Politik olarak bir arada anılan Hâşim ve Muttalib soylarının zayıflayan politik etkisini tekrar güçlendirmek için duyulan ümitler, Muhammed (s.a.v.) üzerinde yoğunlaşmıştı. Soy ayrımı olmaksızın tüm Kureyş onu, Arabistan'da kabilelerinin şerefini ve gücünü devam ettirebilecek, neslinin en yetenekli şahsı olarak görüyordu. El-Emîn'e yapılan övgüler herkesin dilindeydi; belki de bu nedenle Ebû Leheb yeğenine gelmiş ve kızları Rukiyye ve Ümmü Gülsüm'ü kendi oğulları Utbe ve Uteybe'ye nişanlamak istediğini söylemişti. Muhammed (s.a.v), bu iki kuzenini iyi kimseler olarak tanıdığı için teklifi uygun bulmuş ve nişanlar yapılmıştı.

İşte bu sıralarda Ümmü Eymen'i yine aile fertleri arasında görüyoruz. Kaynaklar onun bir dul olarak döndüğünü, veya kocasının onu boşadığını belirtmiyorlar. Sebep her ne ise, Ümmü Eymen yerinin orası olduğunu biliyordu. Muhammed (s.a.v.), çoğu kez ona "anne" diye hitap eder ve başkalarına "O bana ailemden kalan tek ferttir" derdi.[5]

---

5. I.S. VIII, 162

KÂ'BE'NİN YENİDEN İNŞASI

[14]

Bu bahsettiğimiz olaylardan, yani Ali'nin aileye katılmasından kısa bir zaman önce, Muhammed (s.a.v.) otuz beş yaşında iken Kureyşliler Kâ'be'yi tekrar inşa etmeye karar verdiler. O zamanlar Kâ'be'nin yüksekliği, bir insan boyu kadardı ve üstünde çatı yoktu. Bu nedenle kapı kilitlense bile hırsızlar kolaylıkla içeri girebilirdi. Kısa bir süre önce, mahzene gömülen hazinelerden bir kısmı çalınmıştı. Ellerinde çatı yapmaya yetecek kadar kereste vardı: Yunanlı bir tüccarın gemisi karaya vurmuştu ve tamir edilemeyecek kadar dağılmış bir halde Cidde kıyısında bekliyordu. Bu nedenle onun kerestelerini çatı yapmak için aldılar. O sırada Mekke'de yetenekli bir marangoz olan bir Kıptî de bulunuyordu.

Fakat Kâ'be'ye duydukları saygı o denli fazla idi ki ona el sürmekte tereddüt ediyorlardı. Plânları, yumuşak ve dayanıksız taşlardan yapılmış olan tüm duvarları yıkıp, yenilerini yapmaktı; fakat kutsal olan bu yeri yıkarak günahkâr olmaktan ve belâya uğramaktan korkuyorlardı. Bu tereddütleri, Kâ'be'nin duvarından her gün güneşlenmek için dışarı çıkan yılanı görmeleriyle daha da arttı. Kim o tarafa yaklaşırsa yılan başını kaldırıyor, dilini çıkarıp tıslıyordu. Bu da onları çok korkutuyordu. Fakat bir gün, yılan güneşlenirken, Allah gökten bir kartal gönderdi; kartal yılanı kaptı ve uçtu gitti. Kureyşliler aralarında şöyle konuştular: "Şimdi Allah'ın bizim niyetimizi tasdik ettiğine inanabiliriz. Bize yardım edecek bir marangozumuz ve tahtalarımız var, Tanrı bizi yılandan da kurtardı."

Duvarların üstünden ilk taşı alan, Muhammed (s.a.v.)'in büyük annesi Fâtıma'nın erkek kardeşi Mahzûm'lu Ebû Vehb idi; fakat o taşı alır almaz, taş elinden kurtulup tekrar eski yerine döndü. Bunun üzerine hepsi işe devam etmekten korkarak Kâ'be'den kaçtılar. Daha sonra Mahzûmîlerin reisi, o zaman hayatta olmayan Muğîre'nin oğlu Velîd kazmayı eline aldı. "Yıkım işini sizin yerinize ben yapacağım" dedikten sonra Kâ'be'ye gitti ve şöyle dedi: "Ey Tanrım, korkma! Ey Tanrım biz iyilikten başka birşey istemiyoruz." Daha sonra Yemen köşesi ile Haceru'l-Esved'in arasındaki güneydoğu duvarının bir kısmını yıktı; fakat diğerleri işe koyulmaktan çekindiler. "Bekleyelim ve görelim" dediler, "Eğer o helâk olursa, Kâ'be'ye dokunmayalım, hatta onu eski haline çevirelim. Fakat eğer o çarpılmazsa, ki bu Allah işimizi onaylıyor demektir, onu sonuna kadar yıkalım." Gece hiçbir aksilik çıkmadı; Velîd, sabah erkenden tekrar işe başladı, diğerleri de ona katıldılar. Tüm duvarlar, İbrahim'in attığı temellere kadar yıkılınca, yan yana dizilmiş deve hörgüçlerine benzer, büyük, yeşilimsi taşlar ortaya çıktı. Bir adam taşlardan birini çekip çıkarmak için iki taşın arasına bir manivela koydu; fakat ilk hareketinde, tüm Mekke'yi sarsan ve depreme benzeyen bir sallantı oldu. Bunu, temelleri yıkmamaları için yapılan bir uyarı işareti olarak kabul ettiler.

Haceru'l-Esved'in bulunduğu köşede Süryanice bir yazı buldular. Onu, bir Yahudi okuyana dek ne olduğunu bilmeden sakladılar: "Ben Allah'ım ve Bekke'nin Rabbiyim. Bekke'yi, gökleri ve yeri yarattığım, Ay'a ve Güneş'e şekil verdiğim ve Güneş'in etrafına dokunulmaz olan yedi meleği yerleştirdiğim gün yarattım. O (Bekke), insanlarına süt ve su ile yardım eden iki tepesi varoldukça varolmaya devam edecektir." Bir parça yazı da İbrahim makamında, Kâ'be'nin kapısı yanında İbrahim'in ayak izini taşıyan kayanın altında bulundu: "Mekke, Tanrı'nın kutsal evidir. Onun sürekliliği üç yönden gelir. Onun yakınındaki insanlar onu ilk kirletenler olmasın."

Kureyşliler, binanın yüksekliğini arttırmak için daha çok taş topladılar. Ayrı ayrı kabileler sırayla çalıştılar. Nihayet bina Haceru'l-Esved'in konulacağı yüksekliğe geldi. Bu sırada aralarında şiddetli bir tartışma çıktı. Çünkü hiçbiri Haceru'l-Esved'i duvara yerleştirme şerefini, diğer kabileye bırakmak istemiyordu. Bu tartışma birkaç gün sürdü ve anlaşmazlık o denli büyüdü ki, taraflar savaşmaya hazırlandılar. O sırada yaşlı bir adam şöyle bir öneri getirdi: "Ey Kureyşliler, tartıştığınız konuda sizi uzlaştıracak bir hakem seçin. Mescid'e girecek olan ilk adam bu konuda hakem olsun."[1] Kâ'be'nin çevresindeki alana Mescid, yani secde edilen yer adı verilir. Çünkü Allah'ın Evi'ne yönelerek O'na secde etme geleneği, İbrahim ve İsmail'den beri devam edegeliyordu. Yaşlı adamın tavsiyesine uymaya karar verdiler. Mescid'e ilk giren kişi, belli bir süredir Mekke'de bulunmayan ve henüz dönen Muhammed (s.a.v.) idi. Onun kapıdan görünmesiyle insanların yüzünde, mutluluk ve sevinç ifadeleri belirdi. Daha da yaklaştığında memnuniyetle dolu selâmlamalar ve mırıldanmalar topluluğu sardı. Bazıları: "O, el-Emîn'dir" dediler. Bazıları: "Muhammed (s.a.v.) geldi, onun kararına uyarız" dediler. Meseleyi ona anlattıklarında o, "Bana bir parça kumaş getirin" dedi. Getirdiklerinde bezi yere yaydı. Haceru'l-Esved'i ortasına koydu. "Her kabile bezin bir ucundan tutsun" dedi. "Sonra hep birlikte onu kaldırın". Taşı yeteri kadar yerden yükselttiklerinde, onu aldı ve Kâ'be'nin köşesine kendi elleriyle yerleştirdi ve böylece inşaat devam etti.

---

1. I.I. 125

İLK VAHİY

[15]

Otorite ve saygınlığının dışa vurmasından kısa bir süre sonra, Muhammed (s.a.v.) zaten bilincinde olduğu ruhsal olayların yanı sıra bazı güçlü manevî işaretler almaya başlamıştı. Bunların nasıl olduğu sorulduğunda onların, uykuda iken gelen "Sabahın aydınlığı gibi gerçek görüntüler"[1] olduğunu söylerdi. Bunların sonucunda tenha yerleri tercih etmeye başladı ve Mekke'nin üstündeki tepelerden birine, Hira dağındaki bir mağaraya, inzivaya çekilmeyi adet haline getirdi. Bu, Kureyş geleneklerine yabancı ve garip bir olay değildi. Çünkü inziva İsmailoğulları arasında gelenek haline gelmişti. Her nesilde, belirli bir süre insanların dünyasından el çekip yalnız kalmayı tercih eden birkaç kişi bulunurdu. Bu, eski fakat hâlâ uygulanan geleneğe uygun olarak Muhammed (s.a.v.), yanına biraz yiyecek alır ve birkaç geceyi Allah'a ibadetle geçirirdi. Daha sonra ailesine döner, tekrar yiyecek ve gerekli şeyleri alıp geri giderdi. Bu yıllarda ara sıra, şehirden ayrılıp, mağaraya yaklaştığında şöyle sesler duyardı: "Ey Allah'ın Rasûlü, sana selâm olsun!"[2] Geriye dönüp kimin konuştuğunu araştırdığında ise kayalar ve ağaçlardan başka kimse göremezdi.

Ramazan, geleneksel inziva ayı idi. Kırk yaşında iken, Ramazan'ın sonlarına doğru bir gece yalnızken ona insan şeklinde bir melek geldi. Melek ona, "Oku!" dedi. O, "Ben okuma bilmem!" deyince, kendi anlattığı şekliyle şunlar oldu: Melek beni aldı ve dayanabileceğim son noktaya kadar sıktı. Daha sonra beni bırakıp: "Oku!" dedi. Ben "Okuma bilmem!" dedim, beni tekrar aldı ve sıktı ve tekrar takatımın son noktasında bırakıp, tekrar "Oku!" dedi, ben yine "okuma bilmem" dedim. Beni üçüncü defa aynen sıktı ve bıraktığında şöyle dedi:

Yaratan Rabbinin adıyla oku
O, insanı bir kan pıhtısından yarattı.
Oku, senin Rabbin en büyük kerem sahibidir:
Ki O, kalemle (yazmayı) öğretendir.
İnsana bilmediğini öğretti. (A'lak: 1-5)[3]

---

1. B. I, 3.
2. I.I., 151.
3. B. I, 3.

O, bu sözleri meleğin arkasından tekrarladı ve melek onu bırakıp gitti. Daha sonraları şöyle derdi: "Sanki kelimeler kalbime yazılmıştı."[4] Fakat kendisine şairlere olduğu gibi bir cinin musallat olmasından korktu. Bu yüzden hemen mağarayı terk etti, dağdan inerken yukarıdan bir sesin şöyle dediğini duydu: "Ey Muhammed, sen Allah'ın Rasûlü'sün, ben de Cebrâîl'im." Gözlerini yukarı çevirdi, onu mağarada ziyarete gelen kimse ordaydı, fakat şimdi aslen melek şeklindeydi, tüm ufku kaplamıştı. Tekrar "Ey Muhammed, sen Allah'ın Rasûlü'sün, ben de Cebrâîl'im" dedi. Peygamber meleğe bakmaya devam etti; daha sonra gözlerini ondan çevirdi. Fakat nereye baksa melek oradaydı; doğu, batı, kuzey, güney tüm ufku kaplamıştı. Nihayet melek ondan ayrıldı, o da evine dönebildi. Hızlı hızlı çarpan kalbiyle yatağına uzanıp Hatîce'ye "Beni örtün! Beni örtün!"[5] dedi. Birden telaşlanan Hatîce ona hiçbir şey sormadan bir örtü getirdi ve üzerine örttü. Korkusu biraz geçtiğinde Muhammed (s.a.v.), ona, gördüklerini ve duyduklarını anlattı; bunun üzerine Hatîce, yaşlı ve kör bir adam olan kuzeni Varaka'ya gitti ve olanları haber verdi. O da: "Hay Mübarek" dedi, "Varaka'nın nefsine hakim olana yemin ederim ki Muhammed'e, Mûsâ'ya gelen Namus[6] gelmiştir. Muhammed halkının peygamberidir. Git onu teskin et." Hatîce eve döndü ve aynı sözleri Muhammed'e (s.a.v.) tekrarladı. Bunun üzerine Muhammed (s.a.v.), Allah'a adadığı ibadet günlerini tamamlamak için gönlü rahat olarak mağaraya döndü. İbadetini bitirdikten sonra adeti üzere Kâ'be'ye gitti, tavafı tamamladı. Daha sonra Mescid'de oturanlar arasında gördüğü yaşlı ve kör Varaka'yı selâmladı. Varaka ona da Hatîce'ye söylediklerinin aynısını tekrarladı. Fakat bu kez şunları da ekledi: "Sana yalancı diyecekler, kötü davranacaklar, sana savaş açacaklar ve seni kovacaklar; ben o günleri görürsem Allah için sana yardım edeceğim."[7] Ona doğru eğildi ve alnından öptü. Peygamber daha sonra evine döndü.

Hatîce ve Varaka'nın ona güven vermesinden sonra kendisine olan güveni semadan gelen ikinci vahiyle iyice güçlendi. İkinci vahyin nasıl geldiği kaynaklara kaydedilmemiş, fakat Peygamber'e nasıl geldiği sorulduğunda, "İki şekilde" cevabını vermişti: "Bazen o bana zil sesi gibi geliyordu, bu en zor ve ağır olanıydı; zil sesleri (çınlamalar) mesajı anladığım anda kesi-

---

4. I.I. 153.

5. B. I. 3.

6. İlâhî Kanun ve Kutsal Yazıt anlamlarına gelen Yunanca Nomos kelimesi burada Vahyi getiren melekle özdeşleştiriliyor.

7. I. 1. 153-4.

liyordu. Bazen de melek bir insan şeklinde geliyor ve konuşuyor, ben de konuştuklarını ezberliyordum."[8]

Bu ikinci vahiy bir tek harfle, daha sonra Kur'ân'daki birçok sûrenin başında yer alacak olan harflerden, ilkiyle başlıyordu. Harfin hemen arkasından ilâhı bir and geliyordu. İlk vahiyde de belirtilen Allah'ın insana öğretme aracı olan kalem üzerine yemin ediliyordu. Kalemden sorulduğunda Peygamber şöyle dedi: "Allah'ın ilk yarattığı şey kalemdi. Kâğıdı yarattı ve kaleme 'yaz!' diye emretti. Kalem "Ne yazayım?" diye sordu. Allah: "Kıyamete dek yarattıklarımla ilgili benim ilmimi yaz" dedi. Daha sonra kalem verilen emri yerine getirdi."[9] Kalem'e and içtikten sonra, bir de onun yazdıklarına and içiliyordu. Semada Meleklerin kâğıtlara yazdığı şeylerden biri de, daha sonra indirilen vahiylerde Levh-i Mahfûz'da yazılı 'şerefi üstün bir Kur'ân[10] ve kitabın anası' (Ra'd: 39) olarak geçen,Kur'ân'ın semavî arketipidir. Yani ona da and içiliyor. Bu iki yemini teselli takip ediyor:

"Nûn. Kaleme ve satır satır yazdıklarına andolsun. Sen Rabbinin nimetiyle bir deli değilsin. Gerçekten senin için kesintisi olmayan bir ecir vardır. Ve şüphesiz sen, pek büyük bir ahlâk üzerindesin." (Kalem: 1-4).

Bu ilk vahiyler geldikten sonra, belli bir süre vahiy kesintiye uğradı. Peygamber, Hatîce'nin sürekli teselli etmesine rağmen Allah'ın gazabına uğramış olmaktan korkuyordu. Sonunda bu sessizlik bitti ve onu temin edici bir vahiy geldi:

"Kuşluk vaktine andolsun, 'Karanlığı iyice çöktüğü' zaman geceye, Rabbin seni terk etmedi ve darılmadı da. Şüphesiz senin için son olan, ilk olandan (ahiret, dünyadan) daha hayırlıdır. Elbette Rabbin sana verecek, böylece sen hoşnut kalacaksın. Sen bir yetim iken, seni bulup da barındırmadı mı? Ve seni yol bilmez iken, seni 'doğru yola' yöneltip iletmedi mi? Bir yoksul iken seni bulup da zengin etmedi mi? Öyleyse, sakın yetimi üzüp kahretme, isteyip dileneni de azarlayıp çıkışma. Rabbinin nimetini ise, durmaksızın anlat." (Duhâ: 1-11).

---

8. B. I. 3.
9. Tir. 44.
10. İşte İslâm'ın dayanağını teşkil eden ilâhî vahiy, adını buradan alır. (Bürûc: 21-22)

[16]

Bu son cümleye uygun olarak Peygamber artık karısından sonra kendisine en yakın ve sevgili bulduğu kişilere Melek ve Vahiy hakkında gördüklerini anlatmaya başladı. Henüz onlardan hiçbir şey istemiyordu; istediği tek şey sırrını açığa çıkarmamalarıydı. Fakat bu durum uzun sürmedi. Bir gün Mekke'nin üzerindeki yükseklikte Cebrâîl ona geldi ve topuğuyla tepenin yamacındaki çimenliğe vurdu. Oradan hemen bir su fışkırmaya başladı. Daha sonra namazdan önce kendisini nasıl temizliyeceğini Peygamber'e öğretmek için onun önünde abdest aldı. Peygamber de onu taklid etti. Sonra namazı nasıl kılacağını, kıyam, rüku, sücûd ve teşehhüd miktarı oturmanın nasıl yapılacağını öğretti ve bunların aralarında *Allâhu Ekber* (Allah Büyüktür) denilecek zamanları, namaz bittikten sonra da *es-selâmü aleyküm* -selâm üzerinize olsun (meleklere)- demesi gerektiğini söyledi. Peygamber yine onu taklid etti. Melek oradan ayrıldı. Peygamber de evine döndü. Döndüğünde öğrendiklerininin tümünü Hatîce'ye de öğretti ve birlikte namaz kıldılar.

Din artık abdest ve namaz esasları üzerine kurulmuştu. Hatîce'den sonra bu esasları ilk uygulayanlar Ali, Zeyd ve Peygamber'in yakın dostu Teym'li Ebû Bekir idi. Ali daha on yaşındaydı. Zeyd'in henüz Mekke'de hiç bir etkisi yoktu. Fakat Ebû Bekir sevilen ve saygı duyulan bir kimseydi; çünkü bilgili, anlayışlı ve yumuşak huylu bir adamdı. Çoğu kimse şu veya bu konuda danışmak için ona gelirdi. Artık Ebû Bekir, güvenebileceği kimseleri Peygamber'e uymaları için yeni dine davet etmeye başlamıştı. Uyanların çoğu yeni dine onun aracılığı ile girmişlerdi. Çağrıya ilk karşılık verenlerden biri Zühre kabilesinden Avf'ın oğlu Abdu'l-Amr -Peygamber'in annesinin uzaktan akrabası oluyordu-, diğeri ise Beni'l-Hâris kabilesinden el-Cerrah'ın oğlu Ebû Ubeyde idi.[1]

Bunlardan ilki olan Abdu'l-Amr ile birlikte daha önce hiç olmayan bir olay adet haline geldi. Vahyin en göze çarpan özelliklerinden biri de, Allah'ın er-Rahmân ve er-Rahîm isimleriydi. *Rahmân* kelimesi, çok merhametli, sınırsız bağışlayıcı anlamına gelen *rahîm* kelimesinin mübalağalı şeklidir. Bundan daha yoğun ve kapsamlı bir anlama sahip olan *rahmân* kelimesinin tam karşılığı bulunmadığı için çoğunlukla yanlış anlaşılmıştır. Vahiy, yeni

1. Bak. soy ağacı.

dinin Allah'ın yüceliğinde bir sığınak bulma ihtiyacı nedeniyle, bu iki kelimeye önem vermiştir. Er-Rahîm'den (çok merhametli) daha fazla merhamet ifade eden er-Rahmân kelimesi, rahmetin kökünü ve özünü ifade eder. Sınırsız lütuf ve ihsan anlamına gelen bu kelime Kur'ân'da Allah'a eş tutulur. *"Allah diye çağırın, 'Rahmân' diye çağırın, ne ile çağırırsanız ; sonunda en güzel isimler Onundur."*[2]

Bu isim Peygamber için çok sevgili bir isimdi ve Abdu'l-Amr (Amr'ın kulu) ismi çok putperesçe göründüğü için, yeni mü'mine Abdu'r-Rahman; Rahmân'ın kulu, sonsuz bağışlayıcının kulu adını verdi. İsmi Abdu'r-Rahman'a çevrilen sadece Avf'ın oğlu değildi, daha pek çok kimseye bu ad verilmiştir.

İslâm'a çağrıya ilk olumlu tepkileri gösterenler çoğunlukla ikna yoluyla değil birtakım manevî işaretlerle bu yola gelmişlerdir. Ebû Bekir uzun süreden beri Mekke'de rüya tabirindeki yeteneğiyle tanınırdı: Bir sabah Şems kabilesinden güçlü bir adam olan Sa'id İbnu'l-As'ın oğlu Hâlid ona beklenmedik bir ziyarette bulundu. Genç adamın yüzü hâlâ, kısa bir süre önce korkunç bir iç tecrübe geçirmiş olduğunu gösteren izlerle doluydu. Aceleyle, gece önemli olduğunu sandığı fakat anlayamadığı bir rüya gördüğünü anlattı. Rüyasında, dibi görünmeyecek kadar derin ve ateşler içinde bir çukurun hemen kenarında duruyor. Daha sonra babası geliyor ve onu ateşe itmeye çalışıyor. Kenarda mücadele ederken, korkusunun doruğa ulaştığı bir anda iki güçlü el onu, babasının tüm çabalarına rağmen çekip alıyor. Geriye dönüp baktığında kurtarıcısının el-Emîn, yani Abdullah'ın oğlu Muhammed olduğunu görüyor ve o sırada da uyanıyor. Rüyasını anlatmayı bitirdikten sonra, Ebû Bekir O'na, "Sana iyilikler temenni ederim" dedi. "Seni kurtaran bu adam Allah'ın elçisidir, o halde ona tâbi ol. -hem ona tâbi olacaksın, hem de onun sayesinde İslâm'a gireceksin ve İslâm seni ateşten koruyacak." Hâlid doğruca Peygamber'e gitti, rüyasını anlattıktan sonra mesajının ne olduğunu ve ne yapması gerektiğini sordu. Peygamber ona ne yapacağını gösterdi ve Hâlid ailesinden gizlice İslâm'a girdi.[3]

Bu sırada Suriye'den memleketine dönmekte olan Abdu Şems'li bir tüccar da, çölde bir gece şöyle bir sesle uyandı: "Ey uyuyanlar, uyanın, çünkü Mekke'ye Ahmed geldi!"[4] Bu tüccar, Ümeyye kabilesinden Affân'ın oğlu Osman'dı; aynı zamanda annesi tarafından, Abdu'l-Muttalib'in kızla-

---

2. İsrâ: 110. Bundan sonra Rahmân ve Rahîm isimlerini karşılarken, Arapça'daki gibi tek isim kullanmak için (esirgeyen ve bağışlayan) kelimelerini kullanacağız. Belirlilik takısı ise (the: el) bu sıfatların Mutlak oluşuna delâlet eder.
3. I. S. IV/ 1,68.
4. I. S. III/ 1, 37.

rından birinin, Peygamber'in halası Ümmü Hakim el-Beyza'nın da torunu oluyordu. Her ne kadar "gelmek"ten ne kastedildiğini bilmese ve çok yüceltilmiş anlamındaki "Ahmed"'in, "yüceltilmiş" anlamındaki Muhammed'in yerine kullanıldığını fark etmese de, bu sözler onun ruhuna işledi. Fakat Mekke'ye varmadan, Teym'li bir adamla, Ebû Bekir'in kuzenlerinden Talha ile karşılaştı. Talha, Kutsal Ev'in halkı arasından Ahmed'in meydana çıkıp çıkmadığını soran bir rahibin bulunduğu Busra'dan henüz dönüyordu. "Ahmed de kim?" diye sordu Talha. Rahip "Abdu'l-Muttalib'in oğlu Abdullah'ın oğlu" cevabını verdi. "Bu ay onun ortaya çıkacağı ay; ve o peygamberlerin sonuncusudur" dedi. Bu sözleri, kendi başından geçenleri anlatan Osman'a da tekrarladı. Döndüklerinde Talha, Muhammed (s.a.v.)'in en yakın arkadaşı olan Ebû Bekir'e gitmelerinin doğru olacağını söyledi. Bunun üzerine Ebû Bekir'e gittiler ve duyduklarını ona anlattılar. O da hemen onları, çölde duyduklarını ve rahibin söylediklerini anlatmaları için Peygamber'e götürdü. Başlarından geçenleri anlattıktan sonra inançlarını dile getirdiler.

İslâm'a giren dördüncü kişi ise, imana gelme şekli bakımından bunlardan pek farklı olmayan Zühre'nin müttefiki (*mevlâsı*) Abdullah İbn Mes'ud idi. Bu konuda şöyle diyor: "O zamanlar henüz olguluğa erişmiş bir gençtim ve Ukbe İbn Ebi Muayt'ın sürülerini otlatıyordum. Bir gün Peygamber ve Ebû Bekir yakınımızdan geçiyordu. Peygamber kendilerine verebilecek sütüm olup olmadığını sordu. Ben de sürülerin benim olmadığını, bana emanet edildikleri için onlara süt veremeyeceğimi söyledim. Peygamber: "Daha üzerinden bir koç geçmemiş, küçük bir kuzunuz var mı?" diye sordu. Bir tane olduğunu söyledim ve onu getirdim. Peygamber onu iple bağladıktan sonra ellerini kuzunun memelerine koydu ve dua etti. Bunun üzerine kuzunun memeleri sütle doldu. Ebû Bekir tas gibi ortası çukur bir kaya parçası getirdi, Peygamber kuzuyu sağdı ve hepimiz sütten içtik. Daha sonra memeye: 'Kuru!' dedi, o da kurudu."[5] Birkaç gün sonra Abdullah, Peygamber'e gitti ve İslâm'a girdi; bir süre sonra ondan yetmiş sûre[6] öğrendi ve kendisine verilen bir lütufla onları ezberledi. Daha sonra Kur'ân hâfızlarının (*kurra*) ileri gelen simalarından biri olmuştur.

Vahyin bir süre kesilmesi Peygamber'i çok üzmüştü; fakat kalbi, henüz inzal olmayan bir âyette de belirtildiği gibi, İlâhî Kelâm'ı almanın yükü altında eziliyordu. *"Şayet biz bu Kur'ân'ı bir dağın üzerine indirmiş olsaydık, andol-*

---

5. I. S. III/ 1, 107.

6. Kur'ân, uzunlukları birbirine eşit olmayan 114 sûreden meydana gelir. En uzun sûre, 285; en kısa sûre ise üç âyetten meydana gelmiştir.

sun onu Allah korkusundan saygı ile baş eğmiş, parça parça görmüş olurdun."[7] Onu "beni örtün, beni örtün" demeye zorlayan ürperme yine zaman zaman geliyordu. Bir gece örtüsüne bürünmüş bir halde yatarken, inzivasını, daha sert ve önemli bir İlâhî Emir, insanları Kıyamet Günü ile uyarmasını isteyen bir emir böldü: "*Ey bürünüp örtünen, kalk (ve) bundan böyle uyarıp -korkut. Rabbini tekbîr et (yücelt). Elbiseni de temizke. Pislikten kaçınıp-uzaklaş..... Çünkü o boruya (sûra) üfürüldüğü zaman, işte o gün, oldukça zorlu bir gündür; kâfirler içinse hiç kolay değildir.*"[8] Bundan kısa bir süre sonra bir gece yine, kendisinden ve onu takip edenlerden beklenen namazı ve ona yüklenen büyük sorumluluğu vurgulayan emirlerle uyandırıldı:

"Ey örtüsüne bürünen, az bir kısmı hariç olmak üzere, geceleyin kalk; (Gecenin) yarısı kadar. Ya da ondan da biraz eksilt. Veya üzerine ilave et. Ve Kur'ân'ı da belli bir düzen içinde (tertil üzere) oku. Gerçek şu ki biz senin üzerine 'oldukça ağır' bir söz (vahiy) bırakacağız" (Müzzemmil: 1-5).

Yine aynı sûrede şöyle bir emir vardı: "*Rabbinin ismini zikret ve her şeyden kendini çekerek yalnızca O'na yönel. (Allah) Doğunun ve Batının Rabbi'dir. O'ndan başka ilâh yoktur. Şu halde (yalnızca) O'nu vekil tut.*" (Müzzemmil: 8-9). Peygamber'i teskin ve teselli etmek için indirilen ve daha yumuşak tonda olan vahiyler de geliyordu. Bir seferinde sadece onun görebildiği Melek şöyle dedi: "Hatîce'ye Rabbinin selâmını ilet." Peygamber (s.a.v.) Hatîce'ye: "Ey Hatîce! İşte Cebrâîl sana Rabbi'nden selâm getiriyor." dedi. Hatîce şaşkınlıktan kurtulup konuşacak kelime bulabildiğinde şöyle dedi: "Allah Selâm'dır, selâm da O'ndandır, selâm Cebrâîl'in üstüne olsun!"[9]

Yeni dine giren ilk mü'minler, Peygamber'i muhatap alan emirlerin kendilerini de bağladığına kanaat getirdiler. Bu nedenle onlar da Peygamber gibi uzun gece ibadetleri ile meşgul oluyorlardı. Her zaman kıldıkları namaza gelince, artık sadece abdest almakla kalmıyor, üstlerini ve namaz kıldıkları yeri temiz tutuyorlardı. Aynı zamanda Kur'ân'ın inen tüm bölümlerini, namazda okuyabilmek için hemen ezberliyorlardı. Vahiy artık daha sık gelmeye başlamıştı. Vahiy geldiğinde Peygamber onu çevresindekilere aktarıyor, daha sonra ağızdan ağıza okunup ezberleniyordu. Dünyevî şeylerin geçiciliği, ölüm, tekrar dirilme ve Hesap Günü'nün kesin oluşu, Cennet ve Cehennem hakkında gittikçe daha çok âyet iniyordu. Fakat tüm bunla-

7. Haşr: 21., Kur'ân'da, birinci şahıstan (Biz) üçüncü şahsa (Tanrı, O) geçişler çok kullanılmıştır.
8. (Müddessir: 1-10)
9. I. H. 156.

rın ötesinde en çok, Allah'ın yüceliğine, tek oluşuna, Hak olduğuna, Hikmet, Rahmet, Mağfiret, İhsan ve Kudreti'ne dikkat çekiliyordu. Bunların yanı sıra, açıkça Yaratıcılarının bir olduğuna işaret eden tabiat harikalarına ve evrendeki dengeye, O'nun âyetleri olarak değiniliyordu. Tabiattaki ahenk *tevhîd*in çokluklar dünyasına aksetmesidir ve Kur'ân bu âhenge insanın düşünce duyularını harekete geçiren bir tema olarak değinir.

Düşman olan inançsızların bulunmadığı yerlerde mü'minler birbirlerine, Cennet ehlinin selâmıyla, Cebrâîl'in Peygamber'i selâmladığı şekilde selâm veriyorlardı: "Selâmün aleyküm (selâm üzerinize olsun)", karşıdakinin cevabı ise: "Ve aleyküm selâm (selâm sizin de üzerinize olsun)" oluyordu. Burada çoğul zamir (küm) kullanılması, selâm verilen kişinin iki yanında duran melekleri de selâma dahil etmek içindir. Şükür ve kutsama ile ilgili âyetler de onların yaşamında ve hayat görüşlerinde önemli rol oynuyordu. Kur'ân şükür üzerinde çok duruyordu ve şükrünü ifade etmenin yolu ise: 'Hamd âlemlerin Rabbi olan Allah'adır' demekti. Bağlılık ve itaatın ifadesi ise 'Rahmân ve Rahîm olan Allah'ın adıyla' demek idi. Bu, Kur'ân'daki her sûrenin[10] ilk âyetiydi. Mü'minler de Peygamber'den öğrendikleri gibi her Kur'ân okuyuşlarında besmele çekiyorlardı. Genişleterek okudukları her şeyin başında ve daha sonra başlanan her şeyden önce besmeleyi okumayı adet haline getirdiler. Yeni din, lâ dinî olan hiçbir şeyi kabul etmiyordu.

10. Sadece bir tek sûrenin (Tevbe) başında besmele yoktur. Fakat bu sûre henüz o dönemde nazil olmamıştı.

"AİLENİ UYARIP KORKUT"

[17]

Henüz açık olarak İslâm'a bir çağrı yapılmamıştı, fakat gün geçtikçe bu fedakâr mü'minler ve abidler grubuna kadın-erkek birçok yeni genç katılıyordu. Daha önce bahsettiklerimizden başka İslâm'a ilk girenler arasında Peygamber'in kuzenleri Ca'fer ve Zübeyr de vardı; bunları, daha başka kuzenler takip etti. Halası Umeyye'nin oğulları, Abdullah İbn Cahş ile kardeşi Ubeydullah ve diğer halası Berre'nin oğlu Ebû Seleme de İslâm'a girdi. Annesi tarafından iki kuzeni de, Zühre'li Ebû Vakkas'ın oğlu Sa'd ve onun küçük kardeşi Umeyr de yeni dine girenler arasındaydı. Fakat Peygamber'in dört amcasından hiçbiri onun peşinden gelmeye yatkın görünmüyordu: Ebû Tâlib, oğulları Ca'fer ve Ali'nin İslâm'a girmesine karşı çıkmamıştı. Fakat kendisinin, atalarının dinini terk etmeye hazır olmadığını söylüyordu. İkisi de Peygamber'i kişisel olarak çok sevdiklerini gösterdikleri halde Abbâs, İslâm'a girme konusunda çekimser davranıyor, Hamza ise anlamaz görünüyordu. Fakat Ebû Leheb açıkça yeğeninin bir saptırıcı değilse bile, bir sapık olduğunu söylüyordu.

"*(Öncelikle) En yakın hısımlarını (aşiretini) uyarıp korkut*"[1] âyeti geldikten sonra Peygamber (s.a.v.), Ali'yi çağırdı ve ona: "Allah bana en yakınlarımdan başlayıp ailemi ve akrabalarımı uyarmamı emretti. Fakat bu iş benim gücümü aşıyor. Bu yüzden bir yemek vereceğim. Bir koyun budundan yemek hazırla, bir maşrapa da süt bul ve tüm Benî Abdu'l-Muttalib'i bir araya topla. Böylece ben de bana verilen emri yerine getirebileyim" dedi. Ali, kendisine söylenenleri yaptı; ne az ne fazla, ne söylendi ise onları hazırladı ve Hâşimî kabilesinin hemen hemen tümü, kırk adam geldiler. "Onlar bir araya geldiğinde" dedi Ali, "Peygamber bana hazırladığım yemeği getirmemi söyledi. Tabaktan bir lokma et aldı, onu ısırdı ve tekrar tabağa koydu ve 'Allah'ın adıyla onu götür' dedi. Adamlar grup grup sırayla hepsi doyuncaya dek yediler. 'Fakat' dedi Ali, 'yemekte hiç azalma yoktu, sadece insanların el değmesiyle parçalanmıştı. Hayatım üzerine yemin ederim ki eğer bir tek adam olsaydı, benim koyduğum yemekle ancak doyardı.' Daha sonra Peygamber: 'Onlara içecek ver' dedi, ben de maşrapayı getirdim, herkes doyana dek içti. Halbuki o kaptaki sütü bir tek kişi bitirebilirdi. Fakat Peygamber tam onlara hitap edecekken Ebû Leheb onun sözünü kesti ve: 'Ev

---

1. Şuarâ: 214.

sahibiniz sizi büyüledi' dedi. Bunun üzerine onun konuşmasına fırsat kalmadan dağıldılar."

Ertesi gün Peygamber Ali'ye bir önceki gün yaptıklarının aynısını yapmasını söyledi. Ve yine bir önceki gibi yemek hazırlandı, her şey önceki gün gibiydi: Fakat bu kez Peygamber (s.a.v.), etkisini gösterip onlara hitap etmeyi başardı: "Ey Abdu'l-Muttalib oğulları!" dedi, "bu halka benimkinden daha soylu bir mesaj getiren hiçbir Arap tanımıyorum. Size hem bu dünya, hem de âhiret için kurtuluş getiriyorum. Allah bana, sizi O'na çağırmamı emrediyor. O halde içinizden kim bana bu konuda yardımcı olacak, benim vekilim, kardeşim ve vârisim olacak?" Tüm kabile sessizlik içindeydi. Ca'fer ve Zeyd bir şeyler söyleyebilirlerdi; fakat onlar meselenin kendi Müslümanlıkları olmadığını ve bu meclisin diğerlerini İslâm'a çağırmak için toplandığını düşünüyorlardı. Sessizlik bozulmayınca on üç yaşındaki Ali, kendisini konuşmak zorunda hissetti ve şöyle dedi: "Ey Allah'ın Rasûlü, ben senin yardımcın olacağım." Peygamber elini Ali'nin ensesine koydu ve: "Bu, sizin aranızda benim vekilim, vârisim ve kardeşimdir. Onu dinleyin ve ona itaat edin" dedi. Adamlar ayağa kalktılar ve gülerek Ebû Tâlib'e: " O, sana, oğlunu dinlemeni ve ona itaat etmeni emrediyor" dediler.[2]

Peygamberin halalarından Safiye de oğlu Zübeyr gibi ona uymakta tereddüt etmedi, fakat onun beş kız kardeşi bir türlü karar veremediler. Erva'nın tutumu, onların hepsinin bulunduğu durumu aydınlatacak niteliktedir: "Ben diğer kız kardeşlerimin ne yapacaklarını bekliyorum" derdi. Diğer taraftan yengesi, kararsız olan Abbâs'ın karısı Ümmü'l-Fadl, Hatîce'den sonra İslâm'a giren ilk kadındı. Daha sonra üç kız kardeşini de Peygamber'e getirmeyi başarabilmişti. -Öz kardeşi Meymûne ve üvey kardeşleri Selmâ ile Esmâ- Ca'fer, Ümmü'l-Fadl'ın evinde büyümüştü ve kısa bir süre önce evlendiği Esmâ'yı bu evde tanımıştı ve sevmişti. Hamza da onun kardeşi Selmâ ile evlenmişti. İslâm çağrısına ilk icabet edenlerden biri de Ümmü Eymen idi. Peygamber onun hakkında şöyle derdi: "Cennet ehlinden biriyle evlenmek isteyen Ümmü Eymen'le evlensin."[3] Bu sözleri, Zeyd'i çok etkilemişti. Ümmü Eymen Zeyd'den çok yaşlı idi; fakat Zeyd için bunun bir önemi yoktu. Bu nedenle Peygamber'e kararını açıkladı; o da Ümmü Eymen'i kolayca bu evliliğe razı etti.

Ümmü Eymen, Zeyd'e bir erkek çocuğu verdi ve adını Üsâme koydular. Üsâme, kendisini çok seven Peygamber'in yanında onun torunu imiş gibi yetişti.

---

2. Tab. 1171.
3. I. S. VIII, 162.

KUREYŞ KARŞI ÇIKIYOR

[18]

İslâm'ın ilk günlerinde, Peygamber'in etrafındakiler sık sık gruplar halinde Mekke'nin dışındaki derelere gider ve kimseye görünmeden cemaatla namaz kılarlardı. Fakat bir gün birkaç putperest, onlar namaz kılarken yanlarına geldiler ve alay etmeye başladılar. Sonunda karşılıklı çatışma başladı ve Zühre kabilesinden Sa'd, kâfirlerden birine bir devenin kaburgası ile vurdu ve onu yaraladı. İslâm'da ilk kan dökme bu olay sırasında meydana geldi. Fakat o günden sonra, Allah aksini emredinceye dek şiddetten kaçınmaya karar verdiler. Çünkü Vahiy sürekli olarak Peygamber'e dolayısıyla onlara sabrı tavsiye ediyordu: "*Onların demelerine karşı sen sabret ve onlardan güzel kopma (düşünce ve eylem bakımından köklü bir tutum) ile kopup ayrıl*" (Müzzemmil: 10) ve "*Sen şimdi o küfretmekte olanlara bir mühlet ver, kendilerine az bir süre tanı.*" (Müzzemmil: 10, I.I. 168)

Bu şiddet eylemi iki taraf için de bir istisna teşkil ediyordu. Çünkü Kureyş'in tümü, Peygamber (s.a.v.) onu açıkça tebliğ ettikten sonra bile, yeni dine hoşgörü gösteriyordu. Bu hoşgörü, yeni dinin kendi tanrılarına, ilkelerine ve kökleşmiş geleneklerine karşı çıktığını fark etmelerine dek devam etti. Bunun farkına varır varmaz, bir grup ileri gelen adam Ebû Tâlib'e gitti ve onun yeğeninin faaliyetlerini sınırlaması gerektiğini söylediler. Ebû Tâlib onlara yatıştırıcı bir cevap verdi; fakat onun hiçbir şey yapmadığını görünce tekrar geldiler ve şöyle dediler: "Ey Ebû Tâlib! Sen aramızda en şerefli ve en yüce konuma sahip olansın ve biz senden kardeşinin oğlunu kontrol altında tutmanı istedik, fakat sen böyle yapmadın. Tanrı'ya andolsun ki, babalarımızın hor görülmesine, tanrılarımızla alay edilmesine ve tanrılarımıza küfredilmesine dayanamayız. Ya O'nu engelle, ya da biz her ikinize de savaş açalım." Ebû Tâlib büyük bir üzüntü içinde yeğenine haber gönderdi. Geldiğinde O'na, kendisini tehdit ettiklerini söyledi ve: "Ey kardeşimin oğlu! Kendini ve beni koru. Benim üstüme taşıyabileceğimden fazla yük yükleme" dedi. Fakat Peygamber (s.a.v.) ona şu cevabı verdi: "Allah'a andolsun ki, benim bu yolu bırakmam için güneşi sağ elime, ay'ı da sol elime verseler, Allah dinini zafere ulaştırmadıkça veya ben bu yolda harap olmadıkça bırakmam" (I.I. 168). Daha sonra gözlerinde üzüntü belirtileriyle gitmek üzere ayağa kalktı. Fakat amcası onu geriye çağırdı ve şöyle dedi: "Ey kardeşimin oğlu, git ve istediğini yap; çünkü Tanrı'ya andolsun ki seni hiçbir konuda yüzüstü bırakmayacağım."

Sözlerinin Ebû Tâlib tarafından yerine getirilmediğini görmelerine rağmen, Kureyşliler yine de onun yeğenine doğrudan saldırmakta tereddüt ettiler. Çünkü kabilesinin şefi olarak Ebû Tâlib, onu koruyabilecek güçteydi ve Mekke'deki her şef, kendi adına şeflik kurumuna saygılı olunmasını isterdi. Bu yüzden, ilk olarak Mekke'de hiçbir koruyucusu bulunmayan ve yeni dine giren zayıf kişilerle uğraşmaya karar verdiler.

O günlerde, birlikte meselenin özünü tesbit etmek için bir danışma kurulu oluşturdular. Durum çok ciddiydi; hac zamanına kısa bir süre kalmıştı ve Arabistan'ın her tarafından Araplar Mekke'ye geleceklerdi. Kureyşliler konukseverlikleri ile meşhurdular. Onlar konuklarına sadece yiyecek ve içecek sağlama bakımından değil, her geleni tanrılarıyla birlikte kabul ettikleri için konukseverdiler. Fakat bu yıl hacılar, Muhammed (s.a.v.) ve taraftarının, putları horgördüğünü fark edecekler ve babalarının dinini bırakıp birçok dezavantajlara sebep olacak yeni dine girmeye çağrılacaklardı. Şüphesiz onların birçoğu bir daha Mekke'ye gelmeyecekler, bu da hem ticareti hem de Mescid'in koruyucularının şerefini ve haysiyetini kötü duruma sokacaktı. En kötü ihtimal ise Arabların birleşerek Kureyş'lileri Kutsal Mescid'den çıkarmaları ve orayı başka bir kabilenin kontrolüne vermeleriydi; aynen Kureyş'in Huzaa'lıları, Huzaa'lıların da Cürhümîleri kovmaları gibi. O halde Mekke'ye gelen Arablara, Muhammed'in (s.a.v.) Kureyş'i temsil etmediği iletilmeliydi. Fakat O'nun Peygamber olduğunu yalanlamak kolay olsa da, bu, insanları onun konuşmalarını dinlemeye dolaylı bir teşvikten öte gitmiyordu. Çünkü onlar da merak edip kendileri karar vermek isteyeceklerdi. Bunun yanı sıra onlara söylenecek başka şeyler de olmalıydı; işte Kureyşliler'in zaafı buradaydı. Bazıları onun için mecnûn (deli) demeyi uygun buldu. Bazılarına göre ise o bir kâhin, bir şair veya bir büyücü olmalıydı. Bu sıfatlardan hangisinin hacıları daha çok etkileyip ikna edeceği konusunda, kabilenin en etkili adamı olan Muğîre'nin oğlu Velîd'e danıştılar. Velîd, bu sıfatların hedeften uzak olduğunu söyledi. Fakat ikinci bir kez düşündüğünde söz konusu adamın gerçekte bir büyücü olmasa da, büyücülerle ortak bir noktası olduğuna karar verdi. O bir adamı, babasından, kardeşlerinden, karısından veya genelde tüm ailesinden ayırma gücüne sahipti. Bu yüzden Velîd onlara Muhammed (s.a.v.)'in kaçınılması gereken bir büyü gücüne sahip olduğu fikrinin ortak hücum alanı olması gerektiğini söyledi. Bu tavsiyeye uymaya karar veren Kureyşliler, Mekke'ye ulaşan tüm yolları kesip, yolcuları bu konuda uyarmaya da karar verdiler. Çünkü onlar Muhammed (s.a.v.)'in insan kazanmada ne denli başarılı olduğunu biliyorlardı. Bu tür vaazlar vermeye başlamadan önce O, Mekke'nin en sevilen adamı değil miydi? Ne dili belâgatını, ne de görünüşü etkileyiciliğini kaybetmemişti.

Plânları titiz bir şekilde uyguladılar. Sadece bir özel durumda başlangıçta yanlışa düştüler. Benî Gıfar kabilesinden Ebû Zer adındaki bir adam -bu kabile Mekke'nin kuzeybatısında, Kızıl Deniz yakınlarında yerleşiktir- Peygamber (s.a.v.) ve O'na karşı çıkanlar hakkında çok şeyler duymuştu. Kabilesindeki diğer insanlar gibi, Ebû Zer de bir eşkiya idi; fakat onların aksine Tanrı'nın birliğine inanıyor ve putlara saygı beslemeye karşı çıkıyordu. Kardeşi Üneys bir iş için Mekke'ye gitmiş ve dönüşünde Ebû Zer'e Mekke'de peygamber olduğunu iddia eden ve 'Allah'tan başka tanrı yoktur' diyen bir adamın varlığından ve onun kabilesi tarafından dışlandığından bahsetmişti. Orada gerçek bir peygamberin varolduğuna inanan Ebû Zer, hemen Mekke'ye doğru yola çıktı. Mekke'ye girişte yolunu kesen Kureyşliler onun tüm öğrenmek istediklerini sormasına gerek kalmadan anlattılar. Ebû Zer zorluk çekmeden Peygamber'in evini buldu. Peygamber o sırada avlunun bir köşesinde yüzünü örtüsüyle örtmüş bir halde, bir şilte üzerinde uyuyordu.

Ebû Zer onu uyandırdı ve selâm verdi. "Selâm üzerine olsun" dedi Peygamber. Ebû Zer, "Sözlerini bana oku" dedi. Peygamber: "Ben şâir değilim; benim okuduğum şey Kur'ân'dır ve konuşan ben değilim Allah konuşuyor" dedi. Ebû Zer: "O halde benim için oku" dedi. Peygamber (s.a.v.) ona bir sûre okudu, bunun üzerine Ebû Zer: "Allah'tan başka tanrı olmadığına ve Muhammed (s.a.v.)' in O'nun rasûlü olduğuna şehadet ederim" dedi. Peygamber "Hangi kabiledensin?" diye sordu, adamın cevabı üzerine şaşkınlık içinde onu süzdü ve: "Şüphesiz Allah kimi dilerse, hidayete ulaştırır" dedi.[1] Benî Gıfar kabilesinin hemen hemen tümünün hırsız olduğu biliniyordu. Ona İslâmî emirleri öğrettikten sonra, Peygamber (s.a.v.), halkının yanına dönmesini ve emirlerini beklemesini söyledi. Bu yüzden Ebû Zer, Benî Gıfar'a döndü ve onun aracılığı ile çoğu kişi İslâm'a girdi. O sırada yine eski mesleğine devam ediyordu; fakat bu kez Kureyş kervanlarına özel bir ilgi gösteriyordu. Bir kervanın yolunu kestiğinde, eğer kervandakiler Allah'ın birliğini ve Muhammed (s.a.v.)'in O'nun rasûlü olduğunu kabul ederlerse, aldığı malları geri veriyordu.

Başka bir karşılaşma ise, Gıfar gibi batıda yerleşen bir başka kabilenin, Benî Devs'in İslâm'a girmesine neden oldu. Devs'li bir adam olan Tufeyl daha sonraları, Mekke'ye vardığında büyücü Muhammed'le konuşmaması ve kendisini ailesinden ve halkından ayrılabileceğinden dolayı hiç dinlememesi için nasıl uyarıldığını anlatır. Kureyş bu uyarılara çok önem veriyor ve yolcuları çok etkiliyordu. Tufeyl büyülenmekten o denli korkmuştu ki Mescid'e gitmeden önce kulaklarına pamuk tıkamıştı. Peygamber (s.a.v.)

1. I. S. IV, 164.

oradaydı, adeti olduğu üzere Yemen köşesi ile Haceru'l-Esved arasında, yüzü Kudüs yönüne çevrili ve Kâ'be'nin güneydoğu duvarı hemen önüne gelecek şekilde namaz için yerini almıştı. "Okuduğu Kur'ân âyetleri o kadar yüksek tonda değildi; fakat buna rağmen âyetlerden bir kısmını bana işittirdi, duyduğum şeyler çok güzeldi. Bu yüzden kendi kendime şöyle dedim: Ben sağduyulu bir adamım ve şâirim, yanlış ile doğruyu ayıramayacak kadar câhil de değilim. O halde neden bu adamın söylediklerini işitmemeliyim? Eğer doğruysa kabul ederim, yanlışsa bırakırım. Peygamber (s.a.v.) oradan ayrılana dek bekledim ve giderken onu takip ettim. Tam evine girdiği sırada hemen arkasından ben de girdim ve: 'Ey Muhammed (s.a.v.)! Senin kabilendeki adamlar bana böyle böyle dediler, ben de o kadar korktum ki senin sözlerini duymamak için kulağıma pamuk tıkadım. Fakat imkânsız olduğu halde Allah bana senin sözlerini işittirdi. O halde kim olduğunu bana söyle' dedim."

Peygamber (s.a.v.) ona İslâm'ı anlattı ve Kur'ân okudu; Tufeyl de kelime-i şehadet getirdi. Daha sonra İslâm'ı tebliğ etmek için halkının yanına döndü. Babası ve karısı İslâm'a girdiler, fakat geri kalan Devs'liler küfürde ısrar ettiler. O da Mekke'ye büyük düş kırıklığı içinde döndü ve Peygamber'den onlara beddua etmesini istedi. Fakat bunun yerine Peygamber onların doğru yolu bulmaları için dua etti ve Tufeyl'e şöyle dedi: "Halkının yanına dön, onları İslâm'a çağır ve onlara tatlılıkla muamele et."[2] Tufeyl bu tavsiyelere harfiyyen uydu ve yıllar geçtikçe daha çok Devs'li aile İslâm'a girdi.

Peygamber'le karşılaşmadan önce Tufeyl, sadece onun düşmanlarına rastlamıştı; fakat diğer hacılar, kendilerine düşmanlarınkinden çok farklı bir hikâye anlatan Peygamber (s.a.v.) taraftarlarıyla karşılaştılar ve her biri yaratılışının gereği olarak iman etti. Tüm bunların sonucunda, Arabistan'ın her yerinde iyi veya kötü olarak yeni dinden bahsedilmeye başladı. Fakat yeni din hiçbir yere Yesrib vadisindeki kadar yaygın bir konuşma teması haline gelmemişti.

---

2. I.I., 252-4.

EVS VE HAZREC

[19]

Evs ve Hazrec kabileleri kendileriyle birlikte Yesrib'de yaşayan bazı Yahudi kabileleriyle müttefiktiler. Fakat aralarındaki ilişki çoğunlukla kötü duygularla örülmüştü. Bunun nedeni ise tektanrıcı Yahudilerin, Allah'ın seçilmiş kulları olarak, çoktanrıcı Araplara güçlerinden dolayı saygı duymalarına rağmen bir kıskançlık beslemeleriydi. Yahudiler sıkıntıya düştüklerinde ise şöyle diyorlardı: "Gönderilecek olan Peygamber'in zamanı şimdidir. O bize geldiğinde biz sizi, Âd ve İrem[1] kavimlerinin yerle bir edilmesi gibi yok edeceğiz." Yahudi âlimleri ve kâhinler, Peygamber'in nereye geleceğini soranlara çoğunlukla Mekke ile aynı yönde olan Yemen tarafını işaret ederlerdi. Bu nedenle Yesribliler, Mekke'de Peygamber olduğunu iddia eden bir adamın ortaya çıktığını duyunca dikkat kesildiler. Getirdiği mesajın özelliklerini duyduklarında ise daha çok ilgi duydular, çünkü onlar eskiden beri tektanrıcı akideye aşinaydılar. Yahudiler, onlarla daha iyi geçindikleri zamanlarda, Tanrı'nın birliğini ve insanın esas amacının ne olduğunu anlatırlar ve birlikte bu konuyu tartışırlardı. Öldükten sonra dirilme fikri çoktanrıcı putperestler için kabul edilmesi zor bir konuydu. Bir keresinde Yahudi âlimlerinden biri bu konuyla ilgili olarak güneyi işaret ederek, orada tekrar diriliş gerçeğini tasdik edip ispatlayacak bir peygamberin geleceğini söylemişti.

Arapların Mekke'den gelecek olan haberlere bu kadar dikkat kesilmeleri, dolaylı olarak, İbnu'l-Heyyebân adında Suriye'den Yesrib'e göçmüş ve yağmur sularıyla vadiyi birkaç kez kuraklıktan kurtarmış olan bir Yahudi'den kaynaklanıyordu. Bu dindar adam, Peygamber (s.a.v.)'e ilk Vahy'in geldiği sıralarda öldü. Öleceğini anlayınca etrafındakilere şöyle dedi: "Ey Yahudiler, beni ekmek ve şarabın bol olduğu bir ülkeden açlık ve zorluk çekilen bu ülkeye getiren sebebi bir düşünün?" "Sen daha iyi bilirsin" dediler. "Bu ülkeye, gelmesi yakın olan Peygamber'i karşılamak için geldim. O bu ülkeye hicret edecek. Benim yaşamım süresinde gönderileceğini ve benim de ona tabi olacağımı ümit ediyordum. Onun size gelmesi yakındır"[2] cevabını verdi. Bu sözler bazı Yahudi gençlerini çok etkiledi ve Peygamber (s.a.v.) geldiğinde, Yahudi olmamasına rağmen onu kabul etmelerini sağladı.

---

1. Âd ve İrem, kendilerine gönderilen peygamberlere uymayı reddettikleri için birdenbire helâk olan eski Arap kavimleridir.

2. I. I. 136.

Fakat genelde, Araplar kişiyi tasdik ederken getirdiği mesajı kabul etmiyor, Yahudiler ise mesajı kabul ediyor, ancak yanlış kişiyi olduğunu düşünüyorlardı. Çünkü Allah, seçilmiş milletten olmayan birini nasıl peygamber gönderebilirdi? Bununla birlikte hacılar Peygamber'le ilgili haberleri Yesrib'e ulaştırdığında, Yahudiler kendilerinden olmamasına rağmen bu haberlere ilgi duyuyor ve daha ayrıntılı bilgi istiyorlardı. Yesrib Arapları bu ilgiyi fark ettiklerinde ve Yahudi âlimlerinin ilgisinin daha çok mesajın tektanrıcı olması üzerinde yoğunlaştığını gördüklerinde, bu haberi taşıyanlar gibi onlar da etkilenmekten kendilerini alıkoyamadılar.

Bunların yanı sıra Hazrecliler, şimdi bir peygamber olduğunu iddia eden ve daha önce çocukken annesiyle, sonraları da Suriye'ye giderken birçok kez Yesrib'e uğramış olan bu adamla aralarında güçlü kan bağı olduğunun farkındaydılar. Evs'e gelince, onların ileri gelenlerinden biri, Ebû Kays, Hatîce ve Varaka'nın halası olan bir Mekkeli ile evlenmişti. Ebû Kays çoğunlukla Mekke'de, karısının ailesiyle birlikte kalıyor ve Varaka'nın yeni Peygamber'le ilgili görüşüne katılıyordu.

Hacılar ve Mekke'yi ziyaret edenlerin getirdiği haberlerle desteklenen tüm bu faktörler, vadi halkı üzerinde etkisini göstermeye başladı. Fakat o an için asıl önemli olan kendi iç sorunlarıydı. Bir Evs'li ve bir Hazrec'li arasında kan dökülmesiyle biten çatışma, iki kabileden de birçok boyun savaşa girmesine sebep oldu. Hatta Yahudiler bile bir tarafla müttefik oldular. Üç çatışma olmuştu; fakat bu çatışmalar engelleyici olmaktan çok insanların kin ve öç alma duygularını kabartmıştı. Diğerlerinden daha büyük dördüncü bir çatışma kaçınılmaz görünüyordu. Bu nedenle Evs'in ileri gelenleri Mekke'ye, Kureyşlilerden Hazrec'e karşı yardım istemek üzere bir delege göndermeye karar verdiler.

Delegeler, Kureyş'ten cevap beklerken Peygamber (s.a.v.) onların yanlarına gitti ve geldikleri şeyden daha güzel ve iyisini isteyip istemediklerini sordu. Bu daha iyinin ne olabileceğini sordular; o da görevinden ve tebliğ etmekle yükümlü olduğu dinden bahsetti. Daha sonra onlara Kur'ân'dan bir bölüm okudu. Bitirdiğinde Muâz'ın oğlu İyas şöyle dedi: "Arkadaşlar, bu bizim geldiğimiz şeyden daha iyidir". Fakat delegenin lideri yerden bir avuç toprak aldı ve gencin yüzüne atarak: "Öyleyse, o senin olsun, hayatıma yemin ederim ki biz bundan başka bir şey için geldik" dedi. İyas sesini çıkarmadı ve Peygamber (s.a.v.) onların yanından ayrıldı. Kureyş onların yardım isteklerini geri çevirdi, onlar da Medine'ye döndüler. Bundan kısa bir süre sonra İyas öldü, ölümünde yanında olanlar onun ölene kadar Allah'ın birliğine şehadet getirdiğini söylediler. Bu nedenle O, İslâm'a giren ilk Yesribli olarak sayılabilir.

[20]

Mekke'de mü'minlerin sayısındaki artış, beraberinde kâfirlerin düşmanlığındaki artışı da getirdi. Bir gün Kureyş ulular Hicr'de toplanmış, Peygamber'e karşı birbirlerinin kızgınlıklarını alevlendiriyordu. Tam o sırada Peygamber (s.a.v.) Mescid'e girdi. Kâ'be'nin doğu köşesine giderek Haceru'l-Esved'i öptü ve tavafa başladı. O Hicr'in yanından geçerken Hicr'dekiler onun aleyhine söyledikleri şeyleri daha yüksek sesle söylüyorlardı. Peygamber'in onları işittiği yüzünden belli oluyordu. Hicr'in yanından ikinci kez geçti, onlar tekrar hakaret ettiler. Fakat üçüncü kez geçişinde onların önünde durdu ve: "Ey Kureyş, beni işitiyor musunuz? Nefsim elinde olana yemin ederim ki sizi helak edeceğim."[1] Bu sözler ve onların şöyleniş şekli onları sanki büyülemişti. İçlerinden hiçbiri ne hakaret edebildi, ne de konuşabildi. Sonunda içlerinde en sinirli ve sert yapılı olanı, büyük bir nezaket içinde: "Ey Ebû'l-Kasım! Yoluna git; çünkü Tanrı'ya andolsun, sen câhil bir aptal değilsin" diyerek sessizliği bozdu. Fakat herkesin sessiz kaldığı bu süre uzun sürmedi. Çünkü orada bulunanlar bu denli korktukları için kendilerini suçlamaya başladılar ve şimdiki zayıflıklarını gelecekte tamir edeceklerine yemin ettiler.

İslâm'ın en kötü düşmanlarından biri, ailesi ve arkadaşları arasında Ebû'l-Hakem diye anılan mü'minlerinse adını Ebû Cehil (cehâletin babası) koydukları Mahzûm kabilesinden Amr idi. Muğîre'nin torunu, o zaman Mahzûmîlerin başında bulunan yaşlı Velîd'in de yeğeni oluyordu. Ebû Cehil amcasından sonra onun yerini alacağından emindi. Kendisi için şimdiden Mekke'de belirli bir konum sağlamıştı. Bu konum hem zenginliği, hem konukseverliği, hem de kendisine karşı çıkanlardan öç alma konusunda gösterdiği sertlik ve acelecilikten kaynaklanıyordu. O geçen hac döneminde hacıları Peygamber (s.a.v.)'e karşı uyarmak için çalışanların en usanmazı ve Peygamber (s.a.v.)'i büyücü diye adlandıranların en bağırganı idi. Kendi kabilesindeki çaresiz mü'minlere karşı acımasızlıkta çok aşırı ve diğer kabileleri de aynı şeyi yapmaya teşvik etmekte çok etkindi. Fakat birgün, kendisine rağmen yeni dine büyük bir hizmette bulundu.

Peygamber (s.a.v.), Mescid'in dışında Safa kapısı yakınında oturuyordu. Hacılar kapıya yakın olan Safa tepesinde başlayan ve 450 yarda* kuzey-

1. I.I. 183.

* 1 yarda 0.9144 metre. 450 yarda yaklaşık 411 metre. -y.n.

deki Merve tepesinde biten yedi kez gidip gelme ibadetine, bu kapıdan çıktıktan hemen sonra başladıkları için kapıya Safa kapısı adı verilmiştir. Safa'nın eteklerindeki bir kaya parçası bu ibadetin başlangıç yerini işaret eder. Ebû Cehil yanından geçtiğinde Peygamber (s.a.v.) bu kutsal yerde tek başına oturuyordu. Mahzûmlunun, bir önceki seferde korkmadığını göstermek için bir fırsat çıkmıştı; Peygamber'in önünde durarak ağzına gelen tüm küfürleri ona karşı söyledi. Peygamber sadece ona baktı, fakat hiçbir şey söylemedi. Sonunda yapabileceği tüm hakaretleri bitirdikten sonra Ebû Cehil, Hicr'de toplanmış olan diğer Kureyşliler'e katılmak üzere Mescid'e girdi. Peygamber üzüntüyle ayağa kalktı ve evine döndü.

O gittikten hemen sonra, yayı boynunda asılı bir halde avdan dönen Hamza karşıdan gözüktü. Avdan döndükten sonra, ailesinin yanına gitmeden önce Kâ'be'yi ziyaret etmek onun adetiydi. Onun yaklaştığını görünce, Safa kapısının yakınlarında bir evden bir kadın çıktı ve onu durdurdu. Bu kadın, şimdi hayatta olmayan ve yirmi yıl kadar önce Hilfu'l-Fudûl'u kuranlardan biri olan Teym kabilesinin şefi Abdullah İbn Cud'an'ın azatlılarındandı. Cud'an ailesi, Ebû Bekir'in kuzenleri oluyordu. Peygamber (s.a.v.)'e ve dinine bağlı olan bu kadın Ebû Cehil'in hakaretlerini duymuş ve çok sinirlenmişti. Hamza'ya: "Ebû Umâre"[2] dedi. "Hişâm'ın oğlu Ebû'l-Hakem'in, kardeşinin oğlu Muhammed'e nasıl davrandığını bir görseydin. O burada otururken geldi ve ona hakaret etti, onunla alay etti. Daha sonra çekip gitti." -Nereye gittiğini belirtmek için Kâ'be'ye doğru işaret etti- "Muhammed ise bir tek kelime bile söylemedi". Hamza, yumuşak huylu ve anlaşması kolay bir insandı. Bununla birlikte Kureyş'in en cesuru idi, kızdırıldığında ise en başeğmez ve en sert adamı olurdu. Şu anda onun güçlü yapısı kızgınlıktan sarsılıyordu. Onun bu kızgınlığı ruhundan bazı şeyleri kaldırdı, özgürlüğe kavuşturdu, ruhunda daha önce varolan bazı şeylerin tamamlanmasını sağladı. Kâ'be'ye giren Hamza doğruca Ebû Cehil'in yanına gitti, yanında ayakta durarak elindeki yayı tüm gücüyle arkasına indirdi. "Ona hakaret etmek ha!" dedi, "Ben de onun dinindenim, onun iddia ettiklerinin hepsini onaylıyorum. Eğer karşı çıkmaya gücün varsa bana karşı çık." Ebû Cehil korkak değildi, fakat bu kez meselenin kapanmasının daha iyi olacağını düşünüyordu. Bu yüzden ona yardım etmek için yerlerinden kalkan Mahzûmîlere oturmalarını işaret etti ve şöyle dedi: "Bırakın, Ebû Umâre istediğini yapsın. Çünkü Tanrı'ya andolsun onun kardeşinin oğluna çirkince küfür ettim.."

2. Umâre, Hamza'nın kızıydı. Araplar arasında birbirine hitap etmenin en kibar yolu erkeklere "şunun babası" (Ebû), kadınlara da "bunun annesi" (Ümmü) diye hitap etmektir.

KUREYŞ'İN TEKLİFLERİ VE İSTEKLERİ

[21]

O günden sonra Hamza teslim oluşunu korudu ve Peygamber'in tüm isteklerine uydu. Onun İslâm'a girmesi Kureyş'i çok etkiledi; artık Peygamber'e, Hamza'nın koruyacağını düşünerek, doğrudan saldırılarda bulunamıyorlardı. Diğer taraftan, bu beklenmedik olay onların meselenin asıl önemini daha iyi kavramalarını sağladı ve Araplar arasındaki yüksek konumlarına zarar verecek olan bu gelişmeyi önlemek ve durdurmak için yeni çözümler arama çabalarını da artırdı. Bu tehlikeyi düşünerek taktik değiştirmeye ve Abdu Şems'in ileri gelenlerinden Utbe İbn Rabia'nın mecliste yaptığı öneriyi kabul etmeye karar verdiler. Utbe: "Niçin Muhammed (s.a.v.)'e gidip kabul edeceği bazı tekliflerde bulunmuyoruz?" dedi. "Kabul ettiklerini, bizi rahat bırakması karşılığında veririz." Peygamber (s.a.v.)'in Kâ'be yakınında yalnız başına oturduğu haberi geldi. Utbe hemen meclisten ayrıldı ve Mescid'e gitti. O bu görevi, Hâşim'in kardeşi Abdu Şems'in torunu olduğu için üstlenmişti. Kusayy'ın oğlu Abdu Menâf'tan sonra iki oğlu Abdu Şems ve Hâşim kabileleri birbirinden ayrılmış iseler de, farklılıkları büyük atalarının ortak oluşuyla kapatılabilirdi. Bunların yanı sıra Utbe, Kureyş içinde en az şiddet taraftarı olan ve daha çok uzlaşmacı karaktere sahip bir adamdı; aynı zamanda çok da akıllıydı.

Peygamber'e: "Ey kardeşimin oğlu!" dedi, "Sen, bildiğin gibi kabilenin soylularındansın ve senin soyun sana şerefli bir konum sağlıyor. Fakat sen halkına ciddi ve tehlikeli bir mesele getirdin, bununla onları birbirinden ayırıyor, onların yaşam tarzının saçma olduğunu söylüyor, dinlerini ve tanrılarını küçümsüyorsun ve onların atalarına kâfir diyorsun. Şimdi benim önerdiklerimi dinle, sana uygun olanı kabul et. Eğer istediğin zenginlikse, mallarımızı birleştirir seni aramızda en zengin kimse yaparız. Eğer istediğin şerefse, seni liderimiz yaparız ve senin sözünden hiç çıkmayız. Ve eğer kral olmak istiyorsan seni kral yaparız. Eğer sana musallat olan cinden ve hastalıktan kurtulamıyorsan sana bir hekim buluruz ve iyileşene dek senin için tüm servetimizi harcarız." Konuşmasını bitirdiğinde Peygamber ona: "Ey Velîd'in babası, şimdi beni dinle!" dedi. Utbe "dinleyeceğim" deyince, Peygamber (s.a.v.) kendisine, yeni gelen sûrelerden birini okudu.

Utbe, kazanmak istediği kişiyi etkilemek için biraz olsun dikkatle dinliyor izlenimini vermek istiyordu. Fakat birkaç cümle dinledikten sonra tüm bu düşünceler yerini okunan kelimelerin anlamlarını düşünmeye bıraktı. Ellerini arkasına dayayarak oraya oturdu, dinledikçe ellerinin üstüne daha çok yükleniyordu; kulaklarına nüfuz eden lisanın güzelliği karşısında şaşırmıştı. Okunan âyetler[1] Vahy'in kendisinden, yerlerin ve göklerin yaratılışından bahsediyordu. Eski peygamberlere, onlara tabi olmayı reddeden topluluklara ve onların nasıl cehennemi boyladıklarına değinen âyetler bunu takip ediyordu. Daha sonra inananlara değinen ve onlara bu dünyada melekler tarafından korunmayı, âhirette de ebedî mutluluğa ulaşmayı vadeden bir pasaj geliyordu. Peygamber (s.a.v.) okumasını şu cümlelerle bitirdi:

"Gece, gündüz, Güneş ve Ay O'nun âyetlerindendir. Siz Güneş'e de, Ay'a da secde etmeyin. Allah'a secde edin ki, bunları kendisi yaratmıştır. Eğer O'na ibadet edecekseniz" (Fussilet: 37).

Bunun üzerine Peygamber hemen başını yere koyarak secde etti. Daha sonra şöyle dedi: "Ey Ebû'l-Velîd, duyduklarını duydun, şimdi her şey onlarla (duyduklarınla) senin aranda."

Utbe arkadaşlarının yanına döndüğünde onlar, Utbe'nin yüzündeki ifade değişikliğine öyle şaşırmışlardı ki "Sana ne oldu ey Ebû'l-Velid?" demekten kendilerini alamadılar. Utbe şu cevabı verdi: "Şimdiye dek hiç duymadığım sözler duydum. O şiir değil, Tanrı'ya andolsun büyü ve kehanet de değil. Ey Kureyşliler, söylediklerime kulak verin ve benim dediklerimi yapın. Bu adamla işi arasına girmeyin, onu kendi haline bırakın; çünkü Allah'a yemin ederim ki ondan duyduğum sözler büyük haberlerdir. Eğer Araplar onu yok ederse onu başkalarının ellerinde kaybetmiş olursunuz, ama eğer Araplara üstün gelirse, onun hakimiyeti sizin hakimiyetiniz, onun gücü sizin gücünüz olur. Böylece insanların en şanslısı olursunuz." "Seni diliyle büyülemiş" diye onunla alay ettiler. Utbe "Size benim kişisel fikrimi söyledim, neyin en iyi olduğunu düşünüyorsanız onu yapın" dedi. Onlara daha fazla karşı çıkmadı, Kur'ân âyetleri onda çok kısa süreli bir etki yaratmıştı. O sırada, Utbe, Peygamber'e sorduğu soruların hiçbirine cevap getiremediği için, içlerinden biri şöyle dedi: "Muhammed'e haber gönderelim, onunla konuşalım ve tartışalım ki denenmemiş hiçbir yol bırakmayalım." Bunun üzerine ona şöyle bir haber gönderdiler: "Kabilenin ileri gelen soyluları seninle konuşmak için toplandı." Peygamber (s.a.v.) onların tutumlarını değiştirdiğini düşünerek hızla yanlarına gitti. Onları gerçeğe (Hakk'a) ulaştırmak istiyordu, fakat onlar kendisine daha önce yapılan tek-

---

1. Kur'ân'ın her cümlesi 'âyet' adını alır, yani ders veren işaret.

lifleri sıralamaya başlayınca bütün ümitleri kayboldu. Konuşmalarını bitirdiklerinde onlara şöyle dedi: "Ben büyülenmiş değilim, aranızda en şerefli olmayı veya kralınız olmayı da istemiyorum. Bilâkis Allah beni size bir elçi olarak gönderdi ve bana bir kitap verdi, sizi hem uyarmamı hem de müjdelememi emretti. Size Rabbimin mesajını ilettim ve iyi tavsiyelerde bulundum. Eğer size getirdiklerimi kabul ederseniz bu sizin için hem bu dünyada hem de âhirette kurtuluştur; fakat eğer getirdiklerimi kabul etmezseniz, o zaman sizinle benim aramda Allah'ın hüküm vermesini bekliyorum."[2]

Kureyşlilerin tek cevabı daha önce kaldıkları yerden devam etmeleriydi. Eğer onların tekliflerini kabul etmiyorsa, Allah'ın elçisi olduğunu ispatlayacak bir şeyler göstermeliydi, o zaman mesele hallolurdu. "Rabbinden çevremizdeki dağları kaldırmasını, toprağı dümdüz yapmasını ve ülkemizden Irak ve Suriye'deki gibi nehirler akıtmasını iste. Atalarımızdan birinin, örneğin Kusayy'ın dirilmesi için dua et. Biz de ona söylediklerinin doğru olup olmadığını soralım. Veya eğer bizim için bunları istemeyeceksen kendin için birşeyler iste. Allah'tan senin sözlerini doğrulayıp bizimkileri yalanlayacak bir melek indirmesini iste. Sana bahçeler, saraylar, altın ve gümüş hazineleri versin ki senin Allah katında ne kadar değerli olduğunu görebilelim." Peygamber onlara şöyle cevap verdi: "Ben Allah'tan böyle şeyler isteyecek değilim, çünkü O beni uyarmam ve müjdelemem için gönderdi." Onu dinlemeyi reddederek şöyle dediler: "O zaman gökyüzünü parça parça üzerimize indir." Bunu şu âyete karşı söylüyorlardı: "*Eğer biz dilersek onları yerin dibine geçirir, ya da gökten üzerlerine parçalar düşürürüz.*" (Sebe', 9.) "Karar verecek olan Allah'tır, dilerse yapar" diye cevap verdi Peygamber (s.a.v.).

Alaylı bakışlarla, cevap vermeden başka bir konuya geçtiler. Onlara göre, Vahyin en şaşırtıcı ve etkileyici yönü Rahmân isminin çok sık geçmesiydi, bu Peygamber (s.a.v.)'in herhalde ilham kaynağı olmalıydı. Sûrelerden biri "*Rahman, Kur'ân'ı öğretti*" (Rahman, I.) sözleriyle başlıyordu. Muhammed (s.a.v.)'in söylediği şeyleri Yemâme'li bir adamdan öğrendiği söylentisini kabul etmek işlerine geldiği için şöyle diyorlardı: "Sana öğretilen her şeyin Yemame'li Rahmân adındaki bir adamdan kaynaklandığını duyduk, biz Rahmân'a kesinlikle inanmayız." Peygamber sessiz kaldı, onlar şöyle devam ettiler: "Muhammed (s.a.v.), şimdi biz sözlerimizin doğruluğunu ispatladık ve Tanrı'ya andolsun ki seni rahat bırakmayacağız. Sen bizi veya biz seni yok edinceye kadar savaşacağız." İçlerinden biri şunları da ekledi: "Sen bir merdiven alıp göğe tırmanıncaya ve söylediklerini doğrulayacak

2. I,I. 188.

dört melek gelinceye dek sana inanmayacağım. O zaman bile sanırım sana inanmam." Bunları söyleyen Mahzûm'lu Ebû Umeyye'nin oğlu Abdullah idi. Abdullah babası tarafından Ebû Cehil'in kuzeni oluyordu; fakat annesi Âtike, Abdu'l-Muttalib'in kızıydı ve kardeşinin, yani Peygamber'in babasının ölümünden sonra oğluna onun adını koymuştu. Halkının ileri gelenleriyle arasındaki bu uzaklığın üzüntüsüne bir de en yakın akrabalarından birinden bu sözleri duyma üzüntüsü eklenmişti.

Kendisine karşı en fazla nefret besleyen kavim olan Mahzûmîlerden sadece bir kişi, halası Berre'nin oğlu Ebû Seleme İslâm'a girmişti ve yine o taraftan yeni dine beklenmedik güçlü bir destek geliyordu. Ebû Seleme'nin babası tarafından kuzeni olan Erkam adında zengin bir akrabası vardı -ikisinin Mahzûmlu olan dedeleri kardeşti- ve Erkam, Peygamber (s.a.v.)'e gelip "Lâ ilâhe illâllah" (Allah'tan başka tanrı yoktur) "Muhammedün Rasûlullah" (Muhammed O'nun elçisidir) diye inancını açıkladı. Daha sonra Safa Tepesi eteklerindeki büyük evini İslâm'ın hizmetine verdi. O zamandan sonra mü'minler, Mekke'nin ortasında görülme ve rahatsız edilme kaygısı taşımadan sığınabilecekleri ve birlikte ibadet edebilecekleri bir yere kavuştular.

[22]

Peygamber (s.a.v.)' e tabi olanlar sürekli bir artış gösteriyordu; fakat yeni dine girenlerin hemen hemen hepsi ya köle, ya azatlı, ya da Mekke dışındaki Kureyşlilerden oluşuyordu. İslâm'a girenler Vadi Kureyşlilerden olsa bile, nüfûzlu bir aileden gelen, fakat kendileri nüfûzlu olmayan ve İslâm'a girişleriyle ailelerinin ve akrabalarının düşmanlığını üzerlerine çeken zayıf kişiler oluyordu. Abdurrahman, Hamza ve Erkam istisna idi; fakat onlar da lider konumunda olmaktan uzaktılar. Bu nedenle Peygamber (s.a.v.) içlerinden hiçbirinin, hatta amcası Ebû Tâlib'in bile kendisine uymaya yanaşmadığı Kureyş ileri gelenlerinden hiç olmazsa birkaçını kazanmak istiyordu. Eğer Ebû Cehil'in amcası Velîd gibi güçlü bir şahsiyetin -Velîd hem Mahzûmîlerin şefi, hem de Kureyş'in gayri resmî şefi idi- desteğini kazanırsa, davetini daha kolay bir şekilde yapabileceği inancındaydı. Velîd aynı zamanda diğer Kureyş liderlerine göre daha anlayışlı ve tartışmaya açık bir kimseydi ve bir gün Peygamber (s.a.v.) Velîd'le yalnız konuşabileceği bir fırsat buldu. Fakat onlar sohbete dalmış bir haldeyken, henüz İslâm'a girmiş kör bir adam yanlarından geçti; Peygamber (s.a.v.)'in sesini duyunca orada durup kendisine Kur'ân'dan bir bölüm okumasını rica etti. Biraz sabırlı olması ve uygun bir zaman beklemesi söylendiğinde kör adam o kadar ısrar etti ki, sonunda Peygamber hiddetlendi ve yüzünü çevirdi. Sohbeti yarıda kesilmişti; fakat bu bölünme hiçbir kayıba sebep olmadı, çünkü Velîd zaten, mesaja, ümitsiz denebilecek derecede kapalıydı.

O anda şu sözlerle başlayan yeni bir sûre nâzil oldu:

"Surat astı ve yüz çevirdi; kendisine o kör geldi diye"

Vahiy şöyle devam ediyordu:

"Fakat kendini müstağni (hiçbir şeye ihtiyacı olmayan) gören ise, işte sen, onda 'yankı uyandırmaya çalışıyorsun.' Oysa, onun temizlenip arınmasından sana ne? Ama koşarak sana gelen ise, ki o 'içi titreyerek korkar' bir durumdadır, sen ona aldırış etmeden oyalanıyorsun." (Abese: 5-10).

Bundan kısa bir süre sonra Velîd kendini beğenmişliğini şu sözlerle ortaya koyuyordu: "Ben Kureyş'in en üstünü ve şefi olduğum halde, bana gelmiyor da Muhammed'e vahiy geliyor? İkimiz de iki şehrin iki büyüğü olduğumuz halde o ne bana ne de Sakîf'in reisi Ebû Mes'ud'a gelmiyor da ona mı geliyor?" (Zuhruf: 31). Ebû Cehil'in karşı çıkışı ise daha az cüretli fakat daha tutkulu idi. "Biz ve Abdu Menâf oğulları aramızda şeref konusunda yarış ederiz. Onlar başkalarını doyururlar ve korurlar, biz de aynısını yaparız. Onlar verirler, biz de onlarla aynı yarışta burun buruna giden atlar gibi eşit oluncaya dek veririz. Şimdi onlar "Bizim adamlarımızdan biri Peygamber'dir, ona gökten vahiy geliyor" diyorlar. Biz onun bir eşini ne zaman elde edeceğiz? Tanrı'ya andolsun ona hiçbir zaman inanmayacağız ve onun gerçeği söylediğini kabul etmeyeceğiz." Şems'li Utbe'nin tutumu daha az olumsuzdu, fakat değerlendirmede onlarla aynı hataları yapıyordu. Çünkü onun ilk düşüncesi 'eğer Muhammed gerçekten peygamberse ona uyulmalıdır' değil, onun Peygamberliği Abdu Menâf oğullarına şeref getirecek' olmuştur. Bir gün Ebû Cehil bu konudaki kızgınlığını belirterek Utbe'ye: "Ey Abdu Menâf oğulları, işte sizin Peygamber'iniz var" dediğinde Utbe şiddetle şu karşılığı verdi: "Biz bir krala veya bir peygambere sahip olduğumuz için siz gücenmek zorunda mısınız?" Buradaki kral kelimesi Kusayy için kullanılıyor ve Mahzûmîlere, Abdu Menâf'ın Kusayy'ın oğlu olduğu, halbuki Mahzûm'un sadece Kusayy'ın yeğeni olduğu hatırlatılmak isteniyordu. Peygamber (s.a.v.), bu söylenenleri duyacak kadar yakındaydı, hemen yanlarına geldi ve onlara "Ey Utbe! sSn ne Allah, ne de onun rasûlü için tartışıyorsun. Sana gelince ey Ebû Cehil, sana bir felâket gelecek ve sen çok ağlayıp az güleceksin." (Tab. 1203,3.).

Kureyş'in çeşitli boyları arasında rekâbet sürüyor ve en güçlü olanlar sürekli değişiyordu. O zamanlar en güçlü iki boy Abdu Şems ve Mahzûm idi. Utbe ve kardeşi Şeybe, Şems boyunun bir bölümünden sorumluydular. Kuzenleri Umeyye kolunun lideri Harb ölmüş, yerine Utbe'nin kızı Hind'le evlenen Ebû Süfyân geçmişti. Onun hem politikada hem de ticarette başarılı olması bir bakıma adaleti korumasına, soğukkanlılığına ve bir avantaj kazanacağına inandığında sabırlı olmasına bağlanabilirdi. Onun bu soğukkanlılığı, çok çabuk sinirlenen ve aceleci olan Hind'in sık sık kızmasına neden oluyordu; fakat Ebû Süfyân kararını verdikten sonra karısının fikirlerini çok az dinlerdi. Beklendiği gibi, o Peygamber'e karşı Ebû Cehil'den daha az düşmanlık besliyordu.

Bununla birlikte, Kureyş liderlerinin Peygamber (s.a.v.)'e karşı tutumları farklı olsa da, hepsi de mesajı reddetme konusunda aynı fikirdeydiler. Hayatta belirli bir başarı kazanmış olarak, hepsinde bütün Arabistan'da kabul edilen, bir insanın hamiyeti ideali hakimdi. Zenginlik bu şerefin bir yönü değildi, fakat bu amaca ulaşmak için zenginlik gerekliydi. Şerefli ve kerem sahibi bir adam, bir koruyucu ve müttefik olmalıydı, yani kendisinin de dayandığı bazı müttefikler varolmalıydı. Bunu da kendi evlilikleri, kızları ve oğullarının evlilikleriyle kurduğu bağlar sayesinde başarabilirdi. Fakat böyle bir konumu kazanmada en önemli etken zenginlikti; çünkü şerefli bir adam iyi bir ev sahibi olmak zorundaydı. Birtakım iyi özelliklere sahip olmak sözkonusu idealin gerçekleşmesi için gerekliydi. Özellikle cömertlik bu idealde büyük bir rol oynuyordu, fakat bu iyi davranışların hiçbiri âhirette karşılık almak için yapılmıyordu. Bütün Arabistan'da, çok cömert, cesaretli ve koruma, ittifak, garanti veya başka herhangi bir şey için verdiği sözde duran biri olarak tanınmak ve öldükten sonra da böyle anılmak, onlar için yaşama asıl anlamını veren büyük bir şeref ve ölümsüzlük idi. Velîd gibi adamlar böyle bir şerefe sahip olduklarından emindiler; bu da onların, bu hayatın -yani onların başarı ve şeref kazandıkları hayatın- geçiciliğini vurgulayan bir davete kulaklarını kapatmalarına neden oluyordu. Onların şeref ve ölümsüzlükleri Arabistan'ın aynı kalmasına, Arap ideallerinin geçmişten geleceğe sürekli aktarılmasına bağlıydı. Hepsi de değişik derecelerde Vahyin diline ve üslûbuna karşı duyarlıydılar. Fakat anlamına gelince, aşağıdaki gibi babalarının hiçbir şey kazanmadığını ve onların tüm çabalarının boşa gittiğini vurgulayan âyetlere gönüllerini kapatmışlardı: "*Bu dünya hayatı, yalnızca bir oyun ve (eğlence türünden) ' tutkulu bir oyalanmadır.' Gerçekte âhiret yurdu ise, asıl hayat odur. Bir bilselerdi.*" (Ankebût: 64).

[23]

Elbette gençlerin ve zayıfların hepsi, hemen ilâhi daveti kabul etmemişti; fakat hiç olmazsa küçük yaşamlarını bir klarnetin notaları gibi bölen davet ve vaazların önem ve şiddetine karşı kulaklarını tıkamalarına neden olacak bir kendini beğenmişlikleri yoktu. Osman'ın çölde duyduğu: "Ey uykudakiler uyanın" sesi vahyin kendisiydi ve daveti kabul edenler, şimdi sanki uykudan uyanmışlar ve yeni bir yaşama girmişlerdi.

Geçmişteki ve şu andaki kâfirlerin tutumu şu sözlerle ifade edilebilir: "*Bu dünya hayatımızdan başkası yoktur. Ve bizler diriltilecek de değiliz.*" (En'am 29). Bu sözlere ilâhî cevap olarak şunlar söyleniyordu: "*Biz göğü, yeri ve ikisi arasındakileri oyun ve eğlence olsun diye yaratmadık.*" (Enbiyâ: 16, Duhan: 38). "*Bizim boş bir amaç uğruna yarattağımızı ve sizin gerçekten bize döndürülüp-getirilmeyeceğinizi mi sanmıştınız?*" (Mü'minûn: 115). Küfrün henüz tam olarak yerleşmediği kişilerde bu sözler etkisini gösteriyordu. Bu etki, kendisini bir nur ve hidayet (doğru yola ulaştırıcı) olarak niteleyen vahyin tümü için de geçerliydi. Mesajı kabul etmeye iten başka bir neden de onu getiren elçinin kişiliğiydi. O, başkalarını kötülüğe yönlendirmeyecek denli hakikatle dolu ve kendisi de sapıtmayacak kadar hikmet ve fazilet sahibiydi. Yapılan çağrıda hem bir uyarı, hem de bir vaad vardı. Uyarı onları iyi işler yapmaya yöneltiyor, müjde ise onları mutlu kılıyordu.

"*Şüphesiz: 'Bizim Rabbimiz Allah'tır deyip sonra da dosdoğru bir istikâmet tutturanlar (yok mu) onların üzerine melekler iner (ve der ki): "Korkmayın ve hüzne kapılmayın, size vadolunan cennetle sevinin. Biz dünya hayatında da, âhirette de sizin velîlerinizіz. Orada nefislerinizin arzuladığı her şey sizindir ve istemekte olduğunuz her şey de sizindir. Çok bağışlayan, çok esirgeyen (Allah)tan bir ağırlanma olarak.*" (Fussilet: 30-32)

Cennetten bahseden ve yeni nazil olan âyetlerden biri de takva sahiplerine vaad edilen ebedî cennete değinen şu âyettir.

"*Bu mu daha hayırlı, yoksa takva sahiplerine vaad edilen cennet mi? Ki onlar için bir mükâfat ve son duraktır. İçinde ebedî kalıcılar olarak, orada her istedikleri onlarındır, bu Rabbinin üzerinde istenen bir va'didir.*" (Furkan: 15-16)

Gerçek mü'minler "*Bizimle karşılaşmayı umanlar*" diye tanımlanmıştır. Oysa kâfirler:

"*Bizimle karşılaşmayı ummayanlar, dünya hayatına razı olanlar ve bununla tatmin olanlar ve bizim âyetlerimizden habersiz (gafil) olanlar.*" (Yûnus: 7-9) dır.

Mü'min'in tutumu, her konuda kâfirinkinin aksi olmalıdır. İnkârcıların daldığı küfrün bir özelliği de onların tabiat görüntülerini sorgulamadan kabul etmeleri ve onlardan ders almamalarıdır. Gerçeğe (Hakk) uyanık olmak sadece insanın ümitlerini bu dünyadan âhirete çevirmesi değil, aynı zamanda bu dünyada her tarafa serpilmiş olan Allah'ın âyetlerinden de ders almasıdır:

"*Gökte burçları kılan, onların içinde bir aydınlık ve nurlu bir ay vareden (Allah) ne yücedir. O gece ile gündüzü birbiri ardınca kılandır; Öğüt alıp düşünmek isteyenler ya da şükretmek isteyenler için.*" (Furkan: 61-62)

Kureyş liderleri küstahça peygamberden bu âyetleri (işaretleri veya mucizeleri) göstermesini, ya gökten onu destekleyen bir melek gelmesini, ya da onun göğe yükselmesini istiyorlardı. Ve bir gün, dolunayın henüz Hira dağının tepesine çıkıp ortalığı aydınlattığı bir gecede, bir grup kâfir Peygamber'e yaklaştı. Ve eğer gerçekten Allah'ın Rasûlü ise Ay'ı ikiye bölmesini istediler. Mü'minleri ve kararsızları da içeren büyük bir topluluk vardı ve bu istek yerine getirildiğinde tüm gözler parlayan Ay'a çevrildi. Büyük bir şaşkınlık içindeydiler, çünkü Ay ikiye ayrılmış ve her biri dağın bir yönünde parlıyordu. Peygamber "*İşte şahit olun!*"* *dedi.* Fakat asıl ay'ı ikiye bölmesini isteyenler bu mucizeyi reddettiler ve onun büyü olduğunu söylediler (Kamer: 1-2). Diğer taraftan inananlar sevindiler ve kararsızlardan bazıları imana yaklaştı, bazıları ise gerçekten iman etti.

Böyle isteklere karşı, Allah'tan gelen bu cevap bir istisnaydı. Çünkü Kureyş'in istediği diğer mucizeler onlar istediğinde değil, Allah'ın dilediği zaman meydana gelmişlerdir. Bunlardan başka sadece inananların şahit olduğu küçük mucizeler de vardı. Fakat bu tür harikulâdelikler yeni dinin merkezinde bir konuma sahip değildi, çünkü İsâ'nın bir önceki vahyin mucizesi olması gibi, bu vahyin mucizesi de Kur'ân'ın kendisiydi. Kur'ân'a göre İsâ, hem Allah'ın elçisi hem de "*O'nun kelimesidir. Onu (Ol kelimesini) Mer'yem'e yöneltmiştir ve O'ndan bir ruhtur*" (Nisâ: 171). Aynen Allah'ın keli-

---

* B.LXI, 24.

mesi olan İsâ'da olduğu gibi şimdi de Allah'ın kelimesi olan Kur'ân'la İslâm gerçek bir din oluyordu. Bu kelâmın (Kur'ân) işlevlerinden biri de, İslâm'a hanif bir din olarak bakıldığında (Rûm: 30) insanda zaman geçtikçe körelen ve yanlışlıklara yönelen duyguları tekrar uyandırmaktı. Bu nedenle Kureyş Peygamber'den mucize göstermesini istediğinde Kur'ân'ın cevabı onları her zaman gördükleri, fakat üzerinde düşünüp ibret almadıkları şeylere yöneltmek olmuştur:

"*Kendileri bir bakmıyorlar mı o deveye, nasıl yaratıldı? Göğe; nasıl yükseltildi? Dağlara; nasıl oturtulup-kuruldu? Yere; nasıl yayılıp, döşendi?*" (Gaşiye: 17-20)

İnananlardan beklenen korku ve ümidin her ikisi de Allah'a götüren davranışlardır. Allah'a şükür belirtisi olarak söylenen "Hamd âlemlerin Rabbi olan Allah'adır" sözü aynı zamanda korku da taşır ve hamdeden kişiyi ve hamdolunan şeyi doğruca tüm iyiliklerin kaynağı olan ulûhiyete götürür. "Rahmân ve Rahîm olan Allah'ın adıyla" sözü insanı ümitle aynı yöne yöneltir. Bu korku ve ümit en belirgin bir şekilde Fâtiha Sûresi'nde toparlanmıştır (Bu sûreye Kur'ân'ın ilk sûresi* olduğu için "Açan" anlamında "Fâtiha" ismi verilmiştir:

"*Hamd, Âlemlerin Rabbi, Rahmân, Rahîm ve Din gününün mâliki olan Allah'adır. Biz yalnızca sana ibâdet eder ve yalnızca senden yardım dileriz. Bizi dosdoğru yola ilet, kendilerine nimet verdiklerinin yoluna, gazaba uğrayanların ve sapıklarınkine degil ...*" (Fâtiha 2-7).

İslâm öğretisinin en güzel ve tam ifadesini ortaya koyan diğer bir sûre de Kur'ân'ın son sûrelerinden biri olan İhlâs Sûresi'dir. Bu sûre, putperestler Peygamber'den Allah'ı tanımlamasını istediğinde indirilmiştir:

"*De ki: O Allah birdir.*
Allah Samed'dir (her şey ona muhtaçtır, daimdir, hiçbir şeye ihtiyacı olmayandır).
O, doğurmamıştır ve doğurulmamıştır.
Ve hiçbir şey O'nun dengi değildir" (İhlâs Sûresi).

* Son düzenlemede ilk sıradadır, fakat nüzûlde ilk değildir. Fâtiha'nın İslâm'daki yeri büyüktür ve her mü'min onu günde en az on yedi defa okur.

AİLELERDE BÖLÜNMELER

[24]

Ebû Tâlib'in büyük oğulları, Tâlib ve Akîl, küçük kardeşleri Ca'fer ve Ali'nin aksine Mslüman olmadılar ve aynen babaları gibi yeni dine girmekte tereddüt ettiler, fakat hoşgörülü kaldılar. Yeni dine karşı tutumu çok farklı olanlardan biri de Ebû Leheb idi: Kureyşlilerin bir önceki toplantısından beri yeni dine düşman olduğunu daha açık söylemeye başlamıştı. Ebû Leheb'in karısı ve Şems'li lider Ebû Süfyân'ın kardeşi olan Ümmü Cemîl de Peygamber'e (s.a.v.) karşı özel bir düşmanlık besliyordu. Aralarında iki oğullarını, Peygamber'in kızları Rukiyye (r.a.) ve Ümmü Gülsüm'ü (r.a.) boşamaya zorlamaya karar verdiler. -O zaman oğullarının Peygamber'in (s.a.v.) kızlarıyla evli mi yoksa henüz nişanlı mı olduğu hakkında kesin bilgi yoktur.- Fakat Ümmü Cemîl'in bu boşamalardan duyduğu sevinç, zengin Ümeyye kuzeni Osman İbn Affân'ın Rukiyye'yi istediğini ve onunla evlendiğini duyduğunda yok oldu. Bu evlilik Peygamber (s.a.v.) ve Hatîce (r.a.) için bir öncekinden daha sevindirici idi. Kızları mutluydu ve yeni damatları hem kızlarına hem de onlara karşı saygı ve sevgi besliyordu. Şükretmeleri gereken başka bir konu daha vardı: Rukiyye kızları arasında en güzeli ve tüm Mekke'de kendi akranlarının en güzeli idi. Osman da çok yakışıklı bir adamdı. İkisini bir arada görmek bir sevinç kaynağı oluyordu. "Allah güzeldir ve güzelliği sever".[1] Evliliklerinden kısa bir süre sonra ikisi de Mekke dışındayken Peygamber (s.a.v.) onlardan haber almak için bir adam gönderdi, fakat adam beklenilenden çok geç geri döndü. Geciktiği için özür dilemeye başladığında, Peygamber (s.a.v.) sözünü kesti ve "Bırak, seni neyin geç bıraktığını ben söyleyeyim; orada Osman ve Rukiyye'nin güzelliklerini seyretmeye daldın ve o yüzden de geç kaldın"[2] dedi.

Peygamber'in halası Erva, İslâm'a girmek için kararını vermişti. Bu ani kararının en önemli sebebi ise on beş yaşındaki oğlu Tulayb'ın kısa bir süre önce Erkam'ın evinde iman ettiğini açıklamasıydı. İslâm'a girdiğini annesine haber verdiğinde annesi: "Biz, erkeklerin yapabildiğini yapabilirsek, kardeşimizin oğlunu koruyacağız" dedi. Fakat Tulayb bu tür belirsiz bir ifadeyle yetinmedi ve "Seni İslâm'a girip, O'na tabi olmaktan alıkoyan nedir? Kardeşin Hamza da Müslüman oldu" dedi. Annesi her zamanki gibi

1. Hadis, A.H.IV. 133-4
2. S. 205

diğer kız kardeşlerinin kararını beklediği özürünü dile getirdiğinde ise, Tulayb onun sözünü kesti: "Allah adına sana yalvarıyorum, git ve onu selamla, ona inandığını söyle ve Allah'tan başka tanrı olmadığına şehâdet getir". Erva oğlunun dediklerini yaptı; Müslüman olduktan sonra cesareti arttı ve kardeşi Ebû Leheb'i, yeğenine yaptıklarından dolayı azarladı.

Hatîce'nin akrabalarına gelince; İslâm'ın Mekke'de tanınmaya başlamasından kısa bir süre sonra üvey kardeşi Nevfel, İslâm'ın en kötü ve en azgın düşmanı oldu. Fakat onun bu düşmanlığı oğlu Esved'in yeni dine girmesini önleyemedi. Esved'in Müslüman oluşu Hatîce'ye bir bakıma Nevfel'in düşmanlığını unutturuyordu. Fakat ne yazık ki en sevdiği yeğeni ve birkaç yıldan beri de damadı olan Şems'li Ebû'l-As, karısı Zeyneb İslâm'a girdiği halde Müslümanlığı kabul etmiyordu. Karısı Müslüman olduğu için kabilenin ileri gelenleri ders olsun diye onu boşaması için Ebû'l-As'ı zorluyorlardı. O kadar ileri gittiler ki Zeyneb'i boşamasına karşılık Mekke'den en güzel, en zengin ve en soylu kadınla evlenebilmesi için tüm olanaklarını bu yolda harcayacaklarına söz verdiler. Fakat Zeyneb'le Ebû'l-As birbirlerini seviyorlardı. Zeyneb (r.a.) her zaman kocasının da Müslüman olması için dua ediyor ve öyle olmasını ümit ediyordu; kocası da Zeyneb'i sevdiği için, kendisini boşamaya zorlayanlara istediği kadının evde olduğunu ve başka bir kadın da istemediğini söyledi. Hatîce'nin yeğenlerinden bir diğeri olan Hakim de- kendisine yirmi yıl kadar önce Zeyd'i hediye eden kardeşi Hişâm'ın oğlu- Ebû'l-As gibi halasına ve halasının ev halkına karşı sevgi ve saygı beslemeye devam ediyor, fakat Kureyş tanrılarına da karşı çıkmıyordu. Hakim'in kardeşi Hâlid ise Müslüman olmuştu.

"*Gerçek şu ki, sen, sevdiğini hidayete eriştiremezsin, ancak Allah dilediğini hidayete eriştirir.*" (Kasas: 56).

Bu âyetle ifade edilen gerçek Kur'ân'ın her yerinde tekrarlanır. Fakat bu tür âyetler, Peygamberin (s.a.v.) üstünden sorumluluk yükünü kaldırsa da, onun Mahzûm'lu kuzeni Abdullah'ın küfrüne üzülmesini engelleyemiyordu. Onu çok üzen bir başka durum daha vardı: büyük amcası Hâris'in oğlu, bir zamanlar çok samimi arkadaşı olan Ebû Süfyân da Müslüman olmayı kabul etmiyordu. Peygamber (s.a.v.) onun mesaja karşı duyarlı olacağını ümit ediyordu, fakat aksine İslâm aralarına bir engel oldu. Büyük bir ihtimalle amcası Ebû Leheb'in etkisiyle Ebû Süfyân'ın vahye ve Peygamber'e (s.a.v.) karşı soğukluk ve anlayışsızlığı gün geçtikçe arttı. Yukarıdaki âyetin gerçek olduğu başka durumlarda da gözleniyordu: Ebû Bekir Müslüman olduğunda karısı Ümmü Ruman ve başka bir karısından olan oğlu Abdullah'la kızı Esmâ ona uymuşlar ve İslâm'a girmişlerdi. Ümmü Ruman kısa bir süre önce Âişe adını verdikleri ve Zeyd'in oğlu Üsame gibi İslâm'ın ilk çocuklarından olan bir kız çocuğu dünyaya getirmişti. Ebû Bekir birçok kimsenin Müslüman olmasına vesile olduğu halde en büyük oğlu Abdu'l-Kâ'be'nin Müslüman olmasını sağlayamamıştı. O, annesi Ümmü Ruman ve babasının tüm çabalarına rağmen yeni dine girmemekte ısrar ediyordu.

Mü'minler, hayal kırıklığı içindeydiler. Kâfirlerse, Mekke'de yaşam tarzlarını tehdit eden ve gelecekle ilgili, özellikle çocuklarının evlilikleriyle ilgili projelerini suya düşüren bir olayla karşı karşıya bulunduklarının farkına varmışlardı. Mahzûmîlerden Abdullah'ın mecliste kuzeni Muhammed'e (s.a.v.) sert bir şekilde karşı çıktığında, Beni Mahzûm çok sevinmişti. Abdullah'ın kardeşi Züheyr de, yeni dine ondan daha az düşmanlık beslemesine rağmen Müslüman olmayı reddetmişti. Abdullah gibi Züheyr de Abdu'l-Muttalib'in kızı Atîke'nin oğluydu; fakat şimdi hayatta olmayan babaları Atike adında başka bir kadınla evlenmiş ve ondan bir kız çocuğu olmuştu. Adı Hind olan bu kız on dokuz yaşındaydı ve çok güzeldi. Kısa bir süre önce de iki üvey ağabeyinin kuzeni olan Mahzûm'un diğer kolundan Ebû Seleme ile evlenmişti. Bu evlilik kabilenin iki kolunu birbirine bağladığı için tüm kabileyi memnun etmişti. Fakat Ebû Seleme'nin Müslüman olduğunu duyduklarında bu memnunluk üzüntü ve kızgınlığa dönüştü: Hind'in -veya her zamanki lakabı ile Ümmü Seleme'nin- kocasını bırakmak yerine, onunla birlikte en samimi Müslümanlardan biri olduğunu duyduklarında ise iki katına çıktı.

Ebû Seleme'nin babası öldüğünde, annesi Berre, Kureyş'in Amir kolundan bir adamla evlendi ve ondan Ebû Sabra adında bir oğlu oldu. Amir'in şefi olan Süheyl kısa bir süre önce kızı Ümmü Gülsüm'ü Ebû Sabra'yla evlendirmişti. Berre, kardeşi Erva'nın aksine henüz İslâm'a girmemişti. Fakat Ebû Sabra hem üvey kardeşi Ebû Seleme, hem de üvey annesi, babasının ikinci karısı Meymûne sayesinde yeni dine ilgi duymaya başlamıştı. Peygamber "Gerçekten şu kız kardeşler gerçek mü'minlerdir"[3], derken Meymûne'yi ve Abbâs, Hamza ve Ca'fer'in hanımları olan üç kız kardeşini kasdediyordu. Meymûne'nin Ebû Sabra'nın babasıyla evlenmesi, Amir kabilesine güçlü bir iman örneği gösterdi.

Süheyl, diğer kızı Sehle'yi, Şemsî lider Utbe'nin oğlu Ebû Huzeyfe'yle evlendirmişti. Amir kabilesi güç yönünden ilerlemede biraz geç kalmıştı, bu nedenle bu evlilik onlar için ve diğer kabile için avantajlıydı. Evlendikten kısa bir süre sonra bu çift İslâm'a girdi. Onları Ebû Sabra ve Ümmü Gülsüm ikilisi izledi. Yani Süheyl iki kızını ve dikkatle seçilmiş iki damadı yeni dine kaptırmıştı. Aynı şekilde üç kardeşi Hatib, Salit ve Sekran'ı ve Sekran'ın karısı, kuzenleri Sevde'yi de kaybetmişti. Fakat Süheyl'e göre en

3. I.S. VIII, 203

kötü olanı en büyük oğlu Abdullah'ın da Peygamber'in (s.a.v.) en hızlı takipçilerinden biri olmasıydı. Abdullah babasının da bir gün hidayete erip, kendilerine katılacağını ümit ediyordu, Peygamber de aynı ümidi taşıyordu, çünkü Süheyl diğer liderler içinde en merhametli ve en akıllısıydı; uzun süreden beri de sık sık manevî dinlenme ve tefekkür için inzivaya çekilirdi. Fakat buna rağmen o yeni dine düşman oldu, çok şiddetli olmasa da düşmanlığını korudu. Çocuklarının kendisine itaat etmemesi de bu düşmanlığı besleyen bir unsur oldu.

Abdu Şems içinde Ebû Huzeyfe, anne-baba otoritesine karşı çıkan tek lider oğlu değildi. Rüyasında Peygamber'in (s.a.v.) kendisini ateşten kurtardığını gören Hâlid, ilk zamanlar İslâm'a girdiğini ailesinden gizlemişti. Fakat babası bunu duyduğunda eski dine döndüğünü itiraf etmesini istedi. Bunun üzerine Hâlid: "Muhammed'in (s.a.v.) dininden vazgeçmektense ölürüm daha iyi"[4] dedi. Babası bu sözleri duyunca onu acımasızca dövdü ve yiyecek ve içecek vermeksizin bir odaya kapattı. Fakat üç gün sonra Hâlid kaçmayı başardı; babası daha fazla ileri gitmedi, fakat onu evlatlıktan reddetti. Utbe, oğlu Ebû Huzeyfe'ye karşı, Hâlid'in babasından daha sabırlı ve dikkatli davranıyordu. Babasına bağlı olan Ebû Huzeyfe de babasının bir gün putperestliğin yanlış olduğunu göreceğini ümit ediyordu.

Abdu Şems'in Ümeyye boyuna gelince; Osman'ın (r.a.) Müslüman oluşundan ve Rukiyye'yle evlenişinden daha büyük kayıplar vardı. Müttefikleri Beni Esed İbn Hüzeyme'nin büyük bir çoğunluğu yeni dine girmişti. İçlerinde Peygamber'in (s.a.v.) kuzenleri ve lider olan Cahş ailesinin de bulunduğu on dört kişi Müslüman olmuştu. Bu değerli müttefiklerin yanı sıra Ümeyyelerin Şefi Ebû Süfyân, Abdullah'ın küçük kardeşi Ubeydullah İbn Cahş'la evlendirdiği kızı Ümmü Habîbe'yi de yeni dine kaptırmıştı.

Adiy kabilesinin ileri gelen ailelerinden birinde ise Hak bağının diğer bağları nasıl kırdığı son nesilde gözleniyordu. Nufeyl'in iki ayrı karısından Hattâb ve Amr adında iki oğlu vardı. Nufeyl'in ölümü üzerine Hattâb'ın annesi üvey oğlu Amr ile evlenmiş ve ondan Zeyd adında bir oğlu olmuştu. Bu nedenle Zeyd ve Hattâb anne tarafından kardeş oluyorlardı. Zeyd, Varaka gibi Kureyş'in putperest geleneklerinin yanlış olduğunu görebilen ender insanlardan biriydi. Sadece putlara tapmamakla kalmaz, onlar için kesilen kurbanların etinden de yemezdi. O, İbrahim'in Allah'ına inandığını söyler ve Kureyşlileri topluluk içinde azarlamaktan çekinmezdi. Diğer taraftan Hattâb, Kureyş geleneklerine sıkı sıkıya bağlıydı ve Zeyd'in kendi taptıkları tanrı ve tanrıçalara hakaret etmesine çok kızıyordu. Bu yüzden Zeyd'i Mekke dışındaki tepelerde yaşamaya zorladı, daha da ileri giderek Zeyd'in

---

4. I. S. IV, 1, 68

Kâ'be'ye yaklaşmasını önleyecek genç bir ordu kurdu. Bunun üzerine toplumdan sürülen Zeyd, Hicaz'ı terk ederek Irak'ın kuzeyindeki Musul'a gitti, oradan da güneybatıdaki Suriye'ye gitti. Gittiği yerlerde rastladığı rahib ve Yahudi bilginlerine İbrahim'in dini ile ilgili sorular soruyordu. Sonunda ona terk ettiği ülkede ortaya çıkmak üzere olan ve İbrahim'in dinini tekrardan vazedecek olan bir peygamberin geleceğinden bahseden bir rahibe rastladı. Bunun üzerine Zeyd geri dönmeye karar verdi, fakat Suriye'nin güney sınırındaki Lahm bölgesinden geçerken saldırıya uğradı ve öldürüldü. Varaka onun ölümünü duyunca çok üzüldü ve bir ağıt yazdı. Peygamber (s.a.v.) de onu övdü ve onun kıyâmet gününde "Büyük bir halkın değerini kendinde taşıyarak diriltileceğini"[5] söyledi.

Zeyd'in ölümünden sonra yıllar geçmişti: Hattâb da ölmüştü ve Ömer (oğlu) kardeşi Fâtıma ile evlenen Zeyd'in oğlu Sa'îd'le iyi anlaşıyordu. Fakat İslâm'ın gelişiyle aralarındaki bu dostluk kesildi. Çünkü Sa'id İslâm'a ilk girenlerden biriydi ve karısı Fâtıma da ona uyarak Müslüman olmuştu. Fakat annesi Ebû Cehil'in kızkardeşi olan Ömer, yeni dine karşı çıkanlardan biriydi. Sa'îd ve Fâtıma, Ömer'in çok hiddetli olduğunu bildikleri için İslâm'a girdiklerini ona söylememeyi tercih ettiler. Ömer'in İslâm'a kaptırdığı birileri daha vardı: karısı Zeyneb, Cumah kabilesinden Ma'zun'un oğlu Osman'ın kardeşiydi; Osman eskiden beri zühd hali ile yaşar ve vahiy gelmeden önce bile tek tanrıya inanırdı. O ve iki erkek kardeşi yeni dine ilk girenler arasındaydı. Onların ve Zeyneb'in İslâm'a giren üç yeğenleri vardı. Bu dönemde Zeyneb'in Müslüman olup olmadığı hakkında hiçbir kayıt yoktur. Çünkü onun bu konudaki eğilimlerini gizli tutacak yeterli nedeni vardı. Ağabeyi Osman, gerçi Ömer kadar hiddetli değildi, ama uzlaşmaz bir yapıya sahipti.

Zeyneb ve erkek kardeşleri, kabilelerinin şefi ve İslâm'ın en azılı düşmanlarından olan Ümeyye bin Halef'in kuzenleri oluyorlardı. Bir gün kurumuş bir kemiği alıp Peygamber'e (s.a.v.): "Muhammed (s.a.v.) Allah'ın bunu dirilteceğini mi iddia ediyorsun?" diyen Ümeyye'nin kardeşi Übey idi. Daha sonra alaylı bir gülümsemeyle kemiği elleri arasında ezmiş ve tozlarını Peygamberin yüzüne doğru savurmuştu. Bunun üzerine Peygamber: "Evet iddia ediyorum ki: Allah onu diriltecek ve seni de şu andaki halinle diriltecek, daha sonra da seni cehenneme atacak"[6] demişti. Aşağıdaki âyetler Übey'e hitaben inmiştir:

"*Kendi yaratılışını unutarak bize bir örnek verdi; dedi ki: 'Çürümüş bozulmuşken bu kemikleri kim diriltecekmiş?' De ki: 'Onları, ilk defa yaratıp, inşa eden diriltecek. O, her yaratmayı bilir.*" (Yâsîn 78-79).

5. I.I. 145
6. I.I. 239

[25]

Kâfirlerin sık sık öne sürdüğü şeylerden biri de, eğer Allah gerçekten vahiy gönderdiyse bir melek göndermeliydi fikri idi. Buna karşı Kur'ân'ın cevabı şuydu:

"*Eğer yeryüzünde (insan değil de) tatmin bulmuş yürüyen melekler olsaydı, biz de onlara gökten elçi olarak elbette melek gönderirdik.*" (*İsrâ: 95*).

Cebrâîl'in zaman zaman yeryüzüne inmesi, onu Kur'ânî anlamda elçi (rasûl) yapmıyordu. Elçi olabilmek için, mesaj getirilen insanlar arasında yeryüzünde yerleşmek gerekliydi. Kur'ân şöyle diyordu:

"*Bize kavuşmayı ummayanlar dediler ki: 'Bize meleklerin indirilmesi ya da Rabbimizi bir görmemiz gerekmez miydi?' Andolsun onlar kendi nefislerinde büyüklüğe kapıldılar ve büyük bir azgınlıkla baş kaldırdılar. Melekleri görecekleri gün, suçlu-günahkârlara bir müjde yoktur. Ve o gün (melekler onlara) derler ki: "(Size sevinçli haber) yasaktır, yasak*" (*Furkân: 21-22*).

Bu yasaklama, onların dünya ile âhiret arasına bir perde çekilmesi için yalvarmalarına, ama kibir içinde yalvarmalarına karşılıktır. Semavât ile direkt bağlantıya geçildiğinde ve dünya yerle bir olup zaman ve mekân anlamsızlaştığında ebedî son gelmiş olacaktır. "*İnsanların, her yana dağılmış 'pervaneler gibi olacakları gün ve dağların da etrafa saçılmış' renkli yünler gibi olacakları (gün) (Kâria: 4-5)* ve "*çocukların saçlarını ağartan bir gün*" (*Müzzemmil: 17*). Bu son, Kur'ân'ın tümünde sürekli tekrarlanır. Bu, saat'tır ve çok yakındır. "*O göklerde de yerde de ağırlaştı*" (*A'râf: 187*). Kıyâmet vakti henüz gelmemiştir, onun yakın olduğu söylendiğinde ise, "*Gerçekten senin Rabbinin katında bir gün, sizin, saymakta olduklarınızdan bin yıl gibidir*" (*Hacc: 47*) âyeti hatırlanmalıdır. Fakat yine de vahyin geldiği dönem boyunca sürekli kıyamet beklenmiştir.

Bu eşyanın tabiatı gereğidir. Çünkü ne zaman Vahiy insanlarla muhatap oluyor ve yeni bir din ortaya konuyorsa, Sema ve dünya arasındaki perde biraz aralanmalıdır. Bu perdenin kaldırılması dünyanın şartlarını değiştirecek ölçüde büyük değildir, fakat Peygamber'in görev süresini, İsâ, Mûsâ, İbrahim ve Nûh zamanlarında olduğu gibi istisna kılmaya yetecek kadardır. Kur'ân, Cebrâîl'in Hira dağındaki mağaradayken Muhammed'e (s.a.v.) ilk geldiği gece olan Kadir gecesi hakkında şöyle der: "*Kadir gecesi bin aydan daha hayırlıdır. Melekler ve ruh, onda Rablerinin izniyle her bir iş için inerler" (Kadir: 3-4)*. Kadir gecesinin bu eşsizliği bir bakıma Cebrâîl'in Peygamber'e (s.a.v.) vahiy getirdiği sûrenin tümü için de geçerlidir.

Kıyameti beklemek muhâkemeyi beklemektir: Kur'ân da kendini, el-Furkan (bu bir sûrenin adıdır), doğruyu yanlıştan ayıran kriter, hakem olarak niteler. Bu nitelik, tüm vahyî kitaplar için de geçerlidir. Çünkü vahiy ezelî ve ebedî olanın fanî olanda görünmesidir ve bu uhrevî varoluş nihaî muhâkemeye öncülük eder. Bu da birçok defalar, Peygamber'in (s.a.v.) gaybı bilmesinden bağımsız bir şekilde Cennet'le Cehennem'in çok açık olarak görünmesi demektir. İyilik ve kötülüğün gizlilikleri artık ortaya çıkmıştır. Peygamberin (s.a.v.) varlığı da iyinin kötüden ayrılması doğrultusunda aynı görevi ifa eder. Çünkü onun doğru yola çağırması kendisine karşı koyanların sapıklığını tespit ettiği gibi, kendisine tabi olanları da mükemmellik derecesine ulaştırır.

Vahyin, iyi olanları, kendilerini mümtaz kılmakla yükümlü tuttuğu hemen anlaşılıyordu. Fakat, o zamana kadar kötü olmadığına inandıkları birçok kişinin aniden kötü ve düşman diye nitelenmesi mü'minleri hem şaşırtıyor, hem de duygusal baskı altında bırakıyordu. Kur'ân inananlara, bunu kabul etmeleri gerektiğini söylüyordu; çünkü O'na karşı çıkanlarla dost olunamazdı. Bu konuda birçok âyet indirilmiştir.

"Andolsun, biz bu Kur'ân'da çeşitli açıklamalar yaptık, öğüt alıp düşünsünler diye. Oysa bu, onların daha da uzaklaşmalarından başkasını getirmiyor" (İsrâ: 41).

"Biz onları korkutmaktayız. Fakat (bu) onlarda büyük bir azgınlıktan başka bir şey artırmıyor." (İsrâ: 60).

Hiç kimse daha önce Ebû Leheb'in asıl tabiatını bilmiyordu; buna bir diğer örnek de Abdurrahman İbn Avf'ın, Cumah'ın lideri ve İslâm'a düşman olan Ümeyye İbn Halef'le eskiden arkadaş olmasıydı. Buna paralel olarak Kur'ân, Nûh'un getirdiği mesajın kendisiyle kavminin arasını ayırdığından ve onların daha da sapmasına yol açtığı için Nuh'un nasıl Allah'a şikâyet ettiğinden bahseder (Nûh: 6).

ÜÇ SORU

[26]

Kureyşliler toplandıkları her seferde, kendilerince en büyük problem telakki ettikleri konu hakkında mutlaka konuşurlardı ve bu kez Yesrib'deki Yahudi âlimlerine danışmak üzere adam göndermeye karar verdiler. Gönderecekleri iki elçiye: "Onlara Muhammed'den bahsedin, onu tarif edin ve söylediklerini iletin; çünkü onlar ilk kutsal kitaba inanıyorlar ve mutlaka Peygamberler hakkında bilgileri vardır. Oysa bizim bu konuda hiçbir bilgimiz yok." dediler. Yahudi âlimleri onlara şu cevabı gönderdi: "Ona bizim söyleyeceğimiz şu üç soruyu sorun. Eğer bu sorulara cevap verebilirse, O Allah'ın peygamberidir; fakat eğer cevap veremezse yalancı ve sahtekârdır. Ona, eski günlerde ülkesini terk eden genç adamları, onlara ne olduğunu ve ilginç hikâyelerini sorun. Yeryüzünün ötesine, doğusuna ve batısına ulaşan uzak yolların yolcusundan haber vermesini isteyin. Bir de Ruh'u onun ne olduğunu sorun. Eğer size bunları söyleyebilirse ona uyun çünkü O bir peygamberdir".

Elçiler Mekke'ye bu haberle döndüğünde, Kureyş liderleri Peygamber'e haber gönderdi ve bu üç soruyu sordu. Peygamber: "Yarın size bunların cevabını vereceğim" dedi; fakat "İnşaallah (Allah dilerse)" demeyi unuttu. Ertesi gün Kureyşliler cevap için geldiğinde onları geri gönderdi. O günden itibaren on beş gün boyunca hiçbir vahiy gelmedi, Cebrâîl de hiç yanına uğramadı. Mekkeliler onunla alay ettiler, o ise bu sözler için ve beklediği yardımı almadığı için çok üzülüyordu. En sonunda Cebrâîl, onu teselli eden ve üç soruya da cevap veren Vahyi getirdi. Bu uzun bekleyişin sebebi şu âyetlerle açıklanıyordu:

"Hiçbir şey hakkında 'Ben bunu yarın mutlaka yapacağım' deme. Ancak: 'Allah dilerse' (yapacağım de)." (Kehf: 23-24).

Vahyin bu gecikişi her ne kadar Peygamber ve mü'minleri üzmesine rağmen aynı zamanda mü'minlere güç kazandırmıştır. Her ne kadar kâfirler bu gecikmeden sonuç çıkarmayı reddettilerse de, kafalarında şüphe olan birçok Kureyşli için bu, Vahy'in Peygamber (s.a.v.) tarafından uydurulmadığına, bilâkis Allah'tan geldiğine delil idi. Eğer Muhammed (s.a.v.) daha önceki Vahiyleri uydurdu ise bu kadar alay edilme ve üzüntüye rağmen bu kez Vahyi geciktirmesi anlamsız değil miydi?

İnananlar da her zaman olduğu gibi vahyin kendisinden güç alıyorlardı. Kureyşliler, eski günlerde ülkelerini terk eden gençlerin hikâyesini sorduklarında - bu hikâyeyi o zamana kadar Mekke'de hiç kimse duymamıştıbu hikâyenin o anki durumlarıyla ilgili olduğunu, inananların yüceliğini ve inanmayanların kötülüğünü anlattığını bilmiyorlardı. Efes'li uyuyanların hikâyesi şöyle anlatılır. Milattan sonra üçüncü yüzyılın ortalarında halkı putperestliğe sapmış olan bir grup genç, Allah'a imanı muhafaza ediyorlardı, halk da onları bu yüzden cezalandırıyordu. Bu eziyetlerden kaçmak için bir mağaraya sığındılar ve orada üç yüz yıl kadar uyudular.

Yahudilerin o zamana dek bildiklerinden başka Kur'ân-ı Kerîm'deki kıssa (Kehf: 9-25) hiçbir insanın görmediği ayrıntılardan da bahseder. Örneğin, uyuyanların uyandıktan sonra yüzyıllar boyu uyuduklarını nasıl fark ettiklerini ve köpeklerinin nasıl ön ayaklarını kapının eşiğine doğru uzatarak yattığını anlatır.

İkinci soruya gelince, bu büyük yolcu Zü'l-Karneyn'dir. Vahiy onun doğuya ve batıya yaptığı yolculuğu anlatır ve sorulandan fazlasına cevap vererek bir üçüncü yolculuktan bahseder. Zü'l-Karneyn iki dağın arasında yaşayan bir topluluğa rastlar ve o toplulukta Zü'l-Karneyn'e kendilerini Ye'cüc ve Me'cüc'ten ve cinlerden koruyacak bir duvar yapması için yalvarırlar. Allah da ona, cinleri ve kötü ruhları* bir yere toplama gücü verir. O belirli günde, Peygamber'e (s.a.v.) göre, bu kötü ruhlar yeryüzünde büyük karışıklıklara sebep olacaklardır. Onların ortaya çıkışı kıyâmet saatinden önce olacaktır ve vaktin yakınlaştığını gösteren işaretlerden biri olacaktır.

Üçüncü soruya cevap olarak Vahiy, insanın aklî kapasitesinin ruhu kavramaya yetmeyeceğini söyler:

"*Sana ruhtan sorarlar, de ki: Ruh, Rabbimin emrindedir, size ilimden yalnızca az bir şey verilmiştir.*" *(İsrâ: 85).*

Yahudiler, Peygamberin (s.a.v.) sorulara verdiği cevapları ilgiyle karşıladılar ve son cümledeki "İlimden az verilmiştir" ibaresinin Yahudileri mi yoksa Arapları mı kasdettiğini sordular. Peygamber: "Her ikisini de" cevabını verince, kendilerinin her konuda bilgiye sahip olduklarını söyleyerek karşı çıktılar. Çünkü onlar, Kur'ân'ın da tasdik ettiği gibi her şeyi ayrı ayrı açıklayan (En'am: 154) bir kitap olan Tevrat'ı okuyorlardı. Peygamber onlara şöyle dedi: "Sizin bildikleriniz, Allah'ın ilmi yanında çok azdır. Fakat yine de eğer uygularsanız bildikleriniz size yeter." (I. I. 198). Bu olaydan sonra Allah'ın ilmiyle ilgili âyet nazil oldu:

---

* Yazar bu ifadeyle (*evil spirits*) şeytanları kastetmiş olmalı (Çev. notu).

"Eğer yeryüzündeki ağaçların tümü kalem ve deniz de -onun ardından yedi deniz daha eklenerek- (mürekkep) olsa. Yine de Allah'ın kelimeleri (yazmakla) tükenmez." (Lokman: 27).

Kureyş liderleri, Yahudi âlimlerinin daha önceki tavsiyelerine uymadılar; Yahudi âlimleri de, ilk niyetlerinin aksine, Peygamber'in tüm sorularına cevap vermesine rağmen onu kabul etmediler. Fakat bu cevaplar başkalarının İslâm'ı kabul etmesine neden oldu. Peygamber'in (s.a.v.) taraftarları arttıkça, düşmanları, yaşam tarzlarının ve toplumlarının tehlikede olduğunu daha iyi anlıyor ve zayıf mü'ninlere yaptıkları işkenceleri daha da artırıyorlardı. Her kabile kendi Müslümanları ile uğraşıyordu: onları hapsediyor, döverek işkence ediyor, aç ve susuz bırakıyorlardı. Dinlerinden dönmeleri için, onları sıcağın en fazla olduğu anda, Mekke sokaklarında güneş altında kalmaya zorluyorlardı.

Cumah'ın şefi Ümeyye'nin Müslüman olan Bilâl (r.a.) adında bir kölesi vardı. Ümeyye onu öğle sıcağında açık bir alana çıkarır, yere yatırır, üzerine büyük bir taş koyar ve dininden dönene dek veya orada ölene dek bırakmak üzere yemin ederdi. Ümeyye onu Lât ve Uzzâ'ya inanmaya davet ettiğinde Bilâl "Bir, Bir!" derdi. O sırada çok yaşlı olan Varaka da oradan geçiyordu. Bilâl'in işkence çektiğini ve "Bir, Bir!" dediğini duyunca "Elbette O Bir'dir, Bilâl" dedi. Daha sonra Ümeyye'ye dönerek: "Allah'a yemin ederim ki, eğer onu böyle öldürecek olursan, onun mezarını türbe yaparım" dedi.

Her Kureyşlinin, kendi kabilesi içinde yaşaması zorunlu değildi. Ebû Bekir de Beni Cumahlılar arasında oturuyordu. Bu Beni Cumahlılar'ın Peygamber'i daha sık görebilmesi anlamına geliyordu. Çünkü Muhammed (s.a.v.) her gün öğleden sonra Ebû Bekir'i ziyaret ederdi. Peygamber'in mesajının bir kısmını Ebû Bekir'in yüzünde yazılı olduğu söylenirdi. Ebû Bekir'in yüzü sanki bir kitap gibiydi, Mekke sokaklarında görülmesi eskiden beri tüm kabile tarafından sevinçle karşılanır ve ona çok değer verilirdi. Şimdi ise Kureyş liderleri onu görünce tedirgin oluyordu. Bilâl (r.a.) onun aracılığıyla İslâm'a girmişti; ona işkence yapıldığını görünce Ümeyye'ye "Bu zavallı adama böyle davrandığın için Allah'tan korkmuyor musun?" dedi. "Onu bu hale sokan sensin" diye cevap verdi Ümeyye, "O halde onu bu durumdan sen kurtar." Ebû Bekir (r.a.) "Tabiî kurtaracağım" dedi. "Bundan daha güçlü ve iri genç bir siyah kölem var, hem de senin dininden. Onu Bilâl'e karşılık sana vereyim." Ümeyye buna razı oldu, Ebû Bekir de (r.a.) Bilâl'i (r.a.) aldı ve azâd etti.

O zamana kadar altı kişiyi daha azâd etmişti. Bunlardan ilki, ilk Müslümanlardan, çok kuvvetli bir imana sahip olan Amir İbn Fuheyre idi. Amir bir koyun çobanıydı. Özgürlüğüne kavuştuktan sonra Ebû Bekir'in sürülerinin bakımını üzerine aldı. Ebû Bekir'in azâd ettiği kölelerden biri de Ömer'in cariyesi idi. Cariye İslâm'a girmişti; fakat Ömer onu dininden dönmesi için dövüyordu. O sırada oradan geçmekte olan Ebû Bekir (r.a.) cariyeyi aldıktan sonra serbest bıraktı.

İşkence yapanların en acımasızı Ebû Cehil'di. Eğer yeni dine giren bir kimsenin kendisini koruyacak güçlü bir ailesi varsa, Ebû Cehil ona işkence edemiyor, fakat ona hakaret ediyor, adını kötüye çıkarıyor ve onunla alay ediyordu. Eğer Müslüman olan bir tüccarsa, onun kervanını durdurmak ve mallarını boykot etmekle tehdit ediyordu. Fakat mü'min olan kimse eğer kendi kabilesinden, zayıf ve korunmasız bir kimse ise ona çok işkence ediyordu. Diğer kabilelerdeki müttefiklerini de kendi zayıflarına böyle davranmaları için teşvik ediyordu.

Kabilesindeki zayıflardan Yâsir, (r.a.) Sümeyye (r.a.) ve oğulları Ammâr'a (r.a.) işkence edilmesine Ebû Cehil sebep olmuştu. Hepsi de İslâm'dan dönmeyi reddettiler. Bunun üzerine Sümeyye kendisine yapılan işkenceler sonuncunda öldü. Fakat Mahzûm'lu ve başka kabilelerden olan diğer kurbanlar kendilerine yapılan işkenceye dayanamadılar ve işkencecilerin her söylediğini kabul edecek bir dereceye geldiler. Onlara: "Lat ve Uzzâ da Allah gibi sizin tanrılarınız, değil mi?" diye sorulduğunda "evet" diyorlardı. Yanlarından bir böcek geçse ve "Bu böcek de Allah gibi senin tanrın değil mi?" diye sorulsa işkenceden kaçmak için "evet" diyecek bir hale gelmişlerdi.

Bu kelimeler kalbten gelmiyor, dilin ucuyla söyleniyordu. Fakat dilleriyle bunu söyleyenler artık açıkça İslâm'ı yaşayamıyor, birçoğu gizli olarak bile yaşamıyordu. Bununla birlikte halkın işkencelerine katlanmayıp bir mağaraya sığınan gençler hakkında indirilen âyetler onlara örnek oluyordu. Peygamber (s.a.v.) kendisinin işkencelerden kurtulabildiği halde, diğer mü'minlerin sürekli işkence çektiklerini görünce onlara şöyle dedi: "Eğer Habeşistan'a giderseniz, orada hiç kimseye haksızlık ve adaletsizlik yapmayan bir kral bulacaksınız. Orada dine sımsıkı bağlı bir yaşam vardır. Allah size bu çektiklerinizden bir kurtuluş yolu gösterene dek orada kalın."[1] Bunun üzerine mü'minlerden bir grup Habeşistan'a gitmek üzere yola koyuldu; bu İslâm'da ilk göç (hicret) idi.

1. I.I. 208.

HABEŞİSTAN

[27]

Muhâcirler Habeşistan'da iyi karşılandılar ve ibadetlerinde serbest bırakıldılar. Yanlarına aldıkları küçük çocukları saymazsak toplam seksen kişiydiler; fakat hepsi aynı zamanda hicret etmedi. Mekke'den ayrılma şekilleri gizli ve küçük gruplar halinde olmak üzere planlanmıştı. Eğer aileleri onların hicret ettiğini bilselerdi onları engelleyebilirlerdi. Fakat hicret o kadar gizli bir şekilde yapıldı ki hiç kimse tüm muhâcirler Habeşistan'a ulaşıncaya dek bir şey anlamadı. Olayın farkına vardıklarında, Kureyş liderleri onları kendi kontrollerinden uzakta, barış içinde bırakıp yeni ihtidaların (İslâm'a girenler) olmasına yardım etmemeleri gerektiğine karar verdiler. Bu nedenle hemen yeni bir plan yaptılar ve Habeşistanlıların en çok hoşuna giden şeylerden hediye etmek üzere topladılar. Onların herşeyden çok deri eşyalara değer verdiklerini duymuşlardı, bu yüzden Necâşî'nin bütün kumandanlarına yetecek kadar çok sayıda deri hazırladılar. Necâşî'nin kendisi için hazırlanan zengin hediyeler de vardı. Daha sonra aralarında elçi olmak üzere iki adam seçtiler, bunlardan biri Sehm kabilesinden Amr İbn'ül-As idi. Kureyşliler elçilere ne yapmaları gerektiğini bir bir anlattılar: Kumandanların hepsine teker teker gidecek, hediyelerini verip şöyle diyeceklerdi: "Halkımızdan bir grup deli erkek ve kadın bu krallığa sığındılar. Kendi dinlerini terk ettiler, sizin dininize de girmediler, fakat ne sizin ne bizim hiç duymadığımız yeni bir din ortaya koydular. Halkımızın soyluları bizi kralınıza gönderdi ve onları bize teslim etmenizi istiyorlar. Bu nedenle kralınıza bu konuyu açtığımızda bizi destekleyin, onları bize teslim etmesini ve onlarla hiç konuşmamasını tavsiye edin. Çünkü onlarla ilgili en iyi kararı kendi halkı verir." Kumandanların hepsi bu konuda söz verdiler, iki elçi de Necâşî'nin hediyelerini götürüp, O'na muhâcirleri kendilerine teslim etmesi gerektiğini söylediler ve kumandanlara söylediklerini tekrarladılar. Konuşmalarının sonunda da şöyle dediler: "Halkının soyluları, onların amcaları, babaları ve akrabaları onların kendilerine teslim edilmesi için yalvarıyor". Kumandanlar da oradaydı ve tek ses halinde Necâşî'ye sığınanların bu adamlara teslim edilmesi gerektiğini, çünkü onlarla ilgili en iyi kararı kendi akrabalarının verebileceğini söylediler. Fakat Necâşî memnun olmamıştı: "Hayır, Tanrı'ya andolsun; benim korumam altına sığınan, ülkemi yurt edinen ve herkese rağmen beni seçen bu adamları teslim etmeyeceğim! Onlarla konuşmadan ve bu adamların söylediklerinin doğru olup olmadığını öğrenmeden onları bırakmayacağım. Eğer bu adamlar doğru söylüyorsa onları teslim edeceğim, kendi adamları onlarla ilgilensin. Fakat eğer bunlar doğru değilse, onlar benim korumamı istedikleri sürece onları koruyacağım" dedi.

Daha sonra Peygamber (s.a.v.)'in arkadaşlarına haber gönderdi ve kutsal kitaplarıyla gelen rahiplerini topladı. Amr ve yanındaki diğer elçi Necâşî ile sığınanların görüşmesini engellemeye çalışıyorlardı. Çünkü bu karşılaşma geç anlaşılsa da onların aleyhineydi. Elçiler, Habeşistanlıların kendilerine ticârî ve politik sebeplerle hoşgörü göstermelerine rağmen, putperest oldukları için küçük gördüklerinin ve aralarında büyük bir engelin olduğunun farkında değillerdi. Habeşlilerin çoğu samimi Hıristiyanlardı; hepsi vaftiz edilmişlerdi, hepsi bir tek Allah'a inanıyor ve damarlarında kutsal şarap ve ekmek ayininde yediklerinin kanını taşıyorlardı. Bu nedenle onlar, kutsal ve putperest arasındaki ayrıma karşı duyarlıydılar ve Amr gibi bir adamın, putperestliğin kiri ile kirlenmiş olduğunun farkındaydılar. Bu yüzden, mü'minler Necâşî'nin taht odasını doldurduğunda, onlardaki kutsal samimiyet ve enginliğin farkına vararak şaşırdılar -En çok da Necâşî, bu durum karşısında etkilendi.- Gelenlerin, Kureyşlilerden çok kendilerine benzediğini gördüklerinde, rahiplerin arasında hayret belirten mırıltılar yükseldi. Bu benzerlik ve engin görünüşün yanı sıra mü'minlerin çoğunluğunu gençler oluşturuyordu; hepsinde de, güzel davranışlarının bir yansıması olan doğal bir güzellik vardı.

Muhâcirlerin hepsi zorunlu kaldıkları için hicret etmemişti. Osman'ın (r.a.) ailesi onunla uğraşmaktan vazgeçmişti; fakat yine de Peygamber (s.a.v.), onun gitmesine ve Rukiyye'yi de beraberinde götürmesine izin verdi. Onların varlığı muhâcirler topluluğuna bir güç kaynağı oluyordu. Onlara güç veren diğer bir çift de Ca'fer ve karısı Esmâ idi. Ebû Tâlib oğlu ve gelinini saldırılardan koruyordu, fakat muhâcirlerin güzel konuşan bir adama ihtiyaçları vardı, Ca'fer de akıcı konuşurdu. Kişiliği bakımından da çok etkileyiciydi. Peygamber (s.a.v.) ona bir keresinde: "Görünüşün ve karakterin bana benziyor[1]" demişti. Peygamber (s.a.v.) muhâcirlere başkanlık yapması için Ca'fer'i (r.a.) görevlendirmişti; akıl ve etkileyicilikte onu Abdu'd-Dâr sülâlesinden, daha sonra Peygamber'in (s.a.v.) çok önemli bir görev vereceği genç bir adam olan Mus'ab izliyordu. Bunlardan başka göç edenler arasında Şemmas adında, annesi Utbe'nin kardeşi olan bir Mahzûm'lu genç de dikkati çekiyordu. "Papazlara gönüllü yardım eden" anlamındaki ismi ona şu nedenle verilmişti: Bir keresinde Mekke'ye papazlara yardım edecek olan genç ve yakışıklı bir Hıristiyan gelmişti. Güzelliğiyle genel bir beğeni kazanmıştı. Bunun üzerine Utbe, "Size bundan daha güzel bir Şemmas getireceğim" diyerek, kız kardeşinin oğlunu onlara göstermiş, o günden sonra da çocuğun adı Şemmas kalmıştı. Safiyye'nin oğlu Zübeyr ve Peygamber'in (s.a.v) kuzenlerinden birkaçı daha muhâcirler arasındaydı: Erva'nın oğlu Tulayb; Umeyme'nin iki oğlu Abdullah İbn Cahş ve Ümeyye sülâlesinden karısı Ümmü Habîbe ile beraber olan Ubeydullah; eşleriyle birlikte Berre'nin iki oğlu: Ebû Seleme ve Ebû Sabra. Bu ilk hicretle ilgili anlatılanların çoğu Ümmü Seleme'den aktarılmıştır.

Hepsi toplandığında Necâşî onlara şöyle dedi: "Ne bizim dinimize, ne de çevre ülkelerden birinin dinine uymadığınıza göre, sizi kendi halkınızdan ayrılmaya zorlayan bu din nedir?" Ca'fer ona cevap verdi: "Ey kral! Biz cehâlet içinde yüzen, putlara tapan, Allah adına kesilmemiş etleri yiyen, kötülük yapan ve güçlünün zayıfı ezdiği bir topluluktuk. Biz, Allah bize kendi aramızdan, soyunu bildiğimiz güvenilir bir elçi gönderene dek bu hal üzereydik. O bizi Allah'a çağırdı, O'nun birliğine inanmamız ve yalnızca ona ibadet etmemiz gerektiğini, bizim ve babalarımızın taptığı taş ve putlara tapmamamız gerektiğini öğretti. Bize doğru söylemeyi, verdiğimiz sözü tutmayı, akrabalık bağlarına ve komşu haklarına saygı göstermeyi, kötülüklerden ve kan dökmekten sakınmayı emretti. Biz bir tek Allah'a inanıyor, O'na ortak koşmuyoruz, O'nun yasakladıklarını haram, serbest bıraktıklarını helâl kabul ediyoruz. Bu yüzden halkımız bize karşı çıktı ve bizi dinimizden döndürmeye, tek Allah'a ibadeti bırakıp putlara tapmaya zorladı. Sizi diğerlerine tercih edip, bu ülkeye sığınmamızın sebebi bu; sizin korunmanız altında olmaktan memnunuz ve umuyoruz ki sizin yanınızda bize adaletsizlik yapılamaz".

Saray tercümanları söylenenleri Necâşî'ye aktardılar. Necâşî daha sonra kendisine Peygamber'in (s.a.v.) getirdiği vahiyden bir bölüm okumalarını istedi. Bunun üzerine Ca'fer, Mekke'den ayrılmalarından kısa bir süre önce nazil olan Meryem Sûresi'nden bir bölüm okudu:

"Kitap'ta Meryem'i zikret. Hani O, ailesinden kopup doğu tarafından bir yere çekilmişti. Sonra onlardan yana (kendini gizleyen) bir perde çekmişti. Böylece ona rûhumuz (Cibrîl'i) göndermiştik. O da, düzgün bir beşer kılığında görünmüştü. Demişti ki: 'Gerçekten ben, senden Rahmân (olan Allah)a sığınırım. Eğer takva sahibiysen (bana yaklaşma).' Demişti ki: 'Ben, yalnızca Rabbinden (gelen) bir elçiyim; sana tertemiz bir erkek çocuk armağan etmek için (buradayım).' O: 'Benim nasıl bir erkek çocuğum olabilir? Bana hiçbir beşer dokunmamışken ve ben azgın-utan-

maz (bir kadın) değilken' dedi. 'İşte böyle' dedi. 'Rabbin, dedi ki: - Bu benim için kolaydır. Onu insanlara bir âyet ve bizden bir rahmet kılmak için (bu çocuk olacaktır)' Ve iş de olup bitmişti." (Meryem: 16-21.)

Bu âyetleri dinlerken Necâşî de, rahipler de ağladılar, anlamları tercüme edildiğinde tekrar ağladılar ve Necâşî şöyle dedi: "Bu, İsâ'nın getirdiği ile aynı kaynaktan geliyor." Ve Kureyşli elçilere dönerek: "Gidebilirsiniz; çünkü Tanrı'ya andolsun ki, onları size teslim etmeyeceğim; onlara ihanet edilmeyecek." dedi.

Fakat kralın huzurundan ayrıldıklarında Amr, arkadaşlarına: "Yarın onlara, aralarında gelişen bu iyi ilişkileri bozacak bir şey söyleyeceğim. Onların Meryem oğlu İsâ'ya kul (köle) dediklerini söyleyeceğim" dedi. Ve ertesi sabah Necâşî'ye giderek: "Ey kral! Onlar Meryem oğlu İsâ hakkında büyük bir yalan uyduruyorlar, onları çağır ve İsâ hakkında ne düşündüklerini sor" dedi. Bunun üzerine Necâşî, mü'minlere haber gönderdi ve İsâ hakkında ne bildiklerini sordu; mü'minler, bunu duyunca tedirgin oldular. Çünkü, bu konuda fazla bilgileri yoktu. Hepsi bir araya gelip, bu soru sorulduğunda ne cevap vereceklerini tartıştılar. Oysa onlar Allah'ın bildirdiklerinden başkasını söyleyemeyeceklerini biliyorlardı. Kralın huzuruna geldiklerinde Necâşî onlara: "Meryemoğlu İsâ hakkında ne diyorsunuz?" diye sordu. Ca'fer (r.a.) cevap verdi: "Biz onun hakkında ancak Peygamberimizin getirdiğini biliriz ve O'nun, Allah'ın kulu, rasûlü, O'nun ruhu ve bâkire Meryem'e indirdiği kelimesi olduğuna inanırız." Necâşî yerden bir parça tahta aldı ve: "Meryem oğlu İsâ, sizin söylediklerinizden sadece şu sopa kadar farklıdır" dedi. Kumandanların karşı çıkarak etrafında toplandıklarını görünce: "Sizin tüm karşı çıkmalarınıza rağmen" diye ekledi. Daha sonra Ca'fer ve arkadaşlarına dönerek: "İstediğiniz yere gidin; çünkü benim ülkemdeyken güvenliktesiniz. Dağlar kadar altın karşılığında bile sizin birinize zarar vermem" dedi. Mekkeli elçilere de bir el işareti yaparak yardımcısına: "Bu adamların, getirdikleri hediyeleri geri verin, çünkü onlara ihtiyacım yok" dedi. Amr ve diğer elçi Mekke'ye aşağılanmış bir halde döndüler.[1]

O sırada Necâşî'nin, İsâ hakkında söyledikleri halkı arasında yayılmıştı. Halk Necâşî'yi dinden çıkmakla suçlayarak bir açıklama istiyordu. Bunun üzerine Necâşî, Ca'fer'e haber gönderdi ve onlar için gerekli olduğunda yola çıkmak üzere sandallar hazırlattı. Daha sonra bir parşömen aldı ve üstüne: "O, Allah'tan başka tanrı olmadığına, Muhammed'in O'nun kulu ve rasûlü olduğuna, Meryem oğlu İsâ'nın da O'nun kulu, rasûlü, Meryem'e in-

---

1. I.S. IV / 1,24.

dirdiği kelimesi ve ruhu olduğuna şehâdet etti" diye yazdı. Bu parşömen parçasını cübbesinin altına gizledi ve halkın huzuruna çıktı. Onlara "Ey Habeşliler, sizin kralınız olmaya en layık olanınız ben değil miyim?" diye sordu. "Evet" dediler. "Peki benim yaşamım hakkında ne düşünüyorsunuz?" "O, yaşamların en güzeli", cevabını verdiler. Necâşî: "Peki sizi tedirgin eden nedir?" diye sordu. "Sen bizim dinimizi terk ettin ve İsâ'nın bir kul olduğunu kabul ettin" dediler. "Peki İsâ hakkında siz ne diyorsunuz?" diye sordu. "Biz O'nun Allah'ın oğlu olduğuna inanıyoruz" dediler. Bunun üzerine Necâşî elini göğsüne, tam gizlenmiş olan parşömenin üstüne koyarak "bu"na inandığına şehâdet ettiğini söyledi. Halk "bu" kelimesiyle kendi söylediklerini kasdettiğini zannetti.[2] Bu yüzden memnun ve teskin olarak ayrıldılar, çünkü Necâşî'nin yönetiminden memnundular ve sadece te'min edilmek istiyorlardı. Necâşî tekrar Ca'fer'e (r.a.) haber gönderdi ve evlerine dönebileceklerini, eskisi gibi emniyet içinde yaşamaya devam edebileceklerini söyledi.

---

2. I.I. 244.

[28]

İki elçi Mekke'ye dönüp, Necâşî'nin, Müslümanların tarafını tuttuğu ve kendi isteklerinin reddedildiği haberini getirince, Kureyşliler çok hiddetlendiler. Bu yüzden hemen Ebû Cehil'in önderliğinde, mü'minlere yaptıkları işkenceleri daha da artırmaya koyuldular. Ebû Cehil'in yeğeni Ömer de onun tavsiyelerini eksiksiz ve daha şiddetli bir biçimde yerine getiriyordu. Ömer o zamanlar 26 yaşında, güçlü, yiğit ve kararından caydırılamaz bir adamdı. Fakat dayısının aksine o dindardı ve bu yüzden yeni dine karşı çıkıyordu. Babası Hattâb onu, Kâ'be'ye ve içindeki tüm tanrı ve tanrıçalara saygı duyacak bir şekilde yetiştirmişti. Bu yüzden onun için Kâ'be ve içindeki putlar birbirinden ayrılmaz, tartışılmaz ve bozulmaz kutsal bir bütünü oluşturuyordu. Kureyş de bu bütünün içindeydi; fakat artık Mekke'de iki din ve iki toplum vardı. Ömer açıkça, bu sorunun tek nedeni olduğunu görebiliyordu. Buna sebep olan adam ortadan kaldırıldığında, ona göre tüm sorun çözülecekti. Başka çıkar yol yoktu ve bu yol denenmeliydi. Uzun süreden beri bunlar aklında yer ediyordu. O gün elçiler Mekke'ye geldiğinde, kafasındakiler ortaya döküldü ve hemen evine gidip kılıcını aldı. Evden çıktıktan kısa bir süre sonra kendi kabilesinden Nuaym İbn Abdullah'a rastladı. Nuaym Müslüman olmuştu, fakat Ömer'den ve diğer akrabalarından korktuğu için bunu gizli tutuyordu. Ömer'in yüzündeki bu hiddetli ifadeyi görünce, ona nereye gittiğini sormaktan kendini alıkoyamadı. "Muhammed'e (s.a.v.), Kureyş'i ikiye ayıran o dinsize gidiyorum" dedi. Ömer "Onu öldüreceğim" derken; Nuaym, kendisinin de öldürülebileceğine işaret ederek onu durdurmaya çalıştı. Fakat Ömer'in böyle bir nedeni önemsemeyen halini görünce onu belli bir süre geciktirebilecek -Muhammed'e haber vermeye yetecek kadar- başka bir neden buldu. Bu kendisi gibi Müslüman olduğunu gizleyen arkadaşlarını ele vermek anlamına geliyordu. Fakat Nuaym, onların böyle bir durumdaki bu davranışı nedeniyle kendisini affedeceklerini, belki de takdir edeceklerini umuyordu. "Ey Ömer!", dedi. "İlk önce gidip neden kendi ev halkını doğru yola getirmiyorsun?" Ömer "Benim ev halkım da kim?" dedi. Nuaym: "Enişten Sa'id (r.a.) ile kızkardeşin Fâtıma (r.a.) da Muhammed (s.a.v.)'in dinine girdiler. Onları kendi haline bırakmamalısın" dedi. Ömer bir kelime bile söylemeden kızkardeşinin evine doğru yöneldi. Zühre'nin fakir müttefiklerinden biri olan Habbâb (r.a.) Sa'id ve Fâtıma'ya Kur'ân öğretmek için evlerine sık sık gelirdi. O sırada Habbab onların evindeydi, yanında henüz indirilmiş olan Ta-ha Sûresi'nin âyetlerinin yazılı olduğu kâğıtlar vardı ve beraber okuyorlardı. Ömer'in kardeşinin adını çağıran hiddetli sesini duyunca, Habbâb evin bir köşesine saklandı. Fâtıma da yazılı Kur'ân sayfalarını gömleğinin altına sakladı. Fakat Ömer onların okuyuşlarını dışarıdan duymuştu, içeri geldiğinde: "Duyduğum o ses neydi?" diye sordu. Onu, hiçbir şey duymadığına ikna etmeye çalıştılar. Ömer: "Duydum ve sizin de Muhammed'e uyanlardan olduğunuzu öğrendim" dedi. Daha sonra eniştesi Sa'îd'in üzerine atıldı ve onu dövmeye başladı; Fâtıma onları ayırmaya çalıştığında, Ömer ona da bir tokat attı ve yüzünün derisi çatladı. Bunun üzerine ikisi de bir ağızdan: "Evet Müslüman olduk. Allah'a ve Rasûlü'ne inanıyoruz, ne yapacaksan yap" dediler. Fâtıma'nın yarası kanıyordu, Ömer kanı görünce yaptığına pişman oldu. Onda bir değişiklik oldu ve kardeşine dönerek: "Biraz önce okuduğunuz şeyi bana getirin ki, Muhammed'in ne getirdiğini öğreneyim" dedi. Onlar gibi Ömer de okuma bilirdi, fakat Ömer kâğıdı istediğinde kardeşi, "Onu sana veremeyiz" dedi. Ömer tanrı ve tanrıçalarına yemin ederek korkmamalarını, kâğıdı okuduktan sonra geri vereceğini söyledi. Kardeşi onun yumuşaklığını fark etmişti ve şimdi İslâm'a girmesini daha çok istiyordu. Fâtıma "Ey kardeşim, sen şimdi üzerinde putperstliğin kirini taşıyorsun, ona ancak temiz olanlar dokunabilir" dedi. Ömer gitti ve yıkandı, Fâtıma da ona, üzerinde Ta-Ha'nın ilk âyetlerinin yazılı olduğu sayfayı verdi.

Ömer okumaya başladı ve bir bölümünü bitirdiğinde: "Bu kelimeler ne kadar güzel ve ne kadar şerefli!" dedi. Habbâb bunu duyunca saklandığı yerden çıktı ve: "Ömer, ümit ederim ki Peygamber (s.a.v.)'in duasındaki Allah'ın seçtiği kişi sen olursun; çünkü dün Peygamber (s.a.v.)'i: 'Allah'ım, İslâm'ı ya Hişâm'ın oğlu Ebû'l-Hakem'le ya da Hattâb'ın oğlu Ömer'le güçlendir' diye dua ederken duydum."

Ömer: "Ey Habbâb! Muhammed (s.a.v.) şimdi nerdedir, ona gideyim de İslâm'a gireyim" dedi. Habbab, ona Peygamber (s.a.v.)'in Safa kapısı yanındaki Erkam'ın evinde mü'minlerle beraber olduğunu söyledi. Ömer kılıcını tekrar kınına soktu ve Safa'ya gidip, evin önünde durdu, adını söyleyip kapıyı çaldı. Nuaym (r.a.) onlara haber vermişti, bu yüzden Ömer'in gelişi onları şaşırtmamıştı; fakat onun sesindeki yumuşaklığa hayret etmişlerdi. Mü'minlerden biri kapıya giderek anahtar deliğinden baktı ve üzüntü içinde Peygamber (s.a.v.)'e: "Ey Allah'ın Rasûlü! Gerçekten de Ömer, kılıcıyla birlikte" dedi. Hamza: "Bırakın içeri girsin, eğer iyi niyetle geldiyse hoş geldi; ama eğer kötü niyetle geldiyse onun kafasını kendi kılıcıyla keseriz" dedi. Peygamber (s.a.v.) de bunu uygun gördü ve onu kemerinden tutup odanın ortasına çekerek, "Ey Hattâb oğlu Ömer! Seni buraya getiren ne? Herhalde Allah senin üzerine mucize gönderdi" dedi. Ömer de: "Ey Allah'ın Rasûlü! Sana, Allah'a, Rasulû'ne ve getirdiklerine inandığımı söylemek için geldim" dedi. Peygamber: "Allahu Ekber (Allah Büyüktür)" dedi, bu şekilde evdeki herkes Ömer'in Müslüman olduğunu anlamış oldu ve hepsi tekrar tekbir getirdiler.[1]

Ömer'in Müslüman olduğunu gizlemesi söz konusu değildi. Bunu herkese, özellikle de Peygamber (s.a.v.)'e en çok düşman olanlara duyurmak istiyordu. Daha sonraki yıllarda şöyle derdi: "O gece İslâm'a girdiğimde kendi kendime şöyle düşündüm: Mekke'de Allah'ın Rasûlü'ne en düşman olan kim? Gidip ona Müslüman olduğumu söyleyeyim? Hemen aklıma gelen cevap Ebû Cehil idi. Ertesi sabah kalkıp Ebû Cehil'in evine gittim kapısını çaldım. Kapıyı açtığında, "'Hoş geldin ey kardeşimin oğlu, seni buraya getiren ne?' dedi. Şu cevabı verdim: 'Allah'a, Rasûlü'ne ve O'nun getirdiklerine inandığımı sana söylemek için geldim'; 'Allah belânı versin!' dedi, 'Getirdiğin haberlere de lânet olsun.' Daha sonra kapıyı yüzüme kapadı."[2]

1. I.I. 227.

2. I.I. 230

BOYKOT VE KALDIRILIŞI

[29]

Ömer (r.a.), mü'minler Allah'a gizli ibadet ederken, Kureyşlilerin açıkça Kâ'be'de putlara tapmalarına tahammül edemiyordu. Bu yüzden gidip açıkça Kâ'be'de namaz kılar ve diğer mü'minleri de buna teşvik ederdi. Bazan Ömer ve Hamza yanlarında bir grup mü'minle mescide girer ve namaz kılarlardı, böyle zamanlarda Kureyş liderleri hiç ortada görünmezdi. Çünkü onlar için orada oturmak ve olanları seyretmek gurur kırıcıydı. Ömer (r.a.)'den korktukları için de müdahale edemiyorlardı. Fakat bu genç adamın kendilerini yendiğini zannetmesini de istemiyorlardı. Bu yüzden Ebû Cehil'in baskısıyla en iyi çözümün Ebû Leheb dışında, mü'min olsun olmasın Peygamber (s.a.v.)'i koruyan tüm Hâşimîlere bir boykot düzenlemek olduğu kararına vardılar. Hazırladıkları anlaşma metnine göre, kimse Hâşimî bir kadınla evlenmeyecek ve kızını da Hâşimîlere vermeyecekti; kimse onlara birşey satmayacak, onlardan da birşey satın almayacaktı. Bu, Hâşimîler Muhammed'i reddedene veya o peygamberlik iddiasından vazgeçene dek sürecekti. Hepsi taraftar olmasa da kırk Kureyşli lider bu anlaşmayı imzaladı. Muttalib oğulları, kardeşleri Hâşimîlere bunu yapmak istemediler; fakat zorla anlaşmaya dahil edildiler. Söz konusu metin dikkatle Kâ'be'nin içine yerleştirildi.

Karşılıklı dayanışma için tüm Benî Hâşim, Mekke vadisinin Ebû Tâlib mahallesinde toplandı. Peygamber (s.a.v.) ve Hatîce ev halkıyla birlikte o mahalleye gelirken, Ebû Leheb, Kureyşlilere bağlı olduğunu gösterircesine karısıyla bu mahalle dışındaki bir eve taşındı.

Boykot sıkı bir şekilde uygulanmıyordu ve evlenen bir kadın hâlâ eski kabilesinin bir üyesi sayıldığı için Beni Hâşim'le bağlar tamamen koparılamıyordu. Ebû Cehil sürekli boykotu kontrol ediyor, fakat istediklerini herkese uygulatamıyordu. Bir gün Hatîce'nin yeğeni Hakim'i, yanında sırtında bir çuval unla giden bir köle ile beraber Beni Hâşim mahallesine giderken gördü. Onları düşmana yiyecek götürmekle suçladı ve Hakim'i Kureyş'e ihbar edeceğini söyledi. Onlar tartışırken Esed kabilesinden Ebû'l-Behterî geldi ve meselenin ne olduğunu sordu. Sorunu öğrendiğinde Ebû Cehil'e: "Bu onun halasının unudur, halası ununu istiyor. Bırak da adam istediğini yapsın" dedi. Ne Hakim, ne de Ebû'l-Behterî Müslüman değillerdi; fakat Esed kabilesinden birinden diğerine un götürmek, kabile dışından birisinin karışamayacağı bir durumdu. Mahzûmlunun araya girmesine tahammül edilemezdi. Ebû Cehil söylediğinde ısrar edince, Ebû'l-Behteri yerden bir devenin kaburga kemiğini aldı ve Ebû Cehil'in kafasına vurdu. Ebû Cehil yere düştü. O sırada oradan geçmekte olan Hamza'yı memnun etmek istercesine yerde onu tekmelediler.

Hakim haklıydı, boykot edilen kurbanların kişiliği yüzünden birçok kişi de boykota karşıydı. Amir kabilesinden Hişâm İbn Amr, Hâşimî kanı taşımıyordu; fakat ailesinin Hâşimîlerle evlilik bağları vardı. Hişâm gece hava kararınca yiyecekle yüklü bir deveyi Beni Hâşim mahallesine götürür, mahalleye girişte devenin yularını çıkarır ve ilerlemesi için arkasına vurup bırakıp giderdi. Ertesi gece de giyecek yüklü bir deve getirirdi.

Müslüman olmayanların bu yardımlarının yanı sıra diğer kabilelerden Müslüman olanlar, özellikle Ebû Bekir ve Ömer bu yasağın etkilerini hafifletmeye çalışıyorlardı. İki yıllık boykotun sonunda Ebû Bekir artık zengin bir adam sayılmazdı. Fakat bu yardımlara rağmen Beni Hâşim mahallesinde açlık ve kıtlık vardı.

Haram aylarda saldırı ve tecâvüzden emin olarak dışarı çıkabiliyorlardı. Bu zamanlarda Peygamber (s.a.v.) sık sık Kâ'be'ye giderdi. O sıralarda Kureyş liderleri orada bulunuşunu fırsat bilip ona hakaret ederlerdi. Bazen Kureyş'i uyaran ve daha önceki kavimlerin başına gelenleri anlatan âyetleri okurken, Abdu'd-Dâr sülâlesinden Nadr ayağa kalkar ve: Tanrı'ya andolsun ki, Muhammed (s.a.v.) benden daha iyi bir konuşmacı değildir. Onun konuştukları eskilerin masallarıdır. Onları yazılı bir kâğıttan okuyor. Ben de benimkileri kendi kitabımdan okuyorum" derdi. Daha sonra Rüstem, İsfendiyar ve İran krallarıyla ilgili hikâyeler anlatırdı. Bu bağlamda, kalbin doğaüstü gerçeklikleri algılayan bir kuvvet olduğuna değinen birçok âyet inmiştir. Kâfirlerde kapalı olan kalb gözü, aslında nurun parlaklığını görebilecek özelliktedir, bu da imandır. Fakat yaşamını kötü işlerle geçirmek kalbi pisliklerle karartır ve Allah'tan gelen mesajın ilahî kökenini algılayamaz:

"Ona âyetlerimiz okunduğu zaman: 'Geçmişlerin uydurma masallarıdır' dedi. Asla, hayır; onların kazanmakta oldukları, kalbleri üzerinde pas tutmuştur." (Mutaffifîn: 13-14).

Bunun aksine Peygamber (s.a.v.) kalbinin her zaman uyanık olduğunu ve her an gerçeklerle beraber olduğunu belirtmiştir: "Gözüm uyur, fakat kalbim uyanıktır".[1]

---

1. I.I. 375; B. XIX, 16 v.b.

Peygamber (s.a.v.) çağında yaşayanların adından çok nadir bahseden Kur'ân, Ebû Leheb ve karısının Cehennem'e gireceğini müjdeler (Leheb Sûresi). Ümmü Cemîl bunu duyunca elinde bir taş tokmakla Kâ'be'ye Muhammed (s.a.v.)'i aramaya çıktı; Muhammed (s.a.v.)'in yanında oturan Ebû Bekir'e gitti ve "Arkadaşın nerede?" diye sordu. Konuşamayacak denli şaşıran Ebû Bekir, onun Muhammed (s.a.v.)'i kasdettiğini biliyordu. Ümmü Cemîl devam etti: "Duyduğuma göre beni hicvetmiş; Tanrı'ya andolsun onu bulursam ağzını bu havan tokmağıyla parçalayacağım. Bana gelince, ben gerçek bir şairim" dedi ve Peygamber (s.a.v.) hakkında şu şiiri okudu:

"Biz o günahkâra uymuyoruz.
Emirleriyle alay ediyor
Ve dininden nefret ediyoruz."

Kadın gittiğinde Ebû Bekir, (r.a.) Peygamber'e (s.a.v) kadının kendisini görüp görmediğini sordu. Peygamber (s.a.v.): "O beni göremedi, çünkü Allah onun gözüne perde çekti" dedi. Arapça "günahkâr", "suçlu" anlamına gelen *muzammam*, övülen ve değer verilen anlamına gelen Muhammed'in karşıt anlamıdır. Kureyşliler, Peygamber (s.a.v.)'i yermek için bazen bu terimi kullanırlardı. Peygamber (s.a.v.) bunu duyunca arkadaşlarına: "Allah'ın Kureyşlilerin kötülüklerinden beni koruması şükre değmez mi? Onlar bana *muzammam* (suçlanan) diyorlar, halbuki ben Muhammed'im (övülen)".[2]

Beni Hâşim ve Beni Muttalib'e uygulanan boykot iki yıl sürdü ve beklenen etkilerin hiçbirini göstermedi. Aksine Peygamber (s.a.v.)'in daha dikkat çekmesine ve tüm Arabistan'da yeni dinden bahsedilmesine neden oldu. Bu tür düşüncelerden bağımsız olarak Kureyşlilerin çoğu, özellikle boykot edilenler arasında akrabaları bulunanlar, boykot hakkında olumsuz düşünceler taşıyorlardı. Karar değiştirmenin zamanı gelmişti ve ilk tepkiyi gösteren adam yine, Hâşimîlere sık sık yiyecek ve giyecek yüklü develer gönderen Hişâm oldu. Hişâm tek başına bir şey yapamayacağının farkındaydı, bu nedenle Peygamber'in halası Atîke'nin oğlu Mahzûm'lu Züheyr'e gitti ve şöyle dedi: "Annenin akrabalarının durumunu bilirken nasıl yemek yiyip, güzel giyinmeye dayanabiliyorsun? Onlar ne bir şey satabiliyorlar, ne de alabiliyorlar. Ne kızlarını ne de oğullarını evlendirebiliyorlar. Allah'a yemin ederim ki, eğer onlar Ebû'l-Hakem'in (Ebû Cehil) annesinin akrabaları olsalardı ve sen onu, onun seni çağırdığı şeye çağırsaydın, o hiçbir zaman bunu

2. I.I. 234.

yapmazdı". "Beni utandırdın, Hişâm" dedi Züheyr, "Fakat tek başıma ne yapabilirim? Eğer beni destekleyen biri daha olsaydı bu anlaşmayı geçersiz kılana dek savaşırdım". Hişâm: "Birini buldum" dedi. "Kim O?". "Benim." "Bir üçüncüsünü daha bulalım" dedi Züheyr. Bunun üzerine Nevfel kabilesinden, Hâşim ve Muttalib'in kardeşleri olan Nevfel'in torunu Mut'im İbn Adîy'e gitti. "Sen Kureyş'le bir olarak Abdu Menâf oğullarının iki kolunun yok olmasına göz mü yumuyorsun? Tanrı'ya andolsun, eğer onların bunu yapmasına izin verirsen, bir müddet sonra aynı şeyi sana da yaparlar" dedi. Mut'im dördüncü bir adam istedi, bunun üzerine Hişâm, Hatîce'nin unu yüzünden Ebû Cehil'e vuran Esed'li Ebû'l-Behterî'ye gitti. O beşinci bir adam gerektiğini söylediğinde Hişâm diğer bir Esed'liye, bir altıncıya gerek olduğunu söylemeden teklifi kabul eden Zem'eh İbn el-Esved'e gitti. Hepsi de o gece Mekke'nin dışındaki Hacun dağı eteklerinde buluşmaya karar verdiler. Orada hareket planlarını tasarladılar ve bu anlaşmayı geçersiz kılmadan meselenin ardına bırakmayacaklarına söz verdiler. Züheyr: "Bu işle en çok ilgili olan benim, o yüzden ilk konuşan ben olacağım" dedi.

Ertesi sabah Mescid'deki kalabalığa karıştılar ve Züheyr üzerindeki uzun cübbesiyle Kâ'be'yi tavaf etti. Daha sonra yüzünü meclistekilere çevirdi ve: "Ey Mekkeliler! Hâşimoğulları hiçbir şey alıp satamazken, biz burada rahatça yiyip giyinecek miyiz? Tanrı'ya andolsun bu haksızlık ortadan kalkıncaya dek rahat etmeyeceğim" dedi. Kuzeni Ebû Cehil hemen ayağa kalktı ve: "Yalancısın!" dedi, "bu durum ortadan kalkmayacak". Zem'eh: "Asıl yalancı sensin. Bu anlaşma yazıldığında biz taraftar değildik" dedi. "Zem'eh doğru söylüyor onda yazılı olanı desteklemiyoruz ve taraftar değiliz" dedi Ebû'l-Behterî. Mut'im: "İkiniz de haklısınız, asıl buna hayır diyen yalancıdır. Tanrı şahidimiz olsun biz ondan ve onda yazılı olandan masumuz" dedi. Hişâm da aynı şeyleri söyledi ve Ebû Cehil onları bir gecede sözlerinden dönüp, entrika çevirmekle suçlamaya başladığında, Mut'im onun sözünü kesti ve Kâ'be'ye andlaşma metnini getirmeye gitti. İçeriden, elinde küçük bir parça kâğıt ve zafer ifadesiyle çıktı. Kurtlar, ilk başa yazılan "Allah'ım, senin adınla" kelimeleri dışındaki tüm andlaşmayı yemişlerdi.

Kureyş'in çoğunluğu zaten ikna olmuştu. Bunun yanı sıra bu tartışmasız mucize tüm karşı çıkışları durdurdu. Ebû Cehil ve onun gibi düşünen birkaç kişi karşı koymanın anlamsız olduğunu biliyorlardı. Boykot resmen kaldırılmıştı. Kureyş'ten bir grup, Beni Hâşim ve Beni Muttalib'e iyi haberleri vermeye gitti.

Boykot kaldırıldıktan sonra Mekke'de büyük bir rahatlama oldu ve belli bir süre için Müslümanlara karşı gösterilen düşmanlık yumuşadı. Bu rahatlama haberi abartılarak Habeşiştan'a dek ulaştı. Bunun üzerine muhâcirlerden bazıları Mekke'ye dönmek için hemen hazırlıklara başladılar. Ca'fer gibi bazıları ise bir süre daha orada kalmalarının iyi olacağını düşünüyordu.

O sırada Kureyş liderleri çabalarını Muhammed (s.a.v.)'i bir anlaşma yapmaya ikna etmede yoğunlaştırmışlardı. Bu, kendilerine göre ona takınılan en yakın ve ılımlı tavırdı. Velîd ve diğer liderler, iki dinin de aynı anda uygulanmasını önerdiler. Peygambar (s.a.v.) bu öneriyi reddetme şeklinde zorluk çekmeden, hemen gelen vahiyle onlara cevap verdi:

"De ki: Ey kâfirler.
Ben sizin taptıklarınıza tapmam.
Benim taptığıma da siz tapacak değilsiniz.
Ben de sizin taptıklarınıza tapacak değilim.
Siz de benim taptığıma tapacak değilsiniz.
Sizin dininiz size, benim de dinim bana." (Kâfirûn Sûresi).

Bunun sonuncunda, geri dönen muhâcirler daha Haram bölgeye ulaşmadan ılımlı durum sona ermişti.

Ca'fer ve Ubeydullah İbn Cahş dışında, Peygamber (s.a.v.)'in bütün kuzenleri geri döndüler. Onlarla birlikte Osman ve Rukiyye de geldiler. Osman'la birlikte dönen bir diğer Şems'li de Ebû Huzeyfe idi. Ebû Huzeyfe (r.a.), korunma için babası Utbe'ye sığınabilirdi. Fakat Ebû Seleme (r.a.) ve Ümmü Seleme (r.a.) kendi kabilelerinden işkenceden başka bir şey bekleyemeyeceklerini biliyorlardı. Bu yüzden Mekke'ye gelir gelmez hemen Ebû Seleme'nin dayısı olan Ebû Tâlib'den korunma istediler. Ebû Tâlib Mahzûmîlerin karşı çıkmasına rağmen bu isteği kabul etti. "Sen bize karşı yeğenin Muhammed'i koruyorsun, fakat niçin bizim kabilemizden bir adamı bize karşı korumayı kabul ediyorsun?" dediler. Ebû Tâlib: "O benim kız kardeşimin oğludur, eğer ben kız kardeşimin oğlunu koruyamazsam, erkek kardeşimin oğlunu da koruyamam demektir" dedi. Mahzûmîlerin onun liderlik haklarına saygı göstermekten başka seçenekleri yoktu. Bunun yanı sıra bu kez, Peygamber (s.a.v.)'e en çok düşmanlık besleyen Ebû Leheb de ağabeyini destekliyordu. Bu yüzden daha fazla diretemediler. Ebû Leheb, kendisine göre boykot süresince yeğenine duyduğu nefreti bu kadar açığa vurmasının özrünü yerine getiriyordu. Nefreti hiçbir şekilde azalmamıştı; fakat ağabeyinden sonra kabilenin lideri olacağı için ailesiyle iyi ilişkiler içinde olmak istiyordu. Ebû Tâlib'in çok uzun yaşamayacağının da farkındaydı.

[30]

Geriye dönen ve kendi halkına karşı yardım isteyen bir diğer muhâcir de Ömer'in kayınbiraderi Osman bin Maz'un'du. Çünkü Osman, kuzenleri Ümeyye ve Ubey'in kendisini cezalandıracaklarını biliyordu. Bu kez Mahzûm kabilesi, başka bir kabilenin adamını koruması altına alıyordu: Velîd, Osman'ı koruması altına aldı; fakat, Osman kendisi güvenlik içinde gezerken, diğer Müslümanların eziyet çektiğini görünce, Velîd'den kendi üzerindeki korumasını kaldırmasını istedi. Yaşlı adam: "Ey kardeşimin oğlu, benim adamlarım sana bir zarar mı verdi?" diye sordu. Osman (r.a.): "Hayır, fakat ben Allah'ın koruması altına girmek ve O'ndan başkasına sığınmamak istiyorum" dedi. Velîd'le beraber Mescid'e gitti ve herkesin önünde onun koruması altında olmadığını açıkladı.

Birkaç gün sonra büyük şâir Lebid, Kureyşlilere şiir okuyordu; Osman da onu dinleyen büyük kalabalığın arasındaydı. Genelde tüm Araplarda varolan şiir okuma yeteneği, Ebû Tâlib, Hubeyre ve Hâris'in oğlu Ebû Süfyân gibi bazı kişilerde daha fazla göze çarpıyordu. Fakat bunların da ötesinde büyük şair diye anılan birkaç şair vardı; Lebîd de bunlardan biriydi. Belki de yaşayan en büyük Arap şairi sayılabilirdi ve Kureyşliler onu aralarında görmekten şeref duyuyorlardı. Okuduğu şiirlerden biri şöyle başlıyordu:

"İşte, Allah'tan başka her şey boştur". "Doğru söyledin" dedi Osman, Lebîd devam etti:

"Ve tüm zevkler yok olacak."

"Yalan söylüyorsun" diye bağırdı Osman. "Cennet zevkleri hiçbir zaman sona ermeyecek." Lebîd sözünün kesilmesine alışkın değildi; Kureyş ise, şair misafirleri olduğu için sadece şaşırmakla kalmamışlar, utanmışlardı da. "Ey Kureyşliler," dedi şâir, "Sizin yanınızda dost olarak oturan kimseye kötü davranılmazdı. Ne zamandan beri böyle davranmaya başladınız?" Topluluktan biri kalktı, tüm kabile adına özür diledi ve: "Bu adam bir budaladır, bir grup budala bizim dinimizi terk etti. Onun söylediğiyle ilhamın yok olmasın" dedi. Konuşan adam geldi ve Osman'a bir yumruk attı, vurduğu yer morardı. Yakınında oturan Velîd, ona kendi koruması altında kalsa idi gözünün morarmayacağını hatırlattı. "Hayır!" dedi Osman, "bilakis benim sağlam gözüm, diğeri gibi olabilmek için Allah'a yalvarıyor. Ben, senden daha güçlü ve kudretli olan Allah'ın koruması altındayım."

Velîd: "Ey kardeşimin oğlu, gel ve benimle yaptığın anlaşmayı yenile" dedi. Fakat Osman kabul etmedi.

Peygamber şairin dinlendiği topluluk içinde değildi; fakat Lebîd'in şiirini ve orada neler olduğunu duymuştu. Bu konuda kayıtlara geçen tek şey şudur: "Şairin konuştuğu tek doğru şey 'İşte Allah'tan başka her şey boştur' sözüdür."[1] Peygamber (s.a.v.) Lebîd'i bunu takip eden mısraları için suçlamadı. Şair "Bütün düyevî zevkler yok olacak" demek istemiş olabilir; diğer taraftan Cennet ve zevkleri hiçbir zaman sona ermeyecektir. Bu olayın meydana geldiği sıralarda şu âyet nazil oldu:

"Onun yüzünden (zatından) başka her şey helâk olucudur." (Kasas: 88).

Daha önce inen bir âyette de şunlar söyleniyordu:

"Celâl ve ikram sahibi olan Rabbinin yüzü (zâtı) bâkî kalacaktır." (Rahmân: 27).

Bu ebedî ikramın olduğu yerde ebedî zevkler ve onları tadanlar da olacaktır.

Bu konuyu daha açık ortaya koyan bir vahiy daha gelmişti:

"(Kıyametin) geleceği günde, O'nun izni olmaksızın, hiç kimse söz söyleyemez. Artık onlardan kimi 'bedbaht ve mutsuz', (kimi de) mutlu ve bahtiyardır. Mutsuz olanlar ateştedirler. Onlar için orda (kahırla ve acıyla) nefes alıp vermeler vardır. Onlar Rabbinin dilemesi dışında gökler ve yer sürüp gittikçe, orada temelli kalıcıdırlar. (Bu) kesintisi olmayan bir ihsândır." (Hûd: 105-8).

Bu âyet göstermektedir ki Allah, cennetlikleri Cennet'te sürekli kılacaktır. Bu âyetlerle ilgili soruları, Peygamber (s.a.v.) zaman zaman ashabdan bazılarına verdiği cevaplarla açıklamıştır. Bir keresinde şöyle demiştir: "İstediğine merhamet eden Allah, cennetlikleri Cennet'e, cehennemlikleri Cehennem'e koyar. Daha sonra meleklere: 'Bakın ve kalbinde hardal tanesi kadar imanı olanları Cehennem'den çıkarın' der. Melekler bir grup insanı Cehennem'den çıkarırlar ve: 'Rabbimiz, bize emrettiğin şartlara uyan hiç kimseyi orada bırakmadık' derler. Allah: 'Geri dönün ve kalbinde bir zerre kadar iyilik olan herkesi Cehennem'den çıkarın' der. Melekler yine bir grup insanı Cehennem'den çıkarırlar ve: 'Rabbimiz orada hiçbir iyilik bı-

1. B, LXIII, 26.

rakmadık' derler. Melekler,peygamberler ve inananlar şefaat ederler. Sonra Allah: 'Melekler şefaat etti. Peygamberler ve inananlar da şefaat etti. Şimdi sadece merhametlilerin en merhametlisi olan Allah'ın şefaati kaldı' der ve Cehennem'den hiçbir iyilik yapmayan bir grup insanı çıkarır, Cennet'in girişindeki Hayat Irmağı denilen nehre atar."[2]

Cennettekiler hakkında da Peygamber (s.a.v.) şunları söyler: "Allah Cennet'tekilere: "Memnun musunuz?" diye sorar, onlar: "Rabbimiz, nasıl memnun olmayız? Hiçbir yaratığa vermediğin nimetleri bize verdin" derler. Allah: "Size bundan daha iyisini vereyim mi?" der, onlar da "Daha iyisi nedir?" diye sorarlar: Allah: "Size Rıdvan'ımı vereceğim" der."[3] Bazen 'saadet' olarak tercüme edilen Rıdvan, Allah'ın bir nefsi mutlak olarak kabul etmesi ve O nefsi kendi yanına alıp Ebedî Saâdet vermesidir. Rıdvan Cenneti'nin genel anlamıyla diğer Cennet'i dışladığı düşünülmemelidir. Çünkü Kur'ân her teslim olan nefis için iki Cennet vaad eder (Rahman: 46). Peygamber de kendi konumundan bahsederken, aynı şekilde iki rahmete kavuşacağını söylerdi: "Rabbim'le ve Cennet'le buluşacağım."[4]

---

2. M. I. 79; B. XCVII,24.

3. M. LI,2.

4. I.I. 1000.

HÜZÜN YILI

[31]

M.S. 619 yılında, boykotun kaldırılmasından kısa bir süre sonra Peygamber (s.a.v.) büyük bir kayıpla, karısı Hatîce'nin ölümüyle üzüntüye boğuldu. Hatîce yaklaşık altmışbeş, kendisi ise elli yaşlarındaydı. Yirmibeş yıl ahenkli ve mutlu bir evlilik yaşamışlardı. Hatîce, Peygamber (s.a.v.)'in sadece karısı değil, aynı zamanda onun en yakın arkadaşı, danışmanı ve Ali ve Zeyd dahil tüm ailesinin annesiydi. Dört kızı annelerinin ölümüne çok üzülmüşlerdi. Fakat Peygamber (s.a.v.) onları, Cebrâîl'in bir keresinde gelip, Hatîce (r.a.)'ye Rabbinden selam getirdiğini ve Cennet'te ona bir döşek hazırladığı müjdesini verdiğini söyleyerek teselli etti.

Hatîce (r.a.)'nin ölümünü, aslında daha küçük, fakat dışarıda büyük etkiler uyandıran bir kayıp daha izledi. Ebû Tâlib hastaydı ve ölümünün yakın olduğu durumundan belliydi. Ölüm yatağında bir grup Kureyşli lider -Utbe, Şeybe, Abdu Şems'ten Ebû Süfyân, Cumah'tan Ümeyye, Mahzûm'dan Ebû Cehil ve diğerleri- onu ziyaret ettiler ve ona şöyle dediler: "Ebû Tâlib, seninle gurur duyduğumuzu biliyorsun; şimdi ise başına bu hastalık geldi ve biz senin için korkuyoruz. Yeğeninle bizim aramızda geçenleri biliyorsun. Onu yanına çağır, bizden ona bir hediye ver ve o bizi, biz de onu rahat bırakalım. Bizi dinimizle barış halinde bıraksın" dediler. Bunun üzerine Ebû Tâlib Peygamber (s.a.v)'e "halkının soyluları seninle anlaşmak istiyorlar" dedi. Peygamber (s.a.v.): "Peki öyle olsun bana bir tek söz verin, tüm Arap ve İranlıları yönetiminiz altına alabileceğiniz bir söz" dedi. Ebû Cehil: "Babanın üzerine yemin ederim ki, bu karşılıklar için bir değil, on söz veririz" dedi. Peygamber (s.a.v.): "Allah'tan başka tanrı yoktur" demelisiniz ve O'ndan başka taptığınız her şeyden vazgeçmelisiniz" dedi. Ellerini çırptılar ve : "Ey Muhammed (s.a.v.), tanrıları bir tek tanrı mı yapacaksın? Senin teklifin gerçekten çok acaip" dediler. Kendi kendilerine: "Bu adam istediğimiz hiçbir şeyi bize vermeyecek, o halde kendi yolumuza gidelim ve Allah onunla bizim aramızda hükmünü verinceye dek babalarımızın dinine uymaya devam edelim" dediler.

Onlar gittikten sonra Ebû Tâlib, Peygamber (s.a.v.)'e "Ey kardeşimin oğlu, gördüğüm kadarıyla sen onlardan kötü bir şey istemedin" dedi. Bu kelimeler Peygamber (s.a.v.)'in kalbini amcasının Müslüman olması isteğiyle doldurdu. "Amca", dedi, "O kelimeleri söyle ki, Mahşer gününde senin için şefaat edebileyim." Ebû Tâlib: "Ey kardeşimin oğlu, eğer Kureyşlilerin bu kelimeleri ölüm korkusuyla söylediğimi zannedeceklerini bilmeseydim, onları söylerdim. Söylediklerimle seni de memnun ederdim" dedi. Ölüm Ebû Tâlib'e yaklaştığında, Abbâs dudaklarının kıpırdadığını gördü ve kulağını dudaklarına yaklaştırdı. "Kardeşim, senin ona söylediğin kelimeleri söyledi" dedi. Fakat Peygamber (s.a.v.): "Ben duymadım" dedi.

Korunması olmayanların Mekke'deki durumları gittikçe kötüleşiyordu. Peygamber (s.a.v.)'e tabi olmadan önce Ebû Bekir (r.a.) çok nüfuzlu bir adamdı, fakat Ömer (r.a.) ve Hamza (r.a.) gibi sert ve hiddetli değildi. Bu yüzden, onun manevî gücünü görenlerden başkasında korku uyandırmıyordu. İslâm, onunla Kureyşliler arasına girdiğinde ise, Mekkeliler arasındaki tüm nüfûzu kayboldu. Fakat buna paralel olarak mü'minler arasındaki nüfûzu arttı. Ebû Bekir, birçok kişinin Müslüman olmasına neden olduğu için müşriklerin özel düşmanlığını üzerine çekiyordu. Hatîce'nin üvey kardeşi Nevfel'in oğlu Esved (r.a.)'in Müslüman olmasına da Ebû Bekir vesile olmuştu. Bu yüzden Nevfel, Ebû Bekir ve Talha üzerine bir saldırı düzenledi ve onları yaralı bir şekilde yolun ortasına bıraktı. Teym kabilesinden hiç kimse Esedlilerin bu saldırısına karşı çıkmadı. Bu da Müslüman olan iki ileri gelen adamlarını kendi kabilelerinden dışladıklarını gösteriyordu.

Bundan daha kötü olaylara da rastlanıyordu. Ebû Bekir'in Bilal'in eski sahibi ve aralarında yaşadığı Cumah'ın lideri olan Ümeyye ile arası gittikçe kötüleşiyordu. Bu yüzden göç etmekten başka seçeneği olmadığını fark etti, Peygamber (s.a.v.)'den Habeşistan'a gitmek için izin istedi ve yola koyuldu. Fakat Kızıl Deniz'e ulaşmadan önce, Kureyşlilerin müttefiki olan ve Mekke'den biraz uzakta yaşayan bir grup kabilenin başkanı olan İbnu'd-Duğunne ile karşılaştı: Bu bedevî lider, şimdi gezgin bir münzeviyi andıran Ebû Bekir'i zengin ve nüfuzlu olduğu dönemlerden beri tanıyordu. Bu değişikliğin sebebini soran bedevîye Ebû Bekir: "Halkım bana kötü davrandı ve beni dışarıya sürdü, şimdi benim tek yapacağım şey Allah'a ibadet ederek yeryüzünde dolaşmaktır" dedi. "Bunu neden yaptılar?" dedi İbnu'd-Duğunne. "Sen kabilenin ileri gelen tüccarlarından biriydin, herkese yardım eder, hakkı korur ve doğruluktan ayrılmazdın. Geri dön, çünkü sen benim korumam altındasın." Onu Mekke'ye geri götürdü ve topluluk önünde: "Ey Mekkeliler! Ben Ebû Kuhâfe'nin oğlunu korumam altına alıyorum, ona iyilikten başka bir şey yapılmasına izin vermeyin" dedi. Kureyşliler onun korumasını kabul ettiler ve Ebû Bekir'in emniyette olacağına söz verdiler. Fakat Beni Cumahlılar, İbnu'd-Duğunne'ye: "Ona Rabbine duvarlar arasında ibadet etmesini, duyulmadan ve görülmeden namaz kılıp Kur'ân okumasını söyle. Çünkü onun görünüşü çok etkileyici, kadınlarımızı ve oğullarımızı saptırmasından korkuyoruz" dediler. İbnu'd-Duğunne bunları Ebû Bekir'e iletti ve Ebû Bekir belli bir süre evinde namaz kılıp Kur'ân okudu. Bu süre içinde Beni Cumahlılarla ilişkisi düzeldi. Ebû Tâlib'den sonra Hâşimîlerin başına Ebû Leheb geçti. Fakat Ebû Leheb'in yeğenini koruması sadece sözde kalıyordu ve Peygamber (s.a.v.)'e her zamankinden daha kötü davranılıyordu. Bir gün evinin önünden geçen bir adam kapısını açtı ve yemek kabının içine kokmuş sakatat attı. Bir keresinde de, evinin bahçesinde namaz kılarken adamın biri üstüne kan ve pislik dolu bir işkembe attı. Peygamber (s.a.v.) onu atmadan önce bir sopanın ucuna taktı ve kapının önünden: "Ey Abdu Menâf oğulları, bu ne biçim korumadır?" diye bağırdı. İşkembeyi atanın, Rukiyye'nin kocası Osman'ın üvey babası olan Şems'li Ukbe[1] olduğunu görmüştü. Eve döndüğünde kızlarından biri onu hem yıkayarak temizliyor, hem de ağlıyordu. "Ağlama küçük kızım" dedi, "Allah babanı koruyacak."

Bu olaydan sonra Peygamber (s.a.v.) Taif'te yaşayan Sakif'lilerden yardım istemeye karar verdi. Bu karar onun Mekke'deki durumunun ne kadar kötü olduğunu göstermektedir. Allah'ın Evi ile eşdeğer gördükleri Lât putunun koruyucuları olan Taiflilerden ne beklenebilirdi? Taif'te de Mekke'de olduğu gibi istisna kişiler bulunabilirdi. Bu yüzden, Peygamber (s.a.v.) yeşil otlaklar, meyve bahçeleri ve ekin tarlalarıyla etrafı çevrili Taif'e giderken ümitsiz değildi. Oraya vardığında Sakif'in lideri olan Amr İbn Umeyye'nin evine gitti. Amr İbn Umeyye, Velîd'in kendisinin Taif'teki eşdeğeri olduğunu söylediği adam ve "İki şehrin iki büyük adamı)nın ikincisi"ydi. Fakat Peygamber (s.a.v.) onlara İslâm'ı tebliğ edip, düşmanlarına karşı korunma istediğinde içlerinden biri hemen: "Eğer Allah seni gönderdiyse, Kâ'be'de asılı olanların hepsini aşağıya indiririm" dedi. Bir diğeri: "Allah senden başka gönderecek adam bulamadı mı?" Üçüncüsü: "Seninle konuşamam! Çünkü eğer sen söylediğin gibi Allah'ın Rasûlü isen, benim hitap edemeyeceğim kadar yücesin; ve eğer yalancı isen seninle konuşmam uygun olmaz" dedi. Bunun üzerine Peygamber (s.a.v.) belki de Taifli başkalarını denemek üzere onlardan ayrıldı. O ayrılır ayrılmaz Sakifliler çocuklarını ve kölelerini onun üzerine saldılar ve onunla alay edip bağırdılar. O denli büyük bir kalabalık toplandı ki Peygamber (s.a.v.) özel bir bahçeye sığınmak zorunda kaldı. O, içeri girdikten sonra kalabalık dağılmaya başladı, devesini bir hurma ağacına bağlayarak bir asmanın gölgesine sığındı.

1. O, Peygamber'in kuzeni ve Osman'ın annesi olan Erva'nın ikinci kocasıydı. Peygamber'in halası ve Tulayb'ın annesi Erva öldükten sonra kızına, yani Osman'ın annesine de Erva deniyordu.

Kendini güvenlik ve barış içinde hissedince şöyle dua etti: "Allah'ım insanlar karşısındaki zayıflığımı, güçsüzlüğümü ve çaresizliğimi sana söylüyorum. Ey merhametlilerin en merhametlisi, sen zayıfların Rabbisin. Ve sen benim Rabbimsin. Beni kimin ellerine emanet ediyorsun? Bana kötü davranan yabancı birinin ellerine mi? Yoksa bana karşı silahlandırdığın bir düşmana mı? Buna aldırmam, yeter ki, senin gazabın olmasın. Fakat senin yardımın benim için daha geniş ve daha rahattır! Tüm karanlıkları aydınlatan ve bu dünyayı da âhireti de düzene sokan Nûr'una sığınıyorum. Yeter ki senin kızgınlık ve gazabın üzerime olmasın. Dilediğine yardım etmek senin elindedir. Senden başka güçlü ve kuvvetli yoktur."[2]

Peygamber'in sığındığı yer göründüğü gibi boş değildi. Her Kureyşli zengin olup, Mekke'nin sıcak günlerinde serinlemek için Taif'ten yeşil bir bahçe satın almak isterdi. Peygamber (s.a.v.)'in sığındığı bahçe Sakif'lilerin değil, Şemş'li lider Utbe ile Şeybe'nin malıydı. İkisi de olanları görmüş ve Sakiflilerin bir Kureyşliye böyle davranmasına öfkelenmişlerdi. Çünkü Muhammed (s.a.v.) de kendileri gibi Abdu Menâf oğullarındandı. Aralarındaki mesele henüz kapanmamıştı, onu son olarak Ebû Tâlib'in ölümünde görmüşlerdi ve şimdi ne kadar korumasız olduğunu görüyorlardı. Biraz cömertlik yapıp Hıristiyan köle Addâs'ı çağırdılar ve ona: "Şuradan birkaç salkım üzüm al, tabağa koyup, şu adama ver" diye emrettiler. Addâs emredilenleri yaptı. Peygamber (s.a.v.) üzümden alırken: "Allah'ın adıyla" dedi. Addâs merakla onun yüzüne baktı ve: "Bu sözler, bu ülke halkının söylediği sözlerden değil" dedi. Peygamber (s.a.v.) "Nerelisin?" ve "Hangi dindensin?" diye sordu. Addâs: "Ben Hıristiyanım ve Ninova'lıyım" dedi. Peygamber (s.a.v.) "Yani doğruluk timsali Metta'nın oğlu Yûnus'un şehrindensin" dedi. "Sen Metta'nın oğlu Yûnus'u nereden biliyorsun?" diye sordu Addâs. Peygamber (s.a.v.): "O benim kardeşimdir. O peygamberdi, ben de peygamberim" cevabını verdi. Bunun üzerine Addâs onun başını, ellerini ve ayaklarını öptü.

Bunu görünce iki kardeş aynı anda bağırdılar: "Bu köle de fazla oldu! Hemen ona kapıldı!" Addâs, Peygamber'den (s.a.v.) ayrılıp yanlarına gelince: "Yazıklar olsun sana Addâs! Neden o adamın başını, ellerini ve ayaklarını öptün?" dediler. Onlara şu cevabı verdi: "Ey sahibim! Dünyada bu adamdan daha değerli bir şey yok. Bana sadece bir Peygamber (s.a.v.)'in bileceği şeyler söyledi." "Yazıklar olsun sana Addâs!" dediler, "onun seni zehirlemesine izin verme."

2. I.I.280.

Peygamber (s.a.v.) Sakiflilerden bir şey elde edemeyeceğini anlayınca Taif'ten ayrıldı ve Mekke'ye doğru yola koyuldu. O gece geç saatte Nahle vadisine ulaştı. Nahle Mekke ile Taif'in tam ortasındaydı. Tam peygamberliğinin reddedildiğine inandığı bir anda, çok uzaklardan, Ninova'dan gelen bir adam onun peygamberliğini kabul etmişti. Nahle'de namaz kılarken, okunan Kur'ân'ı duyan bir grup cin -Nesibîn'den gelen yedi cin- yanında Kur'ân'ı dinlemeye koyuldular. Peygamber (s.a.v.) sadece insanlara gönderilmediğini biliyordu. Kısa bir süre önce gelen vahiy bunu te'yid ediyordu: *"Biz seni âlemler için yalnızca bir rahmet olarak gönderdik" (Enbiyâ: 107)* Daha önce indirilen sûrelerden (Rahmân) birinde de hem insanları, hem de cinleri, cennet ve cehennemle korkutmak için gönderildiği bildiriliyordu. Yeni gelen bir âyette de:

"De ki: 'Bana gerçekten şu vahyolundu: Cinlerden bir grup dinleyip de şöyle demişler:- Doğrusu biz, (büyük) hayranlık uyandıran bir Kur'ân dinledik. O (Kur'ân), gerçeğe ve doğruya yöneltip iletiyor. Bu yüzden de biz ona iman ettik. Bundan böyle Rabbimize hiç kimseyi ortak koşmayacağız." (Cin: 1-2)

Başka bir sûrede (Ahkaf: 30-1) de cinlerin nasıl kendi toplumlarına gidip, onları Allah'ın Peygamberi'ne (s.a.v.) itaate çağırdıkları anlatılır.

Peygamber (s.a.v.) iki gün kadar önce kendisini evinden ayrılmaya zorlayan şartlara geri dönmek istemiyordu. Eğer bir koruyucusu olsa görevini daha iyi yerine getirebilirdi. Beni Hâşim onu korumuyordu, bu yüzden o da annesinin kabilesine sığınmaya karar verdi. Annesinin kabilesinde durum biraz farklıydı, çünkü Zühre kabilesinin en etkili ve ileri gelen adamı aynı kabileden olmayan ve Taif'ten gelen Ahnas İbn Şerîk idi. Uzun süreden beri Zühre'nin müttefiki olduğu için, Zühreliler onu başkanları olarak kabul ediyorlardı. Peygamber (s.a.v.) ondan yardım istemeye karar vermişti. Yolu üzerinde, kendinden daha hızlı giden bir atlıya rastladı ve ondan Ahnas'a şöyle bir mesaj gönderdi: "Muhammed (s.a.v.) dedi ki: Allah'ın mesajını insanlara aktarabilmem için beni koruman altına alır mısın?" Atlı o denli hızlıydı ki Peygamber (s.a.v.) oraya ulaşmadan olumsuz cevabı geri dönerek iletti. Ahnas, sadece bir müttefik olduğunu ve kabilenin üstüne bir koruma yüklemeye hakkı olmadığını bildiriyordu. Mekke'den çok uzakta olmayan Peygamber (s.a.v.) aynı ricayı Süheyl'e gönderdi. Onun cevabı da aynı şekilde ümit kırıcıydı, fakat öne sürdüğü sebebin İslâm'a karşı çıkışıyla ilgisi yoktu; kabilelerarası bir meseleye yol açmak istemiyordu. Mekke vadisi içinde onun kabilesi diğerlerinden uzak bir konumdaydı, çünkü Luayy'ın[3] oğlu Amir'in soyundan geliyordu. Halbuki diğer bütün kabileler Kâ'b'ın soyundan geliyordu. Peygamber (s.a.v.) şehre girmekten vazgeçti ve ilk vahyin geldiği Hira mağarasına gitti. Oradan kendisine daha yakın olan ve boykotu kaldıran beş kişiden biri olan Nevfel'in şefi Mut'im'e haber gönderdi. Mut'im bunu kabul etti ve "Bırakın şehre girsin" diye haber gönderdi. Ertesi sabah oğulları ve yeğenleriyle silahlanmış bir şekilde, Muhammed (s.a.v.)'i Kâ'be'ye götürdü. Ebû Cehil onlara, Peygamber (s.a.v.)'in takipçileri mi olduklarını sordu. Onlar sadece: "Onu korumamız altına alıyoruz" dediler ve Mahzûmlu da: "Sizin koruduğunuzu biz de koruruz" demekten başka söyleyecek söz bulamadı.

3. Bak. Soy ağacı.

"SENİN YÜZÜNÜN NURU"

[32]

Ebû Tâlib'in karısı Fâtıma (r.a.), kocasının ölümünden önce veya başka bir rivayete göre bir müddet sonra Müslüman olmuştu. Ali ve Ca'fer'in kız kardeşleri olan kızı Ümmü Hâni (r.a.) de İslâm'a girmişti. Fakat kocası Hubeyre, Allah'ın birliği mesajına kapalı idi. Bununla birlikte Peygamber (s.a.v.) evlerine geldiğinde onu iyi karşılar ve namaz vakti ise evdeki Müslümanlar cemaatle namaz kılarlardı. Bir keresinde hepsi yatsı namazını Peygamber'le birlikte kıldıktan sonra, Ümmü Hâni Peygamber (s.a.v.)'i geceyi kendi evlerinde geçirmeye davet etti. Peygamber (s.a.v.) onun teklifini kabul etti; fakat uyuduktan kısa bir süre sonra kalktı ve Mescid-i Haram'a gitti, çünkü geceleri Kâ'be'yi ziyaret etmeyi severdi. Oradayken uyku bastırdı ve Peygamber (s.a.v.) Hicr'de uyudu.

"Ben Hicr'de uyurken" dedi, "Cebrâîl geldi ve ayağıyla beni dürttü. Uyandım ve etrafta hiçbir şey göremeyince tekrar yattım. İkinci kez geldi; üçüncü kez yine geldi ve beni kolumdan tutup ayağa kaldırdı, birlikte Mescid'in kapısından çıktık. Orada eşekle katır arası beyaz bir binek vardı. İki yanında, bacaklarını oynattığı yerde kanatları vardı ve her adımı gözün görebileceği uzaklığa varıyordu."[1]

Daha sonra Peygamber (s.a.v.) Burak adlı bu bineğe Cebrâîl'le nasıl bindiğini, Cebrâîl'in göğe yükselirken bineğin hızını, yönünü ayarladığını, kuzeye, Yesrib ve Hayber'in ötesine gidip Kudüs'e vardıklarını anlattı. Orada bir grup peygamberle -İbrahim, Mûsâ, İsâ ve diğerleri- karşılaştılar. Mescid'de namaz kılarken bütün peygamberler onun arkasında namaz kıldılar. Daha sonra Muhammed'in önüne iki fıçı kondu; biri süt, biri şarapla doluydu. Peygamber (s.a.v.) süt dolu fıçıdan aldı ve içti, şarap fıçısına dokunmadı. Bunun üzerine Cebrâîl şöyle dedi: "Sen doğru yola yöneltildin, sen de halkını o yola yönelttin ve şarap sana yasaklandı."

Daha sonra, kendisinden öncekiler gibi -İdrîs, İlyâs, İsâ ve Meryem gibi- o da bu dünyadan semâya yükseltildi. Kudüs toprağının ortasındaki bir taşın üstünden tekrar Burak'a bindi. Burak onu yükseltti ve İlyâs'ın ateş arabasıyla aynı vazifeyi gördü. Artık kendi asıl halinde görünen Cebrâîl onları dünyevî şekil, yer ve zamandan uzaklaştırıp semaya yükseltti; yedi semâdan her birinden geçerken, Muhammed (s.a.v.) kendisiyle

1. I.I. 264.

birlikte Kudüs'te namaz kılan peygamberleri tekrar gördü. Dünyada onları cismânî bir şekilde görmüştü; oysa şimdi onları semâvî şekillerinde görüyor ve gördüklerine hayretle bakıyordu. Yûsuf'un yüzünün dolunayın parlaklığı gibi olduğunu[2] ve tüm güzelliklerin yarısına sahip olduğunu[3] söylemiştir. Fakat bu bile, onun diğer peygamberler karşısındaki şaşkınlığını gidermemiş; bu yüzden de, ayrıca Hârûn'un güzelliğinden bahsetmiştir.[4] Gökte gördüğü bahçelerle ilgili şunları söylemiştir: "Yay büyüklüğündeki bir Cennet parçası, güneşin doğup battığı tüm alandan daha iyidir. Eğer Cennet kadınlarından biri yeryüzünün insanlarına görünse, gökle yer arasındaki bütün alanı ışık ve güzel koku ile doldurur."[5] Orada gördüğü her şeyi Ruh gözüyle görüyordu. Tüm dünyevî yaratıklara nazaran kendi manevî varlığı hakkında şöyle demiştir: "Âdem henüz su ile çamur arası bir şeyken, ben peygamberdim."[6]

Göğe yükselişinin zirvesi Sidretü'l-Müntehâ (En Son Sidr Ağacı) idi. Kur'ân'da bu şekilde belirtilmiştir ve Peygamber (s.a.v.)'in hadîslerine dayanan eski bir tefsirde şunlar geçer: "Sidr ağacının kökü Taht'tadır ve bu ağaç, Peygamber olsun, Cebrâîl olsun; herkesin bilme noktasının sınırını belirler. Onun ötesi, Allah'tan başka herkese gizlidir."[7] Evrenin bu sınırında Cebrâîl (a.s.) Muhammed (s.a.v.)'e asıl şekliyle, yaratıldığı gibi göründü.[8] Daha sonra, âyette geçtiği gibi:

"Sidreyi örten örtmekte iken, göz kayıp şaşmadı ve (sınırı) taşmadı. Andolsun, O, Rabbinin en büyük âyetlerinden olanını gördü" (Necm : 16-18).

Taberî Tefsîri'ne göre, İlâhî Nur, Sidr ağacına inmiş ve onun ötesindeki her şeyi gizlemiştir. Peygamber (s.a.v.) gözü kayıp-şaşmamış ve sınırı aşmamıştır.[9] Bu, Peygamber'in (s.a.v.) "Senin yüzünün nûruna sığınıyorum" sözünün karşılığıydı.

Sidr Ağacı'nda Peygamber (s.a.v.) ümmeti için elli rekat namaz kılma emrini aldı; aynı zamanda[10] İslâm inancını ortaya koyan şu âyeti de öğrendi:

---

2. I.I. 270.
3. A. H. III, 286.
4. I.I. 270.
5. B.L. VI, 6.
6. Tir. XLVI, 1; A. H. IV, 66.
7. Tab. Tefsir, LIII.
8. M. I, 280; B, LIX, 7.
9. Tab. Tefsir, LIII.
10. M. I. 280.

"Peygamber, kendisine Rabbinden indirilene iman etti, mü'minler de. Tümü, Allah'a meleklerine, kitaplarına ve peygamberlerine inandı. Onun peygamberleri arasında hiçbirini (diğerinden) ayırdetmeyiz. İşittik ve itaat ettik. Rabbimiz bağışlamanı (dileriz). Varış ancak Sana'dır dediler". (Bakara: 285).

Daha önce yükseldikleri gibi yedi gökten tekrar indiler. Peygamber (s.a.v.) bu konuda şunları söyler: "Dönüşümde Mûsâ'nın -o size ne iyi bir dosttu!- yanından geçerken bana: 'Sana kaç vakit namaz farz oldu?' diye sordu. Ben günde elli vakit olduğunu söyleyince, 'Namaz ağır bir ibadettir, senin ümmetin ise zayıftır. Rabbine geri dön ve senin ve ümmetinin yükünü hafifletmesini iste' dedi. Bunun üzerine geri döndüm ve Rabbimden yükümü hafifletmesini istedim, O da on vaktini geri aldı. Mûsâ, yanından geçerken yine bana aynı şeyleri tekrarladı, ben de geri döndüm ve on vakit namaz daha üzerimden kaldırıldı. Fakat her seferinde Mûsâ beni geri gönderiyordu, sonunda üzerimde günde beş vakit namaz kaldı. Tekrar Mûsâ'nın yanına gittim, o yine daha önce söylediklerini tekrarlıyordu. Ben: "Rabbime gittim ve utanana dek azaltmasını istedim; artık geri dönemem" dedim. İşte bu yüzden kim beş vakit namazı Allah'ın merhametine sığınarak ihlas ile kılarsa ona bu elli vaktin sevabı verilir."[11]

Peygamber (s.a.v.) ve Cebrâîl (a.s.) Kudüs'teki o taşın yanına indikten sonra geldikleri yoldan, güneyden gelen kervanları görerek tekrar Mekke'ye döndüler. Kâ'be'ye vardıklarında hâlâ geceydi. Peygamber (s.a.v) oradan yine kuzeninin evine gitti. Ümmü Hâni olayı şöyle anlatıyor: "Şafaktan kısa bir süre önce peygamber (s.a.v) bizi uyandırdı ve sabah namazını birlikte kıldıktan sonra bana: "Ümmü Hâni gördüğün gibi akşam namazını sizinle birlikte bu vadide kıldım. Daha sonra Kudüs'e gittim ve orada namaz kıldım. Şimdi de gördüğün gibi sabah namazını yine beraber kıldık" dedi. Gitmek için ayağa kalktı. Cübbesini öylesine kuvvetle çektim ki. Peygamber (s.a.v)in göğsü açık kalacak şekilde cübbe üstünden sıyrıldı: "Ey Allah'ın Rasûlü!" dedim, "Bunu başkalarına söyleme, çünkü onlar sana yalancı der ve seninle alay ederler." O ise:"Allah'a yemin ederim onlara söyleyeceğim' dedi."[12]

Mescid'e gitti ve orada karşılaştıklarına Kudüs'e yaptığı yolculuğu anlattı. Düşmanları buna çok sevinmişlerdi; çünkü şimdi ellerinde ona mecnûn (deli) demek için karşı çıkılamaz bir delil vardı. Kureyşli çocuklar bile Mekke'den Suriye'ye bir kervanın ancak bir ayda varabileceğini ve dönü-

---

11. I.I. 271.

12. I.I. 267

şün de bir ay olacağını biliyordu. Şimdi, Muhammed ise bir gecede oraya gidip geldiğini iddia ediyordu. Bir grup adam Ebû Bekir (r.a.)'e gitti ve: "Şimdi bakalım arkadaşın hakkında ne düşüneceksin? O bize dün gece Kudüs'e gittiğini, orada namaz kılıp geri döndüğünü söylüyor" dediler. Ebû Bekir (r.a.) onları yalan söylemekle suçladı, fakat onlar Muhammed (s.a.v.)'in o anda Mescid'de ve yolculuğunu anlatmakta olduğunu söylediler. Ebû Bekir o zaman: "Eğer o söylediyse, doğrudur. Bunda şaşılacak ne var? O bana gökten haberlerin gece veya gündüz bir saat içinde geldiğini söyledi ve ben onun doğru söylediğini biliyorum. Bu, sizin yersiz itirazlarınızın ötesinde bir olaydır" dedi.[13] Daha sonra O da mescide gitti ve yine aynı şekilde tasdik etti. "Eğer o söylediyse, doğrudur." O zamandan itibaren Peygamber (s.a.v.), Ebû Bekir (r.a.)'e "doğrunun tasdikçisi" ve "doğrunun şahidi" anlamına gelen es-Sıddîk adını verdi. Bunun yanı sıra olayı inanılmaz bulan bazı kişiler, fikirlerinden dönmek üzereydiler; çünkü Peygamber (s.a.v.) Mekke'ye dönerken yolda gördüğü kervanları anlatıyor, kaç gün sonra ve nasıl şehre ulaşabileceklerini söylüyordu. Önceden haber verdiği olayların hepsi yerine gelmişti. Peygamber (s.a.v.) Mescid'dekilere sadece Kudüs'e yaptığı yolculuğu anlatmıştı. Ebû Bekir veya ashâbdan başkalarıyla yalnız kaldığında, gökte yaptığı yolculuğu ve orada gördüklerinin bir kısmını anlatmıştır. Bunlar genellikle daha sonraki yıllarda sorulan sorulara verilen cevaplar şeklinde ortaya çıkmıştır.

---

13. I. I. 265.

HÜZÜN YILINDAN SONRA

[33]

Hüzün yılından sonraki yıl hac zamanı, Haziran'ın başına denk gelmişti. Kurban Bayramı'nda Peygamber (s.a.v.) hacıların üç gün kamp kurduğu Mina vadisine gitti. Yıllardan beri çadırların yanına gidip kendisini dinleyenlere Hak dini tebliğ etmeyi ve Kur'ân'dan bölümler okumayı adet edinmişti. Mina'nın Mekke'ye en yakın noktası, yolun kutsal şehir doğrultusunda tepelere doğru yükseldiği Akabe'dir. O yıl Peygamber (s.a.v.) Akabe'de Hazrec kabilesinden altı adamla karşılaştı. Hiçbirini tanımıyordu, fakat adamlar onu ve peygamberlik iddiasını duymuşlardı. Onlara kim olduğunu söyler söylemez altı adamın gözleri de ilgiyle parladı ve onu dikkatle dinlediler. Hepsi de Yesrib'deki komşuları Yahudilerin tehdidini biliyordu: "Bir peygamber gönderilmek üzere. Biz ona uyacağız ve sizi Ad ve İrem kavimleri gibi yerle bir edeceğiz." Peygamber (s.a.v.) konuşmasını bitirince birbirlerine: "Bu gerçekten Yahudilerin bize söyledikleri peygamber. Ona ilk ulaşanların, Yahudiler olmasına izin vermeyelim" dediler. Birkaç soru sorup cevap aldıktan sonra, altısı da Allah'a ve Peygamber'ine inandıklarını söylediler ve onlara öğretilen İslâm kurallarını uygulayacaklarına söz verdiler. "Biz halkımızdan ayrılacağız" dediler, "çünkü düşmanlık ve kötülükte onlar gibi azgını yok. Belki de senin sayende Allah onları birleştirir ve barış gönderir. Şimdi onlara gideceğiz ve senin dinine uymaları için onlara yol göstereceğiz. Eğer Allah senin sayende onların birleşmesini sağlarsa, sizden daha güçlü bir topluluk bulunmaz."[1]

Peygamber (s.a.v.) Ebû Bekir (r.a.)'in Benî Cumah'lılar arasındaki evini düzenli olarak ziyarete devam ediyordu. Bu ziyaretler, Ebû Bekir'in en küçük kızı Âişe (r.a.)'nin hatıralarının büyük bir bölümünü oluşturuyordu. O, anne ve babasının Müslüman olmadığı ve Peygamber (s.a.v.)'in onları her gün ziyaret etmediği bir zamanı hatırlamıyordu.

Hatîce (r.a.)'nin ölümünü takip eden aynı yıl Peygamber (s.a.v.) rüyasında bir adamın, bir ipek parçasına sarılı başka birini taşıdığını gördü. Adam ona: "Bu senin zevcen, onun örtüsünü aç" dedi. Peygamber (s.a.v.) ipek örtüyü kaldırdığında Âişe'yi gördü. Fakat Âişe sadece altı yaşındaydı, kendisi ise elliyi geçmişti. Yanı sıra, Ebû Bekir kızını Mut'im'in oğlu Cübeyr'e vermek için söz vermişti. Peygamber (s.a.v.) kendi kendine: "Eğer

1. I.I. 287.

bu Allah'tan gelen bir emir ise, tekrar gelir" dedi.[2] Birkaç gece sonra uyurken, bir meleğin aynı ipek yığınını taşıdığını gördü, bu kez kendisi meleğe: "Onu bana göster" dedi. Melek ipeği kaldırdı ve yine Âişe'yi gördü. Peygamber (s.a.v) yine: "Eğer Allah'tan ise, bunu tekrar gösterir" dedi.[3]

Bu rüyaları kimseye, hatta Ebû Bekir (r.a.)'e bile anlatmadı. Fakat aynı haberi te'kit eden üçüncü bir olay daha oldu. Hatîce (r.a.)'nin vefatından beri Osman İbn Ma'zun'un zevcesi Havle, Peygamber (s.a.v.)'in ev ihtiyaçlarına yardım ediyordu. Bir gün yine Peygamber (s.a.v.)'in evindeyken onun evlenmesi gerektiğini söyledi. Peygamber (s.a.v.) ona kiminle evlenebileceğini sorduğunda ise: "Ya Ebû Bekir'in kızı Âişe, ya da Ze'meh'in kızı Sevde ile" cevabını verdi. Süheyl'in[4] yengesi ve kuzeni olan Sevde otuz yaşlarında bir duldu. İlk kocası, Süheyl'in kardeşi Sekran onu da Habeşistan'a birlikte götürmüştü. Onlar Mekke'ye ilk dönenler arasındaydılar. Dönüşlerinden kısa bir süre sonra Sekran ölmüştü.

Peygamber (s.a.v.) Havle'den teklif ettiği iki gelinle de evlilik girişimlerinde bulunmasını istedi. Sevde'nin cevabı: "Hizmetindeyim, ey Allah'ın Rasûlü" oldu. Peygamber (s.a.v.) ona: "Sana evlilikte vekil olacak bir adam seç" diye haber gönderdi. Sevde, Habeşistan'dan dönen kayınbiraderi Hâtib'i seçti ve Hâtib onu evlendirdi.

O sırada Ebû Bekir (r.a.) de Mut'im'i Âişe'den vazgeçmeye kolaylıkla ikna etmişti ve Âişe de Sevde'den birkaç ay sonra Peygamber'in eşi oldu. Nikâh sırasında Âişe yoktu, nikâh akdi Peygamber (s.a.v.)'le babası arasında yapıldı. Âişe daha sonraları konumunda bir değişiklik olduğunu, bir gün evin yakınında arkadaşlarıyla oynarken annesinin elinden tutup içeriye soktuğu zaman anladığını anlatmıştır. Annesi ona artık sokakta oynamamasını, bunun yerine arkadaşlarının ona gelmesini söyledi. Âişe (r.a.), annesi ona hemen evlendiğini söylememesine rağmen, durumu tahmin ediyordu; ve sokak yerine bahçe duvarları arasında oynamaktan başka yaşamı, eskisi gibi devam etti.

Bu sırada Ebû Bekir, evinin önüne küçük bir mescid yapmak istedi. Mescid, etrafı duvarlarla kaplı, üstü açık bir yapıydı. Ebû Bekir orada namaz kılar, Kur'ân okurdu. Fakat duvarlar yeteri kadar yüksek olmadığı için çoğunlukla bir grup adam onu Kur'ân okurken seyredip dinler ve okuduğu vahyin etkisiyle ulvîleşen kişiliğini farkederdi. Ümeyye, Ebû Bekir'in neden olduğu ihtidaların artacağından korkuyordu. Onun teklifi üzerine Kureyş

---

2. B.X CI. 20.
3. A.g.e.
4. Bak. Böl. XXIV.

liderleri İbnu'd-Duğunne'ye bir mesaj gönderdiler ve koruma şartlarına Ebû Bekir'in uymadığını, mescidin duvarlarının evden bir bölüm sayılamayacak denli alçak olduğunu haber verdiler. "Eğer Rabbine duvarlar arasında ibadet edecekse, bırakın yapsın" dediler "fakat eğer açıktan ibadet etmek istiyorsa korumanı onun üzerinden kaldır". Ebû Bekir mescidinden vazgeçmek istemiyordu, bu yüzden İbnu'd-Duğunne ile yaptığı anlaşmayı resmen bozdu: "Allah'ın koruması bana yeter" dedi.

İşte o gün Peygamber (s.a.v.) ona ve diğer mü'minlere şu haberi verdi.

"Sizin hicret edeceğiniz yer bana gösterildi: İki kaya yığını arasında suyu bol ve hurma ağaçlarıyla dolu bir yer gördüm."[5]

5. B. XXXVII, 7.

YESRİB'İN CEVABI

[34]

"Düşmanlık ve kötülükle yoğrulmuş." Halklarını böyle tanımlarken, altı yeni Müslüman abartma yapmıyorlardı. İç savaşın dördüncü çatışması olan Buas, bu vahşeti ortadan kaldırıp barış getirmemiş, savaşa sadece belli bir süre için ara vermeye yol açmıştı. Bu uzun süren çatışmalar ve şiddetin gün geçtikçe artması düşünebilen adamları, bu sorunun sadece ortak bir başkanla, Kusayy'ın Kureyş'i birleştirdiği gibi kendilerini birleştirecek bir adamla çözülebileceği kanaatine yöneltmiştir. Vahanın ileri gelenlerinden biri olan Abdullah İbn Übey'e, çoğu kişi, muhtemel kral gözüyle bakıyordu. O son çatışmada Evs'e karşı savaşmamış, çatışmadan hemen önce adamlarını geri çekmişti. Bununla birlikte yine de bir Hazrecliydi; ve Evslilerin kendi kabilelerinden olmayan bir kralı kabul edip etmeyecekleri şüpheliydi.

Hazrecli altı adam, İslâm'ın mesajını kendilerini dinleyen herkese ilettiler. Ertesi yaz, M.S. 621'de, beş tanesi tekrar hacca geldiler. Beraberlerinde ikisi Evs'li yedi kişi daha getirdiler. Akabe'de, bu on iki adam Peygamber'e biat etti*. Bu biat birinci Akabe Biatı olarak bilinir. İçlerinden biri şöyle anlattı: "İlk Akabe'de geceleyin Peygamber'e biat ettik, Allah'a ortak koşmayacağımıza, hırsızlık yapmayacağımıza, zina etmeyeceğimize, çocuklarımızı öldürmeyeceğimize[1], iftira etmeyeceğimize ve haktan ayrılmadıkça ona itaat edeceğimize söz verdik. O da bize şöyle dedi: "Eğer bu söze uyarsanız, Cennet sizindir; bu günahlardan bazılarını işlerseniz ve bu dünyada cezasını çekerseniz, bu ceza onlara kefaret olur. Fakat bu biatı mahşer gününe dek ta'dil ederseniz, o zaman cezalandırmak veya affetmek Allah'a kalmıştır."[2]

Yesribli Müslümanlar tekrar Yesrib'e doğru yola çıkarken, Peygamber (s.a.v.), Habeşistan'dan yeni dönen, Abdu'd-Dâr sülâlesinden Mus'ab'ı da onlarla birlikte gönderdi. Mus'ab onlara Kur'ân okuyacak ve dinî emirleri öğretecekti. Bu sırada önceki yıl Müslüman olan altı kişiden birinin, Es'ad İbn Zürâre'nin evinde misafir kalacaktı. Mus'ab aynı zamanda namazlarda da imam olacaktı; çünkü Müslüman olmalarına rağmen, ne Evs'ten ne de Hazrec'ten, diğerlerine önderlik edecek kadar bilgili kimse yoktu.

---

* Ona bağlı kalacaklarına söz verdiler (Çev.)

1. Burada Arabistan'da yaygın olan kız çocuklarını diri diri toprağa gömme adeti kasdediliyor.

2. I. I. 289.

Kayle'nin iki oğlunun soyundan gelenler arasındaki rekabet yıllardan beri sürüyordu. Bununla birlikte iki kabile arasında evlilikler meydana geliyordu. Bunun bir sonucu olarak, Mus'ab'ın Hazrec'li ev sahibi Es'ad, Evs'in kollarından birinin başkanı olan Sa'd İbn Muaz'ın kuzeni oluyordu. Sa'd yeni dine şiddetle karşı çıkıyordu. Bu yüzden, kuzeni Es'ad'la birlikte Mus'ab ve bir grup Müslümanı bir gün kendi kabilesinin topraklarından olan bir bahçede oturmuş, sohbet ediyor görünce sadece kızmakla kalmadı; Es'ad kuzeni olduğu için utandı da. Kendisi böyle hoş olmayan bir durumla muhatap olmak istemediğinden ve fakat bu tür etkinliklere bir son vermeye kararlı olduğu için kendinden sonra kabilesinin en etkili adamı olan Useyd'e gitti ve: "Bizim topraklarımıza, zayıflarımızı kandırmak için gelen şu iki adama git" (şüphesiz bunları söylerken, Yesrib'den ilk Müslüman olan ve şimdi hayatta olmayan kardeşi İlyas (r.a.)'ı düşünüyordu[3].) "Onları buradan çıkar ve bizim topraklarımıza girmeyi onlara yasakla. Eğer Es'ad akrabam olmasaydı bu yükü sana yüklemezdim. Fakat o benim annemin kız kardeşinin oğlu, bu yüzden ona bir şey yapamam." Useyd mızrağını aldı, onların yanına gitti ve takınabildiği en sert ifade ile: "İkinizi buraya, zayıfları kandırmaya getiren sebep ne? Eğer hayatta kalmak istiyorsanız buradan gidin" dedi. Mus'ab ona baktı ve çok yumuşak bir tonda: "Neden oturup, benim söylediklerimi dinlemiyorsun? Dinledikten sonra, hoşuna giderse kabul eder, gitmezse kabul etmezsin" dedi. Peygamber (s.a.v.)'in elçisinin görünüşünden ve davranışından hoşlanan Useyd: "Doğru bir söz" dedi ve mızrağını yere dayayarak onların yanına oturdu. Mus'ab ona İslâm'ı anlattı ve Kur'ân okudu; Useyd'in yüzündeki ifade değişti. Onun yüzündeki aydınlık ve yumuşamadan etrafındakiler onun Müslüman olduğunu anladılar. Mus'ab (r.a.) bitirdiğinde: "Bu sözler ne kadar güzel ve harika!" dedi. "Bu dine girmek isteyince ne yapılır?" diye sordu. Ona, kendisini temizlemek için baştan aşağıya yıkanması ve elbiselerini temizlemesi gerektiğini söylediler. Oturdukları bahçede bir kuyu vardı. Useyd kuyudan su alıp yıkandı, elbiselerini temizledi ve 'Allah'tan başka ilah yoktur, Muhammed (s.a.v.) Allah'ın rasûlüdür' diye şehâdet etti. Ona nasıl namaz kılınacağını gösterdiler, o da namaz kıldı. Daha sonra: "Arkamda öyle bir adam var ki o size uyarsa, tüm halkı ona uyar. Şimdi onu size göndereceğim" dedi.

Kabilesinden adamların yanına döndü. O yanlarına varmadan onlar Useyd'in değiştiğini anlamışlardı. "Ne yaptın?" dedi Sa'd. Useyd: "İki adamla da konuştum ve Tanrı'ya andolsun onlarda bir zarar görmedim.

---

3. Bak. böl. XIX.

Onların devam etmesine izin verdim. Onlar da: 'İstediğiniz gibi yapacağız' dediler", dedi. "Gördüğüm kadarıyla senden fayda yok" diyen Sa'd mızrağı onun elinden aldı ve hâlâ bahçede sakince oturan Müslümanlara doğru gitti. Kuzeni Es'ad'ı azarladı ve onu akrabalığını kötüye kullanmakla suçladı.

Fakat Mus'ab (r.a.) araya girdi ve Useyd'e söylediklerini ona da söyledi. Bunun üzerine Sa'd onu dinlemeyi kabul etti. Sonuç aynı Useyd'inki gibiydi.

Sa'd namaz kıldıktan sonra, Useyd ve beraberindekilerle halkın toplu olduğu meclise gitti. Sa'd onlara hitap etti ve: "Sizin aranızda benim konumum nedir?" diye sordu. Onlar: "Sen bizim başkanımızsın, aramızda en adaletli ve liderliğe en uygun olansın" dediler. "O halde" dedi Sa'd, "Allah'a ve Rasûlü'ne inanmadıkça aranızdan hiçbir erkek ve kadınla konuşmayacağıma yemin ediyorum"; akşam olmadan onun kabilesinden Müslüman olmayan bir tek kişi kalmamıştı.

Mus'ab (r.a.) on bir ay kadar Es'ad'a misafir olarak kaldı ve İslâm'a girenlerin çoğu bu dönemde girdiler. Hac zamanı yaklaştığında Mus'ab, Evs ve Hazrec'in çeşitli boylarında neler olduğunu Peygamber (s.a.v.)'e haber vermek için Mekke'ye döndü.

Peygamber (s.a.v.) kendisine gösterilen, iki kaya yığını arasındaki sulak ülkenin Yesrib olduğunu ve bu kez kendisinin de göç edenler arasında olacağını biliyordu. Muhammed (s.a.v.) Mekke'de çok az insana, yengesi Ümmü el-Fadl ve Müslüman olmadığı halde onu ele vermeyen ve sırlarını saklayan amcası Abbâs kadar güvenirdi. Bu yüzden ikisine, Yesrib'e yerleşip orada yaşamak istediğini ve bunun Hac döneminde gelecek olan delegeye bağlı olduğunu anlattı. Bunu duyan Abbâs, yeğeniyle birlikte delegelerin yanına gitmenin kendisi için bir görev olduğunu söyledi, Peygamber (s.a.v.) de bunu kabul etti.

Mus'ab Yesrib'li Müslümanlardan ayrıldıktan kısa bir süre sonra, aralarında anlaştıkları üzere, 73 erkek ve 2 kadından oluşan bir Müslüman grup Peygamber (s.a.v.)'le anlaşmak üzere hac yolculuğuna çıktılar. Onların liderlerinden biri Hazrec'li lider olan Berâ idi. Yolculuğun ilk günlerinden itibaren onu bir düşüncedir almıştı. Onlar Mekke'ye Allah'ın Ev'i Kâ'be'nin bulunduğu ve tüm Arabistan'ın hac merkezi olan şehre doğru yol alıyorlardı; aynı zamanda orada Peygamber (s.a.v.) vardı ve Kur'ân ilk olarak orada indirilmişti, bu yüzden gönülleri o yana doğru meylediyordu. Böyle olduğu halde namaz vakti gelince oraya sırt çevirip kuzeye, Suriye'ye dönmek makul bir davranış mıydı? Bu sadece bir düşünceden öte gitmeyebilirdi; çünkü Berâ'nın birkaç aylık ömrü kalmıştı ve ölüme yaklaşan kişilerin çoğunlukla önsezileri kuvvetli olurdu. Her ne ise Berâ, düşündüklerini arkadaşlarına anlattı, onlar da Peygamber (s.a.v.)'in Suriye, yani Kudüs'e doğru namaz kıldığını ve ondan farklı davranmak istemediklerini söylediler. Berâ: "Ben Kâ'be'ye doğru namaz kılacağım" dedi ve yolculuk boyunca öyle yaptı. Diğerleri yine Kudüs'e yönelerek namaz kılmaya devam ettiler, Onunla boşu boşuna tartışmadılar. Yalnız, Mekke'ye vardıklarında Berâ şüphe duymaya başladı ve Yesrib'in ileri gelen şairlerinden olan Hazrec'li Ka'b İbn Malik'e: "Ey kardeşimin oğlu! Allah'ın Rasûlü'ne gidelim ve benim yolda yaptığım şey hakkında ona danışalım; çünkü ben sizin, bana karşı olduğunuzu hissediyorum." dedi. Bunun üzerine rastladıkları Mekke'li bir adama, henüz hiç görmedikleri Peygamber (s.a.v.)'i nerede bulabileceklerini sordular. Adam: "Amcası Abbâs'ı tanıyor musunuz?" dedi, onlar da tanıdıklarını söylediler, çünkü Abbâs sık sık Yesrib'e gelirdi. Adam "Mescid'e girin, Abbâs'ın yanında oturan odur" dedi. Peygamber (s.a.v.)'in yanına gittiler. Peygamber (s.a.v.) Berâ'nın sorusuna şu cevabı verdi: "Senin bir yönün vardı, onu korumalıydın." Bu söz birçok anlama çekilebilirdi, fakat Berâ Peygamber (s.a.v.)'in yaptığı gibi namazda yönünü tekrar Kudüs'e çevirmeye başladı.

Mekke'ye aralarında Yesrib'li putperestlerin de bulunduğu bir kervanla yolculuk ettiler. Putperestlerden biri, Beni Selime'nin lideri ve çok etkili bir adam olan Hazrec'li Ebû Cabir Abdullah İbn Amr, yolculuk sırasında Mina'da Müslüman oldu. Peygamberle daha önceki gibi Akabe'de haccı takip eden iki geceden sonraki gece gizlice buluşmayı kararlaştırmışlardı. İçlerinden biri o geceyi şöyle anlatıyor: "O gece kervandaki diğer adamlarla birlikte gecenin üçte biri geçene dek uyuduk. Daha sonra yavaşça kalktık ve kaya kuşu kadar sessiz bir şekilde hepimiz Akabe yakınında toplandık. Orada Allah'ın Rasûlü gelene dek bekledik; onunla birlikte hâlâ atalarının dinine uyan amcası Abbâs da gelmişti. Müslüman olmamasına rağmen Abbâs, yeğenini güvenilir ellere teslim etmek istiyordu. Peygamber (s.a.v.) oturduktan sonra ilk önce Abbâs konuştu: "Ey Hazrecliler, -Araplar Evs ve Hazrec'e böyle hitap ederlerdi- Muhammed (s.a.v.)'in bizim aramızda ne kadar itibarlı olduğunu ve onu nasıl koruyup, ona kabilesi ve ailesi içinde şerefli ve saygın bir kişi olarak davrandığımızı biliyorsunuz. Buna rağmen O, sizi seçti ve sizinle birlikte olmak istiyor. Bu nedenle, eğer ona verdiğiniz sözü tutmaya ve onu karşı çıkanlardan korumaya söz veriyorsanız, alın bu yük sizindir. Fakat o size geldikten sonra onu ele vereceğinizi düşünüyorsanız, onu şimdiden bırakın." "Söylediklerini duyduk" dediler, "Fakat ey Allah'ın Rasûlü, sen konuş; kendin ve Rabbin adına istediğini seç."

Kur'ân okuyup, İslâm ve Allah'la ilgili bazı hususlara değindikten sonra Peygamber (s.a.v.): "Bu anlaşmayı şu şartla yapıyorum. Bana verdiğiniz sözden sonra beni eşlerinizi ve çocuklarınızı koruduğunuz gibi koruyacaksınız" dedi. Berâ (r.a.) kalktı, Peygamber'in elini tuttu ve: "Seni Hakla gönderen Allah'a yemin olsun ki, seni, onları koruduğumuz gibi koruyacağız. Ey Allah'ın Rasûlü, biatımızı kabul et; çünkü biz savaşçı ve babadan oğula geçen silahlara sahip bir topluluğuz" dedi. Evs'li bir adam onun sözünü keserek şöyle dedi: "Ey Allah'ın Rasûlü, bizim diğer topluluklarla da bağlarımız var", -Yahudileri kasdediyordu- "onlara galip gelmek istiyoruz. Ya biz sana biat eder, Allah da sana zafer verirse, sen kendi halkına dönüp bizi bırakırsan?" Peygamber gülümsedi: "Hayır, siz benimsiniz, ben de sizinim. Sizin savaştığınızla savaşır, barıştığınızla barışırım" dedi.

Daha sonra şöyle dedi: "Bana aranızdan grubun işlerine bakacak on iki lider seçin." Bunun üzerine dokuzu Hazrec'li, üçü Evs'li oniki lider seçtiler. Adamların altmış ikisi ve iki kadın da Hazrec'li olduğu için Hazrec'li liderler çoğunluktaydı. Hazrec'li dokuz liderden ikisi Es'ad ve Berâ idi; Evs'li üç liderden biri ise Sa'd İbn Muâz'ın vekilî olarak gösterdiği Useyd'di.

Topluluk teker teker biat etmeye hazırlanırken, önceki yıl biat eden on iki kişiden biri olan Hazrec'li bir adam: "Hazrec'liler, bu adama biat etmenin ne anlama geldiğini biliyor musunuz?" dedi. Onlar: "Biliyoruz" dediler, Adam onları duymazdan gelerek devam etti: "Siz siyah, kırmızı[4], tüm insanlara savaş açmaya söz veriyorsunuz. Bu yüzden eğer mallarınız eksildiğinde ve bazılarınız öldürüldüğünde, onu terk edeceğinizi düşünüyorsanız, onu şimdi bırakın. Çünkü onu o zaman terk ederseniz, bu dünyada da âhirette de utanç duymanıza sebep olur. Fakat eğer sözünüzden dönmeyeceğinizi düşünüyorsanız, onu alın; çünkü Tanrı'ya andolsun bu, hem dünya hem de âhiret için kurtuluştur." "Mallarımız elimizden gitse de öldürülsek de onu kabul ediyoruz. Ya Rasûlullah, eğer bu sözümüzü yerine getirirsek bizim için ne var?" dediler. Peygamber: "Cennet", dedi. Onlar da: "O halde elini bize uzat" dediler, elini tutup biat ettiler.

Şeytan o sırada Akabe'nin tepesinde onları gözlüyor ve dinliyordu; kendisini tutamayınca Muzammam (zemmedilen, suçlanan) diye yüksek sesle bağırdı. Peygamber (s.a.v.) bağıranın Şeytan olduğunu biliyordu, ona şöyle cevap verdi: "Ey Allah'ın düşmanı, sana fırsat vermeyeceğim."

---

4. Bu, tüm insanlar anlamına gelir. Akabe'deki bu ikinci biattan sonra ilk Akabe biatı "kadınlar biatı" diye anılmaya başlamıştır. Savaş görevlerinden bahsetmediği için sadece kadınlar için böyle kullanılmaya devam etmiştir.

GÖÇLER

[35]

Peygamber (s.a.v.), Mekke'deki Müslümanları Yesrib'e hicret etmeye teşvik ediyordu. Müslümanlardan biri, daha önce oraya hicret etmişti. Ebû Tâlib'in ölümü, yeğeni Ebû Seleme'nin koruyucusuz kalmasına neden olmuştu. Bu yüzden Ebû Seleme, karısını ve küçük oğulları Seleme'yi bir deveye bindirdi ve kendisi yürüyerek Yesrib'e yola çıktı. Fakat Ümmü Seleme, Mahzûm'un diğer kolundan, yani Benî el-Muğîre'dendi ve Ebû Cehil'in kuzeni oluyordu. Ailesinden bazıları onları takip ettiler ve devenin ipini Ebû Seleme'nin elinden aldılar. Ebû Seleme karşı çıkmanın anlamsız olduğunu bildiği için karısına onlarla birlikte gitmesini söyledi. Daha sonra onu almak için bir yol bulacaktı. Fakat Mahzûmluların diğer kolu, yani Ebû Seleme'nin akrabaları bu olayı duyunca çok kızdılar ve çocuğun kendi vesayetleri altında olması gerektiğini söylediler. Böylece tüm kabile onlara merhamet edip, çocuk ve annesini, Ebû Seleme'ye gönderene dek ayrı kaldılar. Bir müddet sonra Ümmü Seleme yanında sadece Seleme ile birlikte deve ile yola çıktı. Yaklaşık altı mil sonra, o zaman henüz Müslüman olmayan, Abdu'd-Dâr kabilesinden Osman İbn Talha ile karşılaştılar. Osman, yol boyunca çocukla annesine arkadaş oldu. Ebû Seleme'nin Yesrib'in en güney noktasında olan ve "iki grup kaya yığınından" birinin bulunduğu Kuba'da olduğunu duymuşlardı. Hurma bahçelerini görünce Osman, Ümmü Seleme'ye: "Kocan bu şehirde, selâmetle git" dedi ve kendisi tekrar Mekke'ye döndü. Ümmü Seleme onun bu yardımını hiç unutmadı ve onu nazikliğinden dolayı hep övdü.

İkinci Akabe Biatı'ndan sonra Kureyşli Müslümanlar yavaş yavaş hicret etmeye başladılar. İlk gidenler arasında Peygamber (s.a.v.)'in kuzenlerinden bazıları, Cahş ve Umeyme'nin oğulları ve kızları, Abdullah, kör olan kardeşi Ebû Ahmed ve Zeyneb ile Hamne adında iki kız kardeşleri vardı. Onlarla birlikte, uzun yıllardan beri Abdû Şems'in müttefiki olan birçok Beni Esed'li de gitti. Hamza ve Zeyd bir süre için eşlerini Mekke'de bırakıp gittiler. Fakat Osman (r.a.), Rukiyye (r.a.)'yi ve Ömer (r.a.)'de karısı Zeyneb'i, kızları Hafsa (r.a.) ve oğulları Abdullah'ı yanına alarak gittiler. Hafsa'nın kocası Sehm kabilesinden Huneys de onlarla birlikteydi. Ebû Seleme'nin üvey kardeşi Ebû Sabra, Süheyl'in kızı olan karısı Ümmü Gülsüm'le birlikte gitmişti. Peygamber'in genç kuzenlerinden olan Tulayb ve Zübeyr de gidenler arasındaydı.

Ebû Bekir ve Ali dışında tüm Müslümanlar hicret edince, Ebû Bekir (r.a.) Peygamber (s.a.v.)'den hicret etmek için izin istedi. Peygamber (s.a.v.) ona: "Acele etme, belki Allah sana bir arkadaş verir" dedi. Ebû Bekir (r.a.),Peygamber (s.a.v.)'i beklemesi gerektiğini anladı ve iki devesinin akasya yapraklarıyla beslenmesi için adamlarına emir verdi.

Kureyşliler hicret edenleri durdurabilmek için ellerinden geleni yaptılar. Süheyl'in diğer kızı da, daha önce Habeşistan'a gittigi gibi kocası Ebû Huzeyfe ile Yesrib'e gitmişti. Fakat Süheyl, bu kez oğlu Abdullah'ı kaçırmamak için, gözünü ondan ayırmıyordu. Daha önce Habeşistan'a hicret eden, Sehm'li lider As'ın oğlu Hişâm'ın başına da aynı şey gelmişti. Kureyşliler tarafından Necâşî'yi Müslümanlara karşı kışkırtmak için gönderilen adam onun üvey kardeşi Amr'dı. Hişam'ın teyzesinin oğlu Ömer, Yesrib'e birlikte gitmeyi planlamıştı. Mekke'den ayrı ayrı çıkacaklar ve şehrin on mil kadar kuzeyinde Edat dikenliğinde buluşacaklardı. Mahzûmlu Ayyaş da onlarla yolculuk edecekti. Fakat kararlaştırılan saatte Hişâm gelmedi. Bunun üzerine kararlaştırdıkları üzere Hişâm'ı beklemeden, Ömer ve ailesi Ayyâş'la yola koyuldular. Hişâm'ın babası ve kardeşleri bu plânı öğrenmişler ve onu zorla Mekke'de tutmuşlardı. Ona o kadar çok işkence etmişlerdi ki, sonunda onu İslâm'dan döndüğünü açıklamaya ikna ettiler.

Ayyaş ise Ömer'le birlikte Yesrib'e varmıştı. Fakat onun üvey kardeşleri Ebû Cehil ve Hâris onu takip ettiler ve annelerinin onu görene dek saçlarını taramamaya ve güneşin altında oturmaya yemin ettigini haber verdiler. Ayyâş buna çok üzüldü, fakat Ömer ona: "Onlar seni dininden döndürmekten başka birşey istemiyorlar; çünkü Allah'a andolsun ki eğer bitler anneni rahatsız ederse saçını tarar, güneş onu kavurmaya başladığında ise gölgeye sığınır" dedi. Fakat Ayyâş dinlemiyordu; Mekke'ye dönüp annesinin yeminini bozması gerektiğine inanıyordu. Aynı zamanda Mekke'de bıraktığı parasını da almak istiyordu. Fakat Ömer (r.a.)'den ayrıldıktan kısa bir süre sonra Ebû Cehil ve Hâris ona saldırdılar, ellerini ve ayaklarını bağlayıp şehre bir esir gibi getirdiler:"Ey Mekkeliler! Bizim kendi akılsızlarımıza yaptığımızı, siz de kendinizinkilere yapın" diye bağırdılar. Hişâm gibi Ayyâş da işkence sonucu İslâm'dan döndüğünü açıkladı; fakat ikisi için de bu son değildi. Kısa bir süre sonra bunun affedilmeyecek bir suç olduğunun farkına vardılar. Ömer de aynı fikirdeydi.

Fakat bir süre sonra şu âyet nazil oldu:

"De ki: Ey kendi aleyhlerinde olmak üzere ölçüyü taşıran kullarım! Allah'ın rahmetinden umut kesmeyin. Şüphesiz Allah bütün günahları bağışlar. Çünkü O,

bağışlayandır esirgeyendir. Azab size gelip çatmadan evvel, Rabbinize yönelip dönün ve O'na teslim olun. Sonra size yardım da edilmez". (Zümer: 53-54)

Ömer bu âyetleri bir kâğıda yazdı ve onları Hişâm'a göndermenin bir yolunu buldu. Hişâm şöyle dedi:"O yazı bana geldiğinde gözlerime iyice yaklaştırdım, sonra uzaklaştırdım, fakat "Allah'ım, onu anlamama yardım et" diyene kadar ne yazdığını anlayamadım. Daha sonra Allah onu benim kalbime yerleştirdi ve onu bizim söylediklerimiz ve bize söylenenler için nazil olduğunu anladım." Hişâm bu âyetleri Ayyâş'a gösterdi, ikisi de tekrar İslâm'a girdiler ve kaçmak için bir fırsat beklemeye başladılar.

BİR SUİKAST

[36]

Hişâm ve Ayyâş'ın İslâm'dan döndüklerini açıklamaları, sürekli akan göçleri durduramadığı için ezilen Kureyş'in kazandığı küçük bir zaferdi. Artık Mekke'deki büyük evlerden bazıları sahipsizdi; digerlerinde ise birkaç yaşlıdan başka kimse kalmamıştı. Sadece on yıl kadar önce, çok zengin ve ahenkli görünen şehri bir tek adam değiştirmişti. Fakat bu tür gelip geçici üzüntü ve eseflerin yanı sıra Mekkeliler, kuzeyde, dinleriyle çatışınca hiçbir akrabalık bağını tanımayan bu insanların toplandığı Yesrib'de, kendileri için büyük bir tehlikenin geliştiğinin farkındaydılar. Peygamber (s.a.v)'in: "Ey Kureyşliler, sizi yerle bir edeceğim" sözünü unutmuyor ve görünürde hiç korkulacak bir şey yokken korkuyorlardı. Gözlerini onun üzerinden hiç ayırmadıkları halde O, Yesrib'e kaçmanın bir yolunu bulmuş ve artık bu söz bir tehdit olmaktan çıkmıştı.

Peygamber (s.a.v)'in koruyucusu Mut'im'in ölmesi, meydanı onlara bıraktı; meydanı daha da temizlemek için, Kureyş liderleri mecliste toplandığında Ebû Leheb orada bulunmadı. Uzun tartışmalardan sonra, -bazılarının isteksiz olmasına rağmen- Ebû Cehil'in bu tehlikeyi kökten halletmek için öne sürdüğü plân kabul edildi. Her kabile, güçlü, güvenilir ve silahlandırılmış bir genç seçecek ve bu seçilen adamlar aynı anda Muhammed (s.a.v.)'e saldıracaklardı. Hepsi onun kanını akıtacak, böylece de hiçbir kabile tek başına cinayetten sorumlu tutulmayacaktı. Çünkü Beni Hâşim, bütün Kureyşli kabilelerle uğraşamazdı, onların öne sürdüğü diyeti de ödeyeceklerdi. Böylece bütün kabileler, yaşadığı sürece kendilerine rahat vermeyecek olan bu adamdan kurtulacaklardı.

Cebrâîl (a.s.), Peygamber (s.a.v.)'e gelmiş ve ne yapması gerektiğini söylemişti. Öğle vakti, ziyaret için uygun olmayan bir vakitte, Peygamber (s.a.v.) doğruca Ebû Bekir (r.a.)'in evine gitti. Ebû Bekir onu kapıda görür görmez önemli bir olay olduğunu anladı. Peygamber (s.a.v.) geldiğinde, Aişe ve ablası Esmâ babalarının yanındaydılar. Peygamber (s.a.v.): "Allah, bu şehirden ayrılıp, hicret etmem için izin verdi" dedi. Ebû Bekir :"Benimle mi?" diye sordu. "Evet, seninle" dedi Peygamber (s.a.v.). Aişe o zaman 7 yaşındaydı. Daha sonraları şöyle derdi: "O güne dek, Ebû Bekir'in bu sözleri duyduğunda ağladığı gibi, bir kişinin sevinçten ağlayabileceğini bilmiyordum."

Plânlarını yaptıktan sonra Peygamber (s.a.v.) evine döndü ve Ali (r.a.)'ye Yesrib'e gideceğini, onun kendisindeki emanetleri sahiplerine verinceye kadar Mekke'de kalması gerektiğini söyledi. Peygamber (s.a.v.)'e hâlâ "El-Emîn" deniyordu ve kâfirler bile hiç kimseye güvenmedikleri mallarını ona emanet ediyorlardı. Peygamber (s.a.v.), Ali'ye, Kureyşlilerin kendisine suikast hazırladıklarını Cebrâîl'in haber verdiğini de söyledi.

Onu öldürmek için seçilen genç adamlar, geceleyin onun evinin dışında buluşmak üzere sözleşmişlerdi. Fakat sayılarının tamamlanmasını beklerken evden kadın sesleri; Sevde, Ümmü Eymen, Ümmü Gülsüm ve Fâtıma'nın seslerini duydular. Bu, onların düşünmesine sebep oldu, içlerinden biri, eğer eve tırmanıp girerlerse, kadınların gizliliğine tecavüz ettikleri için tüm Arabistan'da kötü anılacaklarını söyledi. Bu yüzden kurbanlarının, her sabah adeti olduğu üzere dışarı çıkmasını beklemeye karar verdiler.

Peygamber (s.a.v.) ve Ali (r.a.) onların varlığından haberdardılar; Peygamber (s.a.v.) her zaman üstünde uyuduğu örtüyü Ali'ye verdi ve: "Benim yatağıma yat ve benim bu yeşil Hadrâmî örtüme bürün. Uyu, sana onlardan bir zarar gelmeyecek" dedi. Daha sonra 'Yâsîn' diye başlayan sûreyi okumaya başladı.

"Biz onların önlerinde bir sed, arkalarında da bir sed çektik. Böylelikle onları örtüverdik, artık görmezler"(Yâsîn: 9). âyetine gelince evden çıktı. Allah onların görmesini engelledi ve Peygamber (s.a.v.) aralarından geçti gitti. Karşı taraftan bir adam geliyordu. Peygamber (s.a.v.)'i fark etti. Biraz sonra Peygamber (s.a.v.)'in evinin yanından geçerken kapının önünde yığılan gençleri görünce, onlara Muhammed (s.a.v.)'i arıyorlarsa, onun evde olmadığını, kısa bir süre önce dışarı çıktığını söyledi. "Bu nasıl olur?" diye düşündüler. Suikastçılardan biri erken gelmiş ve arkadaşlarını beklerken Peygamber (s.a.v.)'in içeri girdiğini görmüştü. Hepsi, oradan kimsenin ayrılmadığından da emindiler. Fakat yine de şüpheye düştüler. İçlerinden biri Peygamber (s.a.v.)'in yattığı yeri biliyordu; pencereden baktı ve Peygamber (s.a.v.)'in örtüsüne sarınmış birinin uyuduğunu gördü. Arkadaşlarını Peygamber'in hâlâ orada olduğu konusuna ikna etti. Fakat şafak vakti Ali (r.a.) kalktı ve hâlâ örtüye sarılı bir halde dışarıya çıktı. Onun kim olduğunu görünce kandırılıklarından şüphelendiler. Biraz daha beklediler; geçen Safer ayından kalan ince hilâl doğudaki tepelere yükselmişti. Ve aydınlık çıktıkça rengi soluyordu. Hâlâ Peygamber (s.a.v.) 'den bir işaret yoktu;ani bir dürtüyle, her birinin olanları haber vermek için kendi kabilesine gitmesi gerektiğine karar verdiler.

HİCRET

[37]

O sırada Peygamber (s.a.v), Ebû Bekir (r.a.)'e gitti ve vakit kaybetmeden evin arka penceresinden eğerli halde bekleyen iki devenin yanına çıktılar. Peygamber (s.a.v.)birine bindi, diğerine de Ebû Bekir bindi. Oğlu Abdullah'ı ise arkasına bindirdi. Daha önceden plânladıkları şekilde, Yemen'e giden yol üzerinde ve güneyde olan Sevr dağındaki bir mağaraya doğru yöneldiler. Çünkü Mekke'de Peygamber (s.a.v.)'in yokluğu anlaşılır anlaşılmaz, tüm kuzey yollarına gözcüler ve takipçiler gönderileceğini biliyorlardı. Mekke'nin biraz dışına çıkınca Peygamber (s.a.v.) devesini durdurdu ve arkasına bakarak: "Allah'ın yeryüzünde, sen, bana ve Allah'a en sevgili yersin ve halkım beni senden çıkarmasaydı senden ayrılmazdım" dedi.

Ebû Bekir (r.a.)'in köle olarak aldığı, sonradan azâd ettiği çoban Amir İbn Fuheyre, sürüsüyle onların izlerini kapatmak için arkalarından geliyordu. Mağaraya vardıklarında Ebû Bekir, oğlunu develerle birlikte eve geri gönderdi ve ona ertesi gün Peygamber'in yokluğu fark edilince neler konuşulduğunu dinlemesini ve ertesi gece haber getirmesini söyledi. Amir, koyunlarını gündüz her zamanki gibi diğer çobanlarla otlatacak, akşam olduğunda ise Mekke ile Sevr arasında Abdullah'ın izlerini kapatmak için dolaştıracaktı.

Ertesi gece Abdullah ve kardeşi Esmâ mağaraya, onlara yemek getirdiler. Verdikleri haber şuydu: Muhammed (s.a.v.)'i yakalayıp getirene yüz deve ödül verilecekti. Atlılar Mekke'den Yesrib'e giden tüm yolları, ikisini de birlikte yakalamak için araştırıyorlardı. Ebû Bekir de yok olduğu için ikisinin beraber gittiğini tahmin ediyorlardı.

Fakat Abdullah'ın belki de bilmediği başka bir grup, onun Mekke dışındaki mağaralardan birinde olabileceğini düşünüyordu. Yanı sıra, çöl Arapları iyi iz sürerlerdi. Sıradan bir bedevi arkasından bir koyun sürüsü takip etse bile, küçük izler arasındaki büyük izleri fark ederek oradan iki veya üç deve geçtiğini bile anlayabilirdi. Kaçanların güneyde bir yerde olmaları muhtemel değildi; fakat bu kadar büyük bir ödül için her yol denenebilirdi ve Sevr'e giden yolda koyun izleri arasındaki deve izleri de fark edilebilirdi.

Üçüncü gün dağın sessizliğini, kaya güvercini olduklarını tahmin ettikleri iki kuşun kanat çırpışlarından ve ötmelerinden çıkan sesler bozdu. Kısa bir süre sonra derinden gelen, fakat sanki dağa tırmanan birileri varmış gibi gittikçe yükselen insan sesleri duydular. Fakat hava kararıncaya kadar Abdullah'ı beklemiyorlardı ve güneşin batmasına daha belli bir vakit vardı. Buna rağmen mağara normalden daha az ışıklıydı. Artık sesler uzaktan gelmiyordu, en azından beş veya altı adam gittikçe yaklaşıyordu. Peygamber (s.a.v.), Ebû Bekir'e baktı ve "Hüzne kapılma, elbette Allah bizimle beraberdir" dedi. (Tevbe: 40)

Daha sonra şunu ekledi: "Üçüncüleri Allah olan iki kişi" (B. LVII, 5) Artık yaklaşan ve duran ayak seslerini duyabiliyorlardı. Adamlar mağaranın dışındaydılar. Hepsi de kararlı bir şekilde mağaraya girmeye gerek olmadığını, çünkü orada kimsenin bulunamayacağını söylediler. Daha sonra geldikleri yoldan geri döndüler.

Uzaklaşan ayak sesleri duyulmaya başlayınca, Peygamber ve Ebû Bekir (r.a.) mağaranın ağzına geldiler. Önünde sabahleyin görmedikleri, hemen hemen girişin tümünü kapatan insan boyunda bir akasya ağacı vardı. Açık kalan yeri de bir örümcek, akasya ile mağaranın duvarı arasında ağ örerek kapatmıştı. Ağın içinden baktılar, mağaraya girerken adamın ayağını basacağı yere, kayanın çukuruna, bir kaya güvercini yuva yapmıştı ve altında yumurta varmış gibi oturuyordu. Erkek güvercin ise biraz yüksekteki kayaya tünemişti.

Abdullah ve kardeşinin sesini bekledikleri saatte duyunca, kendilerini koruyan ağı kibarca kaldırdılar ve güvercini ürkütmemeye çalışarak onları karşılamaya gittiler. Amir de onlarla birlikteydi, fakat bu kez sürüsü yoktu. Amir, Ebû Bekir'in yolculuk için seçtiği develeri emanet ettiği bedevîyi getirmişti. Bedevî henüz Müslüman olmamıştı, fakat sırlarını gizleyeceğine güvenilebilirdi. Bu adam onlara Yesrib'e sadece gerçek bir çöl adamının bilebileceği yollardan götürecekti. Bedevî onları iki dağ arasındaki vadide, yanında Ebû Bekir'in iki devesi ve kendi için aldığı bir deve ile birlikte bekliyordu. Ebû Bekir, ihtiyaçlarına yardım etmek üzere Amir'i arkasına bindirecekti. Mağaradan çıktılar ve düzlüğe indiler. Esmâ bir çanta dolusu yiyecek getirmişti, fakat ip getirmeyi unutmuştu. Bu yüzden kuşağını çıkardı, ikiye yırttı ve birini babasının semerine çantayı bağlamakta kullandı, diğerini de kendine ayırdı. Bu olaydan sonra ona " iki kuşaklı" adı verildi.

Ebû Bekir (r.a.), Peygamber (s.a.v.)'e develerin en iyisine binmesi için verdiğinde, O: "Ben benim olmayan deveyle gitmem" dedi. Ebû Bekir: "Fakat o senin, ey Allah'ın Rasûlü!" dedi. "Hayır" dedi Peygamber (s.a.v.): "Onun için kaç para ödedin?" Ebû Bekir söyledi; Peygamber (s.a.v.) "Deveyi o fiyattan alıyorum" dedi. Peygamber (s.a.v.) daha önce birçok kez ondan hediye kabul ettiği halde, bu özel bir durum olduğu için Ebû Bekir (r.a.) hediye etmekte ısrar etmedi. Bu durum Rasûl'ün hicretiydi, Allah rızası için yurdundan tüm bağlarını koparmasıydı. Bu nedenle hicret, yani yaptığı fedakârlık, sadece kendisinin olmalı ve başkalarıyla paylaşılmamalıydı. Bu olayın bir parçası olduğu için binek de kendisinin olmalıydı. Hicret ettiği sırada aldığı devenin adı Kesva' idi ve o günden sonra en sevdiği devesi olarak kaldı.

Rehberleri onları Mekke'den biraz doğuya, biraz güneye doğru götürdü, sonunda Kızıl Deniz'e ulaştılar. Yesrib, Mekke'nin kuzeyindeydi, fakat sadece o noktadan kuzeye yönelebilirlerdi. Sahil yolu kuzeybatıya gidiyordu. Birkaç gün bu yolu takip ettiler. İlk akşamlarından birinde, Nabi çölünde su ararken, Rebîu'l-evvel ayının hilâlini gördüler. Peygamber (s.a.v.) yeni Ay'ı görünce: "Ey iyilik ve rehberlik hilâli, imanım seni Yaratana'dır"[1] dedi.

Bir sabah, karşı taraftan küçük bir kervanın geldiğini görerek şaşırdılar ve korktular. Fakat onun, devesine yüklediği elbise ve diğer ticari eşyalarla Suriye'den dönen, Ebû Bekir'in kuzeni Talha olduğunu görünce, şaşkınlıkları sevince dönüştü. Talha, gelirken Yesrib'e uğramıştı, mallarını Mekke'de satar satmaz hemen geri dönmeyi düşünüyordu. Yesrib'de Peygamber (s.a.v.)'in gelişinin büyük bir merakla beklendiğini haber verdi ve veda etmeden önce onlara, zengin Kureyşlilere satmayı planladığı beyaz Suriye elbiseleri hediye etti.

Talha'yla karşılaştıktan kısa bir süre sonra kuzeye doğru yöneldiler, sahilin biraz içinden ilerleyerek kuzey doğuya döndüler; artık yönleri dosdoğru Yesrib'e dönüktü. Yolculuğun belli bir zamanında Peygamber (s.a.v.)'e vahiy geldi:

"Hiç şüphesiz, sana Kur'ân'ı farz kılan, seni dönülecek yere elbette döndürecektir" (Kasas: 85).

Mağaradan ayrılışlarının on ikinci günü, şafakta Akîk Ovası'na vardılar ve diğer taraftaki tepeye tırmandılar. Tepenin en yüksek yerine ulaşmadan önce güneş yükseldi ve sıcak artmaya başladı. Diğer günlerde sıcağın en yüksek dereceye ulaştığı zamanlarda dinleniyor, yolculuk etmiyorlardı. Fakat bu son tepeyi, durmadan aşmaya karar verdiler. Tepeye ulaşıp vadiyi gördüklerinde ise durmak istemediler. Peygamber (s.a.v.)'in rüyasında gördüğü "İki grup kara kaya yığını arasındaki suyu bol yer" önlerinde uzanıyordu. Koyu yeşil hurma bahçeleri ve açık yeşil bostanlar, bulundukları noktadan yürüyerek üç mil aşağıda gözler önüne serilmişti.

Yeşilliğin en yakın noktası, hicret edenlerin ilk durağı olan ve bazıları-

1. A. H. V, 329.

nın hâlâ orada bulunduğu Kuba idi. Peygamber (s.a.v.) rehbere :"Bizi Kuba'daki Beni Amr'a götür, şehre götürme" dedi. Vadinin en kalabalık yerleşim merkezi bu adla (şehir) tanınırdı. O zamandan sonra bu şehir tüm Arabistan'da ve her yerde el-Medîne, Medîne olarak anılmaya başlandı.

Günlerce önce, Mekke'de Peygamber (s.a.v.)'in kaybolduğu ve onu bulana ödül verileceği haberi vahaya ulaşmıştı. Kuba'lılar, onun gelme vakti geciktiği için her gün bekliyorlardı. Bu yüzden her sabah, namazdan sona Beni Amr'den birkaç adam, başka kabilelerden adamlarla ve Mekke'den hicret eden; fakat henüz Medîne'ye girmemiş olan muhâcirlerden bir kısmıyla yola çıkıyor ve onu arıyorlardı. Tarlaları, hurma bahçelerini geçip kayalık bölgeye varıyorlar ve sıcak bastırana dek yolu gözlüyorlar, daha sonra tekrar evlerine dönüyorlardı. O sabah da gitmişler, fakat dört yolcu kayalıklardan inmeye başladığında geri dönmüşlerdi. Artık gözler bekleyişle o yöne bakmıyordu; fakat Peygamber (s.a.v.) ve Ebû Bekir (r.a.)'in yeni, beyaz elbiseleri, arkasındakı mavimsi kaya zemininde daha da belirginleşerek, güneşten parlıyordu. O sırada evinin çatısında olan bir yahudi onları gördü. Onların kim olduğunu hemen anladı, çünkü Kuba'lı Yahudiler, komşularının neden her sabah şehrin dışına çıkıp bir şeyler araştırdığını sormuş ve nedenini öğrenmişlerdi. Bu yüzden yüksek sesle bağırdı: "Kayle'nin oğulları, o geldi, o geldi!" Çağrıyı duyan çocuk, kadın ve adamlar evlerinden fırladılar. Bir kez daha yeşillikten geçip kayalığa doğru gittiler. Fakat fazla ilerlemelerine gerek yoktu. Çünkü o zamana kadar yolcular ilk hurma bahçesinin yanına ulaşmıştı. O, her yönünüyle coşku dolu bir öğlen vaktiydi. Peygamber (s.a.v.) onlara şöyle hitap etti: "Ey insanlar, birbirinizi barışla selamlayın, açları doyurun; akrabalık bağlarına saygı gösterin, herkes uyurken namaz kılın. Böylece selâm içinde Cennet'e gireceksiniz."[2]

Peygamber (s.a.v.)'in daha önce Hamza (r.a.) ve Zeyd (r.a.)'i de misafir eden yaşlı bir Kuba'lı olan Gülsüm'ün evinde kalmasına karar verildi. Gülsüm'ün kabilesi olan Beni Amr, Evs'in bir koluna mensubdu. Bu yüzden, iki Yesrib'li kabilenin de misafirperverliği paylaşması için Ebû Bekir, Medîne'ye biraz daha yakın olan Sunh köyündeki bir Hazreclide kaldı. Bir veya iki gün sonra Ali (r.a.), Mekke'den geldi ve Peygamber (s.a.v.)'in kaldığı evde misafir oldu. Emanet edilen malları sahiplerine geri vermesi üç gününü almıştı.

Peygamber (s.a.v.)'i selâmlamaya pek çok kişi geliyordu. Bunların arasında iyi niyetten değil meraktan gelen Medîneli Yahudiler de vardı. Fakat üçüncü veya ikinci akşam, görünüşü diğerlerinden farklı olan ve ne Arab'a

---

2. I. S. I/ 1, 159.

ne de Yahudi'ye benzemeyen bir adam geldi. Adı Selmân olan bu adam, İsfahan'a yakın Ceyy köyünden, İranlı ateşe tapan bir ailenin çocuğuydu; fakat çok gençken Hıristiyan olmuş ve Suriye'ye gitmişti. Orada bir aziz rahibe bağlanmıştı; bu rahip ölüm döşeğinde ona kendisi gibi yaşlı fakat çok iyi bir adam olan Musul rahibine gitmesini söylemişti. Selmân Irak'ın kuzeyine doğru yola koyulmuştu. Bu onun için bir dizi yaşlı Hıristiyan rahibe bağlanmanın başlangıcını oluşturuyordu. Bu rahiplerin sonuncusu, yine ölüm döşeğinde, ona bir peygamberin gelmek üzere olduğunu söylemişti: "O, İbrahim'in dini ile gönderilecek ve Arabistan'da ortaya çıkacak, kendi yurdundan hicret edip iki kaya yığını arasındaki hurma ağaçlarıyla dolu ülkeye gidecek. Onun belirtileri şunlardır: Hediye kabul edecek, fakat sadaka olarak verileni almayacak; ve iki kürek kemiği arasında peygamberlik mührü olacaktır." Selmân, Peygamber (s.a.v.)'in memleketine gitmeye karar vermiş ve Kelb kabilesinden tüccarlara, kendisini Arabistan'a götürmeleri için ödemede bulunmuştu. Fakat Kızıl Deniz'in kuzeyindeki Akabe Körfezi'nin yakınında yer alan Vadi'l-Kura'ya geldiklerinde tüccarlar onu bir Yahudi'ye köle olarak satmışlardı. O, Vadi'l-Kura'daki hurma ağaçlarını görünce beklediği yerin burası olduğunu zannetmişti; fakat yine de şüphe içindeydi. Kısa bir süre sonra Yahudi onu, Medîne'deki Beni Kurayza kabilesinden olan kuzenine satmıştı. Selmân, Medîne'yi görür görmez, Peygamber (s.a.v.)'in hicret edeceği yerin burası olduğunu anlamıştı.

Selman'ın yeni sahibinin Kuba'da da bir kuzeni vardı; ve Peygamber (s.a.v.)'in vardığı haberini bu yahudi Medine'ye getirmişti. Yahudi kuzenini bir hurma ağacının altında oturur buldu, ağacın üstünde çalışan Selmân adamın şöyle dediğini duydu : "Allah, Kayle oğullarının belâsını versin! Onlar şimdi de Kuba'da Mekke'den gelen bir adamın etrafında toplandılar. Onun bir peygamber olduğuna inanıyorlar." Bu son sözler, Selmân'ın ümitlerinin gerçekleştiğini gösteriyordu. Selmân o kadar heyecanlanmıştı ki bütün vücudu titriyordu. Ağaçtan düşeceğinden korktu ve aşağı indi; Yahudi'ye peygamberle ilgili sorular sormaya başladı. Fakat sahibi ona kızdı ve ağaca çıkıp çalışmasını emretti. Selmân o akşam yanına biriktirdiği bir parça yiyeceği alarak kaçtı ve Kuba'ya gitti. Peygamber (s.a.v.) eski ve yeni sahabeleriyle oturuyordu. Selmân, onun peygamber olduğundan emindi; fakat yine de yaklaştı ve elindeki yiyeceği bir sadaka olarak verdiğini söyleyerek onlara uzattı. Peygamber (s.a.v.) arkadaşlarına yemelerini söyledi, fakat kendisi yemedi. Selmân bir gün peygamberlik mührünü görmeyi ümit ediyordu; fakat şimdilik Peygamber (s.a.v.)'i görmek ve söylediklerini duymak yeterliydi. Medîne'ye sevinç ve şükür içinde döndü

MEDÎNE'YE GİRİŞ

[38]

Peygamber, vahaya 27 Eylül (M.S) 622, Pazartesi günü ulaştı. Medînelilerin Peygamber (s.a.v.) Kuba'ya geldiği için sabırsızlandıkları haberi geldi. Bu yüzden Peygamber (s.a.v.) Kuba'da üç gün kaldı. Ve ayrılmadan önce İslâm'ın ilk camisinin temelini attı. Cuma sabahı Kuba'dan ayrıldı; o ve arkadaşları, onları bekleyen Hazrecli Beni Salim kabilesiyle namaz kılmak için Ranuna Ovası'nda durdular. Bu, o zamandan itibaren yurdu olacak olan ülkede ilk kılınan cuma namazıydı. Beni Neccâr'dan bir grup akrabası onu karşılamaya gelmişlerdi, bazı Kuba'lılar ise onu geçirmek için yola çıkmışlardı. Cuma namazını kılanların toplamı bunlarla birlikte yüzü buluyordu. Namazdan sonra Peygamber (s.a.v.) Kesva'ya bindi, Ebû Bekir (r.a.) ve diğer Kureyşliler de develerine bindiler ve Medîne'ye doğru yola çıktılar. Sağlarında ve sollarında, şeref koruyucuları olarak ve verdikleri koruma sözünün boş olmadığını göstermek istercesine Evs'li ve Hazrec'li adamlar kılıçlarını çekmiş bir şekilde ilerliyorlardı. Bu kadar çoşku dolu bir gün daha görmemişlerdi: "Allah'ın Rasûlü geldi! Allah'ın Rasûlü geldi!" müjdesi, yolu kaplayan kadınların, çocukların ve erkeklerin ağzında tekrarlanıyordu. Kesva, Medîne'nin güneyindeki hurma ağaçları ve bahçeler arasından geçerken adımlarını yavaşlattı. Evler henüz çok az ve birbirinden uzaktı; yavaş yavaş daha sık evlerin yeraldığı yerleşim bölgelerine yaklaştılar. Her evden şu daveti alıyordu: "Buraya buyur ey Allah'ın Rasûlü! Çünkü seni ve diğerlerini koruma gücüne sahibiz". Birçok kez adamlar, Kesva'nın ipini kendi evlerine doğru çektiler. Fakat Peygamber (s.a.v.) her seferinde onları selamlayarak "Bırakın istediği yere gitsin, çünkü O Allah'ın emrindedir" diyordu.

Bir noktada sanki deve, Peygamber (s.a.v.)'in en yakın akrabaları olan Hazrec'li Neccâr kabilesinin Adîy kolunun yaşadığı evlere doğru yöneldi. Fakat deve, Peygamber (s.a.v.)'in çocukken annesiyle birlikte kaldığı bu mahalleden, tüm çağrılara rağmen geçip gitti. Peygamber (s.a.v.) bu çağrılara da aynı cevabı verdi. Artık Neccâr'ın Beni Mâlik kolunun evlerine ulaşmışlardı. Birinci Akabe'den önce kendisine biat eden altı kişiden ikisi Es'ad ve Avf, bu kabileye mensuptu. Burada, Kesva yoldan döndü ve içinde hurma ağaçları ve bir yapının kalıntıları bulunan bir bahçeye yöneldi. Bahçenin bir ucu bir zamanlar mezarlık olarak kullanılmıştı. Hurmaları kurutmak için ayrılmış bir yer de vardı. Es'ad'ın mescid olarak çitle çevirdiği yere doğru ilerledi ve onun önünde çöktü. Peygamber (s.a.v.) onun yularını bıraktı, fakat inmedi; deve bir dakika sonra kalktı ve tembelce yürümeye başladı. Fakat fazla uzaklaşmadı, geri döndü ve daha önce çöktüğü yere gitti. Tekrar çöktü ve bu kez ayaklarını öne doğru yaydı. Peygamber (s.a.v.) indi ve : "İnşallah bu evimdir" dedi.[1]

Daha sonra bu bahçenin sahibinin kim olduğunu sordu. Avf'ın kardeşi Mu'âz, oranın Sehl ve Süheyl adında iki yetime ait olduğunu söyledi. Çocuklar Es'ad'ın velâyeti altındaydılar. Peygamber (s.a.v.) onları getirmelerini istedi. Fakat çocuklar zaten oradaydılar ve hemen yanına gittiler. Peygamber (s.a.v.) onlara, bahçeyi kendisine satıp satmayacaklarını ve satarlarsa ne kadar fiyat koyacaklarını sordu. Onlar: "Hayır ey Allah'ın Rasûlü, onu sana veriyoruz" dediler. Peygamber (s.a.v.) bunu kabul etmedi ve Es'ad'ın yardımıyla bir fiyat belirledi. Bu sırada, yakında oturan Ebû Eyyûb Hâlid (r.a.), devenin yükünü çözmüş ve evine götürmüştü. Kabileden diğerleri de gelip Peygamber (s.a.v.)'e kendilerine misafir olaması için yalvardılar; fakat Peygamber (s.a.v.) onlara: "Bir adam yüküyle beraber olmalı" cevabını verdi. Ebû Eyyûb (r.a.) kendi kabilesinden ikinci Akabe'de ilk biat eden adamdı. Ebû Eyyûb (r.a.) karısı ile birlikte evinin üst katına taşındı ve alt katı Peygamber (s.a.v.)'e bıraktı. Es'ad da Kesva'yı çok yakın olan kendi bahçesine götürdü.

---

1. B. LXIII.

AHENK VE UYUŞMAZLIK

[39]

Peygamber (s.a.v.) yeni aldığı bahçeye bir cami yapılmasını istedi. Kuba'daki gibi hemen yapıma başladılar. Binanın çoğunu kerpiç briketlerden yaptılar; fakat kuzeydeki duvarın, yani Kudüs'e yönelik olan duvarın ortasındaki mihrabın iki tarafına taş koydular. Bahçedeki hurmaları kestiler ve kerestelerini, hurma dallarından oluşan çatıya destek yapmakta kullandılar. Bahçenin hepsinin üstünü kapatmadılar, büyük bir kısmı çatısızdı.

Peygamber (s.a.v.) Medîneli Müslümanlara yardımcılar anlamına gelen *ensâr*, kendi yurdunu bırakıp vadiye göç eden Kureyşlilere ve diğer kabilelerden Müslümanlara da, göç edenler anlamına gelen *muhâcir* adını verdi. Peygamber (s.a.v.) de dahil hepsi inşaatta çalıştılar. Çalıştıkları sırada sürekli şu beyiti tekrarlıyorlardı:

"Allah'ım, âhiret gününden başka iyi gün yoktur.
Ensâr ve muhâcirîne yardım et!",

Veya

"Âhiret yurdundan başka gerçek hayat yoktur.
Allah'ım, ensar ve muhâcirîne merhamet et!"

Bu iki grubun bir üçüncü ile güçlendirileceği ümit ediliyordu. Sonunda Peygamber (s.a.v.), Yahudilerle Müslümanlar arasında, iki grubu bir toplum haline getiren, fakat dinlerinde serbest bırakan karşılıklı bir anlaşma imzaladı. Müslümanlar ve Yahudiler eşit statülere sahip olacaklardı. Eğer bir Yahudi'ye zarar verilirse, ona hem Müslümanlar hem de Yahudiler yardım edecekti. Aynı durum bir Müslüman için de söz konusuydu. Putperestlere karşı bir tek topluluk olarak savaşacaklar ve ne Müslümanlar ne de Yahudiler birbirlerinden ayrı barış yapamayacaklardı. Eğer görüş farklılıkları, tartışmalar, anlaşmazlıklar ortaya çıkarsa, bu mesele Rasûlullah (s.a.v.) aracılığıyla Allah'a götürülecekti. Bununla birlikte, anlaşma metninde, Muhammed (s.a.v.)'e hep Allah'ın Rasûlü olarak değinilmesine rağmen, Yahudilerin normal olarak onun Allah'ın elçisi olduğunu kabul etmek zorunda olduklarını ifade eden bir madde yoktu.

Yahudiler bu anlaşmayı politik nedenlerden ötürü kabul etmişlerdi. Peygamber (s.a.v.) Medîne'nin en güçlü adamı olmuştu ve gücü daha da artacağa benziyordu. Kabul etmekten başka seçenekleri yoktu; fakat yine de aralarından çok azı Allah'ın Yahudi olmayan bir peygamber göndereceğine inanıyordu. İlk önceleri dışa karşı samimi görünüyorlardı. Buna rağmen kendi seçilmiş topluluklarının üstün olduğu inancındaydılar ve bu konuyu kendi aralarında konuşuyorlardı. Yeni dine karşı, şüpheli tavırlarını gizli tutmalarına rağmen, bu tavrı vahyin ilâhî kaynağından şüphe duyan Araplarla paylaşmaya hazırdılar.

İslâm, Evs ve Hazrec kabilelerinde hızla yayılmaya devam etti. Bazı mü'minler artık vadiye, Yahudilerin de anlaşmaya katılmasıyla ahenkli bir bütün olarak bakıyorlardı. Fakat vahiy onları gizli uyuşmazlık ve ihanetlere karşı uyarmaya başladı. Bu sıralarda, Kur'ân'ın en uzun sûresi olan ve Fâtiha'dan sonra ikinci sırayı alan Bakara Sûresi indirilmeye başlandı. Sûre doğru yolda olanların tanımlanmasıyla başlıyordu:

"Elif, Lâm, Mîm. Bu kendisinde şüphe olmayan, muttakîler (Allah'tan korkup sakınanlar) için de kılavuz olan bir kitaptır. Ki onlar, gayba inanırlar, namazı dosdoğru kılarlar ve kendilerine rızık olarak verdiklerimizden, infak ederler. Ve (yine) onlar, sana indirilene, senden önce indirilenlere iman ederler ve âhirete de kesin bilgiyle inanırlar. İşte bunlar, Rablerinden olan bir hidayet üzeredirler ve kurtuluşa erenler de bunlardır". (Bakara: 2-5).

Bunun arkasından Hakk'a karşı kör ve sağır olan müşrikleri tanımladıktan sonra üçüncü bir grup insandan bahsediliyordu:

"İnsanlardan öyleleri vardır ki: 'Biz Allah'a ve âhiret gününe iman ettik' derler, oysa onlar inanmış değildirler..... İman edenlerle karşılaştıkları zaman: 'İman ettik' derler. Şeytanlarıyla baş başa kaldıklarında ise, derler ki: Kuşku yok, sizinle beraberiz. Biz (onlarla) yalnızca alay edicileriz." (Bakara: 8, 14).

Bunlar Evs ve Hazrec'ten çeşitli samimiyetsizlik derecesinde şüpheciler, kararsızlar ve ikiyüzlüler (münâfıklar) idi. Onların şeytanları ise, onlardaki bu şüphe tohumunu sürekli besleyen inkârcılardı. Peygamber (s.a.v.) burada Mekke'de hiçbir zaman karşılaşmadığı bir olaya karşı uyarılıyordu. Orada Müslüman olanların samimiyetinden hiçbir zaman şüphe edilemezdi. Yeni dine girmelerinin sebebi sadece inanmaları ve samimiyetleriydi; çünkü yeni dine giriş dünyevî hayatla ilgili insana bir şeyler kazandırmıyor, belki de kayıplara uğratıyordu. Fakat şimdi, Medîne'de yeni dine girmenin sağlayacağı dünyevî yararlar vardı, hem de bu yararlar sürekli artış yolundaydı. Müslüman safları arasında hiçbir ikiyüzlünün bulunmadığı o günler artık geride kalmıştı.

Âyette değinilen şeytanlardan bazıları Yahudilerdi. Yine aynı sûrede şöyle deniyordu:

"Kitap ehlinden çoğu, kendilerine gerçek (hak) apaçık belli olduktan sonra, nefislerini (kuşatan) kıskançlıktan dolayı, imanınızdan sonra sizi küfre döndürmek arzusunu duydular." (Bakara: 109).

Yahudiler Peygamber (s.a.v.)'in gelişini ruhî ve manevî aydınlanma için değil, Yesrib'de daha önce sahip oldukları üstünlüğü tekrar ele geçirmek için sabırsızlıkla bekliyorlardı. Fakat onların ümitlerinin tersine, gelen peygamber, İshak'ın değil, İsmail'in soyundandı. Bir Allah'a inanan bu peygamberin başarıları, ilâhî kaynaktan destek gördüğünü gösterecek şekilde çoğalıyordu. Yahudiler, onun gerçekten hak Peygamber olmasından korktular ve bu yüzden, O'nun gönderildiği topluluğa karşı kıskançlık duymaya başladılar. Bununla birlikte yine de onun gerçek peygamber olmadığına kendi kendilerini ikna ediyorlar ve başkalarına da onun semavî bir elçinin özelliklerini taşımadığını söylüyorlardı: "Muhammed (s.a.v.) kendisine gökten haber indirildiğini iddia ediyor, halbuki O daha devesinin nerede olduğunu bilmiyor." Peygamber (s.a.v.)'nin devesinin kaybolduğu bir gün bir Yahudi böyle demişti. Peygamber (s.a.v.) bunu duyunca şöyle dedi: "Ben ancak Allah'ın bana bildirdiklerini bilirim. Şimdi O, bana gösterdi: deve size, söylediğim gibi yuları ağaca bağlı duruyor."[1] Ensâr'dan bir grup adam gittiler ve deveyi onun söylediği yerde buldular.

Yahudilerin çoğu ilk önceleri vadide iç savaşın sona ermesine neden olan bu birliğe sevinmişlerdi. Fakat vadide çatışma olmasından onların daha büyük çıkarları oluyordu. Araplararası bir çatışma, Arap olmayanların değerini artırıyordu; çünkü onlara müttefik olarak ihtiyaç duyuluyordu. Evs'le Hazrec'in birleşmesi, bir taraftan Yesrib Araplarına büyük bir güç vermiş, diğer taraftan bu tür müttefiklere duyulan ihtiyacı da ortadan kaldırmıştı. Anlaşmaya giren Yahudilerin de bu güçten payları olacaktı. Fakat bu, aynı zamanda, vadi dışındaki Araplara karşı açılan savaşta onlara zorunluluklar yükleyen bir anlaşma idi. Henüz denemedikleri bu yeni yaşamda onlar için daha başka tehlikeler de ortaya çıkarabilirdi. Oysa eski yaşamlarına alışmışlardı, bu yüzden çoğu tekrar eski yaşamlarına dönmek istediler. Benî Kaynuka'lı, Evs'le Hazrec arasındaki anlaşmazlığı körüklemede usta bir politikacı olan yaşlı bir Yahudi, bu iki kabilenin birleşmesine çok kızmıştı. Bu yüzden sesi güzel olan bir gence, Ensâr toplu halde otururken, yanlarına gidip bir önceki iç savaştan (Buas) önce ve sonra, iki tarafın karşılıklı birbirlerini suçlama ve aşağılama için yazdığı şiirlerden bö-

1. I. I. 386.

lümler okumasını söyledi. Genç söylenenleri aynen yaptı ve orada bulunanların hepsini geçmişe götüren, büyük bir ilgi topladı. Evs'liler kendi şiirlerini, Hazrec'liler de kendi şiirlerini alkışladılar; daha sonra bu iki taraf da birbirine bağırmaya, hakaret etmeye başladı. Sonunda: "Silahlanın! Silahlanın!" sesleri yükseldi. Kayalıklara gidip tekrar savaşmak için yola çıktılar. Bu haberler Peygamber (s.a.v.)'e ulaştığında Peygamber (s.a.v.) bütün muhâcirleri topladı ve aceleyle çatışma yerine gitti: "Ey Müslümanlar!" dedi ve sonra iki kez : "Allah, Allah!" dedi. "Câhiliye devrindeki gibi mi davranacaksınız?" diye devam etti; "Aranızda olmama, Allah'ın sizi doğru yola ulaştırıp şereflendirmiş, böylece sizi putperest adetlerden, küfürden korumuş ve kalblerinizi birleştirmiş olmasına rağmen hâlâ bunu mu yapıyorsunuz?" Ensâr, hata ettiklerini ve yoldan çıktıklarını kabul etti. Ağlayarak birbirleriyle kucaklaştılar ve Peygamber (s.a.v.)'le birlikte, onun sözlerini dinlemek ve itaat etmek üzere Medîne'ye döndüler.[2]

Mü'minler topluluğunu daha çok birbirine bağlamak istediği için Peygamber (s.a.v.), ensâr ile muhâcirler arasında kardeşlik kurumunu ortaya koydu. Böylece ensâr'dan her biri, kendisine diğer ensâr'ın tümünden daha yakın bir muhâcir kardeşe, muhâcirlerden her biri de kendisine diğer muhâcirlerin tümünden daha yakın bir ensâr kardeşe sahip oluyordu. Fakat Peygamber (s.a.v.) kendisini ve ailesini bundan ayrı tuttu; çünkü ensâr'dan birini diğerine tercih edip kendisine kardeş seçmek çok zor bir işti. Bu yüzden Ali (r.a.)'nin elini tuttu ve "Bu benim kardeşimdir" dedi. Hamza (r.a.) ile de Zeyd (r.a.)'i kardeş yaptı.

İslâm'ın en büyük düşmanlarından ikisi, babaları tarafından biri Hazrec'li biri Evs'li, anne tarafından ise kuzen olan ve kabilelerinde büyük nüfuza sahip olan iki adamdı. Evs'li Ebû Amir'e, tüy bir elbise giydiği ve ara sıra inzivaya çekildiği için bazan "Rahip" derlerdi. Ebû Amir, İbrahim'in dinine bağlı olduğunu söylerdi; bu şekilde Yesribliler arasında prestij ve dinî otorite kazanmıştı. Peygamber (s.a.v.) Medîne'ye geldiğinde, Ebû Amir ona gitmiş ve yeni dinle ilgili sorular sormuştu. Peygamber (s.a.v.) ona bu vahyin, İbrahim'in dininin devamı olduğunu anlatan bir âyetle cevap verdi. Ebû Amir: "Fakat ben o dine bağlıyım" dedi ve inkârda direnerek, Peygamber (s.a.v.)'i İbrahim'in dinini yalanladığını ve bozduğunu iddia ederek suçladı. Peygamber (s.a.v.): "Hayır, ben onu bozmadım, temiz ve pak olarak getirdim" dedi. Ebû Amir: "Allah yalancıyı yalnız bir sürgün olarak öldürsün" dedi. Buna karşı Peygamber (s.a.v.) şu cevabı verdi: "Öyle olsun! Allah O söylediğini yalancının üzerine döndürsün."[3]

---

2. Bakara 135.
3. I. I. 411-12

Ebû Amir daha sonra otoritesinin gittikçe azaldığını fark etti. Oğlu Hanzele'nin de Müslüman olup, Peygamber (s.a.v.)'e bağlanmasıyla prestiji daha da azaldı. Bundan kısa bir süre sonra, zaten çok az olan -on kişi-adamlarını toplayıp Mekke'ye gitti. Bu onun kendi kendine uyguladığı sürgünün başlangıcıydı.

Onun kuzeni olan Hazrec'li Abdullah İbn Übey de, Peygamber (s.a.v.)'in gelişine sevinmemişti. Onun gelişiyle Abdulah İbn Übey'in politik otoritesi sarsıldı; oğlu Abdullah ve kızı Cemîle'nin de Peygamber (s.a.v.)'e tabi olduğunu görünce daha çok sinirlendi. Fakat Ebû Amir'in aksine İbn Übey, yeni gelen adamın etkisinin er geç söneceğini düşünerek bekliyordu. O sırada uyguladığı politika karşı çıkmamakta, fakat bazen buna rağmen duygularını ele veriyordu.

Hazrec'in ileri gelenlerinden biri olan Sa'd İbn Muâz (r.a.)'ın hastalanması üzerine Peygamber (s.a.v.) onu ziyarete gitmişti. Vadideki bütün zengin adamlar evlerini kale şeklinde yaparlardı. Peygamber (s.a.v.) Sa'd'ı ziyarete giderken, bahçe duvarının önünde çevresinde diğer Hazreclilerle oturan Abdullah İbn Übey'in evinin (Muzahem) önünden geçiyordu. Bahçe duvarının dışında bineğinden indi ve ona selam verdikten sonra aralarında biraz oturup onlara Kur'ân okumak ve İslâm'ı anlatmak istedi; fakat tam anlatmaya başlayacağı sırada Abdullah İbn Übey O'na döndü ve şöyle dedi: "Senin anlatacakların gerçekse, hiçbir şey onlardan daha iyi olamaz. O halde evde, kendi evinde otur. Sana gelenlere anlat. Fakat sana gelmeyeni konuşmalarınla rahatsız etme ve istemediği halde topluluğuna girme." "Hayır", dedi bir ses, "Bize onu anlat, topluluklarımıza, mahallelerimize ve evlerimize gir. Çünkü biz onu seviyoruz, Allah bize merhamet etti ve bizi doğru yola ulaştırdı." Konuşan Abdullah İbn Übey'in her zaman için kendisine güvenebileceğini düşündüğü bir adam olan Abdullah İbn Revâha idi. Hayal kırıklığına uğrayan lider (İbn Übey), suratını asarak arkadaşları tarafından terk edilen bir adamın yenilmeye mahkûm olduğunu anlatan bir beyit okudu. Artık karşı koymanın anlamsız olduğunu anlamıştı. Peygamber (s.a.v.) ise, Abdullah'ın tamir edici çabalarına rağmen çok üzgün bir şekilde yoluna devam etti. Hasta adamın evine vardığında reddedilmenin üzüntü izleri hâlâ yüzünden okunuyordu. Sa'd hemen onu üzen meselenin ne olduğunu sordu. Peygamber (s.a.v.) Abdullah İbn Übey'in küfrünün üzülmesine sebep olduğunu söylediğinde Sa'd: "Ey Allah'ın Rasûlü! Ona nazik davran; çünkü Allah seni bize verene dek biz ona taç giydirip, onu kral yapmayı tasarlıyorduk. Şimdi o kendi krallığını senin çaldığını sanıyor" dedi.

Peygamber (s.a.v.) bu sözleri hiç unutmadı. İbn Übey'e gelince; o, bir zamanlar çok büyük olan prestijinin gün geçtikçe azaldığını ve İslâm'a girmezse tamamen yok olacağını anladı. Diğer taraftan İslâm'ı sözde kabul etmiş görünmesi onun otoritesini güçlendirirdi; çünkü Araplar, büyük bir sebep olmadıkça eski anlaşma bağlarını koparmazlardı. Bu yüzden kısa bir süre sonra İslâm'a girdi. Normal olarak Peygamber (s.a.v.)'e biat etmesine ve namazlara devam etmesine rağmen, mü'minler ondan hiçbir zaman emin olmadılar. Şüphe duydukları başka kişiler de vardı; fakat İbn Übey farklı biriydi. Onun etkisiyle samimi olmaksızın yeni dine girdiğini açıklayan grup gittikçe artıyor, bu da onun tehlikesini artırıyordu.

Mescidin henüz yapım halinde olduğu ilk aylardan birinde cemâat büyük bir kayıpla karşılaştı: Vadide Peygamber (s.a.v.)'e ilk biat eden kişi olan Es'ad ölmüştü. O iki Akabe biatı arasında Mus'ab'a ev sahipliği yapmıştı. Peygamber (s.a.v.) şöyle dedi: "Yahudiler ve Araplardan ikiyüzlüler benim hakkımda şöyle diyecekler: 'Eğer o gerçekten peygamber olsaydı arkadaşı ölmezdi.' Halbuki ben Allah'ın isteği dışında ne kendim, ne de arkadaşım için bir şey dileyemem."

Belki de Esad'ın cenaze töreninde Selmân'la Peygamber (s.a.v.) ikinci defa karşılaştılar; çünkü sonraki yıllarda Selmân bu olayı şöyle anlatıyor: "Allah'ın Rasûlü, Bakî el-Garkad'da[4] iken yanına gittim; orada bir arkadaşının tabutu başındaydı." Selmân Peygamber (s.a.v.)'in oraya geleceğini biliyordu, bu yüzden zamanında oraya ulaşabilmek için işini bıraktı ve Peygamber (s.a.v.)'i ensâr ve muhâcirlerden bir grupla oturur buldu. "Onu selâmladım" dedi Selmân. "Daha sonra peygamberlik mührünü görme ümidiyle arkasına dolandım. Benim isteğimi anladı. Cübbesini sıyırarak sırtını açtı. Hocamın bana anlattığı şekilde mührü gördüm. Eğildim, mührü öptüm ve ağladım. Sonra Peygamber (s.a.v.) bana yanına gelmemi söyledi. Önüne oturdum ve başımdan geçenleri anlattım. Hikâyemi arkadaşlarının da dinlemesini istedi. Daha sonra Müslüman oldum.[5]" Selmân bir köle olduğu için Beni Kurayzalılar arasında yaşıyor ve çok sıkı çalıştırılıyordu. Bu yüzden, bu olaydan sonraki dört yıl boyunca Müslümanlarla çok az beraber olabildi.

Ehli Kitap'tan İslâm'a giren diğer bir adam da, Benî Kaynuka'nın dinî lideri Hüseyin İbn Selâm idi. İbn Selâm (r.a.) gizlice Peygamber (s.a.v.)'e gelmiş ve biat etmişti. Bunun üzerine Peygamber (s.a.v.) ona Abdullah ismini vermişti. Abdullah, halkının kendisinin Müslüman olduğunu duymadan önce, onlara kendi konumu hakkında sorular sorulmasını önerdi. Peygamber (s.a.v.) onun evine gitti ve Beni Kaynuka'nın ileri gelenlerini eve

4. Medîne'nin güneydoğu köşesindeki mezarlık.
5. 5I. I. 141; I. S. IV, 56.

çağırdı. Onlara İbn Selâm'ın onlar arasındaki konumunu sordu. Beni Kaynukalılar: "O bizim başkanımız ve başkanımızın oğlu; o bizim hahamımız ve en bilgili adamımızdır" diye cevap verdiler. Abdullah ortaya çıktı ve onlara: "Ey Yahudiler, Allah'tan korkun ve O'nun size gönderdiği şeyi kabul edin. Çünkü siz bu adamın Allah'ın rasûlü olduğunu biliyorsunuz" dedi. Daha sonra kendisinin ve ailesinin Müslüman olduğunu açıkladı. Bunun üzerine halk, onun, daha önce tasdikledikleri konumunu reddettiler.

İslâm, artık vahada tüm teşkilâtıyla yerleşmişti. Vahiy, zekât vermeyi, Ramazan ayında oruç tutmayı farz kılmış, helâller ve haramları belirlemişti. Günde beş vakit namaz cemaatle kılınıyordu. Her namaz vakti Müslümanlar yaptıkları mescidin önünde toplanıyorlardı. Herkes namaz vaktini gökte güneşin konumuna, onun doğu ufkundaki ilk ışıklarına veya batıda güneşin batış şekline göre belirliyordu. Fakat kişiler farklı farklı vakitler belirleyebiliyordu. Bu yüzden Peygamber (s.a.v.), namaz vakti geldiğinde Müslümanları namaza çağıracak bir alete ihtiyaç duydu. İlk anda aklına Yahudilerin borusu gibi öttürecek bir adam tayin etmek geldi. Sonradan fikrini değiştirdi ve o zamanki Hıristiyanların kullandığı *nakus* adı verilen tahta çan kullanmaya karar verdi. Fakat bu iki aleti de hiçbir zaman kullanmadılar. Çünkü, İkinci Akabe'de biat eden bir Hazrec'li olan Abdullah İbn Zeyd (r.a.), bir rüya görmüş ve onu ertesi gün Peygamber (s.a.v.)'e anlatmıştı: "Üstünde iki parça kumaştan yeşil elbiseli bir adam yanımdan geçti, elinde bir nakus vardı. Ben : "Ey Allah'ın kulu, o nakus bana satar mısın?" dedim. 'Onunla ne yapacaksın?' diye sordu. 'Onunla insanları namaza çağıracağız?' dedim. 'Sana bundan daha iyi bir yol göstereyim mi?' Ben: "Nedir o yol?" diye sordum. Adam: "Allahu Ekber, Allah Büyüktür, demelisin" dedi. Ve bu ibareyi dört kez tekrarladı. Sonra ikişer kere de aşağıdakileri okudu: "Allah'tan başka ilâh olmadığına şehadet ederim. Muhammed'in Allah'ın rasûlü olduğuna şehadet ederim, Haydi namaza, haydi kurtuluşa! Allah Büyüktür'. Daha sonra bir kez, "Allah'tan başka ilâh yoktur" dedi".

Peygamber (s.a.v.) bunun hak bir rüya olduğunu söyledi. Abdullah İbn Zeyd (r.a.)'den sesi çok güzel olan Bilâl (r.a.)'e rüyasında duyduğu sözlerin aynısını öğretmesini istedi. Camiye yakın en yüksek evlerden biri Neccâr kabilesinden bir kadına aitti. Bilâl (r.a.) oraya her gün şafaktan önce gelir ve şafağın ilk ışıklarını beklerdi. Doğuda ilk solgun ışığı gördüğünde ellerini yukarı kaldırır ve şöyle dua ederdi: Allah'ım, Sana hamdediyorum ve Kureyş'in Müslüman olması için senden onlara yardım etmeni istiyorum. Daha sonra ayağa kalkar ve ezan okurdu.

YENİ YUVA

[40]

Cami'in bitirilmesine yakın Peygamber (s.a.v.), caminin doğu duvarına bitişik iki oda yapılması için emir verdi. Biri hanımı Sevde (r.a.), diğeri de nişanlısı Âişe (r.a.) içindi. Binanın yapımı toplam yedi ay sürmüştü; Peygamber (s.a.v.) bu süre içinde Ebû Eyyûb (r.a.)'un evinde kaldı. Sevde'nin evi bitmek üzere iken, Zeyd (r.a.)'i, zevcesi Sevde'yi, kızları Ümmü Gülsüm (r.a.) ve Fâtıma (r.a.)'yı Medîne'ye getirmesi için Mekke'ye gönderdi. Ebû Bekir (r.a.) de oğlu Abdullah'a, Ümmü Rûmân, Esmâ ve Âişe'yi getirmesi için haber gönderdi. Zeyd kendi karısı Ümmü Eymen ve küçük oğulları Üsâme'yi de beraberinde getirdi. Talha tüm taşınabilir mallarını elden çıkarmıştı, bu yüzden o da Zeyd'le beraber Medîne'ye geldi; henüz yeni hicret ediyordu. Bu grubun gelişinden kısa bir süre sonra Ebû Bekir (r.a.) kızı Esmâ'yı annesi Safiye ile birlikte birkaç aydan beri Medîne'de olan Zübeyr'le evlendirdi. Ebû Bekir'in kız kardeşi Kureybe, yaşlı ve kör olan babaları Ebû Kuhâfe'ye bakmak için Mekke'de kalmıştı. Kureybe'nin aksine, babası henüz Müslüman olmamıştı.

Peygamber (s.a.v.), Zeyd'in Ümmü Eymen (r.a.)'den başka, kendi yaşında ikinci bir eş almasını uygun gördü ve Cahş'ın oğlu Abdullah'tan güzel kız kardeşi Zeyneb'i istedi. İlk önceleri Zeyneb isteksizdi, bunun için bir sürü geçerli nedeni de vardı. Zeyneb bir Kureyş'liydi. Fakat bu sebebi öne sürmesi inandırıcı olmadı. İki taraftan da saf Kureyşli olan annesi Umeyme, Esed'li bir adamla evlenmişti. Zeyd'in Kureyş kabilesine evlat edinildiği hesaba katılmazsa, onun ailesinin kabileleri olan Beni Kelb ve Beni Tayy, Benî Esed'e göre daha aşağı bir statüdeydi. Zeyneb, Zeyd'le evlenmesini Peygamber (s.a.v.)'in istediğini anlayınca, razı oldu ve evlilik meydana geldi. O sıralarda kardeşi Hamne de Mus'ab'la evlenmişti. Bundan kısa bir süre sonra Zeyneb'in annesi Umeyme, Medîne'ye geldi ve Peygamber (s.a.v.)'e biat etti.

Peygamber (s.a.v.) ve kızları, Sevde ile birlikte yeni yapılan evde oturmaya başladılar. Bundan bir ya da iki ay sonra Âişe'nin de artık evlenmesi gerektiği kararına vardılar. O sıralarda Âişe (r.a.), güzelliği göze çarpan dokuz yaşlarında bir çocuktu. Güzelliği anne ve babasından kaynaklanıyordu. Kureyşliler babasına, yüzü güzel olduğu için Atîk derlerdi.[1] Annesi hakkında ise Peygamber (s.a.v.) şöyle derdi: "Kim Cennet'teki iri gözlü hûrî kızlarını görmek isterse, Ümmü Rûmân (r.a.)'a baksın."[2] Peygamber (s.a.v.) uzun süreden beri Âişe'ye çok yakındı. Âişe (r.a.), Peygamber (s.a.v.)'le ba-

1. I. H. 161.
2. I. S. VII, 202.

basının Medîne'ye hicret edip, kendisinin annesi ile birlikte Mekke'de kaldığı birkaç ay dışında, O'nu her gün görmeye alışmıştı. Küçük yaşından beri Âişe, anne ve babasının Muhammed (s.a.v.)'e hiç kimseye göstermedikleri sevgi ve saygıyı gösterdiklerini fark ediyordu. Ona bunun nedenleri de anlatılmıştı: O, Allah'ın Rasûlü idi, düzenli olarak Cebrâîl'le ilişki içindeydi ve O, semâya yükselip tekrar yeryüzüne döndüğü için insanlar arasında seçkin bir adamdı. O'nun görünüşü bile bu yükselişi gösteriyor ve sanki Cennet zevklerinden bir şeyler iletiyordu. Onun mucize dokunuşunda bu zevk elle tutulur hale geliyordu. Herkes sıcaktan bayılırken onun elleri "kardan daha serin ve miskten daha güzel kokulu"[3] oluyordu. Bunun yanı sıra O, sanki ölümsüzmüş gibi yaşını göstermezdi. Gözleri parlaklığından bir şey kaybetmemişti. Siyah saçları ve sakalı hâlâ gençliğin izini taşıyordu. Bedeni ise, Fil Yılı'ndan sonra geçen elli üç yılın sadece yarısını yaşamış bir adam olduğunu gösterecek kadar zinde görünüyordu.

Düğün için birtakım hazırlıklar yapıldı. Fakat bunlar, Âişe'ye eşsiz ve büyük bir an yaşadığını hissettirecek denli büyük değildi. Evden ayrılmasından kısa bir süre önce Âişe bahçeye kaçmış ve bir arkadaşıyla oynamaya dalmıştı. Kendisi bu olayı şöyle anlatıyor: "Bir tahteravallinin üzerinde oynuyordum, uzun saçlarım darmadağınık olmuştu. Geldiler, beni alıp götürdüler ve hazırladılar."[4]

Ebû Bekir (r.a.), Bahreyn'den kırmızı, ince çizgili bir kumaş almıştı. Bundan Âişe (r.a.)'ye düğün elbisesi diktiler. Bu elbiseyi giydirdiler; annesi onu elinden tutup, dışında Ensâr'dan bazı kadınların beklediği yeni evine götürdü. Onu şöyle selamladılar: "Mutluluk ve iyilik dileğiyle her şey iyi olsun." Daha sonra onu Peygamber (s.a.v.)'in yanına götürdüler. Kadınlar onun saçlarını tarayıp, takılarla süslerken, Peygamber (s.a.v.) ayakta onları gülümseyerek seyretti. Diğer düğünlerinin aksine bu düğünde yemek vermedi. Tören mümkün olduğu kadar sadeydi. Bir kâse süt getirilmişti. Peygamber (s.a.v.) kendisi içtikten sonra kâseyi Âişe'ye uzattı. O, utanarak reddetti; fakat Peygamber (s.a.v.) ısrar edince içti ve kâseyi yanında oturan kardeşi Esma'ya uzattı. Orada bulunanların hepsi de sütten içtiler. Daha sonra, gelini ve damadı yalnız bırakarak hepsi evlerine gittiler.

Son üç yıl boyunca, Âişe'nin arkadaşlarının gelip Ebû Bekir'in avlusunda oynamadıkları çok az gün vardı. Âişe (r.a.)'nin Peygamber (s.a.v.)'in evine taşınması bu durumu değiştirmedi. Artık arkadaşları her gün onu yeni evinde ziyaret ediyorlardı. Bunlardan bir kısmı kendisi gibi ailesiyle Mekke'den hicret edenler, bir kısmı ise Medîne'de edindiği yeni arkadaşlardan oluşuyordu. Âişe (r.a.) şöyle anlatıyor: "Ben arkadaşlarımla beraber bebeklerimle oynardım. O sırada Peygamber (s.a.v.) gelirdi. Onu görünce arka-

3. B. LXI, 22.
4. I. S. VIII, 40-1.

daşlarım kaçışırlardı. Fakat Peygamber (s.a.v.) onları, ben onlarla beraber olmak istediğim için geri getirirdi."[5] Bazen onlar kaçmaya fırsat bulamadan: "Olduğunuz yerde kalın."[6] derdi. Çocukları sevdiği ve kızlarıyla oynamaya alışık olduğu için bazan onlara katılıp birlikte oyun oynardı. Oyuncakların ve bebeklerin birçok rolleri vardı. Âişe (r.a.) şöyle diyor: "Bir gün ben oyuncaklarımla oynarken Peygamber (s.a.v.) içeri girdi ve 'Ey Âişe, bu hangi oyun?' dedi. Ben, 'Süleyman'ın atları' dedim. O da bana güldü."[7] Fakat bazen geldiğinde onları rahatsız etmemek için cübbesine bürünür beklerdi.

Âişe (r.a.)'nin yaşamı üzücü bir olayla bölündü. Yesrib, tüm Arabistan'da, belli bir mevsimde yayılan ateşli humma hastalığıyla tanınırdı. Bu, özellikle vahaya yabancı olanları yakalayan bir hastalıktı. Peygamber (s.a.v.) hummaya yakalanmamıştı; fakat onun en yakın arkadaşları -Ebû Bekir, azadlısı Amîr (r.a.) ve Bilâl (r.a.)- hummaya tutulmuşlardı. Bir sabah Âişe babasını ziyarete gitti ve üç adamı yarı baygın halde yatarken bulunca dehşete kapıldı. "Babacığım, nasılsın?" diye sordu. Fakat babası cevabını dokuz yaşındaki bir kızın anlayabileceği seviyeye indiremeyecek derecede hastaydı. Bu yüzden iki mısralık bir şiirle cevap verdi:

"Herkes her sabah akrabalarına iyi günler diler,
Ve ölüm onun ayakkabısının bağından daha yakındır."

Âişe babasının sayıkladığını zannetti ve Amir'e döndü. Ölmese de ölüme çok yaklaşan Amir de ona şiirle cevap verdi. O sırada Bilâl hummadan kurtulmuştu, fakat hiçbir şey yapacak gücü olmadığı için evin avlusunda yatıyordu. Buna rağmen, konuşacak kadar gücü vardı, şu sözleri söyledi:

"Ah, geceleyin bir daha uyuyabilecek miyim?
Mekke dışında yetişen sümbül ve kekiklerin arasında.
Mecenne[8] *sularından bir daha içip,*
Şâme ve Tafîl'i[9] *bir daha görebilecek miyim?"*

Âişe çok üzgün bir şekilde eve döndü. "Ateşten, akılları başlarından gitmiş bir halde sayıklıyorlar" dedi. Peygamber (s.a.v.), Âişe, anlamasa da çocuk hafızasıyla onların söylediklerini kelimesi kelimesine tekrarlıyınca ikna oldu. Ve şöyle dua etti: "Allah'ım, Mekke'yi bize sevgili kıldığın gibi, Medîne'yi de bize sevgili kıl, hatta daha da sevgili. Bize suyunu ve ekinlerini ver ve hummayı buradan Mehya'ah[10] kadar uzaklaştır!"[11] Allah onun duasını kabul etti.

---

5. I.S. VIII, 42.
6. A.g.e., 41.
7. A.g.e., 42.
8. Mekke'ye yakın bir yerin adı.
9. Mekke'de iki tepe.
10. Medîne'nin yedi günlük deve yolu güneyinde bir yer.
11. I. I. 414.

SAVAŞA BAŞLANGIÇ

[41]

"Kendilerine zulmedilmesi dolaysıyla, onlara karşı savaş açılana (mü'minlere savaşma) izni verildi. Şüphesiz Allah, onlara yardım etmeye güç yetirendir. Onlar, yalnızca: 'Rabbimiz. Allah'tır' demelerinden dolayı, haksız yere yurtlarından sürgün edilip çıkarıldılar." (Hacc: 39-40)

Bu vahiy, Peygamber (s.a.v)'e Medîne'ye ulaştıktan kısa bir süre sonra indi. Peygamber buradaki iznin emir anlamında olduğunu biliyordu. Yahudilerle yapılan anlaşmada da, savaş gerekleri belirlenmişti. Fakat şu an için sadece baskın yapılabilirdi, başka türlü bir saldırı düşünülemezdi. Kureyşlilerin kervanları saldırıya açıktı; özellikle ilkbaharda ve yazın ilk aylarında, Suriye'ye yaptıkları ticaret hareketli olduğu sırada, Medîne'den yapılacak olan saldırılara savunmasız kalabilirlerdi. Sonbahar ve kış aylarında ise kervanlarını daha çok güneye, Yemen ve Habeşistan'a gönderiyorlardı.

Medîne'de, kervanlarla ilgili toplanan bilgiler, kesin olmaktan uzaktı; çünkü sık sık son anda plan değişikliği olurdu. Mekke kervanları, Medîneli Müslümanların yaptığı ilk saldırılardan kurtuldular. Fakat, Müslümanlar, Kızıl Deniz kıyısındaki stratejik noktalarda yaşayan Bedevi kabilelerle anlaşma yapmayı başardılar.

Peygamber (s.a.v) Medîne dışına çıkınca şehirde kendi adına yönetimi devralan bir arkadaşını, Hazrec liderlerinden Sa'd İbn Ubâde'yi vekil olarak tayin etti. Bu olay Hicret'ten on bir ay sonra meydana geldi. O zamandan sonra Peygamber (s.a.v.) bir daha sefere katılmadı ve giden gruba, elinde uzun bir sopanın ucunda beyaz bir bez taşıyan bir lider tayin etti. İlk yıl, Peygamber (s.a.v.) sadece muhâcirlerden bir grubu akına gönderiyordu. Fakat 623 Eylül'ünde, Cumah'lı lider Umeyye yönetiminde ve yüz silahlı adam eşliğinde zengin bir kervanın kuzeyden geldiği haberleri Medîne'ye ulaştı. Umeyye, her zaman için İslâm'ın en azgın düşmanlarından biri olmuştu; Müslümanların saldırmak istemesinin diğer bir nedeni de ele geçirecekleri ganimetlerdi. Ticârî eşyaların yaklaşık 2.500 deveye yüklendiği söyleniyordu. Fakat sadece muhâcirler yüz Kureyşliye karşı koyamazlardı. Bu yüzden, Peygamber (s.a.v.) bu sefer, yarısını ensârın oluşturduğu iki yüz adam gönderdi. Fakat bu kez de bilgiler yetersizdi ve yine hiçbir çatışma olmadı. Bundan yaklaşık üç ay sonra, daha az korunan zengin bir kervanı daha kaçırdılar. Kervan, Şems'li Ebû Süfyân'ın Suriye'ye götürdüğü mallarla yüklüydü. Kervanın haberi Medîne'ye geç ulaşmıştı. Peygamber (s.a.v.) ve adamları, Medîne'nin güneybatısından Kızıl Deniz'e açılan Yenbu' ovasındaki Uşeyre'ye vardıklarında, kervan çoktan oradan geçip gitmişti. Fakat Ebû Süfyân, belli bir süre sonra, belki de daha fazla yükle Suriye'den dönecekti. İşte o zaman, Allah dilerse, onları kaçırmayacaklardı.

Henüz hiçbir çatışma meydana gelmemiş olmasına rağmen, Kureyşliler Medîne'deki düşmanlarına karşı alarmdaydılar. Fakat, bu durumun güney ticaretlerini engellemeyeceğini zannediyorlardı. Bu zanları tersine çıktı. Çünkü Peygamber (s.a.v.) Yemen'den gelen bir kervanın haberini aldı ve kuzeni Abdullah İbn Cahş'ı, sekiz muhâcirle birlikte, Taif ve Mekke arasındaki Nahle ovasında beklemek üzere gönderdi. Recep ayındaydılar, yani yılın dört haram ayından biri. Peygamber (s.a.v.) Abdullah'a saldırı emri vermemişti, sadece haber getirmesini söylemişti. Şüphesiz ileriki saldırılarda hazırlıklı bulunmak için güney kervanlarının ne derece korunduğu hakkında fikir sahibi olmak istiyordu.

Muhâcirler, Nahle'ye varıp yolun çok yakınında gizli bir yere konakladıklarında, küçük bir Kureyş kervanı, onlardan habersiz, yakınlarında bir yere konakladı. Develer deri, kuru üzüm ve diğer ticârî eşyalarla yüklüydü. Abdullah ve arkadaşları bir ikilem içindeydiler: Peygamber (s.a.v.)'in tek açık emri onların haber getirmesiydi; fakat onlara savaşmamaları gerektiğini söylememiş ve haram aylarından da bahsetmemişti. İslâm öncesi bu yasak, şimdi de geçerli mi, diye kendi kendilerine soruyorlardı. Şu âyeti de düşünüyorlardı:

"Kendilerine zulmedilmesi dolayısıyla, onlara karşı savaş açılana (mü'minlere savaşma) izni verildi... Onlar haksız yere yurtlarından sürgün edilip çıkarıldılar." (Hacc: 39)

Kureyş'le savaş halindeydiler. Bunun yanı sıra, kervandakiler arasında, Mekke'deki diğer kabileler arasında İslâm'a en çok düşmanlık gösteren Mahzûm kabilesinden iki adam vardı. Receb'in son gününün sabahındaydılar; güneşin batmasıyla, haram ay olmayan Şaban ayına gireceklerdi. Fakat o zamanda, düşmanlar haram ayla değil, haram bölge ile korunacaklardı. Çünkü güneş batıncaya kadar Mescid-i Haram'a ulaşacaklardı. Bir müddet süren kararsızlıktan sonra saldırmaya karar verdiler. İlk attıkları okla, Abdu Şems kabilesinin müttefiki olan Kinde kabilesinden bir adamı öldürdüler. Hemen arkasından, Mahzûm'lu Osman'ı ve bir azadlı olan Hakem'i esir aldılar. Fakat Osman'ın kardeşi Nevfel, Mekke'ye kaçmayı başardı.

Abdullah (r.a.) ve adamları, develeri, esirleri ve ticârî eşyaları Medîne'ye getirdiler. Abdullah getirdiklerinin beşte birini Peygamber (s.a.v.)'e verdi, geri kalanlarını da arkadaşlarıyla paylaştılar. Fakat Peygamber (s.a.v.) verilenleri kabul etmedi ve "Size haram ayda savaşmanız için izin vermemiştim" dedi. Bunun üzerine bu muhâcirler grubu günah işlediklerini anladılar. Medîne'deki arkadaşları onları haram aya tecâvüzle suçladılar; Yahudiler bunun Peygamber (s.a.v.) için kötü bir şöhret olacağını söylediler. Kureyşliler ise 'Muhammed (s.a.v.) haram aya tecâvüz etti' diye her tarafta propagandaya giriştiler. Bunun üzerine şu âyetler nazil oldu:

"Sana haram olan ay'ı, onda savaşmayı sorarlar. De ki: Onda savaşmak büyük (bir günahtır). Allah katında ise, Allah'ın yolundan alıkoymak, onu inkâr etmek, Mescid-i Haram'a (ziyaretçilerin girmelerine) engel olmak ve halkını oradan çıkarmak daha büyük (bir günahtır). Fitne ise, katilden beterdir." (Bakara: 217)

Peygamber (s.a.v.) bu âyeti şöyle yorumladı: Haram aylarda savaşmak yine haramdı, fakat bu durum bir istisnaydı. Bu yüzden Abdullah'ın verdiği beşte biri toplumun genel harcamalarına kullanmak üzere kabul etti. Mahzûm kabilesi esirleri için fidye göndermişti; fakat onların azadlısı Hakem Müslüman oldu ve Medîne'de kaldı. Bu nedenle Osman, Mekke'ye yalnız döndü.

O Şaban ayında, çok büyük önem taşıyan bir vahiy nazil oldu. İlk kelimeleri, Peygamber (s.a.v.)'in kıble tayini için gösterdiği aşırı dikkate değiniyordu. Camide kıble, mihrabla, yani Kudüs'e yönelik duvarın ortasına konan taşlarla belirlenmişti. Fakat şehir dışında iken kıble, güneş ve yıldızlara bakarak belirlenebiliyordu.

"Biz, senin, yüzünü çok defa göğe doğru, sağa sola çevirip durduğunu görüyoruz. Şimdi elbette seni hoşnut olacağın kıbleye çevireceğiz. Artık yüzünü Mescid-i Harâm yönüne çevir. Her nerede bulunursanız, yüzünüzü onun yönüne çevirin". (Bakara: 114)

Bunun üzerine Mescid'in Mekke'ye bakan güney duvarına, bir mihrab yapıldı. Bu değişiklik Peygamber (s.a.v.)'i de memnun etmişti. O günden itibaren Müslümanlar, beş vakit namazda ve diğer namazlarda yüzlerini Kâ'be tarafına çevirdiler.

[42]

Ebû Süfyân ve arkadaşlarının aldıkları mallarla Suriye'den dönme zamanı gelmişti. Peygamber (s.a.v.) Talha ve Ömer'in kuzeni Sa'id'i, -Hániflerden olan Zeyd'in oğlu- Medîne'nin batısındaki sahilde yeralan Havra'ya, kervanla ilgili haber almaları için gönderdi. Bu şekilde, güneybatıya hızlı bir yürüyüşle kervanı sahile yaklaştırmak daha da kolay olacaktı. Gönderdiği iki gözcü Cüheyne kabilesinden bir adamın evinde, kervan geçinceye kadar misafir edilmişti. Fakat bu zahmetler boşa gidebilirdi. Çünkü Medîne'deki Yahudilerden veya münafıklardan biri, Peygamber (s.a.v.)'in plânını Ebû Süfyân'a haber vermişti. Bunu duyan Ebû Süfyân, Gıfar kabilesinden Demdem adındaki bir adamı Mekke'ye haber vermesi ve onları koruyacak bir ordu hazırlamalarını söylemesi için gönderdi. Bu sırada kendisi de, gece-gündüz kervanlarıyla sahil yolunda hızla ilerliyordu.

Acil durumda olan sadece Ebû Süfyân değildi. Peygamber (s.a.v.) Medîne'de mümkün olduğu kadar uzun süre kalmak istiyordu, çünkü kızı Rukiyye (r.a.) çok hastaydı. Fakat kişisel sorunlar engelleyici olmamalıydı; bu yüzden Peygamber (s.a.v.), gönderdiği gözcülerin dönmesini beklemeden yola koyulmaya karar verdi. Medîne'ye vardıklarında, muhâcirlerden ve ensârdan oluşan, toplam 305 kişi olan bir ordu kurulmuştu. O sırada Medîne'de eli silah tutan yetmiş yedi muhâcir vardı. Üçü hariç hepsi oradaydılar: Bunlardan biri Peygamber (s.a.v)'in damadı Osman'dı.

Peygamber (s.a.v.), onun hasta karısına bakmak için Medîne'de kalmasını istemişti Diğer ikisi ise Talha (r.a.) ve Sa'îd (r.a.) idi. Onlar Medîne'ye vardıklarında ordu çoktan yola çıkmıştı.

İlk konaklarında, Peygamber (s.av)'in kuzeni Zühre kabilesinden Sa'd, on beş yaşındaki kardeşi Umeyr'i üzüntülü görünce, ne olduğunu sordu. 'Korkuyorum" dedi Umeyr, "Allah Rasûlü beni görür de çok küçük olduğumu söyler ve beni geri gönderir diye korkuyorum. Fakat ben gitmek istiyorum. Çünkü, belki Allah bana şehadeti tattırır." Korktuğu başına gelmişti. Peygamber (s.a.v), orduyu düzene sokarken onu gördü ve çok küçük olduğu için Medîne'ye geri dönmesini istedi. Fakat Umeyr ağlayınca, Peygamber (s.a.v.) kalmasına izin verdi. "O kadar küçük idi ki", dedi Sa'd, "kılıç kayışını kısaltmak zorunda kaldım."

Üzerinde üç veya dört kişiyi taşımakta olan yetmiş develeri, biri Zübeyr'e ait olan üç de atları vardı. Beyaz sancak Mus'ab (r.a.)'a verilmişti.

Çünkü o savaşta Kureyşlilerin sancaktarı olan Abdu'd-Dâr sülâlesindendi. Bu öncü kolun hemen arkasında, Peygamber (s.a.v.) yer alıyordu. Onu da, biri muhâcirleri, diğeri ensârı temsil eden iki siyah flama takip ediyordu. Bu flamalardan birini Ali (r.a.), diğerini Evs'li Sa'd İbn Muâz (r.a.) taşıyordu. Peygamber (s.a.v.)'in yokluğunda Medîne'de namazları âmâ olan İbn Ümmü Mektûm (r.a.) kıldıracaktı. Onun hakkında şu âyet nazil olmuştu: "Surat astı ve yüz çevirdi, kendisine o kör geldi diye" (Abese: 1-3, Bkz. Böl. XXII).

Demdem'in Mekke'ye ulaşmasından önce Peygamber (s.a.v.)'in halası Atîke korkunç bir rüya görmüş ve bunu Kureyş'i bekleyen felâkete yormuştu. Rüyadan çok etkilenen Atîke kardeşi Abbâs'a haber göndermiş ve gördüklerini ona anlatmıştı: "Deveye binen bir adam gördüm, vadinin ortasında deveden indi ve en yüksek sesiyle: 'Ey vefasız insanlar, üç gün içinde sizi mahvedecek olan felâkete hazırlanın' diye bağırdı. İnsanların onun etrafında toplandığını gördüm. Daha sonra etrafındaki insanlarla birlikte Mescid-i Haram'a girdi. Devesi onu, insanların arasından, Kâ'be'nin çatısına götürdü. Orada yine aynı şekilde bağırdı. Sonra yerden bir kaya aldı ve tepeden aşağıya fırlattı. Kaya tepenin eteklerine ulaştığında ikiye ayrılmıştı. Mekke'de kayanın bir parçasının darbe vurmadığı bir tek ev kalmamıştı."

Abbas kızkardeşinin rüyasını arkadaşı Velîd'e -Utbe'nin oğlu- anlattı. Velîd de bunu babasına anlattı ve haber tüm şehre yayıldı. Ertesi gün Ebû Cehil, Abbâs'ın yanında alaylı bir sesle şöyle dedi: "Ey Abdu'l-Muttalib oğulları, ne zamandan beri aranızdaki kadın peygamber size gaybdan haberler veriyor? Erkeklerinizin peygamber rolü oynaması yetmedi mi? Şimdi sıra kadınlarınızda mı?" Abbâs verecek bir cevap bulamadı; fakat Ebû Cehil, ertesi gün Ebû Kubeys tepesinden Demdem'in sesi tüm şehri çınlattığında cevabını aldı. İnsanlar evlerinden fırladılar ve onun etrafında toplandılar. Ebû Süfyân ona çok para ödemişti, bu nedenle rolünü güzel oynamalıydı. Devenin üstünde, ters bir şekilde oturmuştu, bunun yanı sıra felâket işareti olarak devesinin burnunu da yarmıştı. Devenin burnundan kanlar akıyordu. Kendi üstündeki giysiyi de parçalamıştı. "Ey Kureyşliler!" diye bağırdı, "Kervan develeri, kervan develeri, Ebû Süfyân'la beraber olan mallarınız! Muhammed ve adamları onlara saldırdı. Yardım edin! Yardım edin!"

Şehir birden bire telaşa büründü. Şimdi tehlikede olan kervan, yılın en zengin kervanıydı ve çoğu onu yitirmekten korkuyordu. Hemen bin kişilik bir ordu toplandı. Nahle'de haram ayda öldürülen Abdu Şems'in müttefiki Amr'ı kasdederek: "Muhammed ve arkadaşları bu kervanın, İbnu'l-Hadramî'nin kervanı gibi olduğunu mu zannediyorlar?" diyorlardı. Sadece Adiy kabilesi orduda yer almıyordu. Kendi yerine, para vererek bir Mahzûm'luyu gönderen Ebû Leheb'den başka diğer bütün kabile reisleri bir grup askerle savaşa katılıyorlardı. Benî Hâşim ve Benî Muttalib kabilelerinin de kervanda malları vardı ve onları korumayı şeref meselesi yapıyorlardı. Bu nedenle Tâlib iki kabileden de bir grup adam çıkardı. Abbâs da aracılık yapmak için onlarla birlikte gitti. Esed kabilesinden Hatîce'nin yeğeni Hakim de aynı amaçla onlara katıldı. Ebû Leheb gibi, Cumah'ın lideri Umeyye de, yaşlı bir adam olduğunu ileri sürerek Mekke'de kalmaya karar verdi. Fakat o Mescid-i Haram'da otururken Utbe geldi, önüne güzel koku yayan bir buhurdanlık koyarak: "Bundan kendine güzel koku sür Ebû Ali; çünkü sen kadınlar gibisin" dedi. "Allah belanı versin" diyen Umeyye, diğerleriyle birlikte yola çıkmak üzere hazırlandı.

Peygamber (s.a.v.) Medîne'den güneye giden yoldan ayrılmış ve batıda Suriye'den Mekke'ye giden sahil yolu üzerinde yer alan Bedir'e yönelmişti. Ebû Süfyân'ı Bedir'de yakalamayı planlıyordu. Bu nedenle müttefikleri olan Cuheyne'lilerden oraları iyi tanıyan iki adamı gözcü olarak gönderdi. Gözcüler Bedir kuyusunun üstündeki bir tepede konakladılar. Su doldurmak için kuyunun yanına geldiklerinde, köyden iki kızın aralarında konuştuklarına kulak misafiri oldular. Biri diğerine: "Kervan ya yarın ya da öbür gün gelecek, onlar için çalışıp para kazanacağım ve sana olan borcumu ödeyeceğim" diyordu. Gözcüler bunları duyunca Peygamber (s.a.v.)'e haberi ulaştırmada acele ettiler. Bir müddet daha kalmış olsalardı, batıdan kuyuya doğru güçlü bir atlının geldiğini göreceklerdi. Atlı Suriye'den Mekke'ye giden ve Bedir'den geçen yolun,güvenilir olup olmadığını kontrol etmek için kervanın önünden giden Ebû Süfyân'dı. Suyun yanına geldiğinde köylülerden birine rastladı ve ona bir yabancı görüp görmediğini sordu. Köylü iki yabancının gelip tepede konakladıklarını ve su doldurup gittiklerini haber verdi. Ebû Süfyân onların konakladığı tepeye gitti, gördüğü deve pisliklerini parçaladı. İçlerinde hurma çekirdekleri vardı. "Tanrım," dedi, "Bu Yesrib'in yemi." Aceleyle geri döndü ve kervanı Bedir'i sol tarafına alıp deniz kıyısına doğru yöneltti.

O sırada iki gözcü Peygamber (s.a.v.)'e kervanın ertesi gün veya iki gün sonra geleceği haberini ulaştırdılar. Kervan mutlaka, Suriye ile Mekke arasındaki en eski konaklardan biri olan Bedir'de duracaktı. Müslümanların onları orada bastırıp, şaşırtmaya vakitleri vardı.

Daha sonra Kureyşlilerin bir ordu hazırlayıp yola çıktıkları haberi ulaştı. Bunu her zaman bir ihtimal olarak göz önünde bulundurmuşlardı. Fakat bu ihtimalin gerçekleştiğini öğrenince Peygamber (s.a.v.) sahabilerine danışıp, devam etme veya geriye dönmek için bir karar verme gereğini hissetti. Ebû Bekir (r.a.) ve Ömer (r.a.), muhâcirler adına devam etme kararını açıkladılar. Onların söylediklerini kuvvetlendirir bir şekilde, Beni Zühre'nin müttefiklerinden biri olan ve Medîne'ye yeni gelen Mikdâd ayağa kalktı ve şöyle dedi: "Ey Allah'ın Rasûlü! Allah sana ne yapman gerektiğini söylediyse onu yap. Biz İsrailoğulları'nın Mûsâ'ya dediği gibi: 'Sen ve Rabbin gidin, ikiniz savaşın.Biz şüphesiz burada duranlarız' (Mâide: 24) demeyiz. Biz şöyle deriz: "Sen ve Rabbin, ikiniz savaşın, sizinle birlikte, sağınızda, solunuzda, ön ve arkanızda biz de savaşacağız." Abdullah İbn Mes'ûd daha sonraki yıllarda, Peygamber (s.a.v.)'in bu sözleri duyduğunda nasıl yüzünün parladığını anlatırdı. Peygamber (s.a.v.) buna şaşırmamıştı, çünkü muhâcirlerin tamamen kendisiyle birlikte olduğuna inanıyordu. Fakat aynı şey, orada bulunan ensârın tümü için de söylenebilir miydi? Ordu, Medîne'den kervanı yakalamak için yola çıkmıştı. Fakat şimdi daha büyük bir orduyla karşılaşma ihtimali ortaya çıkmıştı. Bunun yanı sıra, Medîneliler Akabe'de, onu, kendi sınırları içinde korumak üzere söz vermişlerdi. Ancak kendi ülkelerinde O'nu, eşlerini ve çocuklarını korudukları gibi koruyacaklardı. Acaba Medîne dışındaki bir düşmana karşı da O'nu korumaya hazır mıydılar? "Ey insanlar, benimle istişâre edin" dedi. Hitap geneldi; fakat O, aralarında henüz kimsenin konuşmadığı ensârı kasdediyordu. Sa'd İbn Muâz (r.a.) ayağa kalktı ve: "Ey Allah'ın Rasûlü! Zannedersem insanlar derken bizi kastediyorsun" dedi. Peygamber (s.a.v.) bunu onaylayınca konuşmasına devam etti: "Biz sana güveniyoruz, bize söylediklerine inanıyoruz ve getirdiğin şeyin hak olduğuna şehadet ediyoruz. Biz, dinlemek ve itaat etmek üzere sana söz verdik. O halde ne istiyorsan onu yap, biz seninle birlikteyiz. Seni Hak'la gönderene yemin olsun ki, eğer bize şu ileriki denizden geçmemizi emretsen ve kendin suya dalsan, biz de seninle birlikte dalarız. Hiçbirimiz geride kalmayız. Yarın o düşmanla karşılaşmaktan da çekinmiyoruz. Biz savaşta deneyimli ve çatışmada güçlüyüz. Belki de Allah, bizim yiğitliğimizi sana gösterir de senin gözlerin serinlikle dolar.[1] O halde Allah'ın yardımıyla bize önderlik et."

Peygamber (s.a.v.) bu sözlere çok sevindi. Ya kervan ya da ordudan sadece biriyle savaşmaları gerektiği kanısındaydı. "İleri!" dedi. "Neşelenin, çünkü Yüce Allah, bana iki gruptan birini söz verdi. Şimdiden düşmanı yenilmiş bir halde görüyorum."[2]

Kendilerini en kötü ihtimale hazırlamış olmalarına rağmen yine de içlerinde, kervanı ele geçirip, Kureyş ordusu gelmeden Medîne'ye ganimetler

1. "Gözlerin serinliği" deyimi Arapça'da çok fazla sevinç, neşe ifade eden bir deyimdir.
2. I.I. 435.

ve esirlerle dönme ümidi vardı. Fakat, Bedir'e bir günlük uzaklıktaki bir konağa vardıklarında, Peygamber (s.a.v.) ve Ebû Bekir önden gidip rastladıkları yaşlı bir adamdan bilgi aldılar ve Mekke ordusunun yakında olduğu kanaatine vardılar. Kamp yerine döndüler, gece yarısına kadar beklediler. Daha sonra Peygamber (s.a.v.), üç kuzenini, Ali, Zübeyr ve Sa'd'ı diğer birkaç arkadaşıyla birlikte, Mekke ordusunun veya kervanın kuyudan su alıp almadıklarını öğrenmek üzere Bedir kuyusuna gönderdi. Gönderdiği adamlar kuyuya vardıklarında Kureyş ordusu için su dolduran iki adama rastladılar. İkisini de yakalayıp, Peygamber (s.a.v.)'e getirdiler. O sırada Rasûlullah (s.a.v.) namaz kılıyordu. Onun bitirmesini beklemeden Kureyş ordusunun su taşıyıcıları olduklarını söyleyen iki adamı sorguya çekmeye başladılar. Soranlardan bazıları onların yalan söylediğini düşünmeyi tercih ediyordu; çünkü onları, Ebû Süfyân'ın kervan için su doldurmak üzere gönderdiğini ümit ediyorlardı. İki adamı, "Biz Ebû Süfyân'ın adamlarıyız" diyene kadar dövdüler. Sonra serbest bıraktılar. Peygamber (s.a.v.) namazda son oturuşunu yaptı ve selam verdi. Sonra: "Size doğruyu söylediklerinde onları dövüyorsunuz, yalan söylediklerinde ise bırakıyorsunuz. Onlar gerçekten Kureyş ordusunun adamları" dedi. Daha sonra iki adama dönerek: "Siz ikiniz, bana Kureyş'in nerede olduğu hakkında bilgi verin" dedi. Adamlar Akankal'ı işaret ederek: "Onlar şu tepenin arkasındalar, tepenin ötesindeki vadideler" dediler. Peygamber (s.a.v.): "Kaç kişiler?" diye sordu. "Çok" dediler, fakat kesin bir şey söyleyemediler. Bunun üzerine Peygamber (s.a.v.) onlara günde kaç hayvan kestiklerini sordu. "Bazı günler dokuz,bazı günler on" diye cevap verdiler. Peygamber (s.a.v.) buna karşılık şöyle dedi: "O halde dokuz yüz kişi ile bin kişi arasındadırlar. Peki hangi Kureyş liderleri ordunun arasında?" On beş tane isim saydılar. Bunların arasında şu isimler vardı: Abdu Şems'ten iki kardeş, Utbe ve Şeybe; Nevfel kabilesinden Hâris ve Tu'ayme; Abdu'd-Dâr'dan, kendi Fârisî hikâyelerini Kur'ân'la karşılaştıran Nadr; Esed kabilesinden Hatîce'nin üvey kardeşi Nevfel; Mahzûm'dan Ebû Cehil; Cumah'tan Umeyye; Amir'den Süheyl. Bu önemli isimleri duyan Peygamber (s.a.v.) adamlarını topladığında: "Mekke, hayatının en iyi parçalarını sizin önünüze atıyor" dedi.

Bin kişilik güçlü Kureyş ordusunun haberinin Ebû Süfyân'a ulaşması uzun sürmemişti. Fakat o zamana kadar kervan, kendisini korumaya gelen ordunun düşmanla kervan arasında duvar olacağı bir konağa ulaşmıştı. Kervanın artık güvende olduğunu hisseden Ebû Süfyân Kureyş ordusuna bir elçi gönderdi: "Siz develerinizi, mallarınızı ve adamlarınızı korumak üzere geldiniz. Allah onları korudu, o halde geri dönün." Bu mesaj Kureyş ordusuna, Bedir'in biraz güneyindeki Cuhfe'de konakladıkları sırada ulaşmıştı. Ordunun daha fazla ilerlememesi için bir neden daha vardı. Beni Muttalib'den bir adamın -Cuheym- gördüğü rüya veya hayal nedeniyle tüm kampı karamsarlık bürümüştü. Cuheym şöyle diyordu: "Uyku ile uyanıklık arasında, yanında bir deveyle birlikte at üstünde bir adamın yaklaştığını gördüm. Atından indi ve Utbe, Şeybe, Ebû'l-Hakem ve Umeyye -sonra adamın söylediği diğer kabile liderlerini de saydı- hepsi kılıçtan geçirilecek." "Daha sonra" dedi Cuheym: "Devesinin göğsünü bıçakla yaraladı ve onu çadırların arasında koşması için serbest bıraktı. Kampta devenin kanı sıçramayan bir tek çadır kalmadı." Ebû Cehil, Cuheym'in anlattıklarını duyunca, sesinde zafer dolu bir hava ile: "İşte,Abdu'l-Muttalib'in oğullarından bir peygamber daha" dedi. "Bir peygamber demesinin sebebi, Hâşim ve Muttalib'in oğullarının bir tek kabile olarak kabul edilmesiydi. Kamptaki bu karamsarlığı yok etmek isteyen Ebû Cehil, oradakilerin tümüne hitap ederek şöyle dedi: "Tanrı'ya and olsunki, Bedir'e gitmeden geri dönmeyeceğiz. Orada üç gün kalacağız; develer kesip şölen kuracağız; şarap su gibi akacak ve dansözler bize şarkı söyleyip dansedecekler. Araplar bizim bu muhteşem yürüyüşümüzü ve topladığımız gücü duyacaklar. Bundan sonra bize karşı hep korku ve saygı duyacaklar. Bedir'e ileri!"

Abbâs İbn Şerîk, müttefiki olduğu Zühre kabilesi ile beraber gelmişti; şimdi ise onları Ebû Cehil'e kulak asmamaları için ikna etmeye çalışıyordu. Zühre'lileri ikna etmeyi başardı ve hepsi Cuhfe'den Mekke'ye döndüler. Tâlib de adamlarından bir kısmıyla geri dönmüştü. Çünkü Kureyş'ten bazıları ona şöyle demişlerdi: "Ey Hâşimoğulları! Sizin şu anda bizimle olmanıza rağmen, gönüllerinizin Muhammed'le birlikte olduğunu biliyoruz." Abbâs buna rağmen Bedir'e gitmeye karar verdi ve yanına üç yeğenini aldı: Hâris'in oğulları Ebû Süfyân ve Nevfel ile Ebû Tâlib'in oğlu Akîl.

Tepenin arkasında, biraz kuzeydoğuda Müslümanlar çadır bozuyordu. Peygamber (s.a.v.) Bedir kuyularına düşmandan önce varmaları gerektiğini biliyordu. Bu nedenle hemen yola çıkma ve hızla ilerleme emri verdi. Yola çıkmalarından biraz sonra yağmur yağmaya başladı. Müslümanlar bunun Allah'tan bir yardım işareti olduğunu düşünerek sevindiler. Yağmur sayesinde insanlar zindeleşti, üzerinde yol aldıkları Yelyel kumu ise yatıştı. Yağmur, Müslümanların solunda, Bedir'in aksi yönündeki Akankal tepelerini henüz tırmanacak olan düşmanları engelliyordu. Kuyuların hepsi önlerindeki eğimde sıralanıyordu. Peygamber (s.a.v.) geldikleri ilk kuyunun yanında konaklama emri verdi. Fakat Hazrec'li Hubâb İbn el-Munzîr (r.a.) ona geldi ve: "Ey Allah'ın Rasûlü (s.a.v.), bu konakladığımız yerden ne ilerleyip ne de gerilemeden durmamızı Allah mı sana emretti, yoksa bu senin görüşün ve savaş stratejin mi?" dedi. Peygamber (s.a.v.) bunun sadece bir görüş olduğunu söyleyince Hubâb devam etti: "Burada konaklamayalım, ey Allah'ın Rasûlü! Düşmana yakın kuyuların en büyüklerinden birinin yanına varıncaya kadar ilerleyelim. Orada konaklayalım, diğer bütün kuyuları kapatıp, kendimiz için bir sarnıç hazırlayalım. O zaman düşmanla karşılaştığımızda bizim içecek suyumuz olur, onlarınsa suyu olmaz." Peygamber (s.a.v.) bu görüşü kabul etti ve Hubâb'ın planı ayrıntısıyla uygulandı. İlerideki bütün kuyular kapatılıp, bir sarnıç hazırlandı. Herkes su kırbasını doldurdu.

Daha sonra Sa'd İbn Muâz (r.a.) Peygamber (s.a.v.)'e geldi ve şöyle dedi: "Ey Allah'ın Rasûlü! İzin ver de senin için bir gölgelik yapalım, develerini de yanına bağlayalım. Düşmanla karşılaştığımızda, Allah bize güç verir de onları yenersek, bizim istediğimiz yerine gelir. Fakat eğer kaybedersek, sen hemen devene binip gerideki arkadaşlarımıza katılabilirsin. Çünkü geride kalan arkadaşlarımız da seni bizim kadar severler, eğer senin savaşla karşılaşacağını bilselerdi, onlar da sana yardımcı olurlar ve senin yanında savaşırlardı." Bunun üzerine Peygamber (s.a.v.), Sa'd'ı övdü ve ona dua etti. Hurma dallarından bir gölgelik yapıldı.

O gece Allah, mü'minlere rahat bir uyku indirdi ve mü'minler sabahleyin çok zinde kalktılar. (Enfâl: 11).

Günlerden cumaydı; 17 Mart, M.S. 623 yani 17 Ramazan H.S.[3] Şafakla birlikte Kureyş Akankal tepesine tırmandı. Onlar tam tepeye ulaştıklarında, güneş yükselmişti. Peygamber (s.a.v.) onları süslenmiş atlar ve develer üstünde, tepeden Bedir'e doğru Yelyel vadisine inerken gördü ve şöyle dua etti: "Allah'ım, işte Kureyş kibir ve gururla geliyorlar, sana karşı çıkıyor ve senin Rasulünü yalanlıyorlar. Ya Rabbi, bize vadettiğin yardımını üzerimizden eksik etme! Ya Rabbi, bu sabah onları helâk et!"

Kureyş ordusu tepenin hemen eteğinde konakladı. Müslümanları beklediklerinden az buldukları için Cumah kabilesinden Umeyr'i, arkada başka yedek ordunun olup olmadığını öğrenmek üzere gönderdiler. Umeyr, vadinin diğer ucunda, karşılarında duran ordudan başka yardımcı güç görünmediğini haber verdi. "Fakat, ey Kureyşliler!" diye devam etti, "Onlardan hiçbirinin sizden bir adam öldürmedikçe öleceğini zannetmem. Onlar, sizden kendi sayılarına eşit adam öldürürlerse, geriye ne kalır?" Umeyr, Mekke'de kâhinliğiyle meşhurdu, bu şöhreti sözlerinin daha etkili olmasını

3. Hicret'ten sonra. İslâm tarihi Hicret'le başlar.

sağlıyordu. Hatîce'nin yeğeni Esed kabilesinden Hakim de bu konuda aynı görüşteydi. Hakim tüm kampı yürüyerek dolaştıktan sonra Abdu Şems kabilesinin konakladığı yere vardı. Utbe'ye: "Ey Velîd'in babası!" dedi, "Sen Kureyş'in en büyük adamı ve onların yöneticisisin, onlar sözünü dinlerler. Sonsuza kadar onların arasında şeref ve övgüyle anılmak ister misin?" Utbe: "Bunu nasıl yapabilirim?" diye sordu. "Onları geri götür" dedi Hakim, "Ve öldürülen müttefikin Amr'ın, diyetini üzerine al." Hakim savaşın en büyük nedenlerinden biri olan kan davası ve diyeti ortadan kaldırmak istiyordu. Çünkü Nahle'de öldürülen adamın kardeşi Amir, bu savaşa öç almak için gelmişti.

Utbe, Hakim'in dediklerinin hepsini kabul etti; fakat onun gidip savaşı en çok isteyen Ebû Cehil'le konuşmasını istedi. O sırada orduya şöyle seslendi: "Ey Kureyşliler! Muhammed ve arkadaşlarıyla savaşmak size hiçbir şey kazandırmayacak. Eğer onlarla savaşırsanız, her biriniz bir diğerinin yüzüne, kardeşi, amcası veya yakın bir akrabasını öldürdüğü için nefretle bakacak. Bu nedenle geri dönün ve Muhammed'i diğer Araplara bırakın. Eğer onu öldürürlerse sizin istediğiniz yerine gelir, eğer öldürmezlerse Muhammed ona karşı sabırlı davrandığınızı anlayacaktır."

Utbe, şüphesiz, kardeşinin kan diyetini ödemek için Amir el Hadremî'ye yaklaşmak istiyordu. Fakat Ebû Cehil, Utbe'yi korkaklıkla, kendisinin ve karşı saflardaki oğlu Ebû Huzeyfe'nin ödürülmesinden korkmakla suçladı. Daha sonra Amir'e dönerek onu, kardeşinin öcünü alacağı bu fırsatı kaçırmamaya teşvik etti. "Kalk ve onlara sözünü, kardeşinin öldürüldüğünü hatırlat" dedi.

Amir ayağa kalktı ve elbiselerini parçalayarak bağırmaya başladı "Amr'a yazık oldu! Amr'a yazık oldu!" Bu sözler askerlerin coşmasına neden oldu ve gönüllerini hiddetle doldurdu. Artık ne Utbe, ne de başka biri onları ikna edemezdi.

Bu son çoşku ve hiddet dolu anlar bir adama beklediği fırsatı sağladı. Kendisi yokken oğlunun kaçmasından korkan Süheyl oğlu Abdullah'ı da Bedir'e getirmişti. Cumah'ın lideri Umeyye de zorla İslâm'dan döndüğünü söylettiği oğlu Ali'yi aynı nedenle savaş alanına getirmişti. Fakat kararsız olan Ali'nin aksine, Abdullah'ın inancı çok sağlamdı. Kampın yakınındaki bir kayanın arkasına gizlenen Abdullah, karşıdaki Müslüman kampa kaçmanın bir yolunu bulmuştu. Oraya vardığında doğruca Peygamber(s.a.v.)'e gitti; ikisinin de yüzü sevinçten parlıyordu. Abdullah, daha sonra sevinç içinde iki eniştesi, Ebû Huzeyfe ve Ebû Sabra'yı selamladı.

[43]

Peygamber (s.a.v.) orduyu düzene soktu ve elinde bir okla her askerin önünde durup hem onlara moral verdi, hem de safları düzene soktu. Çok geride kalan ensârdan birine, elindeki okla göğsünü hafifçe vurarak: "Sıraya gir, Sevad" dedi.Sevad: "Ey Allah' ın Rasûlü, canımı yaktın. Allah seni hak ve adaletle gönderdi, o halde karşılığını ver" dedi. Peygamber (s.a.v.) kendi göğsünü açarak elindeki oku uzattı ve "Al!" dedi. Sevad ise eğildi ve tam Peygamber (s.a.v.)'in kendisine vurduğu yerden öptü. "Niye böyle yaptın?" diye sordu Peygamber (s.a.v.). Sevad şu cevabı verdi: "Ey Allah'ın Rasûlü, gördüğün gibi düşmanla karşı karşıyayız; seninle geçirebileceğim son dakikalar olabilecek şu anda; sana dokunmak,istedim." Peygamber (s.a.v.) onun için dua etti.

Kureyş ilerlemeye başlamıştı. Fakat dalga dalga yayılmış olan kum tepecikleri arasında olduklarından daha az görünüyorlardı. Buna rağmen Peygamber (s.a.v.) onların gerçek sayısını ve iki ordu arasındaki dengesizliği biliyordu. Ebû Bekir'le birlikte gölgeliğine döndü ve Allah'a, vadettiği yardımı göndermesi için dua etti.

Hafifçe uyukladı ve uyandığında: "Neşelen ey Ebû Bekir: Allah'ın yardımı geldi. İşte Cebrâîl, elinde bir atla geliyor, savaş için hazırlanmış" dedi.[1]

Arap tarihinde birçok savaş, iki ordu karşı karşıya geldikten sonra tam çatışmaya başlanacağı anda son bulmuştu. Fakat Peygamber (s.a.v.) bu kez savaşın olacağından emindi. İşte bu karşılarındaki ordu ona vadedilen iki gruptan biri idi. Akbabalar da savaşın kaçınılmaz olduğunu anlamış gibi, iki ordunun da ölülerini yemek için kayalıklara tünemişlerdi. Kureyş'in hareketlerinden saldırıya hazırlandıkları anlaşılıyordu. Çok yaklaşmışlar ve Müslümanların yaptığı sarnıcın yakınına konaklamışlardı. İlk hareketlerinin sarnıcı ele geçirmek olacağı anlaşılıyordu.

Mahzûm kabilesinden Esved diğerlerinin önüne geçti ve su içmek üzere ilerledi. Onun karşısına Hamza (r.a.) çıktı; ilk kılıç darbesiyle bacağını dizinin ortasından yaraladı, ikinci darbeyle de öldürdü. Onun arkasından, hâlâ Ebû Cehil'in alaylarına maruz kalan Utbe, safların önüne fırladı ve teke tek karşılaşmayı teklif etti. Ailenin şerefini yükseltmek için kardeşi Şeybe ve oğlu Velîd onun iki tarafında yer aldılar. Bu meydan okumayı ilk kabul eden,

---

1. B. LXIV. 10; I.I.444.

ensârdan Peygamber (s.a.v.)'e ilk biat eden altı kişiden biri olan Hazrec'li Neccâr kabilesinden Avf (r.a.) oldu. Avf ile birlikte kardeşi Muavviz de ileri çıktı. Medîne'de Kesva, Hicretin son konağını onların mahallesinde yapmıştı. Meydan okumaya karşı çıkan üçüncü kişi ise, İbn Übey'i Peygamber (s.a.v.)'e nazik davranması için uyaran Abdullah İbn Revâha (r.a.) idi.

"Kimsiniz?" diye sordu Kureyşliler. Adamlar cevap verince Utbe: " Siz soylusunuz ve bizim dengimizsiniz. Fakat bizim sizinle işimiz yok. Bizim meydan okuyuşumuz sadece kendi kabilemizden olanlara" dedi. Daha sonra Kureyş'in habercisi şöyle bağırdı: "Ey Muhammed, bizim karşımıza kendi kabilemizden uygun adamlar çıkar." Peygamber (s.a.v.) böyle bir şeye niyetlenmemişti, fakat ensârın aceleciliği bu duruma sebep olmuştu. Bu nedenle Peygamber (s.a.v.) en fazla kendi ailesinin bu savaşa sebep olduğunu düşünerek ailesinden üç kişiyi çağırdı. Meydan okuyanlardan ikisi orta yaşlı, biri gençti. Peygamber (s.a.v.), "Kalk ey Ubeyde! Kalk ey Ali! Kalk ey Hamza!" dedi. Ubeyde ordudaki en yaşlı ve en deneyimli adamdı; o da Abdu'l-Muttalib'in torunu oluyordu. Ubeyde Utbe ile, Hamza Şeybe ile, Ali de Velîd ile karşılaştı. Çarpışmalar uzun sürmedi: Kısa bir süre sonra Şeybe ve Velîd yerde ölmüş bir halde yatıyorlardı. Hamza ve Ali (r.a.) ise yaralanmamışlardı bile. Fakat Ubeyde tam Utbe'yi yere düşürmüşken bacağına bir kılıç darbesi yedi. Bu üçlü bir mücâdeleydi; üçe karşı üç. Bu nedenle Hamza ve Ali kılıçlarını Utbe'ye çevirdiler ve Hamza'nın kılıç darbesiyle Utbe öldü. Daha sonra yaralı kuzenlerini geriye taşıdılar. Ubeyde (r.a.) çok kan kaybetmişti, kopan bacağının yarasından hâlâ kan fışkırıyordu. Fakat onun sadece bir tek düşüncesi vardı: "Ben bir şehid değil miyim, ey Allahın Rasûlü?" dedi. Peygamber (s.a.v.) ona yaklaştı ve: "Elbette şehidsin" cevabını verdi.

İki düşman arasındaki durgunluk Kureyş'in attığı bir okla bozuldu. Ok Ömer'in azadlılarından birine isabet etti, adam ağır yaralı bir şekilde yere yuvarlandı. İkinci ok da, sarnıcın başında su içmekte olan Hazrec'li genç Hârise'nin boynuna saplandı. Peygamber (s.a.v.) adamlarına moral vererek şöyle dedi: "Muhammed (s.a.v.)'in nefsini kudret elinde tutana yemin olsun ki, bugün mükâfat umarak çarpışan ve öldürülen, geriye dönmeyip hep ilerleyen kim varsa, Allah onları Cennet'e koyarak mükâfatlandıracak"[2] Onun söylediklerini duyanlar, uzakta olup da duyamayanlara ulaştırdılar. Hazrec kabilesinin Selime kolundan olan Umeyr (r.a.) elindeki bir avuç dolusu hurmayı yiyordu. "Allah! Allah! diye bağırdı, "Benimle Cennet arasında şu adamların beni öldürmesinden başka bir şey kalmadı mı?" Hemen elindeki hurmaları fırlattı ve emre hazır bir şekilde elini kılıcının üstüne koydu.

2. I.I.445.

Avf (r.a.), Peygamber (s.a.v.)'in yanında ayakta duruyordu ve kendisi ilk kabul eden olduğu halde birebir çarpışmada kendisinin kabul edilmemesi onu hayal kırıklığına uğratmıştı: "Ey Allah'ın Rasûlü! Allah'ın kuluyla alay ettirmesinin sebebi neydi?" Peygamber hemen şu cevabı verdi: "Sen zırhsız bir şekilde düşmanların ortasına dalacaksın." Bunun üzerine Avf, hemen giydiği zırhı üzerinden çıkardı. O sırada Peygamber (s.a.v.) yerden bir avuç çakıltaşı aldı, Kureyş'e doğru "O yüzler harap olsun!" diyerek fırlattı. Bunun onlara felâket getireceğinin farkındaydı. Daha sonra saldırı emri verdi. Onlara söylediği savaş çağrısı, "Yâ Mansûr Emit!"[3] sözleri ağızdan ağıza dolaşıyordu. Zırhsız olan Avf ve Umeyr ilk çarpışanlar arasındaydılar ve öldürülene kadar mücadele ettiler. Müslümanlardan ölenlerin sayısı, onların ölümü, Ubeyde ve Kureyş oklarıyla ölen iki kişi ile beraber toplam beşi buluyordu. Müslümanlardan o gün dokuz kişi daha ölecekti. Bu dokuz kişinin arasında Peygamber (s.a.v.)'in çok genç olduğu için geri göndermek istediği Sa'd'ın kardeşi Umeyr (r.a.) de vardı.

"Onları siz öldürmediniz, ama onları Allah öldürdü" (Enfâl: 17).

Bu sözler, hemen savaştan sonra indirilen âyetin bir bölümüydü. Fırlatılan çakıl taşları ilâhî yardımın tek örneği değildi. Kureyş'in karşı koyma gücünün en çetin olduğu bir anda mü'minlerden birinin kılıcı kırıldı. Cahş ailesinin akrabalarından, Ukkaşe adındaki bu adamın ilk düşüncesi gidip Peygamber (s.a.v.)'den başka bir silah istemek oldu. Peygamber (s.a.v.) ağaçtan bir sopayı ona uzatarak "Ukkaşe, bununla dövüş" dedi. Ukkaşe sopayı aldı, düşmana karşı salladığında sopa uzun, keskin bir kılıç haline geldi. Ukkaşe, Bedir'de ve diğer savaşlarda bu kılıçla savaştı. Kılıca ilahî yardım anlamına gelen "el-Avn" adını verdiler.

"Mü'minler, savaşırlarken yalnız değildiler. Çünkü Allah, Peygamber (s.a.v.)'e yardım vadetmişti: Şüphesiz ben size birbiri ardınca bin melek ile yardım ediciyim." (Enfâl: 9).

Allah, meleklere de şu mesajı vermişti:

"Rabbin meleklere vahyetmişti ki: 'Şüphesiz ben sizinleyim; iman edenlere sağlamlık (güç ve metanet) katın, küfre sapanların kalblerine amansız bir korku sala-

3. Bu terim Arapça'da anlamlıdır; fakat Türkçe'ye çevrildiğinde anlamını yitiriyor. Yaklaşık olarak: "Ey Allah'ın zafer verdikleri, öldürün!" anlamına gelir.

cağım. Öyleyse (ey Müslümanlar), vurun boyunlarının üstüne, vurun onların bütün parmaklarına." (Enfâl: 12)

Meleklerin inananlara yardımcı, kâfirlere ise korku verici olarak varolduğunu oradaki herkes hissediyordu. Fakat çok azı onları görüp, algılayabildi. Komşu Arap kabilelerinden iki adam, savaştan sonraki ganimetlerden çalmayı ümit ederek bir tepede savaşın bitmesini bekliyorlardı. Üstlerinden bir bulut geçti, at kişnemeleriyle dolu bir bulut. Adamlardan biri o anda düşüp öldü. Yanındaki adam daha sonra şöyle dedi: "Korkudan kalbi çatlamıştı."

Sonunda Kureyşliler kaçmaya başladılar. Ebû Cehil kaçmaya çalışırken Avf'ın kardeşi Muâz onu yere düşürdü. Ebû Cehil'in oğlu İkrime de Muâz'a hücum etti ve onu omuzundan yaraladı. Muâz sağlam koluyla savaşa devam etti, diğer kolu yanında sadece derisiyle bedenine bağlı bir şekilde sallanıyordu. Çok acımaya başlayınca Muâz eğildi, kesik elini ayağının altına koyarak kendini yukarı doğru çekti, yaralı kolu koptu. Muâz düşmanını takibe devam etti. Ebû Cehil hâlâ yaşıyordu. Fakat Avf'ın diğer kardeşi Muavviz onu yerde yatarken fark etti ve kılıcıyla öldürdü. Daha sonra o da Avf gibi ilerledi ve öldürülene dek savaştı.

Kureyşlilerin çoğu kaçmıştı. Elli kadar Kureyşli ya savaş sırasında ya da kaçarken yakalanıp öldürülmüş veya ağır yaralanmıştı. Peygamber (s.a.v.) arkadaşlarına şöyle seslendi: "Hâşimoğulları'nın ve diğerlerinin bizimle dövüşmek istemeden zorla buraya getirildiklerini biliyorum." Ve eğer yakalanmışlarsa, öldürülmemeleri gereken birkaç isim saydı. Fakat ordunun çoğu zaten, esirlerini öldürmek yerine fidye almayı tercih etmişti.

Müslümanlardan sayıca fazla olduğu için Kureyşlilerin geri dönüp tekrar savaşma ihtimalleri vardı. Bu yüzden Peygamber (s.a.v.)'i Ebû Bekir (r.a.)'le birlikte gölgeliğine çekilmeğe razı ettiler, ensârdan bazıları da gözcülüğe başladılar. Sa'd İbn Muâz gölgeliğin önünde kılıcı havada bekliyordu. Arkadaşlarının esirlerle birlikte kendisine doğru geldiklerini görünce, yüzünde bunu tasdik etmez bir ifade belirdi. Bu ifadeyi fark eden Peygamber (s.a.v.): "Ey Sa'd! Onların yaptıklarına galiba nefretle bakıyorsun?" dedi. Sa'd bunun doğru olduğunu söyledi ve şunları ekledi: "Bu, Allah'ın putperestlere gösterdiği ilk yenilgi, bu adamları diri görmektense öldürülmelerini tercih ederdim." Ömer (r.a.) de Sa'd (r.a.) ile aynı fikirdeydi. Fakat Ebû Bekir, esirlerin er geç Müslüman olabilme ihtimalleri olduğu için, serbest bırakılması taraftarıydı. Peygamber (s.a.v.) de onun görüşüne katılıyordu. Günün geç saatlerinde Ömer, gölgeliğe girdiğinde Peygamber (s.a.v.) ve Ebû Bekir'i yeni gelen vahyin etkisiyle titrer bir durumda buldu. Gelen vahiy şöyleydi:

"Hiçbir peygambere, yeryüzünde (küfredenlere karşı) kesin bir zafer kazanıncaya kadar esir alması yakışmaz. Siz dünyanın geçici yararını istiyorsunuz. Oysa Allah (size) âhireti istemektedir. Allah, üstün ve güçlüdür, hüküm ve hikmet sahibidir." (Enfâl : 67).*

Daha sonra gelen vahiy, esirlerin öldürülmemesi fikrinin Allah tarafından desteklendiğini belirtiyordu. Peygamber (s.a.v.)'e esirlerle ilgili bir mesaj da vardı:

"Ey Peygamber! Ellerinizdeki esirlere de ki: Eğer Allah, sizin kalblerinizde bir hayır bilirse (görürse) size sizden alınandan daha hayırlısını verir ve sizi bağışlar. Allah bağışlayandır, esirgeyendir." (Enfâl : 70).

Bununla birlikte yaşamasına izin verilemeyecek bir adam vardı: Ebû Cehil. Genelde herkes onun öldürüldüğü kanaatindeydi. Peygamber (s.a.v.) cesedinin aranması için emirler verdi. Abdullah İbn Mes'ûd (r.a.), İslâm'a diğer Mekkelilerin hepsinden daha fazla nefret gösteren bu adamın cesedini bulmak için bir kez daha savaş alanına gitti. Ebû Cehil, önünde ayakta duran düşmanını fark edebilecek kadar yaşadı. Abdullah, Kâ'be'nin önünde ilk defa sesli olarak Kur'ân okuyan adamdı. Ebû Cehil, onu koruyan kimsesi olmadığı, annesi Zühre'nin bir müttefiki olan bir köle olduğu için Kâ'be'nin önünde kılıçla yüzünden yaralamıştı. Abdullah ayağını Ebû Cehil'in boynuna koydu. Ebû Cehil, "Küçük çoban! Yeteri kadar yükseldin demek" dedi. Daha sonra, savaşı hangi tarafın kazandığını sordu. Abdullah: "Allah ve Rasûlü kazandı" dedi. Sonra başını kesip Peygamber (s.a.v.)'e götürdü.

Ebû Cehil, savaş bittikten sonra öldürülen tek Kureyşli lider değildi. Abdurrahman İbn Avf, ganimet olarak aldığı zırhı taşırken, bineğini kaybettiği için kaçamayan şişman Umeyye'ye rastladı. Yanında elinden tuttuğu oğlu Ali de vardı. Umeyye bir zamanlar arkadaşı olan bu adama: "Beni esir olarak al, çünkü ben birden fazla zırha değerim" dedi. Abdurrahman bu teklifi kabul etti ve elindeki zırhı bırakarak onu ve oğlunu elinden tutup götürmeye başladı. Fakat o, esirlerini kampa doğru götürürken Bilâl (r.a.) eski sahibi ve ona işkence eden adamı fark etti. "Umeyye! Küfrün başı! O yaşadıkça ben nasıl yaşarım?" diye bağırdı. Abdurrahman onların kendi esirleri olduğunu hatırlattı. Fakat Bilâl yine bağırmaya devam etti: "O yaşadıkça ben nasıl yaşarım!" Sinirlenen Abdurrahman: "Beni duymuyor musun ey kara kadının oğlu?" diye bağırdı. Bunun üzerine Bilâl, müezzin ol-

* İsrailoğulları'ndan Saul, doğru olmadığı halde esir aldığı için krallığından mahrum bırakılmıştır (I. Samuel, 15).

masını sağlayan gür sesinin tüm gücüyle bağırdı: "Ey Allah'ın yardımcıları, küfrün başı Umeyye! O yaşadıkça ben nasıl yaşarım?" Her taraftan adamlar koşuştu ve Abdurrahman'la iki esirin çevresini kuşattılar. Daha sonra bir kılıç çekildi ve Ali yere düştü, fakat ölmedi. Abdurrahman, Umeyye'nin elini bıraktı ve "Kendin kaçabilirsen kaç, çünkü ben senin için hiçbir şey yapamam" dedi. Etrafını saran adamlar her iki esiri de öldürdüler. Abdurrahman daha sonraki yıllarda şöyle derdi: "Allah Bilâl'e merhamet etsin! Zırhlarımı kaybettim.. Bilâl de beni iki esirimden etti."[4]

Peygamber (s.a.v.) savaşta öldürülen tüm müşriklerin cesetlerinin bir kuyuya toplanmasını emretti. Utbe'nin cesedi taşınıp kuyuya atılırken oğlu Ebû Huzeyfe (r.a.)'nin yüzü sarardı ve üzüntüyle doldu. Peygamber (s.a.v.) bunu hissetti ve ona teselli dolu bir bakışla baktı. Ebû Huzeyfe şöyle dedi: "Ey Allah'ın Rasûlü! Babamla ilgili emrine ve oraya atılmasına karşı çıkmıyorum. Fakat onu akıllı, hikmet sahibi ve düşünceli bir adam bilirdim. Bu niteliklerin onu İslâm'a getirmesini ümit ediyordum. Fakat onun küfürde inatlaştığını ve o halde öldüğünü görünce üzüldüm." Sonra Peygamber (s.a.v.), Ebû Huzeyfe (r.a.) için hayır dualar etti.

Kamptaki barış ve sessizlik sinirli birtakım seslerle bozuldu. Geride Peygamber (s.a.v.)'i korumak için kalanlar da ganimetten pay istiyorlardı. Düşmanı kovalayıp esir alanlar ve ganimetleri kendi ellerinde toplayanlar ise bunları vermek istemiyorlardı. Peygamber (s.a.v.)'in bu karışıklığı düzeltip eşit bir dağıtım yapmasına fırsat kalmadan bu konuda bir vahiy geldi.

"Sana savaş ganimetlerini sorarlar. De ki: Ganimetler Allah'ın ve Rasûlü'nündür." (Enfâl: 1)

Bunun üzerine Peygamber (s.a.v.) ganimetlerin ve esirlerin artık özel mülkiyette olmadığını söyledi ve hepsinin yanına getirilmesini istedi. Hiç karşı çıkılmaksızın düzen hemen sağlandı.

En önemli esirlerden biri, Sevde'nin kuzeni ve ilk kocasının kardeşi olan, Amir kabilesinin şefi Süheyl idi. Peygamber (s.a.v.)'e daha yakın bağlarla bağlı olan esirler arasında amcası Abbâs, damadı, yani kızı Zeyneb'in kocası Ebû'l-As, ve kuzenleri Nevfel ile Akîl de vardı. Peygamber (s.a.v.) esirlere iyi davranılmasıyla ilgili genel bir emir vermişti. Fakat esirlerin bağlanması da gerekliydi, bu yüzden esirlerin bağlanmasına izin verdi. Fakat Peygamber (s.a.v.) o gece, amcasının böyle bir konumda olduğunu düşünerek uyuyamadı. Ve bağlarının gevşetilmesi için emir verdi. Diğer esir-

---

4. I.I. 448-9.

ler, akrabalarından daha az ilgi gördüler. Mus'âb (r.a.), ensârdan biri tarafından esir alınan kardeşi Ebû Azîz'e rastladı. Mus'ab esir alana: "Onu sıkı tut, çünkü annesi çok zengindir, sana yüklü bir miktar fidye verebilir" dedi. Ebû Aziz: "Ey kardeşim! Beni başkalarına mı emanet ediyorsun?" deyince Mus'ab: "Şimdi senin yerine benim kardeşim o" cevabını verdi. Bununla birlikte Ebû Azîz, daha sonraki yıllarda, kendisini Medîne'ye götüren ve daha sonra annesinin verdiği 4.000 dirhem fidye karşılığı serbest bırakan ensârdan gördüğü iyi muameleyi anlatırdı.

Hâlâ sayıca çok fazla olan sekiz yüz kişilik Mekke ordusunun, geri dönüp saldırmayacak kadar uzaklaştığı kesinleşince, Peygamber (s.a.v.), Abdullah İbn Revâha (r.a.)'yı zafer haberini vermek üzere Yukarı Medîne'ye, Zeyd'i de Aşağı Medîne'ye gönderdi. Kendisi ise orduyla birlikte Bedir'de kaldı. O gece, kâfirlerin cesedlerinin atıldığı kuyunun başında durdu ve: "Ey kuyudakiler, ey Peygamber'in akrabaları! Ona çok kötü bir akrabalık gösterdiniz. Beni başkaları kabul ederken, siz bana yalancı dediniz. Başkaları zafer kazanmamda bana yardım ederken, siz bana karşı savaş açtınız. Siz, Rabbinizin size verdiği sözün hak olduğunu gördünüz mü? Ben, Rabbimin bana verdiği sözün gerçekleştiğini ve hak olduğunu gördüm" dedi. Ashabdan bazıları onun ölülerle konuştuğunu duydular ve endişe ettiler. Peygamber (s.a.v.) onlara: "Siz benim sözlerimi onlardan daha iyi duyamazsınız. Onların sizden tek farkı bana cevap verememeleri" dedi.[5]

Ertesi sabah erkenden ordu ve esirlerle birlikte yola çıkıldı. Esirlerin en değerlileri, yani aileleri 4.000 dirhem fidye ödeyebilecek olanlardan ikisi Abdu'd-Dâr'dan Nadr ile Abdu Şems'ten Ukbe[6] idi. Fakat bu iki adam İslâm'ın en azılı düşmanlarıydı ve eğer serbest bırakılırlarsa hemen eski kötü faaliyetlerine başlayacaklardı. Çünkü bu akılsızları, Bedir'de sayıca az olan Müslümanların zafer kazanması bile düşünceye sevk etmezdi. Peygamber (s.a.v.)'in gözü sürekli onların üstündeydi; fakat iki adamın da kalbinde bir değişiklik görünmüyordu. Yolculuk sırasında onların yaşamasının Allah'ın iradesine aykırı olduğu düşüncesi Peygamber'de belirdi. Konakladıkları bir yerde, Nadr'ın öldürülmesini emretti. Onun başını Hz. Ali kesti. Bir diğer konak yerinde de Ukbe, Evs'li bir adamın elinden aynı akıbete uğradı. Peygamber (s.a.v.) Medîne'ye yayan üç gün uzaktaki bir konak yerinde geri kalan esir ve ganimetleri paylaştırdı. Savaşta rol alan her adama eşit bir pay verdi.

O zamana kadar Zeyd ve Abdullah İbn Revâha (r.a.) Medîne'ye varmıştı ve Yahudilerle münafıklar hariç herkes bayram sevinci yaşıyordu. Fakat

5. I.I. 454.

6. Bak. S. 129

Zeyd getirdiği iyi haberlerin yanı sıra, kötü haberler de almıştı: Rukiyye ölmüştü. Osman ve Üsâme onu gömmüşler ve henüz yeni dönüyorlardı. Zeyd, Afra'ya, iki oğlunun da -Avf ve Muavviz- öldürüldüğü haberini verince, şehrin o bölgesindeki üzüntü daha da fazlalaştı. Sevde, iki evdeki matemi de teselli etmek için kendi eviyle Afra'nın evi arasında mekik dokuyordu. Afra için üzüntünün yanında sevinç de vardı; çünkü oğulları kahramanca çarpışmışlar ve şereflice ölmüşlerdi. Zeyd, Rubayyi'ye de sarnıçta su içerken boynundan okla vurulan oğlu Hârise İbn Suraka'nın ölüm haberini vermek zorundaydı. Birkaç gün sonra Peygamber (s.a.v.) Medîne'ye gelirgelmez, Rubayyi hemen O'na gitti ve oğlunu sordu. Çünkü oğlu savaş başlamadan, İslâm için bir ok bile atmaya fırsat bulamadan öldürülmüştü. "Ey Allah'ın Rasûlü!" dedi Rubayyi, "Bana Hârise'nin Cennet'te olduğunu söylemeyecek misin? Eğer Cennet'te olduğunu söylersen bu kaybı sabırla karşılayayım; eğer Cennet'te değilse ağlayarak ona yas tutayım." Peygamber (s.a.v.) bu tür sorulara her zaman genel cevaplar verirdi. O çoğu kez "Ameller niyetlere göredir"[7] deyip, amacını yerine getirmese bile bir mü'minin, Allah için niyet ederse mükâfatını alacağını belirtmiştir. Fakat bu kez kadına özel bir cevap verdi: "Ey Hârise'nin annesi! Cennette birçok bahçeler vardır. Senin oğlun ise onların en yükseğinde, Firdevs'tedir."[8]

---

7. B. I. 1.
8. B. LVI. 14.

[44]

Kureyş Ordusu Mekke'ye küçük gruplar halinde dönmüştü. Mekke'ye ilk varanlar arasında geride kardeşi Nevfel'i esir bırakan Hâşimî Ebû Süfyân vardı. Ebû Süfyân'ın yeni dine karşı gösterdiği düşmanlık onun kuzeni, aynı zaman da sütkardeşi olan Muhammed (s.av.) ve yeni din hakkında hicv dolu şiirler yazmaya itmişti. Fakat Bedir deneyimi onu oldukça sarsmıştı. Mekke'ye döndüğünde ilk düşüncesi Kâ'be'yi ziyaret etmek oldu. O sırada amcası Ebû Leheb, Zemzem çadırı denilen çadırın altında oturuyordu. Yeğenini gören Ebû Leheb, neler olduğunu anlatması için onu yanına çağırdı. "Anlatılacak bir şey yok" dedi Ebû Süfyân. "Düşmanla karşılaştık, sonra arkamızı dönüp kaçtık. Onlar bizi kovaladılar ve istedikleri kadar esir aldılar. Arkadaşlarımdan hiçbirini suçlamıyorum. Çünkü biz sadece düşmanla karşı karşıya değildik. Gökle yer arasında, ayakları yere değmeyen atlar üzerinde beyaz giysili adamlar da vardı."

Ümmü'l-Fadl, çadırın bir köşesinde oturuyordu, yanında da Abbâs'ın kölelerinden biri olan Ebû Rafi' (r.a.) oturuyor ve ok yapıyordu. Ümmü'l-Fadl (r.a.) gibi o da Müslümandı; ikisi de birkaç kişi hariç, Müslüman olduklarını herkesten gizliyorlardı. Fakat Ebû Rafi' Peygamber (s.a.v)'in zafer haberini duyunca sevinçten kendini tutamadı ve "Gökle yer arasında beyaz giymiş adamlar" sözünü duyunca heyecanla bağırdı: "Onlar meleklerdi". Ebû Leheb bunu duyar duymaz sinirle ayağa kalktı ve Ebû Rafi'nin yüzüne bir darbe indirdi. Köle karşı koymaya çalıştı, fakat çok güçsüz ve zayıftı. Ebû Leheb onu yere düşürdü ve arka arkaya vurmaya başladı. Bunun üzerine Ümmü'l-Fadl yerden, çadıra destek olarak kullanılan tahta bir kazık aldı ve tüm gücüyle Ebû Leheb'in kafasına indirdi. Kayınbiraderinin kafa derisi yarılmış, etler dışarı çıkmış ve hiçbir zaman iyileşmeyecek olan bir yara açılmıştı. Ümmü'l-Fadl (r.a.) "Sahibi burada olmadığı ve onu koruyamadığı için ona böyle mi davranıyorsun?" diye bağırdı. Ebû Leheb'in kafasındaki yara mikrop kaptı ve birkaç hafta içinde tüm vücudu iltihaplı kabartılarla doldu. Sonunda bu hastalıktan öldü.

Savaşla ilgili diğer haberler ulaştığında ve ölenlerin yakınları feryada başladığında mecliste bir karar alındı: Ölenlerin yakınları kendilerini tutmalıydı. Onlara şöyle dendi: "Muhammed ve arkadaşları sizin böyle yaptığınızı duyarlarsa daha da sevinirler". Esirlerin ailelerine ise, Medîne'ye fidye teklifiyle gitme işini şimdilik ertelemeleri tavsiye edildi. Önemli birçok adamın savaşta ölmesiyle, Ümeyye'den Ebû Süfyân birçok kişinin gözünde Kureyş'in lideri konumuna geldi. Bu nedenle diğerlerine örnek olmak için biri öldürülen, diğeri de esir alınan iki oğlu Hanzele ile Amr hakkında şöyle konuştu: "Hem zenginlik hem de kanımdan iki taraflı kaybım için üzülecek miyim? Hanzele'yi öldürdüler, Amr için fidye mi vermeliyim? Bırakın onlarla birlikte kalsın. Onu istedikleri kadar yanlarında tutsunlar."

Ebu Süfyân'ın kızgın karısı Hind ne Hanzele'nin ne de Amr'ın annesi değildi. Fakat savaşın başında babası Utbe, amcası Şeybe ve kardeşi Velîd'i kaybetmişti. Mateme son verdiği halde, Kureyş'in öcünü alacağı ikinci bir savaşta -öç alınması gerektiğini düşünüyordu- babasını ve amcasını öldüren Hamza'nın (r.a.) ciğerini yemeğe and içti.

Ebu Süfyân'ın Mekke'ye sağ salim getirmeyi başardığı zengin kervandan elde edilen tüm kârın, Medîne'nin karşı koyamayacağı, güçlü bir ordu kurulması için harcanmasına karar verildi. Bu kez -yani ikinci kez savaştıklarında- kadınları da, erkeklere moral vermek için yanlarına almaya karar verdiler. Aynı amaçla tüm Arabistan'daki müttefiklerine, savaşta kendilerinin yanında yer almaları için, bu ortak düşmanın zararlarını anlatan elçiler gönderdiler.

Yas tutmama konusunda Meclis'in aldığı karara tüm Kureyş'in saygı duymasına rağmen fidye konusunda alınan karara pek fazla uyulmadı. Hemen hemen her kabileden adamlar Medîne'ye gidip, kendi akrabalarını veya müttefiklerini kurtarmak için fidye konusunu görüşmek üzere yola çıktılar. Ebû Süfyân sözünde durdu; fakat bir sonraki hac mevsiminde, Medîne'den gelen Evs'li yaşlı bir hacıyı rehin aldı ve Medîne'ye, oğlu Amr'ı serbest bırakmadıkça adamı bırakmayacağı haberini gönderdi. Hacının ailesi bu değiş tokuşun gerçekleşmesi için Peygamber (s.a.v)'i ikna ettiler.

ESİRLER

[45]

Esirler, Medîne'ye koruyucularıyla beraber, Peygamber'den bir gün sonra ulaştılar. Sevde ziyaret için bir kez daha Afra'nın evine gitti. Döndüğünde kuzeni ve eski kocasının kardeşi, aynı zamanda kabilesinin lideri olan Süheyl'i elleri boynuna bağlı bir şekilde evin bir köşesinde otu-rur bulunca çok şaşırdı. Bu görüntü onda, unutulmuş ve yerine yenileri geçmiş olan eski duyguları tekrar uyandırdı. "Ebû Yezîd!" diye bağırdı, "ne de çabuk teslim olmuşsun, şerefinle ölmen gerekmez miydi?" Peygamber: "Sevde!" diye yüksek sesle bağırdı. Sevde onun varlığını fark etmemişti. Peygamber (s.a.v)'in sesindeki ton, onu utançla, İslâm öncesi geçmişinden bugününe geri getirdi. Hâlâ Süheyl'in İslâm'a girme ihtimali vardı. Allah'ın kanunlarına uygun yönetimin güçlendiği bir ortamda bulunmaları da onda ve diğer esirlerde belirli izler bırakacaktı. Fakat Peygamber (s.a.v), Müslümanlara kafalarını pagan (putperest) fikirlerle değil, İslâmî düşüncelerle donatmalarını emrediyordu. Tekrar pişman olan Sevde'ye dönerek: "Onu Allah'a ve Rasûlü'ne karşı mı kışkırtıyorsun?" dedi.

Ebu Süfyân gibi, Süheyl'in önemi de diğer liderlerin ölümüyle artmıştı. Onun etkisiyle birçok kararsız İslâm'a girebilirdi, fakat Süheyl Medîne'de çok kısa bir süre kaldı. Çünkü Benî Amir hemen fidye üzerinde görüşmek üzere bir adam göndermişti. Süheyl hemen Mekke'ye dönmüş, gelen adam ise fidye üzerinde anlaşmak için Medîne'de kalmıştı.

Her esir üç veya daha fazla Müslüman tarafından paylaşılıyordu. Abbâs'a sahip olan bir grup ensâr, Peygamber (s.a.v)'e geldiler ve: "Ey Allah'ın Rasûlü! İzin ver de kızkardeşimizin fidyesini biz ödeyelim ve serbest bırakalım" dediler. "Kızkardeş" derken, esirin büyükannesi Selmâ'yı kasdediyorlardı. Peygamber onlara: "Siz bir dirhem bile vermeyeceksiniz" dedi. Daha sonra amcasına döndü ve: "Ey Abbâs! Kendinin ve iki yeğeninin; Akîl ile Nevfel'in ve müttefikin Utbe'nin fidyelerini sen öde. Çünkü sen zengin bir adamsın" dedi. Abbâs buna karşı çıktı ve: "Ben zaten Müslüman olmuştum, fakat bu adamlar beni zorla getirdiler" dedi. Peygamber (s.a.v) ona şu cevabı verdi: "Senin İslâm'ı kabul edip etmediğini ancak Allah bilir. Eğer söylediğin doğru ise, O senin mükâfatını verecektir. Fakat dış görünüşte sen bize karşı olanlarlaydın. O halde bize fidyeni öde." Abbâs, parası olmadığını söyleyince, Peygamber (s.a.v) ona şöyle dedi: "O zaman Ümmü'l-Fadl'a bıraktığın para nereye gitti? İkiniz yalnızken ona: 'Eğer öldürülürsem şu kadarını Abdullah'a, şu kadarını Fadl'a, Kisam'a ve Ubeydullah'a ver!' demiştin". İşte Peygamber (s.a.v) bunu söyleyince iman gerçekten Abbâs'ın kalbine girdi. "Seni Hak'la gönderene yemin olsun ki, bunu benden ve Ümmü'l-Fadl'dan başkası bilmiyordu. İşte şimdi senin Allah'ın Rasûlü olduğunu anladım"[1] dedi ve kendisiyle birlikte iki yeğeni ve müttefikinin fidyesini ödemeyi kabul etti.

Peygamber (s.a.v)'in yanındaki esirlerden biri de damadı Ebû'l-As idi. Zeyneb, Ebû'l-As'ın kardeşi Amr'ı, fidye ödeyip Ebû'l-As'ı kurtarması için Medîne'ye göndermişti. Gönderdiği paraların yanında annesinin kendisine evlendiği gün hediye ettiği akik bir kolye de vardı. Peygamber (s.a.v) kolyeyi görür görmez, onun Hatîce'nin kolyesi olduğunu fark ederek sarardı. Çok duygulanan Peygamber (s.a.v), esirde hissesi olanlara şöyle dedi: "Eğer isterseniz, esiri fidyesini almadan karısına gönderin, bu size kalmış bir şey". Hepsi de bunu kabul ettiler ve Ebû'l-As Mekke'ye hem paraları hem de kolyeyi alarak döndü. Onun, Medîne'de iken Müslüman olması ümid ediliyordu, fakat olmadı. Mekke'ye dönerken Peygamber (s.a.v) ona Zeyneb'i Medîne'ye göndermesi gerektiğini söyledi. Ebû'l-As da buna üzülerek söz verdi. Vahiy, Müslüman bir kadının, müşrik bir erkekle evli kalamayacağını açıkça söylüyordu.

Şimdi hayatta olmayan, Mahzûm kabilesinin şefi Velîd'in en küçük oğlu olan Velîd'de Abdullah İbn Cahş'ın da hissesi vardı. Abdullah, 4.000 dirhem fidyeden daha azına razı olmuyor ve Velîd'in üvey kardeşi Hâlid de bu kadar fazla para ödemek istemiyordu. Fakat Velîd'in öz kardeşi Hişâm ona: "Tabiî ödemek istemezsin, o senin annenin oğlu değil" deyince ödemeyi kabul etti. Bununla birlikte Peygamber (s.a.v) bu değiş tokuşa razı olmadı ve Abdullah'a, onlardan babalarının meşhur silahlarını ve zırhını istemelerini söyledi. Hâlid bir kez daha karşı çıktı; fakat Hişâm ondan baskın çıktı. Silahları ve parayı Medîne'ye getirdiklerinde kardeşleriyle birlikte Mekke'ye doğru yola çıktılar. Fakat ilk konaklardan birinde Velîd onlardan kaçarak Medîne'ye döndü, Peygamber (s.a.v)'e gidip Müslüman olduğunu açıkladı ve biat etti. Kardeşleri onu takip ettiler. Olanları fark edince çok sinirlenen Hâlid: "Neden bunu, fidyeyi ödemeden ve babamızın hazineleri elimizden çıkmadan önce yapmadın? Eğer istediğin bu idiyse, neden o zaman Muhammed (s.a.v)'e tabi olmadın?" dedi. Velîd, Kureyşlilerin kendisi hakkında, "Fidyeyi ödememek için Müslüman oldu" demelerini istemediğini söyledi. Daha sonra bazı mallarını almak üzere kardeşleriyle birlikte

1. Tab. 1344

Mekke'ye gitti. Onların kendisine bir şey yapacaklarını ümit etmiyordu. Fakat Mekke'ye varır varmaz, onu da Ayyâş ve Seleme'nin yanına hapsettiler. Ebû Cehil'in üvey kardeşleri olan bu iki adamı, Ebû Cehil'in oğlu İkrime, babası öldüğü halde hapiste tutmaya devam ediyordu. Peygamber (s.a.v) sık sık bu üç kişi ve Mekke'de zorla tutulan Hişâm ve Sehm'in oradan kurtulmaları için dua ederdi.

Mut'im'in oğlu Cübeyr, kuzenini ve müttefiklerinden ikisini kurtarmak için Medîne'ye geldi. Peygamber (s.a.v) onu çok iyi karşıladı; ona eğer Mut'im hayatta olsa ve esirleri, fidye ödeyip kurtarmak üzere gelseydi, onları fidye almadan Mut'im'e teslim edeceğini söyledi. Cübeyr, Medîne'de gördüğü her şeyden etkilenmişti; bir akşam güneş batarken Mescid'in dışında durmuş ve namaz kılarken Müslümanları dinlemişti. Peygamber (s.a.v) Cennet'ten, Cehennem'den ve hesap gününden bahseden et-Tûr Sûresi'ni okuyordu. Sûre şu sözlerle bitiyordu:

"Artık sen, Rabbinin hükmüne sabret; çünkü gerçekten sen, bizim gözlerimizin önündesin. Ve her kalkışında da Rabbini hamd ile tesbih et. Gecenin bir bölümünde ve yıldızların batışının ardında da O'nu tesbih et." (Tûr: 48-9)

Cübeyr: "İşte bunları duyduğum zaman iman kalbimde yer etti."[2] demişti. Fakat o daha fazla dinleyip etkilenmekten kendini alıkoydu. Çünkü çok sevdiği amcasının Bedir'de öldüğü aklından çıkmıyordu. Mut'im'in kardeşi Tu'ayme de Hamza'nın öldürdüğü adamlardan biriydi ve Cübeyr amcasının öcünü almaya kendini zorunlu hissediyordu. Bu amacından dönmekten korktuğu için, fidyeler konusunda anlaşmaya varır varmaz Mekke'ye döndü.

Fidye vermek için gelenlerin çoğu en azından Peygamber (s.a.v)'e karşı saygılıydılar. Fakat savaştan sonra öldürülen Umeyye'nin kardeşi ve yine o zaman öldürülen Utbe'nin yakın arkadaşı Cumah kabilesinden Übey bunların dışındaydı. Fidyesini ödediği oğlunu alıp geri dönerken: "Ey Muhammed! Avd adında bir atı her gün her çeşit tahıl ile besliyorum. Onun üstünde iken, seni öldüreceğim" dedi. Peygamber (s.a.v) şu cevabı verdi: "Hayır, inşaallah ben seni öldüreceğim."[3]

O sırada Mekke'de Übeyy'in iki yeğeni Safvân ve Umeyr büyük bir acı içinde Bedir'de kaybettikleri değerli ve büyük liderlerden bahsediyorlardı. Safvân, Umeyye'nin oğluydu ve babası öldüğü için Cumah'ın lideri olacağı bekleniyordu. Kuzeni Umeyr, Bedir'de Müslüman ordu hakkında bilgi toplamak ve güçlerini tahmin etmek için gözcü olarak giden adamdı. Safvân:

2. B. I. II,25.
3. W. 251.

"Tanrı'ya andolsun, onlar gidince dünyada hiçbir iyilik kalmadı" dedi. Umeyr de bunu tasdikledi, fakat o Safvan'dan daha samimiydi. Umeyr'in oğlu da Medîne'deki esirler arasındaydı. Fakat o fidye ödeyemeyecek kadar borçluydu. Zaten hayatından bezmişti, bu nedenle hayatını genel bir yarar uğruna feda etmeye karar verdi. "Eğer ödeyemediğim borçlarım ve bakmak zorunda olduğum bir ailem olmasaydı, gider Muhammed (s.a.v)'i öldürürdüm" dedi. Safvân: "Borcun benim üzerime olsun, senin ailen demek benim ailem demektir. Onlara ölünceye dek bakmaya söz veriyorum. Benim olan her şeyi istemelerine gerek kalmadan onlara veririm". Bunun üzerine Umeyr kararını uygulamak istediğini söyledi ve amaçları gerçekleşinceye kadar bu konuştuklarını gizli tutacaklarına birbirlerine söz verdiler. Umeyr, kılıcını keskinleştirdi, keskin tarafına zehir sürdü ve oğlunu kurtarma amacıyla gittiğini söyleyerek Medîne'ye doğru yola çıktı.

Aşağı Medîne'ye vardığında, Peygamber (s.a.v) Mescid'de oturuyordu. Umeyr'i kılıcını kuşanmış bir şekilde gören Ömer (r.a.), onun içeri girmesine engel oldu. Fakat Peygamber (s.a.v) ona Cumah'lı adamın yaklaşmasına izin vermesini söyledi. Bunun üzerine Ömer (r.a.), yanında bulunan ensârdan birkaç kişiye şöyle dedi: "Onu Allah'ın Rasûlü'ne götürün, siz de beraber oturun ve gözünüzü bu adamdan ayırmayın; çünkü pek güvenilir bir adam değil." Umeyr onlara iyi günler diledi -Câhiliyye devrinde yaygın olan bir selamlama şekli.- Peygamber (s.a.v) ona şöyle dedi: "Allah bize bundan daha güzel bir selamlama şekli öğretti, ey Umeyr! O selâm'dır, Cennet ehlinin birbirini selamlama şeklidir". Daha sonra ona niçin geldiğini sordu. Umeyr oğlunu kurtarmak için geldiğini söyleyince Peygamber (s.a.v): "Peki bu kılıç ne oluyor?" dedi. Umeyr: "Allah kılıçların belasını versin" dedi, "Onların bize hiç faydası dokundu mu?" Peygamber "Gelişinin asıl sebebi ne?" diye tekrar sordu. Umeyr yine sebep olarak oğlunu öne sürünce, Peygamber (s.a.v) onun Safvân'la Hicr'de konuştuklarını kelimesi kelimesine tekrarladı. En son olarak "Safvân senin borçlarını ve aileni üzerine aldı ki sen beni öldürebilesin. Fakat seninle onun arasına Allah girdi" dedi. Bunları duyan Umeyr: "Bunu sana kim söyledi?" diye bağırdı, "Bizim yanımızda bir üçüncü kişi yoktu". Peygamber (s.a.v) "Bana bunları Cebrâîl haber verdi" dedi. Umeyr: "Sen bize gökten haberler getirdiğinde biz sana yalancı dedik. Fakat bana İslâm'ı hidayet eden Allah'a hamdolsun. Ben, Allah'tan başka ilah olmadığına ve Muhammed (s.a.v)'in Allah'ın Rasûlü olduğuna şehadet ediyorum" dedi. Peygamber (s.a.v.), orada bulunanlara dönerek şöyle dedi: "Kardeşinize dinini öğretin ve ona Kur'ân okuyun; esir oğlunu da serbest bırakın".[4]

---

4. I.S. IV, 147; I.I. 472-3.

Umeyr (r.a.) diğerlerini de, özellikle Safvân'ı İslâm'a davet etmek için Mekke'ye dönmek istiyordu. Peygamber (s.a.v) ona gitme izni verdi ve onun sayesinde birçok kişi Müslüman oldu. Fakat Safvân onun bir hain olduğunu düşünüyor ve bu yüzden onunla hiç konuşmuyordu. Birkaç ay sonra Umeyr, muhâcir olarak Medîne'ye döndü.

Ebu'l-As, Mekke'ye döndüğünde karısı Zeyneb'e onu Medîne'ye göndereceğine dair babasına söz verdiğini söyledi. Küçük kızları Ümâme'nin de annesiyle birlikte gitmesine karar verdiler. Oğulları Ali daha bebekken ölmüştü. Zeyneb de üçüncü bir çocuk bekliyordu. Tüm hazırlıklar yapıldığında Ebû'l-As, kardeşi Kinâne'yi muhafız olarak karısının yanına gönderdi. Planlarını gizli yapmışlardı. Fakat buna rağmen gündüz yola çıktılar. Bu da Mekke'de birçok lafa neden oldu; sonunda Kureyş'ten bir grup onları takip etmeye ve Zeyneb'i evlilikle bağlı olduğu Abdu Şems kabilesine geri getirmeye karar verdiler. Fihr kabilesinden Habbâr adındaki bir adam ilerledi ve mızrağını sallayarak, tahtında Ümâme ile birlikte oturan Zeyneb'in önüne geçti. O sırada diğerleri de yaklaşıp onları çevrelediler. Kinâne atından indi ve yayını çekip ok sadağını yere indirdi. "Hele biriniz gelin, hemen okumla öldürürüm" dedi. Yayını gerince adamlar, geri çekildiler. Kısa bir sessizlikten sonra Abdu Şems'in lideri Ebû Süfyân ve bineklerinden inen birkaç kişi ona yaklaştılar. Ona silahlarını bırakıp, meseleyi sakince konuşmayı teklif ettiler. Kinâne razı oldu. Ebû Süfyân ona şöyle dedi: "Başımıza gelen felaketi ve Muhammed (s.a.v)'in bize yaptığı kötülükleri bildiğin halde, kadını, insanların gözü önünde götürmen büyük bir hataydı. Bu bizim aşağılandığımızı gösterir bir işaret, adamlar bizim hakkımızda beceriksiz diye konuşacaklar. Hayatım üzerine yemin ederim ki, onu babasından ayrı tutmak istemiyoruz, bunun bize bir faydası da yok. Fakat kadını Mekke'ye geri götür. Hakkımızda konuşanların ağzı susuncaya ve bizim gidip onu getirdiğimiz halk arasında yayılıncaya kadar Mekke'de kalsın. Sonra onu gizlice al ve babasına götür." Kinâne bu öneriyi kabul etti ve hep birlikte Mekke'ye döndüler. Döndükten kısa bir süre sonra Zeyneb, bir düşük yaptı. Büyük bir ihtimalle bunun nedeni Habbâr'dan korkmasıydı. İyileşince ve yeteri kadar zaman geçince Kinâne onları, yani Zeyneb ile Ümâme'yi gece karanlığında yola çıkardı ve Mekke'ye sekiz mil kadar uzaklıktaki Yecec ovasına kadar onlara eşlik etti. Orada, daha önceden planladıkları gibi Zeyd'le buluştular. Zeyd, onları sağ salim Medîne'ye getirdi.

BENÎ KAYNUKA

[46]

Uzun süreden beri, Yahudilerin, Peygamber (s.a.v)'le yaptıkları anlaşmaya uymadıkları ve çoğunun müşrik putperestleri, tek tanrıya inanan Müslümanlara tercih ettikleri biliniyordu. Vahiy, bazı Yahudilere güvenilebileceğini belirtmekle birlikte, topluluk olarak, Müslümanları onlara karşı uyarıyordu. Peygamber (s.a.v) ve arkadaşları bunun farkında olmaları için âyetlerle uyarılıyorlardı.

"Ey iman edenler! Kendinizden olmayanı sırdaş edinmeyin. Onlar size kötülük ve zarar vermekte kusur etmezler, size zorlu bir sıkıntı verecek şeyden hoşlanırlar. Buğz (ve düşmanlıkları) ağızlarından dışa vurmuştur, sinelerinin gizli tuttukları ise, daha büyüktür." (Âl-i İmrân: 118)

Yahudilerin, yeni dini altetme ve Yesrib'i eski haline çevirme girişimlerinde tek ümitleri Peygamber (s.a.v)'in kendi kabilesine dayanıyordu. Peygamber (s.a.v)'in tüm hareketleri hemen Mekke'ye haber veriliyordu. Kureyşliler, Yahudi yerleşim bölgelerinin uzağındaki Güney Medîne'ye -Peygamber (s.a.v)'in mescidinin yarım günlük yol uzağına- saldırırlarsa, Yahudiler geriden Kureyş ordusunu takviye etme olanağına sahiptiler.

"Size bir iyilik dokununca onları tasalandırır, size bir kötülük isabet edince ise onunla sevinirler." (Âl-i İmrân: 120)

Yahudiler bunu Bedir zaferine karşı tutumlarıyla göstermişlerdi. Zafer haberleri geldiğinde Kaynuka, Kurayza ve Nadir kabileleri üzüntü ve hayal kırıklıklarını gizleyemediler. Eşref oğlu Kâ'b'ın durumu ise çok şaşırtıcıydı. Babası Tayy kabilesinden bir Arap olmasına rağmen Kâ'b, annesi bir Yahudi olduğu için kendini Nadir kabilesinin bir üyesi sayardı. Hatta, zenginliği, güçlü kişiliği ve şairliği nedeniyle kabilenin ileri gelenlerinden biri olmuştu. Zeyd ve Abdullah, Kureyş'in ileri gelenlerinden birçok kişinin savaşta öldüğü haberini getirince Kâ'b kendini tutamayarak bağırdı: "Tanrı'ya andolsun, eğer Muhammed (s.a.v) bu adamları öldürdüyse, yerin altı üstünden daha iyi." Getirilen haberlerin gerçek olduğunu öğrenince, Peygamber (s.a.v)'in dönmesini beklemeden hemen Mekke'ye doğru yola çıktı. Orada öldürülen Ebû Cehil, Utbe, Şeybe ve diğerleri için bir ağıt yazdı. Bunun yanı sıra Mekkelileri büyük bir ordu hazırlayıp Yesrib'e saldırarak öçlerini almaları için teşvik etti.

Kâ'b'ın etkinliklerinin haberleri Medîne'ye ulaşmıştı. Fakat o an için Kâ'b çok uzaklardaydı ve Müslümanların, onun kabilesinden başka bir Yahudi kabilesiyle görülecek hesapları vardı. Peygamber (s.a.v) özellikle Benî Kaynuka'nın ihanet ve kötü etkinliklerine karşı uyanıktı. Çünkü Abdullah İbn Selâm, eskiden onların ileri gelenlerinden biriydi ve onların taktiklerini iyi biliyordu. Bunun yanı sıra Benî Kaynuka, münafıkların başı Hazrec'li İbn Übey'in müttefiki idi. Onların varlığı şehirde, diğer Yahudi kabilelerine nazaran daha çok hissediliyordu. Çünkü yerleşim merkezleri şehre çok yakındı. Oysa Evs'in müttefikleri olan Beni Nadir ve Beni Kurayza şehrin dışında yer alıyorlardı.

Kısa bir süre önce Peygamber (s.a.v) şu emri almıştı:

"Eğer bir kavmin ihanet edeceğinden kesin olarak korkarsan, sen de açık ve adil bir tutumla (onlarla olan anlaşma metnini ve diplomatik ilişkiyi yüzlerine) at. Gerçekten Allah, ihanet edenleri sevmez". (Enfâl: 58)

Fakat vahiy şu durumu da belirtiyordu:

"Eğer onlar barışa eğilim gösterirlerse, sen de ona eğilim göster ve Allah'a tevekkül et. Çünkü O, işitendir, bilendir". (Enfâl: 61)

Bu yüzden Peygamber (s.a.v) barışçı yollardan halledilebilecek sorunlar karşısında geri dönülmez faaliyetlere girişmek istemiyordu. Bunun bir göstergesi olarak Bedir'den hemen sonra, Yahudilerin Medîne'nin güneyindeki pazar yerlerine gitti. Bedir'deki mucize üzerinde düşünmeleri onları imana getirebilirdi. Bu yüzden Peygamber (s.a.v) onları, Kureyş'in üzerine inen Allah'ın azabını kendi üzerlerine çekmemeleri için uyardı. Onlar ise şu cevabı verdiler: "Ey Muhammed! Bu seferki başarın seni aldatmasın. Karşılaştığın kişiler savaş konusunda bilgisizdi, bu nedenle sen onların en iyilerini öldürebildin. Fakat, Tanrı'ya andolsun, seninle biz savaşsak, o zaman asıl korkulacak olanların biz olduğumuzu anlayacaksın." Peygamber (s.a.v) geri döndü ve onlardan ayrıldı. Onlar, bu seferlik zafer kazandıklarını zannettiler.

Birkaç gün sonra aynı pazar yerinde, gerginliği doruk noktasına ulaştıran bir olay meydana geldi: Mal almak veya satmak için çarşıya gelen bir Müslüman kadına, bir Yahudi kuyumcu fena halde hakaret etmişti. O sırada orada bulunan ensârdan biri hemen kadını savunmaya başladı ve kavga sırasında hakaret eden adam öldürüldü. Bunun üzerine Yahudiler hemen üzerine saldırıp Müslümanı öldürdüler. Müslümanın ailesi öçlerinin alınmasını istedi ve tüm ensârı kendi tarafına topladı. İki taraftan da kan dökülmüştü. Eğer Yahudiler, Peygamber (s.a.v)'in anlaşmaya uygun hareket etmesini isteselerdi, mesele kolayca halledilebilirdi. Fakat Yahudiler, Müslümanlara bir ders vermenin zamanı geldiğini düşünüyorlardı. Bu amaçla daha önceden müttefikleri olan Hazrec'li İbn Übey ve Ubâde İbn Sâmit'e haber gönderdiler. Güçlerini toplayıp Müslümanlara saldırmayı planlıyorlardı. Müslümanların Bedir'deki ordusunun iki katından fazla, yedi yüz kişilik bir ordu kurabilecek güçleri vardı. Yanı sıra, İbn Übey ve Ubâde'nin adamlarına da güvenebilirlerdi. Artık Peygamber (s.a.v)'e daha önceki tehditlerinin boş sözler olmadığını göstereceklerdi.

Fakat gerçekte, bu tehditler onların kendi yenilgilerine sebep oldu. Birkaç saat içinde kendi ordularından daha büyük bir ordu tarafından tüm çevrelerinin sarılmış olduğunu görünce, çok şaşırdılar. Onlardan koşulsuz olarak teslim olmaları isteniyordu.

İbn Übey, Ubâde'ye danışmaya gitti; fakat Ubâde, Peygamber (s.a.v)'le yapılan anlaşmadan önceki ittifak anlaşmalarının geçersiz olduğunu ve Kaynuka ile ilgili hiçbir sorumluluk kabul etmediğini söyledi. İbn Übey'e gelince; onun tabiatı, yıllardan beri bu denli güçlü müttefiklerle olan bağlarını bir anda kesmeye müsait değildi. Fakat onun, Yahudiler gibi, hemşehrilerinin Peygamber (s.a.v)'e ne denli bağlı olduğunu görmemesi imkânsızdı. Peygamber (s.a.v)'e bağlanan bu adamların kendisiyle daha önceden varolan anlaşmalarını alteden başka bir anlaşmayla ona bağlandıklarını çoğu kez sınamıştı. İki yıl önce olsa, askerlerini toplayıp kolayca kuşatmayı kaldırabilirdi. Fakat şimdi Peygamber (s.a.v)'in karşısında hiçbir şey yapamayacağını hissediyordu. Bu nedenle Benî Kaynuka kuşatma altında ümitle bekliyor, fakat yardım gelmeksizin günler geçtikçe ümitleri hayal kırıklığına dönüşüyordu. İki haftalık karşı koymanın sonunda kayıtsız şartsız teslim oldular.

İbn Übey kuşatmanın olduğu yere gelip, Peygamber (s.a.v)'e yaklaştı ve: "Ey Muhammed, müttefiklerime iyi davran!" dedi. Peygamber onu reddetti. İbn Übey isteğini tekrarlayınca, yüzünü ondan çevirdi. Bunun üzerine İbn Übey, Peygamber (s.a.v)'in arkasından, zırhını boyun kısmından tutup çekti. Peygamber (s.a.v)'in yüzü hiddetten karardı ve "Beni bırak!" dedi. İbn Übey: "Tanrı'ya andolsun, onlara iyi davranmaya söz verinceye kadar yakanı bırakmayacağım. Dört yüz zırhsız ve üç yüz zırhlı adam; onlar beni bütün siyah ve kırmızı adamlara karşı korudular.[1] Onları bir anda kesip öldürecek misin?" dedi. "Sana onların hayatlarını bağışlıyorum" dedi,

1. Siyah ve kırmızı, her ırktan insan, yani tüm insanlar anlamına gelir.

Peygamber (s.a.v). Fakat yeni gelen vahiy, kendisiyle yapılan anlaşmayı bozanlarla ilgili şöyle diyordu:

"Savaşta onları yakalarsan, öyle darmadağın et ki, onlarla arkalarından gelecek olanlar(ı yıldır). Umulur ki ibret alırlar." (Enfâl: 57)

Bunun üzerine Peygamber (s.a.v), Benî Kaynukalıların bütün değerli mallarını bırakıp sürgün edilmelerine karar verdi. Onları vadiden çıkarmakla da Ubâde İbn Sâmit'i görevlendirdi. Kaynukalılar ilk önce kuzeybatıda, Vadi el-Kura'daki akrabalarının yanına sığındılar. Daha sonra onların yardımıyla Suriye sınırında bir yerleşim merkezi kurdular.

Yahudiler Medîne'de metal işçiliği ve ticaretiyle uğraşıyorlardı. Bu nedenle, Peygamber (s.a.v) ganimetlerden beşte birini kendisi ve devletin giderleri için aldıktan sonra geriye kalan ganimetler, ensar ve muhâcirlerin zengin savaş aletlerine sahip olmasını sağladı.

ÖLÜMLER VE EVLİLİKLER

[47]

Peygamber (s.a.v)'in Bedir'den döndükten sonra yaptığı ilk işlerden biri, kızı Fâtıma ile birlikte, Rukiyye'nin mezarını ziyaret etmek oldu. Bu, onların, Hatîce'nin ölümünden sonra yaşadıkları en büyük kayıptı. Fâtıma, ablasının ölümünden çok etkilenmişti. Mezarın kenarında babasının yanına oturmuş, gözünden yaşlar boşanıyordu. Babası onu teskin etmeye çalıştı ve cübbesinin ucuyla göyaşlarını sildi. Peygamber (s.a.v) kısa bir süre önce ölünün arkasından ağıt tutmanın aleyhinde bazı şeyler söylemişti. Fakat söyledikleri yanlış anlaşılmıştı. Mezarlıktan geri döndüğünde Ömer (r.a.)'in, Rukiyye ve Bedir şehitlerinin arkasından ağlayan kadınlara bağırdığını duydu. "Ömer, bırak ağlasınlar" dedi ve şunları ekledi: "Kalbten ve gözden gelen Allah'tan ve merhametindendir. Fakat elden ve dilden gelen şeytandandır."[1] El ile göğsü dövmeyi ve yüzlerini yırtmayı, dil ile de bağırıp çağırarak ağıt yakmayı kasdediyordu.

Fâtıma, Peygamber (s.a.v)'in en küçük kızıydı ve yirmi yaşına gelmişti. Peygamber (s.a.v) ailesi içinde, Ali (r.a.)'nin ona en uygun eş olduğundan bahsetmişti, fakat normal bir anlaşma yapılmamıştı. Ebû Bekir (r.a.) ve Ömer (r.a.) Fâtıma (r.a.)'yı istemişler; fakat Peygamber (s.a.v) onları, kızını bir başkasına vereceğini söyleyerek değil, Allah'tan bir emir gelmesini beklediğini öne sürerek geri çevirmişti. Bedir'den sonraki ilk haftalardan birinde, artık evlilik zamanının geldiğini düşünerek Ali'yi kızını resmen istemesi için teşvik etti. Ali ilk başta fakirliğini düşünerek tereddüt etti. Babasından hiçbir miras almamıştı. İslâm, kâfir bir babaya mü'min bir evlâdın varis olmasını yasaklıyordu. Fakat buna rağmen, Mescid'in yakınında küçük bir evi vardı. Peygamber (s.a.v)'in istediklerini de bildiği için Fâtıma'yı istemeye karar verdi. Resmî anlaşma yapıldıktan sonra Peygamber (s.a.v), düğün yemeği verilmesi hususu üzerinde önemle durdu. Bir koç kurban edildi; ensârdan bazıları da un ve buğday hediye ettiler. Hem gelinin hem de damadın kuzeni olan Ebû Seleme, düğünde en büyük yardımları yapan kişi idi. Çünkü o, Ali'nin babasına, kendisini Ebû Cehil ve diğer düşmanlardan koruduğu için borçluydu. Bu nedenle Ümmü Seleme, Âişe ile birlikte çiftin oturacakları evi düzenleyip hazırlamaya gitti. Nehir yatağından yumuşak kum getirilmişti. Evin toprak zeminine bu kumdan yaydılar. Ge-

---

1. I.S. VIII, 24.

lin yatağı bir koyun derisiydi; yorgan olarak da Yemen'den gelen çizgili soluk renkli bir kumaşı kullanacaklardı. Bir derinin içine hurma lifleriyle doldurarak da yastık hazırladılar. Daha sonra, asıl yemeğin yanı sıra misafirlere verilmek üzere incir ve hurma hazırlayıp, su kabını su ile doldurdular. Genelde herkes bu düğün ziyafetinin o zamanda Medîne'de verilen en güzel ziyafet olduğu kanısında birleşiyordu.

Peygamber (s.a.v), artık misafirlerin çifti yalnız bırakmaları gerektiğini gösteren bir işaret olarak ayağa kalktı ve Ali'ye kendisi geri dönene dek karısına yaklaşmamasını söyledi. Bütün misafirler gittikten hemen sonra geldi. Ümmü Eymen (r.a.) hâlâ orada yemekten sonraki dağınıklığı toplayıp odayı düzene sokmaya çalışıyordu. Peygamber (s.a.v)'in hayatında sadece söz konusu kişinin paylaştığı birçok özel olay vardır. Bu kişilerden biri de Ümmü Eymen'di. Peygamber (s.a.v) içeri girmek için izin istediğinde, Ümmü Eymen kapıya geldi. Peygamber (s.a.v.): "Kardeşim nerede?" diye sordu. Ümmü Eymen: "Anam babam sana feda olsun ey Allah'ın Rasûlü!" dedi, 'Senin kardeşin kim?' Peygamber (sav): "Ebû Tâlib'in oğlu Ali" cevabını verdi. Bunun üzerine Ümmü Eymen: "Kızını onunla evlendirdiğin halde, o senin nasıl kardeşin olur?" diye sordu. Peygamber (s.a.v): "Gerçekten kardeşimdir" dedi. Daha sonra Ümmü Eymen'den bir miktar su getirmesini istedi, o da getirdi. Sudan bir ağız dolusu alıp ağzını kapattı, daha sonra suyu tekrar kabın içine boşalttı. Ali geldiğinde onu önüne oturttu. Eline bir miktar su alıp Ali'nin omuzlarına, göğsüne ve kollarına serpti. Daha sonra Fâtıma'yı çağırdı. Fâtıma (r.a.) babasına karşı duyduğu saygıdan elbisesinin içinde hafif sekerek geldi. Peygamber (s.a.v), ona da Ali'ye yaptığı gibi yaptı; onlara ve evlatlarına dua etti.[2]

Bedir'den sonraki yıl Ömer (r.a.)'in ailesi iki büyük kayıpla karşılaşmıştı. Bunlardan ilki kızı Hafsa (r.a.)'nın kocası Huneys'in ölümü idi. Huneys, Habeşistan'a ilk gidenler arasındaydı; oradan döndükten sonra Hafsa ile evlenmişti. Hafsa, dul kaldığında sadece on sekiz yaşındaydı; hem güzeldi, hem de iyi yetiştirilmişti. Babası gibi o da okuma yazma bilirdi. Ömer (r.a.), Rukiyye (r.a.)'nin ölümüyle Osman (r.a.)'ın çok yalnız kaldığını görerek, Hafsa (r.a.)'yı ona teklif etti. Osman düşüneceğini söyledi; fakat birkaç gün sonra gelip Ömer'e şu an için evlenmemesinin daha iyi olacağını söyledi. Ömer (r.a.) hem hayal kırıklığına uğramış, hem de Osman (r.a.)'ın red cevabına incinmişti. Fakat Ömer (r.a.), kızına iyi bir koca bulmaya kararlıydı; bu yüzden gidip Ebû Bekir'e teklif etti. Ebû Bekir ona müphem bir cevap verdi Bu, Ömer'i Osman'ın açık red cevabından daha çok incitti. Oysa Ebû Bekir (r.a.)'in reddetmesi akla yakındı; çok sevdiği

2. I. S. VIII, 12-15.

zevcesi vardı, Osman (r.a.) ise bekârdı. Ömer, Osman'ı razı edebilmeyi umuyordu. Bu nedenle Peygamber (s.a.v)'e konuyu açtı. Peygamber (s.a.v) ona: "Üzülme!" dedi, "Çünkü Allah sana ondan daha iyi bir damat, ona da senden daha iyi bir kayınpeder verecek". Ömer gülümseyerek, "Öyle olsun" dedi; çünkü bir-iki saniye düşününce, iki durumda da tercih edilen iyi adamın, Peygamber (s.a.v) olduğunu anlamıştı.

Peygamber (s.a.v), Hafsa'yla evlenerek iyi damat, Rukiyye (r.a.)'nin küçük kardeşi Ümmü Gülsüm (r.a.)'ü de Osman (r.a.)'a vererek iyi bir kayınpeder olacaktı. Bundan sonra Ebû Bekir, Ömer'e kendisine evlilik teklif edildiğinde neden öyle davrandığını açıkladı: Peygamber (s.a.v) hiç kimseye söylememesi şartıyla ona bu planından bahsetmişti.

Hz. Osman (r.a.)'la Ümmü Gülsüm'ün evlilikleri önce oldu. Huneys'in ölümünden sonra, gerekli olan dört ay iddet bittiğinde ve Âişe ile Sevde'nin odalarının yanına bir oda daha yapıldığında, Peygamber (s.a.v)'in evliliği de gerçekleşti. Bu, hemen hemen Bedir Savaşı'ndan bir yıl sonra meydana gelmişti. Hafsa'nın gelmesi evdeki uyumu bozmadı. Bilakis Âişe kendi yaşında bir arkadaşa sahip olduğu için seviniyordu. Bu, iki genç hanım arasında ölene dek sürecek bir arkadaşlığın başlangıcıydı. Âişe'nin hemen hemen annesi yaşında olan Sevde ise annelik merhametini, kendisinden yirmi yaş küçük olan bu yeni gelinden de esirgemiyordu.

Evliliğin gerçekleştiği sıralarda Ömer'in kayınbiraderi, yani Hafsa'nın dayısı Osman İbn Maz'un öldü. O ve karısı Havle, Peygamber (s.a.v)'e çok yakındılar. Osman, ashâbın en çok zühd sahibi kişilerinden biriydi. İslâm'ın vahyolunuşundan önce de o zühd ehliydi. Medîne'ye hicret ettikten sonra ise Peygamber (s.a.v)'den kendisini hadım ettirmek ve geri kalan ömrünü bir dilenci olarak geçirmek için izin istedi. Peygamber (s.a.v.): "Ben sana iyi bir örnek değil miyim?" dedi. "Ben kadınlara yaklaşırım, et yerim, oruç tutarım ve iftar ederim. Kendisini veya diğer insanları hadım eden bizden değildir." Peygamber (s.a.v) Osman'ın söylediklerini anlamadığını düşünerek başka bir fırsatta tekrar bu konuya değindi. "Ben senin için iyi bir örnek değil miyim?" dedi. Osman samimiyetle evet dedi ve sorunun ne olduğunu sordu. "Sen her gün oruç tutuyorsun" dedi. Peygamber (s.a.v), "Her geceyi de namazla geçiriyorsun". Osman, birçok kez Peygamber (s.a.v)'in gece namazının ve orucun faziletlerini saydığını bildiği için, "Evet, elbette öyle yapıyorum" dedi. Peygamber (s.a.v): "Öyle yapma" dedi; "çünkü gözlerinin, bedeninin ve ailenin senin üzerinde hakları vardır. Bu nedenle oruç tut, iftar da et; namaz kıl, aynı zamanda uyumaya da vakit ayır."[3]

---

3. I. S. I/2, 112.

Hanif dininin bir ifadesi olarak, vahiy sürekli, her konuda Allah'a hamd ve şükretme hususunu vurguluyordu.

"O, umulur ki şükredersiniz diye işitme, görme (duyularını) ve gönüller verdi." (Nahl: 78)

"Onda 'sükûn bulup durulmanız' için, kendi nefislerinizden eşler yaratması ve aranızda bir sevgi ve merhamet kılması da, O'nun âyetlerindendir. Hiç şüphe yok, bunda, düşünebilmekte olan bir kavim için gerçekten âyetler vardır." (Rûm: 21)

"De ki: Gördünüz mü, söyleyin; Allah kıyamet gününe kadar geceyi sizin üzerinizde kesintisizce sürdürecek olsa, Allah'ın dışında size aydınlık verecek ilâh kimdir? Yine de dinlemeyecek misiniz? De ki: Gördünüz mü söyleyin; Allah kıyamet gününe kadar gündüzü sizin üzerinizde kesintisizce sürdürecek olsa, Allah'ın dışında size, içinde dinleneceğiniz geceyi getirecek ilah kimdir? Yine de görmeyecek misiniz? Kendi rahmetinden olmak üzere O, sizin için, içinde dinlenmeniz ve O'nun fazlından (geçiminizi) aramanız için geceyi ve gündüzü varetti. Umulur ki şükredersiniz." (Kasas: 71-3)

Fıtratını (yaratılış özellik ve gayesini) koruyan insan için, Allah'a şükürle birleştirildiğinde, doğal zevkler bile ibadete dönüşür. Bu nedenle Peygamber (s.a.v.) şahsıyla ilgili olarak, duygulara hitap eden hazları ve namazın verdiği hazzı aynı çerçevede ele almıştır: 'Bana güzel koku ve kadınlar sevdirildi. Namaz ise gözlerime serinlik verir.'[4]

Osman İbn Maz'un'un ölümünden hemen sonra, cenaze gömülmeden önce, Peygamber (s.a.v), Âişe ile birlikte Havle'yi ziyaret etti. Âişe (r.a.) daha sonraki yıllarda bu olayı şöyle anlatıyor: "Peygamber (s.a.v), Osman'ı öptü. Gözünden Osman'ın yüzüne yaşlar damladığını gördüm". Osman'ın cenaze töreni sırasında Peygamber (s.a.v) bir kadının şöyle dediğini işitti: "Mes'ud ol ey Sa'ib'in babası, çünkü cennet senindir". Peygamber (s.a.v) sertçe döndü ve: "Sana bunu bilme hakkını veren ne?" dedi. Kadın: "Ey Allah'ın Rasûlü, o Ebû's-Sa'ib'dir" diyerek karşı çıktı. Peygamber (s.a.v): "Allah'a andolsun, biz onun hakkında iyilikten başka bir şey bilmiyoruz" dedi. Daha sonra, ilk karşı çıkışının Osman'a karşı değil, hakkı olmadığı halde öyle konuşana karşı olduğunu belirtmek istercesine: "O, Allah'ı ve Rasûlünü severdi" demeniz yeterdi" dedi.[5]

Ömer (r.a.), kayınbiraderinin, şehid olarak değil de yatağında öldüğünü

---

4. I. S. III/I, 289
5. I. S. III, 1, 289-90.

görünce, ona duyduğu saygıda bir azalma ve sarsılma olmuştu. Ömer daha sonraları bunu şöyle anlatıyor: "Osman İbn Maz'un şehid olarak ölmeyip, yatağında ölünce gözümden düştü. 'Bu dünyadan vazgeçmekte hepimizden üstün olan, fakat şimdi yatağında ölen şu adamı bırakın' dedim". Ömer (r.a.), Ebû Bekir (r.a.) ve Peygamber (s.a.v) yatağında ölene kadar da böyle düşünüyordu. Fakat onların bu şekilde öldüğünü görünce kendisini anlayışsızlıkla suçladı. Kendi kendine şöyle dedi: "Yazıklar olsun sana, en iyilerimiz öldü" -burada "yatağında öldü" demek istiyordu -Bundan sonra Osman İbn Maz'un, Ömer'in kafasında eski saygınlığına kavuştu.[6]

6. Age.

[48]

Mesciddeki üstü kapalı bölümün bir kısmı, barınacak yeri ve geçim kaynağı olmayan yeni gelenler için ayrılmıştı. Yararlanmaları için oraya yerleştirilen taş bir sıra nedeniyle onlara *Ehl-i Suffe* denirdi. Mescid, Peygamber (s.a.v)'in odalarının bir devamı gibi olduğu için, o ve ev halkı, kapılarının dibinde oturan ve gün geçtikçe birer ikişer artan bu fakirlere karşı kendilerini sorumlu hissediyorlardı. Bedir zaferi ile birlikte tüm Arabistan'daki kabileler Peygamber'den (s.a.v.) ve O'na inananlardan bahsetmeye başlamışlardı. İslâm'ın mesajı gün geçtikçe daha fazla insanı Medîne'ye çekiyordu. Bu nedenle Mescid'e bağlı odalarda oturanlar çok seyrek kendilerine düşen payı yiyebiliyorlardı. Peygamber (s.a.v) şöyle derdi: "Bir kişinin yiyeceği iki kişiye, iki kişinin yiyeceği dört kişiye, dört kişinin yiyeceği ise sekiz kişiye yeter."[1]

Peygamber (s.a.v) genelde güzel ve hafif kokuları sevdiği gibi, kötü kokulara, özellikle de kendisinin veya başkasının nefesinin kötü kokmasına karşı çok hassastı. Âişe (r.a.), onun eve girdiğinde yaptığı ilk işin yeşil hurma ağacından yapılma misvağını almak olduğunu söylerdi. Yolculukta ise Abdullah İbn Mes'ûd (r.a.) yanında Peygamber (s.a.v) için yedek bir misvak bulundururdu. Ashâb da Peygamber (s.a.v)'in misvak kullanma ve yemekten sonra ağız yıkama alışkanlığına uyarlardı.

Açlık bile onun bu aşırı duyarlılığını etkilemezdi. Fakat bu duyarlılığı her zaman başkalarının da kendisiyle paylaşmasını beklemezdi. İslâm'ın yasaklamadığı ve Peygamber (s.a.v)'in kendisi yemediği halde arkadaşlarına yemeleri için ısrar ettiği bazı yiyecekler vardı. Bunlardan biri Mekke'de bulunmayan, fakat Yesrib ve başka yerlerde çok rastlanan büyük kertenkelelerdi. Bazen O, başkalarının yemesini yasaklamadan bir yemeği yemeyi reddederdi. Bir keresinde, ensârdan biri ona hediye olarak türlü yemeği getirdi. Peygamber (s.a.v) tam yemekten tadacakken, onda ağır bir sarmısak kokusunun olduğunu fark etti, hemen elini çekti. Yanında olanlar da onun elini çektiğini görünce ellerini çektiler. Peygamber (s.a.v) onlara: "Ne oldu?" diye sordu. "Sen elini çektin, bu yüzden bizde ellerimizi çektik" dediler. O: "Allah'ın adıyla yemeye başlayın" dedi, "Sizin konuşmadığınız kişiyle ben çok yakın sohbette bulunmak zorundayım."[2] Onlar bu yakın kişinin

1. M. XXXVI, 176.
2. I. S. I/2.110.

Cebrâîl olduğunu hemen anladılar. Yemek hazırlanmış ve önlerine getirilmişti; bu nedenle israf edilmemeliydi. Bununla birlikte Peygamber (s.a.v) genelde onları, soğan ve sarmısak yememeleri, özellikle Mescid'e gitmeden önce buna dikkat etmeleri için uyarırdı.[3]

Fâtıma (r.a.), evlenmeden önce bir bakıma Ehl-i Suffe'ye ev sahipliği yapıyordu. Fedakârlıklar, Peygamber (s.a.v) ve ailesinin güncel yaşamının bir parçası olduğu halde Fâtıma, şimdiye kadar eksikliğini hiç hissetmediği bir sorunla karşı karşıyaydı. O, hiçbir zaman kendisine yardım eden ellerin eksikliğini duymamıştı. Kardeşi Ümmü Gülsüm'ün yanı sıra Ümmü Eymen de her an yardıma hazırdı. Ümmü Süleym (r.a.) on yaşındaki oğlu Enes (r.a.)'i Peygamber (s.a.v)'e hizmetçi olarak vermişti. Enes yaşının ötesinde düşünce ve akıl sahibi bir çocuktu. Annesi Ümmü Süleym ile ikinci kocası Ebû Talha da her an yardıma hazır bir şekilde beklerlerdi. İbn Mes'ûd ise ev halkından biri sayılabilecek kadar Peygamber (s.a.v)'e yakındı. Abbâs da kısa bir süre önce, Mekke'ye döndükten sonra kölesi Ebû Rafi'yi Peygamber (s.a.v)'e hediye olarak göndermişti. Peygamber (s.a.v) onu azâd etmiş, fakat özgürlüğüne kavuşması onu, Allah'ın Rasûlü'ne hizmet etmekten alıkoymamıştı. Bir de uzun süreden beri onların hizmetine koşan Osman İbn Maz'un'un dul eşi Havle vardı. Fakat Fâtıma'nın yanında şimdi bu yardım eden ellerden hiçbiri yoktu. Aşırı fakirliklerini gidermek için Ali (r.a.) su çekiyor ve taşıyor, Fâtıma ise buğday öğütüyordu. "Ellerim kabarıncaya kadar öğüttüm" dedi bir gün Ali'ye. Ali de ona: "Ben de omuzlarım ağrıyıncaya kadar su çektim. Allah, babana birçok köle vermiş, git ve onlardan birini hizmet etmesi için iste" dedi. Fâtıma hemen Peygamber (s.a.v)'in yanına gitti. Babası onu görünce: "Seni buraya getiren ne küçük kızım?"diye sordu. Fâtıma babasına duyduğu saygıdan evdeki niyetini söyleyemedi ve "Seni selamlamak için geldim" dedi. Eli boş dönünce Ali (r.a.) ona "Ne yaptın?" diye sordu. "İstemeye utandım" dedi, Fâtıma (r.a.). Bunun üzerine ikisi birlikte gidip Peygamber (s.a.v)'e isteklerini bildirdiler. Fakat Peygamber (s.a.v), onların hizmetçiye diğerlerinden daha az ihtiyaçları olduğunu öne sürerek isteklerini geri çevirdi. "Onları size verip de *Ehl-i Suffe*'nin açlıktan kıvranmasını istemem. Onları besleyecek kadar gelirim yok. Sadece elimdekini avucumdakini satarak onları besleyebiliyorum" dedi.

Ali (r.a.) ile Fâtıma (r.a.) biraz düş kırıklığı içinde evlerine döndüler. Fakat o gece, onlar yattıktan sonra kapıda içeri girmek için izin isteyen Peygamber (s.a.v)'in sesini duydular. Ona hoş geldin diyerek yataktan kalktılar. Fakat Peygamber (s.a.v): "Olduğunuz yerde kalın" dedi ve yanla-

3. B. XCVI, 24.

rına oturdu. "Size, benden istediğinizden daha değerli bir şey vereyim mi?" diye sordu. Onlar "evet" dediklerinde ise şunları söyledi: "Cebrâîl bana şöyle öğretti: Her namazdan sonra on defa *Elhamdülillah* (Hamd Allah'adır), on defa *Sübhanallah* (Allah tesbih edilendir) ve on defa *Allahu Ekber* (Allah büyüktür) deyin. Yattığınız zaman da her birini otuz üçer defa tekrarlayın". Ali ileriki yıllarda şöyle derdi: "Allah'ın Rasûlü bize bunları öğrettikten sonra, bir kez bile onları okumayı ihmal etmedim."

Ali (r.a.) ile Fâtıma (r.a.)'nın evleri Mescid'den çok uzak değildi; fakat Peygamber (s.a.v) kızının kendisine daha da yakın olmasını istiyordu. Evliliklerinden birkaç ay sonra, Peygamber (s.a.v)'in uzaktan akrabası olan Hazrec'li Hârise Peygamber (s.a.v)'e geldi ve şöyle dedi: "Ey Allah'ın Rasûlü! Fâtıma'yı daha da yakınına getirmek istediğini duydum. Benim evim Neccâroğulları arasında sana en yakın evdir, şimdi onu sana veriyorum. Ben ve mallarım, Allah ve Rasûlü içindir. Benden bir şeyler alırsan almamandan daha çok sevinirim." Peygamber (s.a.v) ona dua etti ve hediyesini kabul etti. Kızı ve damadını kendisine komşu olarak getirdi.

Peygamber (s.a.v.) Hârise'nin cömertliği ile Medîne'de gerek kendisine gerekse diğerlerine karşı gösterilen cömertliğe çok seviniyordu. Fakat o sırada meydana gelen bir olay düş kırıklığı yarattı. Peygamber (s.a.v) Evs'li Ebû Lübâbe'yi takdir ederdi. Bedir Savaşı sırasında, onu Medîne'de kendisini temsil etmesi için Revha'dan geri göndermişti. O yılın sonlarına doğru, Ebû Lübâbe'nin velayetinde bulunan bir yetim Peygamber (s.a.v)'e geldi. Velîsinin, kendisine ait olan bir hurma ağacına sahip çıktığını söyledi. Ebû Lübâbe'ye haber gönderdiler. Ebû Lübâbe ağacın kendisinin olduğunu iddia etti, gerçekten de öyleydi. Peygamber (s.a.v) meseleyi öğrenince Ebû Lübâbe'nin lehine karar verdi. Fakat uzun süreden beri ağaca sahip olduğuna kendisini alıştıran yetim çok üzülmüştü. Bunu gören Peygamber (s.a.v) Ebû Lübâbe'den ağacı kendisine hediye olarak vermesini istedi; fakat Ebû Lübabe kabul etmedi. Peygamber (s.a.v): "Ey Ebû Lübabe! O zaman ağacı bu yetime hediye et, Cennet'te karşılığını bulursun" dedi. Fakat olaylar Ebû Lübâbe'nin duygularını etkilemişti, bu nedenle yine kabul etmedi. O sırada ensârdan biri, Sâbit İbn ed-Dehdahe (r.a.), Peygamber'e: "Ey Allah'ın Rasûlü! Ben bu ağacı alıp bu yetime versem, aynısını Cennet'te bulacak mıyım?" diye sordu. "Elbette bulacaksın" cevabını alınca hemen Ebû Lübâbe'den bir hurma bahçesi karşılığında o ağacı satın aldı. İbn ed-Dehdahe ağacı yetime verdi.[4] Peygamber (s.a.v) onun adına çok sevinmiş, fakat Ebû Lübâbe adına üzülmüştü.

---

4. W. 505.

DÜZENSİZ SALDIRILAR

[49]

Bedir'in ve onu izleyen küçük seferlerin önemli bir sonucu da, Cuheyne ve Kızıl Deniz'deki diğer komşu kabilelerin Medîne'yle müttefik olmasıydı. Bu, Mekke kervanlarının Suriye'ye giden sahil yolunu kesmek demekti ve şu soruyu akla getiriyordu: Doğu, batı ve kuzeyden kervan yollarını kontrol altına alarak Kureyş'i zayıf bir konumda bırakmak mümkün değil miydi? Bu gizli tehlike Kureyşlilerin gözünden kaçmıştı. Fakat Kureyşliler, kuzeydoğudaki, Basra Körfezi'nde Irak'a giden yol üzerindeki Süleym ve Gatafan kabileleriyle ittifaklarını güçlendirmişlerdi. Bu kabileler Mekke ve Medîne'nin doğusundaki Necd ovasında yaşıyorlardı. Mekke'den giden kervanlar yedinci konaklarını Süleym kabilesinin verimli topraklarında yapıyorlardı. Kureyşliler özellikle bu kabileyi, Yesrib sınırlarını yağmalama konusundaki hiçbir fırsatı kaçırmamaları için teşvik ediyorlardı.

Bunu takip eden aylardan birinde, Peygamber (s.a.v) vahanın doğusundan yapılacak olan üç saldırıya karşı uyarı aldı. Bu saldırılardan ikisini Süleym, birini Gatafan kabilesi yapacaktı. Her seferinde onlar saldırıya fırsat bulamadan, onları kendi yerleşim bölgelerinde bastırdı ve onun geldiği haberini duyan kabile adamları kaçtılar. Fakat bu yürüyüşlerden biri özellikle başarılıydı. Gatafan kabilesinin Sa'lebe ve Muharip kollarına karşı yapılan yürüyüşte, Peygamber (s.a.v) Necd'in kuzeyindeki kayalıklarda gizlenen bu bedevîleri, Sa'lebe'den Müslüman olmuş bir bedevînin rehberliğinde bastırmak istedi. Oradan kuzeye doğru Muharip kabilesinin yerleşim bölgesine doğru ilerlerken yağmur başladı. Aralarında Peygamber (s.a.v)'in de bulunduğu bir grup adam, sığınmaya fırsat bulamadan ıslandılar. Peygamber (s.a.v) adamlardan biraz uzaklaştı, bir ağacın yanında soyunup giyeceklerini ağaca astı ve kurumasını bekledi. Ağacın altında yatarken onu uyku bastırdı. Onların bu hareketleri görmedikleri birçok kişi tarafından gözleniyordu. Peygamber (s.a.v) uyandığında karşısında kılıcını çekmiş bir adam buldu. Adam, Peygamber (s.a.v)'in haber aldığı saldırıdan sorumlu olan Muharib'in şefi Du'sur idi. "Ey Muhammed!" dedi, "Bugün seni bana karşı kim koruyacak?" Peygamber (s.a.v): "Allah!" dedi. Bunun üzerine Cebrâîl, beyazlar giymiş bir adam olarak göründü ve adamı göğsünden geriye doğru itti. Kılıç Du'sur'un elinden düştü, Peygamber (s.a.v) de kılıcı aldı. Cebrâîl, Du'sur'un önünden kayboldu. Du'sur bir melek gördüğünü anlamıştı. Peygamber (s.a.v): "Seni bana karşı kim koruyacak?" diye sordu.

Du'sur: "Hiç kimse " dedi ve şu sözlerle devam etti: "Allah'tan başka ilah olmadığına ve Muhammed'in Allah'ın Rasûlü olduğuna şehadet ederim." Peygamber (s.a.v) adama kılıcını geri verdi. Birlikte Müslümanların kamp yerine gittiler ve Du'sur'a din konusunda bilgi verildi. Du'sur daha sonra kabilesinin yanına döndü ve onlara İslâm'ı tebliğ etmeye başladı.

Ordu Necd'den dönene dek Kâ'b İbn Eşref Mekke'den ayrılmış ve Medîne'den çok uzakta olmayan Benî Nadir kabilesi civarındaki evine ulaşmıştı. Onun Kureyş'i öc almağa teşvik eden şiirlerinin yanı sıra, Peygamber (s.a.v)'i ve arkadaşlarını aşağılayan şiirleri de vardı. Arabistan'da tutulan bir şair, insanların tümünün görüşünü temsil ediyor, denilebilirdi. Çünkü böyle bir şairin mısraları dilden dile dolaşırdı. Şair eğer iyi ise iyilik kaynağı, kötü ise de kötülük kaynağı olurdu. Bir gün Peygamber (s.a.v) şöyle dua etti: "Ya Rabbi! Beni Kâ'b İbn Eşref'ten kurtar. Sen dilediğinden kurtarırsın. O hem kötülük yayıyor hem de kötü şiirler okuyor." Ve yanındakilere: "Kim bana bu kadar kötülük yapan İbn Eşref'e karşı çıkar?" İlk gönüllü, Evs'li Sa'd İbn Muâz (r.a.)'ın kabilesinden Muhammed İbn Mesleme (r.a.) idi. Peygamber (s.a.v) ona Sa'd'a danışmasını söyledi ve dört gönüllü daha bulundu. Bu beş gönüllü, yalan söylemeden, hile yapmadan İbn Eşref'e yaklaşılamayacağını biliyorlardı. Aynı zamanda Peygamber (s.a.v)'in bunları yasakladığından da haberdârdılar. Bu yüzden Peygamber (s.a.v)'e gittiler ve ona zihinlerini meşgul eden bu konuyu açtılar. Peygamber (s.a.v) onlara, amaçlarına ulaşmak için her şeyi söylemekte serbest oldukları, çünkü savaşta hile ve yalanın serbest olduğunu ve Kâ'b'ın da kendilerine savaş açtığını söyledi.

Kâ'b'ı aldatarak evinden dışarı çıkardılar ve öldürdüler. Paniğe kapılan Nadir Yahudileri Peygamber (s.a.v)'e gittiler ve başkanlarından birinin sebepsiz yere öldürüldüğünü söylediler. Peygamber (s.a.v) gelenlerin çoğunun Kâ'b gibi İslâm'a düşman olduklarını biliyordu. Bunu hayal kırıklığı içinde kabul etmek zorunda kaldı. Fakat Yahudilere, düşmanca düşüncelere hoşgörü gösterilse de, düşmanca etkinliklere hoşgörü gösterilemeyeceği bildirilmeliydi. "Eğer o da kendisi gibi düşünen diğerleri gibi davransaydı, haince öldürülmezdi. O bizi incitti ve aleyhimize şiir yazdı; sizden hanginiz bunu yaparsa öldürülecektir."[1] Daha sonra Peygamber (s.a. v) onları bağlılık anlaşmasından başka özel bir anlaşma yapmaya davet etti. Onlar da kabul ettiler.

---

1. W. 192

SAVAŞ HAZIRLIKLARI

[50]

Mekkeliler Kızıl Deniz kervan yolunu kaybettiklerini üzüntüyle fark ettiler. Tek seçenek olan diğer yolun ise bir dezavantajı vardı: Necd'den geçen yola kuyular çok uzaktı. Fakat yaz ayları yakın olduğu için kervana su taşıyan birkaç deve ekleyerek yolu güvenilir hale sokmak mümkündü. Kureyşliler Irak'a yüzbin dirhem değerinde gümüş eşya taşıyan zengin bir kervan göndermek istiyorlardı. Kervan Safvân'ın yönetiminde yol alacaktı. Medîne Yahudilerinden bazıları bunu duymuş ve aralarında konuşuyorlardı. O sırada ensârdan biri onların söylediklerine kulak misafiri oldu ve duyduklarını hemen Peygamber (s.a.v)'e haber verdi. Peygamber (s.a.v), Zeyd (r.a.)'in kumandanlık yeteneği olduğunun farkındaydı. Bu nedenle onu yüz atlının kumandasında kervanın yolunu kesmek üzere, yol üzerindeki su kaynaklarından biri olan Karede'ye gönderdi. Ordunun küçük olması Zeyd'in planını uygulamasını kolaylaştırıyordu. Ani ve görünmeden kervana saldırdılar. Bu ani saldırıdan korkan Safvân ve adamları kaçtılar. Zeyd ve adamları yükleriyle birlikte tüm develeri alarak zafer içinde Medîne'ye döndüler. Birkaç da köle elde etmişlerdi.

Karede felâketi, Mekkelilerin Bedir'den beri süren savaş hazırlıklarının hızlandırılmasına neden oldu. Haram ay olan Receb'le birlikte, kış mevsimi ve M.S. 625 yılı geçmiş oldu. Bunu takip eden ayda Hafsa ile Peygamber (s.a.v) evlendiler. Ramazan'ın ve orucun gelişiyle birlikte Müslümanlar büyük bir sevinç daha yaşadılar: Fâtıma bir erkek çocuğu dünyaya getirmişti. Peygamber (s.a.v), çocuğun kulağına ezan okudu ve ona "Güzel" anlamına gelen el-Hasan adını verdi. Dolunay çıktığında, yani ayın ortalarında Bedir'in yıldönümü yaşandı. O ayın sonunda Peygamber (s.a.v) Mekke'den Medîne'ye gelen bir atlının getirdiği bir mektup aldı. Mektup amcası Abbâs'tandı; Medîne'ye doğru yola çıkan üç bin kişilik orduyu haber veriyordu. Yedi yüz zırhlı ve iki yüz atlıları vardı. Eşya taşıyan ve kadınların çardaklarını taşıyan develer sayılmasa bile her askere bir deve düşüyordu.

Mektup Medîne'ye ulaştığında Kureyş ordusu yola çıkmıştı. Ebû Süfyân, kumandan olarak, yanına karısı Hind'i ve ikinci karısını da almıştı. Safvân da onun gibi iki karısını getirdi; diğer liderler ise eşlerinden sadece birini getirmişlerdi. Mut'im'in oğlu Cübeyr Mekke'de kalmış, fakat tüm Habeşistanlı soydaşları gibi cirit atmakta usta olan kölesi Vahşî'yi göndermişti. Vahşî'nin attığı cirit hedefinden çok seyrek şaşardı. Cübeyr ona şöyle demişti: "Eğer benimkine karşılık Muhammed'in amcası Hamza'yı öldürürsen, seni serbest bırakacağım." Hind bunu duymuştu. Ordu konakladığında, kampta ne zaman Vahşî'yi görse ona şöyle diyordu: "Ey karanlıkların babası, git onu söndür ve sonra zevkle seyret". Vahşî'ye, sahibinin ödülünün yanı sıra kendisinin de ödül vereceğini söylemişti.

Ensâr ve muhâcirlerin, düşman gelmeden önce daha bir haftaları vardı. Bu süre içinde şehir duvarları dışında, vahanın çeşitli yerlerinde yaşayanlar hayvanlarıyla birlikte şehrin içine yerleştirilmeliydi. Bu görev yerine getirildi ve şehir duvarları dışında ne bir at ne bir deve ne de bir koyun kalmadı. Bundan sonra yapılacak iş Mekkelilerin planlarını öğrenmekti. Onların sahildeki batı yolunu takip ettikleri haberi geldi. Bu sırada içeriye doğru yöneldiler ve Medîne'nin beş mil kadar batısında konakladılar. Daha sonra kuzeybatıya birkaç mil yol aldılar ve Medîne'ye kuzeyden bakan Uhud Dağı'nın eteklerindeki düzlüğe kamp kurdular.

Peygamber (s.a.v)'in gönderdiği haberciler ertesi sabah, düşman sayısının gerçekten mektuptaki gibi olduğu haberiyle geri döndüler. Kureyş'in yanı sıra, Sakîf kabilesinden yüz adamla birlikte Kinâne ve diğer müttefiklerinden de temsilciler vardı. Üç binden fazla deve ve iki yüz at, tüm otlağı ve henüz hasat edilmeyen ekinleri yiyorlardı. Kısa bir süre sonra oralarda yeşillikten eser kalmayacaktı. Orduda hemen saldırma belirtileri görülmüyordu. Bununla birlikte o gece şehrin etrafına asker yerleştirildi. Biri Evs'li, diğeri Hazrec'li olan iki Sa'd, yani İbn Mu'âz (r.a.) ve İbn Ubâde (r.a.), Peygamber (s.a.v)'in kapısı dışında beklemek gerektiğine karar verdiler. Useyd ve bir grup askerle gece Peygamber (s.a.v)'in kapısında nöbet tuttular.

Peygamber (s.a.v), henüz silahlarını kuşanmamıştı. Fakat rüyasında, kendisini zırh giymiş bir halde bir koçun üstünde giderken gördü. Elinde bir kılıç vardı. Kılıca baktığında içinde bir diş; etrafında da kendisinin olduğunu bildiği bir grup büyük baş hayvanın kurban edildiğini gördü.

Ertesi sabah rüyasını arkadaşlarına anlattı ve onu şöyle yorumladı: "Zırh Medîne'dir; kılıcın içindeki diş, bana yöneltilecek olan bir darbeyi; kurban edilen hayvanlar da ashâbımdan öldürülecek olanları temsil ediyor. Benim üzerine bindiğim koç ise, inşaallah öldüreceğimiz, kâfirlerin bölük başkanını işaret ediyor."[1]

Peygamber (s.a.v)'in ilk düşüncesi şehrin dışına çıkmayıp içten bir savunma mekanizması kurmaktı. Bununla birlikte kendi görüşüne diğerlerinin de katılıp katılmayacaklarını öğrenmek amacıyla meseleyi istişâre et-

---

1. W. 209.

mek için arkadaşlarını topladı. İlk konuşan İbn Übey oldu. "Bizim şehrimiz, bize karşı hiçbir zaman saldırıya meydan bırakmayan bâkire bir şehirdir. Biz bu şehirden büyük kayıplar olmaksızın hiçbir düşmana saldırı için çıkmadık. Bu şehre saldıranlar ise hep büyük kayıplarla karşılaştılar. O halde, ey Allah'ın Rasûlü; onları bırak, ne yaparlarsa yapsınlar. Orada kaldıkça, felâket onların olacaktır. Geri döndüklerinde ise amaçlarını yerine getirememiş olarak geri döneceklerdir."

Ensâr ve muhâcirlerin yaşlılarından büyük bir grup İbn Übey'in görüşüne katıldılar. Bunun üzerine Peygamber (s.a.v): "Medîne'de kalın, kadın ve çocukları kalelere koyun" dedi. O böyle konuşunca gençlerden çoğunun şehrin dışına yürüme taraftarı olduğu açığa çıktı. Birisi: "Ey Allah'ın Rasûlü" dedi, "bizi düşmanın yanına götür. Onların, bizim korktuğumuzu ve zayıf olduğumuzu düşünmelerine izin verme". Bu sözler meclisin her tarafından takdir dolu mırıltılarla desteklendi. Çoğu aynı şeyleri tekrarladı. Bazıları, eğer bu kez mahsullerinin böyle harap edilmesine izin verirlerse, bunu gelecekte Kureyşlileri aynı şeyi yapmaya teşvik etmekten başka bir işe yaramayacağı görüşünü savundular. Hamza ve Sa'd İbn Ubâde gibi deneyimli kişiler de bu görüşü desteklemeye başlamıştı. İçlerinden biri: "Bedir'de üç yüz adamın vardı, Allah sana, onlara karşı zafer verdi. Şimdi ise daha çok adamımız var, hem de düşman ayağıyla kapımıza dek gelmiş. Yine Allah'a dua ediyor ve zafer vereceğini ümit ediyoruz" dedi.[2] Daha sonra, yaşlı bir adam olan Evs'li Hayseme ayağa kalktı. Daha önce de anlatılan savunmada kalmanın dezavantajlarından bahsetti. Sonra kişisel bir konuyu açıkladı. Oğlu Sa'd (r.a.) Bedir'de şehid düşen birkaç Müslümandan biriydi. "Geçen gece rüyamda" dedi, "Oğlumu gördüm. Görünüşü çok güzeldi. Cennet bahçeleri arasında ona her istediğinin verildiğini gözledim. 'Bize gel ve Cennet'te arkadaşımız ol. Rabbimin bütün vaadlerinin hak olduğunu gördüm' dedi. Ben yaşlıyım ve Rabbime kavuşmak istiyorum. Ey Allah'ın Rasûlü, Allah'a dua et de bana şehidlik ve Cennet'te Sa'd'la buluşmayı nasip etsin."[3] Peygamber (s.a.v) Hayseme için dua etti. Şüphesiz bunu içinden okudu, çünkü kaynaklarda duanın nasıl olduğu kaydedilmemiş. Daha sonra ensârdan biri daha, Hazrec'li Malik İbn Sinân (r.a.) ayağa kalktı. "Ey Allah'ın Rasûlü!" dedi, "Önümüzde iki iyi şeyden biri bizi bekliyor: Ya Allah bize onlara karşı zafer verecek, ki biz bunu bekliyoruz; ya da Allah bizi şehidlik mertebesine ulaştıracak. Hangisi olursa olsun fark etmez, çünkü iki sonuç da iyi."[4]

---

2. W. 210-11.
3. W. 212-13.
4. A.g.e

Konuşulanlardan ve onların desteklenmesinden, genel kanının şehir dışına çıkmak olduğu anlaşıldı. Peygamber (s.a.v) de şehir dışına çıkıp düşmana saldırmaya karar verdi. Öğle vakti cuma namazı için toplandılar. Okunan hutbenin konusu cihad ve onun gerektirdiği çaba ile ilgiliydi. Daha sonra Peygamber (s.a.v) arkadaşlarına savaş için hazırlanma emri verdi.

Namazdan sonra Peygamber (s.a.v)'in arkasında iki adam önemli kararlar almak için ona danışmak üzere bekliyorlardı. Bunlardan biri kendini İbrahim dininin temsilcisi kabul eden Ebû Amir'in oğlu Hanzele idi. Babasının şimdi Uhud'da düşman kampları arasında olduğundan haberi yoktu. O gün, Hanzele'nin birkaç hafta öncesinden belirlenmiş olan düğün günüydü. O, İbn Übey'in kızı, kuzeni Cemîle ile nişanlıydı. Savaşa gitmeye kararlı olmasına rağmen, düğünü ertelemek istemiyordu. Peygamber (s.a.v.) düğününü yapmasını ve geceyi Medîne'de geçirmesini söyledi. Güneş doğmadan önce çatışma başlayamayacağına göre, Hanzele (r.a.) ertesi sabah orduya yetişebilirdi. Ordunun hangi yollardan geçtiğini araştırarak onlara ulaşması mümkündü.

Diğer adam, Hazrec kabilelerinden Benî Selime'li Abdullah İbn Amr (r.a.)'dı. O üç yıl kadar önce, putperest olarak hac yolculuğuna çıkıp Mina'da Müslüman olan ve daha sonra İkinci Akabe'de Peygamber (s.a.v)'e biat eden adamdı. Birkaç gece önce Abdullah, Hayseme'ninkine benzer bir rüya görmüştü. Rüyasında ona bir adam gelmişti. O, adamın ensârdan Mübeşşir olduğunu farketmişti.

Adam: "Birkaç gün içinde bize geleceksin" demişti. Abdullah: "Neredesin?" deyince adam: "Cennet'te. Biz orada, istediğimiz her şeye sahip oluruz" cevabını vermişti. Abdullah'ın: "Sen Bedir'de öldürülmemiş miydin?" sorusunu ise şöyle cevaplamıştı: "Evet öldürüldüm, fakat bana tekrar hayat verildi". Abdullah rüyasını Peygamber'e anlatınca Peygamber ona: "Ey Câbir'in babası, bu şehadettir" dedi.[5] Abdullah da böyle tahmin ediyordu; fakat yine de bunu Peygamber (s.a.v)'in ağzından duymak istemişti. Daha sonra savaş hazırlıklarına başlamak ve çocuklarıyla vedalaşmak için evine döndü. Karısı yeni ölmüştü. Geride ise, yedi kız çocuğu ve onlara ağabeylik eden Câbir'i bırakmıştı. Babası eve geldiğinde Câbir çoktan mescidden dönmüş, silahlarını hazırlamaya koyulmuştu. Bedir'de bulunmadığı için bu kez Peygamber (s.a.v)'le savaşa gitmeyi çok istiyordu. Fakat babasının düşüncesi farklıydı. "Oğlum" dedi babası, "onları -kızlarını kasdederek - yalnız bırakmamalıyız. Onlar küçük ve çaresizler." "Onlar için korkuyorum.

5. W. 266.

Fakat ben Allah'ın Rasûlü ile birlikte, şehid olmak için gidiyorum, onları da sana emanet ediyorum."

Müslümanlar ikindi namazında tekrar bir araya geldiler. O zamana kadar yukarı Medîneliler hazırlanıp mescide gelmişlerdi bile. Namazdan sonra Peygamber (s.a.v) Ebû Bekir ve Ömer'i kendi evine götürdü. Onlar Peygamber (s.a.v)'in savaş için hazırlanmasına yardım ettiler. Adamlar dışarıda sıralanmış bekliyorlardı. Sa'd İbn Muâz (r.a.) ve kabilesinden birkaç adam onlara kızarak: "Siz, Allah'ın Rasûlü istemediği ve O'na semâdan haber gelmediği halde onu savaşa zorladınız. Bırakın da kararı o versin" dediler. Peygamber (s.a.v) dışarı çıktığında, sarığını miğferinin üstüne sarmış, zırhını giymiş ve kılıcını kuşanmıştı. Adamlardan çoğu, O'nu görünce biraz önceki sözlerine pişman oldular ve: "Ey Allah'ın Rasûlü! Bizim sana karşı çıkmamız söz konusu değil, sana hangisi iyi görünüyorsa onu yap" dediler. Peygamber (s.a.v) onlara şu cevabı verdi. "Bir peygamber silahlarını kuşandıktan sonra, Allah, düşmanlarıyla onun arasında hüküm verene kadar onları çıkarmaz. Bu nedenle size emrettiklerimi yapın ve Allah adına ilerleyin. Eğer sebat gösterirseniz zafer sizindir."[6] Daha sonra iki sopa istedi ve onlara üç sancak bağladı. Evs'in sancağını Üseyd'e, Hazrec'inkini Bedir kuyularıyla ilgili tavsiyeyi veren Hubab'a, muhâcirlerinkini de Mus'ab'a verdi. Yine, amâ olan Abdullah İbn Ümmü Mektûm (r.a.)'u kendi yokluğunda namazları kıldırması için imam tayin etti. Sekb[7] adındaki atına bindi, yayını omuzuna astı, eline de bir mızrak aldı. Başka kimse bineğine binmemişti. İki Sa'd (İbn Ubâde ve İbn Muâz) Peygamber (s.a.v)'in önünde gidiyordu. Her iki tarafta toplam binden fazla adam vardı.

6. W. 214
7. Ata, rahvan gittiği için Akan Su anlamına gelen bu isim verilmiştir.

[51]

Ordu, Medîne ile Uhud'un ortasındaki Şeyheyn'e ulaşıncaya kadar güneş batmaya başlamıştı. Bilâl ezan okudu. Namazdan sonra Peygamber (s.a.v) orduyu gözden geçirdi. O zaman, yaşları küçük olmasına rağmen savaşa katılmak isteyen sekiz çocuğu farketti. Aralarında, sadece on üç yaşında olan Zeyd'in oğlu Üsâme (r.a.) ve Ömer'in oğlu Abdullah (r.a.) da vardı. Peygamber (s.a.v) bu sekiz çocuğa Medîne'ye geri dönmelerini emretti. Onlar karşı çıktılar. Ensârdan biri, Evs'in Hârise kolundan olan on beş yaşındaki Ebû Rafi'nin iyi bir ok atıcısı olduğuna dair Peygamber (s.a.v)'i ikna etti. Bu yüzden Rafi'nin kalmasına izin verildi. Fakat annesi Rafi'nin kabilesinden biri ile evlenen ve şu anda yetim kalan, Necd kabilesinden Semûre, kendisinin güreşte Rafi'den daha iyi olduğunu iddia etti. Peygamber (s.a.v) de onların kendilerini göstermelerine izin verdi. İki çocuk hemen birbirlerine girdiler ve Semûre iddiasının doğru olduğunu ispatladı. Bu nedenle onun da kalmasına izin verildi. Diğerleri evlerine geri gönderildi.

Mekkeliler, Müslümanların üzerlerine gelmesini ve böylece tüm güçleriyle ve süvari birlikleriyle onlara saldırmayı istiyorlardı. Peygamber (s.a.v) bunun farkındaydı. Bu nedenle sayılarının az oluşunu dengeleyecek bir konum almaya ve düşmanın ümitlerini boşa çıkarmaya karar vermişti. Fakat bunu başarabilmesi için bir rehbere ihtiyacı vardı. Bu nedenle bir soruşturma yaptı ve Benî Hârise kabilesinin o bölgeyi iyi bilen bir adamını rehber olarak aldı.

Medîne'de o gece Hanzele (r.a.) ile Cemîle (r.a.) evlendiler. Cemile o gece rüyasında kocasını Cennet'in dışında beklerken gördü. Kapı açılıp kocası içeri girmiş ve kapı tekrar kapanmıştı. Cemile uyandığında, "Bu şehadet" dedi. İkisi birlikte kalkıp gusül abdesti aldılar ve sabah namazını kıldılar. Daha sonra Hanzele karısına veda etti. Fakat karısı ona sarıldı ve bırakmadı. Bunun üzerine tekrar yattılar. Daha sonra Hanzele kendisini karısının etkisinden kurtarıp, gusül abdesti alacak kadar bile beklemeden silahlarını aldı, zırhını giydi ve evden ayrıldı.[1]

Peygamber (s.a.v) orduya güneş doğmadan Şeyheyn'den ayrılma emri verdi. Fakat İbn Übey, gece boyunca kendi taraftarlarıyla konuşmuştu. Ordu harekete hazır olunca, üç yüz münafıktan oluşan taraftarlarıyla birlikte İbn

---

1. W. 273

Übey, Medîne'ye geri döndü. Orduyla birlikte kalan oğlu Abdullah ise bundan çok utanmıştı. İbn Übey ayrılmadan önce Peygamber (s.a.v)'le konuşmadı bile. Kendisine nereye gittiğini soran ensârdan bazılarına ise şu cevabı verdi: "O bana karşı çıktı ve değersiz adamların sözüne uydu. Bu kötü seçilmiş noktada hayatlarımızı feda etmemiz için bir neden göremiyorum." Câbir'in babası Abdullah onların arkasından gitti ve şöyle bağırdı: "Allah aşkına, Peygamberinizi ve halkınızı düşman karşısında terk etmeyin." Onlar sadece şu cevabı verdiler: "Eğer savaşacağınızı bilseydik, sizi terk etmezdik. Fakat çatışma olacağını tahmin etmiyoruz." Abdullah: "Ey Allah'ın düşmanları" dedi, "Allah, Peygamberini sizsiz de zafere ulaştıracaktır."

Sayıca yedi yüze inen ordu, düşmana doğru biraz ilerledi. Daha sonra, hâlâ karanlıkta, sağa dönüp volkanik bir kaya yığınından geçerek Uhud eteklerine ulaştılar. Tekrar dönüp kuzeybatıya doğru yöneldiler. Şafağın sönük ışıklarında Mekke kampını biraz sollarında, biraz da aşağılarında görünceye dek ilerlediler. Daha sonra yine ilerleyip düşmanla Uhud Dağı arasındaki yerlerini aldılar. Ne yapması gerektiğine karar veren Peygamber (s.a.v), bineklerden inme ve konaklama emri verdi. Bilâl ezan okudu ve hepsi arkaları Uhud Dağı'na dönük olarak sıralanıp sabah namazını kıldılar. Savaşın konumu da bu şekilde olacaktı. Çünkü düşman kendileriyle Mekke arasında yer alıyordu. Namazdan sonra Peygamber (s.a.v) onlara şöyle hitap etti: "Gerçekten bu gün siz karşılığı ve ecri bol olan bir gündesiniz. Ne yaptığının farkında olan ve nefsini sabır, sebat, gayret ve istekle buna adayan kişi için büyük mükâfatlar vardır"[2] Peygamber (s.a.v) konuşmasını bitirdiğinde henüz Medîne'den yeni gelen Hanzele yanına geldi ve onu selamladı.

Peygamber (s.a.v) en iyi okçuları seçiyordu: Bunların arasında kendisine en yakın olanlar Zeyd, Zühre kabilesinden kuzeni Sa'd ve Osman İbn Maz'un'un oğlu Sa'ib idi. Okçuların arasından elli kişiyi seçip, esas gücün sol tarafındaki tepeye yerleştirdi. Onların başına da Evs'li Abdullah İbn Cübeyr (r.a.)'i lider olarak görevlendirdi. Onlara bazı emirler verdi ve şöyle dedi: "Oklarınızla bizi onların atlılarından koruyun. Onların arkamızdan dolaşıp bize saldırmasına izin vermeyin. Savaş bizim lehimize de gitse, aleyhimize de gitse yerinizden ayrılmayın. Eğer düşmanı yendiğimizi görürseniz, bunda bizim de payımız olsun demeyin; eğer öldürüldüğümüzü görürseniz, yardıma gelmeyin."[3]

Bir başka zırh giyerek eline bir kılıç aldı ve salladı. "Bu kılıcı hakkıyla birlikte kim alacak?" diye sordu. Ömer hemen almak üzere ilerledi; fakat

2. W. 221.

3. I. I. 560.

Peygamber (s.a.v) yüzünü ondan çevirdi ve tekrar: "Bu kılıcı hakkıyla kim alacak?" diye sordu. Zübeyr almak istediğini söyledi; fakat Peygamber (s.a.v) yine yüzünü çevirdi ve sorusunu üçüncü kez tekrarladı. Hazrec'li bir adam olan Ebû Dücâne: "Onun hakkı nedir, ey Allah'ın Rasûlü?" dedi. Peygamber (s.a.v): "Onun hakkı, düşmanla kılıcın ağzı eğilene dek savaşmandır" dedi. Ebû Dücâne: "Onu hakkıyla birlikte alıyorum" dedi. Peygamber (s.a.v) de kılıcı ona verdi. Onun kırmızı sarığı Hazrec arasında ölüm sarığı olarak meşhurdu. Miğferinin üstüne bu sarığı taktığında, bunu düşman üzerine ölüm saçmak anlamına geldiğini herkes biliyordu. Onun saflar arasında bu niyetle kılıcını salladığını görünce Peygamber (s.a.v), "Bu, buradaki ve bu zamandaki durum hariç, Allah'ın yasakladığı ve sevmediği bir haldir" dedi.[4]

4. I. I. 461

UHUD SAVAŞI

[52]

Güneş yükselmiş ve Kureyşliler saflarını düzene sokmuşlardı. Her iki tarafta yüzer atlı vardı. Sağ taraftakine Velîd'in oğlu Hâlid, sol taraftakine Ebû Cehil'in oğlu İkrime kumanda ediyordu. Ortadan Ebû Süfyân ilerleme emrini verdi. Onun önünde Abdu'd-Dâr'dan Talha, Kureyş sancağını taşıyordu. Talha'nın iki kardeşi ve dört oğlu gerektiğinde sancağı almak için onun yakınında yer alıyorlardı. Talha ve kardeşleri kabileleri için o gün zafer kazanmaya kararlıydılar. Bedir'de onlardan iki kişi şerefsizce kendilerinin esir alınmasına izin vermişlerdi. Ebû Süfyân, Uhud'a giderken bunu Talha ve kardeşlerine hatırlatmayı ihmal etmemişti. Mus'ab, Peygamber'in önünde, Muhâcirlerin sancağını taşıdığı yerden kendi kabilesinin adamlarının da Kureyş sancağını taşıdıklarını gördü.

İki düşman ordusu seslerini duyacak kadar birbirlerine yaklaştıklarında, Ebû Süfyân ordunun hafifçe önüne çıktı: "Ey Evsliler ve Hazrecliler! Alanı boşaltın ve kuzenimi bana bırakın. O zaman biz de size dokunmayız. Çünkü biz size savaş ilan etmedik" dedi. Fakat ensâr, ona yüksek sesle hakaret ederek cevap verdi. Daha sonra Mekke saflarından bir adam öne atıldı. Hanzele, öne çıkanın babası olduğunu görünce çok şaşırdı. Adam: "Ey Evsliler, ben Ebû Amir'im" dedi. Ebû Amir bir zamanlar çok güçlü olan nüfuzunun bir anda yok olduğuna inanamıyordu. Bu nedenle Kureyşlilere, kabilesine kendisini tanıtır tanıtmaz, bütün adamlarının kendi safına geçecekleri konusunda söz vermişti. Fakat beklediğinin aksine sadece hakaretle değil, hayal kırıklığı içinde geri çekilmesine neden olan taş yağmuruyla karşılandı.

Mekke ordusu tekrar ilerleme düzenine girdi. Hind tarafından yönetilen kadınlar da deflere, zillere vurarak ve şarkı söyleyerek ilerliyorlardı:

Ey Abdu'd-Dâr sülâlesi, ileri!
Ey gerideki safların bekçileri, ileri!
Her kılıç darbesiyle ölüm saçın.

Kadınlar, düşmana yeteri kadar yaklaştıklarını anlayınca, davullarını döverek savaş zamanının geldiğini ilan ediyorlardı. Erkekler, kadınların önüne geçti. Daha sonra Hind, önceki bir savaşta başka bir Hind tarafından okunan şarkıyı söylemeye başladı:

İlerleyin, o zaman sizinle övünürüz,
Ve yumuşak halılar sereriz.

Fakat eğer geri dönüp kaçarsanız, sizi terk ederiz.
Sizi terk ederiz ve sevmeyiz.

İki ordu yeteri kadar birbirine yaklaşınca, Peygamber (s.a.v.)'in okçuları, Hâlid'in süvarilerini ok yağmuruna tutmaya başladı. Kişneyen atların sesleri kadınların davul seslerini bastırdı. Mekke ordusunun orta kısmından Talha, ileri doğru çıktı ve teke tek çatışma önerdi. Ona karşı Ali (r.a.) çıktı. Biraz çatıştıktan sonra Ali onu yere düşürdü ve miğferinin üstünden kafasını parçalayan bir darbe ile öldürdü. Peygamber (s.a.v.) bir anda, "öldürülecek bölük başkanının" -rüyasında kendisine gösterilen koçun- Talha olduğunu anladı ve yüksek sesle "Allahu Ekber" dedi. Bu ses tüm orduda yankılandı. Fakat rüyada gördüğü koç sadece bir tek kurbanı sembolize etmiyordu. Çünkü Talha'nın kardeşi sancağı almış ve Hamza tarafından öldürülmüştü. Daha sonra Zühre'li Sa'd, Talha'nın diğer kardeşini, boynuna ok saplayarak öldürdü. Talha'nın dört oğlu da birbiri arkasına Ali (r.a.), Zübeyr (r.a.) ve Evs'li Âsım İbn Sâbit (r.a.) tarafından öldürüldüler. İkisini, ölmek üzere iken ordunun gerisine, anneleri Sulâfe'nin yanına taşıdılar. Ona, oğullarına bu öldürücü darbeleri kimin vurduğunu söylediklerinde, bir gün Âsım'ın kafasından şarap içmeye and içti.

Hiçbir Müslüman kadının ordu ile birlikte gelmesine izin verilmemişti. Fakat Hazrec'li bir kadın olan Nuseybe (r.a.), asıl yerinin ordunun yanı olduğunu hissetti. Kocası Gaziyye ve iki oğlu ordudaydı, fakat gitmek istemesinin sebebi bu değildi. Diğer kadınların da orduda çocukları ve kocaları vardı ve onlar evde kalmaya razı olmuşlardı. Nuseybe, İkinci Akabe'de Peygamber (s.a.v.)'e biat etmek için Medîne'den gelen yetmiş kadar adamın yanındaki iki kadından biriydi. Geride kalmak onun mizacına aykırıydı. Bu nedenle sabah erkenden kalkmış, kırbasını su ile doldurup hiç olmazsa susuzlara su vermek ve yaralıları tedavi etmek amacıyla yola koyulmuştu. Yanına bir kılıç, bir yay, bir torba da ok almayı ihmal etmemişti. Ordunun geçtiği yolları izleyerek, savaş başladıktan kısa bir süre sonra, Uhud'un eteklerine ulaşmakta zorluk çekmedi. Vardığında Peygamber (s.a.v.), Ebû Bekir (r.a.) ve Ömer (r.a.) gibi yakın arkadaşlarından bir grupla birlikte biraz yüksek bir arazide konumunu almıştı. Enes'in annesi Ümmü Süleym de aynı şekilde düşünerek, su kabını doldurmuş ve Nuseybe'den kısa bir süre sonra oraya ulaşmıştı. Safların gerisindeki bu gruba iki yeni kişi daha katıldı. Vahanın batısındaki bedevî kabilelerinden Muzeyne'li iki adam kısa bir süre önce Müslüman olmuş ve Mekkelilerin saldırısından habersiz bir şekilde Medîne'ye gitmişlerdi. Şehri yarı boş görünce, sebebini öğrenmişler ve hemen Uhud'a doğru yola çıkmışlardı. Uhud'a vardıklarında Peygamber (s.a.v.)'i selamladılar ve kılıçlarını çekerek safların arasından ilerlediler.

Ebû Dücâne (r.a.) kırmızı sarığıyla verdiği sözde durmuştu. Zübeyr daha sonraları şöyle itiraf ediyordu: "Allah'ın Rasûlü kılıcı bana değil de Ebû Dücâne'ye verince içimden kırılmış ve kendi kendime şöyle demiştim: Ben onun babasının kızkardeşi Safiye'nin oğluyum ve Kureyşliyim. Ona gidip diğer adamdan önce kılıcı istedim, fakat o kılıcı bana değil de ona verdi. Allah'a andolsun Ebû Dücâne'nin ne yaptığını izleyeceğim! Ve onu izledim. Zübeyr daha sonra Ebû Dücâne'nin her önüne geleni, kendisi bir biçici, kılıcı da bir tırpanmış gibi nasıl kolayca öldürdüğünü ve Peygamber (s.a.v)'e verdiği sözü nasıl yerine getirdiğini anlattı. Sonunda kendisinin de: "Allah ve Rasûlü daha iyi bilir" demek zorunda kaldığını söyledi.

Görünüşü çok etkileyici ve iri olan Hind, hâlâ erkeklerin arasında onları savaşmaya teşvik ediyordu. Bir ara onu erkek sanan Ebû Dücâne (r.a.)'nin kılıcından zor kurtuldu. Ebû Dücâne'nin kılıcı tam kafasının üstünde iken, Hind haykırdı. Onun bir kadın olduğunu anlayan Ebû Dücâne de yanındaki erkeğe döndü ve ona vurdu. Bunun üzerine Hind de, ordunun gerisinde köleler tarafından korunan kamptaki diğer kadınların yanına döndü. Hind oraya vardığında, Habeş'li Vahşî savaş alanına doğru ilerliyordu. Alandaki diğer adamların aksine Vahşî, sadece bir adamla ilgileniyordu ve onların aksine çok soğukkanlıydı. Hamza (r.a.) olağanüstü güçlü görünüşü, becerikli savaşma tarzı ve üstündeki deve kuşu tüyüyle kendini uzaktan belli ediyordu. Vahşi uzaktan onu fark etti ve mızrak atabileceği uzaklıkta, güvenli bir yere doğru ilerledi. Hamza (r.a.), Abdu'd-Dâr'ın son sancaktarlarından biriyle yüz yuzeydi. Bir kılıç darbesiyle düşmanın zırhında delik açmıştı. Vahşî bu şansı kaçırmamak için acele etti ve mızrağını atacak şekilde hazırladı. Hamza (r.a.) düşmanını öldürmüş ve birkaç adım atmıştı ki can çekişerek yere yuvarlandı. Vahşî, onu hareketsiz kalana kadar bekledikten sonra mızrağını çekti ve bütün hızıyla kampa gitti. Kendi kendine şöyle diyordu: "Yapmak istediğim şeyi yaptım. Onu sadece özgürlüğüm için öldürdüm."

Hamza (r.a.)'nın şehid olması, Mekke ordusunun verdiği kayıplarda bir değişikliğe neden olmadı. Öldürülen yedi sancaktarın kölelerinden biri olan başka bir Habeşli sancağı kendisi aldı; fakat bir müddet sonra hemen öldürüldü. Hamza (r.a.)'nın devekuşu tüyü görünmemesine rağmen, Ebû Dücâne (r.a.), Zübeyr (r.a.) ve ensârla muhâcirlerden diğerleri, o günün parolası olan (*Emit, emit!*) 'Öldür, öldür!' sözlerinin canlı şekilleri gibi düşmana ölüm saçıyorlardı. Onlara karşı kimse duramıyordu: Ali'nin beyaz sorgucu, Ebû Dücâne'nin kırmızı sarığı, Zübeyr'in parlak sarı sarığı ve Hubab'ın yeşil sarığı, gerilerdeki saflara güç veren zafer bayrakları gibiydi. Ebû Süfyân, ortada cesurca dövüşen Hanzele'nin darbesinden zor kurtuldu. Hanzele tam ona vuracakken, Leys'li bir adam Hanzele'yı mızrağıyla yere düşürdü. İkinci bir mızrak darbesiyle de öldürdü.

Mekkeliler kamplarına doğru kaçıştıkça, savaş alanı Peygamber (s.a.v)'in bulunduğu yerden uzaklaşıyordu. Peygamber (s.a.v) kendi adamlarının kazandığını anlamasına rağmen, savaşın ayrıntılarını göremiyordu. Fakat bir an gözlerini, sanki kuşları seyrediyormuş gibi göklere çevirdi. Bir müddet seyrettikten sonra yanındakilere: "Arkadaşınızı" -Hanzele (r.a.)'yi kasdediyordu.- "Melekler yıkıyor"[1] dedi.

Daha sonraları bir açıklama istercesine bu olayı Cemîle'ye anlattı: "Gökle yer arasında, bulutlardan aldıkları suyu, gümüş kaplardan dökerek, meleklerin Hanzele'yi yıkadıklarını gördüm."[2] Bunun üzerine Cemîle, Peygamber (s.a.v)'e gördüğü rüyayı ve kocasının nasıl savaşa geç kalma korkusuyla, gusül abdestini almadan yola koyulduğunu anlattı.

Müslümanlar, düşman saflarının tümünün kırıldığı noktaya kadar ilerlediler. Düşman kampına giden yol açılmıştı. Ganimet almak isteyenler de kampa doğru ilerliyorlardı. Seçilen elli okçu, Peygamber (s.a.v)'in solunda biraz uzaktaydılar. Peygamberle okçular arasında, zemin önce alçalıyor sonra da onları yerleştirdiği bölgede yükseliyordu. Okçular, ilk saflardaki arkadaşlarının ganimet kazanmak için giriştikleri çabayı görebiliyorlardı. Bundan dolayı okçular da, savaş alanına gitmek istediler. Liderleri Peygamber'in ne olursa olsun yerlerinden ayrılmamaları gerektiğine dair emrini hatırlattı. Fakat onlar dinlemediler. "Savaş bitti ve kâfirler kaçtı" dediler. Yaklaşık kırk tanesi, Abdullah ve diğer on kişiyi orada bırakarak savaş alanına gittiler.

O zamana dek Mekke ordusunun süvarileri hiçbir işe yaramamışlardı. İki ordu ortada öyle kaynaşmışlardı ki, bir atın ilerlemesi hem kendi adamlarını, hem de düşman askerlerini tehlikeye sokabilirdi. Kendilerini yukarıdaki Müslüman okçuların önüne atmaksızın da onların arkasına geçmeleri mümkün değildi. Fakat Hâlid o anda karşı tarafta neler olduğunu fark etti ve hemen bütün adamlarını, okçuların bulunduğu yere doğru yöneltti. Abdullah ve adamları onları ilk önce oklarıyla durdurmaya çalıştılar. Daha sonra kılıç ve mızraklarıyla, ölünceye dek savaştılar. Bu on Müslüman okçudan hiçbiri hayatta kalmadı. Tepenin arkasından dolaşan Hâlid, adamlarını Müslümanların en yoğun olduğu bölgeye arkadan saldırttı. İkrime de onun gibi yaptı. Mekke ordusunun süvarileri korunmasız mü'min saflarına çok kayıplar verdirdiler. Ali ve arkadaşları artık yüzlerini yeni düşmana çevirmişlerdi. Kaçan kâfirlerden bir kısmı da gelip mü'minlere arkadan saldı-

1. I.I. 568.
2. W.274.

rıyordu. Savaş naraları birdenbire değişti ve Kureyşlilerin "Ey Hubel! Ey Uzza!" sesleri alanı doldurdu. Atlıların saldırısından kurtulan ve geride kalan Müslümanların çoğu korkmuşlar ve sığınma umuduyla dağa doğru kaçmışlardı. Kulakları Peygamber (s.a.v)'in sesine karşı sağır, zihinleri de kaçmaktan başka her türlü düşünceye kapalıydı. Müslümanların çoğu savaş alanındaydı; fakat daha önceki cesaretleri kırılmış ve sayıca düşmandan çok az kalmışlardı. Adım adım Uhud'a, Peygamber (s.a.v)'in bulunduğu yere doğru geri çekilmek zorunda kaldılar.

Peygamber (s.a.v) ve içinde iki kadının da bulunduğu grup düşmanın üstüne arka arkaya ok yağdırıyordu. Savaş aleyhlerine dönmeye başladığında ilk düşünceleri Peygamber (s.a.v)'i korumak olan birçok Müslüman da yanlarına gelip onlara katılmıştı. Onlara ilk katılanlar arasında Muzeyne'li iki adam, Vehb ve Hâris de vardı. Küçük bir düşman grubu sollarından kendilerine doğru yaklaşıyordu. "Bu gruba karşı kim çıkacak?" dedi Peygamber. Vehb (r.a.) hemen: "Ben, ey Allah'ın Rasûlü!" dedi ve onları öyle hızla ok yağmuruna tuttu ki, düşmanlar oku atan grubun büyük olduğunu düşünerek geri çekildiler. Bir başka grup atlı onlara yaklaşırken Peygamber (s.a.v): "Bunlara karşı kim gidecek?" dedi. Vehb yine: "Ben, ey Allah'ın Rasûlü!" dedi ve onlarla sanki kendisi bir adam değil de bir ordu imiş gibi savaştı. Düşman grubu yine geri çekildi. Düşman saflarının arasından bir grup yine onlara doğru yöneldi. Peygamber (s.a.v): "Peki bunlara karşı kim çıkacak?" dedi. Vehb (r.a.): "Ben çıkacağım" deyince, Peygamber (s.a.v) "O halde kalk!" dedi ve "Neşeli ol, çünkü Cennet senindir." Vehb sevinçle ayağa kalktı ve kılıcını sallarken şöyle diyordu: "Allah'a andolsun hiç aman vermeyeceğim ve aman dilemeyeceğim." Vehb düşman grubunun içine daldığında Peygamber (s.a.v) ve arkadaşları onun cesaret ve yiğitliğini gözlemekten kendilerini alamadılar ve bir süre silah atmayı durdurdular. Vehb düşmanı yarıp karşı tarafa geçmişti. Geri dönüp tekrar düşman grubunun ortasına daldığında Peygamber (s.a.v) "Allah'ım ona merhamet et!" dedi. Vehb düşmanlarla her tarafından yaralanıp şehid oluncaya kadar savaştı. Daha sonra onu bulduklarında üzerinde yirmi mızrak yarası vardı. Kılıç darbelerinden başka, bir tek mızrak darbesi bile onu öldürmeye yetecek kadar derindi. Onun bu şekilde döğüştüğünü görenler onu hiçbir zaman unutmadılar. Ömer sonraki yıllarda şöyle derdi: "Ölümler arasında en çok Muzeyne'li arkadaşımın ölümü gibi ölmek isterdim."[3] Zühre'li Sa'd da on yıl sonra, hâlâ Peygamber'in Vehb'e verdiği Cennet müjdesini duyar gibi olduğunu söylerdi.

---

3. W.275.

Müslümanlar geriye çekildikçe kalabalık da tepeye doğru yaklaşıyordu. İki tarafın savaş naralarının yanı sıra tek tek savaşçıların kişisel çağrılarını da duymak mümkündü. Ok atarken, kılıç darbesi vururken ve teke tek karşılaşmaya davet ederken iki taraftan da "Al işte, ben falan falanım" diye sesler yükseliyordu. Ebû Dücâne kendisini, büyük babası olan Haraşe'nin oğlu diye tanıtıyordu. Bazen de bağıran kişinin kim olduğu sözlerinden anlaşılmıyordu. Ensârdan birinin şöyle bağırdığı duyuluyordu: "Al işte, ben ensârdan bir gencim." Peygamber (s.a.v) de o gün birkaç kez: "Ben İbn el-Avâtik'im"[4] yani "Ben Atîke'lerin oğluyum" diye bağırdı. Atîke'ler derken, bu adı taşıyan ninelerini kastediyordu.[5] O sırada karşı saflardan kimliğini açıkça söyleyen bir adam çıktı ve: "Bana karşı kim çıkacak? Ben Atîk'in oğluyum" dedi. Bu adam, Âişe'nin tek öz erkek kardeşi ve ailenin tek Müslüman olmayan ferdi olan Ebû Bekir'in oğlu Abdu'l-Kâ'be idi. Ebû Bekir (r.a.) kılıcını ve mızrağını çekip ilerledi; fakat Peygamber (s.a.v) ondan önce davrandı. "Kılıcını kınına sok" dedi, "ve yerine dön, bize arkadaşlık et."[6]

Bir grup atlı daha Müslümanların arkasından yaklaşmaya başladı ve geri çekilen Abdu'l-Kâ'be'nin önüne doğru ilerlediler. Peygamber (s.a.v.): "Bizim için kim kendini verecek?"[7] dedi. Ensârdan beş kişi kılıçlarını çekip saldırdılar ve şehid oluncaya kadar çarpıştılar. İçlerinden sadece biri, o da ağır yaralı olarak kurtuldu. Fakat onların yerini alacak yeni yardım gelmişti. Ali (r.a.), Zübeyr (r.a.), Talha (r.a.) ve Ebû Dücâne (r.a.) ön saflardan ordu ile birlikte geri çekilmişlerdi. Onlar Peygamber (s.a.v.)'in yanına ulaşmadan önce düşman tarafınan atılan bir taşla Peygamber (s.a.v.)'in alt dudağı yırtılmış ve dişlerinden biri kırılmıştı. Birdenbire yüzünü kan kapladı; fakat o elinden geldiğince acısını göstermeyerek Ali ve diğerlerini iyi olduğu konusunda teskîn etti. Kan kaybından zayıf düşüp bayılan Talha dışında hepsi düşmanın üstüne tekrar yöneldiler. Peygamber (s.a.v.) Ebû Bekir'e "Kuzenine bak" dedi. Fakat Talha hemen kendine geldi. Onun yerine ileriki saflara Zühreli Sa'd ve Hazrec'li Hâris İbn Simme katılmıştı. Bu yeni grupla desteklenen Ali ve arkadaşları düşmana öyle ölüm saçtılar ki, müşriklerin geri çekilmesiyle birlikte şehid olan beş ensârın cesedi de açığa çıktı. Peygamber (s.a.v.) onlara baktı, dua etti. Fakat yatanların arasından biri O'na doğru ilerlemek için zeminde biraz süründü. Bunun üzerine Peygamber (s.a.v.)

---

4. W. 280.
5. I.S.I./1, 32-4. Bu kitapta Hâşim ve Lu'ayy'ın annesini de kapsayan ondan fazla Atîke ismi sayılmıştır. Atîke'nin anlamı "temiz" demek olan "Tâhire" nin anlamına yakındır.
6. W. 257.
7. I.I. 572.

onu getirmek için iki adam gönderdi. Bacağını yastık gibi adamın başının altına koydu ve adam ölünceye dek hareketsizce orada tuttu.

Peygamber (s.a.v) şöyle dedi: "Bilin ki, Cennet kılıçların gölgeleri altındadır."[8] Daha sonraki yıllarda da o günün ne kadar muhteşem ve hayır dolu bir gün olduğunu hatırlar ve şöyle derdi: "Keşke o dağın eteklerinde arkadaşlarımla birlikte öylece kalsaydım."[9]

Müşrikler, yavaş yavaş kaybettiği alanları tekrar kazanmaya başlamıştı. Peygamber (s.a.v)'in çevresindeki grubun okları bitmek üzereydi. Kısa bir süre sonra herkes kılıç ve mızraklarını çıkarıp yakın dövüş yapmak zorunda kalacaktı. Hem de bir Müslümana dört kafir düşüyordu. O sırada aniden yan tarafta bir atlı belirdi ve Peygamber (s.a.v)'in bulunduğu gruba doğru ilerledi. "Muhammed (s.a.v) nerede?" diye bağırdı. "O yaşadıkça ben yaşayamam!" Bu adam zaten Müslümanlara büyük kayıplar verdirmiş olan, Mekke'nin dışındaki Kureyşliler'den İbn Kamia idi. Gruba hızla bir göz atarak hedefini hemen fark etti. Atını mahmuzlayıp, hiçbir miğferin dayanamayacağı güçlü bir kılıç darbesi indirdi. Fakat Talha hemen Peygamber (s.a.v)'in yanındaydı ve kılıcı görür görmez kendini Peygamber (s.a.v)'in önüne attı; hayatı boyunca kullanamayacağı bir elinin parmaklarını kaybederek başka bir yara almaksızın darbeden kurtulmuştu. Darbe hemen Peygamber (s.a.v)'in başının yanından geçmiş; miğferine çarpıp, iki demir parçasının Peygamber'in yüzüne saplanmasına neden olmuştu; omuzundan geçerken de iki kat zırhını parçalamıştı. Başının yan tarafına gelen bu darbe ile Peygamber (s.a.v)'in yere düştüğünü gören kâfir atını mahmuzlayıp, geldiği hızla geri gitti. Fakat diğerleri yine de saldırıya karşı Peygamber (s.a.v)'i çevrelediler. Mahzûm'lu Şemmâs,[10] Peygamber (s.a.v)'in önünde vuruluncaya kadar savaştı. Öyle ki Peygamber (s.a.v) onun yaşayan bir zırha benzettiğini söylemiştir. O vurulunca yerine başka bir adam geçti. Arkasından da kılıcını çekmiş bir halde Nuseybe bekliyordu.

Bir ses -belki de İbn Kamia- "Muhammed öldürüldü!" diye bağırdı. Bu ses tüm düşmanı kapladı ve hepsi Hubel ve Uzzâ'yı övüp yücelten sözler söylediler. Uhud bu sözlerle çınlıyordu; kaçıp dağa sığınan Müslümanlar pişman olmuş ve üzülmüşlerdi. Cesaretini kaybeden daha birçok Müslüman da elinden geldiğince hızla dağa doğru kaçıyordu. Fakat istisnalar da vardı. Bunlardan biri de, Peygamber (s.a.v)'in hizmetçisi Enes'in dayısı -bu isim ona dayısından sonra verilmişti- Nadr'ın oğlu Enes'ti. Peygam-

---

8. B. LII, 22.
9. W. 226.
10. Bak. Böl. 27.

ber (s.a.v)'in, Bedir'de bir okla öldürülen oğlunun Firdevs cennetinde olduğunu haber verdiği kadın Enes'in kızkardeşi, yani Nadr'ın kızı idi. Enes, yaşama arzusunu yitirmiş ve kendilerinde ne savaşa devam etme ne de kaçma isteği kalmamış iki arkadaşını gördü. "Niye burada oturuyorsunuz?" diye bağırdı. Onlar: "Allah'ın Rasûlü öldürülmüş" dediler. "Peki o öldükten sonra yaşayıp da ne yapacaksınız? Kalkın ve onun gibi ölün"[11] dedi. Ve savaşın en yoğun olduğu yere doğru ilerledi. Daha sonra Sa'd İbn Muâz, onun kendisine şöyle bağırdığını Peygamber (s.a.v)'e söyledi: "Cennet! Uhud'un öbür tarafından Cennet kokusu alıyorum." "Ey Allah'ın Rasûlü" dedi Sa'd, "Ben onun savaştığı gibi savaşamazdım." Savaştan sonra Enes (r.a.)'i seksenden fazla yara almış bir halde buldular. Yaralardan tanınmayacak hale gelmişti. Onu kız kardeşi ancak parmaklarından tanıyabildi.[12]

Düzlüğün, arka tarafındaki yüksekliğe sığınmak isteyen mü'minler için geri çekilmeleri daha da kolay hale gelmişti. Çünkü müşriklerin çoğu savaşın bittiğini düşünerek çabalarını azaltmışlardı. Henüz ölüler sayılmamıştı; fakat tahminen Bedir'dekilere tekabül edecek kadar Müslümanı şehit etmişlerdi. Yanı sıra tüm bu karışıklıkların asıl nedeni olan adamı öldürmekle amaçlarına ulaşmışlar, yeni dini bastırıp, tekrar eski düzeni kurmuşlardı: "Ya la'l-Uzzâ, ya la'l-Hubel!"

Kureyş'in tümünde görülen bu yavaşlama, Peygamber (s.a.v)'i cansiperâne koruyan yirmi adamın bulunduğu grubu çevreleyen Kureyşli savaşçılarda da açıkça görülüyordu. Mekkeliler bu adamları esir alamayacaklarını ve ölene dek savaşacak olan bu adamların kendilerinden de birkaç kişiyi öldüreceğini anlamışlardı. Asıl amaçlarını gerçekleştirdiklerine göre seçilecek en iyi yol onları bırakıp zafer kutlamalarına başlamaktı.

Peygamber (s.a.v) kendisine gelmişti. Düşman çekilir çekilmez ayağa kalktı ve arkadaşlarına kendisini takip etmelerini söyleyerek, düşmanı gözleyebilecekleri ve sığınabilecekleri bir nehir yatağına doğru ilerledi. Fakat Peygamber (s.a.v) yüzüne saplanan metal parçaları nedeniyle çok acı çekiyordu. Bu yüzden bir müddet durdular ve Ebû Ubeyde birbiri arkasına iki metal parçasını dişleriyle Peygamber (s.a.v)'in yüzünden çıkardı. Fakat yara tekrar kanamaya başladı.

Bunun üzerine Hazrec'li Mâlik ağzını yaranın üstüne koydu, kanı emdi ve yuttu. Mâlik, Medîne'deyken: "Önümüzde iki iyi şeyden biri var" diyen ve hemen hemen ölüm durumunda olan Şemmâs'tan sonra orada bulunanlar içinde en ağır yarası olan adamdı. Peygamber (s.a.v) şöyle dedi. "Kim

---

11. W. 280.

12. B. LVI, 12.

benim kanımın kendi kanına karıştığı bir adam görmek isterse, Mâlik İbn Sinan'a baksın." Ebû Ubeyde de bu söze dahildi. Çünkü metal parçalarını çıkarırken iki dişi kırılmış ve ağzı kanıyordu. Peygamber (s.a.v) onlara: "Benim kanımın dokunduğu kişiye ateş ulaşamaz" dedi.[13]

Bu küçük grup nehir yatağına doğru ilerlerken daha önceden Uhud'a sığınan Müslüman grup onları karşılamaya geldi. Kâ'b İbn Mâlik, uzaktan yapısı ve görünüşü Peygamber (s.a.v)'e benzeyen, fakat yürüyüşü daha yavaş olan birini fark etti. Daha sonra yaklaştıkça, Kâ'b baktığı kişinin gözlerinde başkalarıyla karıştırılamayacak olan o parlaklığı görünce arkasındakilere: "Ey Müslümanlar gözünüz aydın! Bu Allah'ın Rasûlü!" diye bağırdı. Peygamber (s.a.v) ona sessiz olmasını söyledi. Bu haber ağızdan ağıza dolaştı. Herkes aceleyle geliyor ve O'nun yaşadığını bizzat kendi gözleriyle görmek istiyordu. Sevinçleri o kadar büyüktü ki, sanki yenilgi bir anda zafere dönüşmüştü.

Fakat Kâ'b'ın sevinçle bağıran sesini yakındaki bir Kureyş süvarisi duymuştu. O, Umeyye'nin kardeşi Ubey, yani Avd adlı atının üstünde iken Peygamber (s.a.v)'i öldüreceğine yemin eden adamdı. Kurbanının ölüm haberini duymuş ve cesedini gözleriyle görmek için araştırıyordu. Tam o sırada Kâ'b'ın sesini duymuş ve vadi yatağına doğru ilerlemeye başlamıştı. Müslümanlar onu görünce, karşılamak için ona doğru döndüler. "Ey Muhammed!" dedi Ubey, "Eğer sen kaçarsan ben seni bulamaz mıyım?" Ashabdan bir grup Peygamber (s.a.v)'in çevresini sardı, diğerleri de Ubey'e saldırmak üzereydiler. O sırada Peygamber (s.a.v.) onlara ellerini bırakmalarını söyledi. Daha sonra bu olayı anlatanlar, Peygamber (s.a.v.)'in kendilerini bir devenin arkasındaki sinekleri kovması gibi itip onların arasından kurtulduğunu söylediler. Peygamber (s.a.v), Hâris İbn Simme'nin elinden mızrağı aldı ve hepsinin önüne çıktı. Hiçbiri hareket etmeksizin onun bu cesaretine ve kararlılığına bakakaldılar. İçlerinden birinin dediği gibi: "Allah'ın Rasûlü bir şeyi yapmaya niyet ederse, hiçbir güç onu o işi yapmaktan alıkoyamazdı."[14] Ubey, kılıcı havada Peygamber (s.a.v)'e yaklaştı. Fakat o vurmadan Peygamber (s.a.v) mızrağıyla Ubey'i boynundan vurdu. Ubey bir boğa gibi bağırdı, neredeyse atından düşüyordu. Fakat dengesini tekrar sağladı ve arkasını dönüp yokuş aşağı Mekke kampına doğru hızla kaçmaya başladı. Kampta yeğeni Safvân ve kabilesinden başka adamlar toplanmış duruyorlardı. Ubey kontrol edemediği bir ses tonuyla: "Muhammed beni

13. W. 247.

14. W. 251.

vurdu" dedi. Adamlar onun yarasına baktılar ve hafif olduğunu söylediler. Fakat o yarasının çok ağır ve öldürücü olduğuna bir kez inanmıştı. Gerçekten de onun bu inancı sonradan doğru çıktı. "Bana, seni öldüreceğim" dedi, "Eğer bana bir tokat bile atsaydı, andolsun beni öldürürdü". Bu haber karşısında müşrikler Muhammed (s.a.v) ölmemiş diye endişelenmeye başladılar. Fakat Ubey kendinde olmadığı için miğferli bir adamı, bir başkasıyla karıştırmış olabilir, diye düşündüler.

Peygamber (s.a.v) ve arkadaşları nehir yatağına ulaştıklarında Ali (r.a.) kalkanına bir kayanın kovuğundaki sudan doldurarak Peygamber (s.a.v)'e getirdi. Su durgun olduğu için çok kokuyordu. Bu nedenle çok susamasına rağmen Peygamber (s.a.v) suyu içmedi; bir kısmıyla yüzünü yıkadı, sonra hâlâ düzlüğe yakın olduklarından biraz daha yukarıya tırmanma emri verdi. Önündeki kayanın üstüne çıkıp tırmanmaya devam etmek istiyordu. Fakat o kadar güçsüzdü ki tüm çabasına rağmen çıkamadı. Bunun üzerine Talha, yaralarının ağır olmasına rağmen Peygamber (s.a.v)'i sırtına aldı ve gerekli yüksekliğe çıkardı. Peygamber (s.a.v) o gün Talha'ya: "Yeryüzünde yürüyen bir şehid görmek isteyen Ubeydullah'ın oğlu Talha'ya baksın" dedi.[15]

Geçici olarak konaklayabilecekleri bir yere vardıklarında güneş tepeye yükselmişti. Bu nedenle öğle namazını kıldılar. Namazda imam olan Peygamber (s.a.v), tüm namazı oturarak kıldırdı. Diğerleri de ona uyarak aynı şekilde kıldılar. Daha sonra kayalığın üstüne bir gözcü dikip dinlenmek üzere uzandılar. Çoğu derin ve sakin bir uykuya daldı.

---

15. I.H. 571.

[53]

Kureyş, ölüleri ve yaralılarıyla meşguldü. Kayıpları büyük değildi: üç bin kişiden sadece yirmi iki kişi öldürülmüştü. Daha sonra düşman ölülerine baktılar ve çoğunu tanımadıkları altmış beş ölü saydılar. Sadece üçü muhâcirlerdendi: Hâşimîlerden Hamza, Abdu'd-Dâr'dan Mus'ab ve Abdullah İbn Cahş. Merkezden biraz uzakta, ölecek kadar çok yara almış olan birkaç kişi gözlerinden kaçtı. Bunların arasında hâlâ yaşayan fakat hareket edemeyen Şemmâs da vardı. Boş yere Muhammed (s.a.v)'in cesedini aradılar. O sırada Vahşî savaş meydanına tekrar gelmiş ve Hamza'nın karnını yarıp karaciğerini çıkarmıştı. Ciğeri Hind'e götürdü ve: "Babanın katilini öldürmeme karşılık bana ne vereceksin?" dedi. Hind "Ganimetlerden bana düşen payın tümünü" dedi. Vahşî ciğeri göstererek, "Bu Hamza'nın ciğeri" dedi. Hind ciğeri aldı bir parça ısırdı ve çiğneyip yuttu. Yeminini yerine getirdiği için diğer kısmı attı. "Onun cesedini bana göster" dedi, Hind. Birlikte cesedin yanına gittiler. Hind, Hamza (r.a.)'nın kulaklarını, burnunu ve yüzünün diğer kısımlarını kesti. Sonra kendisinin, halhal, bilezik ve kolye türünden kıymetli eşyalarını çıkarıp Vahşî'ye verdi. Yanındaki kadınları da, diğer ölülere böyle yapmaları için teşvik etti. Kadınların hepsi Müslümanların vücutlarından kestikleri organlardan kendilerine takılar yaptılar. Hind de bir kayanın üstüne oturup zafer şarkısı söyledi. Kureyş'ten bir iki adam cesetleri keserek intikam hislerini doyuruyordu. Fakat bedevi müttefikleri buna çok şaşırmışlardı. Ebû Süfyân, elindeki mızrağı Hamza (r.a.)nın ağzına batırarak: "Bunu tat, ey hain!" diyordu. Kinâne kabilelerinden birinin reisi olan Huleys, Ebû Süfyân'ı bu halde görünce, onun duyabileceği kadar yüksek sesle: "Ey Kinâneoğulları! Kuzeninin cesedine böyle davranan adam Kureyş'in lideri olabilir mi?" diye bağırdı. "Beni utandırma ve bundan kimseye bahsetme" dedi, Ebû Süfyân; "bu sadece bir hataydı."[1]

O sırada Ebû Amir, oğlu Hanzele'nın başına gelmişti ve yaslı yaslı şöyle diyordu: "Ben seni bu adama karşı uyarmadım mı?" -Muhammed (s.a.v)'i kasdediyordu.- "Fakat sen babana karşı saygılı, soylu, karakterli bir çocuktun. Öldüğün zaman da arkadaşlarınla beraber öldün. Eğer Allah, şu yatan adama -Hamza'yı işaret ediyordu- veya Muhammed (s.a.v)'in taraftarlarına bir mükâfat verirse, seni de mükâfatlandırsın!"[2] Daha sonra Hind ve diğer kadınlara döndü ve yüksek sesle: "Ey Kureyşliler! Benim de sizin de düş-

---

1. I.I. 582.
2. W. 274.

manınız olmasına rağmen Hanzele (r.a.)'nin cesedinin tahrip edilmesine izin vermeyin" dedi. Onlar da Ebû Amir'in isteğine saygı gösterdiler.

Ubey'in doğru söylediği ve Peygamber (s.a.v)'in şimdi dağlarda arkadaşlarıyla beraber olduğu açığa çıkmıştı. Fakat savaş bitmişti ve dağa saldırıya geçmenin hiçbir anlamı yoktu. Kölelere yol için hazırlık yapmaları ve kampı kaldırma emri de verilmişti. Bu nedenle kendi ölülerini gömüp Müslüman cesedlerden istedikleri kadarını aldıktan sonra, bütün ganimetleri develerin üstüne yükleyip yola koyuldular. Yola çıkmadan kısa bir süre önce Ebû Süfyân atını dağa doğru sürdü. Peygamber (s.a.v) ve arkadaşlarının bulunduğu yere yaklaşarak yüksek sesle bağırdı: "Savaş dönüşümlü oldu, bugün diğer bir güne karşlıktı. Ey Hubel kendini göster! Dinini yücelt!" Peygamber (s.a.v) Ömer'e gidip şöyle cevap vermesini söyledi: "Allah yücedir ve her şeye kadirdir. Biz sizinle eşit değiliz: Bizim ölülerimiz Cennet'te, sizinkilerse Cehennem'de". Ömer, Ebû Süfyân'ın altında durduğu kaya yığınına gitti ve Peygamber (s.a.v)'in söylediği sözlerle ona karşılık verdi. Bunun üzerine Ömer'in sesini tanıyan Ebû Süfyân: "Ey Ömer! Ne olur söyle, Muhammed (s.a.v)'i öldürdük mü?" dedi. Ömer: "Allah'a andolsun ki hayır, bilakis şimdi O, senin söylediklerini dinliyor" dedi. Ebû Süfyân da: "Senin sözünün İbn Kamia'nınkinden daha doğru olduğuna inanıyorum" dedi ve gitmek üzere geri döndü. Fakat tekrar arkasını dönüp şunları ekledi: "Ölülerinizin bazılarına zarar verildi. Allah'a andolsun ben bundan hoşnut olmadım; ne izin verdim, ne de emir verdim. Gelecek yıl Bedir'de buluşmak üzere!" Bunları duyan Peygamber (s.a.v) arkadaşlarından birini daha oraya gönderdi. Bu sahabe de şöyle bağırdı: "Bu aramızda bağlayıcı bir söz."[3]

Ebu Süfyân, ordunun beklediği yere ilerledi. Oraya vardığında birlikte güneye doğru yola çıktılar. Ömer, onların yolculuk düzenini göremeyecek kadar uzaktaydı. Bu yüzden Peygamber (s.a.v), Zühre'li Sa'd'ı aşağıya, onları gözlemek üzere gönderdi. "Eğer develerine binmişler ve atlarını yanlarında yediyorlarsa, Mekke'ye gidiyorlar" dedi, "Fakat eğer atlarına binip develerini yanlarında yediyorlarsa Medîne'ye gidiyorlar. Nefsimi kudret elinde tutana yemin ederim ki eğer niyetleri bu ise, onların önüne karşısına geçeceğim ve onlarla savaşacağım." Sa'd aşağıya Uhud'a geldiklerinden beri Peygamber'in atı Sekb'in bağlı olduğu yere gitti. Ata binip Mekke'lileri açıkça görünceye dek o yöne doğru gitti. İyi haberi vermek için aceleyle geri döndü. Çünkü adamlar develerine binmişlerdi. Hâlid'le birlikte atlıların manevrasında rol alanlardan biri olan Amr[4] ileriki yıllarda şöyle derdi: "Biz, İbn Ubey'in ordunun üçte biriyle birlikte Medîne'ye döndüğünü ve bazı Hazrec'lilerle Evs'lilerin şehirde kaldıklarını biliyorduk. Gidenlerin geri gelip tekrar saldırmaları muhtemeldi. Çoğumuz yaralıydık, hemen hemen atlarımızın hepsi de ok yarası almıştı. Bu nedenle kendi yolumuza devam ettik."[5]

---

3. I.I. 583.
4. Bkz. Böl. 27.
5. W. 299.

ŞEHİTLERİN GÖMÜLMESİ

[54]

Peygamber (s.a.v) arkadaşlarına düzlüğe inmelerini emretti. Hâris İbn Simme (r.a.) önden, Hamra (r.a.)'nın cesedini bulmak üzere savaş alanına gönderilmişti. Fakat Hâris, gördüğü manzara karşısında çok şaşırmış ve Peygamber'e (s.a.v.) ne diyeceğini bilemediği için geri dönmekte gecikmişti. Bunun üzerine Ali'yi onun arkasından gönderdiler. Ali, Hâris'i parçalanmış cesedin başında beklerken buldu. Birlikte geri döndüler. Peygamber (s.a.v.), kâfirlerin ne yaptığını duyunca "Şimdiye kadar hiç böyle kızmamıştım; gelecek sefer eğer Allah bana Kureyşlilere karşı zafer verirse, onlardan otuz cesede aynı şeyi yapacağım" dedi.[1] Fakat bundan kısa bir süre sonra şu âyetler indi:

"Eğer ceza verecekseniz, size isabet edenin misliyle ceza verin ve eğer sabrederseniz, andolsun bu, sabredenler için daha hayırlıdır" (Nahl: 126).

Bunun üzerine Peygamber (s.a.v) bir süre önce ettiği yeminden geri dönmekle kalmayıp, cesetlere zarar verilmesini de yasakladı. Bunu yanı sıra, savaş sırasında, insanın en kutsal bölümü olan yüzüne dikkat edilmesini istedi. "Bir darbe indireceğiniz zaman, bunun yüze gelmemesine dikkat edin. Çünkü Allah, Âdem'i kendi sûretinde yaratmıştır".[2]

Abdullah İbn Cahş da Hamza'nın biraz ötesinde öldürülmüş ve cesedi tahrip edilmişti. Peygamber (s.a.v) başka ölüleri aramak için yüzünü onlardan çevirdiğinde değişik bir manzarayla karşılaştı. Kendi akrabalarından olan Abdullah ve Hamza'nın biraz ötesinde Hanzele'nin cesedi vardı. Kureyş'in ne kadınları ne de erkekleri ona dokunmamışlardı. Hanzele (r.a.) orada sanki meleklerin kendisini yatırdığı şekilde uzanıyordu. Saçları, öğlenin kuru toprağı üzerindeki suyla ıslanmıştı. Yanından geçen herkes Allah'a şükrediyordu. Çünkü onun güzelliği şehid arkadaşlarının Cennet'te şimdiki durumunu gösterir bir işaretti.

Biraz ötede Hayseme (r.a.) ve İbn ed-Dehdahe (r.a.)'nin cesedleri vardı. Hayseme, rüyasında şehid oğlunu gören; Sâbit İbn ed-Dehdahe de, yetim çocuğa hurma ağacını hediye eden adamdı. Peygamber (s.a.v) Sabit'i gör-

---

1. I.I. 584.
2. A.H.I. 251; M. XLV, 32.

düğünde: "Meyve yüklü alçak dallı hurma ağaçları! İbn ed-Dehdahe'nin Cennet'te ne çok ağacı var!"[3] diye buyurdu.

Evs'lilerden bir grup kendi ölülerini ararken, daha bir gün önce Müslüman olmamakla suçladıkları Usayrim adında bir adamın cesedini buldular. Ona ne zaman İslâm'dan bahsetseler, "Sizin söylediklerinizin doğru olduğunu bilsem, hiç tereddüt etmem" derdi. Fakat şimdi savaş alanında çok ağır yaralı bir şekilde yatıyordu, henüz ölmemişti. "Seni buraya getiren ne?" dediler, "Halkını korumak mı yoksa İslâm'ı korumak mı?" "İslâm için geldim" dedi. "Birdenbire Allah'a ve Rasûlü'ne inandım ve Müslüman oldum. Ondan sonra da kılıcımı alıp bu sabah erkenden Allah'ın Rasûlü ile beraber olmak için buraya geldim. Beni yere düşüren bir darbe alıncaya kadar da savaştım". Daha fazla konuşamadı, Evs'li grup onun başında ölünceye dek beklediler. Daha sonra Peygamber (s.a.v)'e Usayrim'den bahsettiler. O da Usayrim'in Cennetliklerden olduğunu söyledi. Sonraki yıllarda Usayrim beş vakit namazdan birini bile kılmadan Cennet'e giren adam olarak tanınırdı.

Şehidler arasında bir de yabancıya rastladılar. İlk başta yabancı olduğunu sanmışlardı; fakat içlerinden biri onun Sa'lebe kavminin Yahudi alimlerinden Muhayrîk olduğunu anladı. Daha sonradan öğrendiklerine göre Muhayrîk, o sabah erkenden halkını toplamış ve Peygamber (s.a.v)'e verdikleri sözü tutarak, putperestlere karşı onun yanında olmaları gerektiğini söylemişti. Onlar, günlerden cumartesi (sebt günü)* olduğunu söylediklerinde ise: "Siz zaten cumartesi yasağına uymazsınız." Daha sonra, öldürülürse Muhammed (s.a.v)'in kendisinin varisi olduğunu duyurmuştu: "Eğer bugün öldürülürsem, tüm mallarım, onları Allah'ın rızasına uygun şekilde harcayacak olan Muhammed (s.a.v)'indir". Daha sonra kılıcını ve diğer silahlarını alıp Uhud'a doğru yola çıkmış ve orada öldürülünceye kadar savaşmıştı. Bundan sonra Medîne'ye dağıtılan sadakaların çoğu, Peygamber (s.a.v)'e Muhayrîk'ten miras kalan hurma bahçelerinden kaynaklanıyordu. Peygamber (s.a.v), Muhayrîk için "Yahudilerin en iyisi" demişti.

Mekkelilerin evlerine döndükleri anlaşılır anlaşılmaz Medîneliler rahat bir nefes aldılar ve kadınlar öğleden beri kulaklarına gelen söylentilerin doğru olup olmadığını anlayıp ölülerini görmek üzere şehrin dışına çıkmaya başladılar. İlk gelen kadınlar arasında Âişe, Ümmü Eymen ve Safiye vardı. Peygamber (s.a.v), Safiye'yi görünce çok üzüldü ve Zübeyr'e: "Annene yardım et ve Hamza'nın mezarının hemen kazılmasını sağla. Git anneni gö-

---

3. W. 505.

* Sebt: Allah'ın Yahudileri imtihan etmek için çalışmayı yasakladığı tatil günüdür. (Çev. notu)

tür, kardeşine olanları görmesin" dedi. Bunun üzerine Zübeyr, Safiye'ye gitti ve: "Anne, Allah'ın Rasûlü sana geri dönmeni emrediyor" dedi. Fakat Safiye zaten haberleri önceden öğrenmişti. "Niçin gidecekmişim?" dedi. "Kardeşimin başına gelenleri duydum. Fakat bu Allah içindi. Allah'tan gelene razıyım. İnşallah sabredeceğime söz veriyorum." Zübeyr, Peygamber (s.a.v)'e döndü. O da Safiye'nin gelmesine izin verdi. Bunun üzerine Safiye kardeşinin cesedinin yanına geldi ve şu âyeti okudu: "Biz Allah'a ait (kullar)ız ve şüphesiz O'na dönücüleriz". Bunu duyunca hepsi Bedir'den sonra indirilen âyetleri hatırladılar ve rahatladılar.

"Ey iman edenler, sabırla ve namazla yardım dileyin. Gerçekten Allah, sabredenlerle beraberdir. Ve sakın Allah yolunda öldürülenlere 'ölüler' demeyin; tersine onlar diridirler. Fakat siz bunun şuurunda değilsiniz. Andolsun, biz sizi bir parça korku, açlık ve bir parça mallardan, canlardan ve ürünlerden eksiltmekle imtihan edeceğiz. Sabır gösterenleri müjdele. Onlara bir musibet isabet ettiğinde, derler ki: Biz Allah'a ait (kullar)ız ve şüphesiz O'na dönücüleriz. Rabbinden (olan bir salat) bağışlanma ve rahmet bunların üzerinedir ve hidayete erenler de bunlardır." (Bakara: 153-157)

Safiye daha sonra kızkardeşi Umeyme'nin oğlu Abdullah İbn Cahş (r.a.)'ın cesedi başında dua etti. Fâtıma (r.a.) da ona katıldı. İki kadın birlikte ağladılar. Peygamber (s.a.v) de onlarla birlikte ağlayarak rahatladı. Daha sonra Fâtıma babasının yaralarını sardı. Kuzenleri Hamne'ye kocası Mus'ab'ın, erkek kardeşi Abdullah'ın ve dayısının ölüm haberini vererek üzüldüler. Savaşın ilerlediği bir anda Peygamber (s.a.v) hâlâ sancağı elinde taşıyan Mus'ab'ı görmüş ve ona seslenmişti. Fakat adam, "Ben Mus'ab değilim" diye cevap vermiş, Peygamber (s.a.v) de onun Mus'ab'ın yerine sancağı taşıyan bir melek olduğunu anlamıştı. Peygamber (s.a.v) genç adamın cenazesi başında durdu ve şu âyeti okudu:

"Mü'minlerden öyle erkek-adamlar vardır ki, üzerinde Allah ile yaptıkları ahide sadakat gösterdiler; böylece onlardan kimi adağını gerçekleştirdi (şehid olup sözünü yerine getirdi), kimi de beklemektedir. Onlar hiçbir değiştirme ile (sözlerini) değiştirmediler" (Ahzâb: 23).

Peygamber (s.a.v) bütün ölülerin Hamza'nın cenazesinin yanına getirilmesini ve mezarların kazılmasını emretti. Hamza bir örtüye sarılmıştı. Peygamber (s.a.v) onun için cenaze namazı kıldı. Bunun ardı sıra diğer cenazeler için de toplam yetmiş iki cenaze namazı kıldı. Bir mezar kazılır kazılmaz iki veya üç cenaze bir mezara gömülüyordu. Hamza ve yeğeni Abdullah aynı mezara yan yana gömüldüler. Peygamber (s.a.v) gömülme işlemi boyunca her mezarın başında bulundu. "Cemuh'un oğlu Amr ile Amr'ın oğlu Abdullah'ı bulun" dedi. "Onlar bu dünyada birbirinden ayrılmaz iki dosttu, ikisini aynı mezara gömün". Fakat Amr'ın zevcesi ve Abdullah'ın -Câbir'in babası- kardeşi olan Hind ikisinin cenazesini, oğlu Hallad'ınki ile beraber getirmişti. Hind onları Medîne'ye götürmeye çabalamıştı; fakat düzlüğün sonunda ona, cenazeleri götürmemesi gerektiği ve bunun Allah'ın emri olduğu söylendi. Bu nedenle Hind cenazeleri tekrar savaş alanına geri götürmek zorunda kaldı. Bu üç cesed aynı mezara gömüldü. Peygamber (s.a.v) gömülme işlemi bitene dek mezarın başında durdu ve: "Ey Hind! Amr, oğlun Hallâd ve kardeşin Abdullah, hepsi beraber Cennet'teler." Bunun üzerine Hind: "Ey Allah'ın Rasûlü, beni de onların yanına yerleştirmesi için Allah'a dua et" dedi.

Ölülerin çoğunun aksine, Muzeyne'li adamın o anda orada hiç akrabası yoktu. Çünkü yeğeni de ölünceye kadar orada savaşmıştı. Bu nedenle Peygamber (s.a.v) onun başına gitti ve: "Benim senden razı olduğum gibi, Allah da senden razı olsun" dedi.[4] Muzeyne'linin vücudunu, giydiği yeşil çizgili örtüyle kapattılar. Mezara koyduklarında Peygamber (s.a.v) onun yüzünü kapatmak için örtüyü yukarı çekti. Fakat bu kez de ayakları açıkta kaldı. Bunun üzerine, Peygamber (s.a.v) yanındakilerden çevreden biraz ot toplayıp adamın ayaklarını örtmelerini istedi. Diğer cenazeler için de aynı şey söz konusuydu. Yani toprak atılmadan önce ölünün yüz ve ayakları başka bir şeyle örtülmeliydi.

Son mezar da kapatıldığında Peygamber (s.a.v) atını istedi ve bindi. Şafakta geldikleri yoldan geri döndüler. Medîne'nin girişindeki kayalıklara geldiklerinde, çevresindekilere saf oluşturmalarını söyledi. Erkekler Mekke'ye dönük iki saf oluşturdular. On dört kadın da onların arkasına dizildi. Daha sonra Allah'a dua edip şükür ve hamdlerini sundular: "Allah'ım senden selamını, rahmetini, bereketini ve affını diliyorum. Allah'ım, senden ne sona eren, ne de solan ebedî saadeti istiyorum. Allah'ım senden korkulacak günde eminlik, yokluk gününde bolluk istiyorum."[5]

---

4. W. 277.
5. W. 315.

UHUD'DAN SONRA

[55]

Şehre vardıklarında güneş batıyordu. Mescid'e varır varmaz akşam namazını kıldılar. Daha sonra Peygamber (s.a.v) dinlenmek için yattı ve derin bir uykuya daldı. O kadar derin uyuyordu ki Bilâl (r.a.)'in okuduğu yatsı ezanını duymadı. Bu yüzden namazı daha sonra evde tek başına kıldı. Ensârın iki Sa'd'ı -İbn Ubâde ve İbn Muâz- geceyi Mescid'in kapısında geçirdiler. Daha sonra bu nöbeti başkaları devraldı. Çünkü hâlâ Kureyşlilerin geri gelip saldırma ihtimali vardı. Ertesi sabah Peygamber (s.a.v) sabah namazından sonra Bilâl'e, oradakilere ve uzaktakilere düşmanın arkasından gidileceğini duyurmasını söyledi. "Fakat sadece dün bizimle birlikte savaşanlar gelecek" dedi.

Elçiler çeşitli kabilelere vardıklarında, ashâbın çoğunu yaralarını kendileri sararken veya eşlerine sardırırken buldular. Çünkü Uhud'a katılanlardan çok azı yara almamıştı, çoğu ise ağır yaralıydı. Fakat Peygamber (s.a.v)'in çağrısını duyar duymaz, hepsi yaralarını ellerinden geldiğince kapatıp tekrar yola çıkmak için hazırlandılar. Uhud'a katılanlardan sadece Mâlik (r.a.) ve Şemmas (r.a.) bu seferki yürüyüşe katılamıyordu. Çünkü Malik aldığı yaraların etkisiyle zayıf düşmüş, halsiz bir şekilde ailesinin yanında yatıyordu. Şemmas'ın ise Medîne'de hiç akrabası yoktu. Bu yüzden onu Âişe'nin odasına taşımışlardı. Fakat Ümmü Seleme, kabilesinden olan bu adama bakmanın kendi sorumluluğunda olmasını istedi ve ona bakmayı üstlendi. Hemen hemen ölmek üzere olduğu için, Peygamber (s.a.v) Şemmas'ı Medîne'ye gömmemelerini, Uhud'a arkadaşlarının yanına gömmelerini söyledi.

Başına nişan alınan darbenin omuzuna gelmesi nedeniyle sağ omuzunu oynatamamasına rağmen Peygamber (s.a.v), ilk hazırlananlar arasındaydı. Talha (r.a.), yola çıkma zamanını öğrenmek için Mescid'e geldiğinde onu kapının önünde at sırtında görünce çok şaşırdı. Peygamber (s.a.v) miğferinin önünü indirmişti, gözlerinden başka yeri görünmüyordu. Bunun üzerine Talha, sakat olmasına rağmen hazırlanmak üzere hemen eve koştu.

Benî Selime'den yola çıkanlar arasında, çoğu on'dan fazla kılıç veya ok yarası almış olan kırk yaralı vardı. Kararlaştırılan yerde Peygamber (s.a.v)'le buluşunca sıraya girdiler. Peygamber (s.a.v) onların kalblerinin bedenlerinden daha güçlü olduğunu görünce çok sevindi ve şöyle dua etti: "Allah'ım, Benî Selime'ye merhamet et!" Bütün kabileler arasında, Uhud'a katılmayan, fakat bu kez onlara katılan bir tek kişi vardı. Bu Câbir (r.a.)'di. O sabah Peygamber (s.a.v)'in çağrısını duymuş ve ona giderek: "Ey Allah'ın Rasûlü! Savaşta bulunmayı çok istiyordum; fakat babam beni yedi küçük kız kardeşimin başında bıraktı. Ben ümit ettiğim halde şehadette Allah onu bana tercih etti. Ey Allah'ın Rasûlü! Hiç olmazsa bu kez seninle gelmeme izin ver" dedi. Peygamber (s.a.v) de ona diğerleriyle birlikte gitme izni verdi.

Medîne'den sekiz mil ötede konakladılar. O sırada düşman da kendilerinden fazla uzakta olmayan Revha'da konaklamıştı. Bunu duyan Peygamber (s.a.v.), adamlarına mümkün olduğu kadar geniş bir alana yayılmalarını ve kendileri için odun toplamalarını emretti. Her adam kendisi için bir ateş yakacaktı. Güneş batana dek beş yüz öbek odun topladılar. Gece olduğunda herkes kendi ateşini yaktı. Çok sayıdaki ateş öbekleri uzaktan sanki büyük bir ordu konaklamış izlenimi veriyordu. Hâlâ putperest olmasına rağmen Müslümanlara dost olan Huzaa'lı bir adam, Ebû Süfyân'a gidip gerçek olmadığı halde Uhud'a katılmayanlar ve müttefikleri de dahil bütün Medînelilerin savaş meydanına geldiklerini haber verdi: "Tanrı'ya and olsun, siz onların atlarının başını görür görmez kaçmalıydınız" dedi. Kureyşlilerden bazıları Medîne'ye saldırmak istiyordu. Fakat şimdi hepsi en hızlı şekilde Mekke'ye dönme kararı almışlardı. Fakat Ebû Süfyân erzak almak için Medîne'ye giden bir gruptan Peygamber (s.a.v.)'e mesaj göndermeyi ihmal etmedi: "Muhammed'e de ki: 'Biz ona ve arkadaşlarına karşı çıkıp, geri kalanların hepsinin kökünü kurutuncaya kadar onlarla savaşacağız.' Geri döndüğünde Ukaz panayırına uğra, deveni kuru üzümle yükleyeyim" dedi. Adamlar mesajı Peygamber (s.a.v.)'e ulaştırdığında o kısa bir süre önce inen âyetle cevap verdi:

"Allah bize yeter, o ne güzel vekildir." (Âl-i İmrân: 73).

Peygamber (s.a.v) ve arkadaşları pazartesi, salı ve çarşamba günlerini orada her akşam ateş yakarak geçirdiler. O üç gün boyunca tüm Müslümanlar dinlendiler ve bayram sevinci yaşadılar. Bir önceki yaz hasat çok verimli geçmişti. Sa'd İbn Ubâde (r.a.) otuz deve yükü hurma, diğerleri de kurban edilmek üzere hayvanlar getirmişlerdi. Perşembe günü toparlanıp Medîne'ye döndüler.

Peygamber ve ordu yola çıktıktan kısa bir süre sonra Şemmâs ölmüş ve Uhud'a gömülmüştü. Onların yokluğu esnasında Mâlik de ölmüş, fakat ailesi onu Medîne'ye gömmüştü. Peygamber (sav) döndüğünde Mâlik'in cesedinin alınıp Uhud'a gömülmesi emrini verdi.

Uhud savaşından döndükten sonra İbn Übey'in oğlu Abdullah, savaştan sonraki ilk geceyi, çarpışma sırasında aldığı bir yarayı dağlamakla geçirdi. Bu sırada babası ona savaşa katılmasının aptallık olduğunu söylüyordu. "Tanrı'ya andolsun sonuç tam benim tahmin ettiğim gibi oldu" dedi. Oğlu: "Allah'ın Rasûlü ve Müslümanlar için yaptığım şey hayırlıydı" dedi. Fakat İbn Übey tartışmaya açık değildi. "Eğer öldürülenler bizle geri dönmüş olsalardı, öldürülmezlerdi" diye iddia etti. Oğlu, diğer Müslümanlarla birlikte savaşta iken o Medîne'de boş durmamıştı. Yahudiler ise daha önce göstermedikleri derecede şiddetli bir kesinlikle şöyle diyorlardı: "Muhammed (s.a.v) sadece krallık peşinde koşuyor. Hiçbir peygamber böyle bir sonla karşılaşmamıştır. Hem kendisine hem de arkadaşların büyük darbeler almışlar."

Yahudilerin ve münafıkların söylediklerinin çoğu, Uhud'a yakın bir yerde ateşler yakarak yapılan gösteriden sonra şehre dönen Ömer (r.a.)'in kulağına gitmişti. Ömer, bunları duyunca hemen Peygamber (s.a.v)'e gitti ve bundan sorumlu olan kişileri öldürmek için ondan izin istedi. Fakat Peygamber (s.a.v) buna izin vermedi. "Allah, dinini yüceltecek ve Peygamber (s.a.v)'ine güç verecek" dedi. "Ey Hattâb'ın oğlu! Gerçekten Kureyş bize bir daha aynı günü yaşatamayacak ve gidip Köşe'yi selamlayabileceğiz."[1] -Mekke'ye girip Haceru'l-Esved'i öpeceklerini kasdediyordu.-

Peygamber'den (s.a.v.) izin alamadığı için Ömer'in elinin kolunun bağlanmasına rağmen, İbn Übey cezasız kalmadı. İbn Übey, mescidde cuma namazları için kendine şerefli bir mevki edinmişti. Onun Medîne'deki konumunu herkes bildiği için buna kimse karşı çıkmıyordu. Peygamber (s.a.v) minbere hutbe ve vaaz için çıktığında İbn Übey kalkar ve şöyle derdi: "Ey insanlar! Bu Allah'ın Rasûlü'dür. Dilerim Allah O'nun sayesinde bize merhamet eder. O halde O'na yardım edin, O'nu onurlandırın, O'nu dinleyin ve ona itaat edin". Daha sonra tekrar otururdu. Fakat Uhud dönüşünden sonraki ilk cuma namazında İbn Übey her zamanki gibi aynı şeyleri söylemek için ayağa kalktığında, etrafında bulunan ensârdan Müslümanlar onu iki tarafından tuttular ve: "Ey Allah'ın düşmanı, otur! Bu yaptıklarından sonra senin konuşmaya hakkın yok" dediler. Bunun üzerine İbn Übey, kalabalığın arasından zorlukla sıyrıldı ve cemaati terk etti. Mescidin kapısında ona rastlayan ensârdan biri ona: "Dön ve Allah'ın Rasûlü senin için bağışlanma dilesin" dedi. Fakat o şu cevabı verdi: "Tanrı'ya andolsun, onun benim için bağışlanma dilemesini istemiyorum".

---

1. W. 317.

Uhud'u izleyen günlerde Peygamber (s.a.v)'e savaşla ilgili pekçok yeni vahiy geldi. Bu âyetlerden, iki kabilenin de büyük bir bölümünün savaş başladığı anda alanı terk etmeyi düşündükleri; fakat Allah'ın onlara güç ve kararlılık verdiği açığa çıkıyordu. Bu iki kabileden biri, düşmanı takip etmeye gittiklerinde hemen hazır oluşlarıyla Peygamber (s.a.v)'i sevindiren Hazrec'li Benî Selime kabilesi idi. Benî Selime ve Evs'li Benî Hârise kabileleri bu âyetleri (Âl-i İmrân: 122) duyunca, âyette kastedilen kişilerin kendileri olduklarını itiraf ettiler. Fakat o anki zayıflıkları için üzülmüyorlardı; çünkü Allah onlara kendi kazanacakları güçten daha fazla güç ve kararlılık vermişti. Âyetler savaş sırasında birden paniğe kapılıp dağa kaçanlardan ve özellikle şehid olmak istedikleri için Peygamber (s.a.v)'i savaşa teşvik edenlerden bahsediyordu.

"Yoksa siz Allah, içinizden cihad edenleri belirtip -ayırt etmeden ve sabredenleri de belirtip- ayırt etmeden cennete gireceğinizi mi sandınız? Andolsun, siz onunla karşılaşmadan önce ölümü temenni ediyordunuz. İşte siz -bakıp dururken- onu gördünüz de." (Âl-i İmrân: 142-143).

Fakat vahiy, savaş alanında emirlere uymayan kişilerin cezalarını orada ödedikleri ve affedildiklerini de belirtiyordu. Ödedikleri cezanın veya keffaretin bir kısmı Peygamber (s.a.v)'in ölüm haberini duyduklarında çektikleri acı ve üzüntüydü. (Âl-i İmrân: 152-155). Bu âyetlerde, daha önce yaşamış toplumların şimdi harabe haline gelmiş medeniyetlerine değinilerek Arabistan'da hakim olan gelenek ve değerlerin de bir gün yok olacağı ve zaferin İslâm'ın olacağı gerçeği de vurgulanıyordu.

"Gerçek şu ki, sizden önce nice sünnetler (kanun özelliğini kazanmış olaylar) gelip geçmiştir. Bundan dolayı yeryüzünde gezip dolaşın da yalan sayanların uğradıkları sonuç nasıl oldu bir görün. Bu (Kur'ân), insanlar için 'dolambaçsız bir açıklama (beyan)' sakınanlar için de bir hidayet ve öğüttür. Gevşemeyin, üzülmeyin, eğer inanmışlarsanız en üstün olan sizlersiniz." (Âl-i İmrân: 137/139).

Bir de gelecekle ilgili bir olaya değiniliyordu:

"Muhammed, yalnızca bir peygamberdir. Ondan önce nice peygamberler gelip geçmiştir. Şimdi ölürse ya da öldürülürse, siz topuklarınız üzerinde gerisin geriye mi döneceksiniz? İki topuğu üzerinde gerisin geri dönen kimse, Allah'a kesinlikle zarar veremez. Allah şükredenleri pek yakında ödüllendirecektir." (Âl-i İmrân: 144)

İNTİKAM KURBANLARI

[56]

Dört aydan fazla süre boyunca barışı bozan hiçbir olay meydana gelmedi. Fakat bu sürenin sonunda Benî Esed İbn Huzeyme'nin Medîne'ye sefer düzenlediği haberi ulaştı. Müslüman olan Cahş ailesini ve daha önceden Mekke'de yaşayan Esed'lileri saymazsak, bu geniş ve güçlü Necd kabilesi hâlâ Kureyşlilerin yakın bir müttefikiydi. Kureyşliler şimdi de onları, Uhud'da zayıf düşen Müslümanların bu durumundan yararlanmaya teşvik ediyordu. Bu nedenle onlara ve tüm Arabistan'a Uhud'un Müslümanları zayıflatmadığı bilakis güçlendirdiği gösterilmeliydi. Bu amaçla Peygamber (s.a.v) Benî Esed İbn Huzeyme'lilerin kampına habersiz olarak, kuzeni Ebû Seleme komutasında yüz elli silahlı adam gönderdi. Bu küçük ordu İbn Huzeyme'lilerin kampına sessizce yaklaştı ve çok az kan dökerek onların kaçmasını sağladı. Müslümanlar ise Medîne'ye, on bir gün sonra, büyük bir deve sürüsü ve üç çoban ile birlikte döndüler. Bu saldırı amacını yerine getirmişti, yani İslâm'ın yok edilemeyen gücü tüm Arabistan'a gösterilmişti.

O sıralarda daha güneyden bir saldırının yapılacağı haberi Medîne'ye geldi. Fakat bu kez Peygamber (s.a.v) mucize göstererek İslâm karşısındaki düşmanlığın, Hudayl kabilesinin Lihyanî kolunun başkanından kaynaklandığını bildirmişti. Eğer bu adam ortadan kaldırılırsa o taraftan gelecek saldırı artık pek önemli olmazdı. Bunun üzerine Peygamber (s.a.v), Hazrecli Abdullah İbn Uneys'i, bu lideri öldürmekle görevlendirdi. "Ey Allah'ın Rasûlü" dedi Abdullah, "bana o adamı tarif et ki, gördüğümde tanıyabileyim". Peygamber (s.a.v): "Onu gördüğünde, o sana şeytanı hatırlatacak. Onun aradığın adam olduğunu şöyle anlayacaksın; onu gördüğünde titreyeceksin" dedi. Abdullah, Peygamber (s.a.v)'in söylediklerini aynen yaşadı ve onu öldürüp sağsalim geri döndü.

Medîne'ye karşı planlanan saldırıların hepsi şimdilik rafa kaldırılmıştı. Fakat öldürülen başkanlarının öcünü almak için Hudayl kabilesinden bir grup adam, komşu köylere İslâm'ı anlatmak için giden altı Müslümana saldırdılar. Olay, Mekke'nin yakınında Raci' denilen sulak bir yerde meydana geldi. Peygamber (s.a.v)'in adamlarından üçü dövüşerek şehid edildi, diğer üçü de esir alındı. Esir alınan üç kişiden biri kaçmak isteyince hemen öldürüldü. Çatışmada ölenlerden biri de Uhud'da Kureyş'in sancaktarlarından ikisini öldüren Evs kabilesinden Âsım idi. Öldürülen adamların annesi, Âsım'ın kafatasından şarap içmeye yemin etmişti. Hudayl'lı adamlar da onun kafatasını bu kadına satmayı planlıyorlardı. Fakat bir arı kovanı yüzünden gece olana dek Âsım'ın cesedine yaklaşamadılar. Gece olunca da bir fırtına Âsım'ın cesedini sürükleyip götürmüştü. Bu nedenle Kureyşli anne hiçbir zaman yeminini yerine getiremedi. Esir alınan Evs'li Hubeyb ile Hazrec'li Zeyd, Bedir'deki ölülerinin öcünü almak için her fırsatı kollayan Kureyşlilere satıldı. Hubeyb, Benî Nevfel'in müttefiklerinden birine satıldı ve Bedir'de öldürülen babasının öcünü alması için kabilenin bir üyesine verildi. Safvân da aynı amaçla Zeyd'i aldı ve iki adam haram aylar geçinceye kadar hapiste kaldılar.

Safer ayının hilâli görünür görünmez, Kureyşliler esirleri haram bölgeden çıkarıp Tan'im'e götürdüler. İki esir birbirlerini hapsedildiklerinden beri ilk defa görüyorlardı. Orada birbirlerine sabır tavsiye ettiler. Daha sonra Benî Nevfel ve beraberindekiler Hubeyb'i biraz ileriye götürdüler. Hubeyb kendisini kazığa bağlayacaklarını anlayınca, onlardan namaz kılmak için izin istedi; daha sonra iki rek'at namaz kıldı. Onun öldürülmeden önce namaz kılma geleneğini kuran ilk kişi olduğu söylenir. Daha sonra onu kazığa bağladılar ve "İslâm'dan dönersen seni serbest bırakacağız" dediler. O şu cevabı verdi: "İslâm'dan döndüğümde yeryüzündeki her şeyi elde edeceğimi bilsem, yine de İslâm'dan dönmem." "Kendin evinde olup, Muhammed (s.a.v)'in senin yerinde olmasını istemez miydin?" dediler. "Kendim evde oturmak için Muhammed (s.a.v)'in ayağına bir diken parçası bile batmasını istemem" diye cevap verdi. "Dön ey Hubeyb!" dediler, "çünkü dininden dönmezsen seni öldüreceğiz." "Allah için ölmem hiç de önemli değil" dedi. Daha sonra şunları ekledi: "Benim yüzümü kutsal yerden çevirmenize gelince", -yüzünü Mekke'den başka tarafa çevirmişlerdi- "Allah şöyle buyuruyor: "Her nereye dönerseniz Allah'ın yüzü (kıblesi) orasıdır" (Bakara: 115). "Allah'ım, burada benim selamımı senin Rasûlü'ne götürecek kimse yok, o halde selamımı ona Sen ulaştır" dedi. O sırada Peygamber (s.a.v), Medîne'de Zeyd ve diğer arkadaşlarıyla birlikte oturuyordu. Bir an Peygamber (s.a.v) vahiy aldığı zamanlarda girdiği hale girdi. Onun "Ve aleyhisselam ve rahmetullah (Allah'ın selamı ve rahmeti onun üzerine olsun)" dediğini duydular. Peygamber (s.a.v) daha sonra "Cebrâîl bana Hubeyb'in selamını getirdi" dedi.[1]

Kureyşlilerin yanında babaları Bedir'de öldürülen kırk genç vardı. Gençlerden her birine mızrak verip: "Bu, senin babanı öldürendir" dediler. Gençler Hubeyb'i mızrakladılar, fakat öldüremediler. Bunun üzerine büyüklerden biri elini çocuğun elinin üstüne koyup öldürücü bir darbe indirdi. Bir diğeri daha aynı şeyi yaptı. Fakat buna ramen Hubeyb bir saat daha

---

1. W. 360.

yaşadı ve sürekli şu iki cümleyi tekrarladı: "Allah'tan başka ilah yoktur, Muhammed O'nun Rasûlü'dür."

Esir edilen arkadaşı Zeyd de aynı şekilde öldürüldü. Öldürülmeden önce o da iki rekat namaz kıldı ve sorulan sorulara aynı cevapları verdi. Zühre'nin müttefiklerinden olan ve o gün herkesle birlikte Tan'im'e giden, İbn Şerîk şöyle demekten kendini alamadı: "Hiçbir baba evlâdını, Muhammed'in taraftarlarının Muhammed'i sevdiği kadar sevemez."

Bedir Savaşı'nın başında Utbe ile teke tek karşılaşması sonucunda ölen Ubeyde, geride kendisinden çok genç olan bir dul bırakmıştı. Bedevî kabilesi Amir'den Huzeyme'nin kızı olan Zeyneb çok cömert bir kadındı. İslâm'dan önce de "fakirlerin annesi" diye anılırdı. Dul kaldıktan bir yıl sonra hâlâ evlenmemişti. Peygamber (s.a.v) ona evlenme teklif ettiğinde memnuniyetle kabul etti. Mescide bitişik odalara bir oda daha eklendi. Büyük bir ihtimalle bu yeni bağ nedeniyle Zeyneb'in kabilesinin yaşlı lideri Ebû Bera, Peygamber (s.a.v)'i ziyaret etti. İslâm ona teklif edildiğinde yaşlı adam buna karşı olmadığını söyledi. Bununla birlikte tamamen kabul ettiğini de açıklamadı. Sadece kendi kabilesine İslâm'ı öğretecek Müslümanların gelmesini istedi. Peygamber (s.a.v) ona, diğer kabilelerin Müslümanlara saldırabileceğini söyledi. Beni Amir, Hevâzin kabilesinin bir koluydu ve yerleşim bölgesi, Müslümanlara saldırmaları muhtemel olan Süleym ve diğer Gatafan kabilelerine yakındı. Fakat Ebû Bera, Beni Amir'in şefi olarak kendisinin koruyacağı hiç kimseye saldırılamayacağına dair söz verdi. Bunun üzerine Peygamber (s.a.v) hem bilgileri, hem de takvaları nedeniyle İslam'ı temsil eden kırk Müslüman seçti. Onların başına da Hazrec'li Munzîr İbn Amr'ı getirdi. Seçilenlerden biri de Peygamber (s.a.v) ve Ebû Bekir'le birlikte hicret eden Ebû Bekir'in azadlı kölesi Amir İbn Fuheyre idi.

Medîne'de Ebû Bera'nın liderliğinin tartışmalı olduğu bilinmiyordu. Onun yerine geçmek isteyen yeğeni, Peygamber'den bir mektup götüren, bu nedenle herkesten önce oraya varan bir Müslüman'ı öldürdü. Kabilenin diğer adamlarını da geri kalan Müslümanları öldürmeleri için teşvik etti. Fakat tüm kabile Ebû Bera'nın koruması altında olan kimseyi öldüremeyeceklerini söyleyince sinirlenen yeğen, kısa bir süre önce Medîne'ye kötülük yapmayı düşünen iki Süleym kabilesine haber verdi. Süleym kabilesi hemen bir grup atlı gönderdi ve Ma'una kuyusu yakınında hiçbir şeyden habersiz konaklayan Müslümanların hepsini şehid ettiler. Sadece develeri otlatmaya giden iki kişi sağ kaldı. Bu iki kişiden biri Uhud'da büyük bir cesaretle savaşan Hâris İbn es-Simme idi. Diğeri ise Kinâne kabilesinin Demre kolundan Amr idi. Uzaktan kamplarının çevresini saran atlıları görünce çok şaşırdılar. Yaklaştıklarında ise kampın bir savaş alanına döndüğünü ve arkadaşlarının hepsinin öldürüldüğünü gördüler. Süleym'li adamlar ölülerin başında derin bir tartışmaya dalmışlardı. Bu yüzden yeni gelenleri fark etmediler. Amr gidip Medîne'ye haber verme taraftarıydı. Hâris ise şöyle dedi: "Munzîr'in öldürüldüğü yerde ben savaş alanına arkamı dönüp gidemem." Daha sonra kendini düşmanların arasına attı ve Amr'la birlikte esir alınıncaya kadar çarpıştı ve iki düşman öldürdü. Düşmanların ikisini de öldürmek istememeleri garipti. Çünkü Hâris iki adamlarını öldürmüştü. Hâris'e kendisine ne yapılmasını istediğini sordular. O da Munzîr'in cesedi başına gidip eline silahlar verilmesini ve orada savaşmak istediğini söyledi. Onun isteğini yerine getirdiler. Hâris kendisi öldürülmeden önce iki adam daha öldürdü. Amr'ı ise serbest bıraktılar ve kendilerine ölü arkadaşlarının isimlerini saymasını istediler. Amr, onlarla birlikte her cesedin başına gitti ve soyuyla birlikte hepsinin ismini söyledi. Ona burada olması gereken fakat cesedi burada olmayan bir arkadaşının olup olmadığını sordular. "Amir İbn Fuheyre adındaki Ebû Bekir'in azadlısını göremiyorum" dedi. Ona "Bu adamın sizin aranızdaki konumu nasıldı?" diye sordular. "O, en iyilerimizden biriydi" dedi. Amr, "Peygamber'e ilk tabi olanlar arasındaydı." Soruyu soran: "Sana, ona ne olduğunu söyleyeyim mi?" dedi. Daha sonra Amir'i öldüren Cebbâr'ı çağırdılar. Cebbâr, mızrağını nasıl arkasından gelip Amir'in iki kürek kemiği arasına sapladığını anlattı. Mızrağın ucu Amir'in göğsünden çıkmıştı. Amir'in ölmeden önce son sözü: "Vallahi, zafere ulaştım" olmuştu. Cebbâr: "Bu ne anlama gelebilir?" diye şaşırmıştı; çünkü aynı sözü kendisinin söylemeye daha çok hakkı vardı. Daha sonra Cebbâr şaşkınlıkla mızrağı Amir'in sırtından çıkarmıştı. Fakat şaşkınlığı, görünmeyen ellerin Amir'in cesedini gözden kaybolana dek yukarı kaldırdıklarını görünce daha da artmıştı. Cebbâr'a "zafer"in Cennet olduğu anlatılınca Müslüman oldu. Peygamber (s.a.v) bu olayı duyunca, meleklerin Amir'i Cennet'in en yüksek derecelerinden biri olan "İlliyyûn"a (Mutaffifîn: 18-19) götürdüklerini söyledi.[2]

Süleym'liler kabilelerine döndüler ve bu olayı tekrar tekrar herkese anlattılar. Bu, onların İslâm'a dönmelerinin başlangıcıydı. Serbest bıraktıkları Amr'a, bu katliama Beni Amir'in sebep olduğunu söylediler. Bunun üzerine Amr, Medîne'ye dönerken Beni Amir'den rastladığı iki kişiyi öldürülen arkadaşlarına karşılık öldürdü. Fakat gerçekte iki adam da masumdu. Çünkü onlar Ebû Bera'ya bağlıydılar ve onun Müslümanları korumasına taraftardılar. Bunun üzerine Peygamber (s.a.v) öldürülenlerin ailelerine kan diyeti verilmesine karar verdi.

---

2. W. 349.

BENÎ NADİR

[57]

Yahudi kabilelerinden Benî Nadir, uzun süreden beri Benî Amir'in müttefiki idi. Bu nedenle Peygamber (s.a.v) onlardan kan diyetini ödemede kendisine yardım etmelerini istemeye karar verdi. Ebû Bekir, Ömer ve diğer ileri gelen arkadaşlarıyla onlara gitti ve meseleyi açıkladı. Yahudiler onun istediğini yerine getireceklerini söylediler ve ondan yemek hazırlanıncaya kadar kalmasını rica ettiler. Peygamber (s.a.v) onların ricalarını kabul etti. O sırada, içlerinden görünüşte misafir için verilecek yemek hakkında emirler vermek üzere liderleri Huyay'ın da bulunduğu bir grup onlardan ayrıldı. Peygamber ve arkadaşları kalenin önünde oturmuş beklerken diğerlerinin göremeyeceği şekilde Cebrâîl geldi ve Peygamber'e Yahudilerin kendisini öldürmeyi planladıklarını, hemen Medîne'ye dönmesi gerektiğini haber verdi. Bunun üzerine Peygamber (s.a.v) ayağa kalktı ve bir tek kelime bile söylemeden topluluğu terk etti. Herkes onun kısa bir süre sonra geri döneceğini zannediyordu. Geri dönmeyince Ebû Bekir diğer arkadaşlarına onun arkasından gitmeyi önerdi. Hep birlikte Yahudilerden ayrılıp Peygamber (s.a.v)'in evine gittiler. Peygamber (s.a.v) onlara olanları anlattı. Muhammed İbn Mesleme (r.a.)'yi Beni Nadir'e elçi olarak gönderdi ve ona söylemesi gerekenleri bildirdi. Muhammed İbn Mesleme (r.a.) bütün hızıyla kabilesinin olduğu yere gitti. Onu gören bazı liderler karşılamaya çıktılar. Onlara şöyle dedi: "Allah'ın Rasûlü beni size gönderdi ve şunları söyledi: "Beni öldürmeyi amaçlayarak, aramızdaki anlaşmayı bozdunuz." Peygamber (s.a.v)'in ona anlattığı şekliyle onlara suikastın tüm ayrıntılarını anlattı ve getirdiği haberin en önemli noktasında şöyle bağırdı: "Peygamber: 'Size ülkemi terk etmeniz için on gün veriyorum. On günden sonra hâlâ burada olanlarınızın başı kesilecek' dedi." Onlar: "Ey Mesleme'nin oğlu! Bir Evs'linin bize böyle bir haber getirebileceğini ummazdık" dediler. İbn Mesleme: "Gönüller değişti" cevabını verdi.

Çoğu hemen ayrılmak için hazırlıklara başlamışlardı. Fakat İbn Übey onları kalmaya teşvik eden ve yardım edeceğini bildiren bir haber gönderdi. Huyay da komşuları Beni Kurayza ve bedevî müttefiklerinin böyle bir durumda kendilerini yalnız bırakmayacaklarını söyleyerek Yahudileri kalmaya ikna etti. Tüm bu müttefiklere yardım haberi gönderdi. Peygamber (s.a.v)'e de kardeşini haberci gönderdi: "Biz evlerimizi ve mallarımızı bırakıp gitmeyeceğiz. O halde ne yapacaksan yap" dedi. Peygamber (s.a.v) "Allahu Ekber" (Allah Büyüktür) dedi ve bu tekbir tüm arkadaşlarının ağzında tekrarlandı. Arkadaşlarına: "Yahudiler savaş ilan ediyor" dedi. Bir ordu hazırlayarak şehrin güneyindeki Nadir yerleşim bölgesine doğru ilerlediler. Sancağı Ali taşıyordu. İkindi namazını, korunma bölgelerinin dışında olduğu için Yahudiler tarafından terk edilen geniş bir bahçede kıldılar. Namazdan sonra Peygamber (s.a.v) askerlerini kalelere doğru ilerletti.

Surlar, okçular ve sapancılar tarafından korunuyordu. Bu askerlerin yanında, okları bittiğinde ve sur duvarları saldırıya uğradığında kullanılmak üzere taşlar da vardı. İki ordu da hava kararıncaya kadar karşılıklı ok atışları yaptılar. Yahudiler karşısındakilerin saldırı hızı karşısında şaşkınlığa düşmüşlerdi. Fakat ertesi gün nasıl olsa Benî Kurayza'nın ve İbn Übey'in yardımları ulaşır diye düşünüyorlardı. Birkaç gün sonra da müttefikleri Gatafan kabilesi imdada yetişirdi. O sırada Müslümanların ordusu, çeşitli sebepler yüzünden Peygamber ile birlikte yola çıkamayan Müslümanların da sonradan orduya katılmasıyla gittikçe büyüyordu. Yatsı namazı vaktine kadar ordu, düşmanı her taraftan sarabilecek derecede çoğalmıştı. Peygamber (s.a.v) onlarla birlikte namaz kıldı ve Ali'yi ordunun başında bırakarak on kişi ile birlikte Medîne'ye döndü. Ordu sabah namazına kadar Allah'ı yücelten beyitler okudu. Peygamber (s.a.v) sabah namazında onlara katıldı.

Günler geçiyor ve Benî Nadir beklediği yardımlar için ümidini yitiriyordu. Benî Kurayza, Peygamber (s.a.v) ile yaptığı anlaşmayı bozmak istememiş, Benî Gatafan sessiz kalmış, İbn Übey de her zaman olduğu gibi bir şey yapamayacağını anlamıştı. Çok ümitli olan Benî Nadir'in ümitleri gittikçe kayboluyor ve aralarındaki anlaşmazlıklar artıyordu. Kabile uzun zamandan beri süren anlaşmazlıklar ve düşmanlıklarla parçalanmıştı. Şimdi ise dış dünyadan tamamen kopmuş bir vaziyette hiçbir yardım alamıyordu. On güne yakın bir süre sonra Peygamber'in sur duvarlarının yakınındaki bir-iki hurma ağacını kesmesiyle bu ümitsizliği ve çaresizliği daha fazla hissetmeye başladılar. Peygamber (s.a.v) bu toprakların kendinin olacağını bildiği için bu ağaçları kurban olarak kestirmişti. Ağaçların kesilmesi ilâhî bir emirle (Haşr: 5), ona bildirilmişti. Bu emrin yerine getirilmesiyle düşmanın karşı koyma gücü tamamen yok oldu. Onlar için hurma ağaçlarının özel bir yeri ve anlamı vardı; çünkü bu ağaçlar geçim kaynaklarının büyük bir bölümünü oluşturuyordu. Şimdi topraklarından ayrılmaya zorlansalar bile o yerleri hâlâ kendilerinin olarak düşüneceklerdi. Çünkü gelecekte onu tekrar kazanma ümitleri vardı. Kureyş, vadiden İslâm'ın izlerini silmek üzere söz vermişti. Fakat eğer hurma ağaçları kesilirse, onları yenilemek yıllar alırdı. Sadece birkaç tanesini kesmişlerdi; fakat bu tahrip nereye kadar varacaktı? Huyay, Peygamber (s.a.v)'e topraklarını bırakıp gideceklerine dair haber gönderdi. Fakat Peygamber (s.a.v) daha önce bütün mallarını götürebileceklerine dair verdiği sözde artık duramayacağını söyledi. "Yurdunuzu terk edin" dedi, "Silahlarınız ve zırhlarınız dışında, develerinizin taşıyabileceği miktarda mal götürebilirsiniz".

Huyay ilk önce bu teklifi reddetti; fakat kabiledeki diğer adamlar onu kabul etmeye zorladılar. İki hafta önce bıraktıkları hazırlıklara tekrar başladılar. Evlerinin kapılarına ve eşiklerine varıncaya kadar bütün eşyalarını develere yüklediler. Hazırlandıklarında Suriye yolu üzerinden kuzeye doğru yola çıktılar. O zamana kadar bu ölçüde zengin ve büyük bir kervan daha görülmemişti. Medîne'nin kalabalık çarşısından geçerken develer tek sıra halinde yol aldılar. Her deve, yüklerinin zenginliği ve süslerinin çokluğuyla ayrı bir şaşkınlık vesilesi oluyordu. Develerin üstündeki tahtların perdeleri, içindeki çeşitli renklerde ipekler giymiş; altın, elmas, yakut gibi değerli taşlarla süslenmiş kadınları gizlemek için örtülmüştü. Benî Nadir'in zengin olduğu bilinirdi; fakat o zamana kadar kendilerinden başka çok az kişi onların bu zenginliğini görebilmişti. Yolculuklarına davul ve çalgı sesleri eşliğinde devam ettiler. Böylece, şimdi topraklarını terk ediyor durumda olsalar da başka yerlerde daha güzel toprakları olduğunu ve oralara gittiklerini göstermek istiyorlardı. Yahudilerin çoğu Hayber'de durdu ve önceden sahip oldukları topraklara yerleşti. Diğer bir grup da kuzeye gitti ve Eriha'ya veya Suriye'nin güneyine yerleşti. Vahyin bildirdiğine göre Yahudilerin toprakları, fakir ve muhtaçlara verilmek üzere Peygamber (s.a.v)'e ait olacaktı. Bu topraklar, özellikle "Yurtlarından ve mallarından sürülüp çıkarılmış" (Haşr: 8) olan muhâcirler içindi. Fakirlikleri nedeniyle ensârdan sadece iki kişiye toprak verildi. Fakat Peygamber (s.a.v) toprakların çoğunu muhâcirlere vererek onları bağımsız kıldı ve ensârın üzerindeki bakım yükünü kaldırdı.

[58]

M.S. 626 yılının ilk aylarında Fâtıma bir erkek çocuğu daha dünyaya getirdi. Peygamber (s.a.v) el-Hasan ismini çok seviyordu. Bu nedenle Fâtıma'nın ikinci çocuğuna "küçük Hasan" yani "küçük güzel adam" anlamına gelen Hüseyin adını verdi. O sıralarda "fakirlerin annesi"diye tanınan yeni zevcesi Zeyneb hastalandı ve vefat etti. Vefat ettiğinde Peygamber (s.a.v)'le henüz sekiz aylık evli idi. Peygamber (s.a.v) onun cenaze namazını kıldırdı ve onu Baki mezarlığında kızı Rukiyye'nin mezarının yakınına gömdü. Bunu takip eden ay Peygamber (s.a.v)'in kuzeni Ebû Seleme (r.a.) Uhud'da aldığı -önce çabuk iyileşen, fakat sonradan tekrar açılan- yara nedeniyle öldü. Peygamber (s.a.v), öldüğü sırada onun yanındaydı ve o son nefesini verirken dua ediyordu. Öldükten sonra gözlerini de Peygamber (s.a.v) kapattı.

Ebû Seleme (r.a.) ve Ümmü Seleme (r.a.) birbirine çok bağlı bir çiftti. Ümmü Seleme kocasına ikisinden biri öldüğünde evlenmemek üzere anlaşma yapmalarını teklif etti. Fakat Ebû Seleme, eğer kendisi önce ölürse, karısının mutlaka evlenmesi gerektiğini söyledi ve şöyle dua etti: "Allah'ım, Ümmü Seleme'ye benden sonra, benden daha iyi ve ona acı ve elem çektirmeyecek bir koca ver!" Ebû Seleme'nin ölümünden dört ay sonra Peygamber (s.a.v) Ümmü Seleme'ye evlenme teklif etti. Ümmü Seleme kendisinin Peygamber (s.a.v)'e uygun bir eş olmadığını öne sürdü. "Ben yaşlı bir kadınım" dedi, "ve yetimlerin annesiyim. Bunların yanı sıra bir de benim kıskançlık huyum var. Ey Allah'ın Rasûlü, senin birden fazla eşin var" dedi. Peygamber (s.a.v) şöyle cevap verdi: "Yaş konusunu ele alırsak, ben senden yaşlıyım. Kıskançlığa gelince, Allah'a bu huyu senden alması için dua ederim. Çocuklarına ise Allah ve Rasûlü göz kulak olacaktır". Böylece evlendiler ve Ümmü Seleme, sağlığında Zeyneb'e ait olan odaya yerleşti.

Ümmü Seleme (r.a.) yaşı ile ilgili söylediklerine rağmen henüz yirmidokuz yaşında genç bir kadındı. Ebû Seleme ile Habeşistan'a hicret ettiğinde sadece on sekiz yaşındaydı. Kıskançlığına gelince; Ümmü Seleme bu evlilikle imtihan edileceğinden haklı olarak korkuyordu. Bu korkuyu taşıyan sadece o değildi. Âişe, Hafsa ve Zeyneb'i zorluk çekmeden kabul etmişti. Fakat belki de kendi yaşı ilerlediği için -on dört yaşındaydı- bu kez durum farklıydı. Âişe, Ümmü Seleme'yi sık sık görürdü. Fâtıma'nın düğün hazırlıklarını birlikte yapmışlardı. Fakat Âişe hiçbir zaman ona muhtemel bir rakip gözüyle bakmamıştı. Fakat şimdi Medîne'de herkes Peygamber'in yeni evliliğinden ve gelinin güzelliğinden konuşuyordu. Âişe bunları duyduğunda sıkılmıştı. "Onun güzelliği ile ilgili şeyler bana anlatılınca çok üzülmüştüm" dedi. "Onu yakından görebilmek için gittim ve onun anlatılandan kat kat daha güzel olduğunu gördüm. Bunu Hafsa'ya da anlattım. Hafsa: 'Hayır, sen kıskandığın için böyle söylüyorsun o anlattıkları gibi değil' dedi. Daha sonra kendi gözüyle karar vermek için Ümmü Seleme'nin yanına gitti. Döndüğünde bana: 'Onu kendi gözlerimle gördüm. Senin söylediğin kadar güzel değil, ama yine de güzel sayılır' dedi. Bunun üzerine tekrar onu görmeye gittim. Gerçekten de Hafsa'nın dediği gibiydi. Fakat ben yine de kıskanıyordum."[1]

Ebû Süfyân'ın Uhud'dan sonra teklif ettiği ve Peygamber (s.a.v)'in kabul ettiği Bedir'de yapılacak olan ikinci çarpışmanın zamanı yaklaşıyordu. Fakat o yıl kurak bir yıldı ve Ebû Süfyân, yolculukta atların ve develerin yiyebileceği yeşillikler olmadığının farkındaydı. Savaş boyunca gerekli olan yemi Mekke'den taşımaları gerekiyordu. Fakat Mekke'deki stokları da bitmek üzereydi. Ebû Süfyân kendi teklifinden geri dönme şerefsizliğini göstermek istemiyordu. Muhammed (s.a.v)'in bu anlaşmayı bozmasını bekliyordu. Fakat Yesrib'den savaşa hazırlanıldığı haberleri geliyordu. Kararını değiştirmesi için ona bazı şeyler teklif edebilir miydi? Ebû Süfyân, Süheyl ve diğer birkaç Kureyş liderine danıştı. Birlikte bir plan yaptılar. Gatafan kabilesinin Beni Aşca' kolunun liderlerinden olan Nu'aym, Süheyl'in arkadaşıydı ve o sırada Mekke'de idi. Ona güvenebileceklerini düşündüler. O, Kureyş'ten olmadığı için tarafsız ve objektif bir gözlemci ve tavsiyeci gibi görülebilirdi. Eğer Müslümanları Bedir'deki karşılaşmadan vazgeçirmeyi başarırsa, ona yirmi deve vereceklerini vaad ettiler. Nu'aym bu teklifi kabul etti ve vahaya doğru yola çıktı. Orada Ebû Süfyân'ın Bedir'deki karşılaşma için çok büyük bir ordu kurduğu haberini yaydı. Her toplulukla ayrı ayrı konuştu. Ensâra, muhâcirlere, Yahudilere ve münafıklara tehlikenin geldiğini söyledi ve haberini şöyle bir tavsiyeyle noktaladı: "Burada kalın, onlara karşı çıkmayın. Hiçbirinizin sağ olarak geri dönebileceğinizi zannetmem." Yahudiler ve münafıklar Mekkelilerin ordu hazırlamasına sevindiler ve bu haberlerin Medîne'de daha da yayılmasını sağladılar. Nu'aym, Müslümanlar üzerinde de etkili olmuştu. Çoğu Bedir'e gitmenin akıl kârı olmadığını düşünüyordu. Müslümanların bu tutumunu Peygamber (s.a.v)'de haber aldı ve kendisiyle birlikte kimsenin gelmeyeceğinden endişe etmeye başladı. Fakat Ebû Bekir ve Ömer her ne olursa olsun Kureyş'e

1. I.S. VIII, 66.

verdiği sözden dönmemesi için onu uyardılar. "Allah dinini destekler" dediler, "Ve Allah, Rasûlü'ne güç verir". Bunun üzerine Peygamber (s.a.v): "Tek başıma bile olsam gideceğim" dedi.

Bu bir-iki kelime Nu'aym'ın develerinden olmasına ve tam başaracağını sandığı anda tüm çabalarının boşa gitmesine neden oldu. Fakat Nu'aym görevinin yanlış olduğunu fark etmişti. Medîne'de kendi deneyimlerinin ve etkisinin ötesinde bir şeylerin yürürlükte olduğunu anlamış ve İslâm'ın ilk tohumlarını kalbine yerleştirmişti. Peygamber (s.a.v) önceden kararlaştırdığı şekilde beş yüz deve ve sürücüsü ile on da atlı adamı yanına alarak yola çıktı. Çoğu Bedir panayırında satmak üzere yanlarına ticârî eşya almışlardı.

O sırada Ebû Süfyân Kureyşlilere şöyle diyordu: "Bir-iki günü yolda geçirelim, sonra geri dönelim. Eğer Muhammed (s.a.v) ortaya çıkmazsa, bizim yola çıktığımızı ve tekrar geri döndüğümüzü duyacaktır. O sözünde durmamış ve sözünden dönme suçu ona ait olacaktır". Fakat Ebû Süfyân'ın ümitlerinin tersine peygamber (s.a.v) ve arkadaşları gelmişler ve Bedir panayırında sekiz gün kalmışlardı. Panayıra katılan Araplar ise Kureyş'in sözünden döndüğü ve Peygamber (s.a.v)'in sözünde durduğu haberini tüm Arabistan'a yaymışlardı. Müslümanların iyi şöhretinin arttığı ve kendilerinin Arapların gözünden düştüğü haberi Mekke'ye ulaştığında Safvân ve diğerleri Bedir'de ikinci bir karşılaşma için söz verdiği için Ebû Süfyân'ı azarladılar. Fakat bu başarısızlık onların bu yeni dini ve taraftarlarını ortadan kaldırmak için planladıkları büyük savaş hazırlıklarını engellemedi.

Bedir'den döndükten sonra Medîne'de bir ay boyunca barış dolu bir ortam yaşandı. Fakat bir ay kadar bir süre sonra bazı Gatafan kabilelerinin Yesrib'e saldırı hazırlıklarına giriştiği haberi ulaştı. Bunun üzerine Peygamber (s.a.v) hemen dört yüz kişilik bir ordu kurup Necd üzerine yürüdü. Ama onlar oraya ulaştıklarında düşman çoktan kaçmıştı. Bu sefer sırasında Peygamber (s.a.v)'e "Korku namazı"nı nasıl kılacağını anlatan bir vahiy geldi. Bu âyetlerde savaş sırasında ordunun nasıl namaz kılacağı, düşmandan korku anında neler yapılacağı, nasıl bir grup namaz kılarken, diğer bir grubun gözcülük edeceği anlatılıyordu. (Nîsâ: 101-102).

Bu grupla birlikte yolculuk edenlerden biri de Abdullah'ın oğlu Câbir idi. Daha sonraki yıllarda, konak yerlerinden birinde meydana gelen bir olayı şöyle anlattı: "Biz Peygamber (s.a.v)'in yanındayken ashâbdan biri elinde yakaladığı bir kuşla geldi. O sırada yavru kuşun annesi kendisini o adamın ellerine attı. Herkes hayret içindeydi. Bunun üzerine Peygamber (s.a.v) şöyle dedi: 'Bu kuşa mı hayret ediyorsunuz? Onun yavrusunu aldınız, o da merhametinden kendisini sizin ellerinize yavrusunun yanına attı.

Allah'a yemin ederim ki Rabbiniz size karşı bu kuşun yavrusuna gösterdiği merhametten daha fazla merhamet eder.'[2] Daha sonra adama yavru kuşu aldığı yere koymasını emretti".

Peygamber (s.a.v), bir keresinde de şöyle demiştir: "Allah'ın yüz rahmeti vardır. Bunlardan birini insanlar, cinler, sığırlar ve diğer hayvanlara indirmiştir. Bu şekilde, bu yaratıklar birbirlerine karşı merhamet beslerler ve vahşî yaratıklar yavrusuna karşı merhametli olmaya yönelir. Geri kalan doksan dokuz merhameti de Allah kendisine ayırmıştır. Bununla hesap günü kullarına merhamet eder."[3]

Câbir (r.a.) Medîne'ye dönerken Peygamber (s.a.v)'le birlikte birkaç kişinin geriden takip ettiği ve diğer grupların çok önlerde yol aldığı haberini de vermiştir. Câbir'in devesi yaşlı ve zayıf olduğu için çoğunluğu oluşturan ilk gruba ayak uyduramamış ve geri kalmıştı. Peygamber (s.a.v) ona rastlayınca neden bu kadar geride kaldığını sordu. O: "Ey Allah'ın Rasûlü!" dedi, "Bu deve bundan hızlı gidemiyor". Peygamber (s.a.v): "Deveni çöktür" dedi. Kendi devesini de çöktürdü. Câbir (r.a.) bundan sonrasını şöyle anlatıyor: "Şu sopayı bana ver dedi, ben de verdim. Peygamber (s.a.v) elindeki sopayla bir iki kez ona vurdu. Daha sonra deveme binmemi istedi ve yolumuza devam ettik. Rasûlünü Hak'la gönderene yemin olsun ki benim devem onunkini geçti."

"Yol boyunca Rasûlullah (s.a.v)'la sohbet ettik. O bana: 'Deveni bana satar mısın?' dedi. Ben 'Onu sana hibe ederim' dedim. O, 'Hayır onu bana sat' dedi. Câbir onun sesinin tonundan pazarlık yapmak istediğini anladı. 'Ona bir fiyat vermesini söyledim' dedi. Câbir, bana: 'Ona bir dirhem veririm' dedi. Ben 'Bu çok az' dedim. O, 'Peki iki dirhem olsun' dedi. Fakat ben yine 'Hayır' dedim. O da fiyatı kırk dirheme yani bir birim ons altına ulaşıncaya kadar yükseltti. Bu fiyata razı oldum. Bana, 'Sen hiç evlendin mi, Câbir?' diye sordu. Ben de evlendiğimi söyledim. O: 'Daha önceden evlenmiş biriyle mi yoksa bâkireyle mi?' diye sordu. Ben: 'Daha önce evlenmiş biriyle' deyince: 'Neden bir kızla evlenmedin? Sen onunla oynardın, o da seninle oynardı' dedi. 'Ey Allah'ın Rasûlü!' dedim, 'Babam Uhud'da öldü, geride kalan yedi kız kardeşimi bana emanet etti. Bu nedenle onlara bakacak saçlarını tarayacak ve onlara annelik edecek bir kadınla evlendim.' Bana iyi bir seçim yaptığımı söyledi. Daha sonra bana Medîne'den üç mil uzaktaki Şirar'a ulaştıklarında develeri orada kurban

2. W. 487.

3. M. XLIX, 4.

edeceğinden, günü orada geçireceğimizden ve karımın bizim eve dönüş haberimizi aldığında minderlerin tozunu silkmeye girişeceğinden bahsetti. 'Bizim hiç minderimiz yok' dedim. O, 'Olacak, eve döndüğünde yapılması gerekenleri yap' dedi.

Döndüğümüz günden sonraki ilk sabah devemi aldım ve Peygamber (s.a.v)'in kapısı önüne çöktürdüm. Peygamber (s.a.v) bana deveyi oraya bırakıp mescidde iki rekat namaz kılmamı söyledi. Ben de onun dediğini yaptım. Daha sonra Hz. Bilâl'e bana bir birim ons altın vermesini emretti. Bilâl (r.a.) terazisinin tarttığından biraz daha fazlasını verdi. Altını aldım ve gitmek üzere geri döndüm. Fakat Peygamber (s.a.v) beni geri çağırdı. 'Deveni al' dedi, o senindir, onun için sana ödenen para da senindir."[4]

Bu aylardan birinde Selmân-ı Fârisî danışmak ve yardım dilemek üzere Peygamber (s.a.v)'e geldi. Benî Kurayza Yahudilerinden olan sahibi onu Medîne'nin güneyindeki arazisinde o kadar sıkı çalışmaya zorluyordu ki, Selmân'ın Müslüman cemaatle yakın bir ilişkiye girmesi mümkün olmuyordu. O, ne Uhud'da, ne Bedir'de, ne de son dört yılda Peygamber (s.a.v)'in çeşitli aralıklarla yaptığı seferlerin hiçbirinde bulunamamıştı. Bu durumundan kurtulmasına bir çare yok muydu? Sahibine, özgürlüğüne kavuşmasının kendisine kaça mal olacağını sormuştu. Fakat sahibinin öne sürdüğü fiyat çok yüksekti. Özgürlüğüne kavuşabilmesi için, ona kırk birim ons altın vermesi ve üç yüz hurma ağacı dikmesi gerekiyordu. Peygamber (s.a.v) ona, sahibi ile birlikte altınlar ve hurma ağaçlarına karşılık kendisinin özgür bırakılacağını belirten bir anlaşma metni yazmalarını söyledi. Daha sonra arkadaşlarını çağırdı ve onlardan hurma ağaçlarının dikiminde Selmân'a yardım etmelerini istedi. Biri otuz, biri yirmi hurma fidanı verdi. Derken fidanların sayısı üç yüze tamamlandı. Peygamber (s.a.v): "Selmân, git ve çukurları aç. Daha sonra beni çağır, ağaçları elimle ben dikeceğim" dedi. Ashab da Selmân'a araziyi hazırlamada yardım ettiler. Üç yüz hurmanın hepsini Peygamber (s.a.v) kendi eliyle dikti. Ağaçların hepsi kök saldı ve gelişti.

Fiyatın geri kalanını ödemek üzere, Peygamber (s.a.v) kendisine maden ocaklarından biri tarafından verilen kuş yumurtası büyüklüğündeki altın parçasını Selmân'a verdi. Selmân bunun özgürlüğünü satın almaya yetmeyeceğini düşünerek: "Bu benim ödemem gerekenin ne kadarını karşılar acaba?" dedi. Peygamber (s.a.v) altını ondan aldı ve ağzına koyup dilinin altında çevirdi. Sonra Selmân'a uzattı ve, "Bunu al, fiyatın tümünü bununla

4. I.I., 664.

öde" dedi. Selmân kırk birim ons altına denk gelen bu altını verdi ve özgürlüğüne kavuştu.[5]

Medîne'de bir ay daha barış yaşandı. Bir aydan sonra Peygamber (s.a.v) bin kişilik bir orduyla, Suriye sınırındaki Dûmetü'l-Cendel vadisine doğru beş yüz millik bir sefer yaptı. Çoğu Benî Kelb kabilesinden olan çapulcuların buralarda karışıklıklar çıkardığı haberi gelmişti. Çapulcular birçok kez Medîne'ye gitmekte olan kervanların un ve yağ yüklerine el koymuşlardı. Onların Kureyş'le bir anlaşmaya girmiş olmaları ihtimali de vardı. Eğer Kureyş bir gün İslâm'ı tamamen ortadan kaldırmak için saldırıya geçerse, bunlar da kuzeyden onlara destek olabilirlerdi. Peygamber (s.a.v) ve arkadaşları sürekli böyle bir güne hazırlanıyorlardı. Her ne kadar bu seferin sonuçları çapulcuları bastırıp onların sürülerini ve mallarını ganimet olarak almak gibi görünüyorsa da, bu yürüyüş, kuzeydeki kabilelerin Arabistan'da gelişen bu yeni gücü fark etmelerini de sağlamıştı. Eskiden uzun yıllar süren iç savaşlar Medîne'yi dış saldırıya açık hale getiriyordu. Fakat içerideki bu uyuşmazlık yerini büyük ve şaşırtıcı bir hızla yayılan bir ahenk ve uzlaşmaya bırakmıştı. Bu ahengi daha korkulacak hale getiren dei Medînelilerin en kesin savunma aracının saldırı olduğunu anlamaları ve buna göre davranmalarıydı.

Dışarıdan görünen buydu. Fakat yakından topluluğu gözleyenler bu gücün göründüğünden de büyük olduğunu görebiliyorlardı. Çünkü bu güç, mucizevî bir birliğe dayanıyordu. Vahy'de şöyle deniyordu:

"Sen yeryüzündekilerin tümünü harcasaydın bile, onların kalblerini uzlaştıramazdın. Ama, Allah onların aralarını uzlaştırdı." (Enfâl: 63)

Bu birliğin gerçekleşmesini sağlayan en büyük etken de Peygamber (s.a.v)'in varlığıydı. Onun varlığının câzibesi Allah tarafından o denli arttırılmıştı ki iyi niyetli hiçbir kimse ona karşı koyamazdı. "Ben size, oğlunuzdan, babanızdan ve diğer insanlardan daha sevgili olmadıkça iman etmiş olmazsınız."[6] Fakat bu cümle, Peygamber (s.a.v)'in isteğini belirtmekten ziyade zaten var olan ve: "Anam, babam sana feda olsun!" deyimiyle ifade edilen sevginin bir nevi tasdikiydi.

Barış zamanları Peygamber (s.a.v) için dinlenme zamanları değildi. O, günün üçte birinin ibadet, üçte birinin iş ve üçte birinin de aileyle ilgilenerek geçirilmesinin ideal olduğunu söylemişti. Son olarak belirtilen zamanın

---

5. I.I. 141-2.

6. M.I. 16

içine yemek ve uyku da dahildi. İbadete gelince çoğunlukla geceleri yapılıyordu. Akşam ve sabah namazlarının yanı sıra, bu namazlardan sonra nafile namazlar da kılıyorlardı. Aynı zamanda Kur'ân'da uzun uzun Kur'ân okunulması söyleniyor, Peygamber (s.a.v)'de ashâba birçok dualar öğretiyordu. Uzun gece namazları vahyin ilk indiği günlerden itibaren adet olmuştu. Fakat bu âyetlerin indiği topluluk, seçilmiş bir topluluktu. Medîne'de de seçilmiş bir mü'minler topluluğu vardı. Ancak son yıllarda İslâm'ın hızla yayılmasıyla bu seçilmiş topluluk azınlık haline gelmişti. Uzun süre namaz kılma zorunluluğunu azaltmak için bir âyette bu gruba, "Seninle birlikte olanlar" diye değiniliyordu:

"Gerçekten Rabbın, senin gecenin üçte ikisinden biraz eksiğinde, yarısında ve üçte birinde (namaz için) kalktığını bilmektedir; seninle birlikte olanlardan bir topluluğun da (böyle yaptığını bilmektedir). Geceyi ve gündüzü Allah takdir etmektedir. Sizin bunu sayamayacağınızı bildi, böylece de tevbenizi (O'na dönüşünüzü) kabul etti. Şu halde Kur'ân'dan kolay geleni okuyun." (Müzzemmil: 20).

Fakat ashâb yine de geceleri namaz kılmaya devam ettiler. Peygamber (s.a.v) gecenin en hayırlı bölümünün son üçte biri olduğunu söylemişti: "Her gece gecenin son üçte biri gelmeden Rabbimiz -Teâlâ- en alt semaya tecelli eder ve şöyle der: "Beni çağıran kim, ki ona cevap vereyim?"[7] Bu sıralarda mü'minleri tanımlayan şu âyetler de nazil oldu.

"Onların yanları (gece namazına kalkmak için) yataklarından uzaklaşır. Rablerine korku ve ümitle dua ederler ve kendilerine rızık olarak verdiklerimizden infâk ederler. Artık hiçbir nefis, yapmakta olduklarına karşılık olmak üzere, kendileri için gözler aydınlığı olarak nelerin (sayısız nimetlerin) saklandığını bilmez". (Secde: 16-17)

Günün eşit parçalarını oluşturması gereken ibadet, çalışma ve aileyle ilgilenme vakitleri ancak yaklaşık olarak eşitlenebiliyordu. Aileyle ilgilenmeye gelince, Peygamber (s.a.v)'in kendi evi yoktu ve her akşam sırası gelen eşinin evine gider ve orası onun yirmi dört saatlik evi olurdu. Gün boyunca kızları veya halası Safiye onu ziyaret eder veya O, onları ziyaret ederdi. Fâtıma çoğunlukla iki oğlunu O'na göstermek için getirirdi. Hasan yaklaşık olarak bir buçuk yaşında, Hüseyin ise sekiz aylıktı ve henüz yürü-

7. B. XIX.

meye başlıyordu. Peygamber (s.a.v), çoğunlukla annesi Zeyneb'in yanından ayrılmayan torunu Ümâme'yi de severdi. Birkaç kez Peygamber (s.a.v.) onu mescide getirmişti. Namaz sırasında ayakta durduğu zamanlar omuzunda taşımış, rükû' ve secde sırasında yanına oturtmuştu. Ayağa kalktığında tekrar omuzuna bindirmiş ve namazı bu şekilde kıldırmıştı.[8] Peygamber (s.a.v)'in çok sevdiği çocuklardan biri de Zeyd ve Ümmü Eymen'in oğulları Üsâme idi. Peygamber (s.a.v) onu hem kendisine değer verdiği hem de anne ve babasını sevdiği için seviyordu. Üsâme, evin bir torunu olarak çoğunlukla evin içinde veya kapısının önünde vakit geçirirdi.

Çoğu öğleden sonraları Peygamber (s.a.v) Mekke'de olduğu gibi Ebû Bekir'i ziyaret ederdi. Çoğu zaman aile meseleleri ve iş konuşmaları birbirinin aynı oluyordu. Çünkü Peygamber (s.a.v) devlet meselelerini kayınpederi Ebû Bekir, oğlu Zeyd ve damatları Ali ve Osman'a sormayı tercih ederdi. Fakat iş sanki Peygamber (s.a.v)'in tüm zamanını alacak kadar fazla idi. Çünkü Medîne'de bir problemi çözmede, bir anlaşmazlığı ortadan kaldırmada hiçbir söz onunki kadar etkili değildi. Hatta, ihtiyaçları olduğunda kendisine inanmayan bazıları da ondan yardım istiyordu. Yahudilerle Müslümanlar arasında da sık sık anlaşmazlıklar meydana geliyordu. Çoğunlukla da zulme uğrayan davacı oluyordu. Örneğin, ensârdan biri, Yahudi'nin birinin ettiği yemini duyduğunda onu tartaklamıştı. Müslüman: "Sen, Peygamber (s.a.v) aramızda iken nasıl Mûsâ'yı bütün âlemlerin üstüne seçkin kılana andolsun dersin?" demişti. Yahudi Peygamber'e şikayet etmiş, o da sinirlenerek Müslümanı azarlamıştı. Kur'an'da Mûsâ hakkında şöyle deniyordu: (Allah), "Ey Mûsâ!" dedi. "Sana verdiğim risaletimle ve seninle konuşmamla seni insanlar üzerinde seçkin kıldım!" (A'râf: 144). "Gerçek şu ki, Allah, Âdem'i, Nûh'u, İbrahim ailesini ve İmrân ailesini âlemler üzerine seçti." (Âl-i İmrân: 33) Adamın asıl düşüncesini anlayan Peygamber (s.a.v): "Benim Mûsâ'dan daha iyi olduğumu söyleme"[9] diye ekledi. Başka bir yanlışlığa dikkati çekerek de: "Hiçbiriniz benim Yûnus'dan daha iyi olduğumu söylemesin"[10] demiştir. Vahiy zaten onlar İslâm akidesini tanımlarken şöyle diyordu:

"Onun peygamberleri arasında hiçbirini (diğerlerinden) ayırt etmeyiz". (Bakara: 285)

Hem içteki ahengi sağlamak, hem de Arabistan'daki ve daha ötelerdeki

8. I.S. VIII, 26.
9. B. LXV. (A'raf Suresi)
10. B. LXV. (Saffat Suresi)

uluslarla ilişkileri düzene sokmak gibi toplumun genel ihtiyaçlarının yanı sıra Peygamber (s.a.v) mü'minlerin tamamen kişisel olan sorunlarını çözmede de onlara yardım etmek durumundaydı. Bu kişisel sorunlar bazen Selmân'ınki gibi tamamen maddî, bazen de Temîm kabilesinden Hanzele'ninki gibi manevî oluyordu. Hanzele ilk önce durumunu Ebû Bekir'e açmış; fakat Ebû Bekir bu soruna daha yetkili birinin, yani Peygamber (s.a.v)'in çözüm getirebileceğini hissetmişti. Adamın yüzü acıyla doluydu. Peygamber (s.a.v) sorunun ne olduğunu sorduğunda "Ey Allah'ın Rasûlü, Hanzele ikiyüzlü bir adam" dedi. Peygamber (s.a.v) bununla neyi kasdettiğini sorduğunda şöyle dedi: "Ey Allah'ın Rasûlü! Biz senin yanında iken sen bize Cennet ve Cehennemi anlatıyorsun. Biz de onları görür gibi oluyoruz. Fakat senden ayrıldığımız zaman hanımlarımız, çocuklarımız ve mallarımız bizi kendilerine çekiyor ve biz senin söylediklerini unutuyoruz". Peygamber (s.a.v)'in cevabı bu ideallere ulaşmak için gösterilen çabanın, günlük hayatın normal akışını durdurmaksızın sürmesi gerektiğini vurguluyordu: "Nefsimi kudret elinde tutana andolsun ki," dedi, "Eğer siz sürekli benim yanımda iken veya Allah'ı hatırladığınız zaman içinde bulunduğunuz hal üzere olsaydınız, şüphesiz melekler sizinle musâfaha ederler ve sizi evlerinizde ziyaret ederlerdi."[11]

Peygamber (s.a.v)'in zamanını alan bu tür ihtiyaç ve istekler kaçınılmazdı. Fakat onun başka yönlerden korunması gerekiyordu. İşte bu koruma, onun ayrıcalıklı konumunu vurgulayan beklenmedik bir olayla ilgili olarak ortaya çıktı. Peygamber (s.a.v), bir gün Zeyd (r.a.)'e bir şey sormak için evine gitmişti. Kapıyı Zeyneb (r.a.) açtı ve kapının önünde durarak Zeyd'in evde olmadığını söyledi; fakat yine de içeri girmesi için onu davet etti. Bir anlık bakışma, iki kuzen arasında sürekli varolan sevginin ikisi tarafından da farkına varılmasına yol açtı. Peygamber (s.a.v) Zeyneb (r.a.)'in kendisini sevdiğini, kendisinin de Zeyneb (r.a.)'i sevdiğini ve bunu Zeyneb'in de bildiğini biliyordu. Fakat bunun ne anlamı olabilirdi? Duygularının şiddetine şaşırarak Peygamber (s.a.v) teklifini reddetti. Zeyneb onun uzaklaşırken şöyle dua ettiğini duydu: "Hamd Allah Teâlâ'yadır! Hamd insanların kalbini düzenleyen ve idare eden Allah'adır!" Zeyd (r.a.) eve döndüğünde Zeyneb ona Peygamber (s.a.v)'in ziyaretini ve giderken okuduğu duayı anlattı. Zeyd, hemen Peygamber (s.a.v)'e gitti ve şöyle dedi: "Evime geldiğini duydum. Bana annemden ve babamdan daha yakın olduğun halde neden içeri girmedin? Yoksa Zeyneb mi hoşuna gitti? Eğer öyle ise onu

11. M. XLIX, 2.

boşayayım."* Peygamber (s.a.v) ısrar ederek: "Karını tut ve Allah'tan kork" dedi. O bir keresinde: "Mübah olan şeyler içinde Allah'ın en sevmediği şey boşanmadır"[12] demişti. Zeyd, ertesi gün tekrar aynı teklifle geldiğinde Peygamber (s.a.v) ona yine aynı şeyi söylemişti. Fakat Zeyd'le Zeyneb'in evliliği mutlu bir evlilik değildi ve Zeyd artık buna dayanamıyordu. Bu nedenle karısı ile anlaştı ve Zeyneb (r.a.)'i boşadı. Yine de bu boşanma Zeyneb'i Peygamber (s.a.v) için uygun bir eş kılmıyordu. Çünkü Kur'ân, "kendi sulblerinden çıkan" oğullarının hanımlarıyla evlenmeyi yasaklıyordu. Ve biyolojik olarak kendinin olan bir çocukla, evlat edinilen bir çocuğu ayrı tutmama uzun zamandan beri devam eden bir gelenekti. Peygamber (s.a.v)'in durumu da evlenmeye müsait değildi. Çünkü İslâm'ın müsaade ettiği sayıda -en fazla dört- eşi vardı.

Bu olaydan sonra birkaç ay geçti. Peygamber (s.a.v) hanımlarından biri ile konuşurken vahiy geldi. Peygamber (s.a.v) kendisine geldiğinde ilk sözleri şunlar oldu: "Kim gidip Zeyneb'e müjde verecek ve Allah'ın onu semada benimle evlendirdiğini haber verecek?" Uzun süreden beri kendisini aileden sayan Safiye'nin hizmetçisi Selmâ oradaydı. Bu sözleri duyunca hemen Zeyneb'in evine gitti. Zeyneb bu sevinçli haberi duyunca Allah'a hamd etti ve hemen Kâ'be'ye doğru secdeye kapandı. Daha sonra bilekliklerini, bileziklerini ve gümüş kolyelerini toplayıp Selmâ'ya verdi.

Zeyneb (r.a.) artık genç değildi, hemen hemen kırk yaşına gelmişti. Fakat yine de dikkat çekici güzelliğini koruyordu. Bunun yanı sıra o, zâhid bir kadındı. Uzun gece namazları kılar, nafile oruç tutar ve cömertçe fakirlere dağıtırdı. Dericilikten anladığı için ayakkabı ve çeşitli eşyalar yapar ve bunlardan kazandığı parayı sadaka olarak harcardı. Bu kez onun için bir düğün merasimine gerek yoktu. Çünkü inen vahiy nikâhın akdedildiğini belirtiyordu; "Biz onu seninle evlendirmiş olduk." (Azhâb: 37). Yapılması gereken şey, sadece gelini damadın evine götürmekti ve bu da geciktirilmeden yapıldı.

Âyetler, gelecekte artık evlad edinilenlerin, kendi babalarının adıyla anılmaları gerektiğini de vurguluyordu. O günden itibaren otuz beş yıldan beri Zeyd İbn Muhammed diye anılan Zeyd, Zeyd İbn Hârise diye anılmaya başlandı. Fakat bu onun evlad edinilmesi olayını yürürlükten kaldırmıyordu. Biri elli, diğeri altmışına yaklaşmış olan evlat edinen ve edinilen arasındaki sami-

---

* Bu, zayıf bir rivayettir. Peygamber (s.a.v.)'in Zeyneb'i doğduğundan beri tanıdığı, orada ilk defa görmediği ve Zeyneb pek taraftar olmadığı halde onun Zeyd'le evlenmesinde ısrar ettiği hatırlanmalıdır. Bu olay, kendi sınırları içinde istediği kadınla evlenen feodal beyleri hatırlatmaktadır. Peygamber (s.a.v.) değil oğulluğunun, başka bir Müslüman'ın veya kâfirin karısına bile göz dikmekten uzaktır. Gerçi o da bir insandır; ama Allah'ın onda canlı hale getirdiği İslâm ahlâkı ve Müslüman karakteri buna müsaade etmez. (Çev. notu)

12. A.D. XIII, 3.

miyet ve sevgi de bundan zarar görmüyordu. Bu sadece, aralarında kan bağı olmadığını hatırlatmadan ibaretti. Bu anlamda âyetler şöyle devam ediyordu:

"Muhammed sizin erkeklerinizden hiçbirinin babası değildir; ancak O, Allah'ın Rasûlü ve peygamberlerin sonuncusudur." (Ahzâb: 37)

Diğer âyetler de, Peygamber (s.a.v) ve onu takip edenler arasındaki büyük ayırımı vurguluyordu. Onlar, Peygamber (s.a.v)'e birbirlerine hitap ettikleri gibi hitap etmezlerdi. Allah'ın verdiği dörtten fazla hanımla evlenme izni sadece ona mahsustu, toplumun geri kalanı bu izne dahil değildi. Bunun yanı sıra onun eşlerine "mü'minlerin anneleri" adı verilmiş ve onlara öyle yüksek bir statü verilmişti ki, Peygamber (s.a.v)'den sonra onların başkalarıyla evlenmesi yasaklanmıştı. Mü'minlerden biri onlara bir şey sormak istediği zaman bir perde arkasından sormalıydı. Âyette şu da belirtiliyordu:

"Ey iman edenler! Peygamberin evlerine yemek için izin verilmeden ve vaktine de bakmaksızın girmeyin; ancak çağırılırsanız artık girin; yemeği yediğinizde de dağılıverin. Söz ve sohbet için de (evlerine) girmeyin. Gerçekte bu, Peygamber'e eziyet vermekte ve o da sizden utanmaktadır; oysa Allah, hak(kı açıklamak)tan utanmaz" (Ahzâb: 40).

Ashâb Peygamber (s.a.v)'i çok sevdiği ve mümkün olduğu kadar uzun süre onun yanında kalmak istediği için, onlara bu tür engeller konulması gerekliydi. Onunla birlikte olanlar, ondan ayrılmak istemezlerdi. Onlar kaldıklarında ise kimse onları suçlamazdı. Çünkü Peygamber (s.a.v) biriyle konuştuğu zaman ona öyle dikkat eder ve ilgisini onda öyle yoğunlaştırırdı ki, karşısındaki diğerlerine verilmeyen bazı ayrıcalıkların kendisine verildiğini zannedebilirdi. O, birinin elini tutsa, hiçbir zaman ilk bırakan kendisi olmazdı. Fakat Peygamber (s.a.v)'i korumakla birlikte vahiy, literatüre yeni bir unsur ilave ediyordu. Bu şekilde arkadaşları ona besledikleri sevgiyi, onun yanında olmadıkları zamanlarda da ifade edebileceklerdi.

"Hiç şüphesiz Allah ve melekleri Peygamber'e salât etmektedirler. Ey iman edenler! Siz de ona salât edin ve tam bir teslimiyetle ona selam verin." (Ahzâb: 53)

Bundan kısa bir süre sonra Peygamber şunu da haber verdi: "Bana bir melek geldi ve şöyle dedi: Sana bir kere salât eden kimse yoktur ki Allah ona on kez salât etmesin."[13]

---

13. D.XX. 58.

HENDEK

[59]

Hayber'e yerleşen Beni Nadir Yahudileri kaybettikleri toprakları tekrar kazanmaya kararlıydılar. Ümitleri, Kureyş'in Peygamber (s.a.v) üzerine düzenleyeceği son ve büyük saldırıdaydı. İslâm'ın beşinci yılının sonlarına doğru -MS. 627'nin başları- bu hazırlıklar, Huyay ve Hayber'deki diğer birkaç Yahudi liderinin Mekke'yi ziyaret etmesiyle karara bağlandı. Ebû Süfyân'a: "Muhammed'i ortadan kaldırmada seninle birlikteyiz" dediler. Ebû Süfyân da: "Bize sevgili olanlar, Muhammed'e karşı bize yardım edenlerdir" cevabını verdi. Bunun üzerine Safvân, Ebû Süfyân ve diğer Kureyş liderleri Yahudileri Kâ'be'nin içine soktular ve orada amaçlarına ulaşıncaya kadar birbirlerini terk etmeyeceklerine dair Allah adına and içtiler. Kureyşliler bu fırsattan yararlanarak, Yahudilere yeni dinin kurucusu ile aralarındaki çatışma konusu olan inançlarıyla ilgili sorular sordular. Ebû Süfyân: "Ey Yahudiler!" dedi. "Siz ilk kutsal kitabın geldiği topluluksunuz ve sizin bilginiz var. Bizim Muhammed'e karşı konumumuzun ne olduğunu bize söyleyin. Bizim dinimiz mi daha iyi, yoksa onunki mi?" Yahudiler şu cevabı verdiler: "Sizin dininiz onunkinden daha iyidir ve siz gerçeğe daha yakınsınız."

O andan itibaren anlaşan taraflar plan hazırlamaya koyuldular. Yahudiler, Medîne'den hoşlanmayan tüm Necd kabilelerini ayaklandırma görevini üzerlerine almışlardı. Onları ayaklanmaya razı edemezlerse, rüşvetle bu işi halledeceklerdi. Benî Esed onlara yardım etmeye hazırdı. Benî Gatafan'a gelince, Yahudilere katılmalarına karşılık onlara Hayber'in hurma hasadının yarısı verilecekti. Benî Gatafan'dan Fazare, Mürre ve Aşça kollarının anlaşmaya dahil olmasıyla ordu yaklaşık iki bin askere ulaştı. Yahudiler Benî Süleym'den de yedi yüz kişinin kendilerine katılmasını sağladı. Bu sayı daha da fazla olabilirdi; fakat Mauna kuyusu yakınındaki katliamdan sonra, küçük ancak sürekli artan bir grup Müslüman olmuştu. Süleym'in güney komşusu Benî Amir ise, Peygamber (s.a.v)'le yaptığı anlaşmaya sadık kaldı.

Kureyş ve müttefikleri toplam dört bin kişiyi buluyordu. Güneyden gelecek olan birkaç grup destekle birlikte Mekke'den, Medîne'ye giden sahil yolunu takip edeceklerdi. Uhud'da da aynı yolu izlemişlerdi. Daha az birlik teşkil eden ikinci bir ordu da, Medîne'nin doğusundan yani Necd ovasından yaklaşacaktı. İki ordunun toplam olarak Kureyş'in Uhud'daki gücünün üç katı olacağı tahmin ediliyordu. Orada Müslümanlar üç bin kişilik bir orduya yenilmişlerdi. Şimdi ise on bin kişi karşısında ne yapabilirlerdi? Bunun yanı sıra Kureyş bu kez iki yüz atlı yerine, üç yüz atlı almıştı ve Gatafan'ın da aynı büyüklükte bir grupla onları desteklemesi bekleniyordu.

Planlarına uygun olarak Mekke'den yola çıktılar. Aynı anda, büyük bir ihtimalle Abbâs'ın düzenlediği bir Huzaa'lı grup atlarıyla, Peygamber (s.a.v)'e saldırıyı haber vermek ve ordunun gücü konusunda bilgi vermek üzere Medîne'ye doğru yola çıktı. Bu grup Medîne'ye ancak dört günde varabildi. Yani Peygamber'e hazırlanmak için sadece bir hafta kalmıştı. Peygamber (s.a.v) bu haberi alınca hemen tüm Medîne'ye haber saldı ve arkadaşlarına, eğer sabreder, emirlere uyar ve Allah'tan korkarlarsa zaferin kendilerinin olacağı konusunda müjdeleyici sözler söyledi. Daha sonra, Uhud'da yaptığı gibi onları istişâre meclisine çağırdı. En iyi savunmanın nasıl olacağı konusunda çeşitli fikirler öne sürüldü. En sonunda Selmân (r.a.) ayağa kalktı ve şöyle dedi: "Ey Allah'ın Rasûlü! Biz İran'dayken atlıların saldırısından korktuğumuzda etrafımıza hendek kazardık. Şimdi de etrafımıza hendek kazalım." Herkes Uhud'daki stratejiyi tekrarlamak istemediği için Selmân'ın önerisini kabul etti.

Zaman kısaydı ve savunmada bir boşluk bırakmamak için çabanın doruk noktasına kadar harcanması gerekiyordu. Fakat hendeğin sürekli olması gerekmiyordu. Şehrin sınırında, birçok yerde savnmayı sağlayacak kaleye benzer evler vardı. Kuzeybatıda ise kale vazifesi gören, fakat aralarının birleştirilmesi gereken büyük kaya yığınları vardı. Bunlardan en yakını Sel Dağı olarak bilinen yığındı ve hendeğin içinde kalması gerekiyordu. Çünkü bu dağın önündeki düzlük kamp yapmaya uygun bir yerdi. Hendek bu kamp yerini, bir kaya yığınından başlayıp şehrin güney duvarındaki bir noktaya kadar uzayarak kuzeyden çevreleyecekti. Bu kazılacak olan en uzun hendekti ve en önemlisi de buydu.

Stratejiyi ortaya koymanın yanı sıra Selmân, hendeğin hangi genişlik ve derinlikte olması gerektiğini de biliyordu. Benî Kurayza'da çalıştığı için onların, hendeğin kazılması için gerekli olan tüm araçlara da sahip olduklarını biliyordu. Bu ortak düşman karşısında Benî Kurayzalılar, bunları ödünç vermekten kaçınmadılar. Çünkü Peygamber (s.a.v)'i sevmemelerine rağmen, hepsi onunla yaptıkları anlaşmanın politik bir anlaşma olduğu ve bu anlaşmayı bozmamaları gerektiği kanısındaydılar. Bu nedenle Yahudiler kazma, kürek ve çapalarını ödünç verdiler. Bunun yanı sıra, sıkı hurma liflerinden örülmüş sağlam hurma sepetlerini de kazılan toprağı taşımak üzere verdiler.

Peygamber (s.a.v) topluluğun her grubunu belirli bir hendekten sorumlu olmak üzere görevlendirdi. Kendisi de onlarla birlikte çalıştı. Her şafak vakti namazdan sonra yola çıkıyorlar ve alacakaranlıkta evlerine dönüyorlardı. İlk günlerden birinde, sabahleyin hendek kazmaya giderken, Peygamber (s.a.v) onlara Mescid'i inşa ederken okudukları bir beyti hatırlattı:

"Allah'ım, âhiret saâdetinden başka saadet yoktur.
Muhâcirleri ve ensârı bağışla!"

Hep birlikte bu beyti tekrarladılar. Bazen de şöyle derlerdi:

"Âhiret yurdundan başka gerçek hayat yoktur.
Allahım, ensâr ve muhâcirîne merhamet et!"

Birbirlerine sürekli, zamanın kısa olduğunu hatırlatıyorlardı. Düşman her an gelebilirdi. Kim biraz gevşeklik gösterirse, hemen aralarında alay konusu oluyordu. Diğer taraftan Selmân, büyük bir saygı ve övünç kaynağı idi. O sadece güçlü ve sağlam vücutlu değil, aynı zamanda yıllardan beri Benî Kurayzalılar arasında yaşadığı için kazmacılık ve taşımacılıkta da becerikliydi. Kendi aralarında "O, on kişinin işini yapıyor" dediler ve dostça bir tartışmaya giriştiler. Birçok yerden göç ettiği için muhâcirler, "Selman bizimdir" diye iddia ettiler. Ensâr, "O bizden biri, bizim onda daha çok hakkımız var" diye karşı çıktı. Fakat Peygamber (s.a.v), "Selmân bizden, yani Ehl-i Beyt'ten biri" (Peygamberin ailesi) dedi.

Düşmana karşı silah olarak kullanılabilecek olan taşlar hendek boyunca Medîne'nin çevresine yığıldı. Kazıdan çıkan toprak sepetlere doldurulup, baş üzerinde uzağa taşınıyor ve dönüşte aynı sepetlere taş doldurulup hendeğin yanına yığılıyordu. En iyi taşlar Sel Dağı'nın eteklerinde bulunuyordu. Adamların hepsi bellerine kadar çıplaktı. Sepet bulamayanlar üstlerinden çıkardıkları elbiseleri taş ve toprakları taşımakta çuval olarak kullanıyorlardı. Hendek kazmaya gittikleri ilk sabah onları bir grup genç takip etti, hepsi de bu çabada görev almak istiyorlardı. En küçük olanlar hemen geri gönderildi; fakat Peygamber (s.a.v) düşman görünür görünmez, kampı terk etmeleri şartıyla diğerlerinin kazma ve taşımada yardım etmelerine izin verdi. Uhud'dan geri gönderilen Üsâme (r.a.), Ömer'in oğlu Abdullah (r.a.) ve arkadaşları artık on beş yaşlarındaydılar ve sadece kazmada değil, savaşta da diğer mü'minlerle birlikte görev alacaklardı. Bunlardan biri olan Evs'in Hârise kolundan Bera, sonraki yıllarda hendek kenarında kırmızı cübbesi, tozlu göğsü ve omuzlarına değen uzun saçlarıyla Peygamber (s.a.v)'in ne kadar güzel olduğunu anlatmıştır. "Ondan daha güzelini görmedim" demişti. Onun ve genelde tüm manzaranın ne kadar güzel olduğunu fark eden sadece Bera değildi. Özellikle Peygamber (s.a.v), çevresine baktığında, çevresindekilerin sadeliğini ve ne kadar doğal olduklarını -insanın fıtratına ne kadar yakın olduklarını- görüp seviniyordu. Bu sevinçle, sonradan herkesin katıldığı bir şarkı okumaya başladı:

"Hayber'in bu güzelliği bir güzellik değil,
Ya Rab, bu daha saf, daha temiz bir şey"[1]

O, bir muhâcirlerle, bir ensârla birlikte çalışıyordu; bazan kazma bazan kürek, bazan da sepet kullanıyordu. Fakat nerede olursa olsun, olağanüstü bir zorlukla karşılaşıldığında ona haber verilmesi gerektiğini herkes biliyordu. İş çok sıkı ve zor olmasına rağmen eğlenceli dakikalar geçiriyorlardı. Mescidde yaşayan Ehl-i Suffa'dan biri olan Benî Demre'li bir Müslüman'ın görünüşte acınacak bir hali vardı. Üstelik bir de ailesi ona "küçük böcek" anlamına gelen Cü'ayl adını vermişti. Peygamber (s.a.v) kısa bir süre önce onun adını, hayat ve rûhî sağlık anlamlarına gelen 'Amr olarak değşitirmişti. Hendek'te onun halini gören bir muhâcir şu mısraları söylemekten kendini alamadı:

"Onun adını Cü'ayl'den Amr'a değiştirdi.
İşte o gün bu zavallı adama yardım etti".

Muhâcir bu beyti Amr'a okudu. Onu duyan diğerleri de beyti şarkı haline getirip gülüşerek okudular. Peygamber (s.a.v) her seferinde vurguyla söylediği "Amr" ve "yardım" kelimeleri dışında bu şarkıya katılmadı. Daha sonra onları şu şarkıyı okumaya teşvik etti:

"Rabbim, biz hiçbir zaman sana yönelmez.
Zekât vermez ve namaz kılmazdık,
O halde üzerimize huzur indir.
Bu karşılaşmada ayaklarımızı sabit kıl.
Bu düşmanlar bizi bastırmak istiyor ve ifsad etmeye çalışıyorlar.
Fakat biz onlara karşı koyuyoruz."[2]

---

1. W. 446.
2. W. 448-449 ; I.S. II/I, 51.

İlk yardım çağrısı, hiçbir aletin çıkarmaya güç yetiremediği bir kaya ile karşılaşan Câbir (r.a.)'den geldi. Peygamber (s.a.v) biraz su istedi ve suyun içine tükürdü. Dua ettikten sonra suyu kayanın üstüne döktü. Adamlar, kayayı sanki kum yığını imiş gibi kürekle alıp attılar.[3] Diğer bir gün de muhâcirlerin yardıma ihtiyacı oldu. Rastladığı kayayı yerinden çıkarmak için bir hayli uğraşan, fakat kımıldatmayı başaramayan Ömer (r.a.), Peygamber (s.a.v)'e gitti. Peygamber (s.a.v) kazmayı onun elinden aldı ve kayaya bir darbe indirdi. Bu darbe ile birlikte kayanın üstünden şimşek gibi bir ışık çıktı, tüm şehri geçip güneye doğru kayboldu. Peygamber (s.a.v) ikinci kez vurduğunda kuzeye,Uhud'a doğru bir ışık çıktı. Kayayı parçalayan üçüncü vuruşla da doğuya bir ışık fışkırdı. Selmân (r.a.) bu üç ışığı da görmüş ve bir şeye delâlet ettiğini düşünerek Peygamber (s.a.v)'e sormuştu. Peygamber (s.a.v) ona şu cevabı vermişti: "Onları gördün mü, Selmân? İlk ışıkla Yemen kalelerini gördüm; ikinci ışıkla Suriye kalelerini gördüm; üçüncü ışıkla da Kisra'nın[4] Medayin'deki beyaz sarayını gördüm. İlk ışıkla Allah bana Yemen yollarını açtı, ikincisiyle batıda Suriye'ye, üçüncüsüyle de doğuya yol açtı."[5]

Hendekte kazma işiyle uğraşanların çoğunun yeteri kadar yiyeceği yoktu ve ağır çalışma koşulları da açlığı artırıyordu. Câbir, hendekte kendisinden yardım istediği gün Peygamber (s.a.v)'in aşırı derecede zayıf olduğunu fark etmişti. O akşam eve geldiğinde karısından yemek hazırlayıp hazırlayamayacağını sordu. Karısı, "Bu kuzudan ve bir ölçek arpadan başka şeyimiz yok" dedi. Bunun üzerine Câbir (r.a.) kuzuyu kurban etti. Ertesi gün karısı kuzuyu haşladı, arpayı öğüttü ve ekmek yaptı. O gün hava çalışılmayacak kadar karardığında Câbir, hendekten ayrılmak üzere olan Peygamber (s.a.v)'in yanına gitti ve kuzu eti ve arpa ekmeği yemeye davet etti. Câbir şöyle dedi: "Peygamber (s.a.v) avuç içini benim avuç içime koydu ve parmaklarını kenetledi. Ben, onun yalnız gelmesini istiyordum. Fakat o bağırarak şöyle dedi: "Allah'ın Rasûlü ile birlikte Câbir'in evine gidin. İcâbet edin; çünkü Câbir sizi davet ediyor". Câbir, bir felâket zamanında okunan şu âyeti okudu: *"Biz Allah'a ait (kullar)ız ve şüphesiz O'na dönücüleriz." (Bakara: 156)*

Daha sonra uyarmak üzere karısının yanına gitti. Karısı: "O mu davet etti, yoksa sen mi?" diye sordu. Câbir: "O davet etti." Dedi. Karısı: "O halde bırak gelsinler, çünkü o daha iyi bilir," dedi. Yemek, Peygamber

---

3. I.I, 671.
4. İran Kralı
5. W. 450.

(s.a.v)'in önüne kondu. Peygamber (s.a.v.) dua etti, besmele çekti ve yemeye başladı. Onunla birlikte on kişi daha oturuyordu. Hepsi de doyana dek yedikten sonra kalkıp evlerine gittiler ve yerlerini diğer on kişiye bıraktılar. Hendekte çalışan tüm işçilerin karnı doyuncaya dek bu devam etti. Herkes doyduktan sonra bile hâlâ biraz et ve ekmek vardı.[6]

Bir başka gün Peygamber (s.a.v) elinde bir şeyle kamp yerine gelen bir kız çocuğu gördü ve onu yanına çağırdı. Kız, Abdullah İbn Revâha (r.a.)'nın yeğeniydi. O günü kendisine şöyle anlatıyor: "Allah'ın Rasûlü'ne, amcam ve babam için hurma getirdiğimi söylediğim zaman, onları kendisine vermemi istedi. Ben de hurmaları onun avucuna boşalttım; fakat hurma avuçlarını dolduracak kadar çok değildi. Peygamber (s.a.v), bir bez parçası istedi. Yayılan bez parçasının üstüne hurmaları saçtı, örtünün her tarafı hurma olmuştu. Daha sonra yanındakilerden, hendek kazmakta olanları yemeğe davet etmelerini istedi. İşçiler geldiler ve yemeye başladılar. Hurmalar artıyordu, onlar karınlarını doyurup kalktığında hurma örtünün kenarlarından taşıyordu."[7]

---

6. I.I. 672; W. 452.
7. I.I. 672.

KUŞATMA

[60]

Kureyş ordusunun Akik Ovası'na yaklaştığı haberi ulaştığında hendek bitmek üzereydi; hendeğin yapımı toplam altı gün sürmüştü. Kureyş ordusu şehrin güney batısından yaklaşıyor, Gatafan ve diğer Necd kabileleri doğudan Uhud'a doğru ilerliyorlardı. Vahanın dış bölümlerindeki bütün evler boşaltılmış ve bu evlerin sakinleri barınaklara yerleştirilmişti. Peygamber (s.a.v) kadınların ve çocukların, kalelerin yüksek odalarından birine yerleştirilmesini emretti. Daha sonra kendisi de adamlarıyla birlikte -yaklaşık üç bin kişi- seçtikleri yerde kamp kurdu. Kırmızı deriden yapılmış olan çadırı Sel Dağı'nın eteklerine kurulmuştu. Âişe (r.a.) Ümmü Seleme (r.a.) ve Zeyneb (r.a.) sırayla onunla birlikte olmak için çadıra geliyorlardı.

Mekke ordusu ve müttefikleri Uhud'un yakınında ayrı ayrı kamp kurdular. Kureyşliler, ekinlerin hasat edilmiş olduğunu görünce hayal kırıklığına uğradılar. Develeri Akik Ovası'nın akasya yapraklarıyla yetinmek zorundaydı. O sırada Gatafan'ın develeri de ovanın Uhud yakınındaki çalılıklarda yetişen ılgın otlarıyla karınlarını doyuruyorlardı. Fakat iki ordu da getirdikleri yem dışında atlarına yedirecek bir şey bulamıyorlardı. Bu nedenle mümkün olduğu kadar çabuk düşmanı yenmeliydiler. Bu amaçla iki ordu birleşti ve şehre doğru ilerlemeye başladı. Ebû Sufyan başkomutandı. Fakat her kabile lideri sırayla savaş sırasında orduyu yönetme görevini üstlenecekti. Hâlid ve İkrime yine süvarilere kumanda ediyorlardı ve Amr, Hâlid'in bölüğünde idi. Yaklaştıklarında düşmanın şehrin dışında kamp kurmuş olduğunu görünce cesaretleri daha da arttı. Düşmanın kalelerde mevzilenmesinden korkuyorlardı; zira meydan muharebesinde sayıca fazla oldukları için onları kolayca yenebilirlerdi. Fakat biraz daha yaklaştıklarında karşı tarafa sıralanmış okçularla aralarında geniş ve derin bir hendeğin olduğunu görünce çok şaşırdılar. Atları oraya zorlukla ulaşabilirdi; oraya ulaştıktan sonra da onları daha zor olan karşıya geçme problemi bekleyecekti. Şimdiden başlayan ok yağmuru düşmanın saldırı alanına girdiklerini gösteriyordu. Bu nedenle biraz geri çekildiler.

Günün geri kalan kısmı istişare ile geçti. Sonunda düşmanın büyük bir bölümünü, başka yerleri savunmak zorunda bırakarak şehrin kuzeyinden uzaklaştırmaya karar verdiler. Eğer hendeğin etrafında düşman askeri bulunmazsa karşıya geçmek zor olmayacaktı. Akıllarına, Medîne'ye güneydoğudan yapılacak olan saldırıları kale şeklindeki evleriyle koruyan Benî Kurayza Yahudileri geldi. Benî Nadir'den Huyay, orduya katılmak üzere Hayber'den gelmişti. Ebû Süfyân'a, Beni Kurayza Yahudilerini Muhammed (s.a.v)'le yaptıkları anlaşmayı bozmaya ikna edebileceğini söyleyerek onlara elçi olarak gitmek istediğini belirtti. Onlar, yardıma ikna edilebilirse şehir iki taraftan saldırıya muraz kalacaktı. Ebû Süfyân onun önerisini kabul etti ve vakit kaybetmeden yola çıkmasını söyledi.

Benî Kurayzalılar, Huyay'dan korkarlardı. Onu uğursuz ve kendi kabilesini felâkete sürükleyen kötü bir adam olarak görürlerdi. İzin verirlerse Benî Kurayza'ya da kendi kabilesine yaptığını yapacaktı. Ondan korkmalarının asıl sebebi de karşı koyulmaz manevî bir gücünün olmasıydı. Huyay, eğer bir şeyi isterse tüm karşı koyanları bastırır ve amacına ulaşıncaya dek ne kendisine, ne de karşısındakilere rahat vermezdi. Şimdi Benî Kurayza'nın şefi Kâ'b İbn Esed'e -Peygamber (s.a.v)'le anlaşma yapan lider- gitmiş ve kim olduğunu söyleyip kapısını çalıyordu. Kâ'b ilk önce kapıyı açmayı reddetti. "Bırak da içeri gireyim!" dedi Huyay. Onun ne istediğini çok iyi bilen Kâ'b: "Sen bırak! Ben Muhammed'le bir anlaşma yaptım ve onu bozmayacağım" dedi. Huyay, "İçeri gireyim de konuşalım" dedi. "Hayır" dedi Kâ'b. Fakat Huyay onu, yemeğini kendisi ile paylaşmak istemediği için kendisini içeri almamakla suçladı. Bu Kâ'b'ı o kadar sinirlendirdi ki kapıyı açtı. Huyay şöyle dedi: "Ey Kâ'b! Sana her zaman sürecek olan bir zafer ve köpüren deniz gibi bir güç getirdim. Sana liderleriyle birlikte Kureyş, Kinâne ve Gatafan'ı, bin kişisi atlı on bin kişilik bir ordu getirdim. Onlar bana, Muhammed (s.a.v) ve taraftarlarının kökünü kazıyıncaya kadar rahat etmeyeceklerine dair ant verdiler. Bu defa Muhammed (s.a.v) kaçamayacak". Kâ'b: "Tanrı'ya andolsun ki, sen bana her zaman utanç getirdin; içinde şimşek ve gök gürültüsünden başka bir şey olmayan yağmursuz bir bulut. Yazıklar olsun sana ey Huyay! Beni olduğum gibi bırak" dedi. Huyay ondaki bu yumuşamayı fark etti ve güzel konuşmasıyla, eğer yeni din ortadan kalkarsa ne kadar avantajları olacağını anlatmaya başladı. Sonunda Allah adına şöyle bir yemin etti: "Eğer Kureyş ve Gatafan, Muhammed (s.a.v)'i öldürmeden yurtlarına dönerlerse, ben de seninle birlikte kalende oturup, kaderimi bekleyeceğim." Bu Kâ'b'ı, İslâm'ın yaşamasının mümkün olmayacağı konusunda ikna etti. Daha sonra Peygamber (s.a.v)'le halkı arasında yapılan anlaşmayı bozacağını söyledi. Huyay, anlaşma metnini görmek istedi; okuduktan sonra metnin yazılı olduğu kâğıdı ikiye yırttı. Kâ'b da kabilesindekilere neler olduğunu haber vermeye gitti. Onlar "Eğer sen öldürülürsen, Huyay'ın da seninle birlikte öldürülmesinin ne gibi bir avantajı olabilir?" dediler. İlk anda kararına karşı çıkan çok oldu. Suriye'den Peygamber (s.a.v)'in gelişini karşılamak üzere gelen yaşlı Yahudi İbn el-Heyyeban, Benî Kurayza'lıların arasındaydı. O Peygamber (s.a.v)'i tarif etmiş ve gelmesinin yakın olduğunu haber vermişti. Çok azının Yahudi olmayan bir Peygamber (s.a.v)'e ilgi duymaya yatkın olmasına rağmen, çoğu Muhammed (s.a.v)'in tarif edilen kişi olduğunu hissediyordu. Yine aralarında, Yahudi olsun olmasın bir Peygamber (s.a.v)'e karşı çıkmanın ne kadar önemli olduğunu kavrayabilecek yeteneğe sahip olmayan çok az kişi vardı. Çoğunluğa gelince, onlar politik bir anlaşmayı bozmaya karşıydılar. Fakat birkaç münafığın, Huyay'ın söylediklerini doğrulayan haberler getirmesinden ve kendilerinden birkaç kişinin de gidip Kureyş ordusunu kendi gözleriyle görmesinden sonra, genel görüş Kureyş ve müttefikleri tarafına doğru kaymaya başladı. Gerçekten de hendeğin ötesindeki ovanın göz alabildiğine atlar ve adamlarla dolu olduğunu görmek insanı ürkütüyordu.

O sırada Hâlid ve İkrime geçilip geçilemeyeceğini anlamak üzere belirli bir uzaklıktan hendeği inceliyorlardı. Ümitsizlik içinde, "Nasıl bir tuzak bu!" dediler. "Araplar hiçbir zaman böyle bir yol denememişlerdir. Aralarında mutlaka bir İranlı var". Ümitlerinin aksine hendek çok iyi kazılmıştı. Sadece diğerlerine göre biraz dar olan küçük bir alan kalmıştı. Orası da sıkı bir şekilde korunuyordu. Orayı geçmek için giriştikleri bir-iki çaba başarısızlıkla sonuçlandı. Atları hiç hendek görmemişti, bu nedenle hendeğe yaklaşınca ürküyorlardı. Belki onları alıştırabilirlerdi; fakat şimdilik savaş sadece karşılıklı ok atışları şeklinde devam ediyordu.

Benî Kurayza'nın anlaşmayı bozması haberi gizli kalmadı. Münafıklardan çoğu hangi tarafı tutacaklarına karar veremedikleri için, iki tarafın sırlarını birbirlerine açıklıyorlardı. Ömer (r.a.), ashâbdan Yahudilerin ihanetini haber alan ilk kişi oldu. Bunu duyar duymaz hemen Ebû Bekir (r.a.)'le birlikte çadırında oturan Peygamber (s.a.v)'in yanına gitti. "Ey Allah'ın Rasûlü!" dedi, "Benî Kurayza'nın bizimle olan anlaşmasını bozduğunu ve bize karşı savaş açtığını duydum". Peygamber (s.a.v)'in üzgün olduğu fark ediliyordu. Zübeyr'i meselenin aslını öğrenmek üzere gönderdi. Daha sonra ensârın kendilerini dışlanmış hissetmemesi için, Evs ve Hazrec'li iki Sa'd'ı, Üseyd'le birlikte çağırdı. Onlara haberleri verdikten sonra şöyle dedi: "Gidin ve işin aslını öğrenin. Eğer duyduklarımız yanlışsa bunu açıkça söyleyin. Eğer doğru ise bunu bana imalı bir şekilde söyleyin ki anlayabileyim". Onlar Zübeyr'den hemen sonra Kurayza kalelerine ulaştılar ve gerçekten de Yahudilerin anlaşmayı bozmuş olduğunu gördüler. Yahudileri çok geç olmadan hatalarını tamire ve anlaşmaya bağlılığa çağırdılar. Fakat onların cevabı şu oldu: "Allah'ın Rasûlü de kim? Muhammed'le aramızda ne bir antlaşma ne de bir karar birliği var". Üzüntü içinde onlara Benî Nadir ve Benî Kaynuka Yahudilerinin başına gelenleri hatırlattılar. Kâ'b ve diğerleri o anda, onları dinleyemeyecek denli Kureyş'in zaferinden emindiler. Elçiler konuşmalarının boşuna olduğunu anlayınca Peygamber (s.a.v)'in yanına döndüler. Ona, "Adal ve Kâre" dediler. Bunlar Hubeyb ve arkadaşlarını Hudayl'a teslim eden iki kabilenin isimleri idi. Peygamber (s.a.v) onların ne demek istediğini anladı ve: "Allahu Ekber! Ey Müslümanlar cesur olun" dedi.

Artık hendeğin yanındaki mevzilerden askerlerin bir kısmını çekip şehrin içinde bir mevzi kurmak gerekiyordu. Daha sonra Huyay'ın, Kureyş ve Gatafan'ı biner kişilik birer ordu kurup bir gece vakti şehrin kuzeyindeki Kurayza kalelerine saldırmaya; oradan da şehrin içerlerine geçip, Müslümanların kadın ve çocuklarını kaçırmaya teşvik ettiği haberi geldi. Çeşitli sebepler yüzünden kararlaştırılan gece hep tehir edildi ve proje hiçbir zaman uygulanamadı. Fakat Peygamber (s.a.v), bunu haber alır almaz Zeyd'i yüz kişilik atlı bir grupla şehrin sokaklarında dolaşmak ve gece boyunca sesli tekbir getirmekle görevlendirdi. Böylece düşman şehirde büyük bir ordunun olduğunu zannedecekti.

Hendeğin kenarında kurulan kampta atlara ihtiyaç yoktu; fakat çok sayıda adama ihtiyaç vardı. Yüz kişinin eksilmesiyle, hendekte kalanların her biri artık daha uzun saatler gözcülük ediyordu. Günler geçiyor ve akınlar daha da sıklaşıyordu. Hâlid ve İkrime süvari birlikleriyle hendekte beliren bir anlık yorgunluk ve ihmalden dahi yararlanmak istiyorlardı. Fakat sadece bir kez hendeği aşmayı başarabildiler. İkrime, birdenbire hendeğin en dar kısmındaki korumanın zayıfladığını gördü ve üç kişi ile birlikte atını karşı tarafa sürdü. Fakat dördüncü adam hendeği atlar atlamaz Ali (r.a.) ve adamları hendeğin dar olan bölgesini korumaya geldiler ve hendek bir kez daha aşılamaz hale geldi. Böylece dört Kureyşlinin de yolu kesilmiş oldu. İçlerinden biri, Amr, teke tek karşılaşma yapmak istediğini bağırarak belirtti. Ona karşı Ali (r.a.) çıktığında onu kabul etmedi ve "Senin gibi birini öldürmekten hoşlanmam. Senin baban yakın bir arkadaşımdı. Geri dön, sen daha çocuksun" dedi. Fakat Ali (r.a.) ısrar etti. Amr bineğinden indi ve iki adam birbirlerine yaklaştılar. Etraflarını bir toz bulutu kapladı. Karşılaşmanın ne şekilde geliştiğini diğerleri göremiyordu. Bir müddet sonra Ali (r.a.)'nin tekbir getiren sesini duydular ve Amr'ın ya öldüğünü ya da ölmek üzere olduğunu anladılar. O sırada İkrime ve arkadaşları bir anlık dalgınlıktan yararlanıp hendeği geçmek için atlarını sürdüler. Fakat Mahzûm'lu Nevfel hendeği atlayamadı ve atıyla birlikte hendeğe yuvarlandı. Etraftakiler onu taşlamaya koyuldular. Fakat O, "Ey Araplar! Ölüm bundan daha iyi" diye bağırdı. Bunun üzerine yanına indiler ve onu öldürdüler.

Başarısız da olsa hendeğin aşılmış olması, bunun mümkün olduğunu gösteriyordu. Bunun üzerine Kureyş ordusu ertesi gün henüz güneş yükselmeden hendeğin çeşitli noktalarına bir dizi saldırı düzenledi. Peygamber (s.a.v) mü'minlere cesaret verdi ve sabrederlerse, uzun süre beklemenin verdiği yorgunluğa rağmen vaad edilen zaferin kendilerinin olacağını müjdeledi. Kamp yerinin seçimi isabetli olmuştu. Çünkü Sel Dağı'nın ötesine doğru uzanan yüzeyde kendilerine yakın olan kısım, uzak olan kısımdan daha yüksekti. Gün boyunca düşman onlara ulaşmak için tekrar tekrar akın etti, fakat hiçbir şey elde edemediler. Fiilî savaş çok sınırlıydı. İki taraftan da zayiat yoktu. Fakat Sa'd İbn Mu'âz (r.a.)'ı bir ok kolundan yaralamış ve derin bir yarık açmıştı. Kureyş ve Gatafan ordularının da atlarının çoğu yaralanmıştı.

Öğle namazı vakti geldi, fakat bir tek asker bile hendeğin yanından ayrılmamalıydı. Namaz vakti geçmek üzere iken Peygamber (s.a.v)'in yakınındakiler ona şöyle dediler: "Ey Allah'ın Rasûlü, biz namaz kılmadık." Bu bilinen bir durumdu, fakat onları çok etkilemişti. Çünkü İslâm'ın ilk günlerinden beri hiç böyle bir durum ortaya çıkmamıştı. Allah'ın Rasûlü'nün de onlara katılması onları biraz teselli etti. Peygamber (s.a.v): "Ben de kılmadım" demişti. İkindi namazı vakti geldi ve güneşin batmasıyla vakit geçti. Fakat güneş battıktan sonra bile düşman atakları devam ediyordu. Karanlık tamamen bastırınca artık iki düşman ordusu kamp yerlerine döndüler. Düşman orduları gözden kaybolur kaybolmaz Peygamber (s.a.v), Üseyd ve bir grup askeri, hendeğin kenarında bırakıp hendekten ayrıldı. Hendekte kalan bu grubun dışındakilerin başına geçip vakti geçmiş olan dört namazı da arka arkaya kıldırdı. O akşam geç saatlerde Hâlid, hendeği korunmasız bulma umuduyla küçük bir atlı grubuyla tekrar ortaya çıktı. Fakat Üseyd ve adamları ok atışlarıyla onları geride tutmayı başardılar.

Vahiy, o zorlu günleri şöyle nitelendiriyor:

"Hani onlar, size hem üstünüzden, hem alt tarafınızdan gelmişlerdi; gözler de kaymış, yürekler hançereye gelip dayanmıştı ve siz Allah hakkında da (birtakım) zanlarda bulunuyordunuz. İşte orada, iman etmekte olanlar, denemeden geçirilmiş ve şiddetli bir sarsıntıya uğratılmışlardı." (Ahzâb: 10-11)

Herkes böyle kaç gün daha dayanabileceklerini düşünüyordu. Yiyecekleri tükenmeye yüz tutmuş ve gecelerde çok soğuk geçmeye başlamıştı. Açlık, soğuk ve uykusuzluktan, imanı zayıf olanlar da münafıklara katılacak hale gelmişlerdi. Münafıklar sürekli olarak, böyle güçlü bir düşmana sadece bir hendekle karşı koyulamayacağını, şehir duvarları gerisine çekilmeleri gerektiğini söylüyorlardı. Fakat bu zorluklarla gerçek mü'minlerin imanı güçleniyordu. Onlar, tüm kabileler kendilerine karşı birleştiklerinde şöyle dedikleri için Allah onları Kur'ân'da övmüştü:

"Mü'minler (düşman) birliklerini gördükleri zaman ise (korkuya kapılmadan) dediler ki: Bu Allah'ın ve Rasûlü'nün bize vaad ettiği şeydir; Allah ve Rasûlü doğru söylemiştir."

Vahiy şunları da ekliyordu:

"Ve (bu), yalnızca onların imanlarını ve teslimiyetlerini artırmış oldu." (Ahzâb: 22)

Onlar, Peygamber (s.a.v)'e bir-iki yıl önce vahyolunan bir âyetin gerçekleştiğini hatırlayarak böyle diyorlardı:

"Yoksa sizden önce gelip geçenlerin hali, başınıza gelmeden Cennet'e gireceğinizi mi sandınız? Onlara öyle bir yoksulluk, öyle dayanılmaz bir zorluk çattı ve öylesine sarsıldılar ki, öyle ki Peygamber, beraberindeki mü'minlere: 'Allah'ın yardımı ne zaman?' diyordu. Dikkat edin, kuşkusuz Allah'ın yardımı pek yakındır." (Bakara: 214)

Peygamber (s.a.v), adamlarının dayanma gücünün sonuna geldiğini biliyordu. Fakat O, düşmanın da gün geçtikçe aynı zorlukları yaşayacağının farkındaydı. Bu nedenle Gatafan kabilelerinden iki kola, eğer savaş alanını terk ederlerse Medîne'deki hurma hasadının üçte birini onlara vereceğini bildiren bir haber gönderdi. Onlar: "Hurmaların yarısını ver" diye haber gönderdiler. Fakat Peygamber (s.a.v), üçte bir teklifinden geri dönmedi. Gatafanlılar da bunu kabul ettiler. Bunun üzerine Peygamber (s.a.v), Osman (r.a.)'ı Gatafan kabileleriyle barış anlaşması imzalamak üzere gönderdi. Daha sonra biri Evs'in, biri Hazrec'in lideri olan iki Sa'd'ı çadırına çağırdı ve onlara planından bahsetti. Onlar: "Ey Allah'ın Rasûlü! Bu senin fikrin mi yoksa bunu sana Allah mı emretti? Yoksa bu senin bizim adımıza yaptığın bir şey mi?" diye sordular. Peygamber (s.a.v.): "Bunu sizin adınıza yapıyorum. Allah'a andolsun, eğer Arapların size saldırdığını, her tarafınızı kuşattığını ve bununla onların gücünü kırabileceğimizi bilmeseydim bunu yapmazdım" dedi. Fakat yaralanan Sa'd İbn Muâz ona şöyle dedi: "Ey Allah'ın Rasûlü! Bizler bu adamlarla birlikte Allah'ın yanında başka ilâhlara tapıyorduk. Allah'a gerçekten ibadet etmiyor ve onu tanımıyorduk. O zaman bile onlar, misafir oldukları zaman ve satın aldıkları hariç, bir tek hurmamızı yiyemezlerdi. Şimdi ise Allah bize İslâm'ı bahşetti, bizi hidayete ulaştırdı. Bizi seninle ve İslâm'la güçlendirdi. Böyle olduğu halde onlara mallarımızı mı verelim? Tanrı'ya andolsun, Allah bizimle onların arasını buluncaya kadar onlara kılıçtan başka bir şey vermeyiz". Peygamber (s.a.v): "Senin dediğin gibi olsun" dedi. Bunun üzerine Sa'd deri parçasını ve kalemi Osman'dan aldı. Yazılanlara şaşırarak, "Bırakın ne yapacaklarsa yapsınlar!" dedi.[1]

Şimdi geçersiz hale gelen bu anlaşma Fezare ve Mürre kabilelerinin liderleriyle yapılmıştı. Kureyş'in Gatafan'lı üçüncü müttefiki ise, Ebû Süfyân ve Süheyl'in Müslümanları Bedir'deki ikinci karşılaşmadan vazgeçirmesine karşılık rüşvet teklif ettikleri Nu'aym'ın kabilesi Aşca' idi. Medîne'de kaldığı sürece gördükleri Nu'aym'ı çok etkilemişti. Şimdi ise karışık duygular içinde bu kez de Mekke'lilerin yanında yer almak üzere kabilesi ile birlikte savaş alanına gelmişti. Yeni dinin takipçilerine duyduğu saygı, kendilerinin üç katı bir orduya bu kadar dayandıklarını gördüğünde daha da arttı. Bir müddet sonra kendisinin "Allah İslâm'ı kalbime düşürdü" diye nitelediği zaman geldi. O gece -iki Gatafan kabilesiyle Peygamber'in yaptığı anlaşmanın feshedildiği gece- şehre gitti. Oradan da ordunun kamp kurduğu yere gitti ve Peygamber (s.a.v)'i görmek istediğini söyledi. Peygamber (s.a.v), "Seni buraya getiren ne, ey Nu'aym?" diye sordu. O, "Buraya senin sözüne inandığımı açıklamaya ve hakkı getirdiğine şehadet etmeye geldim. Ey Allah'ın Rasûlü! Bana ne emredersen emret. Senin emrettiklerinin hepsini yapmaya hazırım. Halkım ve diğerleri benim Müslüman olduğumu bilmiyorlar" dedi. Peygamber (s.a.v): "Tüm gücünle onları birbirine düşürmeye çalış" dedi. Nu'aym yalan söylemek için izin istedi. Bunun üzerine Peygamber (s.a.v), "Onları bizden uzaklaştırmak için ne söylersen söyle. Çünkü savaş hiledir"[2] dedi.

Nu'aym tekrar şehre döndü ve Benî Kurayza yerleşim bölgesine gitti. Yahudiler onu eski bir arkadaş olarak misafir ettiler, onun için yemek ve içki hazırladılar. O, "Ben bunun için gelmedim" dedi. "Sizin güvenliğiniz-

---

1. I.I. 676.
2. I.I. 681, W. 480-1.

den duyduğum korkuyu ve buna karşı alınması gereken tedbirler konusunda tavsiyemi haber vermek üzere geldim". Daha sonra Gatafan ve Kureyş'in eğer Müslümanları yok edecek bir zafer kazanamazlarsa Yahudileri Muhammed (s.a.v)'in insafına bırakıp kaçacaklarını anlatmaya koyuldu. Bu nedenle Yahudiler de, Kureyşliler önemli adamlarından birkaçını, onları bırakıp kaçmayacaklarına dair rehin verinceye kadar Kureyş için bir ok bile atmamalıydılar. Temas ettiği konularda aynı korkuları taşıyan Yahudiler tavsiyesini hemen kabul ettiler. Bunun üzerine onun söylediklerini aynen yapmaya karar verdiler. Ne Kureyşlilere ne de Gatafanlılara, bu fikrin Nu'aym'dan çıktığını haber vermemeye de söz verdiler.

Daha sonra Nu'aym, bir zamanlar arkadaşı olan Ebû Süfyân'a gitti. Ona ve yanındaki diğer Kureyş liderlerine, eğer haber aldıkları kişinin kim olduğunu söylememeye yemin ederlerse, verilecek önemli bir haberi olduğunu söyledi. Oradakiler yemin edince şöyle dedi: "Yahudiler, Muhammed (s.a.v)'le yaptıkları anlaşmaya tekrar döndüler ve ona şöyle haber gönderdiler: 'Yaptığımıza pişman olduk. Eğer Kureyş ve Gatafan liderlerinden bir kısmını rehin alıp öldürmek üzere sana versek bu seni memnun eder mi? Sonra da geri kalanlara karşı senin yanında savaşırız.' Muhammed (s.a.v) de buna razı oldu. Eğer Yahudiler sizden adamlarınızdan bir kısmını rehin isterlerse, vermeyin". Nu'aym daha sonra kendi kabilesine ve diğer Gatafan kabilelerinin gidip Kureyşlilere söylediklerinin aynısını tekrarladı.

İstişare ettikten sonra iki ordunun liderleri şimdilik Huyay'a bir şey söylememeye ve Nu'aym'ın söylediğinin doğru olup olmadığını denemeye karar verdiler. İkrime'yi bir mesajla Benî Kurayza'ya gönderdiler. Mesaj şuydu: "Artık Muhammed'i tamamen ortadan kaldırmak üzere yarın savaşmaya hazır olun". Onlar şu cevabı verdiler: "Yarın cumartesi. Siz ileri gelenlerinizden birkaç kişiyi bize rehin olarak vermedikçe, Muhammed'e karşı hiçbir şekilde savaşmayız. Çünkü biz, eğer savaş kötü giderse sizin bizi burada yalnız bırakıp memleketinize kaçacağınızdan korkuyoruz. Ona tek başımıza karşı koyamayız". Bu mesaj Kureyş ve Gatafan kabilelerine ulaştığında, "Tanrı'ya andolsun Nu'aym'ın söyledikleri doğru" dediler. Benî Kurayza'lılara bir tek adam bile vermeyeceklerini ve ertesi gün savaşmaları gerektiğini bildiren bir haber gönderdiler. Benî Kurayza'lıların cevabı ise, rehineler kendilerine teslim edilmedikçe bir tek ok bile atmayacaklarını bildirmek oldu.

O zaman Ebû Süfyân, Huyay'a gitti ve: "Bize vadettiğin yardım nerede? Onlar bizi aldattılar, şimdi de bizi ele vermeye çalışıyorlar" dedi. Huyay, "Tevrat'a andolsun ki, hayır!" dedi. "Bugün cumartesi, biz cumartesi yasağına karşı gelmeyiz. Fakat onlar pazar günü, Muhammed ve arkadaşlarına karşı ateş gibi saldırırlar". İşte o zaman Ebû Süfyân, Yahudilerin rehinelerle ilgili fikrini Huyay'a söyledi. Huyay'ın yüzündeki ifade birdenbire değişmişti. Bunun, onun suçluluğuna delâlet ettiğini anlayan Ebû Süfyân, "Lât'a andolsun ki bu senin ihanetinden başka bir şey değil, senin ve onların. Çünkü ben seni de halkının ihanetine katılmış sayıyorum." dedi. "Hayır" diye karşı çıktı Huyay, "Sina Dağı'nda Mûsâ'ya indirilen Tevrat'a andolsun ki, ben hâin değilim". Fakat Ebû Süfyân ikna olmamıştı. Hayatını kaybetmekten korkan Huyay, kampı terk etti ve Kurayza'lıların yerleşim bölgesine gitti.

Kureyşliler ve Necd kabilesinin ilişkilerine gelince, Nu'aym'ın bir şey yapmasına gerek kalmamıştı. Yaklaşık olarak iki hafta geçmiş ve hiçbir şey elde edilememişti. İki ordunun da yiyecek stokları tükeniyordu. Bu sırada ya açlıktan, ya aldığı yaralardan veya her ikisinden gün geçtikçe daha çok sayıda at ölüyordu. Birkaç deve ölmüştü. Kureyş, Gatafan ve diğer bedevî kabilelerinin en iyi ihtimalle isteksizce ittifaka devam ettiklerini anlamakta gecikmediler. Onlar bu sefere yeni dine düşmanlıklarından çok, ganimet elde etmek için katılmışlardı. Fakat geçen süre içinde ganimet elde etme ümitleri yok oldu. İki ordu arasındaki birbirine duyulan güvensizlik gittikçe artıyordu. Zaten bu sefer başından beri hata ve başarısızlık doluydu.

Üç günden beri Peygamber (s.a.v) her namazın arkasından şu duayı tekrarlıyordu: "Allah'ım! Ey kitabı indiren ve Serî'ul-Hısâb (çabuk hesap görücü) olan! Düşmanları bizden uzaklaştır. Onların korkup kaçmasını sağla."[3] Her şey hallolduktan sonra da şu âyet nazil olmuştu:

"Ey iman edenler! Allah'ın sizin üzerinizdeki nimetini hatırlayın. Hani size ordular yönelip gelmişti; böylece biz de onların üzerine bir rüzgâr ve sizin görmediğiniz ordular göndermiştik." (Ahzâb: 9)

Günlerce hava olağanüstü soğuk ve nemli olmaya devam etmişti. Şimdi ise doğudan gelen sert bir rüzgâr, herkesi sığınaklara çekilmeye zorlayan bir yağmur getirmişti. Gece olunca ovayı fırtına kapladı. Rüzgâr fırtına ve boraya dönüşmüştü. İki düşman kampında da bir tek sağlam çadır bile kalmamıştı. Tüm çadırlar yıkılmış, kamp ateşleri sönmüş, insanlar yerde birbirlerine sarılmış ısınmaya çalışıyorlardı.

Müslümanların kampı rüzgârdan biraz korunuyordu; çadırlarından hiçbiri yıkılmamıştı. Fakat fırtınanın etkisiyle insanlar büyük bir üzüntüye ve daha önce hiç düşünmedikleri kadar büyük bir zayıflığa kapıldılar. Pey-

3. I.S. II/I, 53; W. 487.

gamber (s.a.v) gece geç saatlere kadar dua etti. Daha sonra kendi çadırına yakın olan adamların arasına gitti. Bunlardan biri olan Yemân'ın oğlu Huzeyfe (r.a.), sonraki yıllarda Peygamber (s.a.v)'in nasıl yanlarına gelip şöyle dediğini anlattı: "Hanginiz düşmanın yanına gidip, onların durumu hakkında bilgi edindikten sonra geri dönecek? Kim bu söylediklerimi yaparsa onun Cennet'te arkadaşım olması için Allah'a dua edeceğim". Fakat oradakilerden hiç cevap gelmedi. Huzeyfe, "Hepimiz o kadar cesaretimizi kaybetmiş o kadar acıkmış ve üşümüştük ki hiçbirimizin ayağa kalkacak hali yoktu" dedi. Hiç kimsenin gönüllü olarak bu görevi almak istemediği açığa çıkınca, Peygamber (s.a.v), Huzeyfe'yi çağırdı. Huzeyfe (r.a.) de diğerlerinden ayrılıp hemen ayağa kalktı. Huzeyfe, "İsmim onun ağzından çıkar çıkmaz ayağa kalkmaktan başka bir şey yapamadım" dedi. Peygamber (s.a.v), "Sen git" dedi. "Düşmanın arasına gir ve ne durumda olduklarını gözle. Bize geri dönene kadar başka bir şey yapma". Huzeyfe şöyle anlattı: "Bunun üzerine gittim. Rüzgâr ve Allah'ın orduları onları perişan ederken düşmanın arasına girdim". Huzeyfe (r.a.), yere çömelmiş Kureyşliler arasından geçip liderlerinin oturduğu yere nasıl ulaştığını anlattı. Geceyi soğuktan uyuşmuş bir şekilde geçirdiler. Şafakla birlikte rüzgâr hızını azaltmaya başladığında Ebû Süfyân yüksek sesle bağırdı: "Ey Kureyşliler! Atlarımız ve develerimiz ölüyor. Benî Kurayzalılar bize ihanet etti ve bizi ele vermek üzere olduklarını haber aldık. Şimdi de gördüğünüz gibi rüzgâr bizi mahvediyor. Artık bu yeri terk edelim, ben gidiyorum". Bu sözleri söyledikten sonra devesinin yanına gitti ve devesine bindi. O kadar ani bir kararla deveye binmişti ki devesinin kösteğini çözmeyi unutmuştu. Bunu ancak deveyi üç ayağı üzerinde kalkmaya zorladığı an farketti. O sırada İkrime ona şöyle dedi: "Sen bu insanların başı ve liderisin. Bizden o kadar çabuk ayrılıp, adamlarını geride mi bırakacaksın?" Bunun üzerine utanan Ebû Süfyân, çoğunluk kamp yerini terk edinceye kadar bekledi. Daha sonra geri kalanları iki yüz atlı ile birlikte Hâlid ve Amr'ın getirmesine karar vererek kendisi de yola çıktı. Ordunun yola hazırlanmasını beklerlerken Hâlid şöyle dedi: "Şimdi her akıllı adam Muhammed (s.a.v)'in yalan söylemediğini anladı". Fakat Ebû Süfyân onun sözünü keserek: "Herkesten çok senin, böyle demeye hakkın yok" dedi. Hâlid "Niçin?" diye sordu. Ebû Süfyân: "Çünkü Muhammed (s.a.v), senin babanın şerefini iki paralık etti, kabilenin şefi Ebû Cehil'i de öldürttü" dedi.

Huzeyfe (r.a.) geri dönüş emrini duyar duymaz, hemen Gatafan kabilelerinin kampına doğru yola çıktı. Fakat kamp yerini boş buldu. Çünkü soğuk onların da dayanma gücünü kırmış ve geri dönmelerine neden olmuştu. Bunun üzerine Huzeyfe, Peygamber (s.a.v)'in yanına döndü. O sırada

Peygamber (s.a.v), soğuğa karşı, hanımlarından birine ait olan örtüye bürünmüş bir halde namaz kılıyordu. Huzeyfe: "Beni gördüğünde" dedi, "beni yanına doğru çekti ve ayak dibine oturttu. Örtünün bir ucunu da bana uzattı". Daha sonra benimle birlikte örtünün içinde oturdu, secde yaptı ve tekrar oturdu. Namazı bitirip selam verdikten sonra ona haberleri ulaştırdım."[4]

Bilâl sabah ezanını okudu. Namazı kıldıklarında sabahın ilk ışıklarıyla birlikte hendeğin ötesindeki ovanın bomboş olduğunu gördüler. Peygamber (s.a.v) herkesin evine dönebileceğini söyledi. Bunun üzerine çoğu hızla şehre doğru yola koyuldular. Daha sonra düşmanın aralarına casus sokmasından veya Benî Kurayza'lıların hendeğin korunmasız olduğunu Kureyşlilere haber verip, onların da geri gelmesinden korkarak Câbir (r.a.)'i ve Ömer'in oğlu Abdullah (r.a.)'ı ayrılan arkadaşlarını geri çağırmak üzere gönderdi. İkisi de onların arkalarından gitti. Güçlerinin yettiği kadar yüksek sesle bağırdılar, fakat hiç kimse sese başını çevirmedi. Câbir, Benî Hârise'yi yol boyunca izledi, evlerinin önüne geldiklerinde yine bağırdı; fakat kimse ona cevap vermedi. İkisi de Peygamber (s.a.v)'in yanına döndüklerinde başaramadıklarını haber verdiler. Bunu duyan Peygamber (s.a.v) güldü ve yanında kalan arkadaşlarıyla birlikte şehre doğru yola koyuldu.

4. I.I. 683-4, W. 488-90.

BENÎ KURAYZA

[61]

Dinlenmek için sadece birkaç saatleri vardı. Çünkü öğle namazından hemen sonra Cebrâîl, Peygamber (s.a.v)'e geldi. Çok güzel giyinmişti. Sarığı gümüş ve altın işlemeliydi. Gümüş ve altın işlemeli bir örtü de onu getiren katırın semerine örtülmüştü. "Ey Allah'ın Rasûlü, teslim mi oluyorsun?" dedi. "Melekler teslim olmadılar. Düşmanı kovalamaktan şimdi döndüm. Ey Muhammed (s.a.v) gerçekten yüce Allah sana Benî Kurayza'ya karşı çıkmanı emrediyor. Ben şimdiden onların yanına gidiyorum. Belki onları korkutabilirim."[1]

Peygamber (s.a.v), Benî Kurayza yerleşim bölgesine ulaşana kadar kimsenin ikindi namazı kılmamasını emretti. Sancak Ali (r.a.)'ye verilmişti. Hendekte, Kureyş ve müttefiklerine karşı çıkan aynı üç bin kişi güneş daha batmadan tüm Kurayza kalelerini kuşatmıştı.

Kuşatma yirmi beş gece sürdü. Yirmi beş günün sonunda Yahudiler, Peygamber (s.a.v)'e Ebû Lübabe ile görüşmek istedikleri haberini gönderdiler. Benî Nadir gibi onlar da uzun süreden beri Evs'in müttefiki idiler. Ebû Lübâbe de bu ittifak sağlayan önemli liderlerden biriydi. Peygamber (s.a.v) ona Benî Kurayzalılara gitmesini emretti. Ebû Lübâbe oraya vardığında, ağlayan çocuk ve kadınlarla karşılaştı. Bu onun hain düşmana karşı duyduğu kini yumuşattı. Adamlar, Muhammed (s.a.v)'e teslim olup olmamaları konusundaki fikrini sorunca o, "Evet" dedi. Aynı zamanda elini boğazına dokundurarak, teslimiyetten ölümü kasdettiğini ima etti. Bu imalı davranış onun görevine aykırıydı ve kuşatmanın daha da uzamasına sebep olabilirdi. Daha önce Peygamber (s.a.v) bir hurma ağacını velâyeti altındaki bir yetime vermesini teklif etmiş, kendisi de bunu reddetmişti. Zaten bu hareketinden dolayı büyük bir suçluluk duyuyordu. Bu jesti yaptıktan hemen sonra duyduğu suçluluk daha da arttı.[2] "Daha bir adım bile atmamıştım ki, Allah'ın Rasûlü'ne ihanet ettiğimin farkına vardım" dedi. Ebû Lübâbe'nin yüzünün rengi değişti ve şu âyeti okudu: "Biz Allah'a ait (kullar)ız ve şüphesiz O'na dönücüleriz." (Bakara: 156). Kâ'b, "Sana ne oldu?" diye sordu. Ebû Lübâbe, "Allah'a ve Rasûlü'ne ihanet ettim" dedi. Üst kattan aşağı indiğinde sakalını tuttu, gözyaşlarıyla sırılsıklam olmuştu. Geldiği kapıdan çıkıp kendisinden haber bekleyen diğer Evs'lilerle karşılaşmaya dayanamayacağını hissetti. Bu ne-

1. I.I., 684
2. Bkz. Bölüm: 48

denle kalenin arka kapısından çıkıp şehre doğru yola koyuldu. Doğruca Mescid'e gitti. Kendisini Mescid'in direklerinden birine bağlayıp şöyle dedi: "Allah yaptığım şeyi affedinceye kadar burada bağlı kalacağım".

Peygamber (s.a.v) onun gelip haber getirmesini bekliyordu. Neler olduğunu duyunca şöyle dedi: "Eğer bana gelseydi, onu affetmesi için Allah'a dua ederdim. Fakat onun bu yaptığını gördükten sonra, Allah ona merhamet edinceye kadar onu bırakamam".[3]

Ebû Lübâbe, on ya da on beş gün o direkte bağlı kaldı. Her namazdan önce veya gerektiğinde kızı gelip onu çözüyor ve namazını bitirdikten sonra tekrar aynı yere bağlıyordu. Bu durumdan duyduğu üzüntü, kuşatmanın hâlâ sürdüğü gecelerden birinde gördüğü bir rüya ile biraz hafifledi. Rüyasında kendisini yapışkan çamurdan bir bataklığa gömülmüş görüyordu. Neredeyse bataklığın saldığı pis kokudan ölmek üzere iken, akan bir pınar görüyor ve pınarda yıkanıyor. Etrafındaki koku da güzelleşiyor. Ebû Lübâbe (r.a.) uyandığında Ebû Bekir'e gidip bu rüyanın ne anlama gelebileceğini sordu. Ebû Bekir (r.a.) ona vücudunun ruhunu temsil ettiğini, ilk önce ruhunu baskı altına alan kötü bir olay yaşayacağını, fakat sonra bundan kurtulacağını söyledi. Ebû Lübâbe direkte bağlı olduğu sürece bu kurtuluşun ümidiyle yaşadı.

Benî Kurayza'ya gelince; Kâ'b onlara, nasıl olsa hepsi Muhammed'in (s.a.v) peygamber olduğuna inandığına göre, onun dinine girip mallarını ve hayatlarını kurtarmayı teklif etti. Fakat onlar ölümün bundan daha iyi olduğunu ve Tevrat'tan ve Mûsâ'nın kanunlarından (namus) başka bir şey istemediklerini söylediler. Bunun üzerine Kâ'b onlara başka çözüm yolları önerdi; fakat hepsi kabul edilmeyecek nitelikteydi. Kuşatmanın başından beri Benî Kurayzalıların kalelerinde kalmakta olan Beni Hedl'den -Kurayza'nın erkek kardeşi Hedl'in soyundan gelenler- üç genç adam, Kâ'b'ın öne sürdüğü ilk teklife taraftardılar. Gençliklerinde, kendi aralarında yaşamaya gelen Suriyeli Yahudi İbn el-Heyeban'ı tanımışlardı. Şimdi onun beklenen Peygamber (s.a.v)'le ilgili söylediklerini tekrarlıyorlardı. "Onun vakti geldi. Ey Yahudiler, ona ilk ulaşan sizler olun. Çünkü o kendisine karşı çıkanları öldürmek, kadın ve çocuklarını esir almak üzere gönderilecek. Bu durumun sizi ondan uzaklaştırmasına izin vermeyin.[4]" Fakat gençlere verilen tek cevap: "Biz Tevrat'tan vazgeçmeyiz" oldu. Bunun üzerine üç genç o gece Kurayza kalelerinden kaçıp, Müslüman kampına sığındılar. Müslüman olmak istediklerini söyleyip Peygamber'e (s.a.v) biat ettiler. Benî Kurayza'lılardan

3. W. 507.

4. I.I. 136.

ise sadece iki kişi onların yolundan gitti. Bunlardan biri, Amr İbn Su'da, zaten başından beri Peygamber (s.a.v)'le yapılan anlaşmayı bozmaya karşıydı ve resmen kendisinin buna karşı olduğunu açıklamıştı. Şimdi ise eğer Müslüman olmayacaklarsa, Peygamber (s.a.v)'e haraç veya vergi ödeyebilecekleri fikrini ortaya attı. "Ama onun bu teklifi kabul edip etmeyeceğini bilmiyorum" dedi. Buna karşılık Yahudiler, Araplara haraç ödemektense ölmeyi yeğleyeceklerini söylediler. Bunun üzerine kaleden yalnız başına ayrıldı; kuşatma çemberini Müslüman olarak geçti ve o geceyi Medîne'deki Mescid'de geçirdi. Fakat o geceden sonra bir daha onu gören olmadı. Bugüne kadar onun nereye gittiği ve nerede öldüğü öğrenilememiştir. Peygamber (s.a.v) onun hakkında: "O, inancı nedeniyle Allah'ın koruduğu bir adamdır" derdi. Müslüman olan diğer adam ise Rifa'a İbn Semev'al'di. O gece Yahudi kalelerinden kaçmış, askerlerin arasından gizlice geçip Hazrec'in Benî Neccâr kolundan bir adamla evlenen Peygamber (s.a.v)'in teyzesi Selmâ binti Kays'ın yanına sığınmıştı. Rifa'a onun evinde Müslüman olmuştur.

Ertesi gün Ebû Lübâbe'nin uyarısına rağmen Benî Kurayza'lılar kalelerinin kapılarını açtılar ve Peygamber (s.a.v)'in adaletine teslim oldular. Adamlar elleri arkalarına bağlı bir şekilde kendileri için kampın bir tarafında ayrılan yere doğru gittiler. Diğer tarafa da kadınları ve çocukları topladılar. Peygamber (s.a.v) kadın ve çocukları koruma görevini, Benî Kaynuka'nın eski lideri olan Abdullah İbn Selâm'a verdi. Silahlar, giyecekler ve ev eşyaları kalelerden getirilip bir yere yığıldı. Şarap ve mayalanmış hurma suyu kavanozları teker teker açıldı ve boşaltıldı.

Evs kabileleri Peygamber (s.a.v)'e, bu eski müttefiklerine de, Hazrec'in müttefiki olan Kaynuka'lılara gösterdiği yumuşaklığı göstermesini rica eden bir haber gönderdiler. Peygamber (s.a.v), "Ey Evsliler! Eğer onlar hakkındaki kararı sizden birine bırakırsam, bu sizi tatmin eder mi?" dedi. Onlar da bu fikri kabul ettiler. Bunun üzerine Peygamber (s.a.v) onları yaraları henüz iyileşmemiş olan ve Mescid'de bir çadırda tedavi gören liderleri Sa'd İbn Muâz (r.a.)'a gönderdi. Peygamber (s.a.v) onu daha sık ziyaret edebilmek için mescide yerleştirmişti. Rufeyde adındaki Eslem'li bir kadın da Sa'd'ın yarasını tedavi ediyordu. Kabilesinden birkaç adam Sa'd'ın yanına gittiler. Onu bir katıra bindirip kampa götürdüler. Yolda ona, "Müttefiklerimize iyi davran; çünkü Allah'ın Rasûlü onlara müsamahalı davranman için kararı sana bıraktı." Fakat Sa'd çok adaletli bir adamdı; Ömer gibi o da Bedir esirlerini öldürme taraftarıydı ve onların bu görüşü vahiy tarafından desteklenmişti. Bedir'de fidye karşılığı serbest bırakılanların çoğu Uhud'da ve Hendek'te geri gelip onlara karşı savaşmışlardı. Bu son savaşta ise istilâya gelenlerin asıl gücü, sürgün edilen Benî Nadir'in yardımlarından kaynaklanıyordu. Eğer onlar sürüne gönderilmek yerine öldürülmüş olsalardı, Kureyş ordusu yarıya iner ve Benî Kurayza'lılar da anlaşmaya sadık kalırlardı. Bundan başka Sa'd (r.a.) kriz anında Benî Kurayza'ya gönderilen elçilerden biriydi ve onların Müslümanların yenileceğine inandıklarında nasıl ihanet ettiklerini gözleri ile görmüştü. Eğer onlar hakkında sert bir karar alırsa, bütün Evs'liler onu suçlayacaktı. Fakat Sa'd (r.a.) bu tür düşüncelere zaten önem vermezdi. Yakında öleceğini hissettiği bu seferki kararında ise, bu tür kaygılar ondan tamamen uzaktı. Kabilesinden adamların sözlerine kısaca şu karşılığı verdi: "Artık Sa'd'ın, Allah katında, hiçbir suçlunun suçuna önem vermeme zamanı gelmiştir."

Sa'd, güçlü yapılı, yakışıklı ve heybetli bir adamdı. O kampa geldiğinde Peygamber (s.a.v), "Başkanınıza saygı için ayağa kalkın" dedi. Onlar da ayağa kalktılar ve şöyle dediler: "Ey Amr'ın babası! Allah'ın Rasûlü seni müttefiklerimiz hakkında karar vermek üzere görevlendirdi." Sa'd (r.a.), "Peki benim kararımın onlar üzerindeki son hüküm olacağına Allah'a yemin edip O'na ahit verir misiniz?" dedi. "Evet" dediler. Sa'd, Peygamber (s.a.v)'e doğru bir göz atıp adını anmaksızın: "Bu, buradaki herkes için mi geçerli?" dedi. Peygamber (s.a.v), "Evet" dedi. "O halde" dedi Sa'd, "ben erkeklerin öldürülmesi, malların dağıtılması, kadın ve çocukların esir alınmasına hüküm veriyorum".[5] Peygamber (s.a.v) ona, "Sen, yedi kat yüksek semada Allah'ın verdiği hükmün aynısını verdin" dedi.

Kadınlar ve çocuklar şehre götürülüp yerleştirildiler. Erkekler ise kampta kaldılar ve geceyı Tevrat okuyup birbirlerine sabır ve dayanıklılık tavsiye ederek geçirdiler. Sabahleyin Peygamber (s.a.v) pazar yerinde dar, fakat uzun ve derin hendekler açılmasını emretti. Toplam yedi yüz kişi olan adamlar -bazı kaynaklara göre yedi yüzden fazla, bazılarına göre ise daha az- küçük gruplar halinde gönderildiler. Her grup kendi mezarı olacak olan çukurun başına dizildi. Daha sonra Ali ve Zübeyr gibi ashâbın gençleri hepsini birer kılıç darbesi ile öldürdüler.

Huyay pazar yerine doğru gönderildiğinde, Peygamber (s.a.v)'e döndü ve ona şöyle dedi: "Sana karşı geldiğim için kendimi suçlamıyorum. Allah'ı terk eden aynı şekilde terk edilecektir." Daha sonra Yahudilere dönerek: "Allah'ın emri yanlış olmaz; bu Allah'ın kitabında İsrailoğulları'na gönderdiği bir karar, bir hüküm ve katliamdır" dedi. Çukurların yanına oturdu ve başı kesildi.

5. Sa'd'ın kararı tamamen onların ihanet suçuna dayanıyordu. Fakat bu karar, Yahudi kanunlarında var olan, ihanetle suçlanmasa bile kuşatılan bir şehir halkının öldürülmesi kanununa uyuyordu: "Rabbiniz Allah, size onu verdiğinde, oradaki bütün erkekleri kılıçtan geçirin; fakat kadınları, küçükleri, hayvanları ve şehirdeki bütün her şeyi kendinize alın." (Eski Ahit, Beşinci Kitap: 20: 12).

Son öldürülenin başı bir meşale ile kesildi. Daha sonra Zabir İbn Bata adındaki yaşlı Yahudi hakkında karar verilemediği için, kadın ve çocukların olduğu eve yerleştirildi. Ertesi sabah erkeklerin öldürüldüğü haberini alan kadınlar, tüm şehri ağıt sesleri ile ayağa kaldırdılar. Fakat yaşlı Zabir onları teskin etti ve şöyle dedi: "Sessiz olun! Siz dünya kuruldu kurulalı İsrailoğulları'ndan esir alınan ilk kadınlar mısınız? Eğer erkekleriniz iyi olsaydı, sizi bu durumdan kurtarırlardı. Siz kendinizi Yahudi dinine verin; çünkü bu din üzere ölüp, âhirette bu din üzere tekrar dirilmeliyiz."

Zabir en azılı İslâm düşmanlarından biriydi ve çoğu kişiyi Peygamber (s.a.v)'e karşı gelmeye o teşvik etmişti. Fakat iç savaşlar sırasında, Sâbit İbn Kays adındaki Hazrec'li bir adamın hayatını kurtarmıştı. Sâbit bu borcunu ödeme amacıyla Peygamber (s.a.v)'den Zabir'in yaşamasına izin vermesini rica etti. Peygamber (s.a.v), "O senin" dedi. Fakat Sâbit, Zabir'e bu durumu anlatınca o, "Karısız ve çocuksuz yaşlı bir adam hayatta ne yapar?" dedi. Bunun üzerine Sâbit tekrar Peygamber (s.a.v)'e gitti. O da ona Zabir'in karısını ve çocuklarını verdi. Fakat Zabir bu kez de "Hicaz da hiçbir varlığı olmayan bir aile neyle geçinir?" dedi. Sâbit yine Peygamber (s.a.v)'e gitti. Peygamber (s.a.v) de ona, Zabir'in zırh ve silahları dışındaki bütün mallarını verdi. Fakat tüm arkadaşlarının öldürülmüş olması, Zabir'i meşgul eden bir düşünce haline geldi. Sâbit"e, "Sende olan hakkıma dayanarak, Allah adına senden beni de arkadaşlarımın yanına göndermeni istiyorum. Onlar gittikten sonra benim için hayatın bir anlamı yok" dedi. İlk önceleri Sabit bunu kabul etmedi; fakat onun çok ciddi olduğunu görünce, onu da infaz yerine götürdü ve Zübeyr (r.a.) onun başını kesti. Karısı, çocukları serbest bırakıldı ve malları Sâbit'in velâyeti altında onlara iade edildi.

Diğer kadın ve çocuklar ise, mallarla birlikte kuşatmada görev alan askerlere dağıtıldı. Bu esirlerin çoğunu Hayber'deki soydaşları Benî Nadir, fidye verip kurtardılar. Peygamber (s.a.v)'e hisse olarak Reyhâne adında, Nadir'li Zeyd'in kızı olan ve Kurayza'lı biri ile evlenmiş olan bir Yahudi kadın düştü. Reyhâne çok güzel bir kadındı ve beş yıl sonra ölene dek Peygamber (s.a.v)'in cariyesi olarak kaldı. Peygamber (s.a.v) ilk önceleri onu Rifâ'a'nın sığındığı teyzesi Selmâ'nın yanına yerleştirdi. Reyhâne ilk önceleri İslâm'a karşıydı; fakat Rifâ'a ve Benî Hedil'den Müslüman olan üç genç ona İslâm'ı anlattılar. Bundan kısa bir süre sonra üç gençten biri olan Sa'lebe Peygamber (s.a.v)'e geldi ve Reyhâne'nin Müslüman olduğu haberini verdi. Bunun üzerine Peygamber (s.a.v) çok sevindi. Peygamber (s.a.v) ona gitti ve onu serbest bırakıp evlenme teklif etti. Fakat Reyhâne (r.a.): "Ey Allah'ın Rasulü, beni kendi himayende bırak; bu benim için de, senin için de daha kolay" dedi.

KUŞATMADAN SONRA

[62]

Sa'd, Benî Kurayza ile ilgili hükmü verdikten sonra tekrar mesciddeki hasta yatağına döndü. Daha önceden Allah'a, eğer düşmanlara karşı savaşması kaderinde varsa yaşatması, yoksa canını alması için dua etmişti. Şimdi ise durumu kötüye gidiyordu. Kuşatmadan kısa bir süre sonra bir gece Peygamber (s.a.v) onu baygın bir halde buldu. Yanı başına oturdu ve başını yerden kaldırıp göğsüne yasladı, sonra dua etti: "Ya Rabbi! Sa'd, Rasûlü'ne tam itaatla senin yolunda çalıştı ve yapması gereken her şeyi yaptı. Onun ruhunu, yarattıkların içinde en iyilerin ruhunu aldığın gibi kabul ederek al". Sa'd (r.a.) Peygamber'in (s.a.v) sesini duydu, gözlerini açarak: "Selâm üzerine olsun ey Allah'ın Rasûlü! Senin tebliğ ettiğine şehadet ederim" dedi. Peygamber (s.a.v) evine döndükten bir iki saat sonra Cebrâîl geldi ve ona Sa'd'ın öldüğü haberini verdi.

Onun cesedini mezarlığa taşıyanlar cesedin bu kadar hafif olmasına şaştılar. Çünkü Sa'd iri cüsseli bir adamdı. Bunu Peygamber (s.a.v)'e söylediklerinde, O, "Melekleri onu taşırken gördüm" dedi. Cenazeyi mezarının yanına koydular. Peygamber (s.a.v.), arkasındaki bir grup erkek ve kadınla birlikte cenaze namazı kıldı. Cesedi mezarın içine indirdiklerinde Peygamber (s.a.v)'in yüzü birden bire sarardı ve üç kez '*Sübhanallah*' dedi. Bu Allah'ın mutlak yüceliğini ifade eden bir terimdi ve şimdi olduğu gibi aşılması gereken bir sınırla karşılaşıldığında söylenirdi. Mezarlıktaki herkes aynı sözü tekrarladı ve tüm mezarlık 'Sübhanallah' sesleriyle titredi. Daha sonra Peygamber (s.a.v) zafer anlarında söylenen '*Allahu Ekber*' (Allah büyüktür) sözünü söyledi, diğerleri de bunu tekrarladılar. Daha sonraları o sırada yüzünün neden sarardığını sorduklarında Peygamber (s.a.v) şöyle dedi: "Mezar arkadaşınızın üstüne kapandığında, o, bir sıkışma hissetti. Eğer bir kişi bile bu sıkışmadan kurtulabilseydi Sa'd da kurtulurdu. Daha sonra Allah ona selâmet dolu bir rahatlık verdi".[1]

Bunu takip eden günlerde, bir sabah Peygamber (s.a.v) Ümmü Seleme (r.a.)'nin odasında iken ona, "Ebû Lübâbe affedildi" dedi. "Ona bu müjdeyi vereyim mi?" diye sordu. Peygamber (s.a.v), "Eğer istersen" dedi. Bunun üzerine Ümmü Seleme (r.a.) mescide açılan odasının kapısında durdu ve yakın bir direkte bağlı olan Ebû Lübâbe (r.a.)'ye: "Ey Ebû Lübâbe! Müjde-

---

1. W. 528.

ler olsun, Allah sana merhamet etti" diye bağırdı. Mesciddeki adamlar onu çözmek için hemen etrafına toplandılar. Fakat o onları durdurarak, "Allah'ın Rasûlü beni elleri ile çözene kadar olmaz" dedi. Peygamber (s.a.v) namaza giderken onun yanında durdu ve bağlarını çözdü.

Namazdan sonra Ebû Lübâbe (r.a.), Peygamber (s.a.v)'e geldi ve yaptığına kefaret olarak bir bağış yapmak istediğini söyledi. Peygamber (s.a.v) onun mallarının üçte birini kabul etti. Onun serbest bırakılmasını haber veren vahiy, diğer hata eden iyi adamları da kasdederek:

"Onların mallarından sadaka al, bununla onları temizlemiş arındırmış olursun."(Tevbe: 103) diyordu.

Hendek Savaşı'ndan yaklaşık beş ay sonra Peygamber (s.a.v) zengin bir Kureyş kervanının Suriye'den dönmekte olduğu haberini aldı ve Zeyd'i kervanın yolunu kesmek üzere yüz yetmiş atlı ile gönderdi. Zeyd ve adamları çoğu Safvân'a ait olan gümüşler de dahil tüm ticârî eşyayı ele geçirdiler ve adamların çoğunu da esir aldılar. Kaçmayı başaran birkaç kişiden biri de Peygamber (s.a.v)'in damadı Ebû'l-As idi. Mekke'ye kaçarken yolu üstündeki Medîne'nin yakınından geçiyordu. Tam oradan geçerken karısı Zeyneb'i ve küçük kızları Ümâme'yi görme arzusunu duydu. Gece karanlığında riski göze alarak şehre girdi ve Zeyneb'in nerede yaşadığını öğrenmeyi başardı. Kapıyı çaldığında Zeyneb onu içeri aldı. Güneşin doğmasına az bir vakit kalmıştı. Zeyneb, Bilâl'in ezanını duyunca Ebû'l-As'ı, Ümâme ile birlikte bırakıp mescide gitti ve diğer kız kardeşleri ve Peygamber (s.a.v)'in eşleri ile birlikte erkeklerin arkasındaki ilk sırada yerini aldı. Peygamber (s.a.v) başlangıç tekbirini aldı, adamlar da onun arkasından tekrarladılar. O aradaki sessizlikte Zeyneb sesinin tüm gücüyle: "Ey insanlar! Rebi'nin oğlu Ebû'l-As, benim korumam altındadır" diye bağırdı ve kendisi de tekbir getirip namaza durdu.

Peygamber (s.a.v) selam verdikten sonra kalktı ve topluluğa doğru döndü: "Benim duyduğumu siz de duydunuz mu?" dedi. Mescidde onun söylediklerini tasdikleyen bir mırıltı oldu. "Nefsimi kudret elinde tutana yemin olsun ki" dedi, "Bunu duyana kadar, bu konuda bir bilgim yoktu. Bir Müslüman'ın başka birini himayesine alması, diğer bütün Müslümanları bağlar." Daha sonra kızına gitti. "Onu şerefle karşıla, fakat sana bir koca olarak gelmesine izin verme. Çünkü sen artık onun karısı değilsin" dedi. Zeyneb babasına, Ebû'l-As'ın, Kureyş'ten birçok kişinin kendisini emin görerek emanet ettikleri mallara karşılık Suriye'den aldığı mallara el konulmasından büyük bir üzüntü duyduğunu söyledi. Bunun üzerine Peygamber (s.a.v), sefere çıkan ve kendisine Ebû'l-As'ın malları düşenlere haber gönderdi: "Bildiğiniz gibi bu adam bize aittir, siz de onun mallarını aldınız. Eğer onun mallarını ona iade edecek iyiliği gösterirseniz beni sevindirirsiniz. Fakat eğer geri vermezseniz, o Allah'ın size verdiği bir ganimettir ve onun tasarruf hakkı da sizindir." Onlar, malları geri vereceklerini söylediler ve eski su kırbalarına, tahta parçalarına varıncaya kadar her şeyi geri verdiler. Her şey eksiksiz ona iade edilmişti. Onun İslâm'a girmekte tereddüt ettiğini gören bir adam, "Neden İslâm'a girip bu malları kendin almıyorsun? Bunlar putperestlerin mallarıdır" dedi. Fakat o şu cevabı verdi: "Bana duyulan güveni sarsarak İslâm'a girmem kötü bir başlangıç olur". Malları Mekke'ye götürdü ve sahiplerine verdi. Daha sonra Medîne'ye döndü ve biat ederek Müslüman oldu. Böylece Zeyneb kocasına tekrar dönmüş oldu ve Peygamber'in (s.a.v) ailesiyle birlikte tüm şehir sevinçle doldu.

MÜNAFIKLAR

[63]

Zeyd (r.a.)'in doğudaki kervan yolunda yaptığı başarılı baskın, Kureyşlilerin düşüncelerini bir kez daha, daha çok tercih ettikleri batı yoluna çevirdi. Bu kez Kızıl Deniz sahillerindeki müttefikleri olan Huza'a kabilesinin Benî Mustalik kolunu Medîne'ye bir sefer düzenlemek üzere ayaklandırdılar. Kureyşliler bu kabileye sahildeki diğer kabilelerin de katılacağını ümit ederek, batı yolunun tekrar kendileri için güvenli hale geleceğini düşünüyorlardı. Fakat Huza'a'nın diğer kolları Peygamber'e (s.a.v) karşı Mekkelilerin umduğundan daha az düşmanlık besliyorlardı. Kısa bir süre sonra bu haberler Peygamber (s.a.v)'e ulaştı. Böylece Peygamber (s.a.v)'e bitmeyen ve gün geçtikçe artan gücünü batı kervan yolunda da gösterebileceği bir fırsat ortaya çıkıyordu. Haber aldıktan sekiz gün sonra, Benî Mustalık henüz yola çıkmadan, Peygamber (s.a.v) onların yerleşim bölgesine yakın ve sulak bir yere kamp kurmuştu bile. Oradan hızlı bir manevra ile çadırda yaşayan bu kabilenin obasını kuşattı. Adamlar fazla karşı koymadan teslim oldular. Müslümanlardan sadece bir kişi, düşmandan ise on civarında kişi öldürülmüştü. Yaklaşık iki yüz aile esir alındı. Ganimette iki bin deve, beş bin koyun ve keçi vardı.

Ordu, orada birkaç gün kamp yaptı; fakat beklenmedik bir olay daha fazla kalmalarını engelledi. Sahilde komşu olan Gıfar ve Cuheyne kabilelerinden iki adam, kuyulardan birinin başında hangi tulumbanın kime ait olduğu konusunda tartışmaya başladılar. Tartışma bir süre sonra kavgaya dönüştü. Ömer (r.a.)'in atını yedeğinde götürmesi için işe aldığı Gıfar'lı: "Ey Kureyş!" diye yardım istedi. Cuheyne kabilesinden olan adam ise geleneksel müttefikleri olan Hazrec'lileri yardıma çağırdı. Kızgın olan muhâcirler ve ensâr da hemen sahneye çıktı. Kılıçlar çekilmişti. Eğer ashâbdan bazıları iki tarafın arasına girmeseydi kan dökülebilirdi. Burada mesele sona ermiş olmalıydı. Fakat bu seferde genelde olduğundan çok münafık sefere katılmıştı. Bunun sebeplerinden biri de, bölgenin tanıdık ve sulak bir bölge olması ve kolayca ganimet elde edebileceği ümidi idi. Aslında kendi eski bakış açılarını değiştirmemişlerdi. Hâlâ Medîne'den yapılan seferleri, dışarıdan biraz destekle -Kureyş- yapılan Hazrec ve Evs seferleri olarak görmekte ısrar ediyorlardı. Bu nedenle onlara göre kamp Kayleoğulları'na aitti: Kureyşli sığıntılar ise her yerde olduğu gibi orada da himaye altındaydılar.

İbn Übey bu kafa yapısıyla etrafında bir grup yakın arkadaşı ile otururken, kavga seslerini duymuştu. İçlerinden biri meselenin ne olduğunu anlamak için gitti. Döndüğünde Ömer'in adamının suçlu olduğunu, çünkü ilk darbeyi onun vurduğunu söyledi. -Gerçekten de öyleydi. Bu sözler, Hendek'te çekilen sıkıntıların hâlâ yanmakta olan korlarının birdenbire alevlenmesine yol açtı. Muhammed (s.a.v) ve diğer muhâcirler tüm Arabistan'ı onların aleyhine çevirene dek, beş yıl boyunca gerilim sürekli olarak artmıştı. Bunun yanı sıra toplumda önemli bir rol oynayan zengin ve komşu Yahudi kabilelerinin de kökü kazınmıştı. İkisi sürgün edilmiş, biri ise katledilmişti. Vadideki iç savaşa bir çözüm bulunması gerçekten gerekliydi. Fakat İbn Übey, kendisi kral seçilse idi, buna mutlaka bir çözüm bulacağından emin olduğunu söylüyordu. Şimdi de bu zavallı sığıntılar, efendilerinin kuyuya ulaşmasını engelleyecek kadar küstahlık edebiliyorlardı. "Bu kadar ileri gittiler ha!" dedi. İbn Übey, "Başa geçip bizi geride bırakmaya ve kendi ülkemizde bizi bastırmaya çalışıyorlar. Bu Kureyşli paspallarla bizim halimizi şu söz ne iyi ifade ediyor: 'Besle kargayı oysun gözünü' Tanrı'ya andolsun Medîne'ye döndüğümüzde güçlü olan zayıf olanı sürüp çıkaracak". O sırada halkanın yanında oturan bir genç (Zeyd) doğruca Peygamber (s.a.v)'e gitti ve İbn Übey'in söylediklerini haber verdi. Peygamber (s.a.v)'in birdenbire rengi değişti. O sırada yanında olan Ömer, bu haini hemen öldürmeyi teklif etti. Fakat Peygamber (s.a.v), "Ey Ömer! İnsanlar, Muhammed (s.a.v) arkadaşını öldürdü demezler mi?" dedi. O sırada ensârdan biri gidip İbn Übey'e Zeyd'in haber verdiklerini gerçekten söyleyip söylemediğini sormuştu. İbn Übey doğruca Peygamber (s.a.v)'e geldi ve böyle bir şey söylemediğine yemin etti. Sorun çıkmasını engellemek isteyen ve onun yanında olan birkaç Hazrec'li de onun söylediklerini doğruladılar. Peygamber (s.a.v) sanki mesele kapanmış gibi davrandı. Fakat sorundan uzaklaşmanın en iyi yolu, insanların kafalarını başka bir şeyle meşgul etmekti. Bunun üzerine Peygamber (s.a.v) hemen yola çıkılmasını emretti.

Daha önce hiç bu vakitte yola çıkmamıştı: Hemen hemen öğle vaktiydi; namaz vakitlerinde kısa molalar vererek öğleden sonra ve tüm gece ertesi günün sıcaklığı bastırıncaya dek yolculuk ettiler. Kamp kurulması emredildiğinde adamlar o kadar yorulmuşlardı ki, hemen uykuya daldılar. Yolculuk sırasında Peygamber (s.a.v), Müslümanların Hazrec'in en ileri geleni olarak kabul ettikleri Sa'd İbn Ubâde (r.a.)'ye, gizlice kendisinin Zeyd'in doğru söylediğine inandığını belirtti. "Ey Allah'ın Rasûlü!" dedi Sa'd, "Sen eğer istersen onu ortadan kaldırabilirsin. Çünkü o alçak ve zayıf, sen ise yüce ve güçlüsün." Bununla birlikte Sa'd ondan İbn Übey'e iyi davranmasını rica etti. Peygamber (s.a.v)'de bu konuyu bir daha gündeme getirmemeye karar vermişti. Fakat Sa'd'la konuştuktan kısa bir süre sonra artık mesele onun kontrolünden çıkmıştı. Çünkü Sa'd'ın hemen ardından Münafikûn Sûresi adını alacak olan bir vahiy geldi. Sûrenin bir âyetinde, Zeyd'den isim olarak bahsedilmese de, onun söyledikleri sayılıp, söylenenin doğru olduğu anlatılıyordu. Peygamber (s.a.v) Medîne'ye varıncaya kadar bu sûreyi Müslümanlara okumadı. Fakat Zeyd'in yanına yaklaşıp kulağına eğilerek: "Senin kulağın doğru duydu ve Allah senin söylediklerini tasdik etti" dedi.

O sırada İbn Übey'in oğlu Abdullah bu sözleri babasının söylediğini bildiği için büyük bir üzüntü içindeydi. Ona Ömer'in babasını öldürmek için Peygamber'den izin istediğini de söylemişlerdi. Abdullah kararın hemen verilip öldürme emrinin en kısa sürede uygulanmasından korkarak Peygamber (s.a.v)'e gitti ve şöyle dedi. "Ey Allah'ın Rasûlü! Bana İbn Übey'i öldürmeye karar verdiğini söylediler. Eğer bunu mutlaka yapacaksan, bana emret, gidip kafasını getireyim. Bütün Hazrec babasına benden daha çok bağlılık ve acıma gösteren kimse olmadığını bilir. Öldürme görevini başkasına verirsen, nefsimin, babamın katilinin aramızda dolaşmasına dayanamayacağından korkuyorum. Buna dayanamayıp onu öldürebilirim. Böylece de bir kâfirin yerine bir mü'mini öldürmüş olurum ve Cehennem ateşine atılırım." Fakat Peygamber (s.a.v) ona şu cevabı verdi: "Hayır, bırakın ona iyi davranalım; o bizimle olduğu müddetçe arkadaşımız olarak kalsın".[1]

---

1. I.I, 726-8.

GERDANLIK

[64]

Âişe (r.a.) ve Ümmü Seleme (r.a.) bir seferde Peygamber (s.a.v)'e eşlik ediyorlardı. Peygamber (s.a.v)'in zamansız yola çıkma emri verdiği yerden birkaç konak ötede güneş batarken, Âişe akik gerdanlığını yere düşürdü. Kaybettiğini fark ettiğinde hava onu göremeyecek kadar kararmıştı. Onu orda bırakıp gitmek de istemiyordu. Annesi bu gerdanlığı evlendiği gün onun boynuna takmıştı ve bu Âişe'nin en kıymetli mücevherlerinden biriydi. Konakladıkları yerde su yoktu ve Peygamber (s.a.v) burada sadece kısa bir mola vermek istemişti. Fakat daha sonra gün ışıyıncaya kadar konaklama emri verdi. Plan değişikliğinin sebebi ağızdan ağıza dolaştı ve sadece küçük bir kolye için koskoca ordunun böyle susuz bir yerde konaklamasından çoğu kişi rahatsız oldu. Ashâbdan bazıları Ebû Bekir'e gidip şikâyet ettiler. Ebû Bekir (r.a.) kızının bu dikkatsizliği nedeniyle utandı ve sinirlendi. Ulaşılabilecek uzaklıkta hiç kuyu yoktu ve adamlar beraberlerinde getirdikleri suyun hepsini harcamışlardı. Sabah namazını kılmak mümkün olmayacaktı, çünkü abdest alacak suları yoktu. Fakat gecenin geç saatlerinde Peygamber (s.a.v)'e teyemmümle ilgili âyetler nazil oldu. Bu olayın toplumun pratik hayatında anlatılamayacak denli önemli bir rolü vardı:

"Eğer su bulamamışsanız, bu durumda, temiz bir toprakla teyemmüm edin (hafifçe) yüzlerinize ve ellerinize sürün". (Nîsâ: 43)

Konakladıklarından beri herkesi meşgul eden sıkıntı dolu duygular yok olmuştu. Üseyd şöyle bağırdı: "Ey Ebû Bekir ailesi! Bu bizim üzerimize getirdiğiniz ilk rahmet değil."

Gün ışığında bile hâlâ gerdanlık ortalıkta görünmüyordu. Artık bulma ümitleri kaybolmuş ve kolyeyi bulmadan yola çıkmaya karar vermişlerdi. Yola koyulmak için Âişe'nin devesi ayağa kalktığında kolyeyi akşamdan beri orada çökmüş bir halde kalan devenin altında gördüler.

Bir sonraki kamp yerleri uzun kumlu bir arazi olan güzel bir vadi idi. Her zamanki gibi Peygamber (s.a.v)'in iki çadırı diğerlerinden biraz uzağa kurulmuştu. O gün Peygamber (s.a.v)'le beraber olma sırası Âişe'deydi. Âişe daha sonraki yıllarda bir yarış yapmayı nasıl teklif ettiğini anlatırdı: "Cübbemin eteklerini topladım, Peygamber (s.a.v) de aynısını yaptı. Yarışa başladık. Yarışı o kazandı. 'Bu bir önceki sefer beni yendiğin yarışa karşılık' dedi. Hicret'ten önce Mekke'de meydana gelen bir olayı kastediyordu." Âişe açıklamak için şunları da ekledi: "Babamın evine gelmişti. Ben elimde bir şey tutuyordum. Peygamber (s.a.v), 'Onu bana getir,' dedi. Ben vermedim ve ondan kaçtım. O da peşimden kovaladı, fakat ben ondan hızlıydım."[1]

Âişe'nin gerdanlığının bağ yeri incelmişti. Medîne'ye varmadan birkaç konak önce yine boynundan çözüldü ve düştü. Kolye, yola çıkma emri verildikten sonra Âişe'nin hacet için kamptan ayrıldığı bir sırada düşmüştü. Âişe kampa döndükten sonra Ümmü Seleme ile birlikte tahtlarının içine oturdular ve perdeleri kapatıp, peçelerini açtılar. İşte o zaman Âişe (r.a.) kolyesini kaybettiğini fark etti. Perdenin altından süzülüp, kolyesini aramaya gitti. O sırada adamlar develeri hazırlamışlar ve tahtları develerin üstüne yerleştirmişlerdi. Genellikle iki tahtın ağırlıklarının başka başka olduğunu fark edebilirlerdi. Çünkü otuz yaşında bir kadınla on dört yaşındaki zayıf bir kadının ağırlıkları tabii ki aynı olamazdı. Fakat bu kez hafif olan tahtın her zamankinden daha hafif olduğunu fark edemediler. Ve diğer develerle birlikte yola koyuldular. Âişe bu olayı şöyle anlatıyor: "Kolyemi buldum ve kamp yerine döndüm, fakat orada bir tek canlı bile kalmamıştı. Bunun üzerine tahtımın bulunduğu yere gidip oturdum. Beni kaybettiklerini anlayıp geri dönmelerini bekliyordum. Orada otururken gözlerim ağırlaştı ve uyuyakaldım. Mu'attal'ın oğlu Safvân[2] oradan geçtiğinde ben hâlâ orada yatıyordum. Bir sebep yüzünden ordudan geride kalmış ve geceyi kampta geçirmemişti. Bize örtünme emri gelmeden önce beni birçok kez görmüştü. Beni orada görünce, 'Biz Allah'a ait (kullar)ız ve şüphesiz ona dönücüleriz. Bu Allah'ın Rasûlü'nün hanımı' dedi. Safvân'ın bu âyeti okumasıyla Âişe uyandı ve peçesini yüzüne örttü. Safvân onu devesine bindirdi ve bir sonraki konağa kadar kendisi yürüyerek onu devesine götürdü."[3]

Ordu konak yerine vardığında Âişe (r.a.)'nin tahtı yere konmuş ve içeriden kimse çıkmayınca onun uyuduğunu sanmışlardı. Konak yerinden ayrılmalarına az bir süre kala, onun Safvân'ın devesi üzerinde geldiğini görünce herkesin şaşkınlığı daha da arttı. Bu Medîne'yi sarsacak olan bir skandalın başlangıcıydı. Fakat o sırada Peygamber (s.a.v), Âişe (r.a.) ve ashâbın çoğu gelişen bu sorundan habersizdi.

Ganimetler her zamanki gibi dağıtıldı. Esirlerden biri, yenilen kabilenin başkanı Hâris'in kızı Cüveyriye idi. Kendisine yüksek bir fidye ödenmesini isteyen ensârdan birinin eline düşmüştü. Cüveyriye, Peygamber

1. W.427.
2. Medîne'ye hicret eden ve muhâcirlerden sayılan Benî Süleym kabilesinden genç bir adam.
3. I.I. 732, B. LII, 15, W. 426-8.

(s.a.v)'e geldi ve kendi adına meseleye el koymasını rica etti. Peygamber (s.a.v) o gün Âişe (r.a.)'nin odasındaydı ve Cüveyriye'ye kapıyı o açmıştı. Âişe neler olduğunu daha sonraları şöyle anlattı: "O çok güzel ve sevimli bir kadındı. Ona bakan hiçbir erkek kalbini ona kaptırmaktan kendini alıkoyamazdı. Onu kapıda görünce büyük bir kuşkuya kapıldım. Çünkü benim onda gördüğümü Rasûlullah'ın da göreceğini biliyordum. Rasûlullah'ın yanına girdi ve 'Ey Allah'ın Rasûlü! Ben kabilesinin reisi olan Hâris'in kızı Cüveyriye'yim. Başıma gelenleri biliyorsun. Fidyem konusunda senin yardımını istemeye geldim' dedi. Peygamber (s.a.v) 'Bundan daha iyisini ister misin?' diye sordu. O da, 'Bundan iyisi nedir?' diye sordu. O, 'Senin fidyeni ben ödeyeyim, sen de benimle evlen' dedi."[4]

Cüveyriye (r.a.) bu teklifi sevinçle kabul etti.Fakat babası fidye olarak vereceği develerle birlikte geldiğinde henüz nikâhları yapılmamıştı. Babasının getirdiği develer söz verdiği sayıda değildi. Çünkü Akik Ovası'nda hayvanlara bakmış ve iki tanesini çok beğenip orada bir yere gizlemişti. Geride kalan develeri Peygamber (s.a.v)'e getirip şöyle dedi: "Ey Muhammed! Sen kızımı esir aldın, işte fidyesi". Peygamber (s.a.v), "Fakat Akik Ovası'na gizlediğin iki deve nerede?" dedi ve onların gizlendikleri yeri tüm ayrıntılarıyla anlattı. Bunun üzerine Hâris, "Allah'tan başka tanrı olmadığına ve ey Muhammed, senin de Allah'ın Rasûlü olduğuna şehadet ederim" dedi. İki oğlu da Müslüman oldular. Hâris diğer iki deveyi de getirtip bütün develeri Peygamber (s.a.v)'e verdi. Daha sonra Cüveyriye de Müslüman oldu. Peygamber (s.a.v) onu babasından istedi. Babası onu verdi[5] ve ona da bir oda inşa edildi.

Benî Mustalik'in artık Peygamber (s.a.v)'in akrabaları olduğu ortaya çıkınca muhâcirler ve ensâr henüz fidyeleri ödenmemiş olan esirleri serbest bıraktılar. Yaklaşık yüz aile serbest bırakıldı. Âişe (r.a.), Cüveyriye (r.a.)'yi kastederek, "Kavmine ondan daha faydalı olan bir başka kadın bilmiyorum" dedi.[6]

---

4. I.I. 729.
5. I.H. 729.
6. I.I. A.g.e.

[65]

Medîne'ye döndükten kısa bir süre sonra Âişe (r.a.) hastalandı. O zamana kadar, münafıkların o ve Safvân'la ilgili söyledikleri dedikodular tüm şehre yayılmıştı. Çok az kişi bunu ciddiye alıyordu. Bu olayı ciddiye alanlar arasında Muttalib kabilesinden kuzeni Mistah da vardı. Fakat inansın inanmasın, ondan başka herkesin söylenenlerden haberi vardı. Hiçbir şeyden haberi olmamasına rağmen Âişe, Peygamber'in (s.a.v) kendisine karşı tavırlarında bazı değişiklikler olduğunu hissediyordu. Peygamber, kendisine diğer hastalıklarında gösterdiği sevgi ve şefkati göstermiyordu. Odaya gelir ve tedavi edenlere, "Bugün hepiniz nasılsınız?" der; onu da diğerleri arasına katardı. Buna çok üzülen, fakat gururu nedeniyle şikâyet edemeyen Âişe (r.a.), annesinin evine gidip orada tedavi olmak için Peygamber (s.a.v)'den izin istedi. Peygamber, "Nasıl istersen" dedi.

Neler olduğunu Âişe şöyle anlatıyor: "Neler söylendiğinden habersiz bir şekilde annemin evine gittim ve yirmi gün içinde hastalığım geçti. Bir akşam Mistah'ın annesi ile dışarı çıktık -Onun annesi, babamın annesi ile kardeşti-. Yanımda yürürken: 'Allah Mistah'ın cezasını versin' diye bağırdı. Ben, 'Allah aşkına ne diyorsun?' dedim. 'Bedir'de savaşmış olan bir muhâcir hakkında böyle konuşmak kötü bir şeydir'. O, 'Ey Ebû Bekir'in kızı!', dedi; 'nasıl olur da haberler sana ulaşmaz?' 'Hangi haberler?' dedim. Bana iftiracıların neler söylediklerini ve bunun nasıl halkın ağzında dolaştığını anlattı. 'Bu nasıl olabilir?' dedim. Onun cevabı şu oldu: 'Gerçekten olan bu!' Gözyaşları içinde eve döndüm. Gözyaşlarımın ciğerimi çatlattığını hisedene dek ağladım. Anneme, 'Allah seni affetsin!' dedim. 'Herkes neler söylüyor da, sen bana bir tek kelime bile söylemiyorsun.' Annem, 'Kızım, bunu bu kadar ciddiye alma. Çünkü kendisini seven bir koca ile evlenen çok az güzel kadın vardır ki kumaları onun hakkında dedikodu çıkarmasın ve diğerleri de böyle şeyler söylemesin' dedi. Bunun üzerine bütün gece uykusuz kaldım ve sürekli ağladım."[1]

Peygamber (s.a.v)'in hanımları arasında ne kadar kıskançlık olursa olsun, hanımların hepsi de takva sahibiydi ve hiçbiri bu iftiraya katılmadı. Aksine, hepsi Âişe'yi desteklediler ve hakkında iyi konuştular. Peygamber

---

1. B. LII., 15.

(s.a.v)'in ev halkına yakın olanlardan bu konuda en çok suçlu olan kimse, Zeyneb'in kızkardeşi Hanme -Peygamber'in kuzeni idi. O kızkardeşinin daha da gözde olmasını sağlamak için Âişe (r.a.) hakkındaki iftirayı yayanlar arasındaydı. Genelde herkes Zeyneb'in de buna yardımcı olduğunu düşünüyordu; fakat Âişe (r.a.) için, Zeyneb (r.a.) Peygamber (s.a.v)'in en gözde hanımlarından biriydi. Zeyneb, kardeşinin kendi adına yaydığı kötü şeylerden daha sonra da çok muzdarib oldu. Mistah'ın yanı sıra iftiraya katılanlardan biri de şair Hassan İbn Sâbit idi. Geri planda ise bu iftirayı başlatan İbn Übey ve diğer münafıklar yer alıyordu.

Peygamber (s.a.v) bu konuda bir vahiy gelmesini bekliyordu. Fakat hiçbir şey gelmeyince, hanımlarını ve yakın olan diğerlerini sorguya çekti. Hemen hemen Âişe ile aynı yaşta olan Üsâme, onu savundu ve, "Bu bir iftira. Biz onun hakkında iyilikten başka bir şey bilmiyoruz" dedi. Annesi Ümmü Eymen (r.a.) de onu savundu. Hz. Ali ise şöyle dedi: "Allah seni sınırlamadı, ondan başka pek çok kadın var. Onun hizmetçisini sorguya çek, gerçeği ondan öğrenebilirsin." Bunun üzerine Peygamber (s.a.v) Bureyre'ye haber gönderdi ve "Ey Bureyre! Şimdiye kadar Âişe'de, ondan şüphelenmeni gerektirecek hiçbir hareket gördün mü?" diye sordu. Bureyre bu soruyu şöyle cevapladı: "Seni Hak'la gönderene yemin olsun ki, onun sadece iyiliğini biliyorum. Eğer aksi olsaydı Allah, Rasûlü'ne bunu bildirirdi. Âişe'de hiçbir kusur bulamam.. O daha küçük bir genç kız. Onda gördüğüm tek hata, her seferinde uyardığım halde, ben hamur yoğurduktan sonra ona hamuru beklemesini öğütlediğim halde, onun uyuyakalması ve küçük kuzusunun gelip hamuru yemesidir."

Peygamber (s.a.v) Mescid'e gittiğinde minbere çıktı ve Allah'a hamdettikten sonra şöyle dedi: "Ey insanlar! Ailem hakkında doğru olmayan şeyleri söyleyerek beni inciten insanlar için ne dersiniz? Allah'a yemin olsun ki ben ailemde ve onların konuştuğu kişilerde iyilikten başka bir şey görmedim. Onlar, yanlarında ben olmaksızın evlerimden hiçbirine girmezler." Peygamber (s.a.v) konuşmasını bitirir bitirmez, Üseyd ayağa kalktı ve "Ey Allah'ın Rasûlü! Eğer o dediklerin Evs'ten iseler, biz onlara hadlerini bildiririz; eğer onlar Hazrec kabilesinden kardeşlerimiz ise, bize emir ver de başlarını keselim" dedi. O sözünü bitirmeden, Sa'd İbn Ubâde (r.a.) ayağa kalkmıştı. Çünkü itfirayı ilk başlatanlar ve Hassan bin Sâbit (r.a.) Hazrec'tendiler. "Allah aşkına, yalan söylüyorsun" dedi, Sa'd. "Sen onları öldürmeyeceksin, öldürmezsin de. Onlar senin kabilenden olsaydı böyle konuşmazdın." Üseyd, "Asıl yalan söyleyen sensin. Onları öldüreceğiz. Sen de münafıkların tarafını tutan bir münafıksın" dedi. İki kabile de ayaklanmış, birbirine girmek üzereydi. Fakat Peygamber (s.a.v) onlara sakin olmalarını söyledi ve minberden inerek onları teskîn edip evlerine gönderdi.

Eğer Âişe (r.a.), Peygamber (s.a.v)'in kendisini topluluk içinde minberden savunduğunu bilseydi, bu kadar üzülmezdi. Fakat o zaman için henüz bu konuda bir şey bilmiyordu. O sadece Peygamber (s.a.v)'in, etrafındakilere kendisi ile ilgili sorular sorduğunu biliyordu. Âişe, bunun Peygamber (s.a.v)'in kesin bir tutum ortaya koymaması anlamına geldiğini düşünüp üzülüyordu. Âişe (r.a.) O'ndan, kendi içindekileri okumasını beklemiyordu; çünkü o, Peygamber'e gayb haberlerinin Allah tarafından bildirildiğini biliyordu. O, "Ben sadece Allah'ın bana bildirdiklerini bilebilirim" derdi. O insanların düşüncelerini okumazdı. Fakat Âişe (r.a.), Peygamber'den ona karşı duyduğu bağlılığının, suçlandığı şeyi yapmasını imkânsız kılacak denli büyük olduğunu bilmesini bekliyordu.

Her ne olursa olsun, sadece O'nun, Âişe (r.a.) ve Safvân (r.a.)'ın masum olduğuna inanması yeterli değildi. Mesele çok ciddiydi ve onların suçsuz olduğunu tüm topluma ispat edecek bir delile ihtiyaç vardı. Bu konuda en az yardım eden de Âişe idi. Artık onun bu süregelen sessizliği sona ermeliydi. Onun söyleyeceği hiçbir şey bu meseleyi çözmeye yetmezdi. Fakat Kur'ân, nüzûlü sırasında sorulan sorulara cevap vereceğini vadediyordu. (Mâide: 105). Bu kez Peygamber (s.a.v), sadece vahiyle bir cevap gelsin diye birçok kişiye aynı soruları sormuştu. Fakat belki de bu sorunun, meseleyle en yakından ilgili olan kişiye sorulması gerekiyordu.

Âişe (r.a.), "Ben ailemle beraberdim" dedi. "İki gece ve bir gün boyunca sürekli ağlamıştım. Onlar benimle birlikte otururken ensârdan bir kadın bize katılmak için izin istedi. Ben girmesine izin verdim, o da oturdu ve benimle birlikte ağladı. Daha sonra Peygamber (s.a.v) gelip oturdu. İnsanlar benim hakkımda konuşmaya başladığından beri hiç benimle oturmamıştı. Olaydan bu yana bir ay geçmişti, semadan da hiçbir haber gelmiyordu. Allah'tan başka ilâh yoktur diye şehadet getirdikten sonra bana şöyle dedi: "Ey Âişe! Bana seninle ilgili şunları şunları söylediler. Eğer sen masumsan, Allah senin masum olduğunu açıklar. Eğer yasak olan şeyi yaptıysan Allah'tan bağışlanma dile ve tevbe et! Çünkü, kul eğer, hatasını itiraf edip tevbe ederse Allah ona merhamet eder." O konuşmasını bitirdiğinde gözyaşlarım dinmişti. Babama, "Benim adıma Allah'ın Rasûlü'ne cevap ver" dedim. Babam, "Ne söyleyeceğimi bilmiyorum" dedi. Anneme sorduğumda, o da aynı şeyi söyledi. Ben ise daha küçük genç bir kızdım ve Kur'ân'dan ezberim çok değildi. Bu nedenle şöyle dedim: "İnsanların benim hakkımda söylediklerini duyduğunu ve onların senin kalbinde yerleşip, senin de onlara inandığını biliyorum. Eğer size masum olduğumu söylesem -ki Allah benim masum olduğumu biliyor- bana inanmayacaksınız. Fakat eğer Allah'ın masum olduğumu bildiği şeyi yaptığımı ikrar etsem bana inanırsınız." Daha sonra Ya'kûb ismini hatırlamak için zihnimi yokladım, fakat hatırlayamadım. Bu nedenle şöyle dedim: Fakat ben Yûsuf'un babasının dediği gibi diyeceğim:

"Bundan sonra (bana düşen) güzel bir sabırdır. Sizin bu düzüp uydurduklarınıza karşı (kendisinden) yardım istenecek olan Allah'tır." (Yûsuf: 18)

Sonra yatağıma gittim ve Allah'ın benim suçsuz olduğumu bildireceğini ümit ederek uzandım. Benim hakkımda vahiy inmesini beklemiyordum. Çünkü adım Kur'ân'da zikredilecek kadar değerli bir kimse olmadığımı düşünüyordum. Fakat Peygamber (s.a.v)'in rüyasında benim suçsuz olduğuma işaret eden bir şeyler görmesini bekliyordum.

O bizimle oturmaya devam etti ve bizler de yanında iken O'na vahiy geldi: Böyle zamanlarda kendisinde meydana gelen kasılma yine başlamıştı ve bir kış günü olmasına rağmen üstünden terler boşanıyordu. Bu baskıdan kurtulduğunda memnun bir sesle: "Ey Âişe! Allah'a hamdet, çünkü O, senin masum olduğunu açıkladı" dedi. Annem de bana, "Kalk ve Allah'ın Rasûlü'ne git" dedi. Ben, "Hayır Allah'a andolsun kalkıp ona gitmeyeceğim ve Allah'tan başka da kimseye hamdetmeyeceğim" dedim.[2]

İnen âyetler şunlardı:

"Doğrusu, uydurulmuş bir yalanla (ifkle) gelenler, sizin içinizden birlikte davranan bir topluluktur... O durumda siz onu (iftirayı) dillerinize aktardınız ve hakkında bilginiz olmayan şeyi ağızlarınızla söylediniz ve bunu da kolay sandınız; oysa O Allah katında çok büyüktür. Onu işittiğiniz zaman, 'Bu konuda söz söylemek bize yakışmaz. (Allah'ım) sen yücesin, bu büyük bir iftiradır' demeniz gerekmez miydi? Eğer iman edenlerden iseniz bunun gibisine bir daha dönmemeniz için Allah size öğüt vermektedir." (Nûr: 11, 15-17)

Yeni inen vahiy, zina sorununun aslını anlatıyor ve zina cezası ile birlikte şerefli kadınlara iftira atanların kırbaçlanması gerektiğini de bildiriyordu. İftirayı açıkça yayan ve suçlarını itiraf eden Mistah, Hassan ve Hamne'ye bu ceza uygulandı. Fakat çok sinsi olan münafıklar gizli kalmışlar ve bu mese-

---

2. B.L. II., 15.

lede payları olduğunu itiraf etmemişlerdi. Bunun üzerine Peygamber (s.a.v) meseleyi takip etmekten vazgeçti ve onların cezasını Allah'ı bıraktı.

Ebû Bekir (r.a.), fakir olan Mistah'a bir miktar maaş bağlamıştı. Fakat onun suçlu olduğunu öğrenince, "Allah'a yemin olsun ki, Âişe hakkında söylediklerinde ve başımıza getirdiği beladan sonra artık Mistah'a para verip yardım edemem" dedi. Fakat bunun üzerine şu âyet nazil oldu:

"Sizden, faziletli ve varlıklı olanlar, yakınlara, yoksullara ve Allah yolunda hicret edenlere vermekte eksiltme yapmasınlar, affetsinler ve hoş görsünler. Allah'ın sizi bağışlamasını sevmez misiniz? Allah, bağışlayandır, esirgeyendir." (Nûr: 22)

Ebû Bekir (r.a.), "Gerçekten Allah'ın beni bağışlamasını diliyorum" dedi. Sonra Mistah'a gidip, her zaman verdiği şeyleri verdi ve, "Allah'a yemin olsun ki onu hiçbir zaman terk etmeyeceğim" dedi. Peygamber (s.a.v) de aynı şekilde belli bir zaman geçtikten sonra Hassan'a çok büyük cömertlik gösterdi. Mus'ab'ın ölümü üzerine dul kalan kuzeni Hamne'yi de Talha ile evlendirdi. Hamne (r.a.)'nin Talha (r.a.)'dan iki oğlu oldu.

KUREYŞ'İN YAŞADIĞI İKİLEM

[66]

Peygamber (s.a.v) ramazanı ve onu takip eden ayı Medîne'de geçirdi. O ayın sonlarına doğru bir gece rüyasında başı tıraşlı bir şekilde Kâ'be'ye girdiğini ve Kâ'be'nin anahtarını elinde tuttuğunu gördü. Ertesi gün rüyasını sahâbeye anlattı ve onları kendisi ile birlikte umre yapmaya davet etti. Bunun üzerine aceleyle yol hazırlıklarına girişildi. Kutsal mekânda kurban edilmek üzere yetmiş deve satın aldılar. Bu kurbanların etleri Mekke'deki fakirlere dağıtılacaktı. Peygamber (s.a.v) hanımlarından birini yanında götürmeye karar verdi. Kura çektiklerinde Ümmü Seleme (r.a.) çıktı. Umre yapanlar arasında, İkinci Akabe Biatı'nda da bulunan iki Hazrecli kadın, Nuseybe ve Ümmü Menin vardı.

Her adam avlanma amacıyla yanına birer kılıç aldı. Fakat tam yola çıkmak üzere iken Ömer (r.a.) ve Sa'd İbn Ubâde (r.a.) tamamen silahlanmayı önerdiler. Kureyş haram aya rağmen saldırabilir, dediler. Fakat Peygamber (s.a.v) bu öneriyi kabul etmedi ve "Ben silah taşımayacağım, hac yapmaktan başka bir şey için yola çıkmıyorum" dedi. İlk konaklarında, kurban edilecek develerin kendisine getirilmesini istedi. Bir tanesini seçip Mekke'ye döndürdü ve sağ böğrüne bir işaret koyarak deveyi nişanladı. Devenin boynuna da çelenk astı ve diğer develerin de aynı şekilde nişanlanmasını emretti. Daha sonra Huza'a'nın Kâ'b kolundan bir adamı, Kureyş'in tepkisini öğrenmek üzere gönderdi.

Peygamber (s.a.v)'in başı açıktı ve iki parça dikişsiz kumaştan yapılmış geleneksel hac kıyafetini (ihram) giymişti. İhramın bir parçası vücudun alt kısmını örtmek üzere bele dolanmış, diğer parçası da omuzlarına örtülmüştü. Peygamber (s.a.v)iki rekât namaz kılarak hac için hazırlandı. Namazın arkasından hacıların söyledikleri '*Lebbeyk Lebbeyk*' kelimesini tekrarlamaya başladı. Bu "İşte sana geldim, emrindeyim Allah'ım" anlamına geliyordu. Çoğu kişi onun gibi yaptı. Fakat birkaç kişi biraz daha ileride ihrama girmeyi tercih etti. Çünkü ihrama girmek, avlanma ile ilgili birtakım yasakları da beraberinde getiriyordu.

Kureyşliler, Medîne'den hacıların yola çıktığı haberini alınca, Peygamber (s.a.v)'in önceden tahmin ettiği gibi kuşkuya kapıldılar ve hemen meclisi topladılar. Şimdiye kadar hiç böyle ciddi bir ikilem yaşamamışlardı. Eğer mescidin koruyucuları olarak, bine yakın Arap hacının yolunu keserlerse, kendi büyüklerinin dayandığı kanunlara aykırı düşeceklerdi. Diğer taraftan eğer düşmanlarının Mekke'ye barış ve rahatlık içinde girmesine izin verirlerse, bu Muhammed (s.a.v) için büyük bir moral zaferi olacaktı. Bu haberler tüm Arabistan'a yayılacak ve tüm ağızlarda tekrarlanacaktı. Aynı zamanda bu, bir önceki başarısız Medîne seferlerinin üstüne tuz biber olacaktı. Belki de en kötüsü, bu hacıların eski hac geleneğini devam ettirmeleri, onların İbrahim dinine bağlı olduklarını açığa çıkararak daha çok kişinin sempatisini kazanmalarını sağlayacaktı. Her şey gözden geçirildiğinde, onları Mekke'ye sokmamaları gerektiği kararına vardılar. "Aramızda bir tek kişi canlı kaldığı sürece, Tanrı'ya andolsun, onlar giremeyecekler" dediler.

Hacılar, Usfan'a ulaştığında, önceden gönderilen küçük grup, Mekkelilerin Hâlid'i iki yüz atlı ile onların yaklaşmasını önlemek üzere gönderdikleri haberiyle geldi. Bunun üzerine Peygamber (s.a.v) kendilerini başka bir yoldan götürecek bir rehber aradı. Eslem'li bir adam bu görevi üstlendi ve onları sahile doğru yöneltti. Hudeybiye'ye giden geçide ulaşıncaya kadar aşılması zor ve dar bir yoldan ilerlediler. Hudeybiye, Haram bölgenin hemen kenarında, Mekke'nin aşağısında açık bir araziydi. Rehberleri onları Hâlid'in gözünden kaçırmayı başarmıştı. Fakat yürürlerken o kadar çok toz kaldırmışlardı ki Hâlid onları fark etti ve Kureyşlilere onların yaklaştığı haberini vermek üzere Mekke'ye döndü.

Peygamber (s.a.v) hac için en gözde devesi olan Kesva'yı seçmişti. Deve geçidin sonuna geldiklerinde yere çöktü. Birçok kişinin '*Hal! Hal!*' sesleri kayalarda yankılandı. Deveyi yerden kaldırmak için böyle derlerdi. Fakat tüm seslere rağmen deve yerde çakılmış gibi duruyordu. "Kesva inatçı" dediler. Fakat Peygamber (s.a.v) bunun şimdilik Hudeybiye'den öteye gitmemeleri gerektiğini gösteren bir işaret olduğunu biliyordu. "O inatçı değil" dedi, "Bu, onun tabiatı değildir. Fakat fili engelleyen güç onu da engelledi". Kureyş'i kastederek şunları ekledi: "Bugün benden Allah'ın hududlarına uygun her ne isterlerse onlara vereceğim."[1] Daha sonra Kesva'ya bir şeyler söyledi; deve hemen ayağa kalktı ve onu diğer hacılarla birlikte Hudeybiye'ye kadar götürdü. Peygamber (s.a.v) orada kamp kurma emrini verdi. Fakat kamp kurdukları yerde hemen hemen hiç su yoktu. Sadece bir iki çukurda birikmiş su vardı ve adamlar susuzluktan şikâyet ediyorlardı. Peygamber (s.a.v) kurban develerini gözeten Eslem'li Naciye'yi yanına çağırdı ve O'ndan bulabildiği kadar suyu kovaya doldurup kendisine getirmesini istedi. Naciye, suyu getirdiğinde Peygamber (s.a.v) abdest aldı ve bir miktar suyu ağzına alıp tekrar kovanın içine boşalttı. Daha sonra sada-

1. I.I. 741; W. 587.

ğından bir ok aldı ve, "Bu suyu al ve o çukura boşalt; daha sonra bu okla karıştır" dedi Naciye onun emrettiği gibi yaptı ve oku suya daldırır daldırmaz temiz ve taze bir su o kadar hızlı ve çok olarak fışkırdı ki, kendisini zor geri attı. Hacılar çukurun başında toplandılar, bütün hayvanlar ve insanlar kana kana içtiler.

Hacıların arasında İbn Übey dahil birkaç münafık vardı. İbn Übey su içerken, kabilesinden bir adam ona şöyle dedi: "Ey Hubab'ın babası! Sana yazıklar olsun, kendinin nerede olduğunu hâlâ farketmeyecek misin? Bundan daha fazla ne bekliyorsun?" İbn Übey, "Daha önce bunun aynısını gördüm" dedi. Bunun üzerine adam onu tehdit edercesine konuştu. İbn Übey de oğlu ile birlikte Peygamber (s.a.v)'e gitti ve meseleyi anlatıp, kendisinin yanlış anlaşıldığını söylemek istedi. Fakat daha o konuşmaya başlamadan Peygamber (s.a.v) ona: "Bugün gördüğün şeyin aynısını daha önce nerede gördün?" diye sordu. O, "buna benzer hiçbir şey görmedim" cevabını verdi. Peygamber (s.a.v), "Peki o zaman niçin o lafları söyledin?" dedi. İbn Übey, "Allah'tan beni bağışlamasını diliyorum" dedi. Oğlu, "Ey Allah'ın Rasûlü! Onun için bağışlanma dile" dedi. Peygamber (s.a.v) de onun için dua etti."[2]

Susuzluklarını giderdikten sonra, hacılar bedevî reislerinden birinin hediye ettiği bir deve ile bir koyun sayesinde karınlarını doyurdular. Bu bedevî kabilesi, bir zamanlar Mescid'in koruyuculuğunu yapmış olan ve Eslem, Kâ'b ve Müstalık boylarını içeren Benî Huza'a idi. Bunların hepsi şimdi Peygamber (s.a.v)'e iyi davranıyorlardı. Çünkü Müslüman olmayanlar için bile bu ittifakta politik bir avantaj vardı. Bu ittifak sayesinde Kureyş'le anlaşmalı olan en büyük düşmanları Benî Bekr'e karşı denge sağlamış oluyorlardı. Bu durum kısa bir süre sonra çok önemli olaylara sebep olacaktı. Fakat şimdilik Huza'a ve Bekr arasında savaş yoktu ve Kureyşliler, şüphelenmelerine rağmen Huza'a'ya hoşgörü gösteriyorlardı. Huza'a'nın ileri gelenlerinden Budeyl İbn Verka, hacıların Hudeybiye'de kamp kurdukları haberi geldiğinde Mekke'de idi. Daha sonra Peygamber'e (s.a.v) gelmiş ve ona Kureyş'in tutumu hakkında bilgi vermişti. "Son adamları da ölünceye kadar sizinle Kâ'be arasındaki yolu kapalı tutmaya yemin ediyorlar" dedi. Bunun üzerine Peygamber (s.a.v), "Biz buraya savaşmak için gelmedik; sadece Beyt'i tavaf etmek için geldik. Yolumuza çıkanla savaşırız; fakat ben onlara, isterlerse, tedbirlerini almaları ve yolu açmaları için süre tanıyorum" dedi.

Budeyl ve yanındaki arkadaşları Mekke'ye döndüler. Kureyşliler onları asık suratla karşıladılar. Onlar Muhammed (s.a.v)'in neler söylediğini bildirmek istediklerinde, Ebû Cehil'in oğlu İkrime onları duymak istemedik-

---

2. W. 589.

lerini söyledi. Bunun üzerine Sakîfli müttefiklerinden biri olan Urve -onun annesi bir Mekkeli idi- bu tutumun çok saçma olduğunu söyledi. Safvân da Budeyl'e, "Gördüklerini ve duyduklarını bize anlat" dedi. Budeyl onlara hacıların niyetlerinin barışçı olduğunu ve Peygamber'in (s.a.v) kendilerinin gelişine kadar Kureyşlilere hazırlanma süresi verdiğini haber verdi. Daha sonra Urve, "Budeyl size hiç kimsenin reddedemeyeceği güzel bir teklif getirdi. Bunu kabul edin. İzin verin doğrudan Muhamed (s.a.v)'e gidip bunu tasdikleteyim; onun yanına gider ve etrafındakleri gözlerim. Size haber getiren bir elçi olurum." dedi.

Kureyşliler onun teklifini kabul ettiler. Fakat daha önceden, tüm bedevî müttefiklerine kumanda eden Ehâbiş diye tanınan bir adamı elçi olarak göndermişlerdi. Bu adam, Kinâne kabilesinin Beni'l-Hâris kolundan Huleys idi. Uhud'da cesedlere yapılan işkenceler nedeniyle Ebû Süfyân'ı azarlayan da Huleys idi. Peygamber (s.a.v) onun yaklaştığını görünce, ya onun davranışlarından ya da daha önce onun hakkında duyduklarından, onun merhametli bir adam olduğunu ve kutsal şeylere çok önem verdiğini anladı. Bu nedenle nişanlanan kurban develerinin onu karşılamak üzere ileri sürülmesini emretti. Kurban nişanları ve boyunlarındaki süsleri ile yetmiş devenin geldiğini gören Huleys, bundan o kadar etkilendi ki Peygamber (s.a.v)'le konuşmaksızın doğruca Kureyşlilere gitti ve hacıların niyetlerinin tamamen barışçı olduğunu söyledi. Mekkeliler biraz ileri giderek onun sadece bir çöl adamı olduğunu ve bu meselenin aslını anlayamayacağını söylediler. Bu büyük bir taktik hatasıydı. Bunu anladıklarında ise çok geç kalmışlardı. Huleys, "Ey Kureyşliler!", dedi sertçe; "biz sizinle müttefik olmadık ve bunun için anlaşma yapmadık; Allah'ın evine gelen birine nasıl engel olursunuz? Nefsimi kudret elinde tutana yemin olsun ki ya Muhammed'in yapacağı şeye izin verirsiniz, ya da ben bütün Ehâbiş'leri geri çekerim" dedi. Onlar, "Ortak bir noktaya varıncaya kadar bizi bekle" dediler.

O sırada Sakif'li Urve, hacıların kampına varmış ve Peygamber'le konuşmaya başlamıştı. Sanki kendisiyle eşit konumdaymış gibi karşısına oturmuştu ve ona hitap ettiğinde onun sakalını tutuyordu. Fakat muhâcirlerden biri olan Muğîre (r.a.), onların yanında ayakta duruyordu. Urve Peygamber (s.a.v)'in sakalını tutunca, kılıcının yassı ucuyla onun eline vurdu. Bir iki dakika sonra Urve yine Peygamber (s.a.v)'in sakalını tutunca, eline daha şiddetli bir darbe indirdi ve "Henüz elin senin iken, elini Allah'ın Rasûlü'nün sakalından çek" dedi. Urve, bundan sonra Peygamber (s.a.v)'e fazla yakın olmaktan kaçındı. Fakat onunla konuştuktan sonra saatlerce kampta kaldı. Kureyşlilere onların elçisi olduğu kadar casusu da olmaya söz vermişti. Bu nedenle kampta gördüğü her şeyi not etti. Ancak onu en çok, burada görmek için gelmediği ve hiçbir yerde rastlamadığı şeyleri görmek etkiledi. Mekke'ye döndüğünde Kureyşlilere şöyle dedi: "Ey insanlar! Ben birçok krala -Kisra'ya, Kayser'e ve Necâşî'ye- elçi olarak gönderildim. Hiçbir tebanın kralına, Muhamed (s.a.v)'in ashâbının ona gösterdiği saygı kadar saygı gösterdiğini görmedim. O bir şey emretse, ağzından çıkar çıkmaz hemen yapıyorlar, o abdest alsa, abdest suyunu almak için yarış ediyorlar; o konuştuğunda hiç sesleri çıkmıyor; onun yüzüne dimdik bakmıyorlar, ona göstedikleri saygıdan gözlerini yere indiriyorlar. O size iyi bir teklif yaptı. O halde bu teklifi kabul edin."[3]

Urve daha kampta iken Peygamber (s.a.v) Kâ'b kabilesinden Hiras adındaki bir adamı deveye bindirip Kureyş'e elçi olarak göndermişti. Hiras oraya vardığında İkrime onun devesinin bacaklarını kesti. Fakat Huleys ve adamları araya girerek elçinin hayatını kurtardılar ve adamı Peygamber (s.a.v)'e geri gönderdiler. Döndüğünde Hirâs: "Ey Allah'ın Rasûlü, benden daha iyi himayesi olan bir adamı gönder" dedi. Peygamber (s.a.v) Ömer (r.a.)'i çağırdı. Fakat Ömer, Kureyşlilerin onun kendilerine ne denli düşman olduğunu bildiklerini ve kabilesi Benî Adiy'in kendisini koruyacak kadar güçlü olmadığını söyledi. "Fakat" dedi Ömer, "Mekke'de benden daha güçlü, akraba yönünden zengin ve benden daha iyi bir himayeye sahip olan bir adam gösterebilirim: Osman İbn Affân (r.a.)." Bunun üzerine Peygamber (s.a.v.), Osman İbn Affân'ı Mekke'ye gönderdi. Abdu Şems'li akrabaları ve diğerleri ona iyi davrandılar. Hudeybiye'dekilerin hiçbirini Kâ'be'ye yaklaştırmayacaklarını söylemelerine rağmen, onu Kâ'be'de tavaf etmeye davet ettiler. Fakat Osman (r.a.) bunu reddetti. Kureyşliler İbn Übey'e de aynı imtiyazı teklif eden bir haber gönderdiler. Fakat İbn Übey, "Allah'ın Rasûlü tavaf etmedikçe Beyt'i tavaf etmem" cevabını verdi. Peygamber (s.a.v) bunu duydu ve çok sevindi.

---

3. B. LIV, 15; W. 593-600.

[67]

Osman (r.a.) Mekke'de iken Peygamber (s.a.v)'e vahiy aldığı zamanlara benzer bir hal geldi. Sahâbeden birine emirler verdi, bunun üzerine sahâbe kampın tümünü şunları söyleyerek dolaşt: "Ruh, Allah'ın Rasûlü'ne geldi ve bağlılık yemini almayı emretti. Allah adına biat etmek için gidin."[1] O sırada Peygamber (s.a.v) bahar nedeniyle yaprakları yeşermiş olan bir akasya ağacının altında yerini aldı. Ashâb teker teker gelip ona biat etti. Peygamber'e (s.a.v) ilk ulaşan kişi, Cahş ailesiyle aynı kabileden olan yani Benî Esed İbn Huzeyme'li Sinan oldu. Kampta yapılan çağrı, ne üzerine biat edileceği konusunda bir bilgi vermiyordu. Bu nedenle Sinan, "Sana, senin nefsinde olan şey üzerine biat ediyorum" dedi. Diğerleri de aynı şekilde biat ettiler. Daha sonra Peygamber (s.a.v), "Osman'ın yerine ben biat edeceğim" dedi ve sol elini damadının eli gibi kabul edip sağ eli üstüne koyarak biat etti. Orada bulunanlar sadece bir kişi çağrıya cevap vermedi. Bu da devesinin arkasına saklanan, fakat gözden kaçmayan, münafıklardan Cedd ibn Kays idi.

Kureyşliler Süheyl'i bir anlaşma imzalamak üzere gönderdiler. Onunla birlikte aynı kabileden olan Nikraz ve Huveytib de geldiler. Peygamber (s.a.v)'le tartıştılar. Sahâbe dışarıdan onların seslerini yükselip alçalmasını dinleyerek, anlaşıp anlaşmadıklarını anlamaya çalışıyordu. Sonunda bir anlaşmaya vardılar. O zaman Peygamber (s.a.v) Ali'ye *"Bismillâh er-Rahmân er-Rahîm* (Rahmân ve Rahîm olan Allah'ın adıyla)" diye başlayarak anlaşma metnini yazmasını söyledi. Fakat Süheyl karşı çıktı ve "*Rahmân*'ın ne olduğunu ben bilmiyorum; eğer yazacaksan *Bismik Allahümme* (Allah'ım, senin adınla) yaz" dedi. Sahâbeden bazıları, "Allah'a andolsun *Bismillah er-Rahmân er-Rahîm*'den başka bir şey yazmayız" diye bağırdı. Fakat Peygamber (s.a.v) onları duymazdan geldi ve: *"Bismik Allahümme"* yaz dedi. Sonra yazdırmaya devam ederek "Bunlar Allah'ın Rasûlü Muhammed ile Amr'ın oğlu Süheyl arasında imzalanan anlaşma maddeleridir" dedi. Fakat Süheyl yine karşı çıktı. "Eğer senin Allah'ın Rasûlü olduğunu kabuletseydik, senin Kâ'be'ye girmeni engellemezdik ve seninle savaşmazdık. Bu nedenle Abdullah'ın oğlu Muhammed yaz" dedi. Ali (r.a.), "Allah'ın Rasûlü" ibaresini henüz yazmıştı. Peygamber (s.a.v) ondan bu kelimeleri silmesini istedi. Fakat Ali (r.a.) bunu

---

1. W. 604

yapamayacağını söyledi. Bunun üzerine Peygamber (s.a.v) ona kendi parmaklarını bu kelimeler üstüne koymasını söyledi ve bu kelimeleri kendi eliyle sildi. Daha sonra onların yerine "Abdullah'ın oğlu" sözünü yazdırdı.

Metin şöyle devam ediyordu: "Onlar on yıl boyunca savaş yükünü kaldırdılar. Bu süre içinde insanlar güvenlikte olacak ve birbirlerine saldırmayacaklar. Şu şartla ki, velîsinin izni olmadan Kureyş'ten Muhammed (s.a.v)'e gelen kişiyi, Muhammed (s.a.v) geri gönderecek; fakat Muhammed (s.a.v)'le birlikte olanlardan biri Kureyş'e sığınırsa, o geri gönderilmeyecek. İhanet ve kaçamak yapılmayacak. Kim Muhammed'in tarafına geçmek isterse geçebilir, kim de Kureyş'in tarafına geçmek isterse geçebilir." O sırada kampta hacıları ziyaret etmek için gelmiş olan Huzaa'lı birkaç lider vardı. Bekr kabilesinin bir iki temsilcisi de Süheyl ile gelmişlerdi. Anlaşma metnine bu cümleler yazdırılınca Huzaa'lılar ayağa kalkıp "Anlaşmasında biz Muhammed (s.a.v)'le birlikteyiz" dediler. Bunun üzerine Bekr'in adamları, "Biz de anlaşma ve taraflarında Kureyş ile beraberiz." Hemen sonra bu anlaşmayı iki kabilenin de reisleri imzaladı. Anlaşma şu cümlelerle bitiyordu: "Sen, Muhammed! Bu yıl bizden ayrılacaksın ve biz orada bulunduğumuz sürece Mekke'ye girmeyeceksin. Fakat gelecek yıl biz Mekke'den çıkacağız ve sen arkadaşlarınla gireceksin. Orada üç gün kalacaksınız; yolcu silahlarından başka silah taşımayacaksınız ve kılıçlarınız kınında olacak."[2]

Peygamber (s.a.v)'in vahye yakın bir rüya görüp arkadaşlarından biat alması, arkadaşlarını bu seferin başarılı olduğu düşüncesine götürdü. Fakat anlaşma maddelerini duyduklarında ve haram bölgeye bu kadar yaklaştıktan sonra bir şey elde edemeden geri döneceklerinin farkına vardıklarında, buna dayanamayacaklarını hissettiler. Ama daha da kötüsü geliyordu; onlar ölüm sessizliği içinde otururken zincir sesleri duyuldu ve kampa ayakları zincirli genç bir adam girdi. Bu Süheyl'in küçük oğullarından biri olan Ebû Cendel idi. Babası onu Müslüman olduğu ve Medîne'ye kaçmasından korktuğu için hapsetmişti. Ebû Cendel'in ağabeyi Abdullah hacılar arasındaydı ve kardeşini karşılamak üzereydi. Fakat o sırada Süheyl mahpusun boynuna takılı olan zinciri tuttu ve sertçe suratına vurdu. Daha sonra Peygamber'e döndü ve "Bu adam gelmeden önce anlaşma imzalanmıştı." dedi. Peygamber (sav), "Evet, doğru" dedi. Süheyl: "O halde onu bize iade et." dedi. O sırada Ebû Cendel sesinin çıktığı kadar: "Ey Müslümanlar!", diye bağırdı, "bana dinimden ötürü işkence yapacak olan putperestlere mi döndürülmeliyim?" Peygamber (s.a.v) Süheyl'i kenara çekti ve onu serbest bı-

2. I.I. 747-8.

rakmasını rica etti. Fakat Süheyl, bu öneriyi kabul etmedi.Yanındaki elçiler, Mikraz ve Huveytib, o zamana kadar sessiz kalmışlardı. Fakat bu meselenin anlaşmaya kötü bir başlangıç olacağını sezdiklerinden olaya müdahale ettiler. "Ey Muhammed! Senin yerine onun korumasını üzerimize alıyoruz" dediler. Bu, Ebû Cendel'in babasından ayrılıp onların yanında yaşayabileceği anlamına geliyordu. Mikraz ve Huveytib sözlerinde durarak Ebû Cendel (r.a.)'i yanlarına aldılar. Peygamber (s.a.v), "Sabırlı ol, Ebû Cendel! Allah muhakkak sana ve seninle birlikte olanlara bir yol ve kurtuluş gösterecektir. Biz bu insanlarla bir anlaşma imzaladık ve onlara söz verdik. Onlar da bize söz verdiler. Şimdi sözümüzden dönemeyiz" dedi.

İş bu noktaya gelince Ömer, (r.a.) kendisini tutamadı. Ayağa kalkarak Peygamber (s.a.v)'e gitti ve "Sen Allah'ın Peygamberi değil misin?" dedi. Peygamber (s.a.v), "Evet" dedi. Ömer, "O halde neden dinimizin şerefini bu kadar düşürüyoruz?" dedi. Bunun üzerine Peygamber (s.a.v), "Ben Allah'ın Rasûlüyüm ve Ona karşı gelemem. O bana zafer verecek" dedi. Ömer, "Fakat sen bize Kâ'be'ye gidip onu tavaf edeceğimizi söylememiş miydin?" diye ısrar etti. "Evet, öyle" dedi. Peygamber (s.a.v), "Fakat ben size bu yıl gideceğimizi söylemiş miydim?" Ömer, böyle bir söz vermediğini söyledi. "Muhakkak Kâ'beye gideceksiniz" dedi. Peygamber (s.a.v), "Ve onu tavaf edeceksiniz." Fakat Ömer (r.a.) hâlâ inatçılıkta ısrar ediyordu. Duygularını anlatmak üzere Ebû Bekir (r.a.)'e gitti. Ona da Peygamber (s.a.v)'e sorduğu soruların aynılarını sordu. Fakat Ebû Bekir Peygamber (s.a.v)'in cevaplarını duymamış olmasına rağmen, her soruya aynı cevapları verdi. Ebû Bekir (r.a.) sonunda, "Git ve onun özengisine yapış, çünkü o doğru söylüyor" dedi. Bu sözler, söz konusu olumsuz duyguları tamamen ortadan kaldırmamasına rağmen, Ömer'i etkiledi. Bu nedenle daha ileri gitmedi ve Peygamber (s.a.v) ona anlaşmayı imzalamasını söylediğinde sessizce imzaladı. Peygamber (s.a.v) Süheyl'in oğlu Abdullah'a da anlaşmayı imzalamasını söyledi. Antlaşmada imzası olan diğer Müslümanlar Ali, Ebû Bekir, Abdurrahman İbn Avf ve Mahmud ibn Mesleme idi.

Kampı kaplayan genel üzüntü biraz geçmiş gibiydi. Fakat Süheyl ve yanındakiler Ebû Cendel(r.a.)'i de beraberinde götürerek kampı terk ettiklerinde insanların duyguları tekrar galeyana geldi. Peygamber (s.a.v) anlaşmayı imzalayanlarla birlikte biraz ötede oturuyordu. Onların yanından ayrılıp hacıların çoğunlukta olduğu yere doğru ilerledi."Kalkın ve kurbanlarınızı kesin" dedi, "Ve başlarınızı tıraş edin". Hiç kimse yerinden kımıldamadı. Peygamber (s.a.v) sözlerini ikinci ve üçüncü defa tekrarladı; fakat oradakilerde hiçbir hareket yoktu. Şaşkın bir halde ona bakıyorlardı. Bunu ona karşı geldikleri için yapmıyorlardı. Fakat olaylar beklentilerinin tersine geliştiği ve şimdi de normalde doğru olmayan bir şey kendilerine emredildiği için çok şaşırmışlardı. Çünkü İbrahim'in geleneğine göre kurbanlar haram bölgede kesilmeliydi. Aynı şey başı tıraş etmek için de geçerliydi. Yine de bu itaatsizlik Peygamber'i çok üzmüştü. Peygamber (s.a.v) çadırına girdi ve Ümmü Seleme'ye olanları anlattı. O, "Git ve hiçbir şey söylemeden kurbanını kes" dedi. Bunun üzerine Peygamber (s.a.v) nişanladığı devesini kurban etti. Kurbanı kestiği sırada adamların duyabileceği bir sesle, *"Bismillah, Allahu Ekber"* dedi. Bu sözleri duyunca hacılar hep birden ayağa kalktılar ve kurbanlarını kesmede neredeyse yarış ettiler. Emre uymak için birbirlerini itiştiriyorlardı. "Peygamber (s.a.v) Hiras'ı -Osman'dan önce Mekke'ye elçi olarak gönderdiği Huza'a'lı adam- başını tıraş etmesi için çağırdığında, arkadaşları hemen birbirlerinin başını tıraş etmeye başladılar. Ümmü Seleme (r.a.) daha sonraki yıllarda, "O denli hızlı tıraş ediyorlardı ki birbirlerini yaralamalarından korktum" derdi. Fakat bazıları sadece saçlarının ucunu kestiler. Çünkü tıraş yerine bunun da geçerli olduğunu biliyorlardı. O sırada Peygamber (s.a.v) Hiras'la birlikte çadıra girdi. Bu görevi yerine getirdikten sonra başı tıraşlı bir halde çadırın önüne çıktı ve "Allah başlarını tıraş edenlere merhamet etsin!" dedi. Bunun üzerine saçlarını kesenler, "Ey Allah'ın Rasûlü, saçlarını kesenlere de!" diye karşı çıktılar. Fakat Peygamber (s.a.v) yine ilk söylediğini tekrarladı. Bunu protesto eden sesler yükseldi. Bir kez daha aynı şeyi tekrarlayıp, protesto sesleri yükseldikten sonra "Ve saçlarını kesenlere de!" dedi. Daha sonraları neden sadece başlarını tıraş edenler için dua ettiği sorulduğunda, "Çünkü onlar hiç tereddüt etmediler" cevabını verdi.

Peygamber (s.a.v) çadırına dönüp yerden kesilmiş siyah saçlarını aldı ve yakındaki ağaca doğru fırlattı. Bunun üzerine adamlar saçlardan biraz alabilmek için ağacın etrafına üşüştüler. Nuseybe (r.a.) de erkeklerden geri kalmadı ve ağacın yanına yaklaşıp bir-iki perçem aldı. Bu saçları öldüğü güne kadar kıymetli bir hazine gibi sakladı.

Kampın zemini tıraş olan hacıların saçlarıyla kaplanmıştı. Fakat kampta birdenbire bir rüzgâr çıktı ve saçları kaldırıp Mekke'ye doğru uçurdu. Bunu, Allah'ın hac ibadetlerini kabul ettiğine bir işaret sayan hacılar çok sevindiler. İşte o zaman Peygamber (s.a.v)'in neden kurbanlarını kesmelerini söylediğini anladılar.

Medîne'ye doğru yola çıktıklarında Ömer (r.a.)'in vicdanı kendini rahatsız etmeye başlamıştı. Peygamber'le konuşmak isteyerek ona doğru yaklaştığında Peygamber (s.a.v)'in yüzündeki uzak ve soğuk ifadeyi gördüğü zaman sıkıntısı daha da arttı. Ömer (r.a.) ileriye doğru hızla atını sürerek, "Ey

Ömer, bırak da annen senin için matem tutsun" dedi. Daha sonraları Peygamber (s.a.v)'e karşı çıktığı için kendisi hakkında bir vahiy inmesinden korktuğunu anlatırdı. Arkasından bir atlı yaklaşıp, kendisini Peygamber'in çağırdığını söyleyince korkusu daha da arttı. Fakat Peygamber'in yüzündeki sevinçli ifadeyi görür görmez korkuları kayboldu. Peygamber (s.a.v), "Bana güneşin altındaki her şeyden daha değerli olan bir sûre nazil oldu" dedi.

Yeni gelen vahiy, henüz dönmekte oldukları bu seferin bir zafer olduğu konusundaki şüpheleri dağıtıyordu. Çünkü sûre:

"Hiç şüphesiz biz sana apaçık bir fetih olarak (zafer yolunu tıkayan bütün engelleri ve kapıları) fethettik." (Fetih: 1)

kelimeleriyle başlıyordu. Vahiy aynı zamanda ağacın altında Peygamber (s.a.v)'e yapılan biattan da bahsediyordu:

"Andolsun, Allah sana o ağacın altında biat ederlerken mü'minlerden razı olmuştur. Kalblerinde olanı bilmiş ve böylece üzerlerine 'güven duygusu ve huzur' indirmiştir ve onlara yakın bir fethi sevap (karşılığı) olarak verilmiştir." (Fetih 18)

Bu biatı edenlere Allah'ın Rızası, yani *Rıdvân*[3] vadediliyordu. Bu nedenle bu sözleşmeye *"Biatü'r-Rıdvân"* denilir. Başka bir âyette de güven duygusu ve huzurun, yani *Sekine'*[4] nin indirilişinden bahsediliyordu:

"Mü'minlerin kalblerine, imanlarına iman katıp arttırsınlar diye 'güven duygusu ve huzur' indiren O'dur. Göklerin ve yerin orduları Allah'ındır. Allah, bilendir, hüküm ve hikmet sahibidir. (Bütün bunlar) mü'min erkekleri ve mü'min kadınları içinde ebedî kalıcılar olmak üzere altından ırmaklar akan cennetlere sokması ve onların kötülüklerini örtüp, bağışlaması içindir. İşte bu, Allah katında büyük kurtuluş ve mutluluktur." (Fetih: 4-5)

Seferi durduran Peygamber (s.a.v)'in rüyasına da Kur'ân'da şöyle değiniliyordu.

"Andolsun, Allah Rasulü'nün gördüğü rüyanın hak olduğunu doğruladı. Eğer Allah dilerse, mutlaka siz, Mescid-i Haram'a güven içinde, saçlarınızı tıraş ettirmiş (kiminiz de) kısaltmış olarak (ve) korkusuzca gireceksiniz. Fakat Allah, sizin bilmediğinizi bildi, böylece de bundan önce size yakın bir fetih (nasib) kıldı." (Fetih: 27)

---

3. Bak. Böl. XXX.
4. İbranice Şekine

[68]

Benî Sakif'li Ebû Basîr, annesi Taif'ten göçüp Benî Zühre'nin müttefikleri olarak Mekke'ye yerleşmiş olan genç bir adamdı. Ebû Basîr (r.a.) Müslüman olmuş ve ailesi de onu hapsetmişti. Fakat o yürüyerek Medîne'ye kaçmayı başarmış ve Peygamber (s.a.v) Hudeybiye'den döndükten kısa bir süre sonra Medîne'ye ulaşmıştı. Onun arkasından, kaçağın kendisine teslim edilmesini isteyen bir Kureyşli elçi geldi. Peygamber (s.a.v) Ebû Basîr (r.a.)'e de Ebû Cendel (r.a.)'e söylediklerinin aynısını söyledi. Ve anlaşmaya uyarak kendisini elçiye teslim etmek zorunda olduğunu belirtti. Ömer ve diğer sahâbe şimdi anlaşma maddelerine biraz razı olmuş görünüyorlardı. Bu nedenle Kureyş'in adamı ve yanındaki azadlı köle Ebû Basîr'i götürürken, orada bulunan ensar ve muhâcirler hep bir ağızdan, "İyi şanslar! Allah muhakkak sana bir çıkış yolu gösterecek" dediler.

Onların bu ümitleri, beklediklerinden daha kısa bir sürede gerçekleşti. Ebû Basîr gençliğine rağmen çok güçlü bir adamdı ve ilk konakta elçinin kılıcını alıp onu öldürmeyi başardı. Bunun üzerine azadlı köle -İsmi Kevser- doğruca Medîne'ye kaçtı. Karşı konulmaksızın Mescid'e girdi ve kendini Rasûlullah'ın ayaklarına attı. O yaklaştığında Peygamber (s.a.v), "Bu adam çok korkunç bir şey görmüş" dedi. Kevser, hemen arkadaşının öldürüldüğünü ve kendisinin de ölümden kurtulduğunu anlattı. O sırada Ebû Basîr elinde kılıcıyla göründü. "Ey Allah'ın Peygamberi!" dedi, "Sen görevini yaptın. Beni onlara gönderdin. Allah da beni serbest bıraktı." Peygamber (s.a.v) "Annesine yazık!"[1] dedi. "Savaş için ne güzel bir meşale. Keşke onun yanında başkaları da olsaydı!" Kureyş onun için başka elçiler gönderirse, bir önceki sefer olduğu gibi yine onu teslim etmek zorundaydı. Ancak böyle bir düşünce Ebû Basîr (r.a.)'in kafasından uzaktı. O öldürdüğü adamın silahlarının, zırhının ve devesinin ganimet olduğunu ve kanuna uygun olarak beşe bölünüp paylaştırılması gerektiğini düşünüyordu. "Eğer böyle yaparsam" dedi, Peygamber (s.a.v): "Onlar beni yeminime uymamakla suçlarlar. Daha sonra çok korkan Mekkeli azadlı köleye döndü ve "Arkadaşından alınan mallar senin kontrolündedir. Bu adamı da seni gönderen adamlara götür" dedi. Bunu duyan Kevser sarardı ve "Ey Muhammed! Ben hayatıma değer veririm. Benim gücüm onun için yeterli değil ve

1. Bu adam o kadar ateşli ki, yakında annesi onun yasını tutacak anlamına gelen bir deyim.

ben iki kişinin yerini tutamam" dedi. Müslümanlar görevlerini yapmışlar, fakat Mekke'nin temsilcisi mahkumu götürmek istememişti. Bunun üzerine Peygamber (s.a.v) Ebû Basîr'e döndü ve "Nereye istersen git" dedi.

Ebû Basîr: "Keşke onun yanında başkaları da olsaydı" sözleri kulaklarında çınlayarak Kızıl Deniz sahillerine doğru gitti. Bu sözlerdeki emir ve tavsiye niteliğini anlayan tek kişi o değildi. Ömer (r.a.) de bunu anlamış ve Mekke'deki diğer Müslümanlar'a Peygamber (s.a.v)'in bu sözlerini ve Ebû Basîr'in nerede olduğu haberini ulaştırmıştı. Onun nerede olduğunu Medîne'ye gelen dost sahil kabilelerin birinden haber almıştı. Sühely'in oğlu Ebû Cendel (r.a.), yeni koruyucuları tarafından artık sıkı bir şekilde kontrol edilmiyordu. Bir de tüm Mekke'de Müslüman gençlere edilen dikkat konusunda genel bir yumuşama görülüyordu. Çünkü Muhammed (s.a.v) onlar Medîne'ye kaçarsa sözünde durup onları geri göndereceğini göstermişti. Bu gevşemeden yararlanan Ebû Cendel ve diğer gençler bir yolunu bulup Ebû Basîr'in yanına kaçtılar. Bunların arasında Hâlid'in kardeşi Velîd de vardı. Ebû Basîr onlarla birlikte Mekke'den Suriye'ye giden kervan yolu üzerindeki stratejik bir noktaya kamp kurdu. Onlar Ebû Basîr (r.a.)'i lider olarak kabul ediyorlardı. Namazları o kıldırıyor, ibadetler ve diğer dini konularda ona danışılıyordu. Çünkü çoğu yeni Müslüman olmuştu ve bir şey bilmiyorlardı. Kureyşliler kuzeye giden yolun tekrar güvenilir hale gelmesine seviniyorlardı. Fakat Ebû Basîr'in kampına yetmiş kadar genç adam katılmıştı ve bunlar kervanlar için tehdit oluşturmaya başlamıştı. Kureyşliler pekçok adamlarını ve mallarını kaybettikten sonra, Peygamber (s.a.v)'e bu adamları toplumuna kabul etmesini rica eden bir mektup gönderdiler. Onların geri döndürülmesini istemeyeceklerine de söz verdiler. Bunun üzerine Peygamber (s.a.v) Ebû Basîr'e taraftarlarıyla birlikte Medîne'ye gelebileceğini haber veren bir mektup gönderdi. Fakat o sırada genç lider çok hastaydı ve mektup ona ulaştığında ölümün eşiğindeydi. Mektubu okudu ve elleri arasında tutarak öldü. Arkadaşları onun cenaze namazını kıldılar ve onu gömdüler. Gömüldüğü yere de bir mescid yaptılar. Daha sonra Peygamber (s.a.v)'le buluşmak üzere Medîne'ye gittiler.[2]

Kayalıklara ulaştıklarında Velîd'in devesi tökezledi ve onu yere düşürdü. Velîd düşünce parmağını keskin bir kayaya kestirdi. Parmağı alıp fırlatırken şöyle dedi:

"Sen kanayan bir parmaktan başka nesin?
Allah yolunda başka hiçbir yara almadın."

2. W. 624-9; B. LIV, I.I. 751-3.

Fakat kesik parmak mikrop kaptı ve ölümcül bir yara haline geldi. Bununla birlikte Velîd (r.a.) ölmeden önce ağabeyi Hâlid'e onu İslâm'a davet eden bir mektup yazmayı başardı.

O sıralarda Mekke'den sadece bir tek kadın kaçıp Medîne'ye sığınmıştı. O da Osman'ın üvey kardeşi, yani annesi Erva ile Bedir'den dönüşte öldürülen Ukbe'nin kızları olan Ümmü Gülsüm idi. Fakat artık mü'min kadınların kâfirlere döndürülmesini yasaklayan bir âyet inmişti. Bu nedenle iki öz erkek kardeşi Ümmü Gülsüm'ü geri götürmeye geldiklerinde Peygamber (s.a.v) onu bırakmadı. Kureyşliler de bunu fazla karşı çıkmadan kabul ettiler. Çünkü anlaşmada kadınlardan hiç bahsedilmiyordu. Daha sonra Zeyd (r.a.), Zübeyr (r.a.) ve Abd'urrahman İbn Avf (r.a.) onunla evlenmek istediler. Peygamber (s.a.v) ona Zeyd'le evlenmesini tavsiye etti. O da bu tavsiyeyi kabul etti.

Anlaşma yapıldıktan bir ay sonra Âişe (r.a.) ve babası kısa bir süre sonra sevince neden olacak olan büyük bir üzüntü yaşadılar. Ümmü Rummân (r.a.) hastalandı ve öldü. Onu Baki Mezarlığı'na gömdüler. Peygamber (s.a.v) onun cenaze namazını kıldı ve mezarına indi. Onun ölüm haberi Mekke'ye ve oğlu Abdu'l-Kâ'be'ye de ulaştı. Bu üzüntü Abdu'l-Kâ'be'ye uzun süreden beri düşündüğü bir şeyi uygulama olanağı verdi. Annesinin ölümünden kısa bir süre sonra Medîne'ye geldi ve Müslüman oldu. Biat ettiğinde Peygamber (s.a.v) ona Abdurrahman adını verdi.

Abdurrahman, o dönemde Müslüman olan tek kişi değildi. Haftalar ve aylar geçince Kur'ân'ın bu anlaşmayı neden apaçık bir zafer diye nitelediği açıklığa kavuşuyordu. Artık Mekkeli ve Medîneliler barış içinde buluşup, serbestçe birbirleriyle konuşabiliyorlardı. Anlaşmadan sonraki iki yıl boyunca İslâm toplumu iki katına çıktı.

Hacıların dönmesinden kısa bir süre sonra herkesi sevindiren bir âyet nazil olmuştu:

"Belki Allah, sizinle onlardan kendilerine karşı düşmanlık beslemekte olduklarınız arasında bir sevgi bağı kılar." (Mümtehine: 7)

Bu sözler, gün geçtikçe artan ihtidaları kasdediyordu. Bazılarına göre de bu âyet Peygamber (s.a.v)'le Kureyş liderlerinden biri arasında gelişen yakın ilişkiyi kastediyordu.

Hudeybiye'den birkaç ay önce Habeşistan'dan Peygamber'in kuzeni Ubeydullah İbn Cahş'ın ölüm haberi gelmişti. O, İslâm'a girmeden önce Hıristiyan'dı ve Habeşistan'a hicret ettikten kısa bir süre sonra tekrar Hıristiyanlığa dönmüştü. Bu, Müslümanlıkta karar kılan ve Ebû Süfyân'ın kızı olan karısı Ümmü Habîbe'yi çok üzmüştü. Kocasının ölümünden dört ay sonra Peygamber (s.a.v) Necâşî'ye kendi adına Ümmü Habîbe (r.a.) ile arasında nikâh kıymasını rica etti. Peygamber (s.a.v) Ümmü Habîbe (r.a.)'ye direkt olarak fikrini sormamıştı. Fakat Ümmü Habîbe (r.a.) rüyasında kendisine birisinin gelip "mü'minlerin annnesi" diye hitap ettiğini görmüş ve bunun Peygamber (s.a.v)'in eşi olacağına işaret ettiğini tahmin etmişti. Ertesi gün rüyasını doğrulayan Necâşî'nin teklifini aldı. Bunun üzerine en yakın akrabası olan Hâlid İbn Saîd'i* vekil olarak seçti. Necâşî de Ca'fer (r.a.)'in de içlerinde bulunduğu bir grup sahabe huzurunda nikâhı kıydı. Daha sonra Necâşî, sarayında düğün yemeği verdi ve bütün Müslümanları davet etti.

Peygamber (s.a.v) Ca'fer (r.a.)'e de artık gelip Medîne'de yaşayabileceklerini bildiren bir mektup gönderdi. Ca'fer (r.a.) hemen yol hazırlıklarına başladı. Necâşî onlara yolculukta kullanmak üzere iki sandal verdi. Ümmü Habîbe'nin de onlarla birlikte gitmesine karar verildi. Medîne'de de onun için bir ev yapılmaya başlanmıştı.

Necâşî, o dönemde Peygamber'in mektup gönderdiği tek kral değildi. Hendek'te o büyük kayayı parçaladığında, ilk vuruşunda ortaya çıkan ışıkla Yemen kalelerini görmüştü. Üçüncü ve son vuruşunda çıkan ışıkla da Medâyin'deki Kisra'nın beyaz sarayını görmüştü. İslâm İmparatorluğu'nun ileride buralara dek yayılacağına işaret eden bu iki ışık arasında bir ilişki vardı. Çünkü Yemen o zamanlar İran kontrolündeydi. Peygamber (s.a.v) İran Şahı'na kendi peygamberliğini ilan eden ve İslâm'a çağıran bir mektup gönderdi. Belki bu mektubu yazarken büyük ümitleri yoktu. Fakat yine de başka bir girişimde bulunmadan önce ona seçme hakkı tanımak istemişti.

Bu üç ışıktan ikincisi ile Suriye kalelerini görmüş ve buradan da İslâm'ın oralara ve daha da batıya yayılacağını anlamıştı. Bu nedenle İran kralına yazdığı mektuba benzer bir mektup da Roma İmparatoru Herakliyus'a yazdı. Bu mektubu Suriye yöneticisi aracılığıyla gönderdi. Buna benzer bir başka mektubu da İskenderiye'ye, Mısır Kralı Mukavkıs'a gönderdi.

O sırada Kisra başka kaynaklardan Medîne'nin gün geçtikçe güçlenen Arap kralının Peygamber (s.a.v) olduğunu idia ettiğini duymuştu. Bu nedenle Yemen'deki valisi Bâzân'ı, Muhammed (s.a.v)'le ilgili ayrıntılı bilgi toplaması için görevlendirdi. Bâzân, Medîne'ye, etrafı gözlemeleri için iki elçi gönderdi. İki elçi, İran'da yaygın olan bir geleneğe uyarak sakallarını tıraş edip bıyıklarını uzatmışlardı. Onların görünüşü Peygamber (s.a.v)'e garip geldi ve: "Size böyle yapmanızı kim emrediyor?" dedi. Onlar da Kisra'yı kasdederek "Rabbimiz" dediler. Peygamber (s.a.v): "Benim Rabbim,

---

* Bkz. Böl. XVI.

sakalımı uzatmamı ve bıyığımı kısaltmamı emrediyor" dedi. Daha sonra onları, ertesi gün gelmelerini söyleyerek gönderdi. O gece Cebrâîl geldi ve Peygamber (s.a.v)'e İran'da ayaklanma olduğunu, Kisra'nın öldürülüp yerine oğlunun geçtiğini haber verdi. Elçiler geldiğinde bu haberi onlara ulaştırdı ve onlara bu haberi Yemen valisine ulaştırmalarını emretti. "Ona, benim dinimin ve imparatorluğumun Kisra krallığının ötesine ulaşacağını söyle, ona benden bunu ilet. İslâm'a gir; sahip olduğun şeylerde seni destekleyeyim ve seni Yemen halkına kral tayin edeyim."

Elçiler ne düşüneceklerini bilemeden San'a'ya döndüler ve mesajı Bâzân'a ulaştırdılar. O "Ne olduğunu göreceğiz. Eğer söyledikleri doğruysa o gerçekten Allah'ın gönderdiği bir peygamber" dedi. Fakat o, İran'da neler olduğunu anlamak üzere bir elçi göndermeye fırsat bulamadan yeni şah olan Sirus'un (Kavad II -y.n.) bir adamı geldi. Yeni şahın onlardan bağlılık istediği haberini getirdi. Bâzân ona cevap vereceği yerde İslâm'a girdi. Yanındaki iki elçi ve diğer İranlılar da Müslüman oldular. Daha sonra Medîne'ye haber gönderdi, Peygamber (s.a.v) de ona Yemen'i yönetme görevini verdi. Bu Hendek'te gördüğü ilk ışığın va'dinin yerine geldiğini gösteriyordu.

Peygamber (s.a.v)'in mektubu Medâyin'e, Kisra'nın ölümünden sonra ulaştı. Bu nedenle mektubu ondan sonra gelen şah okudu ve yırttı. Peygamber (s.a.v) bunu haber alınca "Ya Rabbi! Aynı şekilde sen de onun krallığını parçala" dedi.

Hacılar döndükten sonraki ilk haftalardan birinde Peygamber (s.a.v)'in hayatına, şimdiye kadar hiç kullanılmayan bir silahla saldırıldı. Arabistan'daki Yahudiler arasında her nesilde büyücülüğü bilen bir-iki kişi olurdu. Bunlardan biri bu ilmin kendisi ile birlikte ölmesini istemeyerek kızlarına da öğreten Lebîd adında bir Yahudi'ydi. Lebîd, Peygamber (s.a.v)'e öldürücü bir büyü yapması için büyük bir rüşvet almıştı. Bu amacını yerine getirebilmesi için onun bir tutam saçına ihtiyacı vardı. Bunu da kızlarından biri, masum bir kişiyi kullanarak elde etti. Lebîd saça on bir düğüm attı; kızları da her düğüme bir şeyler okuyup üflediler. Daha sonra bunu, üstünde polen tozu kılıfları bulunan dişi bir hurma filizine bağladı ve derin bir kuyuya attı. Büyü ancak düğümlerin açılmasıyla çözülebilirdi.

Peygamber (s.a.v) kısa bir süre sonra bir şeylerin kötüye gittiğini anladı. Bir taraftan hafızası zayıflıyor, diğer taraftan yapmadığı şeyleri yapmış gibi hayal ediyordu. Bunun yanı sıra çok zayıflamıştı ve yemek sunulduğunda kendisinde yiyebilecek gücü bulamıyordu. Kendini iyileştirmesi için Allah'a dua ediyor ve uykusunda biri başında, diğeri ayağında iki kişinin oturduğunu fark ediyordu. Peygamber (s.a.v), onlardan birinin diğerine onun hastalığının gerçek sebebini anlattığını ve kuyunun adını verdiğini duydu.[3] Uyandığında Cebrâîl geldi ve rüyasını doğrulayarak biri beş, diğeri altı âyetten oluşan iki sûre getirdi. Peygamber (s.a.v) Ali (r.a.)'yi bu sûreleri okuması için kuyuya gönderdi. Her âyette düğümün biri çözüldü ve hepsi çözüldüğünde Peygamber (s.a.v) hem bedenen hem de manen iyileşmişti.[4]

Bu sûrelerden ilki şuydu:

"De ki: Sabahın Rabbine sığınırım,
Yarattığı şeylerin şerrinden,
Karanlığı çöktüğü zaman gecenin şerrinden,
Düğümlere üfleyen kadınların şerrinden,
Ve hased ettiği zaman hasetçinin şerrinden." (Felak Sûresi)

İkincisi ise şöyleydi:

"De ki: İnsanların Rabbine sığınırım,
İnsanların mâlikine,
İnsanların (gerçek) ilâhına,
Sinsice kalblere vesvese ve kuşku düşürüp, duran, vesvesecinin şerrinden.
Ki o, insanların göğüslerine vesvese verir (içlerine kuşku, kuruntu fısıldar),
Gerek cinlerden, gerekse insanlardan (olan) her hannâstan Allah'a sığınırım".
(Nâs Sûresi)[5]

Bu sûreler Kur'ân'ın en son sûreleridir ve kötülüklerden sakınmak için sürekli okunur.

Peygamber (s.a.v) o kuyunun doldurulup yanında başka bir kuyunun açılmasını emretti. Kendisine bir rüşvet karşılığında büyü yaptığını itiraf eden Lebîd'e haber gönderdi; fakat ona karşı bir girişimde bulunmadı.

---

3. B. LXI. 10.
4. Beyzâvî'nin Felak Sûresi tefsîri.
5. Bazı alimlere göre bu iki sûre bu olay için inmemiş, fakat Peygamber'e daha önceden, Mekke'de iken (hicretten önce) indirilmiştir.

[69]

Mekke ile yapılan anlaşma kuzeydeki diğer tehlikelerle ilgilenme fırsatı verdi. Bu tehlikelerden en büyüğü çoğu İslâm düşmanı olan Yahudilerin yaşadığı Hayber şehri idi. Büyücü Lebîd'e büyük bir ihtimalle onlardan biri rüşvet vermişti. Fakat Benî Nadir ve onların Hayberli akrabalarına karşı bir girişimde bulunmak için bundan daha kesin deliller ve genel nedenler vardı. Onların Medîne'yi işgal etmesi söz konusu değildi. Bir-iki kişi dışında onlardan kimse Hendek Savaşı'na katılmamıştı. Fakat her seferinde Kureyş'e saldırı teşvikini veren ve Gatafan'ı da Kureyş'le bir olmaya ikna eden onlardı. Gatafan'ın hâlâ Medîne'ye düşman olmasına da onlar neden oluyorlardı. Hayber bu şekilde kaldığı sürece Medîne tam bir barış yaşayamazdı.

Bu yönde er geç bir girişimde bulunulması gerektiği uzun süreden beri biliniyordu. Çünkü Peygamber (s.a.v) bir süre önce inen vahiydeki yakın zaferin -ganimetleri bol olan bir zafer- Hayber'in fethi anlamına geldiğinden emindi. Fakat bu Müslüman olduğunu söyleyen herkes tarafından paylaşılmamalıydı. Vahiy, umreye katılmayan bedevîlerin tamamen maddî kaygılarla savaşlara katıldıklarını söylüyordu. Umrede ganimet ve çapul imkânı olmadığı için katılmaya değer bulmamışlardı. Bu nedenle şüphesiz Arabistan'ın en zengin topluluklarından biri olan Hayber'ın fethinde de rol almamaları gerekiyordu.

Bu, nisbeten küçük bir kuvvetle yola çıkmak anlamına geliyordu. Gerçi küçük bir kuvvet olması, planlarının son ana kadar gizli kalmasını sağlayabilirdi. Fakat yine de bu konu duyulduğunda, ağızdan ağıza bir gerçek imiş gibi değil de bir efsane gibi yayıldı. Hayber'in aşılamaz gücünü herkes biliyordu. Kureyş ve diğer İslâm düşmanları bu haberlerin doğru olmasını ümit ediyorlardı. Çünkü eğer bu doğruysa, Muhammed (s.a.v) müthiş bir yenilgi yaşayacaktı. Fakat onun deli olmadığını bildikleri için bu haberlerin yalan olmasından korkuyorlardı. Hayberliler ise o denli kendilerinden emindiler ki bu haberlere inanmadılar. Muhammed'in (sav) Medîne'den yola çıktığı haberi kendilerine ulaşıncaya kadar müttefiklerine yardım haberi göndermediler. Ancak bu haberler ulaştığında şefleri Kinâne, Gatafan'ı ziyaret etti ve yardımlarına karşılık o yılın hurma hasadının yarısını teklif etti. Gatafanlılar bunu kabul ettiler ve dört bin kişilik bir ordu göndereceklerine söz verdiler. Hayber Yahudileri zırhlarını giyip toplam on bin kişi olan ordularını her gün sıraya sokmayı gelenek haline getirmişlerdi. Gatafan'ın da yardımıyla ordu on dört bin kişiye ulaşacaktı. Medîne'den gelen haberlere göre ise ordu sadece altı yüz kişi idi.

Peygamber (s.a.v) yola çıkmadan önce Evs'li Ebû Abs (r.a.) ona geldi ve bir sorunu olduğunu söyledi. Üzerine bineceği bir devesi vardı; fakat elbiseleri çok eskiydi ve ne yolculukta kendisi için ne de ailesine bırakabileceği yiyecek parası yoktu. Onun kadar muhtaç değilse de durumu ona benzeyen daha birçok kişi vardı. Umreye giderken çok şey harcanmıştı ve o güne dek kazanılan tüm ganimetler de sayısı gün geçtikçe artan muhâcir Müslümanlara harcanarak tüketilmişti. Peygamber (s.a.v), Ebû Abs (r.a.)'a elinde kalan son eşyayı, uzun ve yeni bir giysiyi verdi. Fakat birkaç gün sonra sefer sırasında onu daha kötü ve eski bir elbiseyle gördü. "Sana verdiğim elbise nerede?" diye sordu."Onu sekiz dirheme sattım" dedi Ebû Abs (r.a.); "Daha sonra kendim için iki dirhemlik hurma aldım, iki dirhemi de aileme geçimleri için bıraktım. Geri kalan dört dirheme de bir elbise aldım." Peygamber (s.a.v) güldü ve "Ey Ebû Abs! Sen ve arkadaşların gerçekten fakirsiniz. Fakat nefsimi kudret elinde tutana yemin olsun ki, bir müddet daha yaşarsınız, bolluk içinde yaşayıp ailelerinizi de bolluk içinde yaşatacaksınız. Bir yığın dirhem ve köleye sahip olacaksınız ve bu sizin için iyi olmayacak."[1]

Sefer sırasında Peygamber (s.a.v) iki kamp yeri arasında orduyu durdurdu ve İbnu'l-Ekvâ (r.a.) adındaki güzel sesli bir Eslem'li adamı çağırdı. "Devenden in ve bize deve şarkılarından bir şarkı söyle" dedi. Bedevî onlar develeri üstünde giderken şarkı söyleyecekti. Unutulmayan, kederli ve monoton olan eski melodileri söylüyorlardı. İbnu'l-Ekvâ'nın, Peygamber (s.a.v)'in Hendek'te öğrettiği beyti okumasıyla bu kederli hava daha da yoğunlaştı:

"Rabbimiz, biz hiçbir zaman sana yönelmez,
Zekât vermez ve namaz kılmazdık."

İbnu'l-Ekvâ (r.a.) bu beyitle başlayan şarkıyı tamamladığında, Peygamber (s.a.v) ona, "Allah sana rahmet etsin" dedi. Buna karşı çıkan Ömer, "Ey Allah'ın Rasûlü! Sen bunu kaçınılmaz kıldın. Keşke onunla daha fazla beraber olabilseydik!" dedi. Hepsinin bildiği gibi, Ömer onun yakında şehid olacağını kasdediyordu. Çünkü onlar, Peygamber (s.a.v) kime rahmet dilerse, kısa bir süre sonra onun şehid olduğunu görmüşlerdi.

İki buçuk gün sonra, hedefe sadece bir akşamlık yolları kalmıştı. Hayber ile müttefikleri Gatafan arasında engel oluşturacak bir konumda yol almaları gerekiyordu. Bunu amaçlayan Peygamber (s.a.v) bir rehber istedi ve

1. W. 636.

geceleyin surların önündeki açık düzlüğe ulaştılar. Gece çok karanlıktı, çünkü hilâl henüz yeni çıkmıştı. Ordu o denli sessiz yaklaşmıştı ki şehirde hiç kimse durumun farkında değildi. Sadece sabahleyin bir horoz sesi sessizliği bozdu. Müslümanların kampında, o şafak vakti sabah ezanı sessizce okundu. Namazdan sonra sessizlik içinde, sabah aydınlığında ortaya çıkan ekin tarlaları, hurma bahçeleri ve kaleleriyle "Hicaz'ın bostanı"nı seyrettiler. Güneş yükseldi; toprak işçileri ellerinde çapaları, sepetleriyle çıkıp böyle sessiz bir orduyla karşılaşınca çok şaşırdılar. "Muhammed ve ordusu!" diye bağırıp geriye, kalelere kaçtılar. Peygamber (s.a.v) *"Allahu Ekber"* dedi ve zafer dolu bir sesle *"Harîbet Hayber* "(Hayber harap oldu) sözlerini ekledi. Daha sonra Allah'ın insanları cezalandıracağını haber veren bir âyet okudu:

"Fakat (azab) onların sahasına indiği zaman uyarılıp korkutulanların sabahı ne kadar da kötü olur." (Saffât: 177)

Ama "İndiği zaman" yerine "indirdiğimiz zaman" dedi.

Yahudiler hemen bir savaş konsülü topladılar. İçlerinden bir şefin uyarılarına rağmen kale burçlarındaki siperlerine güvendiler. Yesrib kaleleriyle dağ hisarları adını verdikleri kendi kaleleri arasında hiçbir karşılaştırma yapılamayacağını söylediler. Bu ayrı gruplarla savaşma kararı, onların en zayıf noktaları olan birlik yoksunluğuna dayanıyordu. Kur'ân'da Yesrib Yahudileri için söylenenler Hayberliler için de geçerliydi:

"Sen onları birlik sanırsın, oysa kalbleri paramparçadır." (Haşr: 14)

Küçük fakat birlik içindeki bir ordu ile karşılaşmak onlar için şanssızlıktı:

"Hiç şüphesiz Allah kendi yolunda, sanki birbirlerine kenetlenmiş bir bina gibi saf bağlayarak çarpışanları sever." (Haşr: 4)

Bu ordu, şu vaade uyarak nefisleri yücelenlerden oluşuyordu:

"Nice az bir topluluk, daha çok olan bir topluluğa Allah'ın izniyle galip gelmiştir; Allah sabredenlerle beraberdir." (Bakara: 249)

İlk gün Peygamber (s.a.v) en yakın kaleye saldırdığında, diğer kaleleri savunanlar birlik olup saldıranlara karşı tek vücut halinde savaşmadılar. Aksine kendi duvarları arkasında kalıp, kendilerini güçlendirmekle meşgul oldular. Bu taktik iki ordu arasındaki eşitsizliği azaltacak nitelikteydi. Fakat yine de Müslümanların sabrı, yabancı bir bölgede birden fazla savaş yapıp, uzun süren bir işgal ile sınanıyordu. Hayberliler, Arabistan'da en iyi nişancılar olarak tanınırdı. Şimdiye kadar Müslümanlar hiç bu kadar fazla kalkan kulanmaya ihtiyaç duymamışlardı. Kampın gerisinde ise kadınlar sürekli ok yaralarını tedavi ile meşgul oluyorlardı. Peygamber (s.a.v)'in eşlerinden sıra ikinci defa yine Ümmü Seleme'ye gelmişti. Yaralıları tedavi etmek ve safların gerisinde su ihtiyacını karşılamak üzere gelen kadınlar arasında Peygamber (s.a.v)'in halası Safiye (r.a.), Ümmü Eymen (r.a.), Nuseybe (r.a.) ve Enes'in annesi Ümmü Süleym (r.a.) de vardı.

Günler geçti, fakat hiçbir şey elde edilemedi. Altıncı gece Ömer (r.a.)'in gözcülükle görevli olduğu bir sırada kampta bir casus yakalandı. Bu casus hayatı karşılığında Müslümanlara kaleler hakkında bilgi verdi ve hangi kalenin en zayıf ve aynı zamanda en çok silaha sahip olduğunu anlattı. İlk önce, en az korunan fakat geçmişte diğer kalelere karşı kullanılan bir savaş aletine sahip bir kaleye saldırmalarını önerdi. Medîne gibi Hayber'de de uzun süreden beri iç savaş yaşanmıştı. Ertesi gün Müslümanlar kaleyi ele geçirdiler. Kaya fırlatmaya yarayan bir mancınık ve askerlerin kaleye girmek için yakın dövüşe başladıklarında üstlerinde çatı vazifesi görecek olan bir siperden oluşan savaş aletlerini diğer kalelere karşı kullanmak üzere çıkardılar. Bir bakıma bu aletler sayesinde, zayıf kaleler teker teker düştü. Karşılaştıkları en güçlü savunma Na'im adındaki kalenin savunmasıydı. Burada garnizon büyük bir kuvvetle karşı koyuyordu ve o gün Müslümanlar tarafından yapılan her saldırı püskürtüldü. Peygamber (s.a.v), "Yarın sancağı Allah'ın ve Rasûlü'nün sevdiği birisine vereceğim. Allah bize zaferi onun ellerinde verecek, o hiçbir zaman dövüşten kaçmayan biri" dedi.

Peygamber (s.a.v) daha önceki seferlerinde sancak olarak nisbeten daha küçük bayraklar götürmüştü. Fakat Hayber'e, Âişe (r.a.)'nin cübbesinden yapılmış büyük siyah bir sancak getirdi. Buna "kartal" adını vermişlerdi. Ertesi gün Peygamber (s.a.v) sancağı Ali (r.a.)'ye verdi. Daha sonra o ve diğer arkadaşları adına, onlara zafer vermesi için Allah'a dua etti. Zübeyr (r.a.) ve kırmızı sarıklı Ebû Dücâne (r.a.)'nin büyük rol oynadığı bir günlük şiddetli bir çarpışmadan sonra Ali (r.a.), adamlarına son bir hamle yaptırdı ve düşmanın kale kapılarının kontrolünü Müslümanlara bırakarak kalenin içlerine doğru çekilmelerini sağladı. Kale ele geçirildi; fakat adamların çoğu arkadaki bir kanaldan diğer kalelere kaçmışlardı.

"Benî Gatafan nerede?" sorusu Hayber'de devamlı sorulan fakat cevap alınamayan bir soruydu. Gatafanlılar gerçekten söz verdikleri gibi dört bin kişilik orduyla yola çıkmışlardı. Fakat bir günlük yol gittikten sonra geceleyin konakladıklarında yerden mi, gökten mi geldiğini anlayamadıkları bir ses duydular. Ses arka arkaya üç kez "Halkınız! Halkınız! Halkınız!" diye bağırdı. Bunun üzerine adamlar ailelerinin tehlikede olduğunu hayal ettiler ve aceleyle geri döndüler. Fakat geri döndüklerinde her şeyin yerinde olduğunu gördüler. Düşmanın yenilmesinde bir payları olamayacak kadar geç kaldıklarını düşündükleri için, ikinci kez yola çıkmayı göze alamadılar.

Hayber'deki kalelerden en dayanıklısı Zübeyr hisarı denilen kaleydi. Kalenin girişinde sarp kayalıklar vardı, diğer tarafları ise dimdik uçurumdu. Diğer kalelerden kaçan savaşçıların çoğu, bu kalenin kuvvetlerine katılmıştı. Peygamber (s.a.v) kaleyi üç gün boyunca kuşatma altında tuttu. Üçüncü günün sonunda diğer kalelerden birinden bir Yahudi geldi ve Peygamber (s.a.v)'e onların kaleyi sonsuza dek savunmalarını sağlayacak gizli bir kaynakları olduğunu haber verdi. Kendini, ailesini ve mallarını garanti altına almak şartıyla bu sırrı ona söylemeyi teklif etti. Peygamber (s.a.v) bu teklifi kabul etti. Adam ona kale duvarları altından geçen bir su kaynağı olduğunu, Zübeyr kalesindekilerin bu kaynağa merdivenlerle inip su aldığını anlattı. Su hiçbir zaman kurumadığı için kaledekiler hiç su depolama ihtiyacı duymuyorlardı. Eğer su kaynağı engellenirse birkaç gün içinde dövüşemeyecek kadar susuz kalacaklardı. Peygamber (s.a.v) bu planı uyguladı ve şiddetli bir çarpışmadan sonra kaleyi aldı.

Karşı koyabilecek güçte olan son kale Kamus idi. Bu kale, Benî Nadir'in en zengin ve en güçlü kollarından biri olan Kinâne ailesine aitti. Bazıları uzun süreden beri Hayber'de yaşıyordu. Oysa ailenin çoğu Medîne'den sürgün edildikten sonra Hayber'e yerleşmişti. Gatafan'ın yardımını özellikle bunlar bekliyorlardı. Onların sözlerinde durmaması Kinâne'lileri büyük bir hayal kırıklığına uğratmıştı. Diğer kalelerden kaçıp Kamûs'u dolduran Yahudilerin getirdiği kötü haberler moral çöküntülerini daha da artırıyordu. Bununla birlikte on dört gün karşı koydular. Daha sonra Kinâne, Peygamber (s.a.v)'e görüşmek istediğini bildiren bir haber gönderdi. Kinâne ailesinden birkaç kişi ile birlikte kaleden çıktı. Görüşmeler sonunda, Yahudilerin Hayber'i ve tüm mallarını Müslümanlara bırakıp gitmeleri şartıyla, ne onlardan ne de ailelerinden kimsenin öldürülmemesine ve esir alınmamasına karar verildi. Peygamber (s.a.v) son bir şart daha ekledi; eğer bir kişi bile mallarını götürmeye kalkarsa, hayatları tehlikede olacaktı. Kinâne ve diğerleri buna razı oldular. Peygamber (s.a.v), Ebû Bekir (r.a.), Ömer (r.a.), Ali (r.a.) ve Zübeyr (r.a.) ile birlikte on Yahudi'yi anlaşmaya şahit tuttu.

Fakat kısa bir süre sonra hem Müslümanlar, hem de Yahudiler mallarının büyük bir kısmının gizlenmiş olduğunu fark ettiler. Medîne'den getirdikleri ve Medîne sokaklarında herkesi büyüleyen o meşhur Benî Nadir serveti neredeydi? Peygamber (s.a.v) bunu Kinâne'ye sordu. Kinâne, Hayber'e vardıklarından beri silah ve zırh almak için mallarını sattıklarını, bu nedenle de servetlerinin azaldığını söyledi. Yahudiler onun yalan söylediğini biliyorlardı. Bunun yanı sıra, artık bir Peygamber (s.a.v)'in huzurunda olduklarına inandıkları için çoğu endişeliydi. Ona tabi olmalarına gerek olmadığını, çünkü onun kendilerine gönderilmediğini düşünüyorlardı. Fakat yine de onu kandırmak çok tehlikeli olabilirdi. Kinâne'nin çok sevdiği adamlardan biri ona gidip hiçbir şey gizlememesi için yalvardı. Çünkü eğer gizlerse, Peygamber (s.a.v) bunu mutlaka haber alırdı. Kinâne sinirlenerek onu tersledi. Fakat bir gün bile geçmeden hazine bulunmuştu. Kinâne ve ona yardım eden kuzeni ölüm cezasına çarptırıldılar. Aileleri de esir alındı.

Kamus'un düşmesinden sonra geri kalan iki kale de aynı şartlarla teslim oldular. Daha sonra Hayber Yahudileri toplanıp bir danışma meclisi kurdu. Sonunda şöyle bir karara vardılar: Peygamber (s.a.v)'e çiftçilikten ve bahçecilikten iyi anladıklarını öne sürerek her yıl hasadın yarısını vergi olarak verip, Hayber'de kalmayı teklif edeceklerdi. Peygamber (s.a.v) buna razı oldu. Fakat gelecekte eğer isterse, onların gitmesi gerektiğini de ekledi. İşte o zaman Müslümanların kuzeydoğuda zengin bir vaha olan Fedek'e bir sefer düzenledikleri söylentisi çıktı. Fedek Yahudileri Hayber'e uygulanan vergiyi duyunca, aynı şartlarla teslim olmak istedikleri haberini gönderdiler. Bu şekilde Fedek de savaş yapmadan kazanılan diğer yerler gibi Peygamber (s.a.v)'in özel mülkiyetine geçti.

Bütün meseleler halledilip, zafer kazanan ordu istirahata çekildiğinde, Sellâm İbn Mişkem'in dul eşi bir kuzu haşladı ve her tarafını zehirledi. Peygamber (s.a.v)'in çoğunlukla kuzunun kolunu sevdiğini duyduğu için, o bölgeyi özellikle zehirledi. Daha sonra kuzuyu kampa götürdü ve Peygamber (s.a.v)'in önüne koydu. Bunun üzerine Peygamber (s.a.v) ona teşekkür etti ve beraberindeki arkadaşlarını yemeğe davet etti.

Peygamber (s.a.v)'in hemen yanında Müslümanlara İkinci Akabe'de liderlik yapan ve Mekke'ye doğru ilk namaz kılan kişi olan Bera'nın oğlu Hazrec'li Bişr oturuyordu. Peygamber (s.a.v) kuzudan bir lokma aldığında ağzındakileri tükürdü ve "Ellerinizi çekin! Bu kol bana zehirli olduğunu söyledi" dedi. Kadına haber gönderdi ve kolu zehirleyip zehirlemediğini sordu. Kadın, "Sana kim söyledi?" diye sordu. Peygamber (s.a.v), "Kolun kendisi" dedi, "Bunu niçin yaptın?" Kadın, "Halkıma neler yaptığını biliyorsun; babamı, amcamı ve kocamı öldürdün. Ben de kendi kendime; eğer o bir kralsa ondan kurtulacağım; eğer bir peygamber ise zehirli olduğunu anlar, dedim." dedi. Bişr'in yüzü zaten sararmıştı. Çok geçmeden öldü. Fakat Peygamber (s.a.v) buna rağmen kadını bağışladı.[2]

---

2. B. LI. 28.

Müslümanlarla yapılan savaşta kocasını ve babasının kaybeden tek kadın o değildi. Kinâne'nin hazineyi saklaması üzerine alınan esirler arasında, Kinâne'nin dul eşi ve Benî Kurayza'lıları Peygamber (s.a.v)'le yaptıkları anlaşmayı bozmaya ikna eden ve Hendek Savaşı'ndan sonra onlarla birlikte öldürülen Huyay'ın kızı Safiye de vardı. Safiye on yedi yaşındaydı ve Kinâne ile evleneli henüz bir iki ay olmuştu. Bu süre boyunca Safiye ile Kinâne'nin evlilikleri mutlu geçmemişti. Babası ve kocasının aksine Safiye çok dindar bir kadındı. Küçük yaşından beri halkının bir peygamberin geleceğinden bahsettiğini duymuştu ve bu onun hafızasında yer etmişti. Daha sonra Mekke'de Kureyş'li bir Arab'ın peygamberlik iddiasında bulunduğundan haberdar olmuştu. Sonra onun Kûba'ya ulaştığı haberi gelmişti. Bu olay o daha on yaşında bir çocukken, yedi yıl önce olmuştu. O babasıyla amcasının bu adamın bir sahtekâr olduğunu gözleriyle görmek için Kûba'ya gittiklerini de hatırlıyordu. Fakat her şeyden çok onların gece yarısı üzüntü ve hayal kırıklığı içinde geri dönüşleri belleğine işlenmişti. Söylediklerinden onların bu yeni gelen adamın peygamber olduğuna inandıkları, fakat ona karşı çıkmaya niyetlendikleri anlaşılıyordu. Onun küçük aklı buna hayret etmişti.[3]

Evlendikten kısa bir süre sonra ve Peygamber (s.a.v)'in Hayber önlerine gelmesinden bir süre önce bir rüya görmüştü. Rüyasında gökte asılı parlak bir ay vardı ve bunun altında, Medîne şehrinin uzandığını biliyordu. Daha sonra ay Hayber'e doğru ilerlemeye başladı ve kucağına düştü. Uyandığında Kinâne'ye rüyasını anlattı; fakat o Safiye'nin yüzüne bir tokat attı ve "Bu sadece senin Hicaz Kralı Muhammed'i arzu ettiğin anlamına gelir" dedi. Bir esir olarak Peygamber (s.a.v)'e getirildiğinde yüzünde hâlâ darbe izi vardı. Peygamber (s.a.v) ona bunun neden olduğunu sordu, o da rüyasını anlattı. O sırada Benî Kelb'den Dihye[4] adında bir adam, Safiye'yi Hayber'den kendisine düşecek olan ganimet payı olarak istemiş, Peygamber (s.a.v) de bunu kabul etmişti. Fakat Safiye'nin rüyasını dinleyince Dihye'ye onun kuzenini alması için haber gönderdi. Daha sonra Safiye'ye dönüp onu serbest bırakacağını; bir Yahudi olarak kalıp halkına dönmek veya Müslüman olarak Peygamber (s.a.v)'in eşi olmak arasında bir seçim yapmasını söyledi. Safiye "Allah'ı ve Rasûlü'nü seçiyorum" dedi. Medîne'ye doğru yola çıkıldı ve Rasûlullah'la Safiye (r.a.) ilk konakta evlendiler.

---

3. I.I. 354-5.

4. Dihye çok güzel bir adamdı. Peygamber (s.a.v.) onun hakkında "gördüğüm adamlar içinde Cebrâîl'e en çok benzeyen Dihye el-Kelbî" derdi. I.S. IV, 184.

Sefer henüz bitmemişti. Çünkü geldikleri yoldan dönmek yerine biraz batıya dönüp Vadi'l-Kura Yahudilerinin kalelerini de kuşatmışlardı. Bu Yahudiler Hayber'le anlaşmalı idiler; üç günün sonunda Hayber'deki şartların aynısını kabul edip teslim oldular.

Kuzeye doğru yürünürken orduya şarkı söyleyen Eslem'li İbnu'l-Ekvâ (r.a.) Hayber'de kaleye saldırırken öldürülmüştü. Nasılsa kendi kılıcı kendisine dönmüş ve ona ölümcül bir yara vermişti. Ensârdan biri bu nedenle onun bir şehid sayılamayacağını iddia etti. "Bunu söyleyen yalan söylüyor" dedi, Peygamber (s.a.v): "Gerçekten O, bir yüzücünün suyu geçtiği gibi kolaylıkla Cennet bahçelerinden geçti".[5] Şehitlikle ilgili başka bir tartışma da Vadi'l-Kura'da çıktı. Peygamber (s.a.v)'in zenci kölesi Kerkere, bir devenin semerini çözerken isabet eden bir okla öldürülmüştü. Peygamber (s.a.v) herkesin sorduğu bu soruya şu cevabı verdi: "Şimdi o, Hayber'de çaldığı ve şimdi alev haline gelen cübbenin altında cehennem ateşinde yanıyor."[6]

Peygamber (s.a.v) sürekli olarak, kendisiyle birlikte yaşama ayrıcalığına sahip olan sahâbeyi, bu ayrıcalığın bazı büyük sorumlulukları da beraberinde getirdiği konusunda uyarırdı. Çünkü Allah âdildir ve onları, kötülüğe karşı koymanın çok zorlaşacağı çağlarda yaşayanlardan daha şiddetli cezalandıracaktır. Peygamber (s.a.v) şöyle derdi: "Siz öyle bir çağda yaşıyorsunuz ki, şeriatın onda birine uymazsanız mahkûm olursunuz. Fakat öyle bir çağ gelecek ki o zaman şeriatın onda birine uyan kurtulacak."[7]

5. W. 662.

6. I.I. 765.

7. Tir. XXXI, 79.

"EN ÇOK SEVDİĞİN KİM?"

[70]

Yedi haftalık ayrılıktan sonra muzaffer olarak dönen ordu Medîne'ye ulaştığında, Ca'fer ve arkadaşları çoktan Medîne'ye gelmişlerdi. Ca'fer (r.a.), Habeşistan'a gittiğinde yirmi yedi yaşındaydı; şimdi ise kırkında bir adam olmuştu. Sürekli iletişim halinde olmalarına rağmen, Peygamber (s.a.v)'i on üç yıldan beri görmemişti. Peygamber (s.a.v) onu kucakladı ve alnından öptü. Daha sonra, "Ca'fer'in dönüşüne mi, yoksa Hayber'in fethine mi daha çok sevineceğimi bilemiyorum" dedi. Ca'fer'in yanında zevcesi Esmâ ve Habeşistan'da doğan Abdullah, Muhammed ve Avn adında ki üç oğulları da vardı.

Yanlarında evi henüz tamamlanan Ümmü Habîbe (r.a.) de vardı. Onun Peygamber (s.a.v)'le evlenmesi üzerine bir düğün yemeği daha hazırlandı. Ümmü Habîbe (r.a.) şimdi otuz beş yaşındaydı. Âişe (r.a.) hariç, Peygamber (s.a.v)'in diğer hanımları onu Mekke'den tanıyorlardı. Bunun yanı sıra o, Zeyneb'in yengesi ve Habeşistan'daki hicret günlerinin ilk anlarından beri Ümmü Seleme (r.a.) ile Sevde (r.a.)'nin yakın arkadaşı idi. Onun gelişi bekleniyordu ve fazla heyecan yaratmadı. Peygamber (s.a.v)'in hanımlarını daha çok ilgilendiren bir mesele de, Peygamber'in beklenmedik bir şekilde genç ve güzel Safiye ile evlenmesiydi. Medîne'ye vardıklarında Peygamber (s.a.v) onu geçici olarak konuksever Hârise (r.a.)'nin evine yerleştirdi. Onun çok güzel olduğunu duyan Âişe (r.a.) yeni arkadaşları hakkında fikrini sormak üzere Ümmü Seleme'ye gitti. Ümmü Seleme (r.a.), "O gerçekten çok güzel bir kadın. Allah'ın Rasûlü de onu çok seviyor" dedi. Âişe (r.a.), Hârise'nin evine gitti ve yeni gelini ziyarete gelen kadınlar arasına katıldı. Yüzü peçeliydi. Kendisini tanıtmadan biraz geri planda oturdu. Fakat yeni geline, Ümmü Seleme'nin söylediklerinin doğru olduğunu görecek kadar yakındı. Daha sonra evine döndü; fakat Peygamber (s.a.v) oradaydı ve onu tanımıştı. Dışarı çıktığında arkasından gelip, "Ey Âişe! Onu nasıl buldun?" diye sordu. Âişe, "O diğer Yahudi kadınlarına benzer bir Yahudi" dedi. "Öyle söyleme" dedi Peygamber (s.a.v), "çünkü o İslâm'a girdi ve İslâm'ını güzelleştirdi."

Bununla birlikte Safiye (r.a.), diğer Peygamber (s.a.v) eşlerinin yanında babasının kişiliği yönünden inciniyordu. "Ey Huyay'ın kızı!" deyimi gerçekte saygılı bir hitaptı; fakat ses tonundaki bir değişme ile kolayca alaya dönüşebilirdi. Bu nedenle bir keresinde Safiye ağlayarak Peygamber (s.a.v)'e geldi; çünkü diğer eşlerden biri onu küçük düşürmeye çalışmıştı. Peygamber (s.a.v), "Onlara de ki: Benim babam Hârûn, amcam ise Mûsâ'dır" dedi.

Eşler içinde Âişe (r.a.)'ye yaş bakımından en yakın olan Safiye (r.a.) idi; henüz yirmi iki yaşında olan Hafsa'dan bile daha yakın. İlk önceleri bu Âişe (r.a.)'nin korkularını artırdı. Fakat günler geçtikçe, iki genç hanım birbirlerine sempati duymaya başladılar. Hafsa da bu arkadaş çemberinin içindeydi. Âişe (r.a.) sonraki yıllarda, "Biz iki gruptuk: Birinde ben, Hafsa, Safiye ve Sevde; diğerinde ise Ümmü Seleme ve diğerleri vardı" derdi.

Âişe (r.a.) o zamanlar on altı yaşındaydı ve yaşına göre bazı yönlerden olgun, diğer yönlerden değildi. Duyguları hemen yüzünden ve konuşmasından belli olurdu. Bir keresinde Peygamber (s.a.v) ona, "Ey Âişe! Bana kızgın olduğun zamanı da benden razı olduğun zamanı da biliyorum" dedi. Âişe (r.a.), "Ey bana annemden ve babamdan daha sevgili olan, bunu nasıl anlıyorsun?" diye sordu. Peygamber (s.a.v) de şöyle dedi: "Benden hoşnut olduğun zaman yemin ettiğinde, 'Muhammed'in Rabbine yemin olsun ki hayır' diyorsun. Kızgın olduğunda ise, 'İbrahim'in Rabbine yemin olsun ki hayır' diyorsun."[1] Bir başka sefer Peygamber (s.a.v) beklediğinden daha geç geldiğinde, "Günün bu saatine kadar neredeydin?" diye sordu. O, "Küçüğüm, Ümmü Seleme'nin yanındaydım" dedi. "Ümmü Seleme'nin sırası geçmemiş miydi?" diyen Âişe'ye, Peygamber (s.a.v) cevap vermeksizin gülümsedi. Âişe, "Ey Allah'ın Rasûlü, söyle bana. Bir vadinin iki yamacı arasında olsan; birisinden otlanmış, diğerinden ise otlanmamış olsa, sürülerini hangisinde otlatırsın?" diye sordu. Peygamber (s.a.v): "Otlanmamış olanda" dedi. Âişe (r.a.): "Öyle ise ben senin diğer eşlerin gibi değilim. Onların hepsi ben hariç, senden önce birisiyle evlenmiştir" dedi. Bunun üzerine Peygamber (s.a.v) gülümsedi ve hiçbir şey söylemedi.[2]

Âişe (r.a.) Peygamber (s.a.v)'in sadece kendisine ait olmadığını biliyordu. O bir tek kadındı; Peygamber (s.a.v) ise yirmi adama bedeldi. Vahiy onun hakkında, "Muhakkak sen büyük bir ahlâk üzeresin" diyordu. Sanki O, kendi içinde dış dünya ile karşılaştırabilecek, bazı yönleriyle de onunla beraber, bir âlem idi. Âişe (r.a.) birçok kere, uzaktan da gelse onun bir gök gürlemesi duyduğunda yüzünün sarardığını fark etmişti. Aynı şekilde kuvvetli bir rüzgâr sesi, onda gözle görülebilecek değişikliklere neden olurdu.

1. I.S. VIII, 47.
2. I.S. VIII, 55.

Bir keresinde, bardaktan boşanırcasına yağmur yağarken başını, omuzlarını ve göğsünü açıp, yeryüzünün gökten gelen rahmet nedeniyle yaşadığı sevinci kendi teniyle paylaşmak istemişti.

Onun diğer insanlara benzememesi, Âişe (r.a.)'nin kıskançlığının azaltan tek neden değildi. Fakat O, kıskançlığın, sevginin aksine sadece bu dünya için geçerli olduğunu biliyordu. Çünkü Cennet'ten bahsederken Kur'ân şöyle diyordu:

"Onların göğüslerindekinden (ne varsa tümünü) sıyırıp çektik" (A'râf: 43, Hicr: 47).

Âişe (r.a.) bir gün Peygamber (s.a.v)'e, "Ey Allah'ın Rasûlü! Cennette senin hanımların kimler olacak?"diye sordu. "Sen onlardan birisin" cevabını alınca, bu sözleri ömür boyu bir hazine gibi sakladı. Bir keresinde de Peygamber (s.a.v) ona, "Cebrâîl burada ve sana selâm ediyor" demişti. O da, "Selâm onun üzerine olsun, Allah'ın rahmeti ve bereketi de" cevabını vermişti.[3]

Âişe (r.a.) kıskançlığı hakkında daha sonraki yıllarda şöyle derdi: "Peygamber'in eşleri arasında Hatîce'yi kıskandığım kadar hiçbirini kıskanmadım. Çünkü Allah kendisine, Hatîce'ye cennetteki kıymetli taşlardan yapılmış bir sarayı müjdelemesini emrettiği için, Peygamber (s.a.v) sürekli onu anardı. Ne zaman bir koyun kurban etse, büyük bir bölümünü onun yakın arkadaşlarına gönderirdi. Çoğu kez ona, 'Sanki dünyada Hatîce'den başka kadın yokmuş gibi' derdim."[4]

Âişe (r.a.)'nin tepkileri çok fevriydi. Hayber'den hemen sonra veya bir süre önce Ebû'l-As'ın annesi Hâle, oğlunu, gelini Zeyneb'i ve küçük torunu Ümâme'yi görmeye Medîne'ye gelmişti. Bir gün Peygamber (s.a.v), Âişe'nin odasında iken kapı çalındı ve bir kadın sesi girmek için izin istedi. Peygamber (s.a.v) sarardı ve titredi. Bunun sebebini anlayan Âişe ona sitem etti. Çünkü Hâle'nin sesinde, Hatîce'nin sesini duyar gibi olduğunu anlamıştı. Peygamber (s.a.v) daha sonra bunu doğrulamış ve onun içeri girme izni isteyiş şeklinin de, aynen ölen zevcesi gibi olduğunu söylemişti.[5]

Artık çok yaşlanan Sevde (r.a.), Peygamber (s.a.v)'le birlikte geçireceği günü Âişe (r.a.)'ye vermişti. Çünkü Peygamber (s.a.v)'in bundan çok memnun olacağını biliyordu. Tüm topluluk ve diğer eşler de Peygamber

---

3. I.S. VII, 55.
4. B. L. XIII, 20.
5. A.g.e.

(s.a.v)'in yaşayan eşleri arasında en çok Âişe (r.a.)'yi sevdiğini biliyorlardı. Bu sadece bir tahminden ibaret değildi. Çünkü sahâbeden biri veya diğeri sık sık Peygamber (s.a.v)'e, "Ey Allah'ın Rasûlü! Bu dünyada en çok kimi seviyorsun?" diye sorardı. Peygamber (s.a.v) bu soruya her zaman aynı cevabı vermezdi. Çünkü onun sevgisi çok yönlüydü: Kızları, torunları, Ali (r.a.), Ebû Bekir (r.a.), Zeyd (r.a.), Üsâme (r.a.). Fakat cevap hiçbir zaman diğer eşler olmaz, bazen ise Âişe (r.a.) olurdu. Bu nedenle Medîne'de birisi Peygamber (s.a.v)'den bir şey rica edeceği zaman veya Kur'ân'da emredildiği gibi dilekte bulunmak için hediye vermek istediği zaman, Peygamber (s.a.v) Âişe (r.a.)'nin odasında olana kadar bu isteğini geciktirirdi. Bu bir adet haline gelmişti. Çünkü onlar, Peygamber (s.a.v)'in onun yanında iken çok mutlu ve bu nedenle ricaları kabule hazır olduğunu düşünüyorlardı. Fakat bu Peygamber (s.a.v)'in ailesinde kıskançlıklara neden oluyordu. Ümmü Seleme (r.a.) kendisi ve diğer eşleri adına gidip Peygamber (s.a.v)'den ona hediye vermek isteyenlerin özellikle bir günü beklemeyip ne zaman isterlerse hemen vermelerini belirten bir duyuru yapmasını istedi. Peygamber (s.a.v) ona cevap vermedi. Ümmü Seleme (r.a.) isteğini ikinci kez yineledi. Fakat o yine sessiz kaldı. Üçüncü kez yinelediğinde, "Beni Âişe ile ilgili konularda üzme; çünkü Âişe (r.a.) hariç hiçbir hanımımın yatağında iken bana vahiy gelmiyor" dedi.[6] Ümmü Seleme (r.a.), "Seni üzdüğüm için Allah'a tevbe ediyorum" dedi. Fakat Peygamber (s.a.v)'in diğer eşleri burada durmaya niyetli değillerdi. Fâtıma'dan kendi adlarına gidip Peygamber (s.a.v)'e, "Eşlerin senden Ebû Bekir (r.a.)'in kızına karşı kendilerine eşit davranmanı rica ediyorlar" demesini istediler. Fâtıma (r.a.) istemeyerek bunu kabul etti, fakat birkaç gün bunu yerine getirmedi. Sonunda kuzeni, Cahş'ın kızı Zeyneb geldi ve ısrar etti. Bunun üzerine babasına gitti ve kendisine söylenenleri ona iletti. Peygamber (s.a.v), "Benim küçük kızım, benim sevdiğimi sen sevmiyor musun?" dedi. Fâtıma (r.a.), "Evet" cevabını verince Âişe (r.a.)'yi kasdederek "O halde onu sev" dedi. Daha sonra, "Seni buraya gönderen Zeyneb'di değil mi?" diye sordu. "Zeyneb ve diğerleri" dedi. Fâtıma (r.a.) Peygamber (s.a.v): "Yemin ederim ki bunu düzenleyen Zeyneb" dedi. Fâtıma bunu kabul edince gülümsedi.

Fâtıma (r.a.), Peygamber (s.a.v)'in eşlerinin yanına döndü ve olanları anlattı: "Ey Allah'ın Rasûlü'nün kızı, bize bir şey kazandırmadın" dediler. Onu ikinci bir kez gitmeye zorladılar, fakat O kabul etmedi. Bunun üzerine Zeyneb (r.a.)'e, "Sen git" dediler, O da Peygamber (s.a.v)'e gitti. Peygamber

6. B. LI. 8.

(s.a.v) sonunda Âişe (r.a.)'yle konuşmasını söyledi. Âişe (r.a.), Zeyneb'in cevap veremeyeceği fikirler öne sürerek onu susturdu. Peygamber (s.a.v) eşlerine eşit ve adaletli davranmak ve diğerlerini de buna uymaya teşvik etmek zorundaydı. Fakat O, başkalarının Peygamber (s.a.v) eşlerine eşit davranmasını sağlamakla sorumlu değildi. Onun hassas karakteri de zaten buna elvermezdi. O, sadece bir hediyeyi teşekkürle kabul etmek ve geri kalanını bağışlayan kişiye bırakmakla görevliydi. Zeyneb (r.a.) gittiğinde Peygamber (s.a.v) Âişe (r.a.)'ye, "Sen, gerçekten Ebû Bekir'in kızısın" dedi.[7]

Rasûlullah (s.a.v) aynı şekilde, Ali (r.a.) ve Fâtıma (r.a.)'dan olan torunlarına da büyük bir sevgi besliyordu. Onlar hakkında, "Bana ev halkım içinde en sevgili olanlar Hasan ve Hüseyin'dir" derdi. Üsâme (r.a.)'yi de torunlarından biri sayardı. Çoğu kez Hasan'ı ve Üsâme'yi ellerinden tutup "Allah'ım, ben onları seviyorum, sen de sev" diye dua ederdi.[8]

7. B. LI., 8; I.S. VIII, 123.
8. I.S. IV/I, 43.

HAYBER'DEN SONRA

[71]

Hayber'in fethinden sonra biri Ali (r.a.), diğeri Ebû Bekir (r.a.) yönetimindeki nisbeten küçük iki ordu, Yemen'e giden yolu kapatan iki düşman Hevâzin kabilesi üzerine yürüdü. Hayber'den sonra düzenlenmiş küçük çapta toplam altı seferden ikisi bunlardı. Diğer ikisi doğuda ve kuzeydeki Gatafan kabileleri, geri kalan iki sefer de şimdi Peygamber'e ait olan Fedek Ovası'na yakın bir yerde yerleşik olan Benî Mürre üzerine yapıldı. Fedek Yahudileri Medîne'den, bedevîlere karşı yardım ve koruma istemişlerdi. Bu çapulcuların sayısı Medîne'de tam tahmin edilemediği için otuz kişilik bir grup gönderildi. Fakat düşman umulandan fazla idi ve otuz kişinin hemen hemen hepsi öldürüldü. Bunun üzerine Peygamber (s.a.v) gecikmeksizin iki yüz kişilik bir ordu gönderdi. Düşman çok adam kaybederek kaçmak zorunda kaldı. Develerin ve koyunların yanı sıra birkaç da esir ele geçirildi. On yedi yaşında olan Üsâme (r.a.) de bu sefere katılmıştı. Hendek'te de orduyla birlikteydi, fakat bu onun gerçek anlamda ilk seferi oluyordu. Çarpışma sırasında Mürre'li bir adam onun çok genç oluşuyla alay etti. Ona haddini bildirmeye kararlı olan Üsâme, daha önceden hep birlikte savaş yerinde kalma emri verilmiş olmasına rağmen, adamı çölün içlerine kadar izledi. Sonunda onu yakalayıp yaraladı. Bunun üzerine Mürre'li *'Lâ ilâhe illallah'* (Allah'tan başka ilah yoktur) diye bağırdı. Fakat adam şehâdet getirmesine rağmen Üsâme onu öldürdü.

Seferin lideri Galib İbn Abdullah[1] idi; çarpışma bittikten sonra liderin ilk sorusu "Üsâme nerede?" oldu. O ve bütün ordu, Rasûlullah (s.a.v)'ın Zeyd'in oğlunu ne kadar çok sevdiğini biliyordu. Bu nedenle zafere rağmen ordu çok üzüntülüydü. Üsâme (r.a.) hava karardıktan bir saat sonra geldi. Galib, ona sert bir şekilde çıkıştı. "Benimle alay eden bir adamı kovalıyordum" dedi genç: "Tam onu yakalayıp yaraladığımda da *'Lâ ilâhe illallah'* dedi." Galib, "Sen de bunun üzerine kılıcını kınına koydun değil mi?" dedi. "Hayır," dedi Üsâme (r.a.), "ancak ona ölüm şerbetini içirdikten sonra koydum". Bunun üzerine bütün kamptakiler onu kötüleyen laflar söylediler. Üsâme (r.a.) utanç içinde başını elleri arasına aldı. Eve dönerken kendisinde bir şey yiyecek güç bulamadı. Kâfir bir adamın tam öldürüleceği sırada Müslüman olduğunu açıklaması ile ilgili meydana gelen birkaç

1. Kinâne kabilesinden Benî Leys kolundan.

olay nedeniyle nâzil olan âyetleri yaşlılar iyi biliyorlardı. Bu olaylardan birinde silahları ve zırhı ganimet olarak almak isteyen mü'min, "Sen bir mü'min değilsin" deyip karşısındakini öldürmüştü. Üsâme (r.a.) nin durumunda dürtü ganimet değil şeref idi, fakat prensip aynıydı. Bu konuda inen vahiy şöyle diyordu:

"Ey iman edenler, Allah yolunda adım attığınız (savaşa çıktığınız) zaman, iyice açıklık kazandırın ve size (İslâm geleneğine göre) selâm verene, dünya hayatının geçiciliğine istekli çıkarak: 'Sen mü'min değilsin' demeyin. Asıl çok ganimetler, Allah katındadır. Bundan öne siz de böyle idiniz; Allah size lütufta bulundu. Öyleyse iyice açıklık kazandırın. Şüphesiz Allah, yapmakta olduklarınızdan haberi olandır" (Nîsâ: 94)

Medîne'ye varır varmaz Üsâme (r.a.), doğruca Peygamber (s.a.v)'e gitti. Onu sevinçle kucakladıktan sonra Peygamber (s.a.v), "Bana seferi anlat" dedi. Bunun üzerine Üsâme, yola çıkışlarından başlayıp o adamı öldürdüğü zamana kadar tüm olanları anlattı. Tam o olayı anlattığı sırada Peygamber (s.a.v), "Ey Üsâme! O *Lâ ilâhe illallah* dediği halde öldürdün mü?" diye sordu. Üsâme, "Ey Allah'ın Rasûlü! O sadece öldürülmekten kurtulmak için böyle söyledi" diye cevap verdi. "Sen de" dedi Peygamber (s.a.v) "Onun yalan mı, doğru mu söylediğini anlamak için kalbini açtın!" Üsâme: "Lailaheillallah diyen bir kimseyi daha öldürmeyeceğim" dedi. Daha sonraları: "O gün İslâm'a girmiş olmayı isterdim" derdi.[2] Çünkü Rasûlullah (s.a.v), dine girildiği anda tüm eski günahların affolunacağını söylemişti.

Hayber'den döndükten sonra Peygamber (s.a.v) dokuz ay boyunca Medîne'de kaldı. Güneye ve kuzeye yapılan küçük seferlere rağmen bu aylar barış ve zenginlik dolu aylardı. Fakat Hicaz'ın bostanından elde edilen bu zenginlik birçok sorunları da beraberinde getirmişti.

Ömer (r.a.) bir gün Peygamber (s.a.v)'in evine geldi ve yaklaştığında Peygamber'in (s.a.v) huzurunda bağırılmayacak kadar yüksek sesle bağıran kadın sesleri duydu. Bunun yanı sıra kadınlar bir de Kureyş'liydi, yani muhâcirlerdendi. Bu da Ömer'in, onların Mekkeli kadınlara nazaran daha serbest ve kendine güvenen Medîneli kadınlardan kötü şeyler öğrendikleri konusundaki görüşünü doğruluyordu. Hepsinin de bildiği gibi Peygamber (s.a.v), bir ricayı geri çevrimekten nefret ederdi. Bu nedenle Peygamber (s.a.v)'den savaşta kendisine beşte bir olarak düşen çeşitli giysileri kendile-

---

2. W. 725

rine vermesini istiyorlardı. Odanın bir köşesini örten bir perde vardı. Ömer (r.a.)'in içeri girme izni isteyen sesi duyulur duyulmaz, ses tamamen kesildi ve kadınlar o kadar hızla perdenin arkasına saklandılar ki Ömer içeri girdiğinde Peygamber (s.a.v) gülüyordu. Ömer (r.a.), "Ey Allah'ın Rasûlü! Allah tüm hayatını gülme ile doldursun" dedi. Peygamber (s.a.v), "Biraz önce benimle birlikte olan kadınlar, senin sesini duyunca nasıl da şaşılacak derecede hızla perdenin arkasına gizlendiler" dedi. "Bu benim değil, senin hakkın; benden değil senden korkup saygı duymalılar" dedi, Ömer. Daha sonra kadınlara hitap ederek: "Ey kendilerine düşman olanlar! Benden korkuyorsunuz da, Allah'ın Rasûlü'nden korkmuyor musunuz?" dedi. "Evet öyle" dediler, "Çünkü sen Rasûlullah (s.a.v)'tan daha sert ve haşinsin." Peygamber (s.a.v), "Bu doğru ey Hattâb'ın oğlu" dedi ve sonra şunları ekledi: "Nefsimi kudret elinde tutana yemin olsun ki, eğer Şeytan senin belirli bir yoldan gittiğini fark etse, mutlaka o yoldan başka bir yol seçer."[3]

Yeni kazanılan servet ve maddî durumun çok rahatlaması, Ümmü Eymen (r.a.)'i bile bir istekte bulunmaya teşvik etti. Uzun süreden beri kendinin olduğunu söyleyebileceği bir deveye ihtiyaç duyuyordu. Bu nedenle Peygamber (s.a.v)'e gidip bir binek istedi. Peygamber (s.a.v)ona ciddi ciddi baktı ve "Seni bir devenin yavrusuna bindireceğim" dedi. Onun yavru deveyi kasdettiğini sanarak, "Ey Allah'ın Rasûlü! Bu bana uygun değil. Ben bunu istemem" dedi. Peygamber (s.a.v.) yine, "Seni bir devenin yavrusundan başka birşeye bindirmem"[4] dedi. Bu konuşma, Ümmü Eymen (r.a.)'in, Peygamber (s.a.v)'in yüzündeki gülümsemeden, onun her devenin mutlaka başka bir devenin yavrusu olduğunu anlatmak istediğini ve şaka yaptığını anlamasına dek sürdü.

Başka bir gün Ömer (r.a.), Peygamber (s.a.v)'i elini yanağına koymuş bir şekilde üzüntülü dururken gördü. "Ey Ömer!" dedi, Peygamber (s.a.v): "Benden sahip olmadığım şeyleri istiyorlar". Hayber'e giderken bu seferin zaferle sonuçlanacağını ve Medîne'ye zenginlikler getireceğini vadederek: "Bu sizin için iyi olmayacak" demişti. Bu söylediği diğerleri kadar kendi ev halkı içinde geçerliydi. O zamana kadar Peygamber (s.a.v) ve ailesi son derece sade bir hayat sürüyordu. Âişe (r.a.), Hayber'den önce hiçbir zaman doyuncaya kadar hurma yediğini hatırlamadığını söylerdi. Bakmakla yükümlü oldukları fakir muhâcirlerin sayısındaki sürekli artış, Peygamber (s.a.v) hanımlarının sadece ihtiyaçları olan şeyleri istemeleri-

3. B. LXII, 6.
4. I.S. VIII, 163.

ne, bazan onu bile istememelerine neden oluyordu. Verilebilecek olan şeyler dağıtılıyor, verilemeyecek olanlar da satılıp parasıyla birtakım ihtiyaçlar karşılanıyordu. Fakat Peygamber (s.a.v) şimdi hanımlarına hediyeler verebiliyordu. Bu da birçok problem doğuruyor ve onların daha fazla istemesine neden oluyordu. Çünkü eşitlik, birine verilen şeyin diğerine verilmesini gerektiriyordu.

Aynı zamanda diğer yönlerden de O'nun hoşgörüşünü kötüye kullanıyorlardı. Bir gün Ömer (r.a.), bir sebep yüzünden karısını azarladı, o da karşı cevap verdi. Ömer (r.a.) onu uyardığında ise karısı, Peygamber (s.a.v)'in hanımları bile kocalarına karşı cevap verdiklerine göre kendisinin neden vermeyeceğini sordu. Kızlarını kasdederek de, "Onlardan biri var ki o, sabahtan akşama kadar utanmaksızın tüm kafasındakileri söylüyor" diye ekledi. Buna çok üzülen Ömer (r.a.) doğruca Hafsa'ya gitti. Hafsa annesinin haklı olduğunu belirtti. Ömer (r.a.) kızının kendine olan güvenini sarsmak için, "Sende ne Âişe'nin zerâfeti, ne de Zeyneb'in güzelliği var" dedi. Bunun da bir etki uyandırmadığını görünce, "Siz Peygamber (s.a.v)'i kızdırdığınızda, Allah'ın sizi kendi gazabından helâk etmeyeceğinden bu kadar emin misiniz?"[5] sözlerini ekledi. Daha sonra kuzeni Ümmü Seleme'ye gitti ve "Tüm düşüncelerinizi Allah'ın Rasûlü'ne söylediğiniz ve O'na saygısızca cevap verdiğiniz doğru mu?" diye sordu. Ümmü Seleme (r.a.), "Allah aşkına, sen Allah'ın Rasûlü ile hanımları arasına nasıl girersin? Evet, Allah'a andolsun, biz ona düşüncelerimizi söylüyoruz. Eğer bizim bu söylediklerimizi çekiyorsa, bu kendi bileceği bir şeydir. Eğer bize böyle yapmayı yasaklarsa biz ona, sana itaatimizden daha fazla itaat ederiz."[6] dedi. Ömer (r.a.) çok ileri gittiğini ve Ümmü Seleme (r.a.)'nin sitem etmekte haklı olduğunu anladı. Fakat Peygamber'in (s.a.v) evinde bir şeylerin iyi gitmediğinde şüphe yoktu.

Son günlerdeki bu zenginlik beklenmedik bir olayla daha da arttı. Peygamber (s.a.v)'in Mukavkıs'a gönderdiği İslâm'a çağrı mektubuna Mukavkıs kaçamak bir cevap yazmıştı. Fakat cevapla birlikte Mısır kralı yüz ölçek altın, yirmi tane iyi kumaştan elbise, katır, dişi at ve iki Kıptî Hıristiyan cariye ile birlikte bir de yaşlı harem ağasından oluşan zengin bir hediye göndermişti. Adları Mâriye ve Sirin olan kızlar kardeştiler ve ikisi de güzeldi. Fakat Mâriye daha da güzeldi. Peygamber (s.a.v) onun güzelliğine hayran oldu. Sirin'i Hassan İbn Sâbit (r.a.)'e verip Mâriye'yi, mescide bitişik odası yapılmadan önce Safiye (r.a.)'nin oturduğu eve yerleştirdi. Gece ve gündüz onu ziya-

---

5. I.S. VIII, 131.
6. I.S. VIII, 137.

ret ediyordu. Fakat Peygamber (s.a.v)'in eşleri o kadar kıskançlık gösterdiler ki cariye çok mutsuz oldu. Bu nedenle Peygamber (s.a.v), onu Yukarı Medîne'de bir eve yerleştirdi. Âişe (r.a.) ve diğer eşler ilk başta memnun olmuşlardı; fakat bir süre sonra hiçbir şeyin değişmediğini fark ettiler. Çünkü Peygamber (s.a.v) Mâriye (r.a.)'ye yaptığı ziyaretleri azaltmamıştı. Hatta yolun uzaklığı nedeniyle diğer eşlerinden daha uzun süreler ayrı kalıyordu.

Onların hepsi Peygamber'in (s.a.v) hakkı olan şeyleri -İbrahim'den ve daha öncesinden beri kabul edilen hakları- yaptığını biliyorlardı. Safiye (r.a.) hariç hepsi, İbrahim ile cariyesi Hacer'in birleşmesinden meydana gelen soya mensup değiller miydi? Mûsâ'ya indirilen Namus da bu hakkı destekliyordu. Kur'ân ise açıkça bir efendinin kölesini, eğer isterse, cariye olarak alabileceğini açıkça bildiriyordu. Fakat Peygamber'in (s.a.v) eşleri onun çok duyarlı olduğunu da biliyorlardı; şimdi ise onun tüm ev yaşantısı eşlerinin gizlenmemiş reaksiyonlarıyla sürekli bölünüyordu. Özellikle Hafsa (r.a.) o denli ileri gitti ki Peygamber (s.a.v) sonunda bir daha Mariye'yi görmeyeceğine yemin etti. Bu kez Âişe de Hafsa'nın suç ortağı idi.

Yeni nâzil olan sûrenin adı, Peygamber (s.a.v)'in Mâriye'yi kendisine haram kıldığını belirterek başladığı için Tahrîm Sûresi idi:

"Ey Peygamber! Eşlerinin hoşnutluğunu isteyerek Allah'ın sana helâl kıldıklarını niçin haram kılıyorsun?"

Bu şekilde başlayan sûre Peygamber'in yeminini çözdükten sonra isimlerini anmayarak Âişe ve Hafsa'dan bahsediyordu:

"Eğer sizler (Peygamberin iki eşi) Allah'a tevbe ederseniz (ne güzel). Çünkü kalbleriniz eğrilik gösterdi. Yok eğer karşı birbirinize destekçi olmağa kalkışırsanız, artık Allah onun mevlâsıdır, Cibril de ve mü'minlerin salih olan(lar)ı da, bunların arkasından melekler de onun destekçisidirler."

Diğer bir âyet tüm eşlerine hitap ediyordu:

"Belki onu Rabbi, -eğer o sizi boşayacak olursa- ona sizin yerinize sizlerden daha hayırlı Müslüman, mü'min, gönülden itaat eden, tevbe eden, ibadet eden, oruç tutan (ya da Allah adına hicret edip seyahat eden) dul ve bâkire eşler verir."

Sûre tarihteki iki iyi, iki de kötü kadını anlatarak son buluyordu:

"Allah, küfretmekte olanlara, Nûh'un eşini ve Lût'un eşini örnek olarak verdi. İkisi de, kullarımızdan sâlih olan iki kulumuzun nikâhları altındaydı; ancak onlara ihanet ettiler. Bundan dolayı da, onlara (kocaları) kendilerine Allah'tan gelen hiçbir

şeye yarar sağlamadılar. İkisine de, 'Ateşe diğer girenlerle birlikte girin' denildi."

"Allah, iman etmekte olanlara da, Firavun'un karısını örnek olarak verdi. Hani demişti ki: 'Rabbim, bana kendi katında cennette bir ev yap, beni Firavun'dan ve onun yaptıklarından kurtar ve beni o zalimler topluluğundan da kurtar.' İmrân'ın kızı Meryem'i de. Ki o kendi ırzını korumuştu. Böylece biz de ona kendi ruhumuzdan üfledik. O da Rabbinin kelimelerini ve kitaplarını tasdik etti. O (Rabbine) gönülden bağlı olanlardandı".

Peygamber (s.a.v) bu sûreyi eşlerine okuduktan sonra, üzerinde düşünmeleri için onları yalnız bıraktı ve onların odalarından başka sahip olduğu tek oda olan üstü kapalı bir sundurmaya çekildi. Tüm Medîne'ye onun eşlerini boşadığı haberleri yayıldı. Bu haber, gece Ömer (r.a.)'in kulağına da gitti. Şafakta her zaman olduğu gibi mescide gitti. Fakat namazdan sonra Ömer, tam Peygamber (s.a.v)'e sesleneceği sırada o köşesine çekildi. Ömer Hafsa'ya gitti ve onu gözyaşları içinde buldu. Ona, "Niçin ağlıyorsun?" dedi ve cevap vermesine fırsat bırakmadan "Sana bunun böyle olacağını söylememiş miydim? Allah'ın Rasûlü sizi boşadı mı?" diye sordu. "Bilmiyorum" dedi, Hafsa (r.a.); "Fakat o orada sundurmada duruyor." Sundurmanın girişi mescidin içindeydi. Ömer (r.a.) o tarafa doğru yöneldi. Minberin etrafında bir grup adam toplanmış oturuyordu. Bazıları ağlıyordu. Ömer bir süre onlarla birlikte oturdu. Fakat duyguları artık dayanamayacak hale gelince, kapısında Peygamber (s.a.v)'in siyah kölesinin bulunduğu sundurmaya gitti. Çocuğa, "Ömer için içeri girme izni iste" dedi. Çocuk içeri girdi ve bir dakika sonra çıkıp, "Ona seni söyledik, fakat O hiçbir şey söylemedi" dedi. Ömer (r.a.) oturduğu yere geri döndü. Sonra tekrar gitti ve içeri girme izni istedi, fakat çocuk yine aynı cevabı verdi. Üçüncü kez de aynı şey oldu; fakat Ömer tam gitmek için geri dönmüştü ki, çocuk, Peygamber'in ona izin verdiğini söyledi. Ömer, içeri girdi ve O'nu bir hasırın üstünde yatar buldu. Arkasına uzandığı hasırın izleri çıkmıştı. Hurma lifi ile doldurulmuş deri bir yastığa dayanıyordu. Önüne bakıyordu. Ömer (r.a.) içeri girdiğinde ona bakmadı. "Ey Allah'ın Rasûlü!" dedi, Ömer: "Eşlerini boşadın mı?" Peygamber (s.a.v) gözlerini kaldırdı ve Ömer'in gözlerine bakarak, "Hayır boşamadım" dedi. Ömer (r.a.) tüm yakın evlerden duyulabilecek şekilde *'Allahu Ekber!'* diye bağırdı. Ümmü Seleme (r.a.) daha sonraları şöyle anlatıyor: "Sürekli ağlıyordum. Birisi bana gelip 'Allah'ın Rasûlü sizi boşadı mı?' diye sorduğunda, 'Vallahi bilmiyorum' diyordum. Bu durum, Ömer, Peygamber (s.a.v)'e gidinceye kadar devam etti. Hepimiz odalarımızda iken onun tekbir getirişini duyduk ve Allah'ın Rasûlü (s.a.v)'nün Ömer (r.a.)'in sorusuna 'Hayır' cevabını verdiğini anladık." Gerçekte herkesin kafasında aynı soru vardı; fakat, Ömer, kızı Rasûlullah'la evli olduğu için bu durumla daha yakından ilgilenmişti.

"Orada ayakta durdum ve Rasûlullah'ın ne durumda olduğunu anlamaya çalıştım" dedi, Ömer: "Daha sonra, 'Biz Kureyşliler eskiden eşlerimiz üzerinde hakimdik, fakat Medîne'ye geldiğimizde hanımların kocalarına hakim olduğu bir toplulukla karşılaştık' dedim." Ömer, bu sözlerinden sonra Rasûlullah (s.a.v)'ın yüzünde tasdik eden bir gülümseme gördü. Bunun üzerine önceden Hafsa (r.a.)'ya uyarı amacıyla söylediği şeyleri anlattı. Peygamber (s.a.v) yine gülümsedi. Bundan cesaret alan Ömer yere oturdu. Odanın çıplaklığına bir kez daha şaşırdı -yerde bir hasır, üç tane de deri yastık vardı; başka hiçbir şey yoktu. Bu nedenle Peygamber (s.a.v)'e biraz daha lüks yaşamasını önererek Yunanlıları ve İranlıları örnek gösterdi. Fakat Rasûlullah (s.a.v) onun sözünü keserek, "Ey Hattâb'ın oğlu! Şüphe mi duyuyorsun? İyi şeyler onlara bu dünya için verilmiştir" dedi.

Henüz yeni bir aya girmişlerdi. Peygamber (s.a.v) bu ay geçene kadar hanımlarından hiçbirini görmek istemediğini ilan etti. O ay geçince ilk önce Âişe (r.a.)'nin odasına gitti. Onu görünce çok şaşıran ve sevinen Âişe (r.a.), "Tam yirmi dokuz gece" dedi. Peygamber (s.a.v), 'Nereden biliyorsun?' diye sordu. O da, 'Günleri sayıyordum; nasıl saydım bir bilsen!' dedi. Peygamber (s.a.v), 'Fakat bu ay 29 çekiyordu' dedi. Âişe (r.a.) ay takvimine göre bir ayın bazen otuz yerine sadece yirmi dokuz çektiğini unutmuştu. Peygamber (s.a.v) daha sonra ona kendisine gelen yeni vahiyden ve ona önereceği iki seçenekten bahsetti. Ona bu meselede danışmak için babasını çağırmak isteyip istemediğini sordu. "Hayır" dedi Âişe (r.a.), "Sana karşı bana kimse yardım edemez. Ey Allah'ın Rasûlü! Ne olduğunu çabuk söyle." Peygamber (s.a.v), "Allah senin önüne iki seçenek koydu" dedi ve şu âyeti okudu:

"Ey Peygamber, eşlerine söyle: 'Eğer siz dünya hayatını ve onun süslü çekiciliğini istiyorsanız, gelin sizi yararlandırayım (size boşanma bedelini vereyim) ve güzel bir salma tarzıyla sizi salıvereyim. Eğer siz Allah'ı ve Rasûlü'nü ve âhiret yurdunu istiyorsanız, artık hiç şüphe yok Allah, içinizden güzellikte bulunanlar için büyük bir ecir (mükâfat) hazırlamıştır." (Ahzâb: 28-29)

Âişe (r.a.): "Şüphesiz ben Allah'ı Rasûlü'nü ve âhiret yurdunu istiyorum" dedi. Peygamber (s.a.v)'in bütün eşleri de aynı şeyleri söylediler ve onu seçtiler.

UMRE VE SONRASI

[72]

Hudeybiye Anlaşması'nın üstünden yaklaşık bir yıl geçmişti. Kureyş'in verdiği söz gereği Peygamber (s.a.v) ve arkadaşlarının umre yapmak için Mescid-i Harâm'ı ziyaret etme zamanı gelmişti. Ölen veya savaşlarda öldürülenler hariç içlerinde geçen yılki hacıların da bulunduğu toplam ikibin hacı vardı. Hudeybiye'de bulunmayanlardan biri de Beni Devs'ten[1] Ebû Hureyre (r.a.) idi. Kabilesinden bir grupla Hayber'den sonra Medîne'ye gelmiş ve Ehl-i Suffe'ye katılmıştı. Müslüman olduktan sonra adı Abdurrahman'a çevrilmiş, fakat yine de çoğunlukla "kedilerin babası" anlamına gelen Ebû Hureyre adıyla anılmıştı. Bu ad ona, Peygamber (s.a.v) gibi kedileri çok sevdiği ve yanında sürekli bir kedi yavrusu bulundurduğu için verilmiştir. Daha sonra Peygamber (s.a.v)'in ashâbının ileri gelenlerinden biri olmuştur. Bu hac sırasında da Peygamber (s.a.v) onu kurban develerinin bakımı ile görevlendirmişti.

Kureyşliler, hacıların haram bölgeye yaklaştıklarını duyunca etraftaki tepelere çekilerek tüm vadiyi boşalttılar. Kureyş liderleri Ebû Kubeys tepesine toplandılar ve oradan mescidi gözlediler. Oradan geniş bir alanı görebiliyorlardı. Şimdi uzun bir sıra halinde kuzeybatı geçidinden hacıların şehrin hemen altındaki vadiye girdiklerini görüyorlardı. Bir süre sonra çok eskiden beri gelenek olan bir söz duymaya başladılar: *Lebbeyk Allahümme Lebbeyk* (Allah'ım, işte geldim hizmetindeyim).

Başları tıraşlı, beyaz giysili hacı kalabalığına en önde Kesva'nın üstünde olan Peygamber (s.a.v) ve yerde devesinin ipini tutan Abdullah İbn Revâha (r.a.) önderlik ediyordu. Diğerlerinin de bir kısmı develerde bir kısmı ise yayandı. En yakın yoldan doğruca Kâ'be'ye yöneldiler. Herkeste belden yukarısını örten bir kumaş parçası vardı. Mescide girildiğinde Peygamber (s.a.v) üstündeki elbiseyi düzeltti. Omuzunu açıkta bırakarak kumaşı sağ kolunun altından geçirdi, iki ucu sol omuzundan çaprazlama geçirerek öne ve arkaya sarkıttı. Diğerleri de onun gibi yaptılar. Peygamber (s.a.v) bineğinin üstünde, "Kâ'be'nin güneydoğu köşesine doğru ilerledi ve asası ile Haceru'l-Esved'e dokundu. Daha sonra Kâ'be'nin etrafını yedi kez dolaştı, yani tavaf etti. Tavaftan sonra Safa tepesinin eteklerine gitti ve Safa ile Merve arasında yedi kez gidip geldi. Sa'y adı verilen bu yürüyüş kurban devele-

---

1. Bak. Böl. 18.

rinin bulunduğu Merve tepesinde son buluyordu. Peygamber (s.a.v) orada bir deve kurban etti ve Hudeybiye'de de aynı görevi yerine getiren Hiras'a başını tıraş ettirdi. Umre farizası burada son buluyordu.

Daha sonra putlarla dolu olmasına rağmen Kâ'be'ye girmek niyetiyle Mescid-i Harâm'a doğru yöneldi. Fakat Kâ'be'nin kapıları kapalıydı ve anahtar da Abdu'd-Dâr kabilesinden bir adamdaydı. Peygamber (s.a.v) anahtarı istemek üzere bir adam gönderdi.

Fakat Kureyş liderleri bunun anlaşmada yer almadığını ve Kâ'be'ye girmenin haccın farzlarından olmadığını söylediler. Bu nedenle Müslümanlardan hiç kimse o yıl Kâ'be'ye giremedi. Fakat güneş en yüksek noktasına ulaştığında Peygamber (s.a.v) Bilâl (r.a.)'e Kâ'be'nin çatısına çıkıp ezan okumasını söyledi. Onun gür sesi tüm Mekke vadisini doldurdu ve ilk önce tekbir, daha sonra da kelime-i şehâdet sesleri Mekke etrafındaki tepelere kadar ulaştı: "Şehaâdet ederim ki, Allah'tan başka ilah yoktur. Yine şehâdet ederim ki, Muhammed Allah'ın Rasûlü'dür." Ebû Kubeys tepesindeki Kureyş liderleri Bilâl'i açıkça görebiliyorlardı ve zenci bir köleyi Kâ'be'nin çatısında görünce çok kızdılar. Bu durumun düşman için birçok ilave başarılara neden olacak bir zafer olduğunun da farkındaydılar. Bu nedenle bir yıl önce kendi lehlerine görünen anlaşmayı imzaladıklarına pişman olmuşlardı.

Hacılar boş şehirde üç gün geçirdiler. Peygamber (s.a.v)'in çadırı mescide kurulmuştu. Geceleri gizlice Müslüman olan Mekkeliler tepelerden sessizce iniyor ve Müslümanların kampında sevinçli dakikalar yaşanıyordu. Kureyş'in Müslüman olmasına ses çıkarmadığı Abbâs (r.a.), açıkça bu üç günün çoğunu Peygamber (s.a.v)'le birlikte geçirmişti. İşte bu sırada karısının kardeşi Meymûne'yi Peygamber (s.a.v)'e eş olarak teklif etmiş, o da kabul etmişti. Meymûne ve Ümmü'l-Fadl öz kardeştiler. Onların yanı sıra, Abbâs'ın evinde, bu ikisinin üvey kardeşi ve Hamza'nın dul eşi Selmâ ile kızları Ümâre de kalıyordu. Ali (r.a.) kuzenlerinin yani Hamza (r.a.)'nın kızının putperestler içinde bırakılmaması gerektiğini söyledi. Peygamber (s.a.v) ve Abbâs (r.a.) da bu öneriyi kabul ettiler. Ümâre'nin hacılarla birlikte gelen Fâtıma'nın yanına, onun devesine binmesine karar verildi.

Üç günün sonunda Sühely ve Huveytib, Ebû Kubeys'den indiler ve Sa'd İbn Ubâde (r.a.) ve bir grup ensâr ile birlikte oturan Peygamber (s.a.v)'e, "Zamanınız bitti bizden uzaklaşın" dediler. Peygamber (s.a.v), "Evliliğimi sizin aranızda yapıp, size düğün yemeği sunmam için bir süre daha burada kalmamın ne gibi bir zararı olabilir?" cevabını verdi. Onlar, "Senin vereceğin ziyafete ihtiyacımız yok, bizden uzaklaş. Ey Muhammed! Senden Allah adına ve aramızdaki anlaşma adına ülkemizi terk etmeni istiyoruz. Bu üçüncü geceydi ve geçti" dediler. Onların bu saygısız ve nezâketsizliğine Sa'd çok sinirlenmişti; fakat Peygamber (s.a.v.) onu teskîn etti ve "Ey Sa'd bizi kampımızda ziyaret edenlere kötü söz söyleme!" dedi. Daha sonra karanlık çökmeden bütün Müslümanların şehirden ayrılması için emir verdi. Fakat hizmetçisi Ebû Rafi'yi, Meymûne'yi getirmek üzere Mekke'de bıraktı. Meymûne geldiğinde haram bölgenin birkaç mil dışında Serif denilen yerde düğün yapıldı.

Bu yeni bağ, düşmanla daha önceden tahmin edilmeyen bir ilişkiye neden oldu. Meymûne, Ümmü'l-Fadl ve üvey kardeşleri Selmâ ve Esma hep bir annenin çocuklarıydı. Fakat Meymûne ve Ümmü'l-Fadl'ın babaları tarafından da 'Asma'[2] adında bir üvey kardeşleri vardı. Mahzûm'lu Velîd'in dul eşi olan 'Asma'nın Velîd'den Hâlid adında bir oğlu olmuştu. Hâlid şimdi Peygamber (s.a.v)'e hanımının yeğeni olması nedeniyle akrabalık bağıyla bağlanmış oluyordu.

Medîne'ye döndükten kısa bir süre sonra bir gün Peygamber (s.a.v) öğle uykusundan ateşli bir tartışma sesiyle uyandı. Tartışanların seslerinden onları Ali (r.a.), Zeyd (r.a.) ve Ca'fer (r.a.) olduklarını anladı. Tartıştıkça bir karara varmaktan daha da uzaklaşıyorlardı. Peygamber (s.a.v) odasının kapısını açıp dışardan onları çağırdı ve tartışma konusunun ne olduğunu sordu. Sorunun bir şeref sorunu olduğunu ve Medîne'ye geldiğinden beri Ali (r.a.)'nin evinde kalan Hamza'nın kızı Ümâre (r.a.) üzerinde hangisinin daha çok hakka sahip olduğunu tartıştıklarını söylediler. "Bana gelin" dedi. Peygamber (s.a.v) "Aranızda hükmü ben vereceğim." Hepsi oturduktan sonra ilk önce Ali (r.a.)'ye dönerek bu konuda ne düşündüğünü sordu. Ali, "O benim amcamın kızı, onu Mekke'den ben getirdim, bu yüzden onun üzerinde en çok benim hakkım var" dedi. Peygamber (s.a.v) daha sonra Ca'fer'e döndü. O da, "O benim amcamın kızı ve annesinin kız kardeşi benim evimde" dedi. Ca'fer'in karısı Esmâ (r.a.) Ümâre'nin teyzesiydi. Zeyd ise sadece, "O benim kardeşimin kızıdır" dedi. Çünkü Peygamber (s.a.v) Medîne'ye ilk geldiklerinde Hamza ile Zeyd'i kardeş yapmıştı. Hamza (r.a.) da kendi ile ilgili bütün işlere Zeyd (r.a.)'in bakmasını vasiyet etmişti. Üçü de bu şeref meselesinde kendisinin haklı olduğunu düşünecek nedenlere sahipti. Bu nedenle Peygamber (s.a.v) kararını açıklamadan önce hepsini de öven sözler söyledi. İşte o zaman Ca'fer'e: "Görünüşün ve karakterin bana benziyor"[3] demişti. Hepsini övücü sözlerle memnun ettikten sonra Ca'fer'in

---

2. Latin harfleriyle yazıldığında birbirinden ayrılması zor olsa da Esma ve 'Asma isimleri birbirlerinden farklıdır. Buradaki, 'Asma olup 'ayn' ve 'sad' ie yazılır. Esmâ ise 'elif' ve 'sin' ile yazılır.

3. I.S. IV/1,24

lehine olan kararını açıkladı. "Onun üzerinde en çok senin hakın var" dedi. "Annenin kız kardeşi de bir annedir". Ca'fer hiçbir şey söylemedi; fakat ayağa kalkıp Peygamber (s.a.v)'in etrafında dans ederek bir daire çizdi. Peygamber (s.a.v), "Ca'fer bu da ne?" diye sordu. O şu cevabı verdi: "Habeşistanlıların krallarına yaptıkları bir şeref gösterisi. Necâşî ne zaman birine sevineceği bir şey verse o adam ayağa kalkar ve onun etrafında dans eder."

Bundan kısa bir süre sonra Peygamber (s.a.v) Ümâre (r.a.) ile, kendi üvey oğlu Seleme (r.a.)'yi evlendirdi. Seleme'nin babası Ebû Seleme, Hamza'nın kız kardeşi Berre'nin oğlu olduğu için Seleme aynı zamanda Ümâre'nin kuzeni oluyordu. Bu evlilik sırasında Peygamber (s.a.v), "Şimdi Seleme'ye borcumu ödedim mi?" demişti. Bu sözleriyle Peygamber (s.a.v) Seleme, annesi Ümmü Seleme'yi kendisine verdiği için ona borçlu olduğunu ve karşılığında da ona bir gelin vererek bu borcunu ödediğini belirtmek istiyordu.

Kureyş'in ileri gelen birçok adamı Peygamber (s.a.v)'in Mekke'ye girişine şahit olmuşlardı. Fakat Hâlid ve Amr, ne Ebû Kubeys'de ne de diğer tepelerde kamp kuranlar arasında yoktu. İkisi de Peygamber (s.a.v)'in şehre yaklaşmasından kısa bir süre önce şehirden ayrılmışlardı. Ayrılış kararları birbirinden bağımsızdı ve ayrılma nedenleri de birbirinden farklıydı. Fakat bir noktada aynı görüşü paylaşıyorlardı: "Hudeybiye Anlaşması Peygamber (s.a.v) için moral bir zafer olmuştu ve onun Mekke'ye girmesi ona karşı dayanma gücünün artık yok olması anlamına geliyordu. Fakat Amr'ın İslâm'a düşmanca tutumunda bir değişiklik olmamıştı. Oysa Hâlid birkaç yıl öncesinden beri kararsızlık içindeydi. Dıştan bakıldığında bunu görmek olanaksızdı: Çünkü o Kureyş'in Peygamber (s.a.v)'e karşı yaptığı her savaşta yerini almıştı. Fakat daha sonraları, Uhud'dan ve Hendek'ten dönüşte savaşın anlamsız olduğunu ve sonunda nasılsa Muhammed'in (s.a.v) zafer kazanacağını düşündüğünü itiraf etmiştir. Peygamber (s.a.v) Hudeybiye'ye giderken, onun süvari birliğinin gözünden kaçıp gidince de Hâlid, "Bu adam gerçekten korunmuş" diye bağırdığını söylemiştir. Bu, onun İslâm'a karşı giriştiği son hareket olmuştu. Bundan sonra da Müslümanlar Hayber'de zafer kazanmışlardı.

Hâlid'i meşgul eden başka tür düşünceler de vardı: İstememesine rağmen Peygamber (s.a.v) için kişisel bir sevgi besliyordu. Ölmeden önce kardeşi Velîd'in kendisine bıraktığı mektuptan da Peygamber (s.a.v)'in kendisini sorduğunu ve "Eğer o güçlü enerjisi ile putperestlere karşı İslâm'ı desteklerse kendisi için çok iyi olur, biz de onu diğerlerine tercih ederiz" dediğini öğrenmişti. Velîd de, "Ey kardeşim, işte neleri kaybettiğini gör" diye eklemişti.

Bunların yanı sıra bir de ailesindeki bazı değişiklikler Hâlid'i etkilemişti. Uzun süreden beri Peygamber (s.a.v)'in taraftarı olan Hâlid'in annesi 'Asma (r.a.) kısa bir süre önce Müslüman olmuştu. Şimdi ise teyzesi Meymûne (r.a.) Peygamber'in eşi idi. Bu evlilikten kısa bir süre sonra Hâlid rüyasında kendisinin her tarafı kapalı ve kıraç bir ülkede olduğunu görmüştü. Daha sonra bu ülkeden çıkıp her tarafı yeşil ve verimli otlaklarla kaplı bir ülkeye gitmişti. Hâlid bunun bir rüya veya bir hayal olduğunu düşünüyordu. Bunu kendisine göre yorumlayarak Medîne'ye gitmeye karar verdi. Fakat yanında bir arkadaşla birlikte gitmek istiyordu. Kendisi gibi düşünen başka kimse yok muydu acaba? Şimdi orada olmayan Amr'ın yanı sıra, onun en yakın arkadaşları İkrime ve Safvân'dı. Hâlid, ikisini de çağırdı; fakat Safvân, "Bütün Kureyşliler Muhammed'in peşinden gitseler bile ben onun peşinden gitmem" dedi. İkrime de buna benzer bir şey söylemişti. Hâlid ikisinin de babalarını Bedir'de kaybettiklerini, Safvân'ın bir de kardeşini kaybettiğini aklından çıkarmamıştı. Üzgün olarak yalnız başına yola koyuldu. Fakat evinden ayrıldıktan kısa bir süre sonra Abdu'd-Dâr'dan Talha'nın oğlu Osman -yıllar önce Ümmü Seleme'yi Mekke'den Medîne'ye götüren adam- ile karşılaştı. Osman, Hâlid'in İkrime ve Safvân'dan daha yakın bir arkadaşıydı. Fakat daha önce geçirdiği iki deneyim Hâlid'i suskun kılmıştı. Bunun yanı sıra Osman'ın Uhud'da babasını, iki amcasını ve dört kardeşini kaybettiğini hatırlamıştı. Bir süre sessizce birlikte yol aldılar. Sonra Hâlid birdenbire konuşmaya karar verdi ve araştıran gözlerle, "Bizim durumumuz, deliğindeki tilkinin durumundan daha parlak değil. Sadece bir kova su döksen dışarı çıkmak zorunda kalır." dedi. Yüz ifadesinden Osman'ın kendisinin ne demek istediğini anladığını hisseden Hâlid, nereye ve niçin gittiğini anlattı. Zaten uzun süreden beri bu düşüncede olan Osman da onunla birlikte gelmeye karar verdi. O, evden bazı ihtiyaçlarını almak için gittiğinde, Hâlid onu beklemeyi memnuniyetle kabul etti. Ertesi sabah ikisi birlikte Medîne'ye doğru yola çıktılar.

Amr'a gelince, o İslâm konusunda İkrime ve Safvân'la aynı fikirdeydi. Fakat durumun tehlikesini onlardan daha iyi anlıyordu. Bu nedenle kendisini bir lider gibi kabul eden Sehl ve diğer kabilelerden bir grup genci birlikte Habeşistan'a gitmeye ikna etti. Onlara, eğer Muhammed (s.a.v) sonuçta zafer kazanırsa kendilerinin emin bir himaye altında olacaklarını, Kureyş kazanırsa tekrar Mekke'ye dönme olanaklarının varolduğunu söyledi. "Muhammed (s.a.v)'in yönetiminde olmaktansa Necâşî'nin yönetiminde oluruz" dedi, diğerleri de onu doğruladılar.

Amr akıllı bir politikacı ve kolayca yılmayan azimli bir adamdı. Ca'fer (r.a.) ve arkadaşlarının güçlü etkisini yok sayarak yaptığı büyük hataya rağmen, Müslümanların adını anmadan yıllarca Necâşî ile ilişkisini devam ettirmişti. Şimdi Müslümanlar o ülkeyi terk etmişler ve Medîne'ye gitmişlerdi. Amr, onların gitmesiyle Necâşî'nin yeni dine duyduğu ilginin de yok olduğunu zannediyordu. Huzura ilk çıktığında götürdüğü deri hediyeler memnuniyetle kabul edildi. Necâşî o denli memnun gözüküyordu ki Amr himaye istemeye karar verdi. Fakat bu izni isterken, Muhammed (s.a.v)'den küçümseyerek bahsetti. Ama bu, kralın birdenbire çok sinirlenmesine neden oldu. Amr çok şaşırmıştı: Necâşî'nin söylediklerinden, kendisi için bu ülkede bir gelecek kurabilmesinin -deri hediyelerden çok-Müslüman olmasına bağlı olduğu ortaya çıkıyordu. Bu himayeyi İslâm'dan kurtulmak için istemişti. Fakat şimdi yeni dine karşı koyma gücü zayıflamaya başlıyordu. Muhammed (s.a.v)'in peygamberliğini kasdederek "Ey kral, buna gerçekten şehadet ediyor musun?" dedi. Necâşî, "Tanrı huzurunda buna şehadet ediyorum" dedi. "Ey Amr! Benim söylediğimi yap ve onu izle. Tanrı'ya andolsun o hak. Mûsâ'nın Firavun ve taraftarlarına galip gelmesi gibi, o da önüne konulan tüm engellere galip gelecek."[4]

Tarih, Amr'ın arkadaşlarının isimlerini ve ne yapmaya karar verdiklerini kaydetmemiş. Fakat Amr kendisini Yemen sahillerine götüren bir gemiye bindi. Sahile vardığında bir deve ve birçok yiyecek alıp kuzeye doğru yola çıktı. Mekke'den Medîne'ye giden sahil yolundaki ilk konaklardan biri olan Hedde'ye vardığında. Hâlid ve Osman'la karşılaştı. Yolculuğun geri kalan bölümünü birlikte yaptılar.

Üçü de Medîne'de sevinçle karşılandılar. Hâlid, Peygamber (s.a.v) hakkında, "Selâmımı aldığında yüzü parlıyordu" dedi. İlk biat eden Hâlid oldu. "Allah'tan başka ilah olmadığına ve senin Allah'ın rasûlü olduğuna şehadet ederim" dedi. "Seni hidayete ulaştıran Allah'a hamdolsun" dedi. Peygamber (s.a.v), "Her zaman sende, seni sonuçta iyiden başka bir şeye götürmeyecek olan bir akıl görürdüm." "Ey Allah'ın Rasûlü" dedi, Hâlid (r.a.): "Hakka engel olmak için yapılan savaşların hepsinde sana karşı savaştığımı gördün. Allah'a dua et de Allah bunları affetsin." Peygamber (s.a.v), "İslâm kendisinden önce her şeyi kesip atar" dedi. "Bu kadar çok olsa da mı?" dedi, Hâlid. Hâlâ yüzünde üzüntü izleri taşıyordu.Bu nedenle Peygamber (s.a.v), "Allah'ım! Hâlid'i senin yoluna koyduğu engeller nedeniyle cezalandırma, affet" diye dua etti.[5] Daha sonra Osman (r.a.) ve Amr (r.a.) da kelime-i şehâdet getirdi. Amr daha sonraları, o anda Peygamber (s.a.v)'e duyduğu saygıdan başını kaldırıp onun yüzüne bakamadığını anlatırdı.

---

4. W. 743.
5. W. 741-9.

Amr'ın kardeşi ve Ömer (r.a.)'in kuzeni olan Hişâm,[6] Hendek Savaşı'ndan kısa bir süre önce Mekke'den Medîne'ye kaçmıştı. Daha sonra ona Amr'ın oğlu olan yeğeni Abdullah da katılmıştı. Abdullah on altı yaşında bir gençti ve çok samimi bir Müslümandı, çoğu günü oruçlu geçirirdi. Sahâbe arasında en bilgili kişilerden biri olmayı da başarmıştı. Peygamber (s.a.v) ona kendi sözlerini yazma izni vermişti. Abdullah ve Hişâm, hep Amr'ın Müslüman olması için dua ediyorlardı. Bu nedenle Medîne'de tekrar bir araya gelmeleri hem Amr, hem de onlar için büyük bir sevinç unsuru oldu.

Bu aylarda sevince neden olan olaylardan ikisi de Ca'fer (r.a.) ve Ali (r.a.)'nin ağabeyi Akîl (r.a.) ile Mut'im'in oğlu Cübeyr (r.a.)'in Müslüman olmasıydı. Bedir'de alınan esirleri fidye karşılığı geri almak üzere geldiğinde Cübeyr'in kalbine yerleşen inanç, artık bir kenara atılmayacak dereceye gelmişti. Akîl (r.a.) biat etmek için geldiğinde, Peygamber (s.a.v) ona, "Seni iki tür sevgi ile seviyorum; biri bana akrabalık bağı olarak yakın olman, ikincisi ise sana amcam için beslediğim sevgi" dedi.[7]

6. Bak. Böl. 35.

7. I.S. IV/2, 30.

ÖLÜMLER VE BİR DOĞUM VAADİ

[73]

Hicret'in sevinç dolu bu sekizinci yılının başlarında aynı zamanda bazı üzüntüler de yaşanıyordu. Peygamber (s.a.v)'in ailesinde meydana gelen ölümlerden ilki, kızı Zeyneb'in ölümüydü. Babası ölürken Zeyneb'in yanındaydı, damadına ve torununa teselli dolu sözler söyledi. Daha sonra Sevde ve Ümmü Seleme (r.a.) ile birlikte Ümmü Eymen (r.a.)'e cenazeyi gömülmeye hazır hale getirmelerini söyledi. Ölüye gusül abdesti aldırdıktan sonra Peygamber (s.a.v) içine giydiği bir elbiseyi çıkardı ve onlara cenazeyi bu kumaşa sarmalarını söyledi. Daha sonra cenaze namazını kıldırdı ve mezarın başında dua etti.

Peygamber (s.a.v)'e çocuk doğuran tek karısı Hatîce idi. Medîneliler, Peygamber (s.a.v)'in Medîne'de de bir çocuğunun doğmasını istiyorlardı. Şu anda yaşayan eşleri arasında sadece ikisinin -Ümmü Seleme (r.a.) ve Ümmü Habîbe (r.a.) -kendisinden önceki kocalarından çocukları olmuştu. Her yeni evlilikte Medîneliler bir çocuk doğması ümidiyle sevince kapılıyorlar; fakat bir müddet sonra tüm sevinçleri yok oluyordu. Çünkü Peygamber (s.a.v)'in Hatîce'den sonra evlendiği hiçbir kadından çocuğu olmamıştı. Fakat kızının ölümünden kısa bir süre sonra, onun tekrar baba olacağı ortaya çıktı. Kıptî cariyesi Mâriye bir çocuk bekliyordu. Medîneliler, Peygamber (s.a.v)'in onu çok sevdiğini bildikleri ve onu sevindirmek istedikleri için zaten Mâriye'ye çok iyi davranıyorlardı. Bu haberi duymalarıyla ona besledikleri sevgi ve ilgi iki katına çıktı.

Umre'den döndükten yaklaşık üç ay sonra Peygamber (s.a.v), Suriye sınırındaki kabilelere barışçıl amaçlarla on beş elçi gönderdi. Fakat onların dostça selamlarına ok yağmuru ile cevap verildi. Dövüşmek zorunda kalan elçilerin biri hariç hepsi öldürüldü.

Bir tek ölümle sonuçlanan, fakat daha büyük politik öneme sahip olan bir olay daha meydana geldi. Peygamber (s.a.v) daha önceden Dihye el-Kelbî'yi Kayser'e yazdığı ve cevap alamadığı mektupla birlikte Busra valisine göndermişti. Gassan'lı bir kabile başkanı, Busra'ya gönderilen ikinci elçinin yolunu kesmiş ve elçiyi öldürmüştü. Çoğunlukla Hıristiyan olan Gassan'lıların Kayser'in elçisinden yardım isteme riskine rağmen, bu tür bir hareket cezasız bırakılamazdı.

Peygamber (s.a.v), üç bin kişilik bir ordu topladı ve Zeyd (r.a.)'in kumandasında Gassan'lılara gönderdi. Eğer Zeyd (r.a.) öldürülürse yerine

Ca'fer (r.a.), o öldürülürse Abdullah İbn Revâha (r.a.) geçecekti. Üçü de öldürülürse, ordu kumandanını kendi seçecekti. Daha sonra Peygamber (s.a.v) Zeyd'e beyaz bir sancak verdi ve diğer arkadaşlarıyla birlikte, orduyu Uhud'un kuzeyindeki iki tepe arasındaki veda geçidine kadar yolcu etti.

Abdullah'ın yanında velâyeti altında olan yetim bir çocuk vardı, onu semerin arkasına bindirmişti. Yol boyunca çocuk, Abdullah'ın Suriye sınırları içinde kalma isteğini ifade eden mısralar okuduğunu duydu. "Bu mısraları duyunca ağladım" dedi çocuk, "Benim ağladığımı görünce kamçısının ucu ile bana dokundu ve 'Zavallı arkadaşım, niye üzülüyorsun? Eğer Allah bana şehitlik nasib eder; ben de bu dünyadan, meşakkatlerinden, dertlerinden, acılarından ve olaylarından kurtulursam, sen semerin üstünde rahat olarak geri döneceksin' dedi. Bundan sonra, geceleyin yapılan bir molada iki rekat namaz kıldı ve arkasından uzun süre dua etti. Daha sonra beni çağırdı. Ben, 'Buradayım, emrindeyim' dedim. O, 'İnşallah bu şehadettir' dedi."[1]

Ordu Suriye sınırına geldiğinde, sadece tüm kuzey kabilelerinin değil, Kayser'in temsilcisinin de birleşip kendilerine karşı savaşacağını duydular. Hepsi birlikte ordunun yüz bin kişi kadar olduğu söyleniyordu. Tabii ki bunda abartma payı da vardı. Bununla birlikte Zeyd (r.a.) bir savaş konseyi toplamaya karar verdi. Adamların çoğu bu durumun hemen Peygamber (s.a.v)'e bildirilmesi gerektiği kanaatindeydiler. Peygamber (s.a.v) ya onlara geri dönme emri verir ya da yardımcı kuvvet gönderirdi. Fakat Abdullah bu fikre karşı çıktı. Konuşmasını Uhud'dan önce söylenen ve gelenekte birçok savaştan önce söylenecek olan karşı konulamayacak bir cümle ile bitirdi: "Önümüzde iki iyi şeyden biri var; ya zafer ya şehitlik -Cennet bahçelerindeki kardeşlerimize katılıp onlara arkadaşlık etmek- O halde haydi ileri!"

Abdullah'ın bu sözleri etkili oldu ve ordu kuzeye doğru ilerlemeye devam etti. Şimdi uzun ve derin yatağından doğu sınırında yükselen tepelerle ayrılmış olan Ölü Deniz'in güney ucundan çok uzakta değillerdi. Birkaç saatlik yürüyüşten sonra düşmanı gördüler. Bizans kuvvetleriyle birleşmiş olan Arap ordusunun gerçek sayısı ne olursa olsun, Müslümanlar ilk bakışta onların kendilerinden kat kat fazla olduğunu fark ettiler. Sayıca bu kadar dengesiz bir savaş deneyimleri yoktu ve hiçbiri şimdiye kadar imparatorluğun süvarilerinde gördükleri kadar zengin savaş aletleriyle karşılaşmamıştı. Bizans süvarileri ortada, Arap kuvvetleri ise iki yanında yer alıyordu. Bedir'de Akankal tepelerinden inen Kureyş ordusunun şimdi gördükleri orduyla karşılaştırıldığında çok az silah ve zırhı vardı. Bunun yanı

1. W. 759.

sıra düşman ordusu onların gelişini bekliyordu ve lejyonlar savaş konumunda onları karşılamaya hazır bekliyorlardı.

Arazinin eğimi kendi aleyhlerine olduğu için hemen karşı karşıya gelmekten kaçınan Zeyd (r.a.), güneye, Mu'te'ye doğru çekilme emri verdi. Orada arazi bakımından avantajlı olacaklardı ve savaş düzenine girme fırsatları olacaktı. Sayıca çok fazla olduklarının farkında olan düşman ordusu, Müslüman ordusunu Mu'te'ye kadar izledi. Düşman ordusu yaklaştığında, onların beklediği gibi geri çekilme yerine Zeyd, saldırı emri verdi.

O anda Peygamber (s.a.v) için Medîne ile Mu'te arasındaki uzaklık yok olmuştu. Peygamber (s.a.v) beyaz sancağı ile Zeyd'in orduyu nasıl düşmana doğru ilerlettiğini görüyordu. Onun yere düşene kadar birçok ölümcül yara aldığını, arkasından sancağı Ca'fer (r.a.)'in alıp onun da şehid olana kadar savaştığını gördü. Daha sonra sancağı Abdullah aldı. Onun yönettiği saldırı düşmanın ölüm saçması ve kendisinin de şehadetiyle sonuçlandı; adamları düzensiz bir şekilde geri çekildiler. Ensârdan biri olan Sâbit İbn Erkam (r.a.) sancağı aldı ve Müslümanlar tekrar düzene girdiler. Bunun üzerine Sâbit sancağı Hâlid'e vermek istedi. Fakat Hâlid (r.a.) bu şerefe Sâbit (r.a.)'in daha çok hakkı olduğunu söyleyerek kabul etmedi. Sâbit, "Al şunu! Ben sadece sana vermek için onu yerden almıştım" dedi. Bunun üzerine Hâlid kumandayı aldı ve safları birbirine yaklaştırdı. Düşmanın düzenli yaklaşmasını değerlendirip Müslümanların iyi bir saldırı düzeni kurmaları için geri çekilmelerini sağladı. Saldırı karşı tarafın zaferiyle sonuçlandı; fakat bu başarıdan hiçbir şey elde edemediler. Müslümanlardan ise, üç lider dışında sadece beş kişi şehid olmuştu. Bu nedenle bu bir bakıma Hâlid (r.a.) için bir zaferdi. Peygamber (s.a.v) savaşta Zeyd (r.a.), Ca'fer (r.a.) ve Abdullah (r.a.)'ın arka arkaya şehadetini anlattıktan sonra, "Daha sonra Allah'ın kılıçlarından biri sancağı aldı ve Allah onlar için yolu açtı" dedi. Yani Müslümanları güvene kavuşturan yolu açtı, demek istiyordu. Bu günden sonra Hâlid'e "Allah'ın kılıcı" adı verildi.

Peygamber (s.a.v) savaşı anlatırken gözlerinden yaşlar boşanıyordu. Namaz vakti geldiğinde namazı kıldırdı ve her zaman yaptığının aksine, topluluğa yüzünü dönmeden, mescidden ayrıldı. Akşam ve yatsı namazlarında da aynen böyle yaptı.

O sırada Ca'fer'in evine gitmiş ve, "Ey Esmâ! Bana Ca'fer'in çocuklarını getir" demişti. Yüzündeki ifadeden şüphelenen Esmâ çocukları getirdi. Peygamber (s.a.v) onları öptü ve gözleri tekrar yaşlarla doldu. Esmâ, "Ey Allah'ın Rasûlü! Ey bana anamdan ve babamdan daha sevgili olan! Seni ağlatan ne? Yoksa Ca'fer ve arkadaşlarından haber mi aldın?" dedi. "Evet" dedi.

Peygamber (s.a.v), "Bugün vuruldular." Esmâ acı dolu bir çığlık attı, onu duyan diğer kadınlar yardıma geldiler. Peygamber (s.a.v) evine döndü ve birkaç gün süresince Ca'fer'in ailesine yemek hazırlanmasını emretti. "Acıları, onları, kendi ihtiyaçlarını karşılayamayacak kadar meşgul ediyor" dedi.

Ümmü Eymen (r.a.), Üsâme (r.a.) ve Zeyd (r.a.)'in ailesinden diğerleri Peygamber (s.a.v)'in evinde idiler. Onlara daha önceden Zeyd (r.a.)'in ölüm haberini vermişti. Eve dönerken Zeyd (r.a.)'in küçük kızının sokakta ağladığını gördü. Çocuk, onu görünce koştu ve kollarına atıldı. Peygamber (s.a.v) şimdi kendini tutamayarak ağlıyordu. Çocuğu göğsüne bastırdığında tüm vücudu hıçkırıklarla sarsılıyordu. Sa'd İbn Ubâde (r.a.) o sırada oradan geçiyordu. Kendi kendine teselli edecek bir şeyler araştırarak, "Ey Allah'ın Rasûlü, bu da ne?" diye mırıldandı. Peygamber (s.a.v), "Bu maşukunu arzulamayı seven biri" cevabını verdi.[2]

O gece Peygamber (s.a.v) rüyasında Cennet'i gördü. Zeyd (r.a.), Ca'fer (r.a.), Abdullah ve savaşta şehid olanların hepsi cennetteydiler. Ca'fer (r.a.)'i melekler gibi uçarken gördü. Şafakta mescide gitti. Ashâb onun üzüntüsünün hafiflediğini fark ettiler. Namazdan sonra her zaman yaptığı gibi topluluğa döndü. Daha sonra Esmâ'ya gitti ve rüyasını anlattı. Esmâ teselli olmuştu.

Hâlid (r.a.) ve adamları Medîne'ye döndüğünde Peygamber (s.a.v) Mukavkıs'ın kendisine hediye ettiği beyaz katırı -Düldül- istedi. Ca'fer (r.a.)'in en büyük oğlunu bu katıra bindirerek karşılamaya gitti. Medîneli kadın ve erkekler yollara dökülmüştü. Ordu yanlarından geçerken onlara alaylı sözler soylediler ve kum attılar; "Kaçaklar!" diye bağırdılar. "Allah yolunda savaştan kaçtınız mı?" "Hayır" dedi, Peygamber (s.a.v); "onlar kaçak değil, fakat inşallah tekrar savaşa gitmek için geri dönenler."[3]

Mu'te'deki geri çekilme, kuzeydeki Arap kabilelerine, yeni İslâm devletine karşı koyma cesareti verdi. Bundan bir ay sonra Belî ve Kuda'a kabilelerinin güneye yürümek amacıyla Suriye sınırında toplandıkları haberi geldi. Fakat bu kez Kayser'in orduları yardıma gelmemiş görünüyordu. Peygamber (s.a.v) Amr (r.a.)'ı üç yüz kişi ile birlikte gerektiğinde savaşmak, mümkün olduğunda da müttefik kazanmak üzere gönderdi. Amr (r.a.)'ın kumandan olarak seçilmesinin nedeni, bu kabilelerden biriyle Amr'ın akrabalık bağının olmasıydı. Amr'ın annesi Belî kabilesinden bir kadındı. Amr ordusuyla gece yolculuk yaparak ve gizli yerlerde kamplar kurarak dikkati çekmeksizin on gün içinde Suriye sınırına ulaştı. O yıl kış erken gelmişti.

---

2. I.S. III/1, 32.

3. W. 765.

Bu kadar kuzeyde yaşamaya alışık olmayan Mekkeli ve Medîneliler son kamplarını kurar kurmaz hemen yakacak aramaya başladılar. Fakat Amr, küçücük bir ateş yakmayı bile yasakladı. Karşı gelenler şu sözlerle susturuldu: "Siz beni dinleyip itaat etmekle emrolundunuz, o halde öyle yapın."

Amr, düşmanın beklediklerinden daha fazla sayıda toplandığını fark edince, şimdilik yerel yardımların da gelmeyeceğini tahmin ettiği için, hemen Cuheyne'li bir adamı Peygamber (s.a.v)'den yardımcı kuvvet istemesi için gönderdi. Ebû Ubeyde (r.a.) derhal iki yüz kişilik ek kuvvetle geldi. En yakın sahabelerden biri olduğu ve daha önceki bütün savaşlarda rol aldığı için Ebû Ubeyde (r.a.) kendisinin yetkili olmasını istiyordu. Fakat Amr (r.a.), yeni gelenlerin sadece yardımcı kuvvet olduğunu ve kendisinin genel kumandan olması gerektiğini vurguladı. Peygamber (s.a.v) Ebû Ubeyde (r.a.)'ye, iki kuvvet arasında tam bir birlik olmasına ve ayrılık olmamasına dikkat etmesini tenbih etmişti. Bu yüzden Ebû Ubeyde (r.a.) isteğinden vazgeçti ve Amr'a, "Eğer sen bana itaat etmeyeceksen, Allah'a andolsun ben sana itaat edeceğim" dedi. Peygamber (s.a.v) bu sözleri duyduğunda Ebû Ubeyde'ye rahmet diledi.

Amr, beş yüz kişilik ordusunu Suriye sınırından geçirip ilerlediğinde düşman dağıldı. Sadece kısa süren karşılıklı bir ok yağmuru oldu. Geri kalanı, oturanların kaçtığı boş kamp yerleriyle karşılaşmaktan ibaretti. Düşman kabileler orada olmadığı için, dost unsurlar -kişiler ve gruplar- ortaya çıktılar. Bu nedenle Amr (r.a.), Peygamber (s.a.v)'e Suriye sınırında İslâm'ın etkisini tekrar kurduğunu belirten bir mektup gönderdi.

Bu etki, artık Medîne vahasının her tarafındaki kabilelere yayılıyordu. Nedenler sadece manevî değildi. Artık Peygamber (s.a.v) tehlikeli, hesaba gelmez bir düşman ve güçlü, güvenilir ve cömert bir müttefik olarak tanınıyordu. O'nunla karşılaştırıldığında diğer müttefikler daha az çekici ve daha zararlı idi. Bazı durumlarda politik ve dinî dürtüler birbirinden ayrılamayacak denli bir bütün teşkil ediyordu. Fakat yavaş yavaş ilerleyen yine de güçlü ve etkili olan, politikadan ve mü'minlerin İslâm mesajını yaymak için yaptıkları açık girişimlerden bağımsız bir faktör vardı. Bu da yeni dini uygulayanları karakterize eden belirgin bir huzurdu. Allah'ın birliğini gösteren Kur'ân, aynı zamanda bir Rahmet ve Cennet kitabıydı. Rasûl'ün öğretileriyle birlikte onun âyetlerinin okunması, mü'minleri kapasiteleri dahilinde bazı şartları yerine getirdiklerinde kolayca ebedî saâdete kavuşabileceklerinden emin kılıyordu. Ortaya çıkan huzur, bir iman kriteri idi. Peygamber (s.a.v) şöyle diyordu: "Şartlar ne olursa olsun, inanan için hepsi iyidir."[4]

4. N.XXI, 13.

ANLAŞMANIN BOZULMASI

[74]

Anlaşmaya rağmen Bekr kabilesinden bir grup, Huza'a kabilesi ile aralarında varolan kan davasını sürdürüyordu. Amr (r.a.)'ın Suriye'ye gitmesinden kısa bir süre sonra Bekr'in bir kolu bir gece Huza'a'ya baskın yaptı ve onlardan birini öldürdü. Meydana gelen çatışmada -çatışmanın bir bölümü haram bölgede yapılmıştı- Kureyş'liler müttefiklerine silah vererek yardım ettiler. Gece karanlığında bir veya iki Kureyş'li de çatışmaya katıldı Huza'a kabilesinin Benî Kâ'b kolu, derhal Medîne'ye Peygamber'e (s.a.v) haber veren ve yardım isteyen bir grup heyet gönderdiler. Peygamber (s.a.v) onlara kendisine güvenebileceklerini söyledi ve ülkelerine geri gönderdi. Onlar gittikten sonra Âişe'ye gitti. Yüzünden çok sinirli olduğu anlaşılıyordu. Gusül etmek için bir miktar su istedi. Suyu üstüne dökerken Âişe (r.a.) O'nun, "Eğer Ka'b oğullarına yardım etmezsem, ben de yardım edilmeyeyim"[1] dediğini duyuyordu.

O sırada Mekkeliler olayların muhtemel sonuçlarını düşünerek tedirgin oldular. Bu nedenle, eğer gerekirse, Peygamber (s.a.v)'i yatıştırmak üzere Ebû Süfyân'ı gönderdiler. Ebû Süfyân yolda geri dönen Huza'alı elçilere rastladı ve çok geç kalmış olmaktan korktu. Peygamber (s.a.v)'in düşünceli halini görünce korkusu daha da arttı. "Ey Muhammed!" dedi, "Hudeybiye antlaşmasında ben yoktum. Müsaade et de şimdi bu antlaşmayı güçlendirelim ve uzatalım." Peygamber (s.a.v) onun ricasını şu soruyla cevapladı: "Sizin tarafınızdan hiç onu bozan oldu mu?" Ebû Süfyân tedirgin bir şekilde, "Allah korusun!" dedi. Peygamber (s.a.v), "Biz de aynı şekilde Hudeybiye'de yaptığımız anlaşmaya aynı süre için uyuyoruz. Onu değiştirmeyeceğiz. Onun yerine başka bir anlaşmayı da kabul etmeyeceğiz" dedi. Daha fazla söyleyecek bir şeyi olmadığı anlaşılıyordu. Bu nedenle Ebû Süfyân kendisine yardım etmesi ümidiyle kızı Ümmü Habîbe'ye gitti. On beş yıldan beri görüşmüyorlardı. Odada oturulacak en iyi yer Peygamber (s.a.v)'in kilimiydi. Ebû Süfyân orada oturmaya niyetlendiğinde, kızı kilimi hemen onun altından çekti. Babası, "Küçük kızım" dedi; "bu kilim mi benden daha değerli, yoksa ben mi bu kilime oturmayacak kadar değerliyim?" Kızı, "Bu Peygamber (s.a.v)'in kilimi, sen ise putperestsin ve temiz

---

1. W. 791.

değilsin" dedi. Daha sonra şunları ekledi: "Babacığım sen Kureyş'in büyüğüsün ve onların liderisin. Nasıl oldu da İslâm'a girmedin ve nasıl oldu da, ne gören ne de duyan taşlara tapıyorsun?" Ebû Süfyân, "Allah Allah!" dedi. "Muhammed'in dinine uymak için atalarımın yaptığı şeylerden mi vazgeçeceğim?" Kızından hiçbir yardım göremeyeceğini anlayan Ebû Süfyân, anlaşmayı yenilemek için aracı olmalarını istediği Ebû Bekir (r.a.) ve diğer sahâbilere gitti. Çünkü Peygamber açıkça söylemediği halde o, bir önceki çatışma nedeniyle anlaşmanın bozulduğundan artık emindi. Fakat bu aynı zamanda anlaşmanın tekrar yenilenmesine sebep teşkil edebilirdi. Yani eğer nüfuzlu bir adam, iki grup arasında teker teker genel bir himaye açıklaması yaparsa kan dökülmesine engel olunabilirdi. Ebû Süfyân bu seçeneği Ebû Bekir'e önerdi. Fakat o sadece, "Ben Allah'ın Rasûlü'nün verdiği himaye sınırları içinde himaye verebilirim" dedi.

Diğerleri de hemen hemen aynı cevabı verdiler. Ebu Süfyân son olarak iki kardeş olan Hâşim ve Abdu Şems'in torunları oldukları için akrabalık bağlarına güvenerek Ali (r.a.)'nin evine gitti. Fakat Ali şu cevabı verdi: "Yazıklar olsun sana Ebû Süfyân! Allah'ın Rasûlü senin teklifini geri çevirmeye karar verdi. Hiç kimse onun aleyhinde olduğu bir konu hakkında O'ndan olumlu bir ricada bulunamaz." Çünkü sahabiler Kur'ân'da Peygamber'e de şöyle dendiğini biliyorlardı:

"İş konusunda onlarla müşâvere et. Eğer azmedersen Allah'a tevekkül et." (Âl-i İmrân: 159)

Onlar Peygamber'in bir şeye karar verdiğinde artık onu kararından vazgeçirmenin imkânsız olduğunu deneyimlerinden biliyorlardı. Ebû Süfyân şimdi de kucağında Hasan'la yerde oturan Fâtıma (r.a.)'ya dönmüştü: "Ey Muhammed (s.a.v)'in kızı!" dedi. "Küçük oğluna, tek tek insanlar arasında himaye kurmasını emret ki, sonsuza dek Arapların başkanı olabilsin." Fakat Fâtıma (r.a.), çocukların himaye edemeyeceklerini söyledi. Ebû Süfyân tekrar Ali (r.a.)'ye döndü ve ne yapması gerektiği konusunda ondan yalvararak yardım istedi. "Başka çaresi yok" dedi, Ali; "Sen kalkıp tek tek insanlar arasında himaye kurmalısın. Sen Kinâne'nin başkanısın." Ebû Süfyân, "Bu bana bir şey kazandırır mı?" diye sordu. "Vallahi zannetmem" dedi. "Fakat bence yapabileceğin başka bir şey yok". Bunun üzerine Ebû Süfyân, mescide gitti ve yüksek sesle: "Dinleyin, ben insanlara teker teker himaye veriyorum. Muhammed'in de beni onaylamaktan geri kalacağını zannetmiyorum" dedi. Daha sonra Peygamber (s.a.v)'e gitti ve, "Ey Muhammed! Benim verdiğim himayeyi reddedeceğini zannetmiyorum" dedi. Fakat Peygamber (s.a.v) sadece şu cevabı verdi: "Ey Ebû Süfyân! Bu senin düşüncen."[2]

Peygamber (s.a.v) sefer hazırlıklarına başlanmasını emretti. Ebû Bekir kendisinin de sefere hazırlanmasının gerekip gerekmediğini sordu. Peygamber (s.a.v) ona hazırlanması gerektiğini ve Kureyş'e karşı sefere çıktıklarını söyledi. Ebû Bekir (r.a.), "Anlaşma süresinin bitmesini beklememiz gerekmez mi?" dedi. Peygamber, "Onlar bize ihanet ettiler ve anlaşmayı bozdular" dedi. "Ben de onların üstüne yürüyeceğim. Fakat sana söylediğim şeyi bir sır olarak sakla. İsteyen Allah'ın Rasûlü'nün Suriye için hazırlandığını zannetsin, isteyen Taif, isteyen de Hevâzin üzerine yürüyeceğimi düşünsün. Allah'ım! Kureyş'in bizi görmemesini ve yaptığımız hazırlıktan haber almamasını sağla. Böylece onları aniden ülkelerinde bastırabilelim." Bu duasına cevap olarak Allah'tan, Hâtib adındaki bir muhâcirin sırrı öğrendiğini ve uyarmak üzere Kureyş'e bir mektup gönderdiğini bildiren bir haber geldi. Hâtib mektubu Mekke'ye gitmekte olan Muzeyne'li bir kadına vermişti. Kadın mektubu saçlarının arasına saklamıştı. Peygamber Zübeyr (r.a.) ve Ali (r.a.)'yi onun arkasından gönderdi. Ali (r.a.) ve Zübeyr (r.a.) mektubu kadının çantasında bulamayınca, onu üzerini aramakla tehdit ettiler. Bunun üzerine kadın mektubu verdi. Onlar da Peygamber (s.a.v.)'e götürdüler. Peygamber (s.a.v) mektubu yazanı yanına çağırttı. "Ey Hâtib, bunu niçin yaptın?" diye sordu. Hâtib, "Ey Allah'ın Rasûlü! Ben gerçekten Allah'a ve Rasûlü'ne inanıyorum. Ben ne imanımı değiştirdim, ne de onun yerine gönlüme bir şey yerleşti. Fakat ben Mekke'de nüfûzu ve güçlü akrabaları olmayan bir adamım. Aralarında yaşayan oğlum ve ailem için onların desteğini kazanmak istedim" dedi. Ömer (r.a.), "Ey Allah'ın Rasûlü, bırak da kafasını uçurayım. Bu adam bir münafık" dedi. Fakat Peygamber (s.a.v) ona, "Ey Ömer! Allah'ın Bedir Savaşı'na katılanlara bakıp da 'ne isterseniz yapın, çünkü sizi affettim' demediğini ne biliyorsunuz?"[3] dedi.

Peygamber (s.a.v) yardımlarına güvenebileceği bazı kabilelere de gelecek ayın, yani ramazanın başında Medîne'de bulunmalarını haber veren elçiler gönderdi. Bedevîler bu isteğe samimiyetle karşılık verdiler. Kararlaştırılan gün geldiğinde, o zamana kadar Medîne'den yola çıkan en büyük ordu toplanmıştı. Hiçbir sağlıklı Müslüman geride kalmamıştı. Muhâcirler yedi yüz kişiydiler ve üç yüz atları vardı. Ensâr ise dört bin kişiydi ve beş-

---

2. I-I. 809-10.
3. Bak. Böl. XXI.

yüz atları vardı. Yola çıktıktan sonra orduya katılan kabilelerle birlikte toplam on bin kişi oluyorlardı. Atlılar, develerle yolculuk ettiler; ve atlarını yedeklerinde götürdüler. Sahâbeden Peygamber'e çok yakın olan birkaç kişi hariç hiç kimse düşmanın kim olduğunu bilmiyordu.

Yarı yola geldiklerinde, Abbâs, Ümmü'l-Fadl ve oğullarıyla karşılaştılar. Abbâs artık Mekke'den ayrılıp Medîne'de yaşamaya başlama zamanının geldiğine karar vermişti. Peygamber (s.a.v) onlara da sefere katılmalarını teklif etti. Onların bu teklifi kabul etmesi, en çok Peygamber'le birlikte gelen Meymûne'yi sevindirmişti.

Ümmü Seleme (r.a.) de Peygamber'le birlikteydi. Verdikleri molalardan birinde Ümmü Seleme'ye, iki Kureyş'linin kendisini görmek istediği söylendi. Onlardan biri üvey kardeşi, yani babası ile Peygamber (s.a.v)'in halası Atîke'in oğlu Abdullah idi. Diğeri ise Peygamber'in en büyük amcası Hâris'in oğlu şair Ebû Süfyân idi. Bir zamanlar Halîme onu da emzirmişti. Ebû Süfyân yanında küçük oğlu Ca'fer'i de getirmişti. Gelenlerin ikisi de vahiyden önce Peygamber'e çok yakındılar, fakat vahy gelmeye başlayınca ona sırt çevirmişlerdi. Şimdi ise ondan af dilemeye gelmişlerdi. Ve Ümmü Seleme (r.a.)'den aracı olmasını istiyorlardı. Ümmü Seleme (r.a.) Peygamber (s.a.v)'e gitti ve "Karının kardeşi, yani halanın oğlu ve senin süt kardeşin olan amcanın oğlu buradadır" dedi. Fakat Peygamber (s.a.v), "Onları görmek için ben çağırmadım. Kardeşim -yani Ümmü Seleme'nin kardeşi- bana söyleyeceğini Mekke'de söyledi. Amcamın oğluna gelince, o bana leke getirdi" cevabını verdi. Ebû Süfyân şiirlerinde onu taşlamıştı. Ümmü Seleme onlar için yalvardı, fakat bunun bir faydası olmadı. Bunu Ebû Süfyân'a haber verince o; "Ya beni görmeyi kabul edecek, ya da ben oğlumun elinden tutup çöle gideceğim, açlık ve susuzluktan ölene kadar ilerleyeceğim. Sen -Peygamber'i kasdediyordu- akrabalık bağımız bir yana, en çok üzülen kişi olacaksın" dedi. Ümmü Seleme (r.a.) bunları Peygamber (s.a.v)'e anlattığında, Peygamber onlara acıdı[4] ve onları çadırında kabul etmeye razı oldu. İkisi de onun çadırına gelip Müslüman oldular.

Yolculuk sırasında Peygamber (s.a.v), yolun kenarında yeni doğmuş yavrularını emziren yere uzanmış bir dişi köpek gördü ve adamlarından birinin onu rahatsız etmesinden korktu. Bu nedenle, Demre'li Cu'ayl'e herkes yoldan geçene kadar köpeğin yanında beklemesini söyledi.[5] Peygamber (s.a.v)'in bu adama Amr adını vermesine rağmen, Cu'ayl adı hâlâ kullanılıyordu.

---

4. W. 811.

5. W. 804.

Kudeyd'de orduya, Benî Süleym'den dokuz yüz atlı daha katıldı. Onların sözcülerinden biri, "Ey Allah'ın Rasûlü!" dedi; "Sen bizi iki yüzlü zannediyorsun, oysa biz senin dayılarınız -sözcü kendi kabilelerinden olan Hâşim'in annesi Atîke'yi kasdediyordu-. Bu nedenle bizi sınaman için geldik. Biz savaşta sebat sahibi, çatışmada cesur ve eğer üzerinde sağlam duran adamlarız."

Medîne'den yola çıkan ana kuvvet gibi onlar da kendi bayrak ve flamalarını getirmişlerdi; fakat bunlar hemen açılmamış, sarılı duruyorlardı. Peygamber'den bayraklarını açmak için izin istediler ve ondan aralarında bir sancaktar seçmesini rica ettiler. Fakat sancakların açılma zamanı henüz gelmemişti. Çünkü onlara henüz nereye gittikleri bile söylenmemişti.

Yola çıkarken Peygamber (s.a.v) bir adam göndererek tüm orduya şu ilanı vermesini emretmişti: "Kim orucunu tutmak isterse bırakın tutsun, kim de orucunu açmak isterse bırakın açsın." Ramazanda yolculuk söz konusu olduğunda, ramazandan sonra tutmak şartıyla oruç açma izni verilmişti. Peygamber ve çoğu kişi haram bölgeye yaklaşıncaya kadar oruçlarını bozmadılar. Yaklaştıkları zaman Peygamber, oruç açma emri verdi. Merr ez-Zehran'da konakladıkları zaman, oruç bozma sebeplerinin düşmana karşı güçlü olmak olduğunu orduya açıkladı. Bu iftar edilen yer konusunda birçok kişinin kafasında merak uyandırdı. Merr ez-Zehran'dan Mekke'ye bir günde uzun yolculuk yaparak veya kolayca iki günde ulaşılabilirdi. Fakat anlaşmaya bakıldığında, Kureyş'e karşı saldırıya geçmeleri imkânsız görünüyordu. Kamp kurdukları yer aynı zamanda düşman Hevazin kabilelerinin yerleşim bölgesine giden yol üzerindeydi. Yoksa Peygamber (s.a.v) Hicaz'ın kuzeyindeki bostana sahip olduktan sonra şimdi de güney bostanını, Lât'ın tapınak merkezi olan Taif'i mi ele geçirmek istiyordu?

"Düşman kim?" sorusunun ağızdan ağıza dolaştığını duyan Kâ'b ibn Malik gönüllü olarak Peygamber'e gidip düşmanın kim olduğunu sormaya karar verdi. Fakat ona doğrudan sormaktan çekindiği için çadırın önünde oturan Peygamber (s.a.v.)'e gitti. Onun yanına diz çökerek bu sefer için yazdığı birkaç beyti okudu. Bu beyitlerde adamların kılıçlarını çekme noktasına geldiklerine; kendi aralarında düşmanın kim olduğunu soruşturduklarına ve eğer kılıçların dili olsa onların da aynı soruyu soracaklarına değiniliyordu. Fakat Peygamber'in cevabı gülümseme oldu. Ve Kâ'b hiçbir şey elde edemeden adamların yanına döndü.

Onların karşılaşacakları şeyi arzulamaları, Kureyş'in ve Hevâzin'in aynı soruya cevap araştırmalarıyla karşılaştırıldığında sadece kuru bir meraktan öteye gitmiyordu. Büyük Hevâzin kabilesi, Necd çölünün güney ucundaki tepeliklere yayılmış bir kabileydi. Taif de bu tepelerden birinin üzerindeydi. Taif'te yaşayan ve oradaki tapınağı koruyan Sakifliler, Hevâzin kabilesine Yesrib'den on bin kişilik bir ordunun yola çıktığını ve her ihtimale karşı hazır olmaları gerektiğini haber vermişlerdi. Hevâzin boylarının çoğu bu habere cevap verdi ve Taif'in kuzeyindeki uygun bir bölgeye asker yığmaya başladılar.

Kureyşliler ise Mekke'den çok Taif'in tehlikede olduğunu düşünmeyi tercih etmelerine rağmen, anlaşmayı bozduklarının farkındaydılar. Peygamber'in anlaşmayı reddetmesiyle birlikte, bu onları hemen hemen ümitsizlik noktasına getirdi. Peygamber (s.a.v) bunun farkındaydı. Bu nedenle, onların korkusunu daha da artırmak için karanlık bastırdığında herkesin dağılmasını ve birer ateş yakmasını emretti. Mescid-i Haram civarında on bin kamp ateşinin yandığı görülüyordu. Muhammed'in (s.a.v) ordusunun, korktuklarından daha büyük olduğunu bildiren haberler Mekke'ye ulaştı. Acele bir meclis toplantısından sonra Kureyşliler Ebû Süfyân'ın tekrar Peygamber'le görüşme teklifini kabul ettiler. Onunla birlikte, Bedir Savaşı'nı durdurmak için elinden geleni yapan Hatîce'nin yeğeni Hakim ve Hudeybiye'de Peygamber (s.a.v)'e yardım eden ve anlaşmanın bozulmasından sonra kabilesinden bazı adamlarla birlikte Medîne'ye giden Huzaa'lı Hudeyl de gittiler. Kampa yaklaştıklarında, beyaz bir katırın üstünde kendilerini karşılamaya gelen bir adam gördüler. Bu adam yolda Mekke'ye haber gönderebileceği bir adam bulma ümidiyle kamptan ayrılan Abbâs'tı. Ona göre, Kureyşliler çok geç kalmadan Peygamber'e bir heyet göndermeliydiler. Birbirlerini fark ettiklerinde selamlaştılar. Abbâs onları Peygamber'in çadırına götürdü. Ebû Süfyân, "Ey Muhammed!" dedi; "sen akrabalarına karşı bir kısmı tanınan bir kısmı tanınmayan bir sürü insanla geldin" Peygamber (s.a.v) onun sözünü keserek, "İhanet eden sizsiniz. Hudeybiye Anlaşması'nı siz bozdunuz. Benî Kâ'b'a da saldırdınız. Böylece Allah'ın haram bölgesine ve mescidine tecâvüz ettiniz" dedi. Ebû Süfyân konuyu değşitirmeye çalıştı ve "Sen asıl kızgınlık ve stratejini Hevâzin'e yöneltmeliydin. Çünkü onlar sana akrabalık yönünden uzak ve düşmanlıkta daha aşırıdırlar" dedi. "Ümit ederim ki," dedi, Peygamber (s.a.v); "Rabbim bana bunların hepsini lütfedecek -Mekke'nin fethini, orada İslâm'ın zaferini ve Hevâzin'in bozgununu-. Yine ümit ederim ki, onların ailelerini esirler ve mallarını da ganimet olarak bahşedecek." Daha sonra o üç adama dönerek: "Allah'tan başka ilah olmadığına ve benim Allah'ın Rasûlü olduğuma şehadet edin" dedi. Bunun üzerine Hakim ve Hudeyl hemen Müslüman oldular; fakat Ebû Süfyân, sadece "Allah'tan başka ilah yoktur" dedi ve sustu. Şehadetin ikinci bölümünü de tekrarlaması söylendiğinde, "Ey Muhammed! Nefsimde bununla ilgili hâlâ bir tereddüd var, ona biraz mühlet ver" dedi. Bunun üzerine Peygamber (s.a.v.) amcasına, onları kendi çadırına götürmesini söyledi. Şafakta kampta sabah ezanı okunuyordu. Ebû Süfyân bu sesi duyunca şaşırmıştı. "Bu da nesi?" dedi, Ebû Süfyân. Abbâs, "Namaz" dedi. Ebû Süfyân, "Günde kaç defa namaz kılıyorlar?" diye sordu. Beş defa olduğunu söyleyince, "Tanrım, bu çok fazla!" dedi. Daha sonra adamların, Peygamber (s.a.v.)'in abdest suyundan bir damla alabilmek için itişip kakıştıklarını gördü. "Ey Fadl'ın babası, buna benzer bir bağlılık görmedim" dedi. Abbâs, "Yazıklar olsun, imana gel!" dedi. Ebû Süyfân, "Beni ona götür" dedi. Namazdan sonra Abbâs, onu tekrar Peygamber (s.a.v.)'e götürdü ve Ebû Süfyân orada kelime-i şehâdetin tamamını söyledi. Abbâs Peygamber'i kenara çekerek, "Ey Allah'ın Rasûlü! Ebû Süfyân'ın şeref ve ihtişâma ne denli önem verdiğini bilirsin. Bu yüzden ona bir şeyler lütfet" dedi. "Peki" diyen Peygamber (s.a.v.), Ümeyye'li liderin yanına gitti ve onu Kureyş'e döndüğünde şöyle demesini söyledi: "Kim Ebû Süfyân'ın evine girerse, güvenliktedir, kim kendi kapısını kitleyip içerde kalırsa güvenliktedir ve kim mescide girerse güvenliktedir."

[75]

Çadırlar develere yüklendikten sonra Peygamber (s.a.v) bayrak ve sancakların kendisine getirilmesini istedi. Hepsini teker teker açtı ve seçtiği adamlara verdi. Abbâs'a vadinin en dar yerine kadar Ebû Süfyân'a eşlik etmesini ve orada durup, ordu oradan geçerken ne kadar büyük olduğunu gözlemelerini söyledi. Ebû Süfyân'ın daha sonra Kureyşlilere gidip mesajı iletecek zamanı olacaktı. Çünkü tek bir adam, bir ordunun geçemeyeceği kestirme yollardan giderek Mekke'ye daha kısa bir sürede ulaşabilirdi.

Ebû Süfyân ileride görülen bir bölüğün başındaki adama işaret ederek, "Bu kim?" dedi. Abbâs, "Velid'in oğlu Hâlid" dedi. Hâlid (r.a.) onların yanından geçerken üç tekbir getirdi: "ALLAHU EKBER!" Hâlid'in yanında Süleym'in atı vardı. Onları beş yüz kadar muhâcir ve diğerlerinden oluşan bölüğün başında yeşil sarıklı Zübeyr (r.a.) izliyordu. O da Ebû Süfyân'ın yanından geçerken üç kez tekbir getirdi. Adamlarının bir ağızdan onun söylediklerini tekrarlamasıyla tüm vadi yankılandı. Ordu, bölük bölük Ebû Süfyân'ın önünden geçiyordu; o her seferinde onların kim olduğunu soruyor ve her seferinde hayret ediyordu. Ya o kabile Kureyş'in etkisinden çok uzakta olduğu, ya da Gatafan kabilesinin Aşça' kolunda olduğu gibi daha önceden Peygamber'e düşman kabileler bulunduğu için Ebû Süfyân çok şaşırıyordu. Aşça' kabilesinin sancaklarından birini, daha önceden kendisinin ve Süheyl'in en yakın arkadaşları olan Nu'aym taşıyordu.

Ebu Süfyân "Araplar içinde bunlar, Muhammed (s.a.v)'in en azılı düşmanlarıydı" dedi. Abbâs ona şu cevabı verdi: "Allah onların kalbine İslâm'ı soktu; bunların hepsi Allah'ın lütfu."

En son geçen bölüklerden biri de Peygamber (s.a.v)'in sadece muhâcirlerden ve ensârdan oluşan kendi bölüğüydü. Üzerlerindeki çeliklerin parıltısı onlara gri-siyah bir görünüm veriyordu. Çünkü hepsi tepeden tırnağa zırh giymişlerdi ve sadece gözler görülebiliyordu. Peygamber kendi sancağını keşif koluna liderlik eden Sa'd İbn Ubâde'ye vermişti. Sa'd yolun kenarında iki adamın yanından geçerken, "Ey Ebû Süfyân, bu ölüm günüdür. Bugün kutsal olanın ihlâl edildiği gündür. Bugün Allah'ın Kureyş'i alçalttığı gündür." diye bağırdı. Peygamber (s.a.v) Kesva'nın üstünde, bölüğün ortalarındaydı. İki tarafında Ebû Bekr (r.a.) ve Üseyd (r.a.) vardı. Peygamber (s.a.v) onlarla konuşurken Ebû Süfyân duyulabilecek şekilde: "Ey Allah'ın

Resulü" diye bağırdı. "Sen halkının öldürülmesini mi emrettin?" Daha sonra ona Sa'd'ın söylediklerini anlattı: "Allah aşkına, senden halkın adına rica ediyorum. Çünkü sen insanlar arasında en merhametli, en bağışlayıcı olanı ve soyuna en çok acıyanısın" dedi. Peygamber (s.a.v): "Bugün merhamet günüdür, Allah'ın Kureyş'i yücelttigi gündür" dedi. Daha sonra Abdu'r-Rahmân İbn Avf (r.a.) ve Osman (r.a.) yakınında oldukları için ona, "Ey Allah'ın Rasûlü! Biz Sa'd'ın Kureyş'e ani bir saldırıda bulunmayacağından emin olamayız" dediler. Bunun üzerine Peygamber (s.a.v) Sa'd'a sancağı ve bölüğün kumandasını daha yumuşak tabiatlı olan Kays'a bırakmasını bildiren bir haber gönderdi ve Kays'ın elinde olan sancak, yine de Sa'd'la birlikte olacaktı. Fakat Sa'd (r.a.) Peygamber (s.a.v)'den doğrudan bir emir almadan sancağı devretmeyi kabul etmedi. Bunun üzerine Peygamber (s.a.v), miğferinin üstüne sardığı kırmızı sarığı çıkardı ve bunu Sa'd'a bir işaret olarak gönderdi. Sa'd hemen sancağı Kays'a verdi.

Tüm ordu geçtikten sonra Ebû Süfyân, süratle Mekke'ye gitti ve evinin dışında ayakta durup toplanan kalabalığa bağırdı: "Ey Kureyşliler! Muhammed (s.a.v) karşı koyamayacağınız bir güçle burada. Muhammed (s.a.v) on bin zırhlı adamla burada. O bana benim evime sığınanın güvenlikte olacağını söyledi." Hind evden çıktı ve kocasının sakalından tutup "Bu hiçbir işe yaramaz, içi boş yağ tulumunu öldürün! Zavallı koruyucu!" diye bağırdı. Ebû Süyfan, "Yazıklar olsun sana!" dedi; "bu kadının sizi iyi bir muhâkeme yapmaktan alıkoymasına izin vermeyin. Çünkü sizin karşınızda karşı koyamayacağınız bir güç var. Fakat Ebû Süfyân'ın evine girenler güvenlikte olacak." Onlar: "Allah seni kahretsin, hepimizi senin evin alır mı?" dediler. Ebû Süfyân, "Kim evinin kapısını kilitlerse güvenlikte olacak, kim Mescid'e sığınırsa güvenlikte olacak" cevabını verdi. Bunun üzerine tüm kalabalık dağıldı. Kimi kendi evine, kimileri de Mescid'e gittiler.

Ordu, şehirden fazla uzak olmayan ve oradan görülebilen Zû Tuva'da kamp kurdu. Burası iki yıl önce Hâlid'in Müslümanların yaklaşmasını önlemek için mevzilendiği yerdi. Fakat şimdi hiçbir direnişle karşılaşmıyorlardı. Sanki şehir bir önceki yıl umreye geldiklerindeki gibi bomboştu. Fakat bu sefer üç gün kalma diye bir sınırlama yoktu. Kesva bir yere geldiğinde Peygamber (s.a.v.) Allah'ı tazim için başını öne doğru eğdi. Neredeyse sakalı semere değiyordu. Daha sonra bölüklerin sağ kolunu Hâlid (r.a.)'in, sol kolunu da Zübeyr (r.a.)'in kumandasına vererek düzenledi. Merkezde olan kendi bölüğünü de ikiye ayırdı. Yarısına Sa'd (r.a.) ve oğlu, diğer yarıya da Ebû Ubeyde (r.a.) kumanda ediyordu. Emir verildiğinde bu dört bölük şehrin dört ayrı tarafından içeri gireceklerdi. Hâlid (r.a.) aşağıdan, diğerleri de tepelerdeki üç ayrı geçitten.

Ordunun toplandığı yerin çok yukarılarında, Ebû Kubeys Tepesi'nde, keskin bir gözün bastonlu bir ihtiyarla bir kadın olduğunu fark edebileceği iki silüet vardı. Bunlar Ebû Bekir'in (r.a.) babası Ebû Kuhâfe ile kızkardeşi Kureybe idi. O sabah Peygamber'in Zû Tuva'ya vardığı haberi gelince, yaşlı ve kör adam kızına, kendisini Ebû Kubeys Tepesi'ne götürmesini ve oradan gördüklerini anlatmasını istemişti. Bu ihtiyar, genç ve cesur bir adamken Ebrehe'nin ordusunu ve fillerini görmek için Mekke'nin diğer tarafındaki tepelere çıkmıştı. Şimdi ise yaşlıydı ve yıllardan beri kördü. Fakat oğlunun ve torunun da içinde bulunduğu bu on bin kişilik orduyu kızının gözleriyle izleyebilirdi. Kureybe, görebildiklerini kara ve yoğun bir kitle olarak tarif etti. Babası, bunların emir için bekleyen birbirine yaklaşmış atlılar olduğunu söyledi. Daha sonra Kureybe, bu kitlenin dörde ayrıldığını gördü. Bunu babasına söylediğinde, babası hızla eve gitmeleri gerektiğini söyledi. Yollarına devam ederken yanlarından atlı bir bölük geçti. Askerlerden biri atından eğilip Kureybe'nin gümüş kolyesini çekip aldı. Bunun dışında başka bir saldırıya uğramadılar ve sağ salim evlerine döndüler.

Onlar Ebû Kubeys'de yalnız değillerdi. Tepelerden birinde İkrime, Safvân ve Süheyl, Kureyş'ten ve müttefikleri Bekr ve Hudayl kabilelerinden bir grup asker toplamışlardı. Döğüşmeye kararlıydılar. Hâlid'in aşağı taraftan şehre girmek için yaklaştığını görünce onlara saldırdılar. Fakat onlar Hâlid ve adamlarıyla mukayese edilecek güçte değillerdi. Hâlid kendi adamlarından sadece ikisi karşılığında düşmana otuz kayıp verdirerek kaçmalarını sağladı. İkrime ve Safvân at üstünde sahile doğru kaçtılar. Süheyl ise evine gitti ve kapıyı kilitledi.

Peygamber (s.a.v), yukarı Mekke'deki Ezâkir geçidinden şehre girdiğinde çatışma hemen hemen sona ermişti. Pazar yerinden aşağılara bakıp çekilmiş kılıçları görünce Peygamber dehşete kapıldı. "Size döğüşü yasaklamamış mıydım?" dedi. Fakat ona bunun nedenleri açıklandığında, "Allah bunu takdir etmiş" dedi.

Ebû Rafi Peygamber'in kırmızı deriden çadırını Mescid'in yakınına kurmuştu. Peygamber (s.a.v) bunu yanındaki Câbir'e işaret ederek gösterdi. Şükür ve hamd ile dua ettikten sonra aşağıya doğru ilerledi. "Hiçbir eve girmeyeceğim" dedi.

Ümmü Seleme (r.a.), Meymûne (r.a.) ve Fâtıma (r.a.), onu çadırda bekliyorlardı. O gelmeden kısa bir süre önce Ümmü Hâni de onlara katılmıştı. İslâm hukuku, Müslüman kadınlarla müşrik erkekler arasındaki nikâhın düştüğünü söylüyordu. Aynı şey Ümmü Hâni'nin Hubeyre ile olan evliliği için de geçerliydi. Hubeyre Mekke'nin fethedileceğini daha önceden anlamış ve Necran'da yaşamaya gitmişti. Ümmü Hâni'nin kocası tarafından iki akrabası -biri Ebû Cehil'in kardeşi idi- Hâlid'e karşı yapılan savaşta rol almışlar ve daha sonra sığınmak için onun evine gelmişlerdi. Daha sonra Ali (r.a.) onu selamlamak için evine geldiğinde iki Mahzûmîyi gördü. Peygamber'in yasağına rağmen kızgınlıkla onları öldürmeye teşebbüs etti. Fakat Ümmü Hâni onların üstüne bir yaygı örttü ve onlarla Ali'nin arasına girerek, "Vallahi, önce beni öldüreceksin!" dedi. Bunun üzerine Ali (r.a.) evi terk etti. Ümmü Hâni kapıyı onların üstünden kilitleyip Peygamber (s.a.v.)'i karşılamaya gitti. Çadırda Fâtıma (r.a.)'ya rastladığında, Fâtıma (r.a.) da Ali (r.a.) gibi ona çıkıştı. "Putperestleri himaye mi ediyorsun?" dedi. Fakat Fâtıma (r.a.)'nın sözleri Peygamber'in gelişiyle kısa kesildi. Peygamber (s.a.v) kuzenini sevgiyle selamladı. Ümmü Hâni O'na olanları anlattığında O, "Olmayacak. Sen kimi emin kılarsan, biz de onu emin kılarız; sen kimi korursan biz de onu koruruz." dedi.

Peygamber gusül abdesti aldı ve sekiz rek'at namaz kıldı. Namazdan sonra bir saat kadar dinlendi. Daha sonra Kesva'yı çağırdı. Zırhını ve miğferini giydikten sonra kılıcını da kuşandı. Elinde bir asa taşıyordu, miğferinin yüz kısmı da açıktı. O sabah O'nunla birlikte yolculuk edenlerin bir kısmı çadırın dışında sıra olmuş bekliyorlardı. Peygamber yanında Ebû Bekir (r.a.) ile konuşarak Mescid'e doğru ilerlerken onlarda eşlik ettiler.

Peygamber (s.a.v) doğruca Kâ'be'nin güneydoğu köşesine gitti. Ve tekbir getirerek Haceru'l-Esved'e asasıyla dokundu. Yanındakiler de tekbir getirmeye başladılar. *'Allahu Ekber'* sesleri Mescid'de ve tüm Mekke'de yankılandı. Peygamber (s.a.v) eliyle susmalarını işaret edene dek Müslümanlar tekbir getirmeye devam ettiler. Daha sonra Peygamber, devesinin ipi Muhammed bin Mesleme'nin elinde olduğu halde Kâ'be'yi tavaf etti. Umrede bu şeref bir Hazrec'liye verilmişti. Bu nedenle bu kez bir Evs'liye verilmesi uygun görülmüştü.

Peygamber (s.a.v) Kâ'be'den ayrıldı ve onu geniş bir çember şeklinde çevreleyen toplam üç yüz altmış puta yöneldi. Kâ'be ile o putların arasında şu âyeti okudu:

"Hak geldi, bâtıl yok oldu. Kuşku yok, bâtıl yok olucudur." (İsrâ: 81)

Daha sonra putlara teker teker asasıyla dokunarak hepsini yüz üstü düşürdü. Kâ'be'nin etrafındaki daireyi tamamen dolaştıktan sonra eskiden Kâ'be'ye bitişik olan İbrahim makamında bineğinden indi ve namaz kıldı. Daha sonra Zemzem kuyusuna gitti ve Abbâs'ın verdiği suyu içti. Hâşimîlerin geleneksel hacıları sulama görevlerini de böylece tasdiklemiş oluyordu. Fakat Ali, Kâ'be'nin anahtarlarını getirdiğinde ve Abbâs onları taşıma görevinin de kendi ailelerine verilmesini istediğinde, Peygamber (s.a.v), "Size sadece kaybettiğiniz şeyi veriyorum, diğerlerinin kaybı olacak bir şeyi değil" cevabını verdi. Daha önceden Hâlid ve Amr ile birlikte Medîne'ye gelen Abdu'd-Dâr kabilesinden Osman İbn Talha'yı çağırdı ve anahtarları ona vererek onun ailesinin bu hakka sahip olduğunu belirtti. Osman saygıyla anahtarları aldı ve arkasında Peygamber (s.a.v) olduğu halde Kâ'be'nin kapısını açmaya gitti. Onların hemen arkasında da Üsâme ve Bilâl vardı. Peygamber (s.a.v) onlara arkasından içeri girmelerini emretti ve Osman'a kapıyı arkalarından kilitlemesini söyledi.

Bâkire Meryem ve çocuk İsâ ikonu ile Hz. İbrahim olduğu söylenen yaşlı bir adam resmi dışında, iç duvarların tamamı putperest tanrı resimleriyle doluydu. Peygamber elini korur gibi ikonun üstüne koyarak, Osman'a İbrahim dışındaki bütün resimlerin nasıl bozulduğuna dikkat etmesini söyledi.[1]

Bir süre içeride kaldı; sonra anahtarı Osman'dan alarak kapıyı açtı. Anahtar elinde olduğu halde kapının önünde ayakta durdu ve; "Vadinde duran, kuluna yardım eden ve kabileleri bir araya getiren bir olan Allah'a hamdolsun" dedi. Mescide sığınan Mekkelilere daha önceden evlerine sığınan birçok kişi katılıyordu. Hepsi Kâ'be'nin yakınında orada burada oturuyorlardı. Peygamber (s.a.v) onlara hitab ederek, "Ne diyorsunuz ve ne düşünüyorsunuz?" dedi. Onlar şu cevabı verdiler: "İyi söylüyoruz ve iyi düşünüyoruz. Soylu ve cömert bir kardeş, soylu ve cömert bir kardeşin oğlu. Emir senindir." Bunun üzerine Peygamber (s.a.v) onlara Mısır'da kardeşleri kendisine geldiğinde, Yûsuf'un söylediği sözleri tekrarladı: "Ben kardeşim Yûsuf'un söylediklerini söylüyorum:

"Bugün size karşı sorgulama kınama yoktur. Sizi Allah bağışlasın. O merhametlilerin en merhametlisidir." (Ra'd: 92)

Ebû Bekir (r.a.) babasını ziyaret etmek için Mescid'den ayrılmıştı. Şimdi ise Ebû Kuhâfe'nin elinden tutmuş Mescid'e giriyordu. Kız kardeşi Kureybe de onların arkasındaydı. Peygamber (s.a.v), "Neden yaşlı adamı evinde bırakmadın? Ben oraya giderdim" dedi. "Ey Allah'ın Rasûlü!" dedi, Ebû Bekir (r.a.): "Onun sana gelmesi, senin ona gitmenden daha uygundur." Peygamber yaşlı adamın elinden tuttu ve önüne oturttu. Sonra ona kelime-i şehâdet getirmesini söyledi. O da hemen onun sözlerini tekrarlayarak Müslüman oldu.

1. W. 834; A,1, 107.

Düşürülen putların en büyüğü olan Hubel'in parça parça edilip sonra da yakılmasını emrettikten sonra Peygamber (s.a.v), evinde bir putu olan herkesin o putu tahrip etmesini istedi. Daha sonra ailesini ilk İslâm'a davet ettiği yer olan Safa tepesine çekildi. Orada daha önceden kendisine düşman olan, şimdi ise Müslüman olup ona biat etmek isteyen kadınlı erkekli bir grupla karşılaştı. Yüzlerce kişi vardı. Müslüman olduğunu açıklamadan önce Peygamber'in kendisine ölüm cezasını vermesinden korkan Hind tanınmamak için peçe takmıştı. "Ey Allah'ın Rasûlü! Benim kendim için seçtiğim dini muzaffer kılan Allah'a hamdolsun" dedi. Daha sonra peçesini çıkardı ve "Utbe'nin kızı Hind" dedi. Peygamber (s.a.v) de ona, "Hoşgeldin" dedi. Safa'ya gelen kadınlardan biri de İkrime'nin karısı Ümmü Hakîm (r.a.) idi. Müslüman olduktan sonra kocası için dokunulmazlık istedi. İkrime hâlâ onunla savaş halinde olduğu halde, Peygamber (s.a.v) ona dokunulmazlık hakkı verdi. Ümmü Hakim kocasının nerede olduğunu öğrendi ve onu geri getirmek için gitti.

Peygamber (s.a.v) önünde toplanan kalabalığı süzdü ve amcasına dönerek, "Ey Abbâs! Kardeşinin iki oğlu, Utbe ve Mu'attib neredeler? Onları göremiyorum" dedi. Bunlar Ebû Leheb'in yaşayan iki oğluydu. Babasının zoruyla Rukiyye'yi boşayan Utbe idi ve görünüşe göre şimdi ortaya çıkmaktan korkuyordu. Peygamber (s.a.v), "Onları bana getir" dedi. Bunun üzerine Abbâs yeğenlerini getirdi. İkisi de Müslüman oldular ve biat ettiler. Daha sonra ikisinin de ellerinden tutup aralarında yürüyerek onları el-Mültezem denilen ve Kâ'be'nin Haceru'l-Esved'le kapısı arasındaki duvarın yanına götürdü. Orada uzun uzun dua etti. Yüzünden sevinç okunuyordu. -Merak eden Abbâs sordu- O da, "Rabbim'den bu iki amcaoğlunu istedim, o da verdi"[2] dedi.

En önemli üç put merkezinden, Mekke'ye en yakın olanı Mahle'deki el-Uzzâ tapınağı idi. Peygamber (s.a.v), Hâlid (r.a.)'i bu putperestlik merkezini yok etmek üzere gönderdi. Onun yaklaştığı haberi duyulunca tapınağın bekçisi kılıcını tanrıça heykeline astı ve cansız heykeli kendi kendisini koruyup Hâlid'i öldürmeye veya tek tanrıya inanmaya davet etti. Hâlid (r.a.) tapınağı ve putları yıktı ve Mekke'ye döndü. Peygamber (s.a.v) ona, "Hiçbir şey görmedin mi?" diye sordu. "Hiçbir şey" cevabını verdi Hâlid. Peygamber (s.a.v), "O halde onu yok etmedin" dedi. "Geri dön ve onu yok et." Bunun üzerine Hâlid tekrar Nahle'ye gitti. Tapınağın harabeleri arasından uzun ve savrulan saçlarıyla çırılçıplak bir kadın çıktı. Hâlid daha sonraları, "Tüylerim diken diken olmuştu." derdi. Yine de "Uzzâ, ibadet değil,

---

2. I.S. IV/I, 41-2.

inkâr senin içindir" diye bağırdı. Kılıcını çekip kadının üstüne indirdi. Döndüğünde Peygamber'le şöyle konuştu: "Bizi mahvolmaktan kurtaran Allah'a hamdolsun! Yüz kadar koyun ve deveyle birlikte babamın el-Uzzâ'ya gitmesine alışmıştım. Onları Uzzâ için kurban eder, orada üç gün kalır ve yaptıklarıyla onu sevindirerek bizim tarafımıza çevirdiğini sanırdı."[3]

O sırada Mekkelilerin çoğu biat etmişlerdi. Süheyl ise biat etmemiş, fakat evine sığınıp oğlu Abdullah'dan Peygamber'e kendi adına gidip ricada bulunmasını istemişti. Çünkü kimsenin öldürülmeyeceği ilan edilmiş olmasına rağmen, Süheyl kendisinin bu kapsamın dışında yer aldığını sanıyordu. Abdullah, Peygamber'le konuştuğunda Peygamber (s.a.v), "O güvenliktedir ve Allah'ın himayesindedir. Bırakın ortaya çıksın" dedi. Sonra etrafındakilere dönerek, "Karşılaştığınızda Süheyl'e kem gözle bakmayın! Bırakın serbestçe dolaşsın; çünkü hayatıma andolsun o akıllı ve şerefli bir adamdır; İslâm gerçeğine karşı kör biri değildir" dedi.

Böylece Süheyl istediği şekilde gezdi. Fakat henüz İslâm'a girmemişti. Safvân'a gelince kuzeni Umeyr, onun için Peygamber'den iki aylık bir müddet aldı ve onu bulmak için yola koyuldu. Onu, o zamanlar Mekke'nin bir limanı olan Şu'aybe'de gemi beklerken buldu. Safvân şüphe içindeydi ve planlarını değiştirmeyi reddediyordu. Bunun üzerine Umeyr tekrar Peygamber (s.a.v)'in yanına döndü. Peygamber (s.a.v) de ona kuzeninin güvenlikte olduğunun bir işareti olarak çizgili Yemen kumaşından sarığını verdi. Bu Safvân'ı ikna etmeye yetti, fakat daha fazla emin olmak istiyordu. "Ey Muhammed!" dedi. "Umeyr bana belli bir şeyde karar kılarsam -Müslüman olmayı kasdediyordu- güvenlikte olacağımı, eğer kabul etmezsem bana iki ay mühlet verdiğini söyledi." Peygamber (s.a.v), "Burada kal" dedi. Fakat Safvân, "Bana açık bir cevap vermedikçe kalmam" dedi. Bunun üzerine Peygamber, "Senin için dört aylık mühlet var" dedi. Safvân da Mekke'de kalmayı kabul etti.

İkrime, bu üç kişi içinden Peygamber'in huzuruna gelen sonuncu kişiydi. Fakat onlar arasından Müslüman olan ilk kişi de oydu. Tihame sahilinden Habeşistan'a giden bir gemiye binmeye karar vermişti. Tam gemiye binecekken geminin kaptanı, "Allah ile aranda olan dini düzelt" dedi. İkrime: "Ne demeliyim?" deyince, o "Allah'tan başka ilah yoktur de" cevabını verdi. Sonradan bunu söylemeyen kimseyi gemisine almayacağını belirtti. Dört kelimeden oluşan LÂ İLÂHE İLLALLAH cümlesi İkrime'nin ruhuna işledi ve o anda bu sözleri samimice söylediğini fark etti. Henüz gemiye binmemişti. Çünkü gemiye binmek istemesinin tek sebebi bu sözlerden,

3. W. 873-4.

yani *Lâ ilâhe illallah*'ta özetlenen Muhammed'in dininden kaçmaktı. Bunları geminin güvertesinde kabul edebildiğine göre kıyıda da kabul edebilirdi. Kendi kendine: "Denizde tanrımız olan karada da tanrımızdır." dedi. Daha sonra karısı geldi ve Peygamber'in (s.a.v) onun Mekke'de güvenlikte olacağına söz verdiğini söyledi. Birlikte geri döndüler. Peygamber (s.a.v.) onun geldiğini biliyordu, yanındaki arkadaşlarına: "Ebû Cehil'in oğlu İkrime mü'min olarak aranıza geliyor. Bu nedenle babasını yermeyin. Çünkü ölüyü yermek diriyi incitir. Ve ölüye ulaşmaz" dedi.

Mekke'ye vardığında İkrime, doğruca Peygamber (s.a.v)'e gitti. Peygamber'in yüzünde çok sevinçli bir ifade vardı. İkrime, Müslüman olduğunu resmen açıkladıktan sonra ona, "Bugün benden ne istersen iste, o isteğini sana vereceğim" dedi. İkrime (r.a.), "Senden benim sana karşı tüm düşmanlıklarımı affetmesi için Allah'a dua etmeni istiyorum" dedi. Peygamber (s.a.v) onun istediği şekilde dua etti. Daha sonra İkrime (r.a.) insanların Hakk'a uymalarını engellemek için harcadığı paralardan, yaptığı savaşlardan bahsetti; şimdi ise onun iki katı parayı ve çabayı Allah yolunda harcayacağını söz verdi ve sözünde durdu.

HUNEYN SAVAŞI VE TAİF KUŞATMASI

[76]

Peygamber (s.a.v)'in Mekke üzerine yaptığı son ve kesin sefere rağmen Hevâzinliler kuvvetlerini arttırmayı durdurmadılar. Onun Mekke'yi fethetme ve tüm putları kırma haberi de onların düşüncelerini değiştirmedi. Kendi tanrıçaları Lât'ın bir eşi olan Uzzâ'nın yıkılması ise harekete geçmelerine neden oldu. Mekke'nin fethinden üç hafta sonra Hevâzinliler Taif'in kuzeyindeki Evtas vadisinde yaklaşık yirmi bin kişilik bir ordu topladılar.

Peygamber (s.a.v) Mekke'nin başına Abdu Şems'li bir adamı bırakıp çok bilgili bir Müslüman olan Hazrec'li Muâz İbn Cebel (r.a.)'e de, yeni Müslüman olanlara dinî konularda yol gösterme görevini vererek, şimdi ikibin Kureyş'linin de katılmasıyla daha da kalabalıklaşan tüm ordusuyla birlikte yola çıktı. Yeni katılan Kureyş'lilerin çoğu Peygamber'e biat etmişlerdi. Fakat Süheyl ve Safvân'ın da içinde bulunduğu bir grup henüz Müslüman olmamıştı. Ve sadece şehirlerini Hevâzinlilere karşı korumak amacıyla orduya katılmışlardı. Yola çıkmadan önce Peygamber (s.a.v) Safvân'a kendisinde bulunan yüz aded zırhı ve beraberindeki silahları ödünç vermesini rica eden bir haber gönderdi. "Ey Muhammed!" dedi Safvân; "Bu 'kendin ver, yoksa zorla alırım' anlamında bir istek mi?" Peygamber (s.a.v), "Ödenecek bir borç" deyince, Safvân zırh ve silahları konaklayacakları yere kadar taşıyacak olan yük develerini de vermeye karar verdi.

Onlara karşı hazırlanan Hevâzin kabileleri Sakif, Nasr, Cüşem ve Sa'd İbn Bekr idi. Bu topluluğa genç olmasına rağmen gücü ve yöneticiliği ile ün salan otuz yaşlarında bir Nasr'lı olan Mâlik kumanda ediyordu. Yaşlıların aksini tavsiye etmelerine rağmen Mâlik, kadınları, çocukları ve hayvanları da beraber getirmelerini emretti. Çünkü, ona göre eğer bunlar ordunun arkasında olursa askerler daha gayretle çarpışırlardı.

Mâlik, Mekke'den yola çıkan ordu hakkında bilgi toplamak üzere üç gözcü gönderdi. Fakat üçü de kısa bir süre sonra korkudan tüm eklemleri kontrolünden çıkmış ve konuşamayacak derecede dehşet içinde döndüler. İçlerinden biri, "Ala atlar üzerinde beyaz adamlar gördük. Ve bir anda bu gördüğünüz hale geldik" dedi. Bir diğeri, "Karşımızdakiler dünya insanları değil, semadan gelen insanlar. Tavsiyemize uyun ve geri çekilin. Çünkü adamlarınız bizim gördüklerimizi görünce bizim gibi olurlar" dedi. Mâlik, "Utanın!" dedi; "siz buradaki en korkak kişilersiniz." Bu üç kişinin görünüşleri o kadar kötü ve zavallı idi ki, tüm orduda panik yaratmamaları için onları gözden uzak bir yere yerleştirme emri verdi. Daha sonra etrafındakilere, "Bana cesur bir adam gösterin" dedi. Fakat seçilen adam da aynı korkunç atlıları görmüş ve diğerleri gibi dehşet içinde dönerek nefesi kesilmiş bir halde "Dayanılmaz bir görünüşleri vardı" demişti. Fakat Mâlik onu dinlemeyi reddetti ve karanlıkta, düşmanın yolu üstünde olan Huneyn vadisine doğru ilerleme emri verdi. Yolun vadi yatağına doğru alçaldığı noktada kamp kurdular. Yolun iki tarafında da aşağıyı rahatça görebilen, fakat aşağıdan görülmeyen vadi yatakları vardı. Bu yataklardan ikisine atlıların çoğunu yerleştirdi. Ve onlara bir işaret ile düşmana saldırma emri verdi. Ordunun geri kalan kısmını da vadinin tepesindeki yolun üstüne yerleştirdi.

Peygamber (s.a.v), o gece vadinin öteki ucuna yakın bir yerde kamp kurdu. Sabah namazını kıldıktan sonra adamlarına sabırlı olurlarsa zafer kazanacaklarını müjdeleyerek yola çıkma emri verdi. Hava o denli pusluydu ki, vadi yatağına indiklerinde hâlâ etraf karanlıktı. Daha önceki gibi Hâlid yine Süleym ve diğerlerine kumanda ederek öncü grupta yer alıyordu. Onun arkasından yeni katılan Mekkeli grup geliyordu. Düldül'e binmiş olan Peygamber (s.a.v), bu kez yine etrafında ensâr ve muhâcirlerden bir grupla ordunun ortalarında yol alıyordu. Fakat bu kez etrafında kendi ailesinden kişiler de vardı. Ona Mekke'ye giderken katılan kuzenleri Ebû Süfyân ve Abdullah, Abbâs'ın iki büyük oğlu Fadl ve Kisam ve Ebû Leheb'in iki oğlu onu çevreleyen kişiler arasındaydı. Ordunun en arkalarında ise henüz Müslüman olmamış Mekkeliler yer alıyordu.

Yarı karanlıkta karşı tarafta Hevâzin ordusu göründüğünde, öncü birlik henüz inişi tamamlamıştı. Öncü birlik dehşetli bir manzarayla karşı karşıyaydı. Çünkü ordunun arkasındaki develere binmiş kadınlar veya boş develer bile ordunun bir parçasıymış gibi görünüyordu. Yolun o yönü tamamen kapatılmıştı. Fakat yeni bir emir ve plana fırsat vermeden Mâlik işaretini verdi. Hevâzin'li süvariler hemen vadi yataklarından fırladılar ve Hâlid'in adamlarına saldırdılar. Saldırı o kadar anice ve vahşiceydi ki Hâlid, geri dönüp kaçmaya başlayan Benî Süleym'i toparlayamadı. Benî Süleym Mekke'li grubun arkasına kaçınca, önde kalan Mekkeliler de henüz indikleri yokuştan gerisin geriye kaçtılar. Hızla saldıran at ve deve üstündeki Hevâzinliler bütün geçitleri tıkadılar. Fakat Peygamber (s.a.v) yolun biraz sağına çekilebilecek noktadaydı. Kenara çekildi ve yanından hiç ayrılmayan bir grupla emniyetli bir yere sığındı. Yanındakiler Ebû Bekir, Ömer ve diğer muhâcirler, bir grup ensâr ve yanında yer alan ailesinin tümüydü. Hâris'in oğlu Ebû Süfyân, Peygamber (s.a.v.)'in yanı başındaydı ve Düldül'ün ipini elinde tutuyordu.

Peygamber (s.a.v) diğerlerini de kendisine katılmaları için çağırdı. Fakat sesi savaşın gürültüsü içinde kayboldu. Bu nedenle çok gür bir sese sahip olan Abbâs'a, "Ey ağaç ashâbı! Ey akasya ashâbı!" diye bağırmasını söyledi. Bu çağrıya '*Lebbeyk!*' (İşte emrindeyim) sesleri cevap verdi. Peygamber (s.a.v.)'in yanına ensâr ve muhâcirlerden yüz kadar kişi toplandı. Hepsi de geçide dağılarak birdenbire düşmanın saldırısını kontrol altına aldılar. Abbâs aynı şekilde bağırmaya devam etti ve kaçanların çoğu geri döndüler. Peygamber (s.a.v) hem iyi görülebilmek hem de etrafı iyi görebilmek için üzengileri üstünde ayağa kalktı. Düşman yeni bir saldırıya hazırlanıyordu. Peygamber (s.a.v), "Allahım! Senden vadini yerine getirmeni istiyorum" diye dua etti. Daha sonra süt kardeşinden birkaç çakıl taşı bulmasını istedi. Onları eline alıp Bedir'de yaptığı gibi düşmanın yüzüne doğru fırlattı. Ve görünürde hiçbir neden olmamasına rağmen, savaşın akışı birden değişti. Gerçi mü'minler bunu görmüyorlardı; ama kendilerinin bir süre önce yaşadığı yenilgiyi şimdi düşman yaşıyordu. Daha sonra bu olayla ilgili şu âyetler nazil oldu:

"Andolsun Allah birçok yerlerde ve Huneyn gününde size yardım etti. Hani çok sayıda oluşunuz sizi böbürlendirip gururlandırmıştı. Fakat size bir şey de sağlayamamıştı. Yer ise, bütün genişliğine rağmen size dar gelmişti. Sonra arkanıza dönüp gerisin geriye gtimiştiniz. (Bundan) sonra Allah, Rasûlü ile mü'minlerin üzerine 'güven duygusu ve huzur' indirdi. Sizin görmediğiniz orduları da indirdi ve küfre sapmış olanları azaplandırdı. Bu küfre sapanların cezasıdır. Sonra bunun ardından Allah, dilediği kimseden tevbesini kabul eder. Allah bağışlayandır, esirgeyendir." (Tevbe: 25-7)

Düşman büyük bir bozguna uğramıştı. Mâlik önceleri cesurca döğüştü, fakat daha sonra Sakifilerle birlikte surlarla çevrili olan Taif'e çekildi. Hevâzin ordusunun büyük bir kısmı Nahle'ye kadar izlendi ve birçok kayıp verdirildi. Hevâzinliler oradan kampları Evtas'a döndüler; fakat Peygamber (s.a.v) arkalarından asker göndererek onları tepelere çekilmek zorunda bıraktı.

Müslümanlardan, özellikle ilk bozgunu yaratan Benî Süleym'den çok kişi savaşın başlarında öldürülmüştü. Fakat bu ilk bozgundan sonra çok az kayıp verdiler. Bunlardan biri de Üsâme'nin ağabeyi Eymen idi. Peygamber (s.a.v.)'in yanında iken vurulmuştu.

Arka saflarda yer alan Hevâzin kadınları ve çocukları esir alındı. Develer, koyun ve keçilerin yanı sıra ganimette dört bin birim ons gümüş de vardı. Peygamber (s.a.v) ganimetlerin ve esirlerin tümünün Mekke'ye on mil uzaklıktaki Ci'râne vadisine götürülmesi görevini Budeyl'e verdi.

Hevâzin kabileleri arasında Peygamber (s.a.v)'in çocukluğunu birlikte geçirdiği Benî Sa'd İbn Bekr'in bir kolu da vardı. Yaşlı esirlerden biri kendini esir alanlara, "Vallahi ben reisinizin kız kardeşiyim" diyerek uyardı. Fakat adamlar ona inanmadılar, yine de Peygamber (s.a.v)'e götürdüler. "Ey Muhammed! Ben senin kız kardeşinim" dedi. Peygamber (s.a.v) onu merakla süzdü: Karşısında yetmişine yaklaşmış yaşlı bir kadın duruyordu. Peygamber (s.a.v.), "Bunu gösterir bir işaretin var mı?" diye sordu. O da bir ısırma izi gösterdi ve, "Ben Serer vadisinde seni taşırken sen ısırdın. Biz çobanlarla birlikteydik. Senin annen benim annemdi, senin baban benim babamdı" dedi. Peygamber (s.a.v.) onun gerçekten doğru söylediğini anladı; bu kadın onun süt kardeşlerinden biri olan Şeyma idi. Minderini yayarak oturmasını söyledi. Süt anne ve süt babası Halîme ile Hâris'i sorup, onların yıllar önce öldüğünü öğrenince gözleri yaşla doldu. Biraz konuştuktan sonra ona kendisiyle kalma veya Benî Sa'd'a geri dönme konusunda serbest olduğunu söyledi. Şeyma Müslüman olmayı istediğini, fakat kabilesine geri dönmeyi seçtiğini söyledi. Peygamber (s.a.v.) ona değerli bir hediye verdi. Ve dönüşte daha da değerlilerini vermek istediği için ondan kendisi dönene kadar kampta kalmasını istedi. Daha sonra da ordusuyla birlikte Taif'e doğru yola çıktı.

Sakif kabilesi şehirlerinde kendilerini bir yıl kadar idare edecek erzağa sahiptiler. Peygamber (s.a.v.)'in son durumda kullanılmasını emrettiği savaş makinalarına karşı da özel savunma mekanizmaları vardı. Aynı zamanda okçulukta uzmandılar. Şehrin duvarları çok hızlı ok yağmurlarına sahne oldu. Fakat Müslümanlar şehri kuşatmalarının on beşinci gününde hâlâ ilk günkü durumdaydılar. Kazanılan tek şey, bazı kimselerin Müslüman olmasıydı. Peygamber (s.a.v) bir gün bir tellalla Sakif'li kölelerden Müslüman olanların özgür olacaklarını ilan ettirmişti. Yirmi kadar köle şehirden çıkmanın bir yolunu bulup Müslüman oldular. Yaklaşık bir hafta daha geçti. O sırada Peygamber (s.a.v) rüyasında kendisine bir kâse tereyağı verildiğini, fakat bir horozun gelip yağı gagalayarak döktüğünü görmüştü. Bunun üzerine Ebû Bekir, "İstediğin şeyi bugün onlardan elde edeceğini zannetmem" dedi. Peygamber (s.a.v) de onu doğruladı. Belki de şehri kuşatmanın Sakif'lileri yenmek için uygun bir yol olmadığı sonucuna varmıştı. Düşüncesi her ne ise, Peygamber kuşatmanın kaldırılıp Ci'râne'ye doğru yola çıkılması emrini verdi. Şehirden ayrıldıklarında adamlardan bazıları ona şehir halkına lanet etmesini söylediler. Peygamber (s.a.v) hiç cevap vermeksizin ellerini açtı ve "Allahım, Sakif'lilere hidayet ver ve bize ulaştır" diye dua etti.

Taif kaleleri önünde öldürülenlerden biri de Ümmü Seleme (r.a.)'nin üvey kardeşi, Peygamber (s.a.v.)'in kuzeni ve henüz kısa bir süre önce Müslüman olan Abdullah (r.a.) idi.

[77]

Ordu Ci'râne'ye ulaştığında yaklaşık altı bin kadın ve çocuktan oluşan esirler güneşten korunmak için büyük bir sığınağa çekilmişlerdi. Çoğu fakirdi; bu nedenle Peygamber, Huza'alı bir adamı, her birine yeni giyecekler almak üzere Mekke'ye gönderdi. Bunların parası ganimetin bir bölümünü oluşturan gümüşlerle ödenecekti. Develer yaklaşık olarak yirmi dört bin kadardı. Koyunları ve keçileri ise kimse saymaya girişmedi. Fakat yaklaşık kırk bin olduğu tahmin ediliyordu.

Adamların çoğu ganimetten payını almak için sabırsızlanıyordu. Fakat Peygamber (s.a.v) hemen geri dönmek istemiyordu. Çünkü Hevâzinlilerden esirlere nazik davranılmasını rica eden bir heyetin gelmesini bekliyordu. Bununla birlikte ganimetten dağılımının gecikmesini istemediği bir bölüm vardı. Ganimetlerden kendisine düşen beşte bir de aynen zekâtlar gibi işlem görüyordu. Kısa bir süre önce nazil olan âyetler bu tür fonlardan yararlanacak olan ayrı bir kategoriye yani "KALBLERİ ISINDIRILACAKLAR" adında bir gruba işaret ediyordu:

"Sadakalar -Allah'tan bir farz olarak- yalnızca fakirler, düşkünler, (zekât) işinde görevi olanlar, kalbleri ısındırılacaklar, köleler, borçlular, Allah yolunda (olanlar) ve yolda kalmış(lar) içindir Allah bilendir. Hüküm ve hikmet sahibidir." (Tevbe: 60)

"KALBLERİ ISINDIRILACAKLAR" deyince, akla hemen yeni dinin Mekke'de de hakimiyet kurması sonucu dünyaları -yani Arap putperestliği- sarsıntıya uğrayınca, şartların zorlaması nedeniyle Müslüman olan Mekkeliler geliyordu. Peygamber, Ebû Süfyân'a yüz deve verdi; oğulları Muâviye ve Yezîd'e de yüzer deve verilmesini söyledi. Gerçekte bu Ebû Süfyân'a üç yüz deve verilmesi anlamına geliyordu. Bu nokta diğerlerinin gözünden kaçmadı. Hatîce'nin yeğeni Hakim'e yüz deve verildiğinde iki yüz deve daha istedi. Peygamber de istediklerini hemen ona tahsis etti. Ebû Süfyân'ın ki gibi durumlarda en ufak bir isteksizlik veya kararsızlık hediyenin asıl amacını zedeleyebilirdi.

Fakat Peygamber (s.a.v) yine de Hakim'e şöyle dedi: "Bu servet temiz ve yeşil bir otlaktır. Kim onu cömertce alırsa orada mübarek olacaktır. Kim de onu gururla alırsa mübarek olmayacak ve yiyen, fakat doymayan kişi gibi olacaktır. Veren el alan elden hayırlıdır. Vermeye ilk önce aileden bakmaya yükümlü olduklarınla başla." Bunun üzerine Hakim gelecekte kendi elinin hiçbir zaman alan el olmayacağına kararlı bir şekilde, "Seni hak üzere gönderene yemin olsun ki, senden sonra hiç kimseden hiçbir şey almayacağım" dedi. Daha önceki isteğinden vazgeçip sadece yüz deve aldı.[1]

Sadakaların dağıtılacağı aynı kategorideki gruptan bazıları da sınırda olanlar, yani İslâm'ı seçip seçmemekte kararsız olanlardı. Bunlardan bazılarına da yüzer deve verildi. Bunlardan en önemlileri Süheyl ve Safvân idi. İkisi de Huneyn'de savaşmışlar ve Safvân savaşın başlarında Müslümanlar kaçmaya başlayınca bundan memnun olan geri saflardaki müşrik Mekkelileri uyarmış ve, "Eğer başımızda biri olacaksa, bunun Hevâzin yerine Kureyş'ten biri olmasını yeğleriz!" diye bağırmıştı. Yüz deveyi aldıktan sonra Safvân, Ci'râne vadisi boyunca ilerlerken, Peygamber (s.a.v.)'e arkadaşlık etti ve ganimetlere baktı. Ci'râne'de ana vadinin yanı sıra birçok yan vadiler de vardı. Bunlardan biri özellikle ot bakımından çok verimliydi. Bu nedenle deve, koyun ve keçi sürüleri orayı doldurmuştu. Safvân'ın bu görüntüden çok etkilendiğini gören Peygamber (s.a.v.), "Bu vadi çok mu hoşuna gitti?" diye sordu. Safvân'ın yavaşça tasdiklediğini görünce, "Hepsi senin, içindekilerle birlikte" diye ekledi. "Şehadet ederim ki," dedi Safvân; "Eğer bu Peygamber'in nefsi olmasa, hiçbir nefis bu denli iyiliğe sahip olamaz; Allah'tan başka ilâh olmadığına ve senin, O'nun Rasûlü olduğuna şehadet ederim."

Süheyl'e gelince, onun da şüpheleri Ci'rane'de sona ermişti. Bu, ya onun oğlu Abdullah ile tekrar bir araya gelmesi ve Huneyn'deki mucizevi zafere şahitlik etmesi veya Peygamber (s.a.v)'in etkileyici kişiliğiyle bir arada bulunması ya da tüm bu faktörlerin bir arada işlemesiyle meydana gelmişti. Fakat o, İslâm'a vakur bir şekilde girdi.

Üç yıl sonra oğlu Abdullah savaşta öldürülünce, Ebû Bekir (r.a.) acılı babayı teselli edici sözler söyledi. Fakat Süheyl şu cevabı verdi: "Bana Allah'ın Rasûlü'nün, 'Bir şehid, kavminden yetmiş kişi için şefaat diler' dediğini söylediler. Ben de oğlumun benden önce kimseye şefaat etmeyeceğini umuyorum."

Ci'râne'de Müslüman olanlardan bazıları da Mahzûm'un ileri gelen liderlerinden birkaçıydı: Ebû Cehil'in iki kardeşi; Hâlid'in üvey kardeşi, yani şimdi hayatta olmayan genç Velîd'in ise öz kardeşi olan Hişâm; Peygamber (s.a.v)'in halası Atîke'nin Taif'te şehid olan oğlundan sonra Züheyr adındaki ikinci oğlu. On yıl kadar önce Ebû Cehil'e karşı mecliste Benî Hâşim ve Benî

---

1. W. 945.

Muttalib'e uygulanan boykotun kaldırılmasını savunan ilk Kureyş'li Züheyr idi. Annesi Atîke (r.a.) ise oğullarından daha önce Müslüman olmuştu.

Ordu vadide günlerce bekledi, fakat Hevâzinlilerden hiçbir heyet gelmedi. Bunun üzerine Peygamber (s.a.v) ganimetleri paylaştırdı. Paylaştırma işlemi bittikten kısa bir süre sonra, içlerinde süt babası Hâris'in kardeşinin de bulunduğu bir heyet geldi. Gelenlerin on dört tanesi zaten Müslüman'dı. Geriye kalanlar da Müslüman oldular ve Hevâzin kabilesinin Peygamber (s.a.v)'in akrabası sayılması gerektiğini söyleyerek ondan cömert davranmasını istediler. "Seni kucağımızda büyüttük, göğsümüzde emzirdik" dediler. Peygamber (s.a.v) onlara bir delegenin geleceğinden ümit kesene kadar beklediğini ve ganimetlerin dağıtılmış olduğunu söyledi. Daha sonra cevabın ne olacağını bilmesine rağmen, onlara kadınları ve çocuklarının mı, yoksa mallarının mı daha değerli olduğunu sordu. Onlar: "Bize kadınlarımızı ve çocuklarımızı geri ver" dediklerinde ise, "Benim ve Abdu'l-Muttalib oğullarının payına düşenler sizindir. Diğerlerine de sizin adınıza rica edeceğim. Ben öğle namazını kıldırdıktan sonra, 'Allah'ın Rasûlü'nün bizim adımıza Müslümanlardan şefaat dilemesini, Müslümanlardan da bizim adımıza Rasûlullah'tan şefaat dilemesini istiyoruz' deyin" dedi.[2]

Onun söylediği gibi yaptılar. Peygamber (s.a.v)'de cemaate dönüp onların kadınlarının ve çocuklarının kendilerine verilmesini istediklerini söyledi. Ensâr ve muhâcirler hemen kendi paylarına düşen esirleri Peygamber (s.a.v)'e verdiler. Fakat kabilelerden bir kısmı onlar gibi yaptı, bir kısmı da bunu kabul etmedi. Kabul etmeyen kabileler diyeti gelecekte ödenmek üzere esirleri bırakmaya ikna edildiler. Böylece bütün esirler ailelerine döndüler. Sadece Peygamber (s.a.v)'in dayısının oğlu olan Zühre'li Sa'd'ın payına düşen genç bir kadın, Sa'd'la kalmak istediğini söyledi ve geri dönmedi.

Peygamber (s.a.v) süt kardeşine bir miktar deve, koyun ve keçi daha verdikten sonra ona veda etti. Heyet ayrılmak üzere iken, onlara başkanları Mâlik'i sordu. Onlar Mâlik'in, Taif'deki Sakif'lilere katıldığını söylediler. "Ona haber verin" dedi Peygamber (s.a.v); "Bana Müslüman olarak gelirse ailesini ve mallarını ona iade edeceğim; ona bir de yüz deve vereceğim." Mâlik'in ailesini bu amaçla Mekke'de halası Atîke'nin yanına yerleştirdi ve mallarını paylaştırdı.

Bu mesaj Mâlik'e ulaştığında, o, Sakif'lilerin kendisini hapsetmelerinden korktuğu için bundan onlara bahsetmedi. Geceleyin şehri terk ederek Müslüman kampına gitti ve Müslüman oldu. Peygamber (s.a.v) onu gittik-

2. I.I. 877.

çe artan Hevâzin'li Müslümanların başına kumandan tayin etti ve onlardan Taif'e rahat vermemelerini istedi. Böylece Taif kuşatması sadece sınırlı bir süre için kaldırılmış oluyordu. Daha az kesin, fakat daha etkili başka tür bir kuşatma ilkinin yerini alıyordu.

Peygamber (s.a.v) biliyordu ki, dinin bizzat kendisinin insan ruhu üzerinde bir etkisi olmasına rağmen, bu etki sadece dinin sözde değil, teslimiyetle kabul edilme derecesine bağlıdır. *"Kalbleri ısındırılacaklar"* (müellefe-i kulûb)a mâlî yardımda bulunma prensibi işte bu teslimiyete engel teşkil eden sıkıntı ve acıyı ortadan kaldırmak için konulmuştu. Fakat bu prensibin amacı, diğerleri bir tarafa, ilk Müslüman olanlar tarafından bile kavranamadı. Daha önce bahsettiklerimizin yanı sıra, çölde ihtiyacı olan birçok kişi görmezlikten gelinerek, Müslüman olup olmadıkları şüpheli olan birçok bedevîye de değerli hediyeler verilmişti. Zühre'li Sa'd, Gatafan'lı Uyeyne'ye ve Temîm'den Ekra'ya yüzer deve verdiği halde, daha samimi olan ve ikisinin aksine çok fakir olan Demre'li Cu'ayl'e neden bir şeyler vermediğini Peygamber (s.a.v)'e sordu. Peygamber (s.a.v) şu cevabı verdi: "Nefsimi kudret elinde tutana yemin olsun ki, Cu'ayl, bir dünya dolusu Uyeyne ve Ekra'dan daha değerlidir. Fakat onların Allah'a teslim olmaları için kalblerinin ısındırılması gerek. Oysa Cu'ayl'in teslimiyetine[3] güveniyorum."[4]

Muhâcirlerden bundan başka bir karşı çıkış olmadı. Fakat Peygamber (s.a.v)'in Ci'râne'de kurduğu kampın sonlarına doğru dört bin kişi kadar olan ensâr arasındaki huzursuzluk çok artmıştı. İçlerinden çoğu fakirdi ve o kadar ganimetten her adama sadece dört deve veya eş değer sayıda koyun ve keçi düşmüştü. Esirlerden yüksek fidyeler almayı ümit ediyorlardı; fakat paylarına düşen esirleri de Peygamber (s.a.v)'i memnun etmek için hiç tereddüt etmeden geri vermişlerdi. O sırada Kureyş'ten on altı nüfuzlu adama ve diğer kabile reislerinden de dört kişiye değerli hediyeler verildiğini gözlemişlerdi. Bu hediyeleri alanların çoğu zaten zengin adamlardı. Fakat ensârdan hiçbiri, Peygamber (s.a.v)'den bir hediye almamıştı. Gerçi muhâcirlerden hiçbiri de hediye almamıştı, ama bu Medîne'lileri teselli etmiyordu.

Çünkü hediyelerin çoğu, muhâcirlerin akrabaları olan Kureyş'lilere gitmişti. Ensâr, kendi aralarında "Allah'ın Rasûlü kendi kabilesine döndü" diyorlardı. "Savaş sırasında onun arkadaşları bizlerdik. Fakat ganimetler dağıtılırken akrabaları, kabilesi onun arkadaşları oldu. Bunun nereden geldiğini muhakkak öğreneceğiz. Eğer bu Allah'tan ise sabırla kabul ederiz;

3. İslâm.
4. W. 948.

fakat eğer bu sadece Allah'ın Rasûlü'nün bir fikrinden öte gitmiyorsa, bizi de düşünmesini isteyeceğiz."

Ensâr arasındaki bu düşünce ve konuşmalar ateşlenince, Sa'd İbn Ubâde (r.a.) Peygamber (s.a.v)'e gitti ve onların neler söyleyip neler düşündüklerini anlattı. Peygamber (s.a.v), "Peki bu durumda sen nerede yer alıyorsun, ey Sa'd?" dedi. Sa'd, "Ey Allah'ın Rasûlü, ben de onlardan biriyim. Bunun nereden geldiğini öğrenmek istiyoruz" diye karşılık verdi. Peygamber (s.a.v) Sa'd'a, tüm ensârın, daha önce esirlerin yerleştirildiği sığınaklardan birine toplanmasını söyledi. Sa'd'ın izniyle onlara birkaç da muhâcir katıldı. Daha sonra Peygamber (s.a.v) onlara gitti ve Allah'a hamd ve şükrettikten sonra şöyle dedi: "Ey ensâr! Gönüllerinizin bana karşı olduğu haberi ulaştı. Ben sizi sapıklıkta bulmuşken Allah sizi hidayete eriştirmedi mi? Ben sizi fakir bulmuşken Allah sizi zenginleştirmedi mi? Ben sizi birbirinize düşman bulmuşken Allah kalblerinizi uzlaştırmadı mı?" Onlar, "Evet, elbette" dediler; "Allah ve Rasûlü en cömert ve en eli açık olandır." Peygamber (s.a.v), "Bu söylediklerime mukabele etmeyecek misiniz?" dedi. "Nasıl mukabele edelim?" dediler. Peygamber (s.a.v) şöyle dedi: "Eğer isterseniz, 'Sen bize itibardan düşmüş bir halde geldin, biz sana itibar kazandırdık; bize terk edilmiş geldin ve sana yardım ettik; seni toplumdan atılmış bulduk, içeri aldık; seni mahrum bulduk, rahatlattık' diyebilirsiniz. Doğruyu da söylemiş olursunuz ve size inanılır. Ey ensâr! Ben sizin İslâm'ınıza güvenmişken, benim insanların kalblerini ısındırmak için kullandığım dünya malları kalbinizde o kadar çok mu yer tutuyor? Ey ensâr! Memnun değil misiniz? İnsanlar, develerini ve koyunlarını götürürken, siz evinize Allah'ın Rasûlü'nü beraberinizde götürüyorsunuz. Ensâr hariç, bütün insanlar bir yöne gitse, ensâr da başka bir yola gitse, ben ensârın yolundan giderdim. Allah ensâra, onların oğullarına ve oğullarının oğullarına rahmet etsin." Adamlar gözyaşlarıyla sakalları ıslanıncaya kadar ağladılar ve bir tek ses halinde: "Biz hissemize düşen Allah'ın Rasûlü'nden memnunuz"[5] dediler.

5. I.I. 886.

[78]

Ci'râne'den sonra Peygamber (s.a.v) umre yaptı ve Medîne'ye döndü. Medîne'ye varmadan kısa bir süre önce, Hudeybiye'de Müslümanların liderlerine bağlılığına şaşıran Sakif'li Urve'ye rastladı.[1] Urve, Huneyn Savaşı sırasında Yemen'deydi. Yolda aldığı bu mucizevî zafer haberleri, içinde zaten var olan imanı alevlendirdi. Peygamber (s.a.v)'e gidip biat etti ve ondan Taif'e gidip halkını İslâm'a çağırmak için izin istedi. "Seni öldürürler" dedi Peygamber (s.a.v). "Ey Allah'ın Rasûlü! Ben onlara çocuklarından daha sevgiliyim" dedi. Peygamber (s.a.v), "Seni öldürürler" diye tekrarladı. Fakat Urve (r.a.) üçüncü kez izin isteyince, "Eğer istiyorsan git" dedi. Aynen Peygamber (sav.)'in söylediği gibi, Taifliler onun evini okçularla sardılar; kısa bir süre sonra Urve (r.a.) ölümcül bir ok yarası aldı. Ailesinden bazıları ölmek üzere iken, ona ölümüyle ilgili ne düşündüğünü sordular. "Bu Allah'ın rahmetinden bana verdiği bir lütuftur" dedi. Daha sonra onlara, kendisini Taif kuşatması sırasında şehid olanların yanına gömmelerini söyledi. Ailesi de bu isteğini yerine getirdi. Peygamber (s.a.v)'e onun öldüğü söylendiğinde, "Urve, Yâsîn'deki (Yâsîn: 20) adam gibidir.[2] Halkını Allah'a çağırdı, onlar da onu öldürdüler" dedi.[3] Bu adam Aziz Peter kovulduktan sonra, halkını İsâ'nın mesajını kabul etmeye çağıran Antakya'lı bir marangoz olan Habîb idi. Antakyalılar onu öldürdüler ve Kur'ân'da anlatıldığı üzere:

"Ona: Cennete gir, denildi. O da: 'Keşke benim kavmim de bir bilseydi' dedi; Rabbimin beni bağışladığını ve beni ağırlananlardan kıldığını" (Yâsîn: 26-7).

Urve'nin ölümünden sonra oğlu ve yeğeni Taif'ten ayrılıp Medîne'ye geldi. Orada Müslüman olup, muhâcirlerden biri olan kuzenleri Muğîre'yle birlikte yaşamaya başladılar.

Abdullah İbn Revâha (r.a.)'nın Mu'te'de şehid olması, Peygamber (s.a.v)'i sadece yakın bir arkadaşı değil, iyi bir şairi de kaybettiği için üzmüştü. Çünkü O'nun, Abdullah'ın dizelerini, Hassan ve Kâ'b İbn Mâlik'in dizelerine eş tuttuğu söylenirdi. Fakat genel kanıya göre, Arabistan'da tüm

---

1. Bak. Böl. 66.
2. W. 961.
3. Bak. Böl. 30.

diğer şairleri gölgede bırakan iki şair vardı. Bunlardan biri Lebîd, diğeri ise bir önceki neslin en iyi şairlerinden olan Zübeyr İbn Selmân'ın oğlu Kâ'b idi. Kâ'b, Muzeyne'li olmasına rağmen hayatının çoğunu Gatafan'lılarla birlikte geçiriyordu. Bu nedenle de kabilesinde çok yaygın olan İslâm'ın etkisinden uzakta kalıyordu. Kâ'b'ın kardeşi Buceyr (r.a.), Hudeybiye'den sonra Müslüman olmuştu; fakat Kâ'b yeni dini şiddetle reddediyor ve Peygamber (s.a.v)'i aşağılayan şiirler yazıyordu. Peygamber (s.a.v) bu nedenle, bu şiirleri yazanı öldürenin Allah rızası için bir hayır yapmış olacağını ilan etmişti. Buceyr (r.a.), daha önceden ümitsizlikle kardeşini Peygamber (s.a.v)'e gidip ondan af dilemeye teşvik etmişti. "O pişman olarak kendisine dönen kimseyi öldürmez" demişti. Mekke'nin fethinden sonra Kâ'b yine önceki fikirlerini muhâfaza eden ve içinde aşağıdaki dizeler de bulunan bir şiir yazmıştı:

"Sadece Allah'a, ne Uzzâ'ya ne Lât'a
Kaçabilirsin, eğer kaçabilirsen,
Hiç kimsenin kaçamayacağı, insanlardan kaçılamayacağı günde
Kalbi saf bir şekilde Allah'a teslim olan kişi bundan müstesnadır."

Her taraftan sayısız insanların İslâm'a girmesiyle, Kâ'b yeryüzünün kendisi için daraldığını hissetti. Hayatını kaybetmekten korkarak Medîne'de, arkadaşlarından biri olan Cuheyne'li bir adama gitti ve Müslüman olduğunu söyledi. Ertesi gün mescidde sabah namazına cemaate katıldı. Namazdan sonra ellerini Peygamber (s.a.v)'in elinin üstüne koyarak, "Ey Allah'ın Rasûlü! Eğer Zübeyr'in oğlu Kâ'b pişman olup bir Müslüman olarak sana gelse ve dokunulmazlık istese, onu sada getirsem kabul eder misin?" dedi. Peygamber (s.a.v) kabul edeceğini söyleyince, "Ey Allah'ın Rasûlü, ben Zübeyr'in oğlu Kâ'b'ım" dedi. Ensârdan biri ayağa kalktı ve onun başını kesmek için izin istedi. Fakat Peygamber (s.a.v), "Onu bırak, o pişman olarak geldi ve artık eskisi gibi değil" dedi. Daha sonra Kâ'b bu olay için yazdığı dizeleri okudu. Şiir geleneksel bedevî stilindeydi; diksiyonu harika ve melodiliydi; çoğunlukla berrak tabiat tasvirleri yer alıyordu. Fakat asıl teması af, dileme idi. Şiir, başlangıcında Peygamber (s.a.v)'i ve muhâcirleri öven bir pasaj ile son buluyordu:

"Rasûl bir ışıktır, bir ışık kaynağı;
Bir Hindistan kılıcı, Allah'ın çekilmiş kılıçlarından biridir,
Mekke vadisinde İslâm'ı seçtiklerinde, insanlar; 'Gidin!' dediler.
Gittiler, ama zayıf ve kaçaklar olarak değil,
Bineklerinin üstünden sarkarak ve kötü silahlarla silahlanmış olarak değil,

Bilakis parlak giysili, gururlu ve soylu tavırlı kahramanlar olarak
Bu karşılaşma için Dâvûd'un ördüğü zırhları giymiş[4] olarak."

Kâ'b (r.a.) okumayı bitirdiğinde Peygamber (s.a.v) çizgili Yemen kumaşından yapılmış olan cübbesini çıkardı ve dilini kullanmadaki başarısının ödülü olarak şairin omuzlarına attı.[5] Fakat daha sonra arkadaşlarından birine, "Keşke ensârdan da bahsetseydi, çünkü onlar bunu hakettiler" dedi. Kâ'b bunu duyunca ensârı öven, onların savaştaki cesaretini, himayelerinin emin olduğunu, ev sahibi olarak ne kadar cömert olduklarını, her zaman yiğit olduklarını anlatan bir şiir yazdı.[6]

Mâriye (r.a.)'nin çocuğunun doğmasına az zaman kalmıştı. Çocukların hepsinin doğumunda da Hatîce'ye yardım eden Selmâ artık yaşlı bir kadındı. Fâtıma'nın dünyaya gelmesinden beri yirmi beş yıl geçmişti. Fakat Selmâ yine de Peygamber (s.a.v)'in yeni çocuğunun doğumu sırasında orada olmak istedi. Doğumun yaklaştığı anlaşılınca Mâriye'nin oturduğu yukarı Medîne'deki eve gitti.

Çocuk o gece doğdu ve aynı gece Cebrâîl gelip Peygamber'e (s.a.v) her zamankinden farklı bir adla hitap etti: "Ey İbrahim'in babası!" Doğumdan hemen sonra Selmâ kocası Ebû Râfi'yi Peygamber (s.a.v)'e bir oğlu olduğunu haber vermek üzere gönderdi. Ertesi sabah namazdan sonra Peygamber (s.a.v) ashâba doğumu haber verdi. "Ona atamın adı olan İbrahim adını veriyorum" diye ekledi. Medîne'de büyük bir sevinç ve ensâr kadınları arasında da çocuğun süt annesinin kim olacağı konusunda büyük bir rekabet yaşanıyordu. Şans Yukarı Medîne'de bebeğin annesine yakın bir yerde oturan bir demircinin karısına çıktı. Peygamber (s.a.v) oğlunu hemen hemen her gün ziyaret eder ve genellikle öğle uykusunu orada uyurdu.

Bazen de İbrahim babasının evine getirilirdi. Âişe (r.a.), bir gün Peygamber'in kucağında çocuğu evine getirdiğini ve "Bana ne kadar benzediğine bak" dediğini anlatır. Âişe (r.a.) ona, "Hiçbir benzerlik göremiyorum" diye cevap vermişti. Peygamber (s.a.v) ona, "Cildinin kumrallığını ve teninin pürüzsüzlüğünü görmüyor musun?" dedi. Âişe (r.a.), "Koyun sütüyle beslenen her çocuk tombul pürüzsüz tenli olur" cevabını verdi. Çobanlardan birine, çocuğun süt annesine her gün süt göndermesi tenbih edilmişti.

Peygamber (s.a.v) Mekke'den dönüşünden sonra altı ay kadar Medîne'de kaldı ve bu sırada birçok küçük seferler düzenledi. Bunlardan biri Ali (r.a.) kumandasında, yerleşim bölgeleri Medîne'nin kuzeydoğusun-

4. Kur'ân'a göre (Sebe:10) zırh örmeyi ilk icad eden Davud (a.s.) Peygamberdir.

5. I.I. 893.

6. I. H. 893.

da olan Tay kabilesi üzerine gönderilen ordu idi. Bundan kısa bir süre önce Ali (r.a.), Kızıl Deniz'de yer alan Kudeyd'deki Menat tapınağını yok etmek üzere gönderilmişti. Ali (r.a.)'nin orayı harap etmesinden sonra, Arabistan'ın üç önemli put merkezinden sadece Taif'teki Lât tapınağı kalmıştı. Fakat Füls tapınağı da Hıristiyan olmayan Tay'lılar için bir put tapınma merkezi olarak kabul ediliyordu. Bu seferin ana amacı bu tapınağı ortadan kaldırmaktı. Tay, şair Hâtim'in kabilesi idi.[7] Babası gibi Hıristiyan olan oğlu Adiy, onun ölümü üzerine kabilenin başına geçmişti.

Ali (r.a.) ve adamlarının yaklaştığı haberini duyunca Adiy, yakın ailesini yanına alıp kaçtı. Sadece bir tek kız kardeşi kabilenin diğer fertleriyle birlikte esir alındı. Adiy'in kız kardeşi Medîne'de Peygamber (s.a.v)'in önüne getirildiğinde Peygamber (s.a.v)'in ayaklarına kapandı ve kendisini serbest bırakması için yalvardı. "Babam esirleri hep serbest bırakırdı, misafire iyi davranır, açları doyurur ve üzgünleri teskin ederdi. İyilik bekleyen hiç kimseden yüz çevirmemişti. Ben Hâtim'in kızıyım." Peygamber (s.a.v) ona nazikçe cevap verdi ve etrafındakilere dönerek: "Bırakın gitsin; çünkü onun babası soylu davranışları severdi, Allah da onları sever" dedi.

O sırada kabilesinden biri onu kurtarmak üzere gelmişti. Peygamber (s.a.v) onu bir deve ve bir elbise vererek gelen adama teslim etti. Hâtim'in kızı, kardeşi Adiy'i aramaya gitti ve onu Medîne'ye gitmeye ikna etti. Adiy orada Peygamber (s.a.v)'e biat ederek Müslüman oldu. Peygamber (s.a.v) de onun Tay kabilesinin başkanlığını onayladı. Adiy (r.a.) daha sonra samimi ve nüfuzlu bir müttefik olduğunu gösterdi.

Bu aylardan birinde, recebin başlarında Peygamber (s.a.v), Necâşî'nin ölüm haberini aldı. Haberi aldıktan sonra mescidde kılınan ilk namazın arkasından cemaate döndü ve: "Bugün adaletli bir adam öldü. Kalkın ve kardeşiniz Eşeme için dua edin"[8] dedi. Daha sonra onlara cenaze namazı kıldırdı. Sonraları Habeşistan'dan kralın mezarı üzerinde sürekli parlayan bir ışığın bulunduğu haberi geldi.[9]

---

7. Bkz. Böl. XIII.
8. B. LXIII, 37.
9. I.I. 223.

TEBÛK

[79]

Huneyn Savaşı'ndan kısa bir süre sonra İmparator Herakliyus, Kudüs'e giden kutsal yolu tekrar inşa ettirdi. Bu, Kur'ân'da önceden haber verilen ve *"O gün mü'minler sevineceklerdir"* (Rûm: 4) diye ifade edilen Bizanslıların İranlılara karşı kesin zaferini noktalıyordu. İranlıların Suriye'den ve Mısır'dan askerlerini çekmek zorunda kalmaları da bir sevinç kaynağıydı. Fakat Suriye'de bir tehlikenin yerini diğeri almıştı. İslâm devletinin sadece bu taraftan bir tehlike ile karşı karşıya olduğu söylenebilirdi. Medîne'de Herakliyus'un Medîne'ye karşı uzun bir sefer düzenlemek üzere ordusuna bir mühlet verdiği söylentileri dolaşıyordu. Bizanslıların güneyde Belka'ya kadar geldikleri ve Lehm, Cudam, Gassan ve 'Amile kabilelerini ele geçirdikleri de söyleniyordu. Bu haberler bir bakıma abartma, bir bakıma da gerçeğin tam tersi idi. Herakliyus'un İran seferi sırasında rüyasında kendisini İslâm'a çağıran mektubu yazan adamla özdeşleştirdiği "sünnetli bir adamın" Suriye Krallığı'nı ele geçirişini gördüğü, henüz herkesçe bilinmiyordu. Gördüğü rüya öylesine etkili ve açıktı ki, Herakliyus'un güneye doğru yayılmasını engelledi ve bir dereceye kadar Suriye'nin savunmasını gevşetmesine neden oldu. Herakliyus, Kudüs'ten Humus'a çekilmişti. Orada, tüm bu bölgenin fethedileceğinden emin olarak generallerine, kuzeydeki diğer bölgelere yayılmaması şartıyla Suriye bölgesini Peygamber (s.a.v)'e veren bir anlaşma yapmayı önerdi. Generallerin bu fikre çok şaşırmaları ve kesinlikle karşı çıkmaları onun bu planı yürürlükten kaldırmasına neden oldu. Fakat Herakliyus gördüğü rüyayı hiçbir zaman unutmadı.

Aynı şekilde Peygamber (s.a.v) de Allah'ın İslâm ordularına Suriye kapılarını açacağından emindi. Ya zamanının geldiğini düşünerek ya da kaçınılmaz kuzey seferi için ordularına deneyim kazandırmak için Bizanslılara karşı bir sefer düzenleyeceklerini açıkladı. Daha sonra şimdiye kadar kumanda ettiği en büyük ve en iyi silahlarla donanmış bir ordu kurmaya başladı. O zamana kadar bu tür durumlarda asıl amacını gizli tutmak ve hazırlıkları mümkün olduğu kadar gizli yapmak adetiydi. Fakat bu kez gizlilik yoktu. Mekke'ye ve diğer müttefik kabilelere Suriye seferi için silahlı ve binekli adamlar göndermeleri için haber gönderildi.

M.S. 630 yılının Ocak ayı başlarıydı. Mevsim her zaman sıcak olurdu; fakat o yıl bir kuraklık olmuştu ve ısı her zamankinden daha yüksekti. Aynı zamanda olgun ve taze meyve yeme zamanıydı. Bu iki durum sefere katılmamak için iki sebep teşkil ediyordu. Üçüncü neden ise imparatorluk lejyonlarının dehşet verici şöhretiydi. Münafıklar ve Müslümanlardan samimiyeti az olanlar Peygamber (s.a.v)'e gelip çeşitli mazaretler öne sürerek sefere gitmemek için izin istediler. Bedevîlerin çoğu da böyle yaptı. Geride kalanlar içinde dört salih imanlı kişi de vardı: Kâ'b İbn Mâlik, Hazrec'ten iki kişi ve Evs'ten bir adam. Bunlar evde kalmak için kesin bir karar almamışlar ve özürler öne sürmemişlerdi. O mevsimde Medîne'den ayrılmak onlara o kadar sevimsiz gelmişti ki, hazırlık yapmaya başlayamamışlar ve bu işi bugünden yarına ertelemişlerdi. Uyandıklarında ise vakit çok geçti ve birlikler gitmişti. Fakat çoğunluk hızla hazırlığa koyulmuşlar ve zenginler daha fazla para yardımı yapma konusunda yarışmışlardı. Osman tek başına on bin adama alet ve binek sağladı. Böyle olduğu halde gitmek isteyen herkese yetecek kadar binek ve alet yoktu. O sırada inen bir âyet (Tevbe: 92) Peygamber (s.a.v)'in binek ve alet sağlayamadığı için istemeyerek geri çevirdiği, bunun üzerine ağlamaya başlayan "yedi ağlayan kişi"yi -beş fakir ensâr ve Muzeyne ile Gatafan'dan iki bedevî- hafızalara işliyordu.

Bütün bedevî müttefikler de katıldıktan sonra ordu, on bini atlı, otuz bin kişiye yaklaşmıştı. Şehrin dışına bir kamp kurulmuş ve ordu herkes hazır olup Peygamber (s.a.v) de yola çıkıp kumandayı ele alana kadar ordu Ebû Bekir'in yönetimine verilmişti.

Peygamber (s.a.v) Ali (r.a.)'yi ailesine bakmak üzere Medîne'de bırakmıştı. Fakat münâfıklar Peygamber'in onu bir fazlalık olarak gördüğü ve gözünün önünden uzak tutarak ondan kurtulduğu söylentisini yaydılar. Bunu duyan Ali (r.a.) o kadar üzülmüştü ki zırhını giydi, silahlarını kuşandı ve ona katılmak için yalvarmaya niyetlenerek Peygamber (s.a.v)'e ilk konaklardan birinde yetişti. Ona insanların neler konuştuklarını anlattı. O da: "Yalan söylüyorlar. Geride bıraktıklarım için orada kalmanı emrediyorum. Geri dön ve beni hem kendi ailende, hem de benim ailemde temsil et. Ey Ali! Benden sonra Peygamber gelmemesi hariç senin bana, Mûsâ'nın Hârûn'a yakınlığı gibi yakın olmandan memnun değil misin?"[1] dedi.

Kuzeye doğru ilerlerken bir gün sabah namazında Peygamber (s.a.v) abdest almakta gecikti. Adamlar saflara dizilmişlerdi; namaz kılmadan önce güneşin doğmasından korkana dek onu beklediler. Daha sonra Abdurrahman İbn Avf (r.a.)'ın imamlık yapmasına karar verildi. Peygamber (s.a.v) geldiğinde hemen hemen birinci rekatı bitirmişlerdi. Abdurrahman

1. I.I. 897.

(r.a.) tam geri çekilecekken Peygamber (s.a.v) onu yerinde kalması için itti ve kendisi de cemaate katıldı. Cemaat, namazı bitirip selam verince Peygamber (s.a.v) ayağa kalktı ve kaçırdığı rekatı kıldı. Bitirdikten sonra, "İyi yaptınız; çünkü hiçbir Peygamber ümmetinden takvâ sahibi birinin arkasında namaz kılmadıkça ölmez"[2] dedi.

O sırada Medîne'de yaklaşık olarak ordu yola çıktıktan on gün sonra, geride kalan dört mü'minden biri olan Hazrec'li Ebû Hayseme (r.a.) çok sıcak bir günde bahçesindeki ağaçların gölgesine gitti. Orada iki kulübe vardı. Hanımlarının, iki kulübeye de su serpmiş olduğunu gördü. İkisi de kendisi için yemek hazırlamış ve içmesi için toprak testilerde su soğutmuşlardı. Kulübelerden birisinin kapı eşiğinde ayakta durdu ve, "Allah'ın Rasûlü güneşin sıcağı altında, sıcak rüzgârlarla kavrulmuş; Ebû Hayseme ise serin bir gölgelikte, onun için kendi evinde yemek ve hanımları hazırlanmış!" dedi. Daha sonra hanımlarına dönerek, "Vallahi, Allah'ın Rasûlü'ne yetişmeden ikinizin kulübesine de girmeyeceğim. O halde benim için erzak hazırlayın" dedi. Hanımları onun için erzak hazırladılar. Ebû Hayseme devesini semerleyerek hızla ordunun arkasından yola çıktı.

Medîne'den Kudüs'e giden yolun hemen hemen tam ortasında Peygamber (s.a.v) bir gece, "İnşallah yarın Tebuk akarsuyuna ulaşacaksınız. Güneş yükselip yakıcılığı artana kadar oraya varamayacaksınız. Ona ulaşan kimse ben gelinceye kadar suya dokunmasın" dedi. Fakat oraya ilk varan iki kişi kaynaktan içtiler. Ordunun büyük bir kısmı geldiğinde birkaç damla su kalmıştı. Peygamber (s.a.v) bu iki kişiyi sert bir dille azarladı ve birkaç kişiye çukurlarda bulabildikleri kadar suyu toplayıp eski bir deri parçasına doldurmalarını söyledi. Yeteri kadar su toplandığında kabın içinde ellerini ve yüzünü yıkayıp kaynağın ağzını kapatan kayanın üstüne serpti ve ellerini onun üstünden geçirerek Allah'ın dilediği şekilde dua etti. Daha sonra gökgürültüsü gibi bir sesle birlikte su fışkırdı.Bütün adamlar ihtiyaçlarını karşıladıktan sonra bile hâlâ su akıyordu. Peygamber (s.a.v), yanında duran Mu'az'a[3] döndü ve: "Ey Mu'âz! Belki sen bu yerin bahçelerle dolu bir vadi olduğunu görene kadar yaşayacaksın" dedi. Gerçekten de söylediği gibi oldu.

Peygamber (s.a.v) ordu ile yola çıkmayı kaçıran dört mü'minin hatası üzerine üzülmüş ve hayal kırıklığına uğramıştı. Tebûk'e ulaştıktan birkaç gün sonra onlara yetişen Hayseme için de daha önceden üzülmüştü. Yalnız bir yolcunun yaklaştığı görüldüğünde, henüz yüz hatları belirgin olmama-

2. W. 1012.

3. Bkz. Blm. LXVI.

sına rağmen Peygamber (s.a.v) dua eder gibi, "Ebû Hayseme olsa!" dedi. Adam onlara yaklaşıp selam verdiğinde de, "Yazıklar olsun sana Ebû Hayseme!" dedi. Fakat neler olduğunu dinledikten sonra onu affetti.

Ordu Tebûk'te yirmi gün kaldı. Bizans'tan gelen tehlike söylentilerinin gerçek olmadığı ortaya çıkmıştı. Diğer taraftan bu Suriye'nin fethi için uygun bir zaman da değildi. Fakat o günlerde Peygamber (s.a.v) Akabe Körfezi'nde ve doğudaki sahillerde yaşayan Hıristiyan ve Yahudi kabileleriyle bir barış anlaşması yaptı. Yıllık haraç karşılığında onlara İslâm devletinin himayesi vaadediliyordu. Daha sonra Peygamber (s.a.v), Hâlid (r.a.)'i yirmisi atlı dört yüz kişiyle Tebûk'ün kuzeydoğusundaki Dûmet el-Cendel'e göndererek ordunun geri kalan kısmıyla birlikte Medîne'ye döndü. Bu önemli kale Suriye'ye giden yollardan birinin ve Medîne'den Irak'a giden yolun üzerindeydi. Buranın hıristiyan yöneticisi Ukeydir, Hâlid (r.a.) tarafından yenilip esir edilince çok şaşırmıştı. Hâlid, onu Medîne'ye götürdü. Ukeydir (r.a.), Medîne'de Peygamber (s.a.v)'e biat ederek Müslüman oldu.

[80]

Bedir'den dönüş gibi, Tebûk'ten dönüş de üzüntülü olmuştu; yokluğu sırasında Peygamber (s.a.v)'in kızlarından biri daha, Ümmü Gülsüm (r.a.) ölmüştü. Bu sefer kızının kocası da Medîne'de değildi. Peygamber (s.a.v) onun mezarı başında dua etti ve Osman (r.a.)'a "eğer bekâr bir kızım daha olsaydı sana verirdim" dedi.

Sefere katılmayan münafıklar teker teker Peygamber (s.a.v.)'e gittiler ve özürlerini beyan ettiler. Peygamber (s.a.v.) onları, Allah'ın gizli düşünceleri bildiğini söyleyerek uyarmasına rağmen, yine de özürlerini kabul etti. Fakat geride kalan üç mü'mine, Allah onlar hakkında hüküm verinceye kadar kendisinden uzak durmalarını ve diğer mü'minlere de bu üç kişiyle konuşmamalarını söyledi. Bu üç kişi elli gün boyunca toplum dışı bir hayat sürdüler. Fakat ellinci gün sabah namazından sonra Peygamber (s.a.v.) mescidde Allah'ın onları affettiğini ilan etti. Bu konuda nazil olan âyetler şöyleydi:

"(Savaştan) Geri bırakılan üç (kişiyi) de (bağışladı). Öyle ki, bütün genişliğine rağmen yeryüzü onlara dar gelmişti, nefisleri de kendilerine dar (sıkıntılı) gelmişti. Ve O'nun dışında (yine) Allah'tan başka bir sığınacak olmadığını iyice anladılar. Sonra tevbe etsinler diye onların tevbesini kabul etti. Şüphesiz Allah (yalnızca) O tevbeleri kabul edendir." (Tevbe: 118)

Cemaat sevince boğuldu ve pek çok kişi bu güzel haberi onlara vermek için mescidden aceleyle çıktılar. İçlerinden en gençleri olan Kâ'b İbn Malik (r.a.) şehrin dışında kendisine tek kişilik bir çadır kurmuştu. Daha sonraki yıllarda, yaklaşan bir atın ayak sesleri ve "Ey Kâ'b, müjde!" diye bir bağırma duyduğunu ve nasıl hemen secdeye kapandığını anlatırdı. Bu iyi haberin, affedilme haberinden başka bir şey olmayacağından emindi. Kâ'b daha sonra mescide gitti. "Peygamber (s.a.v.)'e selam verdiğimde" dedi; "yüzü sevinçten parlıyordu. Bana, 'Annenden doğduğundan beri geçirdiğin en güzel gün için sevin' dedi. "Ey Allah'ın Rasûlü! Bu senden mi, yoksa Allah'tan mı?" diye sordum. "Hayır, Allah'tan" diye cevap verdi. Allah'ın Rasûlü sevinçli bir haberden memnun olduğunda yüzü ay gibi parlardı."[1]

Hevâzin'in lideri Mâlik (r.a.) Müslüman olduğundan beri boş durmuyordu. Benî Sakîf hâlâ Taif'e girilmez diye kendileriyle övünebilirlerdi; fakat şim-

1. I.I. 912.

di tüm yönlerden uzak Müslüman topluluğuyla sarılmışlardı ve gönderdikleri her kervan yağmalanabilirdi. Hatta deve ve koyunlarını bile Mâlik'in adamları alır diye otlamaya dışarı çıkaramıyorlardı. Üstelik Mâlik'in adamları, ellerine düşen Sakîf'liler putperestlikten vazgeçmedikçe serbest bırakmayacaklarını ve öldüreceklerini ilan etmişlerdi. Birkaç ay sonra Taif'liler Peygamber'e (s.a.v.) İslâm'ı kebul edeceklerini bildiren; buna karşılık halkın, mallarının ve topraklarının güvenlikte olacağını garanti eden bir anlaşma yapmak üzere bir heyet göndermekten başka seçenekleri olmadığına karar verdiler.

Tebûk'ten Ramazan'ın başında dönülmüştü. Aynı ay içinde Taif'ten Medîne'ye bir heyet geldi. Delegeler konukseverce karşılandılar ve onlar için mescidin yakınına bir çadır kuruldu. Eğer Müslüman olurlarsa yerleşim bölgelerinin İslâm devletinin koruması altında olmasına karar verildi. Fakat Peygamber (s.a.v.) onların bazı isteklerini kabul etmedi. Delegeler Lât'ın üç yıl kadar tahrip edilmeden muhafaza edilmesini istediler. Peygamber (s.a.v.) bu isteği geri çevirince iki yıla, sonra bir yıla indirdiler, en sonunda bir ay mühlet istediler. Peygamber (s.a.v.) buna da hayır dedi. Daha sonra ona putlarını kendi elleriyle tahrip etmemeleri ve her gün beş vakit namaz kılmamaları için yalvardılar. Onlara, "Namaz olmayan dinde hayır yoktur" diyerek namaz kılmaları gerektiğini söyledi. Fakat putlarını kendi elleri ile tahrip etmemeleri konusundaki önerilerini kabul etti. Urve'nin yeğeni Muğîre'ye delegeler ile birlikte gitmesini ve Mekke'den kendisine yardım etmek üzere Ebû Süfyân'ı alıp Lât'ı tahrip etmesini emretti.

Müslüman olduktan sonra delegeler ramazanın geri kalanını Medîne'de oruç tutarak geçirdiler ve daha sonra Taif'e döndüler. Ebû Süfyân gruba Mekke'de katıldı; fakat putu kıran, tek elli Muğîre idi. Muğîre'nin kabilesi, Urve ile aynı kaderi paylaşmasından korkarak onun için bazı koruma önlemleri almışlardı. Fakat kırılan put için, feryat eden kadın seslerinden başka bir müdahale olmadı.

Şehrin teslim olmasına en çok üzülen iki kişi, ne o şehrin vatandaşı ne de Lât'ın bağlılarındandı. Peygamber (s.a.v.), Mekke üzerine yürüdüğünde, Hanzele'nin babası Ebû Amir ve ciritçi Vahşî, onlara yenilmez bir şehir gibi görünen Taif'e sığınmışlardı. Fakat şimdi nereye sığınabileceklerdi? Ebû Amir, Suriye'ye kaçtı ve orada kendi kendine ettiği bedduayı yerine getirerek "yalnız ve yuvasız bir sürgün" olarak öldü.[2] Sakif'li bir adam Peygamber (s.a.v.)'in Müslüman olan hiç kimseyi öldürmediğini söylediğinde, Vahşî hâlâ nereye gidebileceğini düşünüyordu. Vahşî, bunun üzerine Medîne'ye gitti; Peygamber (s.a.v.)'in huzurunda kelime-i şehâdet getirdi. O, böyle yaparken

2. Bak. böl. 39.

mü'minlerden biri, onun Hamza'yı öldüren köle olduğunu anladı ve, "Ey Allah'ın Rasûlü, bu Vahşi!" dedi. "Olsun" dedi Peygamber (s.a.v.); "Çünkü bir kişinin İslâm'a girmesi, benim için bir kâfiri öldürmekten daha iyidir." Daha sonra gözleri, önündeki siyah yüzde gezindi: "Gerçekten sen Vahşî misin?" diye sordu. Adam doğrulayınca; "Otur ve Hamza'yı nasıl öldürdügünü bana anlat" dedi. Adam anlatmayı bitirdiğinde Peygamber (s.a.v.), "Yazıklar olsun, yüzünü benden uzak tut. Bırak da sana bir daha bakmayayım"[3] dedi.

Ebu Amir'in kuzeni İbn Übey'e gelince, Tebûk'tan bir ay sonra hastalandı ve birkaç hafta sonra ölmek üzere olduğu anlaşıldı. Eski kaynaklar, onun nasıl öldüğü (mü'min olarak mı, münafık olarak mı) konusunda farklı görüşler öne sürmüşlerdir. Fakat Peygamber (s.a.v)'in onun başında cenaze namazı kıldığı ve kabri başında dua ettiği konusunda hepsi aynı fikirdedirler. Bir kaynağa göre Ömer (r.a.), Peygamber (s.a.v) namaz için yerini aldığında onun yanına gitmiş ve bir münafığa bu kadar lütufta bulunmaması için ona karşı çıkmıştı. Peygamber (s.a.v) ona gülümseyerek şu cevabı verdi: "Ömer, arkama geç. Bana bir seçenek verildi, ben de seçtim. Bana:

"Sen, ister onlar için bağışlanma dile ya da istersen onlar için bağışlama dileme. Onlar için yetmiş kere bağışlama dilesen de, Allah onları kesinlikle bağışlamaz." (Tevbe: 80)

denildi. Eğer yetmiş defadan fazla bağışlanma dilediğimde Allah'ın onları bağışlayacağını bilsem dualarımın sayısın artırırdım."[4] Daha sonra namazı kıldırdı, tabutun yanında mezarlığa kadar yürüdü ve mezarın başında durdu. Bundan kısa bir süre sonra münafıklar hakkında şu âyet nazil oldu:

"Onlardan ölen birinin namazını hiçbir zaman kılma, mezarı başında durma. Çünkü onlar, Allah'a ve Rasûlü'ne (karşı) küfre saptılar ve fâsıklar olarak öldüler." (Tevbe: 84)

Fakat başka kaynaklara göre[5] bu âyet Tebûk'ten döndükten hemen sonra nazil olan vahyin bir bölümü idi. Bu âyet İbn Übey'e uygulanamazdı; çünkü Peygamber onu hastalığı sırasında ziyaret etmiş ve ölümün yakınlığının onu değiştirdiğini görmüştü. İbn Übey, Peygamber (s.a.v)'den öldüğünde kefelenmek için bir elbisesini ve kabre kadar tabutunun yanında gitmesini istemiş, O da bunu kabul etmişti. Daha sonra da, "Ey Allah'ın Rasûlü! Ümit ederim ki tabutumun yanında dua eder ve günahlarımın affı için

3. I.I. 566.

4. I.I. 927.

5. Mirkhond, *Revdat es-Safâ*, II cilt, 2. 55, 671-2 eski kaynakları zikreder. Bak. B. XXIII, 76.

Allah'tan bağışlanmamı dilersin" demişti. Peygamber (s.a.v) yine kabul etmiş ve O öldükten sonra da sözünü yerine getirmişti. Tüm bu olaylar esnasında ölen adamın oğlu Abdullah da vardı.

Peygamber (s.a.v)'e elçiler gönderen tek kabile Sakîf değildi. "Heyetler yılı" olarak anılan hicretin bu dokuzuncu yılında Medîne'ye Arabistan'ın her tarafından daha pek çok elçi geldi. Bunlar arasında Yemen'in çeşitli bölgelerinden gelen elçiler ve putperestliği bırakıp Müslüman olduklarını duyuran dört Himyerli prensin mektupları da vardı. Peygamber (s.a.v) onlara samimiyetle cevap verdi; onlara İslâm'ın emirlerini haber verdi. "Dinine bağlı olan bir Yahudi veya bir Hıristiyan'ın dininden döndürülmeyeceğini; fakat cizye (haraç) ödeyip, Allah'ın Rasûlü'nün himayesi altında olacağını"[6] belirterek Yahudi, Hıristiyan ve Müslümanlardan vergi toplamak üzere göndereceği elçilere iyi davranmalarını emretti. Dinsel ayrılıklarla ilgili olarak nazil olan bir âyette şöyle deniliyordu:

"Sizden her biriniz için bir şeriat ve bir yol yöntem kıldık. Eğer Allah dileseydi, sizi bir tek ümmetten kılardı; ancak (bu) size verdikleriyle sizi denemesi içindir. Artık hayırlarda yarışınız. Tümünüzün dönüşü Allah'adır. Hakkında anlaşmazlığa düştüğünüz şeyleri size haber verecektir." (Mâide: 48)[7]

Gelen heyetlerin hepsinden sonuç alınamıyordu. Bi'r Ma'una'daki katliamdan sorumlu olan Amir İbn Tufeyl, şimdi Benî Amir'in başına gelmiş ve kabilesinin baskıları sonucunda Medîne'ye gelmek zorunda kalmıştı. Fakat câhil bir adamdı. İslâm'a karşılık Peygamber (s.a.v)'den kendisini halifesi olarak ilan etmesini istedi. Peygamber (s.a.v), "O ne senin içindir ne de kabilen içindir" dedi. "O halde" dedi Amir, "Sen şehirlileri yönet, bana da göçebeleri ver." "Hayır" dedi. Peygamber (s.a.v), "Fakat sana süvarilerin idaresini veriyorum, çünkü sen atlardan anlayan bir adamsın." Bedevî lider için bu yeterli değildi. Hor görerek, "Bir şeyim olmayacak mı yani?" dedi. Geriye dönerek, "Her tarafı sana karşı atlılar ve yayalarla dolduracağım" dedi. O gittikten sonra Peygamber (s.a.v) dua etti. "Allah'ım! Benî Amir'e hidayet ver ve Tufeyl'in oğlu Amir'in şerrinden İslâm'ı kurtar." Amir yolda bir saldırıya uğradı ve eve varmadan öldü. Kabilesi yeni bir temsilci heyet gönderdi ve anlaşma yapıldı. Şair Lebîd (r.a.) de elçilerden biriydi ve Müslüman olmuştu. Bundan sonra şairliği bırakmak istediği söyleniyordu. "Buna karşılık Allah bana Kur'ân'ı verdi" demişti. Fakat yine de yeteneklerini dinin hizmetinde kullanarak ölünceye dek şiir yazmaya devam etti.

---

6. I.I. 956.
7. Daha önce de belirttiğimiz gibi Kur'ân'da birinci şahıstan üçüncü şahısa (Biz.....Allah) geçis sık sık kullanılır.

Hac zamanı yaklaşıyordu. Peygamber (s.a.v) hacılarla ilgilenme görevini Ebû Bekir (r.a.)'e verdi. Ebû Bekir (r.a.) Medîne'den üç yüz kişiyle yola çıktı. Fakat onlar gittikten kısa bir süre sonra, Müslüman ve müşrik Mekke'ye giden tüm hacıların duyması gereken önemli bir âyet nazil oldu. Peygamber (s.a.v), "Bana benim ailemden birinden başkası temsilci olamaz" dedi ve Ali (r.a.)'ye tüm hızıyla gidip hacılara yetişmesini söyledi. İnen âyetleri Mina'da okuyacak ve o yıldan sonra Kâ'be'ye çıplak girilemeyeceğini ve putperestlerin son defa hac yaptıklarını ilan edecekti.

Ali (r.a.) yetiştiğinde Ebû Bekir (r.a.), topluluğa kumanda etmek üzere mi geldiğini sordu. Ali (r.a.) onun kumandası altında olacağını söyledi ve birlikte yola çıktılar. Namazları Ebû Bekir kıldırdı ve hutbeleri de o okudu. Bayram günü, tüm hacılar kurbanlarını kesmek üzere Mina vadisinde toplandıklarında Ali (r.a.) ilahî mesajı açıkladı. Mesajın konusu, putperestlere serbestçe gidip gelme için dört ay mühlet verildiği, bu süreden sonra Allah'ın ve Rasûlü'nün onlara karşı bir sorumlulukları olmayacağı idi. Onlara savaş ilan edilmişti. Bundan sonra görüldükleri yerde öldürülecek ya da esir alınacaklardı.[8] İki istisna yapılmıştı. Peygamber (s.a.v.)'le özel anlaşması olan ve bu anlaşmaya uyanlar anlaşma süresi bitinceye dek güvenlikte olacaklardı. Eğer bir putperest himaye isterse, ona himaye verilecek, İslâm ona tebliğ edildikten sonra emin bir yere yerleştirilecekti. Putperestlerin çıkarılmasıyla sadece ticaretlerin durgunlaşacağına değil, değerli hediyelerden de mahrum kalacaklarını zanneden yeni Müslüman olan Mekkelilere hitâben de yeni bir âyet nazil olmuştu:

"Ey iman edenler! Müşrikler ancak pisliktirler; öyleyse bu yıllarından sonra artık Mescid-i Haram'a yaklaşmasınlar. Eğer ihtiyaç içinde kalmaktan korkarsanız, Allah dilerse sizi kendi fazlından zengin kılar. Hiç şüphesiz Allah bilendir, hüküm ve hikmet sahibi olandır." (Tevbe: 28)

Peygamber (s.a.v) Hicret'ten sonra onuncu yıl olan ertesi yılın hemen hemen tamamını evde geçirdi. İbrahim, yürümeye başlamıştı ve henüz konuşmaya başlıyordu. Hasan (r.a.) ve Hüseyin (r.a.)'in, Zeyneb (r.a.) adında bir kız kardeşleri olmuştu ve Fâtıma (r.a.) dördüncü bir çocuk bekliyordu. Ailenin diğer yakınları arasında Ca'fer (r.a.)'in üç oğlu vardı. Ca'fer'in ölümünden sonra Esmâ (r.a.) ile evlendiği için bu üç çocuk Ebû Bekir (r.a.)'in üvey oğulları oluyordu. Esmâ (r.a.) da bir bebek bekliyordu. Peygamber (s.a.v) Esmâ'nın kardeşi Ümmü'l-Fadl (r.a.)'ı çok severdi. Mekke'de iken

---

8. "Bismillah er-Rahmân er-Rahîm" kelimeleriyle başlamayan tek sûre olan Tevbe Sûresi'nin başında esirgeme ve bağışlama isimlerinin zikredilmemesi bu mesajın sertliğini vurgular.

sık sık onu ziyaret etmek adetiydi. Abbâs (r.a.) Medîne'ye yerleştiğinden beri yine sık sık ziyaret ediyordu. En büyük oğulları Fadl (r.a.), olgunlaşmış ve Peygamber (s.a.v) tarafından sevildiğini gösteren birçok olayla karşılaşmıştı. Bunlardan biri de, Peygamber (s.a.v)'in Meymûne (r.a.)'de kaldığı zamanlar, yeğeni Fadl (r.a.)'ı onunla birlikte kalmaya davet etmesiydi.

Heyetler bir önceki yılki gibi gelmeye devam ediyordu. Bunlardan biri, Peygamber'le (s.a.v) anlaşma yapmak isteyen Necran Hıristiyanlarındandı. Necranlılar Bizans yönetimindeydiler ve geçmişte Konstantinopol'den birçok yardım görmüşlerdi. Altmış kişi olan heyeti, Peygamber (s.a.v) mescidde kabul etti. Dua etme vakitleri geldiğinde Peygamber (s.a.v) onların doğuya dönerek dua etmelerine izin verdi.

Kaldıkları sürece yapılan görüşmelerde birçok ilkelere değinildi. İsâ'nın kişiliği hakkında Peygamber (s.a.v)'le delegeler arasında birçok anlaşmazlıklar çıktı. Bunun üzerine şu âyetler nazil oldu:

"Şüphesiz, Allah katında İsâ'nın durumu, Âdem'in durumu gibidir. Onu topraktan yarattı,[9] *sonra da 'ol!' demesiyle o hemen oluverdi. Gerçek, Rabbindendir. Öyleyse kuşkuya kapılanlardan olma. Artık sana gelen bunca ilimden sonra, onun hakkında seninle 'çekişip tartışmalara girişirlerse' de ki: Gelin oğullarımızı ve oğullarınızı, kadınlarımızı ve kadınlarınızı, kendimizi ve kendinizi çağıralım, sonra karşılıklı lânetleşelim de Allah'ın lânetini yalan söylemekte olanların üstüne kılalım." (Âl-i İmrân: 59-61).*

Peygamber (s.a.v), bu âyetleri Hıristiyanlara okudu ve onları kendisi ve ailesi ile buluşup âyette önerilen şekilde anlaşmazlığı çözmeye davet etti. Onlar düşüneceklerini söylediler. Ertesi gün Peygamber (s.a.v)'e geldiklerinde, Ali (r.a.)'nin, Fâtıma (r.a.)'nın ve iki oğullarının yanında olduğunu gördüler. Peygamber (s.a.v) büyük bir aba giymiş ve hepsini de içine alacak şekilde yaymıştı. Bu nedenle bu beş kişiye, "ehl-i abâ" denirdi. Hıristiyanlara gelince; anlaşmazlığı artık daha fazla devam ettiremeyeceklerini anladılar. Peygamber (s.a.v) onlarla, vergi vermeleri karşılığında kendilerinin, kiliselerinin ve tüm diğer mallarının İslâm devletinin koruması altında olacağını vadeden bir anlaşma yaptı.

Bu yılın ilk ayları boyunca süren neşeli mutluluk, İbrahim'in hastalanmasıyla birlikte sona erdi. Bir süre sonra onun uzun süre yaşamayacağı ortaya çıktı. Onu annesi Mâriye (r.a.) ve teyzesi Sîrîn (r.a.) tedavi ediyorlardı. Peygamber (s.a.v) onu sık sık ziyaret ediyordu ve ölürken yanındaydı. Çocuk son nefesini verdiğinde kucağına aldı ve gözlerinden yaşlar boşandı. Onun yas ve

9. Buradaki sözler "annesinin rahminde" diye anlaşılmalıdır. Çünkü İsâ'nın, Adem'in yaratılışı gibi birden bire yetişkin olarak yaratılması söz konusu değildir..

feryadları yasaklaması, ölüm sonrasındaki tüm üzüntü belirtilerini de yasaklamış olduğu şeklinde anlaşılıyordu. Bu yanlış anlama hâlâ bazı zihinleri meşgul ediyordu. Abdurrahman İbn Avf (r.a.), "Ey Allah'ın Rasûlü! Sen bunu -ağlamasını kasdederek- yasaklamadın mı? Müslümanlar seni ağlarken görürlerse onlar da ağlarlar" dedi. Peygamber (s.a.v) yine ağlamaya devam etti ve konuşabilecek hâle geldiğinde, "Ben bunu yasaklamadım. Bunlar acıma ve merhamet belirtileridir. Merhametli olmayana merhamet olunmaz. Ey İbrahim! Eğer tekrar buluşma va'di olmasa, bu herkesin geçmek zorunda olduğu bir yol olmasa ve son gelenimizin ilk gidene yetişeceğini bilmesek, senin için daha fazla üzülürdük. Yine de senin için çok üzülüyoruz, ey İbrahim! Göz ağlar, kalb hüzünlenir, Allah'ın gücüne gidecek birşey söylemiyoruz"[10] dedi.

İbrahim'in Cennet'te olduğunu söyleyerek Mâriye (r.a.) ve Sîrîn (r.a.)'i teselli etti. Onları bir müddet yalnız bıraktıktan sonra Abbâs (r.a.) ve Fadl (r.a.) ile birlikte döndü. İki yaşlı adam oturmuş onu seyrederken genç adam cenazeyi yıkadı. Daha sonra, cenaze mezarlıktaki küçük mezarına kondu. Üsâme (r.a.) ve Fadl (r.a.) çocuğu mezara uzattıktan sonra Peygamber (s.a.v) cenaze namazını kıldırdı ve kabrin başında oğlu için dua etti. Mezara toprak atıldığında hâlâ mezarın başındaydı. Daha sonra bir kırba su getirmelerini ve mezarın üstüne serpmelerini emretti. Atılan toprağın yüzeyinde dengesizlik vardı, buna işaret ederek: "Sizden biriniz bir şey yaptığında, onu mükemmel yapsın" dedi. Toprağı eli ile düzelterek yaptığı iş için, "Bu ne fayda ne de zarar verdi, fakat hüzünlenenin gönlünü ferahlattı"[11] dedi.

Peygamber (s.a.v) birçok kez, yaptığı her dünyevî işte kişinin mükemmeli araması gerektiğini vurgulamıştır. Birçok sözü de bu amacın dünyevî olmadığını ve uhrevî olduğunu belirtir. Ali (r.a.), Peygamber'in (s.a.v) bu konudaki tutumunun şu sözlerle özetlenebileceğini söylemiştir: "Her zaman yaşayacakmış gibi bu dünya için, yarın ölecekmiş gibi âhiret için çalış." Her zaman ayrılmaya hazır olmak, her zaman uhrevî olmaktır. Peygamber (s.a.v), "Bu dünyada bir garip veya bir yolcu gibi ol"[12] demiştir.

İbrahim'in öldüğü gün, cenaze gömüldükten sonra bir güneş tutulması olmuştu. Bazıları bunu Peygamber (s.a.v)'in üzüntüsüne bağladılar. Bunun üzerine Peygamber (s.a.v), "Ay ve güneş Allah'ın işaret (âyet)lerindendir. Onların ışığı hiçbir insanın ölümü için kesilmez. Onların tutulduğunu görürseniz, aydınlanıncaya kadar dua edin."[13] dedi.

---

10. I. S. I/1, 88-9.
11. A.g.e.
12. B.LXXXI, 3.
13. I. S., A.g.e.

DERECELER

[81]

Yeni dine girme sırasında insanları yönlendiren manevî dürtüler artık çok zayıflamıştı. Bu nedenle şu âyet nâzil oldu:

"Bedevîler, dedi ki: 'İman ettik.' De ki: 'Siz iman etmediniz, ancak 'İslâm (Müslüman veya teslim) olduk' deyin. İman henüz kalblerinize girmiş değildir. Eğer Allah'a ve Rasûlü'ne itaat ederseniz, O, sizin amellerinizden hiçbirini eksiltmez." (Hucurât: 14)

Bu âyet iman etmede teslim olmayı en aşağı derece olarak kabul ediyor ve iman derecelerine işaret ediyordu. Daha yüksek dereceler, Hudeybiye anlaşmasından birkaç ay önce Peygamber (s.a.v)'e nazil olan Nûr Sûresi'nin konusunu -daha doğrusu konularından birini- teşkil ediyordu. Kur'ân'da nûr, iman anlamına gelir ve aşağıda bu nûrun (aydınlanmanın) dört derecesi belirtilmiştir:

"Allah, göklerin ve yerin nûrudur. O'nun nûrunun misali, içinde çerağ bulunan bir kandil gibidir; çerağ bir sırça içerisindedir; sırça sanki incimsi bir yıldızdır ki, doğuya da batıya da ait olmayan kutlu bir zeytin ağacından yakılır; (bu öyle bir ağaç ki) neredeyse ateş ona dokunmasa da yağı ışık verir. (Bu) Nûr üstüne nûrdur. Allah, kimi dilerse onu kendi nuruna yöneltip iletir. Allah insanlar için örnekler vermektedir. Allah, her şeyi bilendir." (Nûr: 35)

En alt derecede, aydınlatılan fakat kendisi ışık saçmayan kandil vardır. Daha sonra sırça gelir, onun üstünde de kutlu zeytin ağacı yer alır. Bu sembollerin anılması insana; "Allah insanlara örnekler verir" diye başlayan ve sebebini belirterek, "belki düşünürler" (Haşr: 21) diye biten başka âyetleri hatırlatıyor. Nûr âyetinin tümü insanı düşünmeye çağırır. Fakat derecelere gelince Kur'ân bu konuyu burada temsili bir şekilde anlatır. Halbuki ilk nazil olan âyetlerde imanın dereceleri daha açık bir şekilde anlatılmıştır. Bunlardan birinde (Vâkıa: 7-40) insanlar üç gruba ayrılmıştır: "*Ashâb-ı meymene*" (âhirette amel defteri sağdan verilen ya da sağ yanda olanlar), "*ashâb-ı meş'eme*" (âhirette defteri soldan verilenler, ya da sol yanda olanlar) ve "yarışıp öne geçmiş öncüler." "*Ashâb-ı meymene*" kurtulanlar, "*ashâb-ı meş'eme*" de cezalandırılanlar, "öncüler" ise en üst derecededirler ve onlara Allah'ın kulları[1] denilir.... Büyük melekleri diğer meleklerden ayırmak için kullanılan Allah'a yaklaştırılmış (*mukarrebûn*) deyimi bunlar için de kullanılır. İlk nâzil olan sûrelerden bazılarında mü'min kategorisinde, "öncüler"le (*sâbikûn*) "*ashâb-ı meymene*" arasında yer alan "iyiler" (*ebrâr*) diye bir sınıftan da bahsedilir. Bu üçü arasındaki ilişki Kur'ân'ın bu üç grubun Cennet'teki durumlarıyla ilgili anlattıklarından çıkarılabilir. "*Ashâb-ı meymene*"ye içmek için "saf su" verilirken, en yüce kaynaklar sadece "öncüler"e verilir. "İyiler"e ise, onların "öncüler"in ayak izlerine uyanlar olduğunu belirtir bir şekilde iki farklı kaynağın karışımı verilir. (İnsan: 5), (Mutaffifîn: 27).

Üstünlük derecesine Kur'ân'da kalbten bahsederken de değinilir: Kur'ân çoğunluktan bahsederken:

"Gerçek şu ki, gözler kör olmaz, ancak sinelerdeki kalbler körelir" (Hac: 46)

Der diğer taraftan Peygamber (s.a.v) tüm diğer peygamberler gibi, kalbinin devamlı uyanık olduğunu, yani kalb gözünün açık olduğunu söylemiştir. Kur'ân bunun belli ölçülerde başkaları tarafından da paylaşılabileceğini belirtir, çünkü bazen sadece "temiz akıl sahipleri"ne (*ulü'l-elbâb*) (Yûsuf: 111, Ra'd: 19) hitap eder.

Peygamber (s.a.v)'in Ebû Bekir hakkında şöyle söylediği rivayet edilir: "O sizi çok oruç tutmakla ve çok namaz kılmakla geçmedi; fakat o sizi kalbinde sabit olan bir şey sayesinde geçti."[2]

Peygamber (s.a.v.) sık sık ashâbdan bazılarının diğerlerinden üstün olduğunu belirtirdi. Mekke'nin fethi sırasında Peygamber (s.a.v.)'in yanında Hâlid kendisini azarlayan Abdurrahman İbn Avf'a sinirlenip karşı çıkınca, Peygamber (s.a.v.), "arkadaşlarıma (ashâbıma) nazik davran Hâlid; çünkü senin Uhud Dağı büyüklüğünde altının olsa ve bunu Allah yolunda harcasan, yine de arkadaşlarımdan hiçbirinin faziletine ulaşamazsın"[3] dedi.

Kur'ân'a göre bir derece ile diğerleri arasındaki fark âhirette, bu dünyadakinden daha büyüktür:

"Onlardan bir kısmını bir kısmına nasıl üstün tuttuğumuzu gör. Muhakkak âhiret dereceler bakımından daha büyüktür, üstünlük bakımından da daha büyüktür." (İsrâ: 21)

---

1. Tahrim: 6, Fecr: 29. Kur'ân "kul" kelimesini iki anlamda kullanır: Biri her şeyi içine alan, hatta şeytanı bile kulu olarak gören; diğeri ise yukarıdaki gibi âyetlerde hususî anlamda. Şeytana hitâben söylenen şu sözlerde de bu kelime hususî anlamda kullanılmıştır: "Benim kullarım; senin onlar üzerinde hiçbir zorlayıcı gücün (hakimiyetin) yoktur. "(İsrâ: 65).

2. El-Hakim et-Tirmizî, *Nevâdiru'l-Usûl*.

3. I.I, 853.

Peygamber (s.a.v.) de şöyle demiştir: "Cennet ehli kendi üstlerindeki yüce yerin, şimdi en parlak gezegeni (Venüs) doğu ve batı ufkunda gördükleri yükseklik kadar yukarıda olduğunu görecekler."[4] İnsanlar arasındaki eşitsizlikler onun öğretme şekline de yansımıştır. Öğrettiklerinin bazılarını sadece anlayabileceklerini umduğu belirli bazı kişilere hasretmiştir. Ebû Hureyre, "Hafızama Rasûlullah (s.a.v.)'tan öğrendiğim iki tür bilgi biriktirdim. Bir kısmını açıkladım; eğer diğer kısmını da açıklarsam bu gırtlağı kesersiniz"[5] diyerek boğazına işaret etmiştir.

Mekke ve Huneyn zaferlerinden sonra dönüş yolculuğu sırasında Peygamber (s.a.v) arkadaşlarından bazılarına, "Küçük cihaddan, büyük cidaha dönüyoruz" dedi. İçlerinden biri: "Ey Allah'ın Rasûlü, büyük cihad nedir?" diye sorunca: "Nefse karşı cihad"[6] cevabını verdi. İnsan nefsi iki bölüme ayrılmıştır. Onun aşağı bölümü hakkında Kur'ân:

"Gerçekten nefis var gücüyle kötülüğü emredendir." (Yûsuf: 53)

der. Şuur da denen iyi bölümüne de:

"Kendini kınayıp duran nefis." (Kıyamet: 2)

adını verir. İşte alt-bene karşı ruhun yardımıyla cihadı yüklenen bu kısımdır.

En sonunda da savaşı sona ermiş ve artık içinde bir ayrılık taşımayan "mutmain (tatmin olmuş) nefis" vardır. "Öncüler"in (*sâbikûn*), "Allah'ın kulları"nın ve "Allah'a yaklaştırılmış olanlar"ın (*mukarrebûn*) nefisleri işte böyledir. Kur'ân bu kemâle ermiş olan nefse şöyle hitap eder:

"Ey mutmain (tatmin olmuş) nefis. Rabbine, hoşnut edici ve hoşnut edilmiş olarak dön.[7] Artık kullarımın arasına gir. Cennetime gir." (Fecr: 27-30)

Bu lûtuflardaki ikili doğa, Kur'ân'ın mutmain nefis için verdiği iki Cennet va'dini ve Peygamber (s.a.v)'in kendi nihai durumunu anlatmak için söylediği "Rabbimle ve Cennetle buluşma" sözünü hatırlatıyor. "Mutmain nefis" için, "Cennetime gir" sözü "Rabbimle buluşma" sözüne tekabül ediyor: "Kullarımın arasına gir" sözü de "Cennet"e tekabül eder. Yüksek Cennet (*Cennetü'l-a'lâ*), yani "Rabbimle buluşma" Rıdvan'dan başka bir şey değildir. Aşağıdaki âyet bu sıralarda nazil olmuştu:

4. M. LI, 4.
5. B. III, 42.
6. Beyhâkî, Zühd.
7. Yani karşılıklı Rıdvan ile (bk. Böl. XXX).

"Allah mü'min erkeklere ve mü'min kadınlara içinde ebedî kalmak üzere, altından ırmaklar akan cennetler ve Adn cennetlerinde güzel meskenler vadetmiştir. Allah'tan olan hoşnutluk (Rıdvân) ise en büyüktür. İşte büyük 'kurtuluş ve mutluluk' da budur." (Tevbe: 72)

Peygamber (s.a.v) bu dünyada iken ulaşılabilecek en yüksek dereceden de bahsetmiştir. Kutsi hadislerden birinde şöyle denir: "Kulum gönüllü (nafile) ibadetleriyle bana yaklaşmayı ben onu sevinceye kadar devam ettirir; ben onu sevdiğimde, onun duyan kulağı, gören gözü, tutan eli ve yürüyen ayağı olurum".[8]

Gönüllü ibadetlerin en başında "Allah'ı anmak veya Allah'ı çağırmak" anlamına gelebilecek olan "*zikrullah*" gelir. İlk inen âyetlerden birinde Peygamber (s.a.v) şöyle bir emirle karşılaşmıştı:

"Rabbinin ismini zikret ve her şeyden kendini çekerek yalnızca O'na yönel." (Müzzemmil: 8)

Daha sonraları nazil olan bir âyette de şöyle deniyordu:

"Hiç şüphe yok namaz, çirkince-utanmazlıklardan ve kötülüklerden vazgeçirir. Allah'ı zikretmek ise muhakkak en büyüktür" (Ankebût: 45).

Kalb ve kalbin körlüğüyle ilgili olarak Peygamber (s.a.v): "Her şeyin pasını silen bir cilası vardır, kalbin cilası ise Allah'ı zikretmektir"[9] demiştir. Mahşer gününde Allah katında kimin en yüksek dereceye sahip olacağı sorulduğunda ise "Allah'ı en çok zikreden kadın ve erkekler" cevabını vermiştir. Bunların Allah yolunda savaşanlardan da yüksek bir derecede olup olmadıkları sorulduğunda ise cevabı şu olmuştur:

"Kişi müşrik ve putperestlere karşı kılıcı kana bulanıp kırılıncaya kadar savaşsa bile, Allah'ı zikretmek ondan daha yüksek bir dereceye sahip olacaktır."[10]

---

8. B. LXXXI, 37.
9. Beyhakî, Da'vet.
10. Tir. XLV.

[82]

Peygamber (s.a.v.): "Ümmetimin en iyisi benim dönemimdedir; sonra onlardan sonrakiler daha sonra onlardan sonrakiler gelir"[1] dedi ve kendi çağında yaşayan ümmetinin, yani ashâbının çokluğuna sevindi. Bir keresinde ashâbından on kişiye uğradı ve onları Cennet'le müjdeledi. Bunlar Ebû Bekir, Osman, Ali, Abdurrahman İbn Avf, Ebû Ubeyde, Talha, Zübeyr, Zühre'li Sa'd ve Hanif olan Zeyd'in oğlu Sa'îd idi. Onlardan önce diğer bazı kimseleri de cennetle müjdelemişti. Hadis kitapları onun bu on kişiyle ilgili övgülerinden ve bunlardan başka kimselere de cennetle ilgili verdiği haberlerden bahseder. Örneğin bir hadiste: "Cennet şu üç kişiyi arzular: Ali, Ammâr[2] ve Selmân"[3] buyurulur. Peygamber (s.a.v.) Fâtıma (r.a.)'ya da şöyle demiştir: "Sen, İmrân'ın kızı Meryem hariç, Cennet'teki kadınların en üstünüsün."[4] Ali (r.a.)'nin, Peygamber (s.a.v.)'den aldığı hikmeti gelecek nesillere ulaştıracak olan en önemli habercilerden biri olacağına işaret ederek onun hakkında, "Ben ilmin şehriyim, Ali de onun kapısı."[5]; umuma hitâben de, "Benim ashâbım yıldızlar gibidirler; hangisini izlerseniz hidayet bulursunuz"[6] demiştir.

Tebûk'ten döndükten sonra Müslümanlar artık savaşın bittiğini düşünerek kendi aralarında konuşmuşlardı. Onuncu yıl boyunca çeşitli heyetlerin gelmeye devam etmesiyle bu düşünce o denli yerleşti ki, mü'minlerin çoğu silah ve zırhlarını satmaya başladılar. Fakat Peygamber (s.a.v.) bunu duyunca, böyle yapmalarını yasakladı ve "Ümmetimden bir bölümü, Deccal gelinceye kadar hak için savaşmaya devam edecek" dedi. Bunun yanı sıra, "Eğer benim bildiklerimi bilseydiniz, az güler çok ağlardınız"[7] ve "Kendisinden sonra daha kötüsü gelmeyecek olan hiçbir zaman

1. B. LXII, 1.
2. Bak. böl. XXVI.
3. Tir. XLVI, 33.
4. A. H. 64. Kur'ân, meleklerin Meryem'e şöyle dediklerinden bahseder: "Meryem, şüphesiz Allah seni seçkin kıldı, seni arındırdı ve âlemlerin kadınları üzerine seçti." (A-li İmrân: 42).
5. Tir. XLVI, 20.
6. F. XXVI, *Menâkıbü's-Sahâbe.*
7. B. LXXXI, 27.

olmaz"[8] da demiştir. O insanları, ümmetinin bozulma sonucunda Hıristiyan ve Yahudileri izlemeye başlayacağını söyleyerek uyarmıştır: "Siz onları adım adım, zira' zira' izleyeceksiniz. Öyle ki eğer onlar zehirli bir kertenkele çukuruna girseler, siz yine onların peşinden gideceksiniz."[9] Kıyametten önce insanlığın genelde yaşayacağı en büyük düşüşü de ifade ediyordu: "İslâm garip olarak başladı, yine garip olacaktır."[10] Yine de Allah'ın onları bırakmıyacağını vadetmekten geri kalmamıştır: "Allah bu ümmete her yüzyılın başında dinini yenileyecek birini gönderecektir."[11] Bir başka sefer ashâbdan bazıları, Peygamber (s.a.v.)"in, "Ey kardeşlerim!" diye birkaç kez bağırdığını duymuşlardı. "Ey Allah'ın Rasûlü! Biz senin kardeşlerin değil miyiz?" diye sorduklarında, "Sizler benim arkadaşlarımsınız. Fakat benim kardeşlerim henüz gelmeyenler arasındadırlar." cevabını vermiştir. Konuşma tarzı, manevî öneme sahip olan kişilerden bahsettiğini gösteriyordu.

Son günlerde, o günlerin çok kötü olmasına rağmen, doğru yolu bulmuş anlamına gelen Mehdî adında bir halifenin çıkacağını da haber vermiştir: "Mehdî benim ümmetimden çıkacak, geniş alınlı ve uzun burunlu olacak. Daha önceden kötülük ve zulümle dolu olan dünyayı doğruluk ve adaletle dolduracak. Yedi yıl hükmedecek."[12]

En sonunda Mehdî'den sonra veya onun hükümdarlığının son yıllarında Deccâl gelecek, "Sağ gözü üzüm gibi, tüm ışığı gitmiş kör bir adam."[13] Yeryüzünde büyük tahribat yapacak ve anlattığı yalanlarla daha da çok insanı kendi tarafına çekecek. Fakat ona karşı savaşan bir grup mü'min bulunacak. "Onlar savaşmak için çaba gösterirken" dedi Peygamber (s.a.v.), "namaz kılmak için saflara dizildiklerinde Meryem oğlu İsâ gökten inecek ve onlara imamlık yapacak. Allah'ın düşmanı, İsâ'yı görünce tuzun suda eridiği gibi eriyecek. Eğer bırakılırsa hiç kalmayıncaya kadar erir; fakat Allah, onu İsâ'nın eline düşürecek. İsâ (a.s,) da onun kanını mızrağının ucunda insanlara gösterecek."[14]

Peygamber (s.a.v.), aynı zamanda kıyametin yaklaştığını işaret eden pek çok alâmeti de haber vermiştir. Bunlardan biri insanların çok yüksek

8. B. XCII, 14.
9. M. XLVII, 6.
10. M. I., 232.
11. A. D. XXXVI, 1.
12. A. D. XXXV, 4.
13. M. LII, 20.
14. M. LII, 9.

binalar inşa etmesidir. Ömer'in oğlu Abdullah (r.a.)'ın babasından rivayet ettiği bir hadiste bu alametler daha açık bir şekilde anlatılmıştır:

Ömer anlatıyor: "Günün birinde Rasûlullah (s.a.v.)'ın yanında bulunduğumuz sırada elbisesi bembeyaz, saçları simsiyah, üzerinde yolculuk belirtileri görülmeyen ve böyle iken hiç birimizce tanınmayan bir kimse geldi. Nihayet Peygamber (s.a.v.)'in yanına oturdu. Dizlerini dizlerine dayadı, her iki avcunu iki uyluğu üzerine koyup: 'Ya Muhammed, İslâm nedir? Bana söyle!' dedi. Rasûlullah (s.a.v.), 'İslâm Allah'tan başka hiçbir ilâh olmadığına ve Muhammed'in Allah'ın Rasûlü olduğuna şehâdet etmen, namazı dosdoğru kılman, zekâtı vermen, ramazanda oruç tutman ve yoluna gücün yeterse Beyt'i hac etmendir" dedi. O: 'Doğru söylüyorsun' dedi. Biz hem soruyor hem de doğruluyor diye onun haline şaşırdık. Ondan sonra: 'İman nedir? Bana söyle' dedi. Rasûlullah (s.a.v.), 'Allah'a, meleklerine, kitaplarına, Peygamberlerine, âhiret gününe iman etmendir. Bir de hayır ve şerrin ancak Allah'tan geldiğine iman etmendir' dedi. O, 'Doğru söylüyorsun' dedi. Ve: 'İhsan nedir?' diye sordu. Rasûlullah (s.a.v.), 'Allah'a sanki görüyormuş gibi ibadet etmendir. Çünkü sen O'nu görmüyorsan da O seni görüyor' dedi. O yine, 'Doğru söylüyorsun' dedi ve 'Saat'i (Kıyameti veya ne zaman kopacağını) bana haber ver' diye devam etti. Rasûlullah (s.a.v.), 'Bu konuda sorulanın sorandan daha fazla bilgisi yoktur' diye cevap verdi. O, 'Öyle ise emarelerini (belirtilerini) bildir' dedi. Rasûlullah (s.a.v.) cevap olarak, 'Cariyenin kendi sahibini doğurması[15] ve yalın ayak, sırtı çıplak, fakir koyun çobanlarının hangimizin kurduğu bina daha yüksek diye yarışa çıktıklarını görmendir' dedi. Bundan sonra o kimse gitti o gittikten sonra birsüre kaldım. Sonra Peygamber (s.a.v) 'Ya Ömer! Soranın kim olduğunu biliyor musun?' diye sordu. 'Allah ve Rasûlü daha iyi bilir' dedim. Peygamber (s.a.v) 'O Cibrîl idi. Size dininizi öğretmek için geldi' dedi."[16]

---

15. Bir kız çocuğu doğuran bir kadın, son zamanlardaki çocukların anne-babalarına karşı saygısız davranmaları nedeniyle hemen hemen kızının cariyesi gibi olacaktır. Bu sözün ikinci bölümü sadece sosyal düzendeki karmaşayı değil, aynı zamanda Kabil'in Habil'i öldürmesine son mührü vuracak olan, yerleşik hayatın göçebe hayat üzerinde zafer kazanmasını da kasdediyor.

16. M.I. 1.

VEDA HACCI

[83]

Peygamber (s.a.v) Medîne'de iken ramazan ayının ortalarında mescidde on günlük bir inzivaya çekilmeyi (*itikaf*) adet haline getirmişti; arkadaşlarından bazıları da ona katılırlardı. Fakat o yıl kararlaştırılan on günden başka bir on gün daha mescidde kaldılar. Yani ramazanın son yirmi gününü itikafta geçirdiler. Her ramazanda Cebrâîl gelir ve hafızasında vahiyden bir bölümün silinip silinmediğini anlamak için Peygamber'i kontrol ederdi. Bu yıl Peygamber (s.a.v) Fâtıma (r.a.)'ya gizlice henüz başkalarına söylenmemesi gereken bir sır verdi: "Her yıl Cebrâîl bana Kur'ân'ı bir kez okur, ben de ona okurum: Fakat bu yıl bana iki kez okudu. Zamanımın geldiğini sanıyorum."[1]

Şevval ayı geçti; yılın on birinci ayında Medîne'de, hacda Peygamber (s.a.v)'in önderlik edeceği haberi yayıldı. Bu haberler çöl kabilelerine de ulaştırıldı ve her adımında Peygamber (s.a.v)'le olmak için vahaya her taraftan akın akın insanlar gelmeye başladı. Bu hac, yüzyıllardan beri yapılan haclara hiç benzemeyecekti: hacıların tamamı bir tek Allah'a inanan kimseler olacak ve hiçbir putperest putperestçe ibadetleriyle Kutsal Ev'i kirletemeyecekti. Ayın sona ermesine beş gün kala Peygamber (s.a.v), otuz bin kadın ve erkeğin başında Medîne'den yola çıktı. Peygamber (s.a.v)'in hanımlarının hepsi, Abdurrahman İbn Avf (r.a.) ve Osman İbn Affân (r.a.) tarafından yedilen develerin üstündeydi. Ebû Bekir (r.a.)'in yanında hanımı Esmâ (r.a.)da vardı. İlk konaklarından birinde Esmâ, Muhammed adını verdikleri bir erkek çocuğu doğurdu. Ebû Bekir (r.a.) onu Medîne'ye geri göndermek istiyordu; fakat Peygamber (s.a.v) ona, hanımının gusül abdesti aldıktan ve hacca için niyet ettikten sonra planlandıkları şekilde haccına devam edebileceğini söyledi.

Medîne'den ayrılışın onuncu gününün akşamı, Peygamber (s.a.v) Mekke'yi fethetmeye giderken geçtikleri bir geçide ulaştı. Orada bir gece geçirdikten sonra ertesi sabah vadiye inmeye başladılar. Peygamber (s.a.v) Kâ'be'yi gördüğünde devesinin ipini sol eline alarak sağ elini yukarı kaldırıp açtı ve dua etti: "Allah'ım; bu evin insanlardan gördüğü saygı, lütuf, bağlılık ve rahmeti artır!"[2] Mescide girdi; tavaf ettikten sonra İbrahim makamında namaz kıldı. Daha sonra Safâ'ya giderek Safâ ile Merve arasında yedi kez gidip geldi: Yanındakiler her yerde yaptığı duaların sözlerini kelimesi kelimesine hafızalarında saklamak için çaba sarfediyorlardı.

---

1. B.LXI 25.
2. W. 1097.

Daha sonra Mescid'e giderek, önce de olduğu gibi anahtarlarını koruyan Abdu'd-Dâr'dan Osman (r.a.)'ı ve Üsâme (r.a.) ile Bilâl (r.a.)'i yanına alarak Kâ'beye girdi. Fakat o akşam Âişe'yi çadırında ziyaret ettiğinde Âişe onun üzgün olduğunu fark etti. Sebebini sorduğunda: "Bugün bir şey yaptım, keşke yapmasaydım. Kâ'be'ye girdim, ümmetimden bazıları" dedi, gelecekteki Müslümanları kastederek; "İçeri giremeyebilirler ve bu nedenle nefislerinde huzursuzluk hissedebilirler. Biz sadece onu tavaf etmekle emrolunduk, içine girmekle değil"[3] dedi.

Ümmü Hâni (r.a.)'nin kendi evinde kalması için tüm ısrarlarına rağmen Peygamber (s.a.v) Mekke'deki evlerden hiçbirinde kalmayı kabul etmedi. Yeni ayın sekizinci gününde bütün hacılarla birlikte Mina'ya gitti. Geceyi orada geçirdikten sonra, sabahleyin Haram bölgenin hemen dışında, Mekke'nin on üç mil doğusunda geniş bir vadi olan Arafat'a gitti. Arafat Taif'e giden yol üzerindeydi ve kuzey ve doğudan Taif dağlarıyla çevrilmişti. Fakat bunların hepsinden ayrı her tarafı vadi tarafından çevrelenmiş ve vadi ile aynı adı taşıyan, bazen de Rahmet Dağı denilen bir dağ vardı. Her ne kadar aşağılara kadar yayılıyorsa da, hacıların makamı bu dağ idi. O gün Peygamber (s.a.v) bu tepede vakfe yaptı.

Mekkelilerden bazıları O'nun çok ileri gittiğini söyleyerek şaşkınlıklarını belirttiler. Çünkü diğer hacılar Arafat'a gittikleri halde Kureyşliler, "Biz Allah'ın ümmetiyiz" diyerek haram bölgede kalmayı alışkanlık haline getirmişlerdi. Fakat Peygamber (s.a.v), İbrahim'in, Arafat'ta geçirilen günü haccın gereklerinden biri olarak emrettiğini ve Kureyşlilerin sonradan onun uygulamasını terk ettiklerini söylemişti. Peygamber (s.a.v) o gün hac geleneğinden bahsetti ve dudaklarından sık sık "İbrahim'in mirası" kelimeleri döküldü.

Peygamber (s.a.v) tüm kabilelere, artık bundan sonra İslâm toplumunda kan davalarının sona erdiğini her insanın mal ve canının dokunulmaz olduğunu duyurmak için, gür bir sesi olan Safvân'ın kardeşi Rebîa'yı tellal olarak görevlendirdi ve ona şöyle bağırmasını emretti: "Allah'ın Rasûlü soruyor: Bu ay ne ayıdır?" Herkes sessizdi, Peygamber (s.a.v) cevap verdi: "Haram ay." Sonra sordu: "Bu belde neresidir?" Yine kimse cevap vermedi, O da: "Haram belde" dedi. Daha sonra: "Bugün nedir?" diye sordu. Yine cevap veren kendisi oldu: "Büyük hac günü." Daha sonra Rebîa Peygamber (s.a.v)'in öğrettiği şekilde şöyle bağırdı: "Gerçekten Allah, Rabbinize kavuşuncaya kadar kanlarınızı ve mallarınızı birbirinize haram kılmıştır. Nasıl ki bu gününüz, bu beldeniz ve bu ayınız haram ise."

Güneş en yüksek noktasına ulaştığında Peygamber (s.a.v), Allah'a hamdden sonra şu sözlerle başlayan bir hutbe okudu: "Ey insanlar! Beni

3. W. 1100.

dinleyin; çünkü bilmiyorum, belki de sizinle bu yıldan sonra bir daha buluşamayacağım." Daha sonra onları birbirlerine iyi davranmaları konusunda uyardı ve onlara haram ve helâl olan şeylerden bahsetti. En sonunda şöyle dedi: "Size, sımsıkı sarıldığınızda sizi sapıklıktan kurtaracak bir emanet bırakıyorum: Allah'ın kitabı, Peygamber'in sünneti. Ey insanlar, sözlerimi dinleyin ve anlayın!" Daha sonra onlara Kur'ân'ın son âyetlerini oluşturan ve henüz nazil olan bir pasaj okudu:

"Bugün size dininizi kemâle erdirdim, üzerinizdeki nimetimi de tamamladım ve size din olarak İslâm'ı seçip-beğendim. Kim "Şiddetli bir açlıkta kaçınılmaz bir ihtiyaçla karşı karşıya kalırsa -günaha eğilim göstermeksizin- (bu haram saydıklarımızdan yetecek kadar yiyebilir): Çünkü Allah bağışlayandır, esirgeyendir." (Mâide: 3)

Hutbesini bir soru ile bitirdi: "Ey insanlar, risâletimi tebliğ ettim mi?" Binlerce ağızdan yükselen "*Allahümme ne'am* (Allahım, evet)" sesleri gök gürültüsü gibi tüm vadiyi doldurdu. Peygamber (s.a.v) işaret parmağını göğe kaldırarak, "Allahım, şahid ol"[4] dedi.

Daha sonra namazlar kılındı ve arife gününün geri kalan kısmı dua ve tefekkürle geçirildi. Fakat güneş batar batmaz Peygamber (s.a.v), yanına Üsâme (r.a.)'yi alarak tepeden aşağıya inmeye başladı ve tüm hacılarla birlikte Mekke'ye doğru vadiyi aştılar. Bu noktada hızlı ilerlemek gelenekti; fakat aşırı hareketleri görünce Peygamber (s.a.v), "Yavaş! Yavaş! Sessiz olun! Aranızdaki güçlüler zayıfları gözetsin!" diye bağırdı. Geceyi Haram bölge sınırları içinde olan Müzdelife'de geçirdiler ve oradan Mina vadisinde, Akabe'de üç sütunla temsil eden şeytanı taşlamak için küçük çakıl taşları topladılar. Sevde, Peygamber (s.a.v)'den, etraf sakinken Müzdelife'den ayrılma izni istedi. Kadınların çoğuna nazaran iri yapılı ve ağır olduğu için sıcaktan ve yolculuk sıkıntılarından çok rahatsız oluyordu. Bu nedenle kalabalık ulaşmadan önce şeytan taşlamak görevini bitirmek istiyordu. Bunun üzerine Peygamber (s.a.v), onu Ümmü Süleym ile birlikte Abbâs'ın oğullarından biri olan Abdullah'la gönderdi.

Peygamber (s.a.v) kendisi sabah namazını Müzdelife'de kıldı ve daha sonra arkasında deve sırtında yol alan Fadl olduğu halde hacıları Akabe'ye götürdü. On iki yıl önce bu yerde ve bu günde altı Hazrec'li gelmiş ve ona biat etmişlerdi. Bu da Birinci ve İkinci Akabe biatlarının zeminini hazırlamıştı. Taşlamadan sonra hayvanlar kurban edildi ve Peygamber (s.a.v) başını tıraş etmesi için bir adam çağırdı. Hacılar, onun saçından bir tutam alabilmek ümidiyle etrafına toplandılar. Ebû Bekir (r.a.) daha sonraları, Uhud'da ve Hendek'teki Hâlid'le şimdi şu sözleri söyleyen Hâlid (r.a.) arasındaki ayırıma dikkat çekmişti: "Ey Allah'ın Rasûlü! Alnındaki saçları, anam babam sana feda olsun

4. I.I. 969.

başkasına değil, bana ver."[5] Peygamber (s.a.v) onları Hâlid (r.a.)'e verdi. O saç tutamını aldı, gözlerine ve dudaklarına bastırdı.

Bundan sonra Peygamber (s.a.v) hacılara Kâ'be'yi ziyaret etmelerini ve ondan sonraki iki geceyi Mina'da geçirmek üzere tekrar geri dönmelerini emretti. Kendisi ikindiden sonraya kadar bekledi. Hayız halinde olan Âişe (r.a.) hariç diğer hanımları ona Mekke'ye giderken eşlik ettiler. Birkaç gün sonra Âişe (r.a.) temizlendiğinde Peygamber (s.a.v.) onu kardeşi Abdurrahman ile Haram bölgenin dışına gönderdi. Âişe (r.a.) orada tekrar niyet etti, ihrama girdi ve Mekke'ye giderek Ka'be'yi tavaf etti.

Peygamber (s.a.v)'in Ramazan'da gönderdiği üç yüz atlı Yemen seferini bitirmişlerdi ve güneyden Mekke'ye doğru geliyorlardı. Ali (r.a.) şimdi haccını bitirmiş olan Peygamber (s.a.v)'le birlikte hac yapmak için, mümkün olduğu kadar kısa sürede ona ulaşmak isteğiyle adamlarından önce geliyordu. Devletin payına düşen ganimetlerin beşte birinde tüm orduyu giydirecek kadar keten elbise vardı; fakat Ali (r.a.), bunların Peygamber (s.a.v)'e el değmemiş bir şekilde teslim edilmelerine karar vermişti. Fakat buna rağmen askerler, onun yokluğu sırasında vekil olarak bıraktığı adamı herbirine keten bir elbise vermeye ikna etmişlerdi. Elbise değiştirmeye büyük ihtiyaçları vardı. Çünkü üç aydan beri evden uzaktaydılar. Şehre yaklaştıklarında Ali onları karşılamaya gitti ve yapılan değişikliğe çok şaşırdı. Kumandan, "Halkın arasına gridiklerinde düzgün görünsünler diye elbiseleri verdim" dedi. Adamlar, Mekke'deki herkesin bayram için en güzel elbiselerini giydiklerini ve güzel görünmeye dikkat ettiklerini biliyorlardı. Fakat Ali (r.a.), böyle bir serbestliğe hoşgörü gösteremeyeceğini hissetti ve onlara eski elbiselerini giyip yenilerini ganimetlerin arasına koymalarını emretti. Tüm orduda huzursuzluk başgösterdi. Peygamber (s.a.v) bunu duyduğunda, "Ey insanlar! Ali (r.a.)'yi suçlamayın; çünkü o Allah yolunda, suçlanamayacak kadar titizdir." dedi. Fakat bu sözler yeterli olmadı, belki de bunu sadece birkaç kişi duydu. Bu nedenle huzursuzluk devam etti.

Medîne'ye dönerken bölüklerden biri, Peygamber (s.a.v)'e Ali (r.a.)'yi şikayet edince, Peygamber (s.a.v)'in yüzünün rengi değişti: "Ben, mü'minlere, kendilerinden daha yakın değil miyim?" dedi. Adamlar tasdikledeklerinde, "Ben kime en yakın isem, ona en yakın olan Ali'dir" diye ekledi. Gadîr el-Humm'da kamp kurduklarında bütün insanları topladı; Ali (r.a.)'yi elinden tuttu ve bu sözleri tekrarladı. Daha sonra şu duayı okudu: "Allahım, onun dostuna dost ol, düşmanına da düşman ol." Böylece Ali hakkındaki söylenti ve mırıldanmalar son buldu.[6]

5. W. 1108.

6. İbn Kesir, El- Bidaye ve'n-nihaye, V. 209.

Bir önceki yıl gelen heyetlerden biri de, yerleşim bölgeleri Necd'in doğu sınırı boyunca yayılmış olan, Benî Hanife adındaki Yemâme'li Hıristiyan bir kabiledendi. Müslüman olmayı kabul etmişlerdi; fakat onlardan Museylime adındaki bir adam, kendisinin de peygamber olduğunu iddia ediyordu. Hacıların Mekke'den dönmesinden kısa bir süre sonra Yemâme'den gelen iki elçi Medîne'ye şu mektubu getirdiler: "Allah'ın Rasûlü Museylime'den Allah'ın Rasûlü Muhammed'e selam üzerine olsun! Hakimiyeti seninle paylaşma görevi bana verildi. Dünyanın yarısı bizim, diğer yarısı da günahkâr olmalarına rağmen Kureyşlilerin". Peygamber (s.a.v) elçilere bu konuda ne düşündüklerini sordu. Elçiler, "Biz de onunla aynı fikirdeyiz" dediler. "Vallahi" dedi, Peygamber (s.a.v); "Eğer elçiler öldürülmez diye bir kural olmasaydı, sizin başınızı keserdim." Daha sonra efendilerine vermeleri için bir mektup yazdırdı: "Allah'ın Rasûlü Muhammed'den yalancı Museylime'ye. Selam doğru yola uyanların üstüne olsun! Gerçekten yeryüzü Allah'ındır. O kullarından dilediğine onu miras bırakır, işin sonu Allah'tan korkanların lehinedir."[7]

Bu sıralarda ortaya çıkan yalancı peygamberlerden biri Benî Esed'in başkanı Tuleyha, diğeri de Yemen'li Kâ'b İbn Esved idi. Yemen'li belli bir başarı kazandı ve geniş bir alanda etkili oldu. Fakat bir süre sonra gurur ve kibiri nedeniyle taraftarlarının çoğu ona karşı çıktılar. Birkaç ay sonra da öldürüldü. Tuleyha en sonunda Hâlid tarafından dize getirildi ve tüm iddialarından vazgeçerek İslâm'ın güçlerinden biri oldu. Müseylime'ye gelince, onun kaderi, Nuseybe'nin oğlu Abdullah'dan ölümcül bir kılıç yarası aldıktan sonra Vahşî'nin attığı mızrakla ölmek oldu. Fakat bu olay aylar sonra meydana geldi. Hac ayının geçtiği ve hicretin on birinci yılına girildiği şu an için bunlar, İslâm'a karşı potansiyel bir tehlike teşkil ediyorlardı. Aynı zamanda kadın peygamber olduğunu iddia eden Sâce adında Temim'li bir kadın da ortaya çıkmıştı. Fakat Peygamber (s.a.v) bunlara karşı ani bir girişimde bulunmak istemiyordu. Onun dikkati kuzeyde yoğunlaşmıştı. Yılın ikinci ayı olan Safer'in son günlerinde yani M.S. 632 yılının Mayıs ayı sonlarında, Mu'te'deki yenilginin karşılığının verilmesi zamanının geldiğine karar verdi. Zeyd ve Ca'fer'in öldürüldüğü gün, İmparatorluk lejyonlarının tarafını tutan Suriyeli Arap kabilelerin üzerine bir sefer düzenlemek için hazırlıklara başlanmasını emrettikten sonra, gençliğine rağmen üç bin kişilik orduya kumanda etme görevini Zeyd'in oğlu Üsâme'ye verdi.

7. I.I. 965.

[84]

Peygamber (s.a.v) sürekli Cennet'i, tasvir ettiği şeyi sanki görüyormuş gibi anlatırdı. Bu izlenim başka işaretlerle de desteklenirdi. Örneğin, bir keresinde elini sanki bir şey alıyormuş gibi uzattı ve tekrar geri çekti. Hiçbir şey söylemedi; fakat etrafında onun bu hareketine dikkat edenler sordular. "Cenneti gördüm" diye cevap verdi "ve üzümlerinden bir salkım alabilmek için uzandım. Eğer onu alabilseydim, dünya durdukça onu yerdiniz."[1] Çevresindekiler Peygamber (s.a.v)'in bir bakıma âhirette olduğu fikrine alışmışlardı. Belki de bu nedenle, kendi ölümünden bahsettiği veya burada olduğu gibi her an ölebileceğini ima ettiği zamanlar, sözleri onlar üzerinde fazla etkili olmuyordu. Bunun yanı sıra altmış üç yaşında olmasına rağmen hâlâ genç bir adamın incelik ve vücut yapısına sahipti. Gözleri hâlâ ışıl ışıldı ve siyah saçlarında çok az beyazlık vardı. Yine de bir keresinde hanımları ile beraberken yakında öleceğine değinmesi, onların,kendi aralarından ilk önce kimin ona kavuşacağı sorusunu yöneltmelerine neden oldu. Peygamber (s.a.v), "En uzağa erişebilen bana ilk önce kavuşacak"[2] diye cevap verdi. Bunun üzerine hangisinin kolunun daha uzun olduğunu anlamak için kollarını ölçmeye başladılar. Kaynaklarda kaydedilmemesine rağmen, tahminen karşılaştırmayı kazanan, diğerlerine nazaran boyu en uzun olan Sevde idi. Diğer taraftan Zeyneb, küçük yapılı bir kadındı; kolu da boyuna göreydi. Fakat bu olaydan yaklaşık on yıl sonra, içlerinden ilk ölen Zeyneb oldu. İşte o zaman Peygamber (s.a.v)'in "en uzağa erişebilen" deyimiyle en cömert olanı kasdettiğini anladılar. Çünkü Zeyneb (r.a.) de kendi adını taşıyan ve "fakirlerin annesi" diye anılan Peygamber (s.a.v)'in diğer hanımı gibi çok cömertti.

Peygamber (s.a.v.) Suriye seferi için hazırlıklara başlanmasını emrettikten kısa bir süre sonra, ordu ayrılmadan önce bir gece Peygamber, Ebû Muveyhibe adlı azadlı bir kölesini erken saatlerde çağırdı ve "Mezarlıktakiler için bağışlanma dilemem emredildi, benimle gel!" dedi. Birlikte gittiler ve Baki'ye vardıklarında Peygamber (s.a.v.), "Ey mezarlık halkı, selam üzerinize olsun! Halinize sevinin; durumunuz şimdi yaşayanlardan çok iyi. Kargaşalar en karanlık gecenin dalgaları gibi geliyor; birbiri arkasına; her biri bir öncekinden daha kötü" dedi. Daha sonra Ebû Muveyhibe'ye döndü

---

1. B.XVI, 8.
2. I.S. VIII, 76-7.

ve, "Bana bu dünya hazinelerinin anahtarları ve bu dünya da ölümsüzlük, ardından da Cennet sunuldu. Bununla Rabbime ve Cennet'e kavuşma arasındaki seçim bana bırakıldı" dedi. Ebû Muveyhibe, "Ey bana anamdan ve babamdan daha sevgili olan! Bu dünya hazinelerinin anahtarlarını ve burada, ardından Cennet gelen ölümsüzlüğü seç" dedi. Fakat Peygamber (s.a.v.) ona şu cevabı verdi: "Ben zaten Rabbime ve Cennet'e kavuşmayı seçtim." Daha sonra Baki'de yatanlar için bağışlanma diledi.[3]

O sabah veya ertesi gün başı o zamana kadar hiç ağrımadığı bir şekilde ağrıdı. Fakat Peygamber (s.a.v.) yine de mescide gitti. Namazdan sonra minbere çıkıp, -sonradan anlatılanlara göre- sanki son defa yapıyormuş gibi Uhud şehidleri için rahmet diledi. Daha sonra, "Allah'ın kulları arasında bir kul var ki, Allah onu bu dünya ile kendisini seçme konusunda serbest bıraktı. O kul da Allah'ı seçti" dedi. Bunları söylediğinde Ebû Bekir ağlamaya başladı; çünkü Peygamber (s.a.v.)'in kendisinden bahsettiğini ve seçimin kaçınılmaz ölüm olduğunu biliyordu. Peygamber (s.a.v.) onun ağladığını gördüğünde, ağlamamasını söyledikten sonra: "Ey insanlar! İnsanlar arasında arkadaşlığı ve ihsanı ile bana en lütufkâr olan kişi Ebû Bekir'dir. Eğer insanlar arasında hiç ayrılmayacağım bir arkadaş seçecek olsam, o arkadaş Ebû Ebû Bekir olurdu -fakat iman kardeşliği ve arkadaşlığı Allah bizi huzurunda birleştirene kadar bizimdir." İşte bu konuşmadan sonra mescidi çevreleyen ve kapıları mescide açılan özel evlere bakarak, "Mescide açılan şu kapılara bakın. Ebû Bekir'in kapısı hariç hepsini kapatın."[4] dedi. Minberden inmeden önce şöyle dedi: "Ben sizden önce gidiyorum ve sizin şahidinizim. Sizinle, şimdi şu durduğum yerden gördüğüm Havuz'da[5] buluşacağım. Sizin Allah'ın yanında ilâhlar edineceğinizden korkmuyorum. Sizin için bu dünyadan korkuyorum, ola ki dünyevî şeyler için birbirinizle rekabet edersiniz."[6]

Mescidden çıktıktan sonra, ev sahipliği yapma sırası Meymûne'de olduğu için onun odasına gitti. Cemaate konuşma yapmak için harcadığı güç, ateşini yükseltmişti. Bir veya iki saat sonra Âişe'nin kendi hastalığını bilmesini istediği için onun odasına gitti. Âişe'nin başı ağrıyordu; o içeri girdiğinde "Of başım!" diye inledi. Peygamber (s.av.) "Hayır Âişe, aslında of (benim) başım!" dedi. Onun yüzünü ölümcül bir hastalığın izlerini arar-

3. I.I. 1000.

4. I.I. 1006.

5. Havuz, Peygamber (s.a.v.)'e verilen semâvî nehir Kevser'le beslenen ve Cennet'e girdiklerinde mü'minlerin susuzluklarını giderdikleri göldür.

6. B. LXIV, 17.

casına araştırdı. Böyle bir şey göremeyince, "Ben hayatta iken olmasını isterdim." Âişe'nin ölümünü kasdediyordu- "O zaman senin için bağışlanma diler, sana rahmet diler, seni kefenler, namazını kılar ve gömerdim" dedi. Âişe (r.a.) O'nun hasta olduğunu görüyordu ve sesinin tonu onu telaşlandırmıştı. Fakat yine de O'nu neşelendirmeye çalıştı ve O'nu biraz olsun gülümsetmeyi başardı. Peygamber (s.a.v.) tekrar, "Hayır, of (benim) başım !"[7] dedi ve Meymûne'ye döndü.

Sağlıklı olduğu zamanlardaki gibi davranmaya çalışıyordu ve her zamanki gibi mescidde namazları kıldırıyordu. Fakat hastalığı öyle arttı ki, sadece oturarak namaz kılabilecek hale geldi. O zaman cemaate onların da oturarak kılmaları gerektiğini söyledi. O gün sırası gelen hanımın odasına gittiğinde, "Yarın neredeyim?" diye sordu. Hanımı da ertesi günü sırası gelen hanımın adını söyledi. "Peki yarından sonraki gün neredeyim?" diye sordu. Hanımı yine cevap verdi. Onun bu kadar fazla ısrar etmesine şaşırarak ve Âişe ile birlikte olmak istediğini anlayarak diğer hanımlara bunu haber verdi. Onlar da hep beraber geldiler ve, "Ey Allah'ın Rasûlü! Seninle geçireceğimiz günlerimizi kardeşimiz Âişe'ye veriyoruz"[8] dediler. Peygamber (s.a.v.) bu hediyeyi kabul etti. Fakat yardımsız yürüyemeyecek denli zayıftı. Bu nedenle Ali (r.a.) ve Abbâs (r.a.), Âişe (r.a.)'nin odasına kadar ona yardım ettiler.

Suriye seferi için Üsâme (r.a.) gibi çok genç bir adamı kumandan seçmesi konusunda çok eleştiri olduğu ve hazırlıklarda bir yavaşlama olduğu haberi Peygamber (s.a.v.)'e ulaştı. Bu eleştirilere cevap verme ihtiyacı hissetti, fakat ateşi çok yüksekti. Hanımlarına, "Benim üzerime değişik kuyulardan doldurulmuş yedi kırba su dökün ki gidip adamlara hitap edebileyim" dedi. Hafsa (r.a.), Âişe (r.a.)'nin odasına bir tekne getirdi, diğer hanımları da su getirdiler. Üzerine su dökülürken Peygamber (s.a.v.), bu teknenin içine oturdu. Daha sonra onun giyinmesine ve sarığını sarmasına yardım ettiler. İki adam da O'na yardım ederek aralarında mescide kadar götürdüler. Peygamber (s.a.v.) orada minbere çıktı ve toplanan kalabalığa şöyle hitap etti: "Ey insanlar! Üsâme'nin ordusunu sevk edin; çünkü siz ondan önce babasının liderliğine karşı çıktığınız gibi onun liderliğine de karşı çıkmanıza rağmen, o da babası gibi kumandanlık etmeye yaraşır."[9] Daha sonra minberden indi ve yardımıyla Âişe'nin odasına gitti. Hazırlıklar

---

7. I.S. II/2, 10.
8. I.S. II/2, 30.
9. Bir müddet ertelemeden sonra sefere çıkıldığında Üsâme bu sözlerin doğru olduğunu ipatladı.

hızlandı ve Üsâme (r.a.) ordusuyla Medîne'nin üç mil kuzeyindeki Curf'a kadar gitti ve orada kamp kurdu.

Bir sonraki namaz vaktinde ezan okunduğunda, Peygamber (s.av.) hâlâ oturabilmesine rağmen artık namaz kıldıramayacağını hissetti. Hanımlarına, "Ebu Bekir'e namazlarda imamlık etmesini söyleyin" dedi. Fakat Âişe (r.a.), Peygamber (s.av.)'in yerini almanın babasını çok üzeceğinden korktu. "Ey Allah'ın Rasûlü!" dedi; "Ebû Bekir çok duygulu bir adamdır, sesi de gür değildir, hem Kur'ân okurken çok ağlar." Peygamber (s.av.), sanki o hiç konuşmamış gibi, "Ona namazı kıldırmasını söyle" dedi. Âişe (r.a.) tekrar denedi, bu kez onun yerine Ömer'e görevi vermesini önerdi. Fakat Peygamber (s.av.) tekrar, "Ebû Bekir'e namaz kıldırmasını söyle!" dedi. Âişe (r.a.), Hafsa (r.a.)'nın yüzüne yalvaran bir bakış fırlattı ve Hafsa (r.a.) da konuşmaya başladı. Fakat Peygamber (s.a.v.) onları şu sözlerle susturdu: "Siz Yûsuf'un yanındaki kadınlar gibisiniz.[10] Ebû Bekir (r.a.)'e namazda insanlara imamlık yapmasını söyle. Bırakın suçlayan hata araştırsın, Hâris olan da arzulasın. Yoksa Allah ve mü'minler buna sahip olmayacaklar."[11] Son cümleyi üç kez tekrarladı ve hastalığının geri kalan kısmında namazları hep Ebû Bekir kıldırdı.

Peygamber (s.av.) çoğu zaman başı Âişe'nin göğsünde veya dizinde olduğu halde yatıyordu. Fakat Fâtıma (r.a.) geldiğinde Âişe (r.a.), baba kızı yalnız bırakıyordu. Bu ziyaretlerden birinde Âişe, O'nun kızına bir şeyler söylediğini, kızının da bunun üzerine ağlamaya başladığını gördü. Daha sonra ona bir sır daha verdi; bu kez gözyaşlarının arasında gülümsemeye başladı. O ayrılırken Âişe (r.a.), Peygamber (s.av.)'in ne söylediğini sordu; fakat Fâtıma (r.a.) bunun bir sır olduğunu ve kimseye açamayacağını söyledi. Ancak daha sonraları Fâtıma ona bu sırrı açıkladı: "Peygamber (s.av.) bana bu hastalıktan öleceğini söyledi, ben de ağladım. Daha sonra bana ev halkından ona ilk kavuşanın ben olacağımı söyledi, ben de güldüm."[12]

Peygamber (s.a.v.) hastalığı sırasında çok acı çekiyordu; acının çok ağırlaştığı bir sırada karısı Safiye (r.a.), "Ey Allah'ın Peygamberi! Senin çektiğini keşke ben çekseydim!" dedi. Bunun üzerine diğer hanımları birbirine baktılar ve aralarında bunun münafıklık olduğunu fısıldaştılar. Peygamber (s.a.v.) onları gördu ve, "Gidin ağzınızı yıkayın" dedi. Ona niçin olduğunu sorduklarında, "Çünkü arkadaşınıza iftira ediyorsunuz. Vallahi, o tüm samimiyetiyle gerçeği söyledi"[13] cevabını verdi.

10. Vezirin kötü kalbli karısı ve arkadaşlarını kastediyor; bak. K. (Yusuf: 31-3)

11. I.S.II/2, 20.

12. B. LXII, 12.

13. I.S. VIII, 91.

Ümmü Eymen (r.a.) de sürekli O'nun yanındaydı ve ara ara oğluna Peygamber (s.av.)'in durumu ile ilgili haberler gönderiyordu. Üsâme (r.a.) Allah bir yol gösterinceye kadar daha fazla ilerlemeyip Curf'ta kalmaya karar vermişti. Fakat bir sabah ulaşan kötü haberler nedeniyle Medîne'ye geldi ve ağlayarak, şuuru yerinde olduğu halde konuşamayacak kadar hasta olan Peygamber (s.a.v.)'in yanına gitti. Üsâme (r.a.) onun üzerine eğildi ve öptü. Peygamber (s.av.) elini Semâ'dan rahmet dilercesine yukarı doğru kaldırdı ve açtı. Daha sonra elinin içindekileri, üzüntü içinde kampa dönen Üsâme'nin eline boşaltırmış gibi bir hareket yaptı.

Ertesi gün hicretin on birinci yılının Rebîül-evvel ayının Pazartesi'ye denk gelen on ikinci günü idi; yani M.S. 632 Haziran'ının sekizinci günü. O sabah erkenden Peygamber (s.a.v.)'in ateşi düştü ve çok güçsüz olmasına rağmen, ezan onun mescide gitmeye karar vermesine neden oldu. O içeri girdiğinde namaz başlamıştı ve insanlar onu gördüklerinde sevinçten neredeyse namazdan çıkacaklardı; fakat Peygamber (s.a.v.) onlara devam etmelerini işaret etti. Bir süre onları seyretti ve davranışlarındaki takvayı görerek yüzü sevinçten parladı. Yanında Fadl (r.a.) ve azadlı kölesi Sevbân (r.a.)'ın yardımıyla ilerlerken yüzü hâlâ parlıyordu. "Peygamber (s.av.)'in yüzünü o andaki kadar güzel hiç görmemiştim" dedi, Enes (r.a.). Ebû Bekir (r.a.) arkasındaki saflarda bir hareket olduğunun farkındaydı. Bunun sadece bir tek sebebinin olabileceğini ve arkadan yaklaştığını duyduğu adamın Peygamber (s.av.)'den başkası olmadığını biliyordu. Bu nedenle başını çevirmeden bir adım geri çekildi. Fakat Peygamber (s.av.) elini onun omuzuna koydu ve "Namazı sen kıldır" diyerek, onu tekrar cemaatin önüne doğru itti. Kendisi de Ebû Bekir'in sağına oturdu ve oturarak namaz kıldı.

Onun bu iyileşmesi büyük bir sevinçe yol açmıştı. Namazdan kısa bir süre sonra Üsâme, Peygamber (s.a.v.)'i daha kötü bulacağını umarak dönmüştü, fakat onu daha iyi görünce çok sevindi. Peygamber (s.av.), "Allah'ın rahmeti ile yola çık" dedi. Bunun üzerine Üsâme O'na veda etti ve Curf'a geri dönerek adamlarına kuzeye yürümek için hazırlanmalarını emretti. O sırada Ebû Bekir (r.a.) yukarı Medîne'ye doğru yola çıkmıştı. Esmâ (r.a.) ile evlenmeden çok önce Ebû Bekir (r.a.) on yıl önce vahaya geldiğinde, yanında kaldığı Hazrecli Hârise'nin kızı Habîbe ile nişanlanmıştı. Uzun süre nişanlı kaldıktan sonra evlenmişlerdi. Habîbe hâlâ Sunh'ta ailesinin yanında kalıyordu. Ebû Bekir (r.a.) de onu orada görmeye gidiyordu.

Peygamber (s.av.) Fadl (r.a.) ve Sevban (r.a.)'ın yardımıyla Âişe (r.a.)'nin odasına döndü. Ali (r.a.) ve Abbâs (r.a.) da oraya kadar peşlerinden gittiler, fakat çok kalmadılar. Dışarı çıktıklarında oradan geçen bazı adamlar Ali (r.a.)'ye, Peygamber (s.av.)'in nasıl olduğunu sordular. "Allah'a hamdolsun" dedi Ali (r.a.), "O iyi." Fakat soranlar gittikten sonra Abbâs (r.a.), Ali (r.a.)'nin elini tuttu ve, "Yemin ederim ki, kabilemden adamların yüzlerinde gördüğüm gibi Allah'ın Rasûlü'nün yüzünde de ölümü fark ettim. Gidelim ve onunla konuşalım. Eğer hüküm bizim üstümüze yüklenecekse, ondan insanlara bize iyi davranmalarını söylemesini isteyelim" dedi. Fakat Ali, "Vallahi sormam; çünkü hakimiyeti bizden o alırsa, ondan sonra asla kimse onu bize vermez."[14] dedi.

Peygamber (s.av.) yatağına dönmüş ve başı Âişe'nin göğsünde sanki hiçbir gücü kalmamış gibi yatıyordu. Yine de Âişe (r.a.)'nin kardeşi Abdurrahman (r.a.), elinde bir misvak ile odaya girdiğinde Âişe (r.a.), Peygamber (s.av.)'in ona sanki misvağı istiyormuş gibi baktığını gördü. Misvağı kardeşinden aldı ve yumuşatmak için çiğnedi. Daha sonra Peygamber (s.av.)'e verdi. O da güçsüzlüğüne rağmen, gayretle dişlerini misvakladı.

Kısa bir süre sonra kendisini kaybetti. Âişe bunun, ölümün başlangıcı olduğunu düşündü. Fakat bir saat sonra Peygamber (s.av.) gözlerini açtı. Âişe o zaman Peygamber (s.av.)'in kendisine şöyle dediğini anımsadı: "Hiçbir peygamber cennetteki yeri gösterilmeden ve yaşamakla ölmek arasında bir seçim kendisine sunulmadan ölmez." Âişe (r.a.), şimdi bunun yerine geldiğini ve onun âhireti görüp geldiğini anladı. Kendi kendisine: "Şimdi bizi seçmez" dedi. Daha sonra onun şöyle mırıldandığını duydu: "Cennet'te buluşmak üzere.

"Allah'ın kendilerine nimet verdiği peygamberler, doğrular (ve doğrulayanlar) şehidler ve sâlihler beraberdir. Ne iyi arkadaştır onlar." (Nîsâ: 69)

Onun tekrar, "Allahım, Cennet'te buluşma üzere"[15] diye mırıldandığını duydu. Bunlar ondan duyduğu son kelimeler oldu. Yavaş yavaş Âişe (r.a.)'nin göğsündeki başı ağırlaşmaya başladı. Diğer hanımları ağlamaya başlayınca Âişe (r.a.), O'nun başını bir yastığa koydu ve kendisi de ağlamaya başladı.

14. I.I. 1011.
15. I.S. II/2, 27.

[85]

İlk olarak Abbâs'ın dikkatini çeken belirtileri bir süre sonra diğerleri de fark ettiler. Peygamber (s.a.v) daha ölmeden Ümmü Eymen (r.a.), oğluna Peygamber'in (s.a.v) ölmek üzere olduğunu bildiren bir haber gönderdi. Kuzeye yürümek için kamp zaten kaldırılmıştı. Fakat Üsâme hemen Medîne'ye dönme emri verdi. Ömer (r.a.)'in de içlerinde bulunduğu ashâbdan ilk Müslüman olan birçok kişi ordu ile birlikteydi. Şehre vardıklarında ölümün gerçekleştiği haberini duyduklarında Ömer bunu kabul etmeyi reddetti. Ömer (r.a.), Kur'ân'ın bir âyetini yanlış tefsir ettiği için, bu âyetin Peygamber (s.a.v)'in onların neslinden ve gelecek nesillerde sürekli yaşayacağı anlamına geldiğini zannetmişti. Bu nedenle mescidde ayağa kalkmış; insanlara Peygamber (s.a.v.)'in sadece rûhen yok olduğunu ve bir süre sonra geri geleceğini anlatıyordu. O bu şekilde konuşurken Ebû Bekir (r.a.), at sırtında Sunh'tan geldi. Çünkü haberler hızla tüm vahaya yayılmıştı. Ebû Bekir hiç kimsenin konuşmasını durdurmadan doğruca kızının evine gitti. Peygamber (s.a.v.)'in yüzünden örttükleri örtüyü çekti. Ona baktı ve öptü. "Ey bana annemden ve babamdan daha sevgili olan!" dedi; "Allah'ın senin için yazdığı ölümü tattın. Bundan sonra sana hiçbir ölüm gelmeyecek." Daha sonra yavaşça örtüyü tekrar yüzüne örttü ve Ömer (r.a.)'in hitap ettiği insan kalabalığına doğru yöneldi. İnsan kalabalığına yaklaştığında, "Yavaş ol Ömer!" dedi; "Beni dinle!" Ömer (r.a.) buna aldırmadı ve devam etti. Fakat Ebû Bekir'in sesini tanıyanlar Ömer'i bırakıp ne söyleyeceğini duymak için ona döndüler. Ebû Bekir (r.a.), Allah'a hamd ettikten sonra şöyle dedi: "Ey insanlar! Kim Muhammed'e tapıyor idiyse —gerçekten Muhammed ölmüştür; kim de Allah'a tapıyor idiyse— gerçekten Allah Diri'dir ve ölmez. Daha sonra, Uhud'dan sonra indirilen şu âyeti okudu:

"Muhammed, yalnızca bir peygamberdir. Ondan önce nice peygamberler gelip geçmiştir. Şimdi o ölürse ya da öldürülürse, siz topuklarınız üzerinde gerisin geriye mi döneceksiniz? İki topuğu üzerinde gerisin geri dönen kimse, Allah'a kesinlikle zarar veremez. Allah, şükredenleri pek yakında ödüllendirecektir." (Âl-i İmrân: 144)

Sanki Ebû Bekir (r.a.) okuyuncaya kadar bu âyeti hiç kimse duymamıştı. Ondan bu âyeti aldılar ve bu âyet dillerde dolaşmaya başladı. Ömer (r.a.) daha sonraları şöyle anlattı:

"Ebu Bekir'in o âyeti okuduğunu duyunca o kadar şaşırmıştım ki yere düştüm. Ayaklarım artık beni taşımıyordu ve Allah'ın Rasulünün ölmüş olduğunu anlamıştım."

Ali, (r.a.) Zübeyr (r.a.) ve Talha (r.a.) ile birlikte evine çekilmişti. Muhâcirlerin geri kalan kısmı Ebû Bekir'in etrafında toplanmışlardı. Üseyd ve kabilesinden birçok kişi de onlara katılmıştı. Fakat Evs'li ve Hazrec'li ensârın büyük çoğunluğu Sa'd İbn Ubâde (r.a.)'nin başkanı bulunduğu Benî Sa'ide'nin toplantı yerinde toplanmıştı. Ebû Bekir (r.a.) ve Ömer (r.a.)'e, ensârın, Peygamber (s.a.v) irtihal ettiğine göre yönetimin kime ait olacağı konusunda tartıştıkları haberi ulaştı. Onun otoritesini memnuniyetle kabul etmişlerdi; fakat onu kaybettikten sonra çoğu Kayle oğullarının Yesrib'li bir adamdan başkası tarafından yöneltilmemesi gerektiğini düşünüyordu. Çoğu Sa'd'a (r.a.) biat etmek üzere idi.

Ömer (r.a.), Ebû Bekir (r.a.)'i toplantı yerine kendisiyle beraber gelmesi için zorladı. Ebû Ubeyde de onlarla birlikte gitti. Sa'd hastaydı ve toplantı yerinin ortasında bir örtüye sarınmış yatıyordu. Üç Kureyşli içeri girdiğinde ensârdan biri, onun adına insanlara hitap etmek üzereydi. Onları görünce Allah'a hamdettikten sonra konuşmasına onları da dahil ederek başladı: "Bizler Allah'ın ensârıyız ve İslâm'ın savaşan gücüyüz. Ey muhâcirler! Sizler de bizdensiniz. Çünkü sizden bir grup bizim aramızda yaşıyor". Konuşmacı aynı tonda konuşmaya devam etti. Muhâcirleri de biraz övmesine rağmen, onların ilk İslâm toplumu olarak önemlerini göz önünde bulundurmaksızın sürekli ensârı överek göklere çıkarıyordu. O konuşmasını bitirdiğinde Ömer (r.a.), tam konuşmaya başlamak üzereydi. Fakat Ebû Bekir (r.a.) onu susturdu ve nazikçe, fakat kesin bir şekilde konuşmaya başladı. Ensârın önemini kabul ettiğini söyledi. Fakat, İslâm'ın Arabistan'da yayıldığını ve Arapların Kureyş'ten başka birinin otoritesini kabul etmeyeceğini; çünkü Kureyş'in tüm Araplar nezdinde eşsiz bir konumu olduğunu da belirtti. Konuşmasını bitirdi ve Ebû Ubeyde ve Ömer'in ellerinden tutarak, "İki adamdan birini öneriyorum. Hangisini dilerseniz ona biat edin" dedi. Daha sonra ensârdan biri kalkarak iki otoritenin olması gerektiğini söyledi. Bu ateşli bir tartışmaya yol açtı. Ömer (r.a.), bu tartışmayı şu sözleriyle susturdu: "Ey ensâr! Allah'ın Rasûlü'nün namazlarda imamlık yapma görevini Ebû Bekir'e verdiğini bilmiyor musunuz?" "Biliyoruz" diye cevap verdiler. Ömer, "Peki aranızda kim onun önüne geçmek istiyor?" dedi. "Allah korusun, onun önüne geçemeyiz"[1] dediler. Bunun üzerine Ömer (r.a.), Ebû Bekir (r.a.)'in elini tuttu ve ona biat etti. Arkasından da Ebû Ubeyde (r.a.) ve diğer muhâcirler biat ettiler. Daha sonra Sa'd hariç, orada bulunan ensârın tümü de biat ettiler. Sa'd hiçbir zaman Ebû

1. I.S. II/2, 23.

Bekir'i bir halife[2] olarak kabul etmedi ve Suriye'ye hicret etti.

Orada ne karar almış olurlarsa olsunlar, Medîne'de hiç kimse mescidde o orada olduğu müddetçe Ebû Bekir'in önüne geçmeyi kabul etmezdi. Ertesi gün sabah namazında, namazı kılmadan önce Ebû Bekir (r.a.) minbere oturdu. Ömer (r.a.) ayağa kalkıp cemaate, Ebû Bekir'e biat etmelerini emretti ve onu şöyle tanımladı: "*Sizin en iyiniz, Allah'ın Rasûlü'nün arkadaşı, ikisi mağarada oturduklarında ikinin ikincisi*" (Tevbe: 40)

Yeni nazil olan âyetlerden birinde Ebû Bekir (r.a.)'in bu önemli anda Peygamber (s.a.v)'in tek arkadaşı olduğu belirtiliyordu.[3] Daha sonra biat eden Ali hariç, tüm cemaat bir ağızdan ona bağlılık yemini ettiler.[4]

Daha sonra Ebû Bekir (r.a.), Allah'a hamd ve şükrettikten sonra cemaate hitap etti: "Sizin en iyiniz olmadığım halde sizin üzerinize hakim oldum. Eğer doğru yaparsam bana yardım edin, eğer yanlış yaparsam beni doğrultun. Hakka samimiyetle saygı göstermek bağlılıktır, hakka saygısızlık ise ihanettir. Aranızdaki güçsüzler, inşallah onların haklarını koruyuncaya kadar benim katımda güçlü olacaklardır. Aranızdaki güçlüler ise, başkalarının hakkını onlardan, inşaallah alana kadar benim katımda güçsüzdürler. Ben Allah'a ve Rasûlü'ne itaat ettiğim sürece bana itaat ediniz. Fakat eğer ben Allah'a ve Rasûlü'ne itaat etmezsem siz de bana itaat etmeyin. Namaza kalkın. Allah size merhamet etsin!"

Namazdan sonra Peygamber (s.a.v)'in ev halkı ve ailesi onu gömülmeye hazırlamaları gerektiğine karar verdiler. Fakat bunun nasıl yapılacağı konusunda anlaşmazlığa düştüler. Daha sonra Allah onların üzerine bir uyuklama verdi ve her biri rüyasında, "Peygamber (s.a.v)'i elbiseleri üzerinde olduğu halde yıkayın" diye bir ses duydu. Bunun üzerine Âişe'nin odasına gittiler; o an için Âişe odadan çıkmıştı. Hazrec'li bir adam olan Evs İbn Havli, orada ensârı temsil etmek için Ali'ye yalvardı: "Senden Allah ve Rasûlü'ndeki payımız adına rica ediyorum. Ey Ali!" Ali onun içeri girmesine izin verdi. Abbâs (r.a.) oğlu Fadl (r.a.) ve Kisam (r.a.), Ali (r.a.)'ye, Peygamber'in mübarek vücudunu çevirmekte yardım ettiler. Bu sırada Üsâme (r.a.) Peygamber (s.a.v)'in azadlı kölelerinden biri olan Şükran'ın

2. Arapçada *halîfe*, yani tamamını söyleyecek olursak *halîfetü Rasûlullah*, Allah'ın Rasûlü'nün vekili anlamına gelir.
3. Bak. Böl. XXXVII.
4. Birkaç ay sonra Fâtıma öldüğünde Ali, Ebû Bekir'e şöyle dedi: "Senin önemini ve Allah'ın sana olan ihsanını biliyoruz ve O'nun sana verdiği hiçbir şeyi kıskanmıyoruz. Fakat sen bizim önümüzde bize sormadan bir şey yaptın. Biz bu konuda, Peygamber (s.a.v.)'e olan yakınlığımız nedeniyle bir söz hakkına sahip olduğumuzu hissettik." Bunun üzerine Ebû Bekir'in gözleri yaşlarla doldu ve şöyle dedi: "Nefsimi kudret elinde tutana yemin olsun ki, ben Allah'ın Rasûlü'nün akrabalarıyla, kendi akrabalarımdan daha iyi geçinmek isterim." O gün öğle namazında cemaate Ali'nin henüz kendisini bir halife olarak kabul etmediğini açıkladı. Bunun üzerine Ali, Ebû Bekir'in doğruluğunu tasdikledi ve ona biat etti. (B. LXIV, 38)

yardımıyla su döküyordu. Ali (r.a.) elini uzun yün elbisenin her tarafında gezdirdi. "Ey bana annemden ve babamdan daha sevgili olan!" dedi; "yaşarken de ölü iken de ne kadar güzelsin!" Hatta bir gün sonra bile Peygamber (s.a.v)'in vücudu nefes alıp vermemesine, sıcaklık ve yumuşaklığını kaybetmiş olmasına rağmen hâlâ uykuda imiş gibiydi.

Ashâb şimdi de onun nereye gömüleceği konusunda anlaşmazlığa düştü. Çoğu, onun mezarının Baki Mezarlığı'nda üç kızı ve oğlu İbrahim'in ve kendi gömdüğü arkadaşlarının yanına kazılması gerektiğini düşünüyordu. Bazıları ise onun mescide gömülmesi fikrindeydi. Fakat Ebû Bekir, O'nun, "Öldüğü yere gömülmeyen hiçbir peygamber yoktur" dediğini hatırladı. Bunun üzerine mezar, Peygamber (s.a.v)'in yattığı şiltenin hemen yanında Âişe'nin odasının zeminine kazıldı.

Daha sonra tüm Medîneliler O'nu ziyaret ettiler ve başında cenaze namazı kıldılar. Küçük gruplar halinde geldiler ve her grup ayrı olarak cenaze namazını kıldı. İlk önce erkekler grup grup geldiler, bütün erkekler onu ziyaret ettikten sonra kadınlar geldiler. Onlardan sonra da çocuklar ziyaret ettiler. O gece Peygamber (s.a.v), Ali (r.a.) ve kendisine mezar hazırlayan diğer arkadaşları tarafından gömüldü.

Şimdi "Nur şehri" diye anılan Medîne'de büyük bir üzüntü yaşanıyordu. Sahabeden her biri ağladığı için başkalarını azarlıyor, fakat kendisi ağlıyordu. Niye ağladığı sorulduğunda Ümmü Eymen, "Ben O'nun için ağlamıyorum" dedi. "O'nun bu dünyadan daha iyi olan bir yere gittiğini sanki bilmiyor muyum? Fakat ben bize gökten gelen haberler kesildiği için ağlıyorum.."[5]

Sanki büyük bir kapı kapanmış gibiydi. Yine de onun şöyle dediğini hatırladılar: "Ben bu dünyada ne yapayım? Ben ve bu dünya, bir yolcu ve yolcunun altında gölgelendiği bir ağaç misaliyiz. Bir müddet sonra yolcu yoluna gider ve onu arkasında bırakır."[6] Peygamber (s.a.v) bunu herkesin kendisi için söylemesini kasdederek duyurmuştu. Bu kapı şimdi kapansa bile, mü'minler için ölümle birlikte tekrar açılacaktı. Kulaklarında hâlâ onun şu sözleri çınlıyordu:

"Ben sizden önce gidiyorum ve sizin şahidinizim. Sizinle buluşma yerim Havuz'dur." Bu dünyadaki risâlet görevini yerine getirerek, bu görevi âhirette devam ettirmek üzere bu dünyadan ayrılmıştı. Âhirette O, onlar için ve başkaları için, bu dünya hayatına sınırlamaları olmaksızın Merhamet Anahtarı, Cennet Anahtarı,[7] Hakk'ın Ruhu ve Allah'ın Habîbi olacaktı.

"Hiç şüphesiz, Allah ve melekleri Peygambere salat etmektedirler. Ey iman edenler, siz de ona salat edin ve tam bir teslimiyetle ona selam verin." (Ahzab: 56).

---

5. I.S. II/2. 83-4.
6. I.M. XXXVII, 3.
7. Bu ve diğer isimler, Peygamber'in isimlerini anlatan geleneksel münacaatlardan alınmıştır.

VADİ KUREYŞLERİ

(Fihr direkt olarak İsmail'in oğulları soyundan gelmektedir. Fihr'in soyunun Civar Kureyşleri olarak anılan kısmı bu şemada belirtilmemiştir.)

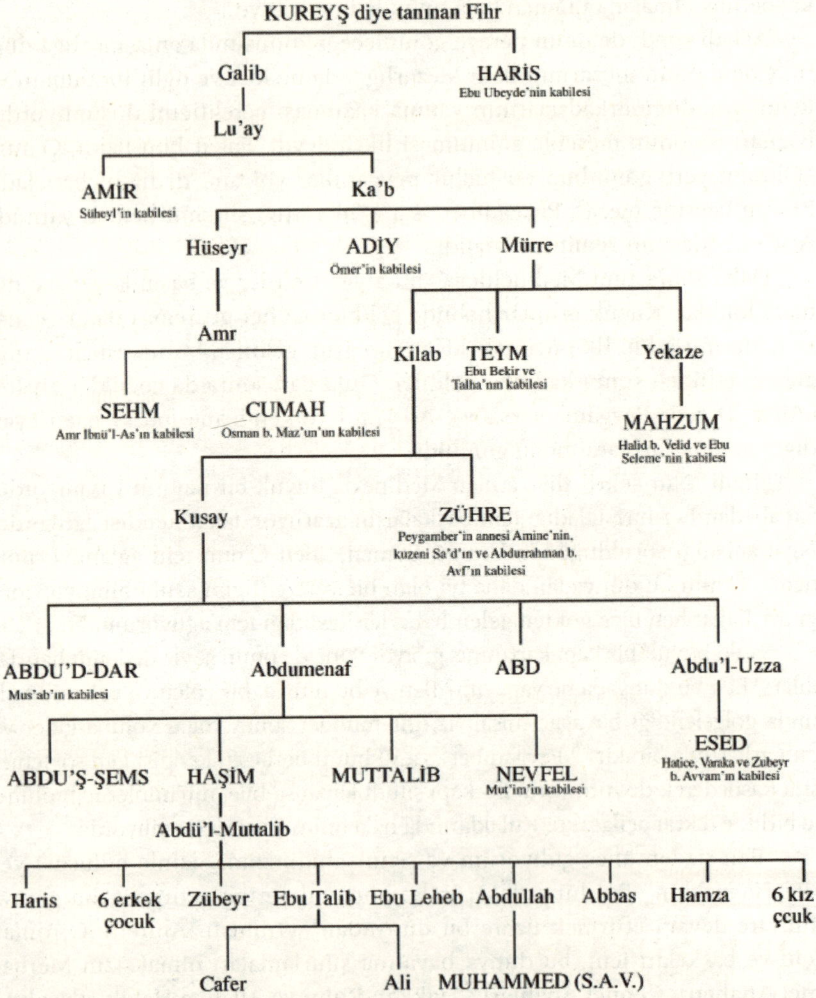

Kabilelerin kurucuları büyük harflerle yazılmıştır. Bunların ardında da o kabilenin Peygamber'e çok yakın ve tarihî önem arzeden birkaç kişinin adı verilmiştir.

REFERANS ANAHTARI

K.– Kur'ân

Biyografik ve Tarihsel Eserler:

Bu kitap esasen aşağıdaki üç yazarın M.S. 8 ve 9. yüzyıllarda yazdıkları eserlere dayanmaktadır.

I.I.: İbn İshâk. Buradaki alıntılar Muhammed İbn İshâk'ın *Sîret-i Rasûlullah* (Peygamber'in Hayatı) adlı kitabının Abdü'l-Melik İbn Hişâm (I.H.) tarafından tetkik edilmiş nüshasının Wüstenfeld baskısından yapılmıştır.

I.S.: İbn Sa'd. Buradaki alıntılar Muhammed İbn Sa'd'ın *Kitâb et-Tabakât el-Kebîr* adlı eserinin Leyden baskısındandır.

W.: Vâkıdî. Buradaki alıntılar Muhammed İbn Ömer el-Vâkıdî'nin *Kitab el-Meğazi* (Peygamber'in Savaşlarının Kronolojisi) adlı kitabının Marsden Jones baskısından yapılmıştır.

Bunların yanı sıra zaman zaman şu yazarlara da müracaat edilmiştir.

A.: Azrakî: Muhammed İbn Abdullah el-Azrakî'nin *Ahbâr Mekke* adlı eserinin Wüstenfeld baskısı.

Tab.: Taberî. Muhammed İbn Cerîr et-Taberî'nin *Târîh er-Rusul ve'l-Mülûk* (Peygamberler ve Krallar Tarihi) adlı eserinin Leyden baskısı. Aynı yazarın Tefsir'ine de müracaat edilmiştir.

S.: Süheylî. Abdurrahman İbn Abdullah es-Süheylî'nin İbn İshâk'a yazdığı şerhin (*er-Ravz el-Unuf*) Kahire baskısı.

Peygamberin Hadislerini Toplayan Eserler

Aşağıdaki 9. yüzyılda yaşamış sekiz sekiz muhaddisten yapılan alıntılar, Wensinck'in *Handbook of Early Muhammadan Tradition* adlı eserinde kullandığı sisteme göre düzenlenmiştir.

B. : Muhammed İbn İsmail el-Buhârî
M. : Müslim İbn el-Haccâc el-Kuşeyrî
Tir. : Muhammed İbn İsâ et-Tirmizî
A.H. : Ahmed İbn Muhammed İbn Hanbel
N. : Ahmed İbn Şu'ayb en-Neseî
A.D. : Ebû Dâvûd es-Sicistânî
D. : Abdullah İbn Abdurrahman ed-Darimî
İ.M. : Muhammed İbn Mace

Zaman zaman aşağıdaki M.S. 11. yüzyıl muhaddislerinden de alıntılar yapılmştır. Bu muhaddislerin eserleri Wensinck'in el kitabında yer almamıştır.

Bay. : Ahmed ibn el-Hüseyin el-Beyhakî, *Kitâbü's-Sünen el-Kübrâ*
F. : Hüseyin b. Mahmud el-Ferrâ' el-Beğavî, *Mişkât el-Mesâbih.*

MARTIN LINGS KİTAPLIĞI

Onbirinci Saat: Modern Dünyanın Manevî Bunalımı

Öze Dönüş

Başlangıçtan Günümüze Mekke

Antik İnançlar ve Modern Hurafeler (Yakında)